中華人民共和國國務院批准的重大文化出版工程

國家文化發展規劃綱要的重點出版工程項目

新聞出版總署列爲「十一五」國家重大工程出版規劃之首

國家出版基金重點支持項目

ISBN 978-7-5495-9246-3
9 787549 592463 >

中華大典

文獻目録典

廣西師範大學出版社集團有限公司

《中華大典》工作委員會

主　任：柳斌傑
金人慶

副主任：李　彦　于永湛　鄔書林　張少春　李衛紅
周和平　陳金泉　李静海

委　員：張小影　伍　傑　朱新均　吳尚之　孫　明
王家新　徐維凡　劉小琴　毛群安　遲　計
曹清堯　彭常新　王志勇　潘教峰　姜文明
王　正　石立英　安平秋　陳祖武　詹福瑞
戴龍基　宋焕起　孫　顒　陳　昕　魏同賢
王建輝　朱建綱　高紀言　莫世行　段志洪
李　維　何學惠　甄樹聲　馮俊科　譚　躍
羅小衛　王兆成

《中華大典》編纂委員會

總主編：任繼愈

副主編：席澤宗　程千帆　戴　逸　吳文俊　柯　俊

傅熹年

編　委：卞孝萱　任繼愈　李明富　余瀛鰲　林仲湘

郁賢皓　馬繼興　袁世碩　席澤宗　陳美東

黄永年　章培恒　張永言　張晋藩　葛劍雄

董治安　程千帆　傅世垣　曾棗莊　龐　樸

趙振鐸　劉家和　潘吉星　錢伯城　戴　逸

楊寄林　穆祥桐　吳文俊　金正耀　戴念祖

柯　俊　金維諾　白化文　汪子春　周少川

孫培青　朱祖延　傅熹年　李　申　郭書春

熊月之　柴劍虹　吳子勇　寧　可　江曉原

鄭國光　吳征鎰　尹偉倫　魏明孔

《中華大典》前言

《中華大典》是運用我國歷代漢文古籍編纂的一部大型工具書。其目的是爲學術界及願意瞭解中國古代珍貴文化典籍的人士提供準確詳實、便於檢索的漢文古籍分類資料。

中國是世界文明古國之一，幾千年來纂寫和聚集的文化典籍浩如烟海。我國歷代都有編纂類書的優良傳統，具有代表性的《永樂大典》等大多已佚失，現存《古今圖書集成》編就距今也已數百年。爲了適應今天和以後研究和檢索的需要，一九八八年海内外三百多位專家學者和各古籍出版社同仁倡議，在已有類書的基礎上，用現代科學方法編纂一部新的類書《中華大典》。

國務院在關於編纂《中華大典》問題的批覆中指出，編纂《中華大典》「是我國建國以來最大的一項文化出版工程」。本書所收漢文古籍上起先秦，下迄清末，約三萬種，達七億多字，分爲二十四個典，近百個分典，内容廣博，規模宏大，前所未有。

《中華大典》的編纂工作堅持科學態度和百花齊放、百家争鳴方針。儘量採用古精校精刻本，優先採用我國建國後文獻學和考古學的優秀成果。對傳統文化中重要的不同學派的資料，兼收並蓄。運用現代圖書分類的方法，對收集到的資料，精選、精編，力求便於檢索、準確可信。

這項工作從開始起就受到中共中央、國務院和有關部門的重視和支持。國家主席江澤民、國務院總理李鵬分别爲《中華大典》題詞。江澤民的題詞是：「同心同德群策群力認真編好中華大典爲建設有中國特色的社會主義服務。」李鵬的題詞是：「繼承和弘揚民族優秀傳統文化。」全國政協主席李瑞環、國務委員李鐵映也作了重要指示，要求抓緊辦理。一九九零年五月，國務院批准《中華大典》爲國家重點古籍整理項目。一九九二年九月，正式成立了《中華大典》工作委員會和《中華大典》編纂委員會，召開了《中華大典》工作、編纂會議。自此，《中華大典》的編纂工作由試點轉入正式啓動，逐步鋪開。

編纂《中華大典》，學術性很强，工作量很大，工程十分艱巨，全賴廣大專家學者和全國各有關高等院校、科研院所、圖書館、出版單位的鼎力支持與積極參與。大家本着弘揚中華民族優秀文化的心願，發揚奉獻精神，克服各種困難，團結協作，給這部巨大類書的出版提供了根本保證。在此謹表示誠摯的謝意。

對本書的批評與建議，我們將十分歡迎。

《中華大典》編纂委員會

一九九七年四月

二〇〇六年十一月修訂

《中華大典》編纂通則

一、性質：《中華大典》(以下簡稱《大典》)是對漢文古籍(含已翻譯成漢文的少數民族古籍)進行全面的、系統的、科學的分類整理和匯編總結的新型類書，是在繼承歷代類書優良傳統、考慮漢文古籍固有特點的基礎上，借鑒和參照近代編纂百科全書的經驗和方法編纂而成。編纂《大典》的目的，是爲學術界及願意瞭解中國古代珍貴文化典籍的人士提供各種分門別類的、準確詳細的古代漢文專題資料。

二、規模和體例：《大典》所收古籍的時限，上自先秦，下迄辛亥革命。全書共收各類漢文古籍三萬餘種，七億多字。全書體例，着重汲取清代《古今圖書集成》所採用的經目和緯目相交織這一統一框架結構的模式，同時參照現代科學的學科、目錄分類方法，並根據各類學科內容的實際情況，一般將每一大類學科輯爲一典，也有將幾個相關學科共輯爲一典的。對各典名稱，均以現代學科命名，對於所收入的各種古籍資料，亦儘可能納入現代科學分類體系之中。

三、經目：大典共分二十四個典，卽哲學典、宗教典、政治典、軍事典、經濟典、法律典、教育典、語言文字典、文學典、藝術典、歷史典、歷史地理典、民俗典、數學典、物理化學典、天文典、地學典、生物學典、醫藥衛生典、農業典、林業典、工業典、交通運輸典、文獻目錄典。典以下以分典、總部、部、分部分級，分部之下的標目根據各學科特點由各典自行擬定。

四、緯目：共設置九項緯目，用以包容各級經目的具體內容：

①題解：對有關學科的名稱、概念、涵義、特點等作總體介紹的資料。

②論説：有關理論部份的資料。

③綜述：有關學科或事物的系統性資料，凡有關學科或事物的性狀、制度、範疇、特點及學科地位、發展情況等具體內容均編入此緯目中。

④傳記：有關人物的傳記資料。

⑤紀事：有關學科或事物的具體活動或事例的資料。

⑥著録：重要人物或文獻的有關著作資料，如專集介紹、序跋、藏書題記，以及有關著作的成書經過、版本源流等。

⑦藝文：有關屬於文學欣賞性的散文或韵文。

⑧雜録：凡未收入以上各緯目，而又有較高參考價值的資料，均入雜録。

⑨圖表：根據有關經目的内容需要，圖與表附於相關專題之下，或集中匯總於某級經目之後。

《大典》以内容分類安排各級緯目，各級緯目的正文，一般以原書爲單位，按時代順序排列。每一條資料前標明出處，包括書名或作者名、篇名或卷次，以利讀者核對原書。

五、書目：每分典後附有該分典所收書之書目，書目包括書名、作者、時(年)代、版本等内容。時代以成書時代爲準，成書時代不詳者，以作者主要活動時代爲準，並遵從歷史習慣。

六、版本：《大典》在選用版本時儘量採用古人的精校精刻本，亦採用學術界通用的近現代整理圈點本及現代學者校點整理本。

七、校點：爲儘可能保存古籍原貌，《大典》衹對底本中明顯的脱、訛、衍、倒進行勘正。古本中的避諱字一般不作改動，衹對缺筆字補足筆畫。後人刻書時避當朝人諱而改動的字，據古本改回。《大典》採用新式標點法。

一九九六年八月

二〇〇六年十一月修訂

《中華大典·文獻目録典》編纂委員會

《中華大典・文獻目録典》序

中國古籍素以浩如烟海、汗牛充棟而著稱。浩瀚的中華典籍哺育了世世代代的炎黄子孫，既是中華文明綿延五千年從不中斷的歷史標志，又是當今弘揚民族精神和時代精神，建設社會主義文化强國的重要資源。

整理研究古代文化典籍，在我國有悠久的歷史。從孔子整理「六經」開始，歷代學者爲了更好地認識和利用典籍，嬗遞文化傳統，非常重視對傳世典籍的考辨整理。他們或校勘異同，訂正訛誤；或訓釋箋注，闡幽發微；或編目著録，考鏡源流；或審定版本，辨别真僞。在整理典籍的長期實踐中，積累了豐富的經驗和資料，編纂出數逾千計的書目著作，逐漸形成了涵蓋目録、版本、校勘、注釋、辨僞、輯佚等專學的文獻校讎之學，並於二十世紀，最終確立了具有民族特色和現代科學體系的中國文獻學。

二十世紀八十年代以來，爲了推進社會主義文化的建設，黨中央多次號召加强古籍整理工作，指出「整理古籍是一件大事，得搞上百年」。古籍整理和文獻學研究的工作任重而道遠。在《中華大典》這項古籍整理的重大文化工程中，工委會和編委會於二十四典中特别設立了《文獻目録典》。其任務是分類彙集古代書目資料和文獻學資料，全面反映中國古代典籍編纂和典籍整理的豐富成果，以促進古籍整理和文獻學的持久發展。因此，《中華大典・文獻目録典》既是古籍整理實踐的産物，又肩負著爲今後古籍整理與文獻學研究的深入開展建設信息庫的歷史使命。

《文獻目録典》的編纂工作自二〇〇六年啓動，歷時六年而完成。全書約三千五百萬字，下設《文獻學分典》和《古籍目録分典》。本典的内容具有以下學術價值和特點：

一、《文獻目録典》推陳出新，規模宏大，是迄今爲止，首創類編文獻學與書目資料的大型工具書。在中國類書編纂史上，也曾有彙編前代評述典籍資料的類書，如南宋王應麟的《玉海・藝文》和清代官修類書《古今圖書集成》中的《理學彙編・經籍典》，然二者皆忽略對典籍整理資料的收集和類編。本典從繼承傳統又超越前賢的目標出發，彙編先秦至清末古籍中有關文獻校讎的重要資料，以及歷代古籍目録著録典籍的重要資料，彌補了古代類書編纂的不足； 在規模和體制上，也大大超過了以往相同領域的文獻類編。

二、《文獻目録典》兼具資料類編與書目兩大功能，既是中國文獻學的資料大全，又是中國存佚古籍的解題全目。本典的《文獻學分典》彙集古代學者對目録、版本、校勘、注釋、辨僞、輯佚等各專學相關概念、術語、涵義、地位及淵源流别的論述，收録古代學者運用各專學考辨文獻的方法與實例，以及對他們考校典籍的具體事蹟和成果的記載，爲專業人員和其他學科的研究者提供古代文獻學豐富的史料，也可作爲高等院校文獻學教學的參考素材，從而適應了我國文獻學學科建設和古籍整理發展的需要。

本典的《古籍目録分典》則汲取南宋文獻學家鄭樵「紀百代之有無，廣古今而無遺」的目録學思想，廣採古今公私古籍目録，對産生於一九一一年以前的中國古籍，不論存佚，皆予著録。從一定意義上講，它是第一部反映我國古代文化典籍全貌的中國古籍解題全目，其中有關亡佚古籍的豐富材料，必將在全面發掘我國古代文化遺産，深入開展中國文化史研究的進程中顯示其重要的價值。

三、《文獻目録典》的框架體例體現了高度的科學性、系統的完整性和清晰的條理性。本典採用現代科學分類的方法，並吸收當今文獻學研究和古籍分類的最新成果，對我國古籍的傳統分類加以改造，形成了由典、分典、總部、部、分部、專題等六級經目及若干緯目相互交織的框架結構，用以容納豐富的資料。同時也展現了我國文獻學完整、清晰的學科體系和對古籍的科學分類。這種按學術內容分類統轄、依時間順序排列資料的邏輯體系，不僅有利於揭示典籍文獻的本質屬性和內容上的相互關係，而且有助於反映我國古代各門學術形成發展的淵源脉絡，發揮「辨章學術，考鏡源流」的作用。本典所設計的文獻學框架和對古籍分類體系的改造，也將有益於進一步規範我國文獻學的學科體系和完善古籍目録的分類方法。

四、《文獻目録典》的編纂確保了資料的廣泛性、文獻選編的實用性和校勘標點的準確性。本典的資料採編、整理堅持網羅宏富和質量第一的原則。收録資料的範圍包括傳世典籍、出土文獻和域外漢籍，普查典籍文獻達一萬四千餘種，其中查閲的書目文獻則遍及古今各種古籍目録；採録資料選用典籍較好的版本，並充分利用二十世紀以來古籍整理的優秀成果。文獻採選則注意去粗取精，既選用有代表性和稀見的資料，又兼收不同流派、不同觀點的材料，以求客觀地反映古代學術的面貌。類編文獻務求歸類恰當，並標明出處，配以詳細的《引用書目》，以利使用。由於本典編纂人員是來自國內文獻學界的專家和中青年學者，富有古籍整理的經驗，因而校點工作力求準確規範，在整理資料過程中還改正了以往古籍點校中的一些錯誤。

《中華大典·文獻目録典》在長達六年的編纂工作中，來自北京師範大學、内蒙古師範大學、河北師範大學、安徽大學、河南師範大學、内蒙古大學、南開大學、天津師範大學、雲南大學的近百名專家學者，以嚴謹認真的科學態度，團結協作，甘於奉獻，付出了大量辛勤的勞動。本典的編纂工作自始至終得到《中華大典》工委會、編委會和大典辦公室的悉心指導，得到廣西師範大學出版社的大力支持和密切配合，得到上述高校各級領導的關心支持，以及國家圖書館、有關省級圖書館和高校圖書館的熱情幫助。謹此表示衷心的感謝。並懇望海内外學術界和讀者諸君對本典存在的失誤不吝賜教。

《中華大典·文獻目録典》編纂委員會

二〇一二年一月三十日

《中華大典·文獻目録典》凡例

《文獻目録典》是《中華大典》二十四個典之一。本典以《中華大典》工作總則等條例爲依據，並結合本典内容的實際情况作個别變通，形成以下編纂體例。

一、本典由《文獻學分典》和《古籍目録分典》組成。分典下設總部，《文獻學分典》包括《文獻總論總部》《目録總部》《版本總部》《校勘總部》《注釋總部》《辨僞總部》《輯佚總部》《典藏總部》《流通總部》；《古籍目録分典》包括《經總部》《史總部》《子總部》《集總部》《叢書總部》《譯著總部》。總部下設部，部之下按需要再立分部、專題，由此構成典、分典、總部、部、分部、專題等六級經目。

二、各總部及其所轄經目之下設緯目，用以羅織相關材料。緯目設置視所據資料的情况而定，有則設之，無則不設。本典所設緯目有七項。論述：收録有關論述所屬經目的概念、涵義、特點、分類依據、發展源流的資料。綜述：全面、系統地收録對相關學術、事物或典籍作記述、評介或例證的資料。傳記：收録有關人物的具有代表性的傳記資料。紀事：收録對相關活動的具體記載和史實。藝文：收録吟誦相關事物或人物的韻文或散文。雜録：收録未採用於上述緯目，而又具有較高參考價值的資料。圖表：收録對相關事物作形象描述或簡明表述的圖表。

三、本典的《文獻學分典》彙編先秦至清末有關文獻産生發展、收藏流通及文獻學各門專學的重要資料。《古籍目録分典》彙編古今各種古籍目録的重要資料，用以著録一九一一年以前産生的所有中國古籍的狀况。收録典籍資料的範圍包括傳世典籍、出土文獻和域外漢籍。

所收資料分類編排於相應的緯目之下，並按資料成書的時代先後排列，時代難以考實者就近排列，或遵從歷史習慣。

四、在所引資料前標明出處，常用而熟知的古籍如先秦典籍、《十三經》《二十四史》可不標作者姓名，其他引書標注則均標明作者、書名、卷次或篇名。

五、爲避免不必要的文字重複，一些書名和篇名在引書標示時採用通行的簡稱，如《資治通鑑》簡稱《通鑑》，《漢書·藝文志》簡稱《漢志》，《四庫全書總目提要》簡稱《四庫提要》，書名簡稱所對應的全稱在《引用書目》中説明。在同一部典籍的不同部分引用兩段以上材料而又排列相連時，可用「又」字代替與前文重複的引書標示。

六、所引資料如在一段之中有省略之處，用【略】標明。

七、所引資料的正文中如有注疏文字，則按古籍原貌隨文夾注，並以大小字型區分正文與注疏文字。有的資料中注疏文字較多，形式繁雜，容易混淆，爲方便利用，則以方括號標注注疏者姓名及注疏方式，如［鄭玄注］。

八、校勘只對引書底本明顯的訛、脱、衍、倒進行勘正，不出校記。採用圓括號標署訛字、衍字和倒文，方括號標署正字、順文和增補的脱字。

九、引書底本的古今字、通假字，一般不作改動。不用簡化字。避諱字多一仍其舊，但因避諱而缺筆者，則補足筆畫，空字者補字。

十、採用新式標點符號標點資料原文。

十一、採用中文數字，不用阿拉伯數字。引書標示中對古籍卷次的標示，僅用一、二、三、四、五、六、七、八、九、〇，不用十、百、千、萬。

十二、各分典附《引用書目》，書目包括書名、作者、時代、版本等項内容。本典從實用出發，對一部典籍的引用不限於一種版本，擇善而從。

《中華大典·文獻目録典》編纂委員會

二〇一二年一月三十一日

中華大典・文獻目録典

總目

中華大典・文獻目録典

古籍目録分典

主編：楊寄林　諸偉奇

《古籍目録分典》編纂委員會

主　編：楊寄林　諸偉奇

編委會委員（以姓氏筆劃爲序）：

杜也力　邵永忠　周挺啓　敖　堃　董文武

楊寄林　鄭振峰　諸偉奇　蘇文珠

《古籍目録分典》編纂説明

《古籍目録分典》是《中華大典·文獻目録典》兩個分典之一。本分典以《〈中華大典〉編纂通則》與《〈文獻目録典〉凡例》爲指導，結合中國古籍和歷代古籍書目的特點與實際情況，通過廣泛搜採專題資料，進行科學編排，形成了一部規模較大的新型專科類書，同時兼具集成性中國古籍解題總目的功能。

本分典重在反映一九一一年辛亥革命以前中國歷代著述的整體風貌，以『紀百代之有無，廣古今而無遺』爲旨，本擬收輯古今書目文獻，悉録存佚古籍，以成全目。然受大典通則關於所收資料『迄於辛亥革命』的規定所限，故資料範圍僅以一九一一年前撰成的書目和著述爲採輯對象，特作説明。本分典的編纂企望能客觀顯示中國古籍所達到的位居世界之首的宏富與完備程度，並藉此展現中華傳統文化的獨特景觀與魅力。

本分典重在標揭每種古籍特别是傳世名著與要籍的本來面目和固有情狀，因而廣列群説，提要鈎玄，特將輻射面和關節點集中於：書名涵義、作者略歷、師承關係、時代背景、編著經過、成書年代、篇目次第、撰寫體例、内容概要、主旨大義、優劣得失、學術成就、史料價值、藝術風格、實際用途、社會意義、歷史地位、後世影響，以及傳布原委、版本源流、内容真僞、文字異同等。藉此數端而使每種古籍得以梗要略具或境界全出，進而在特定視域内彰顯其所藴含的中華民族特有的文化認知、精神價值、思維方式和創造力、想像力，並且昭示中華民族在數千年歷史發展過程中所積澱的具有代表性的重要精神文明成果。

本分典重在辨章學術，考鏡源流，因而類聚群分，舉要撮凡，着意宣明有史以來中華學術文化的立體格局和嬗變大勢，闡繹各門學術尤其是主流學術的淵源流變、各自特徵與精髓所在，彼此間的内在聯繫與相互作用，揭示貫穿其間的變通張弛之故；並兼及中國古代圖書事業、目録事業的發展軌跡與具體情形。進而彰揚民族文化的基本元素，顯現出綿延數千年而一脉相承的中華文明的博大精深，持續臻及的廣度、深度與力度。

基於上列重點内容，本分典構建了由五級『經目』同三個『緯目』交織互持的框架結構，用以統括和承載恰相對應的豐富資料。五級『經目』從上至下，除『分典』居首外，包括：六個『總部』，即《經總部》《史總部》《子總部》《集總部》《叢書總部》《譯著總部》。各總部之下，依次復設若干個『部』、若干個『分部』、若干個『專題』。三個『緯目』爲『論述』『雜録』『綜述』，各適其所地配置在『總部』『部』或『分部』『專題』之下。

本分典五級『經目』的設置，均以歷代古籍之有無多寡爲依據，採用現代科學的分類方法重行熔鑄，一方面保留古籍傳統分類的可取之處，另方面吸收當代有關古籍分類的研究成果，力求使之完備化，從而形成了脉絡清晰、邏輯嚴密的古籍分類新體系。

本分典三個『緯目』的設置，組成了各級『經目』所涵蓋的具體内容和各種資料的展開區間和宣示點位。其中『論述』則主要輯録衆書目之大序（部序）、小序（類序）文字，以及他書中與其交相發明的類序性文字；『雜録』則主要輯録同分類相關而足資參考的資料；『綜述』則主要輯録衆書目和他書中關於某部典籍的著録文字、解題文字、註語、按語和序跋題識等。三個『緯目』之間各有側重，彼此映照，互作支撑，融爲一體。

本分典依託於既定的經緯目框架結構，特以『既博且精』爲標尺，大範圍搜集又聚焦化選取原始資料。其『博』在：既以古代各種書目爲主，又以相關著作爲輔，達到近乎竭澤而漁的地步。其『精』在：參照《中華大典》兩委會所設定的編纂規模與輯録一九一一年以前資料的要求，擇定其中頗具代表性或稀見難覓的數百種書目及數十種相關著作予以多維度、層級化、集束式彙輯。彙輯中，特將資料的剪裁與編排列爲第一要務。必經反覆品察，判明每種典籍尤其是易混難分之書或模棱兩可之書的本質屬性而各歸其類，適得其所，力戒重出或失當。資料剪裁則兼顧涵蓋而突出重點，切忌缺漏或冗濫。從被收載的所有典籍到評介每部典籍的各種資料，皆按時代先後排列，自成單元又蟬聯而下。

《古籍目録分典》作爲一部總結性的資料彙編，可向學術界、研究者提供準確詳細、足資參取的古籍解題資料；並對批判地繼承和弘揚祖國歷史文化遺產，建設優秀傳統文化傳承體系，增强中華文明的國際影響力，起到一定的輔助作用。

《古籍目録分典》從發凡起例、廣搜精選資料到諸多編纂環節、審稿定稿，各有分工地傾注和凝聚着《文獻目録典》主編、副主編、本分典主編、六總部主編、全體編纂人員的大量心血、精力、勞動與學術智慧。而廣西師範大學出版社的領導與責任編輯亦爲本分典質量的提陞提出了許多寶貴意見。本分典有待社會檢驗和時間考驗，敬祈海内外方家和廣大讀者對其中存在的瑕疵及不足之處給予教正，謹此先致謝忱。

《中華大典·文獻目録典·古籍目録分典》編纂委員會

二〇一三年九月二十日

史總部

主编：邵永忠　陳曉華

《史總部》編纂人員

主　編： 邵永忠　陳曉華

副主編： 范紅霞　賈慧如　楊永康

參纂人員（按姓氏筆劃爲序）：

王彦霞　王曉薇　毛瑞方　史麗君　年四國

李　燕　沈　偉　邵永忠　范紅霞　范敬先

周文潔　郝豔華　段文輝　郭　芳　陳　祺

黄煦明　張　雪　張　婷　張振利　張曉梅

張豔麗　董曉京　楊永康　楊雪婷　賈文龍

賈慧如　賈億寶　詹　奪　趙　晗　鄭志惠

鄭天一　劉志江　謝　輝

《史總部》提要

《史總部》是《文獻目録典·古籍目録分典》所屬六個總部之一，在編纂過程中，我們嚴格按照《中華大典編纂條例》及《〈中華大典·文獻目録典〉編纂細則》的規定和要求，力爭體現「紀百代之有無」的編纂旨趣。爲達此目的，在框架設計上，《史總部》下設十五個部，即：紀傳部、編年部、紀事本末部、雜史部、詔令奏議部、傳記部、史鈔部、載記部、時令部、地理部、職官部、政書部、目録部、金石部、史評部。各部之下，又根據每部史書所統括範圍的大小與數量多寡，多者設分部，或分部之下再設專題。在各部之下，視情況構設論述、雜録、綜述三個緯目，經緯交織，點、綫、面結合，以立體角度展示公元一九一一年以前，中國歷代史部典籍的整體樣貌與個體丰姿。

本總部由各部負責人組織撰稿，具體分工如下：紀傳部毛瑞方，編年部謝輝，紀事本末部郭芳，雜史部史麗君，詔令奏議部賈慧茹，傳記部郝豔華，史鈔部賈文龍，載記部王彦霞，時令部邵永忠，地理部鄭志惠、鄭天一，職官部賈文龍，政書部邵永忠，目録部邵永忠，金石部邵永忠，史評部楊永康、周文洁。陳曉華參與了稿件最後的修訂、統稿工作。

史總部的編纂工作歷時七載有餘，期間編纂人員屢有更迭，其他困難也難以盡數。作爲總部主編，感謝各位師友的信任與不計條件的無私支持，這也是書稿最終告成的核心動力。雖然每位編纂人員都付出了辛勤勞動，但書稿不可避免地存在缺憾甚或舛誤，還望有識之士批評指正。

《文獻目録典·古籍目録分典·史總部》編委會

二〇一六年三月二十八日

目次

一

總論部

論述

《隋書・經籍志・史部序》 夫史官者，必求博聞强識，疏通知遠之士，使居其位，百官衆職，咸所貳焉。是故前言往行，無不識也；天文地理，無不察也；人事之紀，無不達也。內掌八柄，以詔王治，外執六典，以逆官政。書美以彰善，記惡以垂戒，範圍神化，昭明令德，窮聖人之至賾，詳一代之亹亹。自史官廢絶久矣，漢氏頗循其舊，班、馬因之。魏晉已來，其道逾替。南、董之位，以禄貴遊，政、駿之司，罕因才授。故梁世諺曰：「上車不落則著作，體中何如則祕書。」於是尸素之儔，盱衡延閣之上；立言之士，揮翰蓬茨之下。一代之記，至數十家，傳説不同，聞見舛駁，理失中庸，辭乖體要。致令允恭之德有闕於典墳，忠肅之才不傳於簡策，斯所以爲蔽也。班固以《史記》附《春秋》，今開其事類，凡三十種，別爲史部。

晁公武《郡齋讀書志・史類總論》 史之類十有三：其一曰正史，二曰編年，三曰實録，四曰雜史，五曰僞史，六曰史評，七曰職官，八曰儀注，九曰刑法，十曰地里，十一曰傳記，十二曰譜牒，十三曰目録。合二百八十三部，七千三百八十八卷。後世述史者，其體有三：編年者，以事繫月日而總之於年，蓋本於左丘明。紀傳者，分記君臣行事之終始，蓋本於司馬遷。實録者，其名起於蕭梁，至唐而盛，雜取兩者之法而爲之，以備史官採擇而已，初無制作之意，不足道也。若編年、紀傳，則各有所長，殆未易以優劣論。雖然，編年所載，於一國治亂之事爲詳；紀傳所載，於一人善惡之迹爲詳。用此言之，編年似優，又其來最古，而人皆以紀傳便於披閱，獨行於世，號爲正史，不亦異乎？舊以職官、儀注等凡史氏有取者，皆附之史，今從焉。

《四庫提要・史部總敘》 史之爲道，撰述欲其簡，考證則欲其詳，莫簡於《春秋》，莫詳於《左傳》。魯史所録，具載一事之始末，聖人觀其始末，得其是非，而後能定以一字之褒貶。此作史之資考證也。丘明録以爲《傳》，後人觀其始末，得其是非，而後能知一字之所以褒貶。此讀史之資考證也。苟無事蹟，雖聖人不能作《春秋》；苟不知其事蹟，雖以聖人讀《春秋》，不知所以褒貶。儒者好爲大言，動曰舍傳以求經。此其説必不通，其或通者，則必私求諸傳，詐稱舍傳云爾。司馬光《通鑑》，世稱絶作，不知其先爲長編，後爲考異。高似孫《緯略》載其《與宋敏求書》稱：「到洛八年，始了晉、宋、齊、梁、陳、隋六代。唐文字尤多，依年月編次爲草卷。以四丈爲一卷，計不減六七百卷。」又稱：「光作《通鑑》，一事用三四出處纂成，用雜史諸書凡二百二十二家。」李燾《巽巖集》亦稱：「張新甫見洛陽有《資治通鑑》草稿，盈兩屋。」案燾集今已佚，此據馬端臨《文獻通考》述其父廷鸞之言。今觀其書，如淖方成「禍水」之語，則採及《飛燕外傳》；張彖「冰山」之語，則採及《開元天寶遺事》，並小説亦不遺之。然則古來著録，於正史之外兼收博採，列目分編，其必有故矣。今總括羣書，分十五類：首曰正史，大綱也。次曰編年，曰別史，曰雜史，曰詔令奏議，曰傳記，曰史鈔，曰載記，皆參考紀傳者也。曰時令，曰地理，曰職官，曰政書，曰目録，皆參考諸志者也。曰史評，參考論贊者也。舊有譜牒一門，然自唐以後譜學殆絶，玉牒既不頒於外，家乘亦不上於官，徒存虚目，故從删焉。考私家記載，惟宋明二代爲多。蓋宋明人皆好議論，議論異則門户分，門户分則朋黨立，朋黨立則恩怨結。恩怨既結，得志則排擠於朝廷，不得志則以筆墨相報復。其中是非顛倒，頗亦熒聽。然雖有疑獄，合衆證而質之，必得其情；雖有虚詞，參衆説而核之，亦必得其情。張師棣《南遷録》之妄，鄰國之事無質也，趙與旹《賓退録》證以金國官制而知之。《碧雲騢》一書誣謗文彦博、范仲淹諸人，晁公武以爲真出梅堯臣，王銍以爲出自魏泰，邵博又證其真出堯臣，可謂聚訟。李燾卒參互而辨定之，至今遂無異説。此亦考證欲詳之一驗。然則史部諸書，自鄙倍冗雜，灼然無可採録外，其有裨於正史者，固均宜擇而存之矣。

葉德輝《觀古堂藏書目・史部序》 史之類十有二：曰正史類，曰編年類，曰注曆類，曰霸史類，曰雜史類，曰雜傳類，曰政書類，曰地理類，曰譜系類，曰簿録類，曰金石類，曰史評類。正史類者，正統之史，非謂史之正也。馬、班以下，官修私撰，屹然與經對峙焉。其文其事有待音注而後詳者，而闕則補之，繁則删之，是爲音注抄補之屬；年表元號，史之大綱，是爲年表元號之屬。注曆類者，即起居注也。其中有傳記，有實録，故從梁阮孝緒《七録》之例，次爲一類，不復區分其屬焉。編年類者，《隋志》古史之易名，而古史則對乎雜史，以立體者也。《志》以《竹書》出自汲冢，而以古史目之，然自兩《漢紀》後，至於《元經》，作者實繁，體皆相仿。至宋司馬《通鑑》，上續獲麟；朱子《綱目》，專取筆削。同一編年之作，又各分途。今敘次其與《竹書》相類者，爲古史之屬；義法司馬者，爲通鑑之屬；繼朱子而作者，爲綱目之屬。紀事本末創於宋人，爲編年之變例，以踵事者多，列爲紀事本末之屬。霸史類者，偏隅割據，異乎正統之史也。宋以後志目往往羼入雜史，其義未安。《四庫》題稱載記，雖本《晉書》，然彼所録僅一事一隅，此則世更數主，地號小朝，固不可同日語矣。雜史類者，蓋與古史相待，而爲近史所不能賅括，故別爲一體者也。其有義仿正史，或紀皇古，或撰新書，並以時相從，敘次爲別史之屬。其爲紀述名臣言行，朝野舊聞者，爲紀事之屬，詳載典章制度、因革損益者，爲掌故之屬。若夫民風俗尚，瑣屑雜文，既非小説之書，間補正史之略，爲瑣記之屬。雜傳類者，或史無其人而補之，或史略其事而詳之。今敘次，記一人者爲別傳之屬，諸人共一書者爲列傳之屬。政書類者，一代政治之所繫，後人以資考證者也。天子所出爲詔令，臣工所論爲奏議。舊志別爲一類，不免分歧。今敘次於首爲詔令之屬，爲奏議之屬。職官刑法，故事舊儀，《隋志》各爲一類，茲增損其例，爲法制之屬，爲職官之屬，爲民政之屬，爲典禮之屬，爲兵制之屬，爲刑法之屬，爲考工之屬。義本六官而治歸一統矣。地理類者，史家《地理》、《溝洫志》之流也。今敘次爲總志之屬，爲分志之屬，爲水道之屬，爲古跡之屬，爲山水之屬，爲雜誌之屬，爲外紀之屬。譜系類者，統乎帝王世繫、臣民譜録而言之者也。舊以姓氏人名之作，入之類書，殊爲未允。年譜雖近傳記，然上溯受姓之源，中列分年之事，列之譜系，斯名義符矣。簿録類者，史家《藝文》、《經籍》之流也。《四庫》以書籍、金石爲一類，謂之目録，義雖賅貫，例亦雜糅。況國朝金石之學，撰述無慮數百家，自宜析出，別爲一類。至書籍板本題跋滋多，闕佚校勘成書者衆，概名目録，循覽多歧。今故敘次爲目録之屬，爲題跋之屬，爲孝行之屬。近人書目有以題跋、考證入儒家考訂者，不如此之門户分明矣。金石類者，所以補史志之闕文，證古今地名之異同。歐、趙以降，代有專家，至國朝而極盛。今於此類，敘次爲目録之屬，爲圖像之屬，爲文字之屬，爲都會郡縣志之屬，爲考釋之屬，爲義例之屬。《四庫》以言義例者入詩文評，使讀者茫然無可尋繹，蔽矣。史評類者，史家論贊之流也。宋以後志目，始立斯名。今仍取之，以論史書得失者爲史法之屬，論一朝之治亂及一人一事之是非者，爲史事之屬。

雜録

《隋書・經籍志・史》 凡史之所記，八百一十七部，一萬三千二百六十四卷。通計亡書合八百七十四部，一萬六千五百五十八卷。

《舊唐書・經籍志・總序》 乙部爲史，其類十有三：一曰正史，以紀紀傳表志。二曰古史，以紀編年系事。三曰雜史，以紀異體雜紀。四曰霸史，以紀僞朝國史。五曰起居注，以紀人君言動。六曰舊事，以紀朝廷政令。七曰職官，以紀班序品秩。八曰儀注，以紀吉凶行事。九曰刑法，以紀律令格式。十曰雜傳，以紀先聖人物。十一曰地理，以紀山川郡國。十二曰譜系，以紀世族繼序。十三曰略録，以紀史策條目。

又《乙部史録》 乙部史録，十三家，八百四十四部，一萬七千九百四十六卷。正史類一，編年類二，僞史類三，雜史類四，起居注類五，故事類六，職官類七，雜傳類八，儀注類九，刑法類十，目録類十一，譜牒類十二，地理類十三。

《新唐書・藝文志・乙部史録》 其類十三：一曰正史類，二曰編年類，三曰僞史類，四曰雜史類，五曰起居注類，六曰故事類，七曰職官類，八曰雜傳記類，九曰儀注類，十曰刑法類，十一曰目録類，十二曰譜牒類，十三曰地理類。凡著録五百七十一家，八百五十七部，一萬六千八百七十四卷。不著録三百五十八家，一萬二千三百二十七卷。

王應麟《玉海・藝文・正史》 唐承天命，世以文理，典籍之盛，莫若開元。竹簡漆書，咸萃秘府，鴻生鉅學，纂續志録。書分四類，其二曰史。史分十三類，其一曰正史。繇漢迄隋，篇目彪列，藝文有志，具詳登載。爲部九十，爲卷四千八十五，總爲七十家，失名氏者二家。遺文古事，靡不畢集。觀書於太史氏，上下數千載之述作，粲然可考。庸撮其要指，序於篇端曰：史與經，同出而異名。若昔四史昉於黄序，五史建於蒼籙。右言左動，官宿其業。言爲《尚書》，紀謨訓而舉其綱；事爲《春秋》，繫日月而詳其目，紀傳猶未分也。邦國之志掌於小史，百十二國寶書藏於周室，私史猶未作也。自《鄭書》、《晉乘》、《魯史》、《秦記》，而國各有史。如南、董、左氏之流，史猶出於一家也。逮漢六葉，有臣曰遷，罔羅舊聞，終篇麟止，而編年之體始變。班、劉而下，波沿景附，猶未有正史之名也。貴耳賤目，見聞異辭，而史始雜。餘分閏位，記注並作，而史始僞。碔玉錯陳，朱紫易混，繇是條分科別，粹然一出於正者，編爲正史。《隋志》所録六十七部，三千八十三卷。一代史籍，至數十家，而紀載益詳。《史》、《漢》訓詁，師法相傳，而義例益明。或書事記言於當時，而勒成刪定於後代。大策小牘，支蕃葉滋，温故知新，聳善抑惡，皆足以昭法式，垂勸戒，豈誇多而愛奇哉？有唐肇基，襲經補藝，五代史成於貞觀之十禩，兩朝史成於顯慶之初元。然乙部著録，尚仍《隋書》，籤牓紛糾，寖失緒次。號登開元，名儒建議，乾元、麗正，博彙羣書，臣述、臣欽，分部治史。越九年仲冬丙辰，臣行沖奏上四録，卷析二百，臣照删爲四十卷，凡史録五百七十一家，八百五十七部，一萬六千八百七十四卷。曰編年，曰僞史，雜史，曰起居注，故事，曰職官，傳記，儀注，曰刑法，目録，譜牒，地理，而正史居其首。即篇目考之，《史記》本於司馬氏，而裴、徐、鄒、許、劉之《音解》列焉。《漢書》本於班氏，而服、應、孟、晉、崔、孔、諸葛、夏侯、包、蕭、陰、項、陸、姚、李、顧、二韋、二劉、二顔、務静之《音注》、《論駁》及高宗銓定《名氏英華》附焉。東漢始於劉珍之《記》，二謝、薛、司馬、劉、華、袁、范、張譔其書，三劉、蕭、臧及太子賢、韋機釋其義。以至王沈、陳壽、韋昭纂三國之事，隱、預、鳳、靈運、榮緒、寶、子雲、法盛、玄齡輯二晉之史。宋、齊、梁、陳則徐、孫、沈、王、蕭、劉、謝、顧、傅，二姚續汗青之緒，元魏、北齊、周、隋則二魏、王、張、二李、令狐、顔氏擅載筆之美。縹囊碧軸，淵聚林崒，治亂興替之鑒，是非褒貶之論，衮斧於既往，蓍蔡於將來。天球河圖，金匱玉版，成一王法，爲萬世則，緯經綴道，囊括古今。兹七十家之醇駁雖殊，而廣記備言，不可以闕遺也。或者猶曰：史之失，自遷，固始。夫敘一時之事，編年爲善；敘一人之事，紀傳爲優。旨哉！皇甫湜之言曰：「合聖人之經，以心不以跡；得良史之體，在適不在同。」吾有取焉。緬稽唐朝，簡册尤備。倣四繫之法，則有唐曆、春秋。總二史之載，則有起居注、實録。書政事議論之詳，則有日曆、時政記。會要肇於貞元，玉牒創於開成。惟紀表志傳爲一代鉅典，冠冕史録，其以是與？按《六典》卷部與《隋志》同，《藝文志·正史》之末附以《通史》、《南北史》之屬五家六部，一千二百二十二卷，謂之集史。諸儒立言，日新月益。不著録之書，若王元感之下，徐、李、陳、韓、司馬、劉、張、竇、裴，皆《史記》之學也。劉伯莊之下，敬、元、姚、沈、李、徐、高、何，皆《漢》、《晉書》之學也。繼以《武德貞觀兩朝史》、《齊》、《梁》、《陳》、《周》、《隋史》、《唐書》、《國史》，終於裴安時《元魏書》，凡二十三家，爲卷一千七百九十，皇朝《崇文總目》三十部，二千一百六十二卷云。擬序

《宋史·藝文志·史類》 史類十三：一曰正史類，二曰編年類，三曰别史類，四曰史鈔類，五曰故事類，六曰職官類，七曰傳記類，八曰儀注類，九曰刑法類，十曰目録類，十一曰譜牒類，十二曰地理類，十三曰霸史類。【略】凡史類二千一百四十七部，四萬三千一百九卷。

《明史·藝文志·史類》 史類十：一曰正史類，編年在內。二曰雜史類，三曰史鈔類，四曰故事類，五曰職官類，六曰儀注類，七曰刑法類，八曰傳記類，九曰地理類，十曰譜牒類。

張之洞《書目答問·史部》 此類若古史及宋以前雜史、雜地志，多在通行諸叢書內。此舉善本。若諸本相等，舉易得者。

紀傳部

論述

《隋書・經籍志・正史》 古者天子諸侯，必有國史，以紀言行，後世多務，其道彌繁。夏殷已上，左史記言，右史記事，周則太史、小史、内史、外史、御史，分掌其事，而諸侯之國，亦置史官。又《春秋》、《國語》引周志、鄭書之説，推尋事迹，似當時記事，各有職司，後又合而撰之，總成書記。其後陵夷衰亂，史官放絶，秦滅先王之典，遺制莫存。至漢武帝時，始置太史公，命司馬談爲之，以掌其職。時天下計書，皆先上太史，副上丞相，遺文古事，靡不畢臻。談乃據《左氏》、《國語》、《世本》、《戰國策》、《楚漢春秋》，接其後事，成一家之言。談卒，其子遷又爲太史令，嗣成其志。上自黄帝，訖于炎漢，合十二本紀、十表、八書、三十世家、七十列傳，謂之《史記》。遷卒以後，好事者亦頗著述，然多鄙淺，不足相繼。至後漢扶風班彪，綴後傳數十篇，并譏正前失。彪卒，明帝命其子固續成其志。以爲唐、虞、三代，世有典籍，史遷所記，乃以漢氏繼於百王之末，非其義也。故斷自高祖，終於孝平、王莽之誅，爲十二紀、八表、十志、六十九傳，潛心積思，二十餘年。建初中，始奏表及紀傳，其十志竟不能就。固卒後，始命曹大家續成之。先是明帝召固爲蘭臺令史，與諸先輩陳宗、尹敏、孟冀等，共成《光武本紀》。擢固爲郎，曲校祕書。固撰後漢事，作《列傳載記》二十八篇。其後劉珍、劉毅、劉陶、伏無忌等，相次著述東觀，謂之《漢記》。及三國鼎峙，魏氏及吴並有史官。晉時，巴西陳壽删集三國之事，唯魏帝爲紀，其功臣及吴、蜀之主並皆爲傳，仍各依其國，部類相從，謂之《三國志》。壽卒後，梁州大中正范頵表奏其事，帝詔河南尹、洛陽令，就壽家寫之。自是世有著述，皆擬班、馬，以爲正史，作者尤廣。一代之史，至數十家。唯《史記》、《漢書》，師法相傳，並有解釋。《三國志》及范曄《後漢》，雖有音注，既近世之作，並讀之可知。梁時，明《漢書》有劉顯、韋稜，陳時有姚察，隋代有包愷、蕭該，並爲名家。《史記》傳者甚微。今依其世代，聚而編之，以備正史。

《舊唐書・經籍志・正史類》 右八十一部，《史記》六家，前漢二十五家，後漢十七家，魏三家，晉八家，宋三家，後魏三家，後周一家，隋二家，齊二家，梁二家，陳三家，北齊三家，都史三家，凡四千四百四十三卷。

《新唐書・藝文志・正史類》 右正史類七十家，九十部，四千八十五卷。失姓名二家，王元感以下不著録二十三家，一千七百九十卷。總七十三家，六十九部。

《宋史・藝文志・正史類》 右正史類五十七部，四千四百七十三卷。葛炳奎《國朝名臣敘傳》不著録，一部，二十卷。

馬端臨《文獻通考・經籍考・正史》 按：班孟堅《藝文志》、《七略》無史類，以《世本》以下諸書附於《六藝略・春秋》之後。蓋《春秋》即古史，而《春秋》之後，惟秦、漢之事，編帙不多，故不必特立史部。後來傳代既久，史言漸多，而述作之體亦不一，《隋志》史之類已有十三門，唐以後之志皆因之。然《漢志》所録《世本》以下九書，《隋志》則以《太史公書》入正史門，《戰國策》、《楚漢春秋》入雜史門，而其餘諸書，則後學所不盡見，無由知其合入何門矣，故姑以此九者盡置之正史之首云。

右正史。

《宋三朝志》：二十六部，二千一十卷。

《宋兩朝志》：六部，五百五十六卷。

《宋四朝志》：一十三部，一千一百六十七卷。

《宋中興志》：三十九家，四十二部，二千八百七十七卷。

右正史。

《明史・藝文志・正史類》 右正史類一百十部，一萬二百三十二卷。

《四庫全書總目提要・正史類》 正史之名，見於《隋志》，至宋而定著十有七。明刊監版，合宋、遼、金、元四史爲二十有一。皇上欽定《明史》，又詔增《舊唐書》爲二十有三。近蒐羅四庫，薛居正《舊五代史》得裒集成編。欽稟睿裁，與歐陽修書竝列，共爲二十有四。今竝從官本校録。凡未經宸斷者，則悉不濫登。蓋正史體尊，義與經配，非懸諸令典，莫敢私增，所由與稗官野記異也。其他訓釋音義者，如《史記索隱》之類；掇拾遺闕者，如《補後漢書年表》之類；辨正異同者，如《新唐書糾繆》之類；校正字句者，如《兩漢刊誤補遺》之類，若別爲編次尋檢爲繁，即各附本書用資參證。至宋、遼、金、元四史譯語，舊皆舛謬，今悉改正，以存其真。其子部、集部亦均視此。以考校釐訂自正史始，謹發其凡於此。

又 右正史類，三十八部，三千七百三十九卷，皆文淵閣著録。案：註釋諸史之書，皆各從其類。惟《班馬異同》附《漢書》後，以有《漢書》而後考及《史記》，是由《漢書》作也。《兩漢刊誤補遺》附《後漢書》後，後及見前，前尚未及見後也。若茅國緍、蔣之翹之《晉書》删改原文，《宋史新編》之屬，非其本書。《五代史補》、《五代史闕文》，亦增益於本書之外，如斯之類，則均入别史焉。

又　右正史類，七部，八十五卷，皆附存目。案：凡考註一代之史者，雖工拙有殊，然非淹貫全書，則不能論著，不比語録之類，人人皆可成編。故撰述者無多，即存目之書亦寥寥可數。

錢東垣等輯《崇文總目輯釋・正史類》　《新校史記》一百三十卷。[原釋]余靖等校正。見天一閣鈔本。

又　共三十部，計二千一百六十二卷。繹按：《玉海》引《崇文目》，「二千」作「一千」，誤。今核計實二十九部，二千一百三十二卷。

張之洞《書目答問・正史》　正史第一。事實先以正史爲據。

綜述

史記

《漢書・藝文志・春秋》　《太史公》百三十篇。十篇有録無書。

《隋書・經籍志・正史》　《史記》一百三十卷。《目録》一卷，漢中書令司馬遷撰。

《舊唐書・經籍志・正文》　《史記》一百三十卷。司馬遷作。

《新唐書・藝文志・正史類》　司馬遷《史記》一百三十卷。

鄭樵《通志・藝文略・正史》　《史記》一百三十卷。《目録》一卷，漢中書令司馬遷撰。

晁公武《郡齋讀書志・正史類》　《史記》一百三十卷。袁本前志卷二上，正史類第一。右漢太史令司馬遷續其父談書。創爲義例，起黄帝，迄漢武獲麟之歲。撰成十二紀以序帝王，十年表以貫歲月，八書以紀政事，三十世家以敘公侯，七十列傳以志士庶。上下三千餘載，凡爲五十二萬六千五百言。遷没後，闕《景》、《武紀》、《禮》、《樂》、《律書》、《三王世家》、《漢興以來將相年表》、《日者》、《龜策傳》、《靳蒯列傳》等十篇。元、成間，褚少孫追補，及益以武帝後事，辭旨淺鄙，不及遷書遠甚。遷書舊有裴駰爲之解，云：班固嘗譏遷「論大道則先黄老而後《六經》，序游俠則退處士而進姦雄，述貨殖則崇勢利而羞貧賤」。後世愛遷者多以此論爲不然，謂遷特感當世之所失，憤其身之所遭，寓之於書，有所激而爲此言耳，非其心所謂誠然也。當武帝之世，表章儒術而罷黜百家，宜乎大治，而窮奢極侈，海内彫弊，反不若文、景尚黄老時人主恭儉，天下饒給。此其所以先黄老而後《六經》也。武帝用法刻深，羣臣一言忤旨，輒下吏誅，而當刑者得以貨免。遷之遭李陵之禍，家貧無財賄自贖，交遊莫救，卒陷腐刑。其進姦雄者，蓋遷歎時無朱家之倫，不能脱己於禍，故曰：「士窮窘得委命。」此非人所謂賢豪者耶！其羞貧賤者，蓋自傷特以貧故，不能自免於刑戮，故曰：「千金之子，不死於市。」非空言也。固不察其心而驟譏之，過矣。

尤袤《遂初堂書目・正史類》　川本《史記》。

又　嚴州本《史記》。

馬端臨《文獻通考・經籍考・正史》　《史記》一百三十卷。李方叔《師友讀書記》曰：司馬遷作《史記》，大抵譏漢武帝所短爲多，故其用意遠，揚雄、班固之論不得實。見班固《司馬遷傳》。《秦始皇本紀》皆譏武帝也，可以推求《史記》，其意深遠，則其言愈緩，其事繁碎，則其言愈簡，此《詩》、《春秋》之義也。

《朱子語録》曰：司馬遷才高識亦高，但粗率。太史公《三代本紀》，皆著孔子所損益四代之説，《高帝紀》又言色尚黄，朝以十月，此固有深意。且以孔顔而行夏時，乘殷輅，服周冕，用《韶》舞則固好，以劉季爲之，則亦未濟事在。曹器遠云：黄屋左纛，朝以十月，葬長陵。此事大事，所以書在後。先生云：某嘗謂《史記》恐是箇未成底文字，故記載無叙，有疏闊不接續處，如此等是也。伯恭、子約宗太史公之學，以爲非漢儒所及，某嘗痛與之辨。子由《古史》言馬遷「淺陋而不學，疏略而輕信」，此二句最中馬遷之失，伯恭極惡之。《古史》序云：「古之帝王，其必爲善，如火之必熱，水之必寒，其不爲不善，如騶虞之不殺，竊脂之不穀。」此語最好。某嘗問伯恭，此豈馬遷所能及？然子由之語雖好，又自有病處，如云「帝王之道，以無爲宗」之類。他只説得箇頭勢大，然下面工夫又皆空疎。亦猶馬遷《禮書》云：「大哉，禮樂之道！洋洋乎，鼓舞萬物，役使群動。」説得頭勢甚大，然下面亦空疎，却引荀子諸説以足之。又如《諸侯年表》，盛言形勢之利，有國者不可無，末却云形勢雖强，要以行義爲本。他上文本意，主張形勢，而其末却如此説者，蓋他也知仁義是箇好底物事，不得不説，且説教好看。如《禮書》所云，亦此意也。伯恭極喜渠此等説，以爲遷知行夏之時，乘殷之輅，服周之冕，爲得聖人爲邦之法，非漢儒所及。此亦衆所共知，何必馬遷？然遷嘗從董仲舒遊，《史記》中有「余聞之董生云」此等語言，亦有所自來也。遷之學，也説仁義，也説詐力，也用權謀，也用功利，然其本意却只在於權謀功利。又如《伯夷傳》，孔子正説伯夷求仁得仁又何怨，他一傳中，首尾皆是怨辭，盡説壞了伯夷。子由《古史》皆刪去之，蓋用孔子之語作傳，豈可以子由爲非，馬遷爲是？可惜子由死了，此論至死不曾明。聖賢以六經垂訓，炳若丹青，無非仁義道德之説。今求義理，不於六經，而反取疎略淺陋之子長，亦惑之甚矣。

東萊呂氏曰：太史公之書法，豈拘儒曲士所能通其説乎？其指意之深遠，寄興之悠長，微而顯，絶而續，正而變，文見於此，而起義於彼，有若魚龍之變化，不可得而蹤跡者矣！讀是書者，可不參考互觀，以究其大指之所歸乎？

夾漈鄭氏曰：仲尼既没，諸子百家興焉，各效《論語》，以空言著書，至於歷代實迹，無所統繫。迨漢建元、元封之後，司馬氏父子出焉，世司典籍，工於制作，故能上稽仲尼之意，會《詩》、《書》、《左傳》、《國語》、《世本》、《戰國策》、《楚漢春秋》之言，通黄帝、堯、舜至於秦、漢之世，勒成一書，分爲五體，本紀記年，世家傳代，表以正曆，書以類事，傳以著人。使百代而下，史官不能易其法，學者不能捨其書，六經之後，惟有此作。故謂「周公五百歲而有孔子，孔子五百歲而在斯乎」，是其所以自待者已不淺。然大著述者，必深於博雅，而盡見天下之書，然後無恨。當遷之時，挾書之律初除，得書之路未廣，亘三千年之史籍，而跼蹐於七八種書。所可爲遷恨者，博不足也。凡著書，雖雜前人之書，必自成一家言。左氏，楚人也，所見多矣，而其書皆楚人之詞；公羊，齊人也，所聞多矣，而其書皆齊人之語。今遷書全用舊文，間以俚俗，良由採摭未備，筆削不遑，故曰：「余不敢墮先人言，乃述故事，整齊其傳，非所作也。」劉知幾亦譏其「多聚舊記，時插新言」。所可爲遷恨者，雅不足也。大抵開基之人，不免草創，全屬繼志之士爲之彌縫。晉之《乘》，楚之《檮杌》，魯之《春秋》，其實一也。《乘》、《檮杌》無善後之人，故其不行；《春秋》得仲尼挽之於前，左氏推之於後，故其書與日月並傳。不然，則一卷事目安能行於世？自《春秋》之後，惟《史記》擅制作之規模，不幸班固非其人，遂失會通之旨，司馬氏之門户自此衰矣。先公曰：太史公整齊世傳，論次其文，七年而遭李陵之禍，於是述陶唐迄獲麟止。是《史記》二千四百一十三年之書，年數張中節説。以七年而成。

胡師安等《元西湖書院重整書目》 大字《史記》。

又 中字《史記》。

楊士奇等《文淵閣書目・史》 《史記》。一部，四十册。闕。

又 《史記》。一部，三十册。完全。

又 《史記》。一部，三十一册。闕。

又 《史記》。一部，十二册。闕。

又 《史記》。一部，十八册。闕。

又 《史記》。一部，二十一册。闕。

又 《史記》。一部，二十二册。闕。塾本，二十一册。

范邦甸等《天一閣書目・正史類》 《史記》一百三十卷。刊本。漢司馬遷撰，唐司馬貞補撰并註。明嘉靖九年國子監祭酒張邦奇、司業江汝璧奉旨校刊。

徐𤊹《徐氏家藏書目・正史類》 《史記》，一百三十卷。司馬遷。

張萱等《内閣藏書目録・史部》 《史記》，三十册。全。漢司馬遷著。

又 《史記》八册。不全。

又 《史記》三十九册。不全。

錢謙益等《絳雲樓書目・正史類》 元板《史記》。嘉靖間，莆田柯維熊家刻《史記》最佳，可與震澤王氏相埒。維熊，正德丁丑進士也。

錢曾《讀書敏求記・史》 《史記》一百三十卷。唐尊老子爲玄元皇帝，開元二十三年，敕升于《史記》列傳之首，處《伯夷》上。予昔藏宋刻《史記》有四，而開元本亦其一焉。今此本乃集諸宋板共成一書，小大長短各種咸備。李沂公取桐絲之精者，雜綴爲一琴，謂之「百衲」。予亦戲名此爲百衲本《史記》，以發同人一笑焉。

《四庫全書總目提要・正史類》 《史記》一百三十卷。内府刊本。漢司馬遷撰，褚少孫補。遷事蹟具《漢書》本傳。少孫，據張守節《正義》引張晏之説，以爲潁川人，元、成間博士。又引褚顗《家傳》，以爲梁相褚大弟之孫，宣帝時爲博士，寓居沛，事大儒王式，故號「先生」。二説不同，然宣帝末距成帝初不過十七八年，其相去亦未遠也。案遷《自序》，凡十二本紀，十表，八書，三十世家，七十列傳，共爲百三十篇。《漢書》本傳稱其十篇闕，有録無書。張晏注以爲遷殁之後，亡《景帝紀》、《武帝紀》、《禮書》、《樂書》、《兵書》、《漢興以來將相年表》、《日者列傳》、《三王世家》、《龜策列傳》、《傅靳列傳》。劉知幾《史通》則以爲十篇未成，有録而已，駁張晏之説爲非。今考《日者》、《龜策》二傳，竝有「太史公曰」，又有「褚先生曰」，是爲補綴殘稿之明證，當以知幾爲是也。然《漢志》春秋家載《史記》百三十篇，不云有闕，蓋是時官本已以少孫所續，合爲一編。觀其《日者》、《龜策》二傳竝有「臣爲郎時」云云，是必嘗經奏進，故有是稱。其「褚先生曰」字，殆後人追題，以爲別識歟。周密《齊東野語》摘《司馬相如傳》贊中有「揚雄以爲靡麗之賦，勸百而諷一」之語。又摘《公孫弘傳》中有「平帝元始中詔賜弘子孫爵」語。焦竑《筆乘》摘《賈誼傳》中有「賈嘉最好學，至孝昭時列爲九卿」語，皆非遷所及見。王懋竑《白田雜著》亦謂「《史記》止紀年而無歲名，今《十二諸侯年表》上列一行載庚申、甲子等字，乃後人所增」。則非惟有所散佚，且兼有所竄易。年祀綿邈，今亦不得而考矣。然字句竄亂，或不能無，至其全書則仍遷原本。焦竑《筆乘》據《張湯傳》贊如淳註，以爲續之者有馮商、孟柳。又據《後漢書·楊經傳》，以爲嘗刪遷書爲十餘萬言，指今《史記》非本書，則非其實也。其書自晉、唐以來，傳本無大同異。惟唐開元二十三年敕升《史記·老子列傳》於《伯夷列傳》上。錢曾《讀書敏求記》云尚有宋刻，今未之見。南宋廣漢張材又嘗刊去褚少孫所續，趙山甫復病其不全，取少孫書別刊附入，今亦均未見其本。世所通行，惟此本耳。至僞孫奭《孟子疏》所引《史記》西子金錢事，今本無之，蓋宋人詐託古書，非今本之脱漏。又《學海類編》中載僞洪遵《史記真本凡例》一卷，於原書臆爲刊削，稱即遷藏在名山之舊稿。其事與梁鄱陽王《漢書真本》相類，益荒誕不足爲據矣。註其書者，今惟裴駰、司馬貞、張守節三家尚存。其初各爲部帙，北宋始合爲一編，明代國子監刊版，頗有刊除點竄。南監本至以司馬貞所補《三皇本紀》冠《五帝本紀》之上，殊失舊觀。然匯合羣説，檢尋校易，故今録合併之本，以便觀覽，仍別録三家之書，以存其完本焉。

孫星衍《平津館鑒藏書籍記》 《史記》百三十卷。小題在上，大題在下，前有裴駰《史記集解序》、小司馬《補史記序》、《史記目録》一卷，張守節《正義》《論例謚法解》一卷、小司馬《三皇本紀》一卷。《史記》列傳各本，俱以《伯夷》爲第一，此依《正義》本，以《老子》爲第一。每葉廿行，行十八字。每卷後或注《史記》若干字，注「計」若干字。宋諱俱缺筆，係明人仿宋重雕本。裴駰《集解序》後、《史記目録》後俱有補痕，當有木印以記刻書年月姓名，爲書賈剜去。收藏有「欽訓堂書畫記」白文長印。

姚振宗《漢書藝文志條理·春秋》 《太史公》百三十篇。十篇有録無書。

《太史公自序》曰：太史公有子曰遷。遷生龍門，仕爲郎中，奉使西征巴、蜀以南，略邛、笮、昆明，還報命。是歲天子始建漢家之封，而太史公留滯周南，不得與從事，發憤且卒。執遷手而泣曰：「余先周室之太史也。自上世常顯功名于虞夏，典天官事。今史記放絶，余爲太史而弗論載，廢天下之史文，余甚懼焉，汝其念哉！」遷俯首流涕曰：「小子不敏，請悉論先人所次舊聞，弗敢闕。」卒三歲而遷爲太史令，紬史記石室金匱之書。五年而當太初元年，十一月朔旦冬至，天曆始改，建于明堂，諸神受紀。于是論次其文。七年而遭李陵之禍，幽于縲紲。乃喟然而歎曰：「是余之罪也夫！身毁不用矣。」退而深惟曰：「夫《詩》、《書》隱約者，欲遂其志之思也。」卒述陶唐以來，至于麟止，自黄帝始。

本書列傳曰：網羅天下放失舊聞，著十二本紀，作十表、八書、三十世家、七十列傳，凡百三十篇，五十二萬六千五百字，爲《太史公書》。藏之名山，副在京師。遷之《自序》云爾。而十篇缺，有録無書。遷既被刑，之後爲中書令，尊寵任職。遷既死後，其書稍出。宣帝時，遷外孫平通侯楊惲祖述其書，遂宣布焉。又《傳贊》曰：「劉向、揚雄博極羣書，皆稱遷有良史之才，服其善序事理，辨而不華，質而不俚，其文直，其事核，不虚美，不隱善，故謂之實録。」

《後漢書·班彪傳》：彪既才高而好述作，遂專心史籍之間。因斟酌前史而譏正其得失。其略論曰：孝武之世，太史令司馬遷采《左氏》、《國語》，删《世本》、《戰國策》，據楚、漢列國時事，上自黄帝，下訖獲麟，作本紀、世家、列傳、書、表凡百三十卷，而十篇缺焉。夫百家之書，猶可法也。若《左氏》、《國語》、《世本》、《戰國策》、《楚漢春秋》、《太史公書》，今之所以知古，後之所由觀前，聖人之耳目也。

《史通·六家篇》：《史記》家者，其先出于司馬遷。自五經間行，百家競列，事跡錯糅，前後乖舛，至遷乃鳩集國史，采訪家人，上起黄帝，下窮漢武，紀、傳以統君臣，書、表以譜年爵，合百三十卷。因魯史舊名，目之曰《史記》，自是漢世史官所續皆以《史記》爲名。又《正史篇》云：孝武之世，太史公司馬談欲錯綜古今，勒成一史，其意未就而卒。子遷乃述父遺志，作十二本紀、十表、八書、三十世家、七十列傳，凡百三十篇，而十篇未成，有録而已。張晏《漢書注》云：十篇，遷殁後亡失。此説非也。

錢大昕《史記考異》曰：子長述先人之業，作書繼《春秋》之後，成一家言，故曰《太史公書》。以官名之者，承父志也。以虞卿、呂不韋著書之例言之，當云《太史公春秋》，不稱「春秋」者，謙也。《藝文志》：《太史公》百三十篇，馮商所續《太史公》七篇，俱入《春秋》家，而班叔皮亦稱爲《太史公書》，蓋子長未嘗名其書曰《史記》。桓譚云：遷著書成，以示東方朔，朔皆署曰「太史公」。署之者，名其書也，或者不察。以公爲朔尊遷之稱，失之遠矣。《周本紀》、《陳杞世家》、《儒林列傳》、《十二諸侯年表》、《老子列傳》、《天官書》、《太史公自序》諸所稱「史記」，皆指前代之史而言。班史《五行志》所引「史記」，亦非《太史公書》。《楊惲傳》：惲始讀外祖《太史公記》，初不云《史記》。考前、後《漢書》，多云《太史公書》，皆不云《史記》。《史記》之名，疑出魏晉以後，非子長著書之意也。《後漢書・班彪傳》有司馬遷著《史記》之語，此范蔚宗增益，非《東觀》原文。

按：史志著録稱《太史公》者，惟見是志。其後隋、唐《志》所載諸家解註皆稱《史記》，無復稱《太史公書》者矣。

續太史公

《漢書・藝文志・春秋》 馮商所續《太史公》七篇。

姚振宗緝《七略別録佚文・春秋》 馮商所續《太史公》十一篇。按《藝文志》著録七篇。韋昭注曰：「馮商受詔續《太史公》十餘篇。」班氏注云：省《太史公》四篇。蓋所省即馮商書，著録七篇，省四篇，以是知《七略》所載實十一篇，《別録》亦猶是也。商字子高。嚴本，馬本。

姚振宗《漢書藝文志條理・春秋》 馮商所續《太史公》七篇。劉歆《七略》曰：「商，陽陵人。治《易》，事五鹿充宗，後事劉向。能屬文，博通强記，與孟柳同待詔。頗序列傳，未卒，會病死。」本志韋昭注曰：馮商受詔續《太史公》十餘篇，在班彪《別録》。商，字子高。本書《張湯傳》贊曰：馮商稱張湯之先與留侯同祖，而司馬遷不言，故闕焉。如淳曰：班固《目録》，馮商長安人，成帝時以能屬書待詔金馬門，受詔續《太史公書》十餘篇。按《張湯傳》班氏亦采馮商所續書。《史通・正史篇》：《史記》所書年止漢武，太初已後闕而不録。其後劉向、向子歆及諸好事者，若馮商、衛衡、揚雄、史岑、梁審、肆仁、晉馮、段肅、金丹、馮衍、韋融、蕭奮、劉恂等相次撰續，迄于哀、平間，猶名《史記》。

按：本志是篇都凡之下注云：省《太史公》四篇，當是馮氏續書，馮所續著録七篇，省四篇，蓋十一篇。故班氏、韋氏並云十餘篇。

補太史公書

姚振宗《漢書藝文志拾補・春秋》 褚少孫《補太史公書》。《史記・三王世家》褚先生曰：臣幸得以文學爲侍郎，好覽觀太史公之列傳。又《龜策傳》曰：臣以通經術，受業博士，治《春秋》，以高第爲郎，得宿衛，出入宮殿中十有餘年。竊好《太史公傳》。按《漢書・儒林・王式傳》：沛褚少孫亦來事式，應博士弟子選。又曰：褚生爲博士，由是《魯詩》有褚氏學。與此自言治《春秋》高第，爲郎，宿衛者異。

《史・武帝本紀》索隱：張晏云褚先生，潁川人，仕元、成間。韋稜云：《褚顗家傳》：褚少孫，梁相褚大弟之孫。宣帝時爲博士，寓居沛，事大儒王式，故號先生。續《太史公書》。

《漢書・司馬遷傳》：遷著十二本紀，作十表、八書、三十世家、七十列傳，凡百三十篇。而十篇缺，有録無書。張晏曰：遷没之後，亡《景紀》、《武紀》、《禮書》、《樂書》、《兵書》、《漢興已來將相年表》、《日者列傳》、《三王世家》、《龜策列傳》、《傅靳列傳》。元、成之間，褚先生補缺，作《武紀》、《三王世家》、《龜策》、《日者傳》，言辭鄙陋，非遷本意也。師古曰：序目本無《兵書》，張云亡失，此説非也。

《玉海・藝文》曰：東萊呂氏曰，以張晏所列亡篇之目校之《史記》，或其篇具在，或草具而未成，非皆無書也。唯《武紀》終不見。

殿本《史紀考證》，尚書臣張照曰：班固作史詩，十篇雖亡，而或後人得之。若河内女子《舜典》二十八字之類，亦屬事之所有。至《孝武本紀》更與餘篇不同，自敘目内並不云《孝武本紀》也。遷死於武帝之前，安得有「孝武」？目云作《今上本紀》，夫既曰《今上本紀》，則自當有目無書。且遷作本紀，自黃帝以至武帝，則自當無書而有其目。班固云十篇缺，並不載何十篇缺，則固意數《今上本紀》與否，尚未可知。後人奮起補之，補之而又全録《封禪書》以爲《孝武本紀》，愚陋妄謬極矣。恐褚先生亦不至於此。張晏所謂褚先生補者，亦臆説也。

嘉定王鳴盛《十七史商榷》曰：《漢書》所謂十篇有録無書者，今惟《武紀》灼然全亡。《三王世家》、《日者》、《龜策傳》爲未成之筆，但可云闕，不可云亡，其餘皆不見所亡何篇。

按：今本《史記》固非史公原本，亦非褚少孫所補之原本。十篇之内有史公原文，不盡出少孫所補，而少孫所補有見于十篇之外者，少孫之外亦有後人竄入者，陽湖趙翼《廿二史劄記》言之詳矣。

又按：少孫所補，今可考見者爲《武帝本紀》、《三代世表》贊、《建元以來侯者年表》、《禮書》、《樂書》、《曆書》、《陳涉世家》贊、《外戚世家》、《梁孝王世家》、《三王世家》、《張丞相列傳》、《田叔列傳》、《滑稽列傳》、《日者列傳》、《龜策列傳》，凡十五篇。又《匈奴傳》末，張晏云：自孤鹿姑單于以下，皆劉向、褚先生所録。班彪又撰而次之，所以《漢書・匈奴傳》有上、下兩卷。則褚所補且有在《漢書》者，其篇數終不可考也。

續太史公書

姚振宗《漢書藝文志拾補・春秋》 劉歆《續太史公書》。歆始末具《尚書》家。

《後漢書・班彪傳》：武帝時，司馬遷著《史記》。自太初以後，闕而不録。後好事者頗或綴集時事。然多鄙俗，不足以踵繼其書。章懷太子曰：好事者謂揚雄、劉歆、陽城衡、褚少孫、史孝山之徒也。

《論衡・須頌篇》曰：司馬子長紀黄帝以至孝武，揚子雲録宣帝以至哀、平。

《史通・史官篇》：司馬遷既没，後之續《史記》者，若褚先生、劉向、馮商、揚雄之徒，並以别職來知史務。又《正史篇》云：《史記》所書年止漢武，太初已後闕而不録，其後劉向、向子歆及諸好事者，若馮商、衛衡、揚雄、史岑、梁審、肆仁、晉馮、段肅、金丹、馮衍、韋融、蕭奮、劉恂等相次撰續，迄於哀、平間，猶名《史記》。至建武中，司徒掾班彪以爲其言鄙俗，不足以踵前史，又雄、歆褒美僞新，誤後惑衆，不當垂之後代者也。又《辨職篇》云：精懃不懈，若揚子雲。按：衛衡，即陽城衡之譌。

晉葛洪《西京雜記》序曰：洪家世有劉子駿《漢書》按：《御覽・文部》引作「漢言」。一百卷，無首尾題目，但以甲乙丙丁紀其卷數。先公傳云：「歆欲撰《漢書》《御覽》引無「漢」字。編録漢事，未得締構而亡，故書無宗本，止雜記而已。失前後之次，無事類之辨，後好事者以意次第之，始甲終癸，爲十秩，秩十卷，合爲百卷。按以上皆洪述其父語，一本作「先公傳之」。《書録解題》云：所謂先父者，歆之於向也。《館閣書目》以爲洪父傳之，非是。今按：《館閣書目》之言是也。洪家具有其書，試以此記考校班固所作，殆是全取劉書，有小異同耳。並固所不取不過二萬許言，今鈔出爲二卷，名曰《西京雜記》，以裨《漢書》之闕。

按：《劉歆傳》云：典儒林史卜之官，則凡褚少孫以下十五家所補續，至劉歆時皆典領之。《論衡》言揚子雲録宣帝至哀、平。《史通》亦謂其精懃不懈，則子雲所續者特多，又「雄、歆褒美僞新」云云，似班叔皮史論中語。范書本傳節去其文，而劉知幾述之頗詳，蓋其時叔皮之集未亡也。叔皮備有諸家之書，合而編之，謂之《别録》。《藝文志》韋昭注曰：馮商受詔續《太史公》十餘篇，在班彪《别録》。可類推也。商，劉向弟子也。欲據以作後傳者，此列朝史官相傳之國史。葛稚川家所藏，似劉歆史稿草具未成之本也。

又按：葛稚川深於三史之學，有《史記兩漢書鈔》七十四卷。見《隋》、《唐志》。故能融會貫通，鈔節班書之所無者，爲《西京雜記》二卷。書中載趙飛燕女弟居昭陽殿一條，亦見班書《外戚趙皇后傳》，而刊除不盡者，此外亦有數條見《漢書》。武帝欲殺乳母一條，見褚少孫補《史記・滑稽列傳》。後人或以爲稚川僞託，或謂梁吴均僞撰。盧紹弓學士《校刊序》辨之詳矣。《書録解題》又以爲向、歆父子不聞作史。按《地理志》言成帝時，劉向略言其域分，此向欲譔《地理志》之權輿也。《史記・匈奴傳》末索隱引張晏云「自狐鹿姑單于已下，皆劉向、褚先生所録」，此向作《匈奴傳》之明證也。向、歆本傳雖未有作史明文，而范書《班彪傳》注及《史通》所言，章章若此，非向、歆父子作史之確據乎。

又按：《西京雜記》書中一條云：「揚子雲好事，常懷鉛提槧，從諸計吏，訪殊方絶域四方之語，以爲裨補。輶軒所載，亦洪意也。」孫氏志祖《讀書脞録》以爲此條直著其名，是葛洪語。今按：此洪意乃洪纖之洪，非稚川自謂。即如所云，其文法亦不當如是。此是歆從雄取《方言》時所記，當以「載」字讀爲句。

删太史公書

姚振宗《後漢藝文志・正史類》 楊終《删太史公書》。范書本傳：終，字子山，蜀郡成都人也。顯宗時徵詣蘭臺，拜校書郎。建初中，得與于白虎觀。後受詔删《太史公書》爲十餘萬言，坐爲郡太守廉范游説，徙北地，貰還故郡。永元十二年，徵拜郎中，以病卒。

史記注

姚振宗《後漢藝文志・正史類》 許慎《史記注》。慎始末見經部《孝經》類。王鳴盛《十七史商榷》曰：許慎嘗注《漢書》，今不傳。引見顔注中者，尚多。會稽陶方琦《許君年表》曰：《史記》、《漢書》注中引許君説，有出于《説文》、《淮南注》外者。王西莊以爲許君有《漢書注》，方琦以爲乃《史記注》。

按：許君從賈侍中受古學，《太史公書》多古文學，由是推尋，則陶説爲近。

史記音義

姚振宗《後漢藝文志・正史類》 延篤《史記音義》一卷。篤始末見經部《春秋》類。司馬貞《索隱序》曰：太史公之書，古今爲注解者絶省，音義亦稀。始後漢延篤乃有《音義》一卷。

班彪別録

姚振宗《後漢藝文志・正史類》 班彪《別録》。范書本傳：彪字叔皮，扶風安陵人也。祖況，成帝時越騎校尉。父稚，哀帝時廣平太守。彪年二十餘，更始敗，三輔大亂。時隗囂擁衆天水，彪乃避難從之。後避地河西，河西大將軍竇融以爲從事，光武召入見。舉司隸茂才，拜徐令，以病免。數應三公之命，輒去。後辟司徒玉況府，察廉，爲望都長。建武三十年，年五十二，卒官。二子固、超。

韋昭《漢書藝・文志》注曰：馮商受詔續《太史公》十餘篇，在班彪《別録》。

按：《史通・正史篇》云，《史記》所書年止漢武，太初以後闕而不録。其後劉向、向子歆及諸好事者若馮商、衛衡、按范書《班彪傳》注有陽城衡，蓋即陽城衡，「城」或作「成」，此衛衡似即陽城衡之譌歟。揚雄、史岑、梁審、肆仁、晉馮、段肅、金丹、馮衍、韋融、蕭奮、劉恂等相次撰續，迄于哀、平間，猶名《史記》。又曰：建武中，司徒掾班彪以爲雄、歆褒美僞新，誤後惑衆，不當垂之後代。本傳亦云：好事者綴集時事，多鄙俗，不足以踵繼前書。是叔皮于諸家所作皆得見之，故其言如此。今考韋弘嗣言「馮商所續皆在班彪《別録》」，則馮以外之十四家亦當在《別録》之中。《別録》者，其即叔皮裒録諸家之史稿歟？褚少孫所補續已編入《史記》，或不在内。葛稚川家舊藏劉子駿《漢書》百卷，疑即是録之佚存者，而葛氏稱爲《漢書》。

續史記後傳

姚振宗《後漢藝文志・正史類》 班彪《續史記後傳》六十五篇。范書本傳：彪既才高而好述作，遂專心史籍之間。武帝時，司馬遷著《史記》，自太初以後，闕而不録。後好事者頗或綴集時事，然多鄙俗，不足以踵繼其書。彪乃繼采前史遺事，傍貫異聞，作《後傳》數十篇。其略論曰：今此後篇，慎覈其事，整齊其文，不爲世家，唯紀、傳而已。

《論衡・超奇篇》曰：叔皮續《太史公書》百篇以上，記事詳悉，義淺理備，觀讀之者以爲甲，而《太史公》乙。又《佚文篇》曰：叔皮載鄉里人以爲惡戒，邪人枉道，繩墨所彈，安得避諱。按《王充傳》云，充受業太學，師事扶風班彪。

《史通・正史篇》曰：建武中，司徒掾班彪采舊事，旁貫異聞，作《後傳》六十五篇。

《文獻・經籍考》：夾漈鄭氏曰，且善學司馬遷者，莫如班彪。彪續遷書，自武、昭至于後漢，既無衍文，又無絶緒，世世相承，如出一手，善乎其繼志也。其書不可得而見，所可見者，元、成二帝贊耳，皆于本紀之外，別紀所聞，可謂深入太史公之閫奧矣。按：彪之論贊今可見者，尚有韋賢、翟方進、元后三傳，不盡如鄭氏所指二篇。

按：王充言叔皮所敘百篇以上，劉子玄則云六十五篇。疑百篇以上者，未成之書；六十五篇者，已成之作也。孟堅《敘傳》但言其父作《王命論》，而于史事不置一語，蓋其父書唯紀傳自爲一家，孟堅爲大漢獨立一史，又別自名家，故置不復論。

漢書

《隋書・經籍志・正史》 《漢書》一百一十五卷。漢護軍班固撰，太山太守應劭集解。

《舊唐書・經籍志・正史》 《漢書》一百十五卷。班固作。

又 《漢書》一百二十卷。顔師古注。

錢東垣等輯《崇文總目輯釋・正史類》 《漢書》一百卷。班固撰。

又 《新校漢書》一百卷。［原釋］余靖等。見天一閣鈔本。

《新唐書・藝文志・正史類》 班固《漢書》一百一十五卷。

又 顔師古《注漢書》一百二十卷。

鄭樵《通志・藝文略・正史》 《漢書》一百十五卷。漢護軍班固撰，太山太守應劭集解。

又 湖北本《前漢書》。

又 越州本《前漢書》。

又 吉州本《前漢書》。

尤袤《遂初堂書目・正史類》 川本《前漢書》。

晁公武《郡齋讀書志・正史類》 《前漢書》一百卷。右後漢玄武司馬班固續司馬遷《史記》，撰十二帝紀，八年表，十本志，七十列傳。起高祖，終於王莽之誅，二百三十年，凡八十餘萬字。固既瘐死，書頗散亂，章帝令其妹曹世叔妻昭就東觀緝校，内八《表》、《天文志》，皆其所補也。唐太宗子承乾令顔師古考衆説爲之注。范曄譏固飾主闕，蓋亦不然，其贊多微之，顧讀者弗察耳。劉知幾又詆其《古今人物表》無益於漢史。此論誠然，但非固之罪也。至謂受金鬻筆，固雖諂附匪人，亦何至是歟？然識者以固書皆因司馬遷、王商、揚雄、歆、向舊文潤色之，故其文章首尾皆善，而中間頗多冗瑣，良由固之才視數子微劣耳。固之自敘稱述者，豈亦謂有所本歟？

陳振孫《直齋書録解題・正史類》 《漢書》一百卷。漢尚書郎扶風班固孟堅撰。唐祕書監京兆顔師古注。本傳稱字籀，恐當名籀，而以字行也。固父彪叔皮，以司馬氏《史記》太初以後闕而不録，故作《後傳》數十篇。固以所續未詳，探撰前紀，綴集所聞，以爲《漢書》。起高祖，終孝平王莽之誅，二百三十年，爲春秋考紀、表、志、傳凡百篇。自永平受詔，至建初中乃成。案《班昭傳》云「八表並《天文志》未竟而卒。和帝詔昭就東觀藏書踵成之」。今《中興書目》以爲章帝時，非也。固坐竇憲死永元初，不在章帝時。師古以太子承乾之命，總先儒注解，服虔、應劭而下二十餘人，删繁補略，裁以己説，遂成一家。世號杜征南、顔監爲左氏、班氏忠臣。

馬端臨《文獻通考・經籍考・正史》 《前漢書》一百卷。【略】夾漈鄭氏曰：班固浮華之士，全無學術，專事剽竊。肅宗問以制禮作樂之事，固對以在京諸儒必能知之，倘臣鄰皆如此，則顧問何取焉？及諸儒各有所陳，惟竊叔孫通十二篇之儀以塞白而已，倘臣鄰皆如此，則奏議何取焉？肅宗知其淺陋，故語竇憲曰：「公愛班固而忽崔駰，此葉公之好龍也。」固於當時已有定價，如此人才，將何著述？《史記》一書，功在十表，猶衣裳之有冠冕，木水之有本源。班固不通旁行，却以古今人物强立等差；且謂漢紹堯運，自當繼堯，非遷作《史記》厠於秦、項，此則無稽之談也。由是斷漢爲書，是致周秦不相因，古今成間隔。自高祖至武帝，凡六帝之前，盡竊遷書，不以爲慙；自昭帝至平帝，凡六世之後，資於賈逵、劉歆，復不以爲恥。況又有曹大家終篇，則固之自爲書也幾希。往往出固之胷中者，《古今人表》耳，他人無此謬也！後世衆史脩書，道旁築室，掠人之文，竊鈴掩耳，皆固之作俑也。固之事業如此，後來史家奔走班固之不暇，何能測其深淺？遷之於固，如龍之於猪，奈何諸史棄遷而用固，劉知幾之徒尊班而抑馬？且善學司馬遷者，莫如班彪，彪續遷書自武、昭至於後漢，欲令後人之續己，如己之續遷，既無衍文，又無絶緒，世世相承，如出一手，善乎其繼志也！其書不可得而見，所可見者，元、成二帝《贊》耳。皆於本紀之外，別記所聞，可謂深入太史公之奧閫矣。凡《左氏》之有「君子曰」者，皆經之新意。《史記》之有「太史公曰」者，皆史之外事，不爲褒貶也，間有褒貶者，褚先生之徒雜之耳。且紀傳之中，既載褒貶善惡，足爲監戒，何必紀傳之後，更加褒貶？此乃諸生決科之文，何施於著述？殆非遷、彪之意。況謂爲「贊」，豈有褒詞？後之史家，或謂之論，或謂之序，或謂之銓，或謂之評，皆效班固，臣不得不劇論固也。又曰：顔師古解《漢書》，所以得忠臣之名者，以其盡之矣。《漢書》未經顔氏之前，凡幾家，一經顔氏之後，後人不能易其説，縱有措辭易説之者，如朝月曉星，不能有其明也。詳見經録《左氏傳》條下。

容齋洪氏曰：班固著《漢書》，制作之工，如《英》《莖》《咸》《韶》，音節超詣，後之爲史者，莫能及其髣髴。然至《後漢》中所載固之文章，斷然如出兩手。

又曰：顔師古注《漢書》，評較諸家之是非，最爲精盡，然有失之贅冗，及不煩音釋者。其始遇字之假借，從而釋之，既云「他皆類此」，則自是以降，不煩申言。然有字義不深祕，既爲之辭，而有數出至同在一板内再見者，如項羽一傳，伯讀曰霸，至於四言之，此類繁多，不可勝數。顔自注叙例云：「至如常用可知、不涉疑昧者，衆所共曉，無繁翰墨。」殆與今書相矛盾也。

《宋史・藝文志・正史類》 班固《漢書》一百卷。顔師古注。

胡師安等《元西湖書院重整書目》 《西漢書》。

楊士奇等《文淵閣書目・史》 《前漢書》。一部,四十一册。闕。

又 《前漢書》。一部,四十九册。闕。

又 《前漢書》。一部,五十册。闕。

又 《前漢書》。一部,五十册。闕。

又 《前漢書》。一部,六十四册。闕。

又 《前漢書》。一部,五十九册。闕。

又 《前漢書》。一部,四十册。闕。

又 《前漢書》。一部,五十册。闕。

高儒《百川書志・正史》 《前漢書》一百一十九卷。帝紀十三,表九,志十八,列傳七十九。漢班固傳,唐顔師古註。

范邦甸等《天一閣書目・正史類》 《前漢書》一百十九卷。刊本。漢班固撰,唐顔師古注。

又 《前漢書》一百卷。刊本。明嘉靖己酉孟夏,福建按察使周采、提學副使周琓、巡海副使柯喬同校訂。

徐𤊹《徐氏家藏書目・正史類》 《前漢書》一百二十卷。班固。

張萱等《内閣藏書目録・史部》 《前漢書》二十六册。全。漢班固撰。國子監新刻。

錢謙益等《絳雲樓書目・正史類》 元板《前漢書》一百二十卷。顔師古注。

于敏中等《天祿琳琅書目・宋版史部》 《漢書》五函,四十四册。漢班固撰,唐顔師古注。帝紀十二卷、年表八卷、志十卷、列傳七十卷,共一百卷。宋景德二年七月中書門下牒文,具載篇首結銜爲畢士安、寇準、王旦、馮拯,與監本附音《春秋穀梁註疏》同,而彼爲景德二年六月,此爲七月,故牒文有「顧兹三史繼彼六經」之語。書尾載淳化五年奉敕刊正,至道三年吕端等進書,後又有景祐元年余靖奉詔偕王洙赴崇文院讐對,嘉祐六年陳繹重校、歐陽修看詳雕印,監寧二年書成,奏御各銜名。據此則淳化、至道間校正之本,在宋太宗時業經雕印,真宗景德年又經重刻,仁宗景祐時復命余靖等校正,仁宗嘉祐、神宗熙寧間經歐陽修詳定刊成。是北宋時官刻漢書已非一本,而熙寧本爲最後。然詳閲此書首葉牒文中「慎」字有缺筆,係避宋孝宗諱。又凡遇「完」字皆缺筆,係欽宗嫌名,則明爲南宋時重刻之書,非熙寧舊本。考朱彝尊《經義考》載宋葉夢得語曰,淳化中,以《史記》、前後《漢書》付有司摹印,自是書籍刊鏤者益多。又載宋李心傳語曰:「監本書籍者,紹興末年所刊也。國家艱難以來,固未暇及。九年九月,張彦實待制爲尚書郎,始請下諸道州學取舊監本書籍,鏤版頒行從之,然所取者多殘闕。故冑監刊六經無《禮記》,正史無《漢書》。二十一年五月,輔臣復以爲言,上謂秦益公曰:『監中其他闕書亦令次第鏤版,雖重有所費,不惜也。』由是經籍復全。」云云。乃知宋代摹刻《漢書》始於淳化,而此則照熙寧本重付剞劂,想即心傳所稱紹興末年所刻之本。直至孝宗之時,校讐完備,始得次第成書耳。當時詔勿惜費,鄭重其事,故書手、刻工皆屬上選,摹印紙墨亦經加意,取材必求精善宜,官刻之書無出其右者矣。

又《元版史部》 《漢書》八函,八十册。漢班固撰,唐顔師古注。帝紀十二卷、年表八卷、志十卷、列傳七十卷,共一百卷。前師古《敘例》、目録,後元孔文聲跋。孔文聲跋云:「江東建康道肅政廉訪司以十七史書艱得善本,從太平路學官之請,徧牒九路,令本路以《西漢書》率先,俾諸路咸取而式之。置局于尊經閣,致工於武林。三復對讀者,耆儒姚和中輩十有五人;重校修補者,學正蔡泰亨。版用二千七百七十五面,工費具載學記,兹不重出。始大德乙巳仲夏六日,終是歲十有二月廿四日,太平路儒學教授曲阜孔文聲謹書。」跋後列承務郎、太平路總管府判官劉遵督工,江東建康道肅政廉訪副使伯都提調。《元史》:伯都,今改正白巴圖。幼穎異,能不以家世自矜,長嗜書史。大德五年擢江東廉訪副使,累官至江南行臺御史大夫。孔文聲、劉遵、蔡泰亨、姚和中,俱無考。按《元史・百官志》,世祖至元二十八年,改按察司曰肅政廉訪司。後於每道置廉訪使二員,副使二員。今跋中所稱廉訪司未載其名,不知誰氏。又云「徧牒九路」,《元史・地理志》載江東建康道所隸者爲寧國、徽州、饒州、集慶、太平、池州、信州、廣德八路,鉛山一州。是鉛山無路之名,而所云「九路」者,豈以州爲路,亦可通稱耶?其跋作於大德乙巳,係元成宗大德九年。考《成宗本紀》,大德九年五月,改各道肅政廉訪司爲祥刑觀察使。十月,仍復舊名。此書成於十二月,稱廉訪司,與本紀合。當時以百卷之書,仲夏開雕,逮臘月而即蕆事,計工不爲不速,獨惜其摹印草草,較宋刊則遠甚矣。檇李項氏藏本。

又《明版史部》 《漢書》六函,六十册。漢班固撰,唐顔師古注。一百卷。前《敘例》一卷。此書未知誰氏所刊,字畫頗具顔體,似明初之本。闕補傳二十八之傳三十六,全。傳七十二。一、二。

《漢書》五函,四十册。篇目同前。仿宋本,楲印、紙質頗佳,而字拙墨淡,惜不能稱之。武林高氏藏本,印記見前。餘印無考。

《四庫全書總目提要・正史類》《漢書》一百二十卷。內府刊本。漢班固撰，其妹班昭續成之。始末具《後漢書》本傳。是書歷代寶傳，咸無異論。惟《南史・劉之遴傳》云，鄱陽嗣王範得班固所撰《漢書》真本，獻東宮皇太子，令之遴與張纘、到溉、陸襄等參校異同，之遴録其異狀數十事。以今考之，則語皆謬妄。據之遴云：「古本《漢書》稱永平十年五月二十日己酉郎班固上，而今本無上書年月日子。」案固自永平受詔修《漢書》，至建初中乃成。又《班昭傳》云：「八表并《天文志》未竟而卒，和帝詔昭就東觀藏書踵成之。」是此書之次第續成，事隔兩朝，撰非一手。之遴所見古本，既有紀、表、志、傳，乃云總於永平中表上，殆不考成書之年月也。之遴又云：「古本《敘傳》號爲中篇，今本爲《敘傳》。」又：「今本《敘傳》載班彪事行，而古本云彪自有傳。」夫古書敘皆載於卷末，固自述作書之意，故謂之敘。追溯祖父之事迹，故謂之傳。後代史家皆沿其例。之遴謂原作中篇，文繫篇末，中字竟何義也？至云彪自有傳，語尤荒誕。彪在光武之世舉茂才，爲徐令，以病去官，後數應三公之召，實爲東漢之人。惟附於《敘傳》，故可於況、伯、斿、穉之後詳其生平。若自爲一傳，列於西漢，則斷限之謂何？奚不考《敘傳》所云起元高祖，終於孝平、王莽之誅乎？之遴又云：「今本紀及表、志、列傳不相合爲次，而古本相合爲次，總成三十八卷。」案固自言紀、表、志、傳，凡百篇，篇即卷也，是不爲三十八卷之明證。又言述紀十二，述表八，述志十，述列傳七十，是各爲次第之明證。且《隋志》作一百十五卷，今本作一百二十卷，皆以卷帙太重，故析爲子卷。今本紀分一子卷，表分二子卷，志分八子卷，傳分九子卷。若併爲三十八卷，則卷帙更重。古書著之竹帛，殆恐不可行也。之遴又云：「今本《外戚》在《西域》後，古本次《帝紀》下。」又：「今本高五子、文三王、景十三王、孝武六子、宣元六王雜在諸傳中，古本諸王悉次《外戚》下，在《陳項傳》上。」夫紀、表、志、傳之序，固自言之，如之遴所述，則傳次於紀，而表、志反在傳後。且諸王既以代相承，宜總題諸王傳，何以《敘傳》作《高五王傳》第八，《文三王傳》第十七，《景十三王傳》第二十三，《武五子傳》第三十三，《宣元六王傳》第五十耶？且《漢書》始改《史記》之《項羽本紀》、《陳勝世家》爲列傳，自應居列傳之首，豈得移在諸王之後？其述《外戚傳》第六十七、《元后傳》第六十八、《王莽傳》第六十九，明以王莽之勢成於元后，史家微意寓焉。若移《外戚傳》次於本紀，是惡知史法哉！之遴又引古本述云：「淮陰毅毅，仗劍周章，邦之傑子，實惟彭、英，化爲侯王，雲起龍驤。」然今「芮尹江湖」句有張晏注，是晏所見者即是今本，況《之遴傳》所云獻太子者，謂昭明太子也。《文選》載《漢書述贊》云：「信惟餓隸，布實黥徒，越跡狗盜，芮尹江湖。雲起龍驤，化爲侯王。」與今本同。是昭明亦知之遴所謂古本者不足信矣。自漢張霸始撰僞經，至梁人於《漢書》復有僞撰古本。然一經考證，紕繆顯然。顔師古註本冠以指例六條，歷述諸家，不及之遴所説，蓋當時已灼知其僞。李延壽不訊端末，遽載於史，亦可云愛奇嗜博，茫無裁斷矣。固作是書，有受金之謗，劉知幾《史通》尚述之。然《文心雕龍・史傳》篇曰：「徵賄鬻筆之愆，公理辨之究矣。」是無其事也。又有竊據父書之謗，然《韋賢》、《翟方進》、《元后》三傳，俱稱「司徒掾班彪曰」，顔師古注發例，於《韋賢傳》曰：「《漢書》諸贊，皆固所爲，其有叔皮先論述者，固亦顯以示後人。而或者謂固竊盜父名，觀此可以免矣。」是亦無其事也。師古注條理精密，實爲獨到，然唐人多不用其説，故《猗覺寮雜記》稱，師古注《漢書》，魁梧音悟，票姚皆音去聲，杜甫用魁梧、票姚，皆作平聲。楊巨源詩：「請問漢家誰第一，麒麟閣上識酇侯。」亦不用音贊之説。殆貴遠賤近，自古而然歟？要其疏通證明，究不愧班固功臣之目，固不以一二字之出入病其大體矣。

彭元瑞等《天禄琳琅書目後編・宋版史部》《漢書》八函，六十四册。漢班固撰。唐顔師古注。書一百卷，帝紀十二、年表八、志十、列傳七十。藏書印俱見前。

又《元版史部》《前漢書》十函，六十册。篇目見前宋版史部，前有顔師古《序例》，景祐刊誤《本例》。麻沙小字本。按舊祇稱《漢書》，此本兩漢合刻，故標題、版心皆加「前」以別之。

孫星衍《平津館鑒藏書籍記・明版》《漢書》百卷。小題在上，大題在下。題漢班固撰，唐顔師古注。明福建按察司按察使周采、提學副使周琉、巡海副使柯喬校刊。亦有題汪文盛、高瀔、傅汝舟三人姓名。前有顔師古《漢書序例》一卷，《目録》一卷，末卷後有嘉靖己酉年孟夏月吉旦侯官縣儒學署教諭事舉人廖言監修。注中載原父、貢父、仲馮三劉之説，俱以黑蓋子別之。錢少詹云，《趙廣漢傳》、《長老傳》以爲自漢興以來，治京兆者莫能及。北宋乾興本無「以來」二字，此本雖有之，其增添痕迹分明，故知此本原出於北宋。洪頤煊曰：《五行志》，南監本，思心之不容。又云：容，寬也。此本兩「容」字俱作「容」。《地理志》：遼東郡番汗下，南監本，沛水出塞外，西南入海。此本「沛水」上有「應劭曰」三字。據宋本，作「沛水出塞外，西南入海。應劭曰：汗水出塞外，西南入海」。引應劭者，以證沛、汗之異。此本無上「沛水」九字，下汗水故作沛水，與上文誤併爲一，皆傳刻之譌。每葉廿四行，行廿二字。收藏有厲鶚朱文小連珠印。

又《漢書》百卷。小題在上，大題在下。題正議大夫行祕書少監琅邪縣開國子顔師古注。大題中間有「班固」二字。前有《漢書序例》一卷，《目録》後并卷末尾葉疑有題識，已爲書賈剜去。唯《地理志》卷第八下、《司馬相如傳》卷第廿七上、《王貢兩龔鮑傳》第四十二題漢班固撰，唐顔師古注，明歐陽鐸刊，田汝成重校。歐刊本無三劉説，田補刊俱羼入當條之下，其有當條不能容者，附刊於每卷之後。每葉廿行，行廿二字。鐸字崇道，泰和人，正德戊辰進士。歷官吏部右侍郎，贈工部尚書，謚「恭簡」。

黄丕烈《蕘圃藏書題識・史類》 《前漢書》一百二十卷。宋本。 右宋景文公以諸本參校，手所是正，並附古注之末。至正癸丑三月十二日，雲林倪瓚在凝香閣謹閲。【略】此北宋精刊景祐本《漢書》爲余百宋一廛中史部之冠，藏篋中三十來年矣，非至好不輕示人。郡中厚齋都轉偶過小齋，曾一出示。繼於朋好中時一及之。奈余惜書癖深，未忍輕棄，并不敢以議價，致蔑視寶物，因思都轉崇儒重道，昔年出資數萬，敬修吾郡文廟。其誠摯爲何如。知天必昌大其後，以振家聲，故近日收藏古籍。嗜好之篤，訪求之勤，一至於此，則余又何敢自祕所藏，獨寶其寶耶。君家當必有能讀是書者，取以鎮庫之物，輟贈爲預兆云。乙亥季冬士禮居主人。

《前漢書》殘宋本。海寧吴槎客先生藏書甚富，考核尤精。每過吾郡，必承枉訪，并出一二古書相質。然檥舟匆匆，未及暢談，余亦不獲舉所藏以邀鑒賞。頃同陳仲魚過訪，茶話片時，歷歷述古書源流，俾得聞所未聞，實爲忻幸。其行囊攜得《漢書》殘宋本數册，字大悦目，在宋槧中信爲佳刻。余所臧景祐本外，卻無別本可對。惟范史亦有此十六行十六字本，與此本當是同出一時。卷第下撰書、注書亦分兩行，蓋款式同也。其中字句之不同與注釋之詳略，余固未及取景祐本相勘，而紙墨精好有過之無不及矣。且余所深服乎槎客者，如此種殘編斷簡，幾何不爲敝屣之棄。而裝潢什襲，直視爲千金之比，可謂愛書如性命。又得同志之人勸其翻雕，以惠後學，始幸天壤之大，不乏好古之士。特恐卷帙繁富，窘於資力，盡與孫氏等耳。槎客當亦以余言爲然。

顧廣圻《思適齋書跋・史部》 《漢書》一百二十卷。宋刻本。 顔注班書行世諸刻，大約源於南宋槧本。文句或用三劉、宋子京之説，或校刊者用意添改，往往致譌而賸字尤多。此以後人文理讀前人書之病也。唯是刻乃景祐二年監本，獨存北宋時面目。惜補板及剜損處無從取正，然據是可以求其添改之蹟，誠今日希世寶笈也。後之讀者幸知而珍重之。嘉慶戊午用校時本一過於讀未見書齋，其所取正文多別記，茲不論。澗蘋顧廣圻。

顧廣圻《思適齋集外書跋輯存・史類》 《前漢書》一百二十卷。宋刊本。

張金吾《愛日精廬藏書志・正史類》 《漢書》一百二十卷。宋刊元修本。 漢班固撰，唐秘書監上護軍琅邪縣開國子顔師古注。板心有注，大德、至大、延祐、元統補刊者，蓋宋刊元修本也。每葉二十行，行十九字，注二十五字至二十八字不等。

又 太平路學新刊《漢書》一百二十卷。元大德刊本。 漢班固撰，唐正議大夫行秘書少監琅邪縣開國子顔師古注。

敘例。

江東建康道肅政廉訪司以十七史書艱得善本，從太平路學官之請，徧牒九路，令本路以《西漢書》率先，俾諸路咸取而式之，置局於尊經閣，致工於武林，三復對讀者，耆儒姚和中輩十有五人，重校修補者學正蔡泰亨。板用二千七百七十五面工費，具載學計，茲不重出，始大德乙巳仲夏六日，終是歲十有二月廿四日，太平路儒學教授曲阜孔文聲謹書。

吴壽暘《拜經樓藏書題跋記》 宋本《前漢書》列傳十四卷。每葉十六行，行十六字。首行大名在下，小名在上。次行題「漢護軍班固撰」。三行署「唐正議大夫行秘書少監琅琊縣開國子顔師古集注」，並與監本不同，詳先君子跋語中。卷末書「右將監本、杭本、越本及三劉、宋祁諸本參校，其有異同，並附于古注之下」。後記正文、注文字數。筆畫工整，紙墨古雅，洵宋刻之最佳者。仁和朱朗齋明經跋云：「【略】此本《前漢書》祇十四卷，中尚有闕翻，然開卷標題即與今本迥異，況其中字句之不同與註釋之詳略乎？兔牀吴氏以重價購得，乾隆癸丑新正二十一日，余停舟造訪，獲觀于拜經樓下。流連竟日，不忍釋手，因勸兔牀翻刻以惠後學，并以余生平所見者覼縷書之，以志予幸。」吴趨黄蕘圃主事跋：「【略】東里盧抱經學士跋：『汲古所梓《漢書》當是據北宋本。此疑是南宋本，誤字亦少，汪文盛本殆亦從此本出。今世所通行者，顔注尚有脱落，何論蕭該、子京、三劉，而此獨全，可寶也。然余則謂設使當世有重雕者，其款式自當依此。其文字有斷然知其誤者，不必因有宋人校語而反改不誤者以使之誤，在擇而取之可也。如是，將使後人實我朝之本轉勝於實宋本多多矣。余老矣，槎客彊力有餘，當亟圖之，余亦當矗没少佐其成焉。』」

姚振宗《後漢藝文志・正史類》 班固《漢書》百篇。固始末見經部小學類。《後漢書》曰：班彪續司馬遷《後傳》數十篇，未成而卒。明帝命其子固續之：固以史遷所記，乃以漢氏繼百王之末，非其義也。大漢當可獨立一史，故上自高祖，下終王莽，爲紀、表、傳、志九十九篇。按此見《御覽》六百三，與范史異文，不知誰家《後漢書》。今輯本《東觀記》及《七家後漢書》皆無之。 范書本傳：固以彪所續前史未詳，乃潛精研思，欲就其業，探撰前記，綴集所聞，以爲《漢書》。起元高祖，終于孝平王莽之誅，十有二世，二百三十年。綜其行事，傍貫五經，上下洽通，爲春秋，考紀、表、志、傳，凡百篇。自永平中始受詔，潛精積思二十餘年，至建初中乃成。當世甚重其書，學者莫不諷誦焉。又《列女·班昭傳》，兄固，著《漢書》，其八表及《天文志》未及竟而卒。和帝詔昭就東觀藏書閣踵而成之，及書始出，多未能通者，同郡馬融伏于閣下從昭受讀。後又詔融兄續繼昭成之。按：《馬援傳》，援兄子嚴。嚴七子，唯續、融知名。續，字季則，博觀羣籍，通《論語》，明《尚書》，治《詩》，善《九章算術》。順帝時至護羌校尉，遷度遼將軍。融自有傳云。《史通·正史》篇，固後坐竇氏事，卒于洛陽獄。書頗散亂，莫能綜理，其妹曹大家奉詔校敍，又選高才郎馬融等十人，從大家受讀。其八表、《天文志》等猶未克成，多是待詔東觀馬續所作，而《古今人表》尤不類本書。《玉海·藝文》曰：劉昭《補志序》云，續志昭表。以是推之，八表其班昭所補，《天文志》其馬續所成歟？按：《續漢·天文志》有明文云：孝明帝使班固敍《漢書》，而馬續述《天文志》。

張之洞《書目答問·正史》 《漢書》一百二十卷。唐顔師古注。即宋慶元附三劉刊誤、宋祁校語本。明監本、汲古本、掃葉本無校語。

漢書解詁

姚振宗《後漢藝文志·正史類》 胡廣《漢書解詁》。范書本傳：廣，字伯始，南郡華容人也。舉孝廉，拜尚書郎，五遷尚書僕射，在公臺三十餘年。歷事六帝，凡一履司空，再作司徒，三登太尉，又爲太傅，封育陽安樂鄉侯，年八十二，熹平元年薨，謚「文恭侯」。

汪師韓《文選理學權輿》曰：《選注》所引羣書，有胡廣《漢書音義》。按：四庫館《書録解題》輯本附識曰：考史注所引別有《漢書解詁》之名，蓋即胡廣所作。

侯《志》曰：《漢書》注屢引胡公，似皆出廣所注《漢官解詁》。惟《史記·賈誼傳》索隱兩引胡廣，《司馬相如傳》索隱九引胡廣，則顯爲《漢書》注矣。按《食貨志》注亦引胡廣。

漢書音義

姚振宗《後漢藝文志·正史類》 蔡邕《漢書音義》。邕始末見經部禮類。汪師韓《文選理學權輿》曰：《選注》所引羣書，有蔡邕《漢書音義》。

按：《史記索隱序》曰：班氏之書，共所鑽仰，其訓詁蓋亦多門。蔡謨集解之時，已有二十四家之説。今考《顔氏序例》所載諸家，如張揖、郭璞，止解一卷，兩篇者亦具列之。蔡謨之前祇二十二家，是其尚有所佚。邕師胡廣，此兩家或各有解詁，而其書或早亡散，或編入本集，故顔氏不著于録歟？又按：漢末應劭作《漢書集解音義》見于本傳。夫曰《集解》，則非《舊注》一家及同時服虔一家之説可知。

漢書音訓

《隋書·經籍志·正史》 《漢書音訓》一卷。服虔撰。

《舊唐書·經籍志·正史》 《漢書音訓》一卷。服虔撰。

《新唐書·藝文志·正史類》 服虔《漢書音訓》一卷。

鄭樵《通志·藝文略·正史》 《漢書音訓》一卷。服虔。

姚振宗《後漢藝文志·正史類》 服虔《漢書音訓》一卷。虔始末見經部《春秋》類。《隋書經籍志》：《漢書音訓》一卷，服虔撰。《唐經籍志》同。《藝文志》：服虔《漢書音訓》一卷。

王鳴盛《十七史商権》曰：裴駰《史記集解》于《左氏傳》引服虔注，亦襲取服虔《漢書注》。

漢書集解音義

《隋書·經籍志·正史》 《漢書集解音義》二十四卷。應劭撰。

《舊唐書・經籍志・正史》《漢書集解音義》二十四卷。應劭撰。

《新唐書・藝文志・正史類》應劭《漢書集解音義》二十四卷。

鄭樵《通志・藝文略・正史》《漢書集解音義》二十四卷。應劭。

姚振宗《後漢藝文志・正史類》應劭《漢書集解音義》二十四卷。范書《應奉傳》：奉，汝南頓人也。子劭，字仲遠。注或作「仲援」，又作「仲瑗」。靈帝時舉孝廉，辟車騎將軍掾，中平三年，舉高第，再遷，六年拜太山太守。興平元年，棄郡奔冀州牧袁紹。建安二年，詔拜劭爲袁紹軍謀校尉，後卒于鄴。凡所著述及《集解漢書》皆傳于時。《風俗通》佚文云：余爲營陵令，在事五月，遷太山太守。

【略】顔注《序例》曰《漢書》舊無注解，唯服虔、應劭等各爲《音義》，自别施行。至典午中朝，有臣瓚者總集諸家《音義》，凡二十四卷。今之《集解音義》則是其書，而後人見者不知臣瓚所作，乃謂之應劭等集解。王氏《七志》，阮氏《七録》並題云然，斯不審耳。俟《志》曰：《隋志》有應劭書，無臣瓚書，據顔氏《序例》，蓋誤以瓚書爲應書也。然應劭亦實有《漢書注》，又此名相沿已久，故仍從《隋志》著録。

按：顔氏言《七志》、《七録》已然，則自宋及梁由來已久，亦何至一誤再誤。至唐初修志，猶未刊正，而五代人、宋人修《唐書》又復遞相沿誤，揆諸事理，或不盡然。疑應書、瓚書卷數相同，顔監但見瓚書，不見應書，故有是言耳。

東觀漢記

《隋書・經籍志・正史》《東觀漢記》一百四十三卷。起光武記注，至靈帝，長水校尉劉珍等撰。

《舊唐書・經籍志・正史》《東觀漢記》一百二十七卷。劉珍撰。

《新唐書・藝文志・正史類》劉珍等《東觀漢記》一百二十六卷。又《録》一卷。

鄭樵《通志・藝文略・正史》《東觀漢記》，一百四十三卷。起光武記注，至靈帝，長水校尉劉珍等撰。

姚振宗《後漢藝文志・正史類》劉珍等《東觀漢記》一百四十三卷。《史通・正史篇》在漢中興，明帝始詔班固與睢陽令陳宗、長陵令尹敏、司隸從事孟異、或作「冀」。作《世祖本紀》，并撰功臣及新市、平林、公孫述事，作列傳、載記二十八篇。而忠臣義士莫之撰勒，于是又詔史官謁者僕射劉珍及諫議大夫李尤，雜作紀，表，名臣、節士、儒林、外戚諸傳。起自建武，訖乎永初。事業垂竟，而珍、尤繼卒。復命侍中伏無忌與諫議大夫黄景作諸王子功臣恩澤侯表、南單于、西羌傳、地理志。至元嘉元年，復令太中大夫邊韶、大軍營司馬崔寔、議郎朱穆、曹壽雜作孝穆、崇二皇及順烈皇后傳。又增《外戚傳》入安思等后，《儒林傳》入崔篆諸人。寔、壽又與議郎延篤雜作《百官表》。按《宋志》職官類首載《東漢百官表》一卷。注云不知作者，似即《漢記》中佚出者。順帝功臣孫程、郭願及鄭衆、蔡倫等傳，凡百十有四篇，號曰《漢記》。熹平中光禄大夫馬日磾，議郎蔡邕、楊彪、盧植著作東觀，接續紀傳之可成者。而邕别有《朝會》、《車服》二志。後坐事徙朔方，上書求還，續成十志。會董卓作亂，大駕西遷，史臣廢棄，舊文散佚。按范書《蔡邕傳》：適作《靈紀》及十意，又補諸列傳四十二篇。因李傕之亂，湮没多不存。十意即十志，避桓帝諱，故云意。又在許都，楊彪頗存注記，至于名賢諸君子，自永初已下闕續。言楊彪但述時事爲《帝紀》，未及撰列傳。永初安帝初元，自劉珍、李尤著述後闕續也。魏黄初中，唯著《先賢表》，故《漢記》殘闕，至晉無成。

四庫館輯本《提要》曰：劉昭補注《司馬書》，引袁山松書曰：劉洪與蔡邕共述《律曆記》。又引謝承書云：胡廣博綜舊儀，蔡邕因以爲《禮志》。又引謝沈書云：蔡邕因中興以來所修者爲《祭祀志》。《隋志》稱是書訖靈帝。今按：列傳之文間及獻帝時事，蓋楊彪所補也。晉時以此書與《史記》、《漢書》爲三史，人多習之，故六朝及初唐人隸事釋書，類多徵引。自唐章懷太子集諸儒注范書，盛行于代，此書遂微。

《隋書・經籍志》：《東觀漢記》一百四十三卷。起光武記注，至靈帝。長水校尉劉珍等撰。《唐・經籍志》：《東觀漢記》一百二十七卷。劉珍撰。《藝文志》：劉珍等《東觀漢記》一百二十六卷，又《録》一卷。《宋志・别史類》：劉珍等《東觀漢記》八卷。

《唐日本國見在書目》曰：而件《漢記》，吉備大臣所將來也。其《目録》注云：此書凡二本：一本百二十七卷，與集賢院見在書合；一本百四十一卷，與見書不合；又得零落四卷，又與兩本《目録》不合。真備在唐國多處營求，竟不得其具本。今本朝見在百四十二卷，《隋・經籍志》所載數百四十三卷。按：「而件」猶華言此件、前件。

按：范書《文苑・李尤傳》，安帝時爲諫議大夫，受詔與謁者僕射劉珍等俱撰

《漢記》。《玉海・藝文》亦云：安帝永初、永寧間，劉珍、劉騊駼、張衡、李尤等撰集爲《漢記》。《漢記》之名，蓋始于此。此《隋志》題劉珍等所本。《史通》謂桓帝元嘉時邊韶、崔寔、朱穆、曹壽、延篤等著作，以後綜其書爲百十有四篇，號曰《漢記》。《漢記》之名實定于安帝時。或謂不當題劉珍。然珍之前未定書名，珍之時乃奉詔有此目。且安知非本書題署如此者，是不得不題劉珍等也。或又謂珍未嘗爲長水校尉，則史文簡略，此亦據本書題署歟。

史記音隱

姚振宗《後漢藝文志・正史類》 《史記音隱》五卷。司馬貞《索隱序》曰：始後漢延篤乃有《音義》一卷。又別有《音隱》五卷，不記作者何人，近代鮮有二家之本。會稽章宗源《隋書經籍志考證》曰：裴駰《集解》引有《史記音隱》，小司馬未見，自是亡于隋代。按：服虔有《春秋左氏傳音隱》，疑此亦服氏書，或譌作『章隱』。

漢書舊注

姚振宗《後漢藝文志・正史類》 《漢書舊注》侯志曰：應劭《風俗通・聲音篇》引《漢書舊注》云，菰，吹鞭也。菰者，憮也，言其節憮威儀。又引《漢書注》：荻，角也，言其聲音荻荻，名自定也。

按：《舊注》不知何人作。然應仲遠引之，則爲東漢人無疑。

漢書音義

姚振宗《三國藝文志・正史》 伏儼《漢書音義》。顏師古《漢書敘例》曰：諸家注釋雖見名氏，至於爵里，頗或難知。伏儼，字景宏，琅邪人。

汪師韓《文選理學權輿》曰：《選注》所引羣書，有伏儼《漢書音義》。

孫星衍《建立伏博士始末》、《伏氏世系》曰：始祖勝，秦博士。《史》、《漢》儒林並有傳，九世湛，光武時大司徒陽都侯。十五世完，嗣爵，女爲獻帝皇后。完誅後，國除。十六世典。十七世嚴，注云當作「儼」，注《漢書》。案：此《世系》，嘉慶時鄒平貢生王啓運所敘也。考范書《伏湛傳》，建武三年封陽都侯，六年徙封不其侯。又《伏皇后紀》，后，琅邪東武人。父完，襲爵不其侯，爲侍中。后既立，遷執金吾。建安元年，拜輔國將軍，儀比三司。完以政在曹操，自嫌尊戚，乃上印綬，拜中散大夫，尋遷屯騎校尉。十四年卒，子典嗣。初，后與父完書，言曹操殘偪之狀，令密圖之，完不敢發。至十九年，事乃露泄，操追大怒，遂逼帝廢后，下暴室，以幽崩。兄弟及宗族死者百餘人。母盈等十九人徙涿郡。蓋自湛開國至興，凡八世，興爲曹操所殺，國除。《世系》稱陽都侯，稱完誅後國除，皆非也。興、典字形相近，未詳孰是。

案：《世系》則儼乃伏完之孫，孝獻皇后之姪。與顏監稱琅邪人相符。其人當在魏世，或非本支，或幸而得全。其徙涿郡之十九人，似皆婦女，儼未必在內。今《史記》、《漢書》注中亦間有伏儼說。

漢書注

姚振宗《三國藝文志・正史》 劉德《漢書注》。顏師古《漢書敘例》曰：劉德，北海人。汪師韓《文選理學權輿》曰：《選注》所引羣書，有劉德《漢書注》。

案：《通典・凶禮・喪制篇》凡六引劉德問田瓊。首一條稱後漢劉德，餘多稱魏劉德。鄭珍《鄭學録》謂劉德是鄭門弟子。錢東垣《校刊鄭志跋》謂劉德是鄭氏門人。蓋以爲田瓊弟子也。顏監云北海人，則謂鄭氏弟子、鄭氏門人者，實近似之。

漢書音義

姚振宗《三國藝文志・正史》 鄭氏《漢書音義》。顏師古《漢書敘例》曰：鄭氏，晉灼《音義・序》云：不知其名，而臣瓚《集解》輒云鄭德。既無所據，今依晉灼，但稱鄭氏耳。

宋祁《校語》曰：景祐余靖校本云，鄭氏舊傳，晉灼《集注》云：北海人，不知其名。而臣瓚以爲鄭德，今書但稱鄭氏。案：臣瓚引鄭德而爲顔氏所采者，皆改曰鄭，故今本亦但見有鄭氏注。

汪師韓《文選理學權輿》曰：《選注》所引羣書，有鄭德《漢書音義》。此李善采臣瓚《集解》可知。

侯《志》曰：洪頤煊《讀書叢録》云，《漢書集注》有鄭氏，臣瓚以爲鄭德。汴本《史記索隱》以爲鄭玄，誤。康案：鄭氏既在康成後，又在晉灼前。晉灼，晉尚書郎。并用黄初改置郡縣名，則爲魏人無疑。至康成之無《漢書注》，本無可疑。洪亮吉據《史記集解》引鄭玄注數處，謂《漢書音義》所稱鄭氏，蓋康成居多。此晉灼、臣瓚所未及言者。後人能臆斷之乎？《十七史商榷》云，常熟毛氏《索隱跋》謂宋刻鄭德誤作鄭玄，則裴駰《集解》亦宋人妄改，其説近是。案：晉灼、臣瓚並在西晉，灼不知鄭氏何名，而瓚知之，見聞不同，事所恒有，且瓚多見古書，如《漢茂陵書》、《漢禄秩令》，爲江左所不傳者，瓚皆見之。其言鄭德必有所自，又其書進之于朝，必不致妄説，以惑視聽。特以注家姓名，非本書宏旨，故略而不詳。顔監偏信晉灼，其實瓚説可從也。

漢書音義

姚振宗《三國藝文志・正史》 李斐《漢書音義》。顔師古《漢書敍例》曰：李斐，不詳所出郡縣。汪師韓《文選理學權輿》曰：《選注》所引羣書，有李斐《漢書音義》。

漢書注

姚振宗《三國藝文志・正史》 李奇《漢書注》。顔師古《漢書敍例》曰：李奇，南陽人。汪師韓《文選理學權輿》曰：《選注》所引羣書，有李奇《漢書注》。

漢書音義

《隋書・經籍志・正史》 《漢書孟康音》九卷。

《舊唐書・經籍志・正史》 《漢書音義》九卷。孟康撰。

《新唐書・藝文志・正史類》 孟康《漢書音義》九卷。

鄭樵《通志・藝文略・正史》 《漢書音義》九卷。孟康。

姚振宗《三國藝文志・正史》 孟康《漢書音義》九卷。顔師古《漢書敍例》曰：孟康，字公休，安平廣宗人。魏散騎侍郎、弘農太守、領典農校尉、勃海太守、給事中、散騎常侍、中書令，後轉爲監，封廣陵亭侯。

《魏志・杜恕傳》注《魏略》曰：黄初中，康以于郭后有外屬，并受九親賜拜，遂轉爲散騎侍郎。是時散騎皆以高才英儒充其選，而康獨緣妃嬙雜在其間，故于時皆共輕之，號爲阿九。康既無才敏，因在冗官，博讀書傳，後遂有所彈駁，其文義雅而切要，衆人乃更加意。正始中代杜恕爲弘農太守。康之始拜，衆人雖知其有志量，以其未嘗宰牧，不保其能也，而康恩澤治能，吏民稱歌焉。《隋書・經籍志》：梁有《漢書孟康音》九卷，亡。《唐・經籍志》：《漢書音義》九卷，孟康撰。《藝文志》：孟康《漢書音義》九卷。

漢書注

姚振宗《三國藝文志・正史》 鄧展《漢書注》。顔師古《漢書敍例》曰：鄧展，南陽人。魏建安中爲奮威將軍，封高樂鄉侯。

《魏志・文紀》注《典論・自敍》有曰：嘗與奮威將軍鄧展等共飲。宿聞展善有手臂，曉五兵，又稱其能空手入白刃，余與論劍良久云云。

汪師韓《文選理學權輿》曰：《選注》所引羣書，有鄧展《漢書注》。又有鄧展子，不知是否即此鄧展。附識于此，不別出。

漢書注

姚振宗《三國藝文志・正史》 文穎《漢書注》。顔師古《漢書敘例》曰：文穎，字叔良，南陽人。後漢末荆州從事，魏建安中爲甘陵府丞。汪師韓《文選理學權輿》曰：《選注》所引羣書，有文穎《漢書注》。

案：侯氏《志》云，建安非魏年號。顔氏《敘例》稱魏建安中者，蓋是時魏國已建。鄧展、文穎二人實爲魏臣，非漢臣。雖當建安時，不得繫以漢也。案：漢魏之際，凡記前代時事，或曰漢，或曰建安，從無建安之上加以魏字者。《文選・東方畫贊序》稱魏建安中，李善已斥其誤。此或采之《魏書》、《魏略》、《魏武本紀》等，見書中有初平、興平、建安紀年，遂誤以爲魏。顔氏録舊文不加更正，是其一失，亦何至如侯氏之曲説乎？

漢書注

姚振宗《三國藝文志・正史》 張揖《漢書注》一卷。揖始末見經部小學類。顔師古《漢書敘例》曰：張揖，止解《司馬相如傳》一卷。宋高似孫《史略》曰：司馬相如一傳最難注，張揖曾作《博雅》，通于名物，所以止注此傳。汪師韓《文選理學權輿》曰：《選注》所引羣書，有張揖《漢書注》。又曰：《文選》舊注中有張揖《子虚賦注》、《上林賦注》。

漢書注

姚振宗《三國藝文志・正史》 蘇林《漢書注》。林始末具經部《孝經》類。《魏志・劉邵傳》注《魏略・儒宗傳》曰：林博學，多通古今字指，凡諸書傳文間危疑，林皆釋之。顔師古《漢書敘例》曰：服、應曩説，疏紊尚多；蘇、晉衆家，剖斷蓋尠。汪師韓《文選理學權輿》曰：《選注》所引羣書，有蘇林《漢書注》。

案：《魏略》言諸書傳危疑，林皆釋之，則所注釋者必多，今惟此及《孝經》二種。自魏晉《中經簿録》亡，而後漢三國人之書遂堙没不可見。

漢書注

姚振宗《三國藝文志・正史》 張晏《漢書注》。顔師古《漢書敘例》曰：張晏，字子博，中山人。汪師韓《文選理學權輿》曰：《選注》所引羣書，有張晏《漢書注》。洪亮吉《曉讀書齋雜録》曰：張晏《漢書注》，于地理最詳。

漢書注

姚振宗《三國藝文志・正史》 如淳《漢書注》。顔師古《漢書敘例》曰：如淳，馮翊人。魏陳郡丞。汪師韓《文選理學權輿》曰：《選注》所引羣書，有如淳《漢書注》。

漢書注

姚振宗《三國藝文志・正史》 項昭《漢書注》。顔師古《漢書敘例》曰：項昭，不詳何郡縣人。案：顔氏《敘例》具列諸家注釋，皆以時代爲先後。自伏儼至此，凡一十三家。在應劭之後，韋昭之前，則皆爲三國時人。侯《志》于伏儼、劉德、李斐、李奇、張晏、項昭六家，置不入録。蓋以顔氏不言魏人之故，未免不充其類歟？

漢書音義

《隋書・經籍志・正史》《漢書音義》七卷。韋昭撰。

《舊唐書・經籍志・正史》《漢書音義》七卷。韋昭撰。

《新唐書・藝文志・正史類》韋昭《漢書音義》七卷。

鄭樵《通志・藝文略・正史》《漢書音義》七卷。韋昭。

姚振宗《三國藝文志・正史》韋昭《漢書音義》七卷。昭始末見經部詩類。

《隋書・經籍志》：《漢書音義》七卷。韋昭撰。《唐・經籍志》：《漢書音義》七卷。韓韋撰。此作韓韋，寫誤也。《藝文志》：韋昭《漢書音義》七卷。汪師韓《文選理學權輿》曰：《選注》所引羣書，有孟康、韋昭《漢書注》。惟項昭一家，《選注》引未見。

吴書

《隋書・經籍志・正史》《吴書》二十五卷。韋昭撰。本五十五卷，梁有，今殘缺。

《新唐書・藝文志・正史類》韋昭《吴書》五十五卷。

鄭樵《通志・藝文略・正史》《吴書》五十五卷。韋昭撰。

姚振宗《三國藝文志・正史》韋昭《吴書》五十五卷。昭始末見經部詩類。

《吴志》本傳：孫亮即位，諸葛恪輔政，表曜爲太史令，撰《吴書》，華覈、薛瑩等皆與參同。孫晧即位，以侍中常領左國史。晧欲爲父和作紀，曜執以和不登帝位，宜名爲傳。鳳皇二年，晧積前後嫌忿，收曜付獄。華覈連上疏救曜曰：「曜以儒學得與史官，《吴書》雖已有頭角，敍贊未述，如臣頑敝，誠非其人。曜年已七十，餘數無幾，乞赦其一等之罪，爲終身徒，使成書業，永足傳示，垂之百世。」晧不許，遂誅曜。

《吴志・薛瑩傳》：晧下瑩獄，徙廣州。右國史華覈上疏曰：「大吴受命，建國南土。大皇帝末年，命太史令丁孚、郎中項峻始撰《吴書》。孚、峻俱非史才，其所撰作不足紀録。至少帝時，更差韋曜、周昭、薛瑩、梁廣及臣五人，訪求往事，所共撰立，備有本末。昭、廣先亡，曜負恩蹈罪，瑩出爲將，復以過徙，其書遂委滯，迄今未撰奏。臣愚淺才劣，適可爲瑩等記注而已，若使撰合，必襲孚、峻之跡。懼墜大皇帝之元功，損當世之盛美。瑩涉學既博，文章尤妙，同僚之中，瑩爲冠首。今者見吏雖多經學，記述之才如瑩者少，是以慺慺爲國惜之。實欲使卒垂成之功，編于前史之末。奏上之後，退填溝壑，無所復恨。」晧遂召瑩還，爲左國史。

《吴志・步騭傳》：潁川周昭者，字恭遠，與韋曜、薛瑩、華覈並述《吴書》。

《隋書・經籍志》：《吴書》二十五卷。韋昭撰。本五十五卷，梁有，今殘闕。

《唐・經籍志・編年類》：《吴書》五十五卷。韋昭撰。《藝文志・正史類》：韋昭《吴書》五十五卷。《史通・正史篇》：吴大帝之季年，始命丁孚、項峻撰《吴書》。少帝時，更勑韋曜、周昭、薛瑩、梁廣、華覈訪求往事，相與記述。並作之中，曜、瑩爲首。當歸命侯時，昭、廣先亡，曜、瑩徙黜，史官久闕，書遂無聞。覈表請召曜、瑩續成前史。其後曜獨終其書，定爲五十五卷。案：此知華覈疏救凡兩次，本傳合并載之，故曰「連上疏」。其初被罪黜，得覈疏救而解，召還史館，得以續成前書，其事當在鳳凰二年之前。至是年收付獄，覈又疏救，以《吴書》未述敍贊爲言，而事不可解矣。以是知《吴書》敍贊終未底于成焉。

章宗源《隋志考證》曰：昭書名吴，自以吴爲主。裴松之注所引稱魏爲帝，堅、策、權、晧稱名，《文選注》、《後集書注》皆然，惟《通典・禮門》注稱權爲上。《藝文類聚・服飾部》、《太平御覽・服章部》、《布帛部》、《人事部》皆稱吴主爲上。竊疑稱名非昭原本。《舊唐志》誤入編年類。

按：侯《志》云：《齊書・禮志序》：吴則太史令丁孚拾遺漢事。是丁氏《吴書》有《禮志》也。韋昭因之，亦當有志。此説非也。《禮志》謂拾遺漢事者，指丁孚《漢儀》之書，詳見下儀制類。《初學記・帝王部》云：孫權稱吴王于武昌，號黄武元年。後稱帝，立二十一年而崩。子亮嗣位。自權至晧，凡四主，五十九年，爲晉所滅。

論前漢事

《隋書・經籍志・正史》《論前漢事》一卷。蜀丞相諸葛亮撰。

《新唐書・藝文志・正史類》諸葛亮《論前漢事》一卷。

鄭樵《通志・藝文略・正史》《論前漢事》一卷。諸葛亮撰。

漢書音

《新唐書・藝文志・正史類》《漢書音》一卷。

鄭樵《通志・藝文略・正史》《漢書音》一卷。諸葛亮。

姚振宗《三國藝文志・正史》 諸葛亮《漢書音》一卷。豐《漢書》有列傳。《蜀志》本傳：亮，字孔明，琅琊陽都人。漢司隸校尉諸葛豐後也。父珪，字君貢，漢末爲太山郡丞。亮早孤，從父玄爲袁術所署豫章太守。玄將亮及亮弟均之官，會漢朝更選，朱皓代玄。玄素與荆州牧劉表有舊，往依之。玄卒，亮躬耕隴畝，時先主屯新。野潁川徐庶曰：「諸葛孔明者，卧龍也。將軍宜枉駕顧之。」先主詣亮，凡三往乃見，于是情好日密。及曹公敗于赤壁，先主收江南，以亮爲軍師中郎將。成都平，爲軍師將軍，署左將軍府事。先主即帝位，策爲丞相，録尚書事，假節，領司隸校尉。後主建興元年封武鄉侯，開府治事，領益州牧。政事無巨細咸決于亮。十二年八月，卒于軍，時年五十四。遺命葬漢中定軍山，謚忠武侯。

《唐書・藝文志》：諸葛亮《論前漢事》一卷，又《音》一卷。《通志・藝文略》：《漢書音》一卷，諸葛亮撰。高似孫《史略》：《漢書諸葛亮音》一卷。

案：張澍輯《諸葛集目録》云：澍案《隋書・經籍志》，《漢書音》一卷。蜀丞相諸葛亮撰，亦見《唐志》，又《故事制作篇》亦云。然今檢《隋志》實無此文。疑合《論前漢事》爲一篇，而《隋志》遺之。

漢書章條

姚振宗《三國藝文志・正史》 張休《漢書章條》。《吴志・孫登傳》：魏黄初二年，以權爲吴王，是歲，立登爲太子。權欲登讀《漢書》，習知近代之事，以張昭有師法，重煩勞之，乃令張休從昭受讀，還以授登。

《吴志・張昭傳》：昭少子休，字叔嗣。弱冠與諸葛恪、顧譚等俱爲太子登僚友，以《漢書》授登。注引《吴書》曰：休進授指摘文義，分別事物，並有章條。登甚愛之，常在左右。休後至揚武將軍，坐事徙交州，又以譖賜死，時年四十一。

案：《吴書》言並有章條，則非徒憑口説，其必筆之于書，可知顔師古《漢書敘例》載晉劉寶侍皇太子講《漢書》，別有《駁義》，即此之類，亦略如後世講義。凡歷朝臣工進講，皆別具講義，知此制自魏晉已然矣。而張子布父子《漢書》有師法，亦于此見之。

東觀漢記先賢表

姚振宗《三國藝文志・正史》《東觀漢記先賢表》。《史通・正史篇》：會董卓作亂，大駕西遷，史臣廢棄，舊文散佚。及在許都，楊彪頗存注記，至于名賢君子，自永初已下闕續。永初，漢安帝元。魏黄初中，唯著《先賢表》，故漢記殘闕，至晉無成。

案：此表作于黄初時。其後，明帝時有《海内先賢傳》四卷，詳見後雜傳記類。似即因此表而爲傳。章氏《考證》謂所載多後漢名賢，亦欲以彌縫漢記之闕略。以其不出于史館，故別本單行。

後漢書

《隋書・經籍志・正史》《後漢書》一百三十卷。無帝紀，吴武陵太守謝承撰。

《舊唐書・經籍志・正史》《後漢書》一百三十三卷。謝承撰。

《新唐書・藝文志・正史類》 謝承《後漢書》一百三十卷。又《録》一卷。

鄭樵《通志・藝文略・正史》《後漢書》一百三十卷。無帝紀，吴武陵太守謝承撰。

姚振宗《三國藝文志・正史》 謝承《後漢書》一百三十三卷，又《録》一卷。《吴志・妃嬪傳》：吴主權謝夫人，會稽山陰人也。父煚，漢尚書郎、徐令。弟承，拜五官郎中，稍遷長沙東部都尉、武陵太守。撰《後漢書》百餘卷。《會稽典録》曰：承字偉平，博學洽聞，嘗所知見，終身不忘。《隋書・經籍志》：《後漢書》一百三十卷，無帝紀，吴武陵太守謝承撰。《唐・經籍志》：《後漢書》一百三十卷，謝承撰。《藝文志》：謝承《後漢書》一百三十三卷，又《録》一卷。《史通・書志篇》曰：《百官》、《輿服》，謝拾孟堅之遺。《煩省篇》云：謝承尤悉江左京洛事，缺于三吳。《雜説篇》云：謝承《漢書》偏黨吳越。又云：姜詩、趙壹，身止計吏，而謝書有傳。錢塘姚之駰《輯本序》曰：謝偉平之書，東漢第一良史也。凡所載忠義名卿，及通賢逸士，其芳言懿矩，半爲范書所遺。惟六朝詞人多誦説之，故其軼事時見他書。輒采掇彙鈔，分爲四卷。今有黟縣汪文臺南士補輯本八卷。會稽章宗源《隋志考證》曰：史無帝紀，惟聞此書。《北堂書鈔·設官部》引承書，有《風教傳》，亦創見也。《史通·論贊篇》「謝承曰詮」。愚案《文選》顔延年《北使洛詩注》、《永明九年策秀才文注》，阮嗣宗《勸進表注》，《後漢二十八將論注》，張景陽《七命注》引承書俱稱「序曰」，蓋其敍傳中語。案：《隋志》云「無帝紀」，似謂其亡佚。《唐志》多出三卷，似即帝紀之佚存者。侯《志》曰：《匡謬正俗》卷五謂承書失實，洪亮吉亦云：承書最有名，又最先出，而其紕謬非一端云云。于謝書力加譏彈。然遷、固著史，尚多舛誤，不能摘其一二事，遽毀全書。況謝書久亡，他書轉引，不免魯魚之訛，尤未可以是定謝、范二家優劣也。姚之駰謂謝書極博，蔚宗過爲刪除，其説甚當，蓋謝之勝范在此，而其不及范之精嚴，亦即在此矣。

後漢記

《隋書·經籍志·正史》　《後漢記》六十五卷。本一百卷。梁有，今殘缺。晉散騎常侍薛瑩撰。

《舊唐書·經籍志·正史》　《後漢記》一百卷。薛瑩作。

《新唐書·藝文志·正史類》　薛瑩《後漢記》一百卷。

鄭樵《通志·藝文略·正史》　《後漢記》一百卷。晉散騎常侍薛瑩撰。

姚振宗《三國藝文志·正史》　薛瑩《後漢記》一百卷。《吳志·薛綜傳》：綜，沛郡竹邑人也。子瑩，字道言，初爲祕府中書郎，孫休即位，爲散騎中常侍。孫皓初，爲左執法，選曹尚書，領太子少傅，武昌左部督，還爲左國史、光祿勳。天紀四年入晉，爲散騎常侍，太康三年卒。《隋書·經籍志》：《後漢記》六十五卷。本一百卷，梁有，今殘缺。晉散騎常侍薛瑩撰。《唐·經籍志》：《後漢記》一百卷。薛敚一字。作。《藝文志》：薛瑩《後漢記》一百卷。姚之駰《輯本序》曰：瑩所著《漢書》，當是私作，故《吳志》本傳不載。此史文偶爾疎漏，不關公私。余靖表云：瑩作《漢後記》百卷。今他本直云《後漢書》也。瑩書大半弗存，未經拂耳瞥目，然讀世祖、顯宗二論，波屬雲委，灝瀚蒼鬱，洵良史手，他稱是矣。袁彦伯竟未采及，何耶？黟縣汪氏輯本亦止十餘條。

文廷式《補晉書藝文志·正史類》　薛瑩《後漢記》一百卷。散騎常侍。近人黟縣汪文臺輯《七家後漢書》，薛瑩書二卷。

後漢記

姚振宗《三國藝文志·正史》　譙周《後漢記》。周始末見經部禮類。《晉書·司馬彪傳》：彪以爲漢氏中興，訖于建安，忠臣義士，亦以昭著，而時無良史，記述煩雜。譙周雖已刪除，然猶未盡。安、順以下，亡缺者多。彪乃討論衆書，綴其所聞，號曰《續漢書》。此據司馬紹統《續漢書》敍文也。其言譙周刪定《東觀漢記》，碻有明文。

司馬彪《續漢書·五行志序》曰：故泰山太守應劭、給事中董巴、散騎常侍譙周並撰建武以來災異。今合而論之，以續前志。此司馬紹統取譙周書以爲志，雖别其名曰災異，而實周所刪補《漢記》中之《五行志》，以應劭書名災異，故承上文，不復分别言之耳。

《續漢·禮儀志》劉昭注：謝承書曰太傅胡廣博綜舊儀，立漢制度，蔡邕因以爲志，譙周後改定以爲《禮儀志》。此據謝偉平志序之文也。言譙周改定《禮儀志》，即改定《漢記》中之《禮儀志》也。

《續漢·天文志》劉昭注：《謝沈書》曰：蔡邕撰建武以後星驗著明，以續前志，譙周接繼其下者。此亦似據謝行思《後漢書》志序之文，言譙周接繼《天文志》。知譙周于《東觀漢記》之書，不特刪除，且有補續，以勒成一史，自爲一家。

《晉書·天文志序》曰：及班固敍漢史，馬續述天文，而蔡邕、譙周，各有撰録。司馬彪采之，以繼前志。案：《續漢·天文志》所載獻帝建安時事，即本譙允南《漢記》之文。案：譙允南刪補《東觀漢記》，見于《晉書》及《續漢志》者凡五驗如右，碻有明證。《蜀志》本傳但櫽括其詞曰：「所著述撰定《古史考》書之屬百餘篇。」其云「撰定」，則有此書在内也。其書殆亡于永嘉之亂，不至江左，故梁《七録》亦不著。又魏董巴有《大漢輿服志》、《中官傳》，及建武以來災異，亦有引董巴《漢書》，而其文同《輿服志》者，疑董巴亦有《後漢書》而未成，故但分録各門，不入此類。

古史考

《隋書・經籍志・正史》 《古史考》二十五卷。晉義陽亭侯譙周撰。

鄭樵《通志・藝文略・正史》 《古史考》二十五卷。晉義陽亭侯譙周撰。

文廷式《補晉書藝文志・正史類》 譙周《古史考》二十五卷。義陽亭侯。

按：《司馬彪傳》彪復以周爲未盡善也。條《古史考》中凡百二十二事爲不當。《史通・模擬篇》曰：譙周撰《古史考》，思欲擯抑馬《記》，師放孔《經》，其書李斯之棄市也，乃云「秦殺其大夫李斯」。

魏略

《舊唐書・經籍志・正史》 《魏略》三十八卷。魚豢撰。

《新唐書・藝文志・雜史類》 魚豢《魏略》五十卷。

姚振宗《三國藝文志・正史類》 魚豢《魏略》三十八卷。魚豢注。侯康曰：魚豢，京兆人，魏郎中。《唐書・經籍志》：《魏略》三十八卷。《藝文志・雜史類》：魚豢《魏略》五十卷。案隋志・雜史篇有魚豢《典略》八十九卷，《魏略》即在其中。《舊唐志》始分析著録曰：《典略》五十卷。《魏略》三十八卷。視《隋志》惟少一卷耳。《新唐志》作《魏略》五十卷。證以《舊志》，似《典略》之誤。今從《唐・經籍志》。

《史通・正史篇》：魏時京兆魚豢私撰《魏略》，事止明帝。又《題目篇》曰：魚豢著魏史，巨細畢載，蕪累甚多，而牓之以略，考名責實，奚其爽歟？又《稱謂篇》曰：魚豢没吴、蜀號謚，呼權、備姓名。

錢大昕《三國志攷異》曰：魚豢《魏略》，今已不存。其諸傳標目，多與它異。如東里袞見《游説傳》，董遇、賈洪、邯鄲淳、薛夏、隗禧、蘇林、樂詳七人爲《儒宗傳》，常林、吉茂、沐并、時苗四人爲《清介傳》，脂習、王脩、龐淯、文聘、成公英、郭憲、單固七人爲《純固傳》，孫賓碩、祝公道、楊阿若、鮑出四人爲《勇俠傳》，王思諸人爲《苛吏傳》，並見裴氏注。田疇、管寧、徐庶、胡昭諸人爲《知足傳》見《梁書》。是也。王粲、毓欽、阮瑀、陳琳、路粹諸人合傳，焦先、扈累、寒貧諸人合傳，當亦有目，今不可攷矣。若秦朗、孔桂之爲《佞幸傳》，則沿遷、固之舊目也。

章宗源《隋志攷證》曰：愚案《魏略》有紀、志、列傳，自是正史之體。《文選・景福殿賦》注引《魏略・文紀》，《初學記・天部》引《五行志》，裴松之《魏志注》言《魏略》有《佞倖傳》、《游説傳》、《儒宗傳》、《純固傳》、《苛吏傳》、《清介傳》、《勇俠傳》、《列士傳》、《西戎傳》，《梁書》又言有《止足傳》。《世説・文學篇注》、《通典・邊防門》注，亦引《魏略・西戎傳》。《御覽・人事部》及《寰宇記》引作《西域傳》。豢之論贊，實稱曰議，裴注多引其詞，而《西戎傳》議，尤可攷見。侯《志》曰：裴注及《御覽》引此書甚多。《史記索隱》前、後《漢書》注皆屢引之。輯之尚可哀然成帙。

魏書

《隋書・經籍志・正史》 《魏書》四十八卷。晉司空王沈撰。

《舊唐書・經籍志・正史》 《魏書》四十四卷。王沈撰。

《新唐書・藝文志・正史類》 王沈《魏書》四十七卷。

鄭樵《通志・藝文略・正史》 《魏書》四十八卷。晉司空王沈撰。

姚振宗《三國藝文志・正史》 王沈《魏書》四十八卷。《魏志・王昶傳》：昶，太原晉陽人也。其爲兄子及子作名字，皆依謙實以見其意，故兄子默字處靜，沈字處道。

《晉書》本傳：沈少孤，養于從叔司徒昶，事昶如父。好書，善屬文。大將軍曹爽辟爲掾，累遷中書黄門侍郎、治書侍御史、祕書監，正元中，遷散騎常侍、侍中，典著作。與荀顗、阮籍共撰《魏書》，多爲時諱，未若陳壽之實録也。沈後入晉，至散騎常侍、驃騎將軍，封博陵縣公。泰始二年卒，謚曰元，追贈司空郡公。

《御覽》二百三十三引王隱《晉書》曰：王沈爲祕書監，著《魏書》，多爲時諱，而善敘事。

《御覽》七百四十七引《三輔決録》曰：韋誕字仲將，除武都太守，以書不得之郡，轉侍中，典作《魏書》，號《散騎書》，一名《大魏書》，凡五十篇。此謂仲將典作《魏書》又手寫爲五十篇歟，抑別寫各體書字爲五十篇也。其言號《散騎書》，似非此《魏書》，無以知之。

《魏志・劉卲傳注》：《文章敘録》曰：任城孫該，字公達，彊志好學，著

《魏書》。

《史通・正史篇》：魏史黄初、太和中，始命尚書衛覬、繆襲草創紀傳，累載不成。又命侍中韋誕、應璩，祕書監王沈，大將軍從事中郎阮籍，司徒右長史孫該，司隸校尉傅玄等，復共撰定。其後王沈獨就其業，勒成《魏書》四十四卷。其書多爲時諱，殊非實録。又《載文篇》曰：歷選衆作，求其穢累。王沈、魚豢，是其甚焉。又《直書篇》曰：王沈《魏書》，假回邪以竊位。又《曲筆篇》曰：王沈《魏録》，濫述貶甄之詔。

《宋書・五行志序》：王沈《魏書》，志篇闕如，凡厥災異，但編帝紀而已。又《律曆志序》曰：自楊偉改創景初，而《魏書》闕志。

《隋書・經籍志》：《魏書》四十八卷。晉司空王沈撰。《唐・經籍志》：《魏書》四十四卷。王沈撰。《藝文志》：王沈《魏書》四十七卷。

章宗源《隋志攷證》曰：《水經》渠水、潦水、淮水注，並引《魏書・國志》，穎水注復引《魏書・郡國志》，疑沈書固有志篇，特闕《五行》、《律曆》也。裴松之《魏志・武紀注》所引，多述操令，若庚申、庚戌、丙戌、丁亥令，皆以日紀。又有褒賞令，載祀橋玄文，裴注不言《魏書》，又類推之，當亦是耳。又《后妃傳注》引六事，《御覽・皇親部》引卞后、甄后、毛后、郭后各一事。

侯《志》曰：王沈名列晉史，而《魏書》則撰于魏世，故今著録三國時。

案：王沈入晉僅一年而卒，時爲吴孫皓寶鼎元年，是三國之吴猶在焉，且同撰者皆魏人，宜入之魏代。《初學記・帝王部》引皇甫謐云：自黄初元年至禪晉之歲，凡五帝四十五年。

文廷式《補晉書藝文志・正史類》 王沈《魏書》四十八卷。司空。高似孫《史略》云：沈仕魏，正光中遷散騎常侍，與荀顗、阮籍同撰《魏書》，多爲時諱，未若陳壽之實。王隱《晉書》曰：王沈爲祕書監，著《魏書》，多爲時諱，而善序事。《御覽》二百三十三。

蜀書

姚振宗《三國藝文志・正史類》 王崇《蜀書》。《華陽國志・後賢志》：王化字伯遠，廣漢郪人也。兄弟四人，少弟崇，字幼遠，學業淵博，雅性洪粹。蜀時東觀郎，著《蜀書》及詩賦之屬數十篇。其書與陳壽頗不同。案：崇祖父商，撰《巴蜀耆舊傳》，已録入《後漢・藝文志》。崇後入晉，官至上庸、蜀郡太守。

《史通・史官篇》：至若偏隅僭國，求其史官，亦有可言者。案《蜀志》稱王崇補東觀，許蓋掌禮儀。案：許蓋，許慈之誤。又郤正爲祕書郎，廣求益部書籍，斯則典校無闕，屬辭有所矣。而陳壽評云「蜀不置史官」者，得非厚誣諸葛乎！

《史通・典筆篇》曰：陳氏《國志・劉後主傳》云：蜀無史職，故災祥靡聞。案黄氣見于秭歸，羣鳥墮于江水，成都言有景星出，益州言無宰相氣，若史官不置，此事從何而書？蓋由父辱受髡，故加兹謗議者也。案：《蜀志》景耀元年，史官言景星見，于是大赦改年。此陳氏已自言有史官矣，何云不置史官耶？壽父爲武侯所髡，見《晉書》壽傳。

案：王氏《蜀書》，殆草創于爲東觀郎時。《華陽國志》引蜀郡太守王崇論後主及姜維各一篇，則蜀亡後之辭，蓋續有修纂者。《史通》但證實蜀有史官，有記注，未及詳攷陳壽之前，果有王崇《蜀書》也。《蜀志・楊戲傳》云：戲著《季漢輔臣贊》，其所頌述，今多載于《蜀書》。則王書嘗取資于《輔臣贊》，而陳志亦取資于《蜀書》。今并與王沈《魏書》一例録之于此。《初學記・帝王部》云：劉備于蜀稱帝，號章武元年，立三年而崩。子禪嗣位。凡二主，四十三年，爲魏所滅。

文廷式《補晉書藝文志・正史類》 王崇《蜀書》。《華陽國志》：王崇字幼遠，廣漢郪人。著《蜀書》及詩賦之屬數十篇，其書與陳壽頗不同。官至上庸、蜀郡太守。

漢書駁議

《隋書・經籍志・正史》 《漢書駁議》二卷。晉安北將軍劉寶撰。

《舊唐書・經籍志・正史》 《漢書駁議》二卷。劉寶撰。

《新唐書・藝文志・正史類》 劉寶《漢書駁義》二卷。

鄭樵《通志・藝文略・正史》 《漢書駁義》二卷。晉安北將軍劉寶撰。

文廷式《補晉書藝文志・正史類》 劉寶《漢書駁義》二卷。《漢書敍例》云：字道真，高平人。晉中書郎、河内太守、御史中丞、太子中庶子、吏部郎、安北將軍、侍皇太子講議，別有《駁義》。

《史記・高祖本紀》：心善家令言。《索隱》引晉劉寶云：善，其發悟己心，因得尊崇父號也。按：此是注語，非《駁義》。《通典》引劉寶《與愍懷太子論〈漢書〉》。

漢書注

文廷式《補晉書藝文志・正史類》 劉寶《漢書注》。

續漢書

《隋書・經籍志・正史》 《續漢書》八十三卷。晉祕書監司馬彪撰。

《舊唐書・經籍志・正史》 《續漢書》八十三卷。司馬彪撰。

《新唐書・藝文志・正史類》 司馬彪《續漢書》八十三卷。又《録》一卷。

鄭樵《通志・藝文略・正史》 《續漢書》八十三卷。晉祕書監司馬彪撰。

文廷式《補晉書藝文志・正史類》 司馬彪《續漢書》八十三卷。祕書監。今存《志》三十卷。近人黟縣汪文臺有輯本。

漢書注

文廷式《補晉書藝文志・正史類》 司馬彪《漢書注》。《文選・諷諫詩》注引司馬彪《漢書注》云：岌岌，危也。

三國志

《隋書・經籍志・正史》 《三國志》六十五卷。《敘録》一卷，晉太子中庶子陳壽撰，宋太中大夫裴松之注。

錢東垣等輯《崇文總目輯釋・正史類》 《三國志》六十五卷。陳壽撰。

《新唐書・藝文志・正史類》 陳壽《魏國志》三十卷。

又 《蜀國志》十五卷。

又 《吳國志》二十一卷。並裴松之注。

鄭樵《通志・藝文略・正史》 《魏國志》三十卷。晉太子庶子陳壽撰。

又 《蜀國志》十五卷。陳壽撰。

又 《吳國志》二十一卷。陳壽撰。

晁公武《郡齋讀書志・正史類》 《三國志》六十五卷。右晉陳壽撰。魏四紀，二十六列傳，蜀十五列傳，吳二十列傳。宋文帝嫌其略，命裴松之補注，博采羣說，分入書中，其多過本書數倍。王通數稱壽書，今細觀之，實高簡有法。如不言曹操本生，而載夏侯惇及淵於諸曹傳中，則見嵩本夏侯氏之子也；高貴鄉公書卒，而載司馬昭之奏，則見公之不得其死也。他皆類是。但以魏爲紀，而稱漢、吳曰傳，又改漢曰蜀，世頗譏其失。至於謂其銜諸葛孔明髡父而爲貶辭，求丁氏之米不獲，不立儀、廙傳之類，亦未必然也。

尤袤《遂初堂書目・正史類》 川本《三國志》。

又 舊杭本《三國志》。

陳振孫《直齋書録解題・正史類》 《三國志》六十五卷。晉治書侍御史巴西陳壽承祚撰。宋中書侍郎河東裴松之世期注。壽書初成，時人稱其善敘事，張華尤善之。然乞米作佳傳，以私憾毀諸葛亮父子，難乎免物議矣。王通謂壽有志於史，依大義而黜異端，然要爲率略。松之在元嘉時，承詔爲之注，鳩集傳記，增廣異文。大抵本書固率略，而注又繁蕪，要當會通裁定，以成一家，而未有奮然以爲己任者。豐祐間南豐呂南公鋭意爲之，題其齋曰「衮斧」，書垂成而死，遂弗傳。又紹興間吳興鄭知幾維心嘗爲之，鄉里前輩多稱其善，而書亦不傳。近永康陳亮亦頗有意焉，僅成論贊數篇，見集中，而書實未嘗修也。

馬端臨《文獻通考・經籍考・正史》 《三國志》六十五卷。【略】水心葉氏曰：陳壽筆高處逼司馬遷，方之班固，但少文義緣飾爾，要終勝固也。近世有謂《三國志》當更脩定者，蓋見注所載尚有諸書，不知壽盡取而爲書矣。注之所載，皆壽書之棄餘也。後生誦讀不詳，輕立議論，最害事。

胡師安等《元西湖書院重整書目》 《三國志》。

《宋史・藝文志・正史類》 陳壽《三國志》六十五卷。裴松之注。

楊士奇等《文淵閣書目・史》 《三國志》。一部，三十册。闕。

又 《三國志》。一部，二十册。闕。

又 《三國志》。一部，二十册。闕。

又《三國志》。一部，三十册。闕。

又《三國志》。一部，十二册。闕。

又《三國志》。一部，二十五册。闕。

又《三國志》。一部，十二册。闕。

范邦甸等《天一閣書目・正史類》《三國志》六十五卷。刊本。晉陳壽撰。宋元嘉六年七月中書侍郎西鄉侯裴松之注，并表上。大德丙午桐鄉朱天錫跋。

又《三國志》六十五卷。刊本。明嘉靖衢州參軍蔡宙、教授陸俊民重校刊。

徐𤊹《徐氏家藏書目・正史類》《三國志》六十五卷。陳壽。

張萱等《内閣藏書目録・史部》《三國志》十四册，全。晉陳壽撰。國子監新刻。

錢謙益等《絳雲樓書目・正史類》《三國志》。六十五卷。裴松之注。《輟耕録》二十四卷。霍治書於至元丁亥分臺江西，購得蕭常《續漢書》全部。常，南宋廬陵貢士，其書皆記蜀漢事，蓋采陳壽志而變其體例。周益公爲之序。

《四庫全書總目提要・正史類》《三國志》六十五卷。内府刊本。晉陳壽撰，宋裴松之注。壽事蹟具《晉書》本傳，松之事蹟具《宋書》本傳。凡《魏志》三十卷，《蜀志》十五卷，《吴志》二十卷。其書以魏爲正統，至習鑿齒作《漢晉春秋》，始立異議。自朱子以來，無不是鑿齒而非壽，然以理而論，壽之謬萬萬無辭。以勢而論，則鑿齒帝漢順而易，壽欲帝漢逆而難。蓋鑿齒時晉已南渡，其事有類乎蜀，爲偏安者爭正統，此孚於當代之論者也。壽則身爲晉武之臣，而晉武承魏之統，僞魏是僞晉矣，其能行於當代哉！此猶宋太祖篡立近於魏，而北漢、南唐蹟近於蜀，故北宋諸儒皆有所避而不僞魏。高宗以後偏安江左近於蜀，而中原魏地全入於金，故南宋諸儒乃紛紛起而帝蜀。此皆當論其世，未可以一格繩也。惟其誤沿《史記》周、秦本紀之例，不託始於魏文，而託始曹操，實不及《魏書敘紀》之得體，是則誠可已不已耳。宋元嘉中，裴松之受詔爲注。所注雜引諸書，亦時下己意。綜其大致，約有六端：一曰引諸家之論以辨是非，一曰參諸書之説以核譌異，一曰傳所有之事詳其委曲，一曰傳所無之事補其闕佚，一曰傳所有之人詳其生平，一曰傳所無之人附以同類。其中往往嗜奇愛博，頗傷蕪雜。如《袁紹傳》中之胡母班，本因爲董卓使紹而見，乃注曰：「班嘗見太山府君及河伯，事在《搜神記》，語多不載。」斯已贅矣。《鍾繇傳》中乃引陸氏《異林》一條，載繇與鬼婦狎昵事。《蔣濟傳》中引《列異傳》一條，載濟子死爲泰山伍伯，迎孫阿爲泰山令事。此類鑿空語怪，凡十餘處，悉與本事無關，而深於史法有礙，殊爲瑕纇。【略】蓋欲爲之而未竟，又惜所已成，不欲删棄，故或詳或略，或有或無，亦頗爲例不純。然網羅繁富，凡六朝舊籍今所不傳者，尚一一見其厓略。又多首尾完具，不似酈道元《水經注》、李善《文選注》，皆翦裁割裂之文。故考證之家，取材不竭，轉相引據者，反多於陳壽本書焉。

彭元瑞等《天禄琳琅書目後編・明版史部》《三國志》。五函，二十册。晉陳壽撰，宋裴松之註。壽，字承祚，安漢人。舉孝廉，官至太子中庶子，《晉書》有傳。松之，字世期，聞喜人。官中書侍郎、司冀二州大中正，《宋書》有傳。書六十五卷。凡《魏志》三十、《蜀志》十五、《吴志》二十。前有松之《上書表》，萬曆丙申祭酒馮夢楨、司業黄汝良二序，目録後列二人校正銜名，並監丞、學正、學録、典簿、典籍十五人。蓋南京國子監舊有《二十一史》版《國志》漫漶，故重刻之。此其初印本。

張金吾《愛日精廬藏書志・正史類》《三國志》六十五卷。元大德刊本。晉平陽侯相陳壽撰。《上三國志注表》：自經止獲麟之後，馬遷以紀傳易編年，歷代信史流傳，不忝董狐之筆。厥今奎運昌隆，文風丕振，江左憲臺命諸路學校分派十七史鋟梓，池庠所刊者《三國志》。池之爲郡，上類率多貧寠，學計歲入寡贏，是舉幾至中輟。總管王公亢宗。奥學宏才，慨然以化今傳後爲己任，表倡之下，其應如響，用能鳩工竣事，不勞餘力。郡博士孔涓孫。式克奉命董提，以底於成隸也。淺見謏聞，嘉興稽古之彦，身際斯文鼎新之幸會，敢拜手書於左方。大德丙午日南至，前進士桐鄉朱天錫謹跋。

又《三國志》殘本二十二卷。北宋刊本。晉陳壽撰。存《魏志》七至九、二十五至三十，《蜀志》九至十五，《吴志》四、五、十二至十五，凡二十二卷。每葉二十六行，行二十五字。

張之洞《書目答問・正史》《三國志》六十五卷。宋裴松之注。

文廷式《補晉書藝文志・正史類》陳壽《三國志》六十五卷。《敘録》一卷。今存。

魏國志

《舊唐書・經籍志・正史》《魏國志》三十卷。陳壽撰，裴松之注。

吳志

黃丕烈《蕘圃藏書題識·史類》 《吳志》二十卷。宋咸平刊本。嘉慶癸亥九月七日，友人招飲旗亭，至晚始歸。大兒玉堂以書友所攜書二種首册呈覽，曰：「此山塘萃古齋之夥送來者。」余問之，一爲《吳志》，一爲《史記》，皆宋槧本，而《吳志》尤勝於《史記》。始猶惜《吳志》爲《國志》之一，究是未全之書，及閲其目録、牒文，自一卷至十分爲上袟，十一卷至二十卷分爲下袟，并載中書門下牒一通，乃知此書非不全者。因檢毛汲古、錢述古兩家書目，皆載有《吳志》二十卷本，益信其爲專刻本矣。特毛、錢未言專刻，而外間又少流傳，故世人不知耳。余獲讀此未見書，何其幸耶！明日適訪友城西，出金閶門，至海甯陳君仲魚寓中，出此相賞，并告以欲往山塘書肆買書，故遂借仲魚舟，並邀仲魚同往。仲魚亦欣然相與登舟，抵其艙，見有一小榜，榜曰「津逮舫」，余謂仲魚曰：「君好書，故所乘舟以是名之。今遇借此訪書，則所取之名，若豫知今余有是事而名之也。」我兩人不覺掀髯而笑。是日，余又欲往訪周丈香嚴，仲魚亦素慕香嚴名，而未識面，爰迆而西，至水月亭，晤香嚴。香嚴識古書，爲吾儕巨擘，亦舉以示之。香嚴曰：「《史記》尚多，未足奇，若《吳志》真奇書。向第見藏書家書目載其名，猶疑爲《國志》中僅留此一種，今目見之，并細審目録、牒文，其爲專刻無疑。未見書之必歸于讀未見書齋，何巧乃爾！」相與談笑而别。自是進蔣家橋，從冶坊浜直到虎丘，與書友言定價直，益以建文時刻本《元音》，共四十五番，約日送全書來。而余與仲魚各分路歸，夕陽在山，不復涉海湧峯矣。余思虎丘爲吾吳勝地，愛山水者游不倦焉，猶憶白隄錢聽默開萃古齋，此老素稱識古，所見書多異本，故數年前常一再訪之。今老且死矣，書肆又不在山塘，余足跡亦弗之及，乃其子因舊業未可廢，此地又無他書肆，於春間始設此小攤。主人既未識書，火伴亦屬盲目，而異書之得，仍由萃古齋來。余故特著之，以紀其事。至于仲魚、香嚴，賞奇析疑，本爲朋友樂事，其中委婉曲折，皆足助我生色，故不憚言之覼縷也。蕘翁黃丕烈記。

後漢書

《隋書·經籍志·正史》 《後漢書》十七卷。本九十七卷，今殘缺。晉少府卿華嶠撰。

《舊唐書·經籍志·正史》 《後漢書》三十一卷。華嶠作。

《新唐書·藝文志·正史類》 華嶠《後漢書》三十一卷。

鄭樵《通志·藝文略·正史》 《後漢書》九十七卷。隋得十七卷，唐得三十一卷。晉少卿華嶠撰。

文廷式《補晉書藝文志·正史類》 華嶠《後漢書》九十七卷。少府卿。宋高似孫《史略》云：華嶠《後漢書》九十七篇，唐得三十一卷。叔駿才學深博，博聞多識，屬書典實，有良史之志。《史通·書志篇》云：華嶠曰典。《史通·敍例篇》云：華嶠《後漢》多同班氏。如劉平、江華等傳，其序先言孝道，次述毛義養親，此則《前漢·王貢傳》體，其篇以四皓爲始也。嶠言辭簡質，敍致温雅，味其宗旨，亦孟堅之亞歟。

後漢書

《隋書·經籍志·正史》 《後漢書》八十五卷。本一百二十二卷，晉祠部郎謝沈撰。

《舊唐書·經籍志·正史》 《後漢書》一百二卷。謝沈撰。

《新唐書·藝文志·正史類》 謝沈《後漢書》一百二卷。

文廷式《補晉書藝文志·正史類》 謝沈《後漢書》一百二十二卷。祠部郎。本傳：沈著《後漢書》百卷，及《漢書外傳》。近人黟縣汪文臺有輯本。

後漢書外傳

《舊唐書·經籍志·正史》 《後漢書外傳》十卷。謝沈撰。

《新唐書·藝文志·正史類》 《後漢書外傳》十卷。

鄭樵《通志・藝文略・正史》《後漢外傳》十卷。謝沈撰。

文廷式《補晉書藝文志・正史類》謝沈《後漢書外傳》十卷。

晉書

文廷式《補晉書藝文志・正史類》謝沈《晉書》三十餘卷。本傳。《書鈔》五十七引《晉中興書》云：沈作《晉書》三十卷。

漢書

文廷式《補晉書藝文志・正史類》華譚《漢書》。《北堂書鈔》六十二引華譚《漢書》「賈逵字景伯」云云。汪文臺輯入華嶠書，當是伯施字誤。然書脱簡絶，聞疑載疑，故過而存之。

晉書

《新唐書・藝文志・正史類》干寶《晉書》二十二卷。

鄭樵《通志・藝文略・正史》《晉書》二十二卷。殘缺。干寶撰。

後漢南記

《隋書・經籍志・正史》《後漢南記》四十五卷。本五十五卷，今殘缺。晉江州從事張瑩撰。

《舊唐書・經籍志・正史》《漢南紀》五十八卷。張瑩撰。

《新唐書・藝文志・正史類》張瑩《漢南紀》五十八卷。

鄭樵《通志・藝文略・正史》《後漢南記》五十八卷。晉江州從事張瑩撰。

文廷式《補晉書藝文志・正史類》張瑩《後漢南記》五十八卷。江州從事。汪文臺有輯本。

後漢書

《隋書・經籍志・正史》《後漢書》九十五卷。本一百卷，晉祕書監袁山松撰。

《舊唐書・經籍志・正史》《後漢書》一百二卷。袁山松作。

《新唐書・藝文志・正史類》袁山松《後漢書》一百一卷。又《録》一卷。

鄭樵《通志・藝文略・正史》《後漢書》一百一卷。晉祕書監袁山松撰。

文廷式《補晉書藝文志・正史類》袁山松《後漢書》一百卷。祕書監。《史通・書志・天文篇》云：唯有袁山松筆，記録多合事宜。汪文臺有輯本。

吴紀

《隋書・經籍志・正史》《吴紀》九卷。晉太學博士環濟撰。

文廷式《補晉書藝文志・正史類》環濟《吴紀》九卷。《唐志》十卷，入編年類。

吴録

《隋書・經籍志・正史》張勃《吴録》三十卷，亡。

文廷式《補晉書藝文志・正史類》張勃《吴録》三十卷。《史記・伍子胥傳索隱》云：勃，晉人，吴鴻臚儼之子。按《史通・書志篇》：張勃曰録。章宗源辨之已詳。余考《世説・夙惠門》注、《文選》卷十三注引《吴録》「長沙桓王諱策」云云，似是本紀。又《尚書・顧命》正義曰：《吴録》稱吴人嚴白虎聚衆反，遣弟興詣孫策，策引白削斫席，興體動曰：「我見刃爲然。」此亦當是策紀文。又《世説・品藻門》注引《吴録》：顧劭安龐士元言，更親之。《規箴門》注引《吴録》：陸凱字敬風，吴人，丞相遜族子。

忠鯁有大節云云。此即顧砺、陸凱傳文。有紀，有傳，有志，入之正史。

蜀後志

文廷式《補晉書藝文志・正史類》 常寬《蜀後志》。寬字泰恭，蜀郡江原人。見《華陽國志》。《隋志・地理類》有常寬《蜀志》，疑即此書。姑兩存之。

吳書

文廷式《補晉書藝文志・正史類》 周處《吳書》。本傳：處撰集《吳書》。

三國志序評

《隋書・經籍志・正史》 《三國志序評》三卷。晉著作佐郎王濤撰。亡。

鄭樵《通志・藝文略・正史》 《三國志序評》三卷。晉王濤撰。

文廷式《補晉書藝文志・正史類》 王濤《三國志序評》三卷。著作佐郎。《唐志》入雜史類。

論三國志

《隋書・經籍志・正史》 《論三國志》九卷。何常侍撰。

鄭樵《通志・藝文略・正史》 《論三國志》九卷。何常侍撰。

文廷式《補晉書藝文志・正史類》 何琦《論三國志》九卷。按：《何琦傳》云：著《三國評論》。又云：公車再徵琦散騎常侍。故《隋志》稱何常侍矣。

晉書

文廷式《補晉書藝文志・正史類》 束晳《晉書》。《初學記・職官部》引張隱《文士傳》云：束晳元康四年除著作佐郎，著作西觀，撰《晉書》，草創三帝紀及十志。

晉中興書

文廷式《補晉書藝文志・正史類》 郄紹《晉中興書》。見《南史・徐廣傳》。

晉書

《隋書・經籍志・正史》 《晉書》二十六卷。本四十四卷，訖明帝。今殘缺。晉散騎常侍虞預撰。

《舊唐書・經籍志・正史》 《晉書》五十八卷。虞預撰。

《新唐書・藝文志・正史類》 虞預《晉書》五十八卷。

鄭樵《通志・藝文略・正史》 《晉書》五十八卷。晉散騎常侍虞預撰。

文廷式《補晉書藝文志・正史類》 虞預《晉書》四十四卷。散騎常侍。《舊唐志》、高似孫《史略》俱作五十八卷。

晉書

《隋書・經籍志・正史》 《晉書》十卷。未成。本十四卷，今殘缺。晉中書郎朱鳳撰，訖元帝。

《舊唐書・經籍志・正史》 《晉書》十四卷。朱鳳撰。

《新唐書・藝文志・正史類》 朱鳳《晉書》十四卷。

鄭樵《通志・藝文略・正史》 《晉書》十四卷。未成。晉中書郎朱鳳撰，訖元帝。

文廷式《補晉書藝文志・正史類》 朱鳳《晉書》十四卷。中書郎。《隋志》云：未成。訖元帝。《晉中興書》曰：華譚爲祕書監，時晉陵朱鳳、吴郡吴震等，以單寒有史才，白首衡門。譚薦二人，擢補著作郎，並皆稱職。《御覽》二百三十四。

晉書

《隋書・經籍志・正史》 《晉書》八十六卷。本九十三卷，今殘缺。晉著作郎王隱撰。

《舊唐書・經籍志・正史》 《晉書》八十九卷。王隱撰。

《新唐書・藝文志・正史類》 王隱《晉書》八十九卷。

鄭樵《通志・藝文略・正史》 《晉書》九十三卷。晉著作郎王隱撰。

文廷式《補晉書藝文志・正史類》 王隱《晉書》九十三卷。著作郎。《史通・書志篇》云：王隱後來加以瑞異。《史通・正史篇》云：八十九卷。咸康六年奏上。

漢書集解

文廷式《補晉書藝文志・正史類》 蔡謨《漢書集解》。本傳：謨總應劭以來注班固《漢書》者，爲之《集解》。顔師古《漢書敘例》云，蔡謨全取臣瓚一部，散入《漢書》。自此以來，始有注本。又云謨亦有兩三處錯意，然於學者竟無宏益。按《韋賢傳》注蔡謨曰：滿贏者，言其多耳，非器名也。若論陳留之俗，則我陳留人也，不聞有此器。《貨殖傳》注蔡謨曰：《計然》者，范蠡所著書篇名，非人也。謂之《計然》者，所計而然也。羣書所稱勾踐之賢佐，種、蠡爲大，豈聞復有姓計名然者乎？若有此人，越但有半策便以致霸，是功重於范蠡，蠡之師也。焉有如此而越國不記其事，書籍不見其名，史遷不述其傳乎？此條亦謨所錯意也。

漢書注

文廷式《補晉書藝文志・正史類》 臣瓚《漢書注》二十四卷。《漢書敘例》云：有臣瓚者，莫知氏族。考其時代，亦在晉初。又總集諸家音義，稍以己之所見，續厠其末，舉駮前説，喜引《竹書》，自謂甄明，非無差爽。凡二十四卷，分爲兩帙。今之《集解音義》則是其書。《左傳》定九年《正義》曰：有臣瓚者，不知其姓，或云姓傅，作《漢書音義》。《文選・洛神賦》注引《漢書音義》應劭曰，瀨，水流沙上也。傅瓚曰，瀨，湍也。

《史記索隱》曰：按即傅瓚，劉孝標以爲于瓚，非也。據何法盛《晉書》，于瓚以穆帝時爲大將軍，誅死。不言注《漢書》。又注引《禄秩令》及《茂陵書》，二書亡於西晉，非于所見。必知是傅瓚者，按《穆天子傳》目録云，傅瓚爲校書郎，與荀勗同校定《穆天子傳》，即當西晉之朝尚見《茂陵》等書。又稱臣者，以其職典祕書故也。酈道元注《水經》以爲薛瓚。廷式案《御覽》二百四十九引《後秦記》曰，姚襄使薛瓚使桓温，温以胡戲瓚。瓚曰「在北曰狐，居南曰狢，何所問也」。據此則薛瓚不先於于瓚。酈氏所題亦非。宋祁《筆記》曰：景祐余靖校本云臣瓚不知何姓。按裴駰《史記》序云莫知姓氏。韋稜《續訓》又言未詳。而劉孝標《類苑》以爲于瓚。酈道元注《水經》以爲薛瓚。姚察《訓纂》云按《庾翼集》于瓚爲翼主簿兵曹參軍，後爲建威將軍。《晉中興書》云翼病卒，而大將于瓚等作亂，翼長史江虨誅之。瓚乃翼將，不載有注解《漢書》。然瓚所采衆家《音義》，服、孟外並因晉亂不傳江左。而《高紀》中瓚案《茂陵書》，《文紀》中案《漢禄秩令》，此二書亦復亡失，不得過江。明此瓚是晉中朝人，未喪亂之前，故得見耳。又案《穆天子傳》目録祕書郎中傅瓚，今《漢書音義》臣瓚所案多引《汲書》，此瓚疑是傅瓚。瓚時典校書，故稱臣。《藝文類聚》七十四引《庾翼集》「參軍于瓚《陳節戲事》曰『夫嬉戲都名動相剥，非爲治之本。自今樗蒲、擲馬諸不急戲，宜一斷之』」。

漢書集注

《隋書・經籍志・正史》 《漢書集注》十三卷。晉灼撰。

《舊唐書・經籍志・正史》《漢書集注》十四卷。晉灼注。

《新唐書・藝文志・正史類》晉灼《漢書集注》十四卷。

鄭樵《通志・藝文略・正史》《漢書集注》十三卷。晉灼撰。

文廷式《補晉書藝文志・正史類》晉灼《漢書集注》十三卷。《漢書敍例》云：河南人，晉尚書郎。《漢書敍例》作十四卷，《史通》亦云十四卷。

漢書音義

《新唐書・藝文志・正史類》晉灼《漢書音義》十七卷。

鄭樵《通志・藝文略・正史》《漢書音義》十七卷。晉灼。

文廷式《補晉書藝文志・正史類》晉灼《漢書音義》十七卷。《文選》卷十八注引晉灼《子虛賦》注。《新唐志》。《一切經音義》卷十三《漢書晉灼音義》曰：儌，遇也，謂願求親遇也。

漢書注

文廷式《補晉書藝文志・正史類》齊恭《漢書注》。《元和姓纂》云：晉有齊恭，注《漢書》。

漢書注

文廷式《補晉書藝文志・正史類》郭璞《漢書注》。《漢書敍例》云：璞止注《相如傳・序》及游獵詩賦。

史記注

文廷式《補晉書藝文志・正史類》綦毋邃《史記注》。《史記・趙世家集解》「爵彀」、「苕之榮」兩引綦毋邃曰：疑邃曾注《史記》，姑存其目。或當出邃《列女傳》注。

史記音義

《隋書・經籍志・正史》《史記音義》十二卷。宋中散大夫徐野民撰。

《舊唐書・經籍志・正史》《史記音義》十三卷。徐廣撰。

錢東垣等輯《崇文總目輯釋・正史類》《史記音義》十九卷。徐廣撰。

《新唐書・藝文志・正史類》徐廣《史記音義》十三卷。

鄭樵《通志・藝文略・正史》《史記音義》十二卷。宋中散大夫徐廣。

文廷式《補晉書藝文志・正史類》徐廣《史記音義》十二卷。《通典》二十二引徐廣《史記注》。《索隱後序》曰：廣作《音義》一十卷，惟記諸家本異同，於義少有解釋。

後漢書

《隋書・經籍志・正史》《後漢書》九十七卷。宋太子詹事范曄撰。

《舊唐書・經籍志・正史》《後漢書》九十二卷。范曄撰。

錢東垣等輯《崇文總目輯釋・正史類》《後漢書》九十卷。范蔚宗撰。《志》三十卷。司馬彪撰。

又《新校後漢書》九十卷。[原釋]余靖等。見天一閣鈔本。

《新唐書・藝文志・正史類》范曄《後漢書》九十二卷。

鄭樵《通志・藝文略・正史》《後漢書》九十七卷。宋太子詹事范曄撰。

晁公武《郡齋讀書志・正史類》《後漢書》九十卷《志》三十卷。右宋范曄撰。十帝紀，八十列傳。唐高宗令章懷太子賢與劉訥言、革希元作注。初，曄令謝儼撰志，未成而曄伏誅，儼悉蠟以覆車。梁世劉昭得舊本，因補注三十卷。觀曄《與甥姪書》敍其作書之意，稱「自古體大而思精，未有如此者」，又謂：「諸序論筆勢放縱，實天下之奇作，往往不減《過秦篇》。常以此擬班氏，非但不愧之而已。」其自負如此。然世多譏曄創爲《皇后紀》，及采《風俗通》中王喬、《抱朴子》中左慈等詭譎事，列之於傳，又贊辭佻巧，失史之體云。

尤袤《遂初堂書目・正史類》 川本《後漢書》。

又 越本《後漢書》。

陳振孫《直齋書録解題・正史類》《後漢書》九十卷。宋太子詹事順陽范蔚宗撰。唐章懷太子賢注。案《唐藝文志》，爲後漢史者，有謝承、薛瑩、司馬彪、劉義慶、華嶠、謝沈、袁山松七家，其前又有劉珍等《東觀記》，至蔚宗乃删取衆書，爲一家之作。其自視甚不薄，謂諸傳、序、論，精意深旨，實天下之奇作。然頗有略取前人舊文者，注中亦著其所從出。至於論後有贊，尤自以爲傑思，殆無一字虚設。自今觀之，幾於贅矣。蔚宗父泰、祖甯皆爲時名臣，蔚宗乃以怨望反逆至於滅族，其與遷、固之人禍天刑不侔矣。然則豈作史之罪哉！十志未成而誅，爲謝儼蠟以覆車，故惟存紀、傳。賢，高宗太子，招集諸儒庶子張大安、洗馬劉訥言等共爲之注。賢坐明崇儼得罪武后，廢死，大安、訥言亦流貶。

又 《後漢志》三十卷。晉祕書監河内司馬彪紹統撰。梁剡令平原劉昭宣卿補注。蔚宗本書，隋、唐《志》皆九十七卷。今書紀、傳共九十卷，蓋未嘗有志也。劉昭所注，乃司馬彪《續漢書》之八志爾，序文固云范志今闕，乃借舊志注以補之。其與范氏紀、傳自别爲一書。其後，紀、傳孤行，而志不顯。至本朝乾興初，判國子監孫奭始建議校勘，但云補亡補闕，而不著其爲彪書也。《館閣書目》乃直以百二十卷併稱蔚宗撰，益非是。今攷章懷注所引稱《續漢志》者，文與今志同，信其爲彪書不疑。彪，晉宗室高陽王睦之長子，多所著述，注《莊子》及《九州春秋》之類是也。

馬端臨《文獻通考・經籍考・正史》《後漢書》九十卷《志》三十卷。【略】

《朱子語録》曰：劉昭《補志》於冠幘車服尤詳，前史所無。

水心葉氏曰：前漢雖有太史令司馬遷，以爲百年之間，遺文古事，靡不畢集，紬石室金匱，自成一家，然朝廷之上，本無史官可考。班固亦不過綴輯所聞爲書，賴其時天下一家，風俗稍質，流傳不至甚謬。要之兩書之不可盡信者，亦多矣。至後漢，始有史官觀觀著説，前後相承。范曄所以能述史於二百年之後，由有諸家舊書也。然東漢雖有著記，而當時風俗之質，則不如前漢，而所載多溢詞，又胡廣、蔡邕父子竟不能成書，故一代典章，終以放失。范曄類次齊整，用律精深，但見識有限，體致局弱，爲可恨耳。其序論欲於班固之上增華積靡，縷貼綺繡，以就篇帙，而自謂筆勢縱放，實天下之奇作。蓋宋齊以來文字，自應如此，不足怪也。

胡師安等《元西湖書院重整書目》《東漢書》。

《宋史・藝文志・正史類》 范曄《後漢書》九十卷。章懷太子李賢注。

又 劉昭補注《後漢志》三十卷。

楊士奇等《文淵閣書目・史》《後漢書》。一部，三十二册。闕。

又 《後漢書》。一部，五十册。闕。

又 《後漢書》。一部，三十四册。闕。

又 《後漢書》。一部，七十册。闕。

又 《後漢書》。一部，四十八册。闕。

又 《後漢書》。一部，六十册。闕。

又 《後漢書》。一部，五十册。闕。

又 《後漢書》。一部，四十五册。闕。

高儒《百川書志・正史》《後漢書》一百三十卷。帝紀十二，志三十，列傳八十八。宋范燁撰。唐章懷太子註。

范邦甸等《天一閣書目・正史類》《後漢書》一百二十卷。刊本。南宋范曄撰，唐章懷太子賢註。明嘉靖丁酉冬廣東崇正書院重刊。

又 《後漢書》一百三十卷。刊本。宋范蔚宗撰，唐章懷太子賢註。明張邦奇、江汝璧奉旨校刊。

又 《後漢書》一百二十卷。刊本。明嘉靖己酉孟夏福建按察使周采、提學副使周玹、巡海副使柯喬同校訂。

徐𤊹《徐氏家藏書目・正史類》《後漢書》一百二十卷。范蔚宗。

錢謙益等《絳雲樓書目・正史類》《後漢書》。一百三十卷。唐章懷太子賢注。汪文盛家有翻刻宋板前後《漢書》。文盛，正德辛未進士，以諫南巡拜杖，後歷官大理寺卿，崇陽人。

于敏中等《天禄琳琅書目・宋版史部》《後漢書》五函，四十册。帝、后紀十卷，列傳八十卷，宋范蔚宗撰；志三十卷，晉司馬彪撰，梁劉昭注補，共一百二十卷。首載乾興元年十一月中書門下牒文，文係孫奭奏請刊印《後漢書》並劉昭《補志》，奉敕令國子監依奏施行，後列銜名：右諫議大夫、參知政事魯，給事中、參知政事呂，中書侍郎兼禮部尚書、平章事王，守司徒兼侍中無姓。考《宋史》，乾興元年七月，以王曾爲中書侍郎、同中書門下平章事，呂夷簡、魯宗道參知政事，與牒尾三人列銜脗合。是年二月，丁謂爲司徒兼侍中，六月罷。按《宋史・職官志》，司徒爲宰相，親王加官而不常置，時丁謂適罷，故闕其人耳。此書於宋諱桓、構、慎、瑗諸字皆缺筆，字畫款式與《前漢書》相同，版心下方刻書人姓名如劉仲、王中、陳仲等亦與前書相合，蓋皆爲紹興末年校刊而孝宗時成書者。特以劉昭《補志》合刻始於乾興，故仍列舊牒於書首。

御題：「范《書》八志不傳，後人雜取《東觀漢記》等書以補之，蓋自宋以前無全本，其不全者轉爲仍古之舊。宋本無八志者，民間本也。若此書有八志者，學官本也。乾隆御題。」鈐寶一：曰「乾隆宸翰」。《前漢書》王世貞、錢謙益跋，皆合此書，而言諸印記亦同。

又《明版史部》《後漢書》六函，六十册。宋范蔚宗撰，梁劉昭補志，唐章懷太子賢注，一百三十卷。前宋余靖《進刊誤表》。與《漢書》前一部同版，紙墨亦復相等。闕補紀四、十三。傳九、三、四。傳二十。二、三。

又《後漢書》八函，五十四册。篇目同前，不載宋余靖表。版式長短不齊，其中亦有似宋刊者，係書賈得不全舊板從而補成耳。

書中有「清虚玄妙之寶」。考《明史》，世宗好修齋醮，嘗命夏言充監禮使，湛若水、顧鼎臣充導引官，鼎臣進《步虚詞》七章，上嘉之。自是詞臣多以青詞干進。繼又以道士邵元節爲禮部尚書，加方士陶仲文少師，則所爲「清虚玄妙之寶」，當爲世宗寶也。「陸氏春雨堂」印，無考。闕補志十、三、四。傳七十。十二之十五。

《四庫全書總目提要·正史類》《後漢書》一百二十卷。内府刊本。《後漢書》本紀十卷，列傳八十卷，宋范蔚宗撰，唐章懷太子賢注。蔚宗事蹟具《宋書》本傳，賢事蹟具《唐書》本傳。考《隋志》載范書九十七卷，新、舊《唐書》則作九十二卷，互有不同，惟《宋志》作九十卷，與今本合。然此書歷代相傳，無所亡佚。考《舊唐志》又載「章懷太子注《後漢書》一百卷」。今本九十卷，中分子卷者凡十，是章懷作注之時，始併爲九十卷，以就成數。《唐志》析其子卷數之，故云一百。《宋志》合其子卷數之，故仍九十，其實一也。又隋、唐《志》均別有蔚宗《後漢書論贊》五卷，《宋志》始不著録，疑唐以前論贊與本書別行，亦宋人散入書内。然《史通·論贊》篇曰：「馬遷自序傳後歷寫諸篇，各叙其意。既而班固變爲詩體，號之曰『述』，蔚宗改彼『述』名，呼之以『贊』。固之總述合在一篇，使其條貫有序。蔚宗後書，乃各附本事，書於卷末，篇目相離，斷絶失序。夫每卷立論，其煩已多，而嗣論以贊，爲黷彌甚，亦猶文士製碑序，終而續以『銘曰』，釋氏演法義盡，而宣以『偈』言云云。則唐代范書論贊已綴卷末矣。《史志》別出一目，所未詳也。」范撰是書，以志屬謝瞻。范敗後，瞻悉蠟以覆車，遂無傳本。今本八志，凡三十卷，別題梁剡令劉昭注。據陳振孫《書録解題》乃宋乾興初判國子監孫奭建議校勘，以昭所注司馬彪《續漢書志》與范書合爲一編。案《隋志》載司馬彪《續漢書》八十三卷，《唐書》亦同。《宋志》惟載劉昭補注《後漢志》三十卷，而彪書不著録，是至宋僅存其志，故移以補《後漢書》之闕。其不曰「續漢志」，而曰「後漢志」，是已併入范書之稱矣。或謂酈道元《水經注》嘗引司馬彪《州郡志》，疑其先已別行。又謂杜佑《通典》述科舉之制，以《後漢書》、《續漢志》連類而舉，疑唐以前已併八志入范書，似未確也。自八志合併之後，諸書徵引，但題《後漢書》某志，儒者或不知爲司馬彪書，故何焯《義門讀書記》曰：「八志，司馬紹統之作。」案紹統，彪之字也。本漢末諸儒所傳，而述於晉初。劉昭注補，別有總敘，緣諸本或失載劉敘。故孫北海《藤陰劄記》亦誤出「蔚宗志律曆之文」云云。考洪邁《容齋隨筆》，已誤以八志爲范書，則其誤不自孫承澤始。今於此三十卷竝題司馬彪名，庶以祛流俗之譌焉。

彭元瑞等《天禄琳琅書目後編·元版史部》《後漢書》十函，六十册。宋范蔚宗撰，梁劉昭補志，唐章懷太子賢注。書百二十二卷。帝紀十二，志三十，傳八十。有景祐二年余靖重校序。麻沙小字本，與《前漢書》合刻，以余靖上冠「宋」號，知爲元刻，印記亦一家所藏。

孫星衍《平津館鑒藏書籍記·明版》《後漢書》百三十卷。題南宋范曄撰，唐太子賢注，明福建按察司按察使周采、提學副使周玧、巡海副使柯喬校刊。小題在上，大題在下。前有《目録》一卷，梁劉昭《注補續漢書八志序》，各本俱失刊，此本有之。洪頤煊曰：《孔融傳》「父宙，太山都尉」。顧亭林、朱竹垞所見皆作「伷」。伷字公緒，別是一人。此本作「宙」，與漢碑合，足訂俗本之譌。每葉廿四行，行廿二字。收藏有「厲」、「鶚」朱文小連珠印。

黄丕烈《蕘圃藏書題識·史類》《後漢書》一百二十卷。元大德本。今歲正月，鱣從武林得元本《漢書》，攜之中吳別業，吾友黄君蕘圃過而見之，云：「家藏有元本《後漢書》，當以持贈。」越數日，冒雨載書而來，欣然受讀，楮墨精良，實勝《前漢書》遠甚。中有錢陸燦名號印，知爲湘靈曾藏，標題皆其手書。卷末云：「右奉淳化五年七月二十五日敕重刊正。後有景祐元年九月祕書丞余靖上書，蓋係景祐間所刊淳化本，而元時重刊者。版心識有「大德九年刊補」，而徵、竟、敬、慎等字，皆避諱缺筆，猶不失宋本面目也。因取汲古閣本校之，凡劉刊、吳補，及近刻惠氏《補注》所已辨者，俱不具論。如今本《和帝紀》云：「孝和皇帝諱肇。」注：「伏侯《古今注》曰：肇之字曰始。肇音兆。臣賢案：許慎《說文》：肇，音大可反，上諱也。但伏侯、許慎，並漢時人，而帝諱不同，蓋應別有所據。」是本正文作「諱肇」，注伏説作「肈」，許説仍作「肇」。按《説文》云：「肇，上諱。」在戈部，當从犀聲，惟《伏侯古今注》从支作「肇」，故云「伏、許並漢時人，而帝諱不同」。若如今本溷而爲一，何不同之有邪？斯可寶一也。今本《鄭康成傳》云：「師事京兆第五元。」是本「元」下多「先」字。又云：「吾家舊貧，不爲父母羣弟所容。」是本無「不」字。俱與唐史承節所撰鄭公碑合。吾師阮撫使《山左金石志》云：「爲父母羣弟所容，猶言幸爲親包覆成就，蓋不欲舉親之失如此。自後校書者，因前不樂爲吏，父數怒之，遂疑此書「爲父母羣弟所容」不相合，輒妄加「不」字，踵謬至今，是碑遠勝今本《後漢書》。」鱣今得見元本《後漢書》，無「不」字，斯可寶二也。今本《阜城王延傳》云：「以汝南之長平、西華、新陽、扶桑四縣益淮陽國。」注：「扶桑故城在陳州太康縣北。」是本作「扶樂」。按錢詹事《考異》云：「『扶桑』當依閩本作『扶樂』。」鱣謂「桑」、「樂」形似致誤。劉隆、馬援二傳皆作「扶樂」。《郡國志》陳國有扶樂可證。斯可寶三也。今本《郭太傳》云：「初，太始至南州，過袁奉高，不宿而去，從叔度，累舊不去。或以問太，太曰：『奉高之器，譬之泛濫，雖清而易挹。叔度之器，汪汪若千頃之波，澂之不清，撓之不濁，不可量也。』已而果然。太以是名聞天下。」凡七十四字。是本皆章懷注引謝承之文。按《考異》云：「初讀此傳，至此數行，疑其詞句不倫。後得閩中舊本，乃知本章懷注，今本皆儳入正文。閩本係嘉靖己酉按察使周采等校刊，其原出於宋刻，較之它本爲善。如左原以下十人附書《林宗傳》末，今本皆各自跳行，閩本獨否。」鱣於是本，益歎詹事之言信而有徵。其左原以下十人，並不跳行，斯可寶四也。今本《律歷志》云：「五者以備。」是本作「五是以備」。《考異》云：「閩本及古本作『五者』，此後人以今本《尚書》易之。」鱣按：《李雲傳》云：「五氏來備。」注：「是與氏古字通。」蓋惟古本《尚書》作「是」。故章懷云然。三國時：「氏儀」亦作「是儀」。閩本雖出於宋，然此等舛譌，猶未盡善，斯可寶五也。約舉五事，已見其凡。古人云：「日讀誤書，亦是一適。」然而古書未宜輕心從事。蕘圃嘗曰：「汲古閣刻書富矣，每見所藏底本極精，曾不一校，反多臆改，殊爲恨事。」斯言良然。安得好古者，悉照元本精摹付梓，嘉惠執林，厥功不亦懋哉！嘉慶十年三月識。《後漢書》本宋刻佳者，淳化不可得見，景祐本殘者有之。此外如建安劉原起刊於家塾敬室本，又有一大字，皆名爲宋，而實則不及元明刊本。何以明之？蓋所從出本異也。惟正統本最稱善，以所從出爲淳化本也。大德本亦自淳化本出，此又有景祐間余祕丞書者，乃翻淳化本耳。景祐至大德，大德至弘治，遞爲修補，故板刻字樣各有不同，非如正統十年一例專刻也。余向在京師收得前後漢正統本，甚爲寶愛。後因旅囊空匱，欲商諸仲魚，慨以幾十金相易，而書魔故態，仍復固留未予，帶諸南歸，心甚怏怏。及歸，而又爲一友人豪奪而去。頃仲魚得大德本《漢書》，問及前所欲易書，余無以應，因檢舊藏大德本《後漢書》贈之。此書書友攜來，余未知貴重，不過以幾金相易。而仲魚展閱之下，頗得其佳處，作爲跋語表之，非特書之幸，亦余之幸也。向使藏諸篋笥，而以尋常本視之，書不且因余而轉晦哉！爰重跋數語，以著余過，以著仲魚之鑒賞云。蕘圃。

黄丕烈《蕘圃藏書題識再續録·史類》 《後漢書》一百二十卷。校宋本。綺雲沈君從吾郡五硯樓袁氏得初印汲古閣十七史全部，内《漢書》壽階已借余校北宋本臨校一過矣，餘史尚闕如。綺雲因念史中惟《史》、《漢》最緊要，非校幾不可讀，遂屬余補校《史記》、《後漢書》。兹《後漢》用北宋本及南宋諸本校如右。其北宋本即與《漢書》同出一源者，惜未全，以南宋諸本參之。其南宋本又闕三卷，則以正統本補之。蓋正統本雖出明刊，而所據則淳化本也。故論《後漢》本，正統爲最近。余俗冗未暇，倩西賓陸東蘿任其事，陸固素嫻此事者，較前所校《史記》爲明於體例云。辛未五月端陽後一日，求古主人黄丕烈識。

張金吾《愛日精廬藏書志·正史類》 《後漢書》一百二十卷。北宋刊本。宋范曄撰，唐章懷太子賢注。《志》三十卷，晉司馬彪撰，宋劉昭注補。是書紙質瑩潔，紙背有「濟道」兩字朱印。字畫清朗，「桓」字、「構」字其不缺筆。板心有注大德九年、元統二年補刊者，蓋北宋刊板，元代補修之本也。每葉二十行，行十九字。注二十五字。缺紀一、二、志一、二、二十二，共五卷，抄補。卷末有「右奉淳化五年七月二十五日敕重校定刊正」一條。後列「承奉郎守將作監丞直史館賜緋魚袋臣孫何」、「承奉郎守秘書省著作佐郎直集賢院賜緋魚袋臣趙安仁」銜名二行。下缺。景祐元年秘書丞余靖上言。

又 《後漢書》一百二十卷。宋刊元修本。宋范曄撰，唐章懷太子賢注。《志》三十卷，晉司馬彪撰，宋劉昭注補。欵式與《前漢書》同，蓋同時刊板，同時補修之本也。劉昭《注補志序》。

又 《後漢書》殘本五十八卷。宋嘉定刊本。宋宣城太守范曄撰，唐章懷太子李賢注。《志》劉昭注補。存目録，紀一、二、十下，志一、二、十至二十、二十三，傳七、十至十四、十七至二十、二十三、二十四、三十至三十八、四十至四十七、五十、六十四下至六十八、七十一至七十四、七十九、八十，凡五十八卷。每葉十六行，行十六字。注二十一字。《百宋一廛賦注》云：嘉定戊辰蔡琪純父所刻也。景祐元年秘書丞余靖上言。

又《後漢書》一百二十卷。元大德刊本。宋范曄撰,唐章懷太子賢注。《志》劉昭注補。景祐《校正後漢書狀》後有「大德九年十一月望日寧國路儒學教授任內刊」一條。景祐元年秘書丞余靖上言。

張之洞《書目答問・正史》《後漢書》一百二十卷。唐章懷太子賢注。內《志》三十卷,晉司馬彪撰,梁劉昭注。

後漢書讚論

《隋書・經籍志・正史》《後漢書讚論》四卷。范曄撰。

《舊唐書・經籍志・正史》《後漢書論贊》五卷。范曄撰。

《新唐書・藝文志・正史類》范曄《後漢論贊》五卷。

鄭樵《通志・藝文略・正史》《後漢書論贊》五卷。范曄撰。

楊士奇等《文淵閣書目・史》《後漢贊論》。一部,一册。闕。

後漢書纘

鄭樵《通志・藝文略・正史》《後漢書纘》十八卷。范曄撰。

漢書纘

《隋書・經籍志・正史》《漢書纘》十八卷。范曄撰。

史記集解

《隋書・經籍志・正史》《史記》八十卷。宋南中郎外兵參軍裴駰注。

《舊唐書・經籍志・正史》《史記》八十卷,裴駰集解。

錢東垣等輯《崇文總目輯釋・正文類》《史記》一百三十卷。司馬遷撰,裴駰集解。

《新唐書・藝文志・正史類》裴駰集解《史記》八十卷。

鄭樵《通志・藝文略・正史》《史記》八十卷。宋南中郎外兵參軍裴駰注。

陳振孫《直齋書録解題・正史類》《史記》一百三十卷。漢太史令夏陽司馬遷子長撰。宋南中郎參軍河東裴駰集註。案:班固云:「遷據《左氏》、《國語》,采《世本》、《戰國策》,述《楚漢春秋》,接其後事,迄於大漢,斯以勤矣。十篇缺,有録亡書。」張晏曰:「遷没之後,亡景、武紀、禮、樂、兵書、《漢興將相年表》、《三王世家》、《日者》、《龜筴傳》、《靳歙傅寬列傳》。元、成之間,褚先生補作《武紀》、《三王世家》、《日者》、《龜筴傳》。案:原本脱「元成」以下二十字,今據《文獻通攷》補入。言辭鄙陋,非遷本意也。」顏師古曰:「本無《兵書》,張説非也。」今案此十篇者,皆具在,褚所補《武紀》,全寫《封禪書》,《三王世家》但述封拜策書,二列傳皆猥釀不足進,而其餘六篇,《景紀》最疏略,禮、樂《書》謄荀子《禮論》、河間王《樂記》,《傅靳列傳》與《漢書》同,而《將相年表》迄鴻嘉,則未知何人所補也。褚先生者,名少孫。裴駰即注《三國志》松之之子也。始,徐廣作《史記音義》,駰本之以成《集解》。竊嘗謂著書立言,述舊易,作古難。六藝之後,有四人焉:摭實而有文采者,左氏也;憑虚而有理致者,莊子也;屈原變《國風》、《雅》、《頌》而爲《離騷》;及子長易編年而爲紀傳,皆前未有其比,後可以爲法,非豪傑特起之士,其孰能之?

高儒《百川書志・正史》《史記》百三十卷。漢太史公司馬遷撰,裴駰註。本紀十二,表十,十下原衍八字從瞿校鈔本删。書八,世家三十,列傳七十。

《四庫全書總目提要・正史類》《史記集解》一百三十卷。江蘇巡撫採進本。宋裴駰撰。駰字龍駒,河東聞喜人。官至南中郎參軍,其事蹟附見於《宋書・裴松之傳》。駰以徐廣《史記音義》粗有發明,殊恨省略,乃採九經、諸史并《漢書音義》及衆書之目,别撰此書。其所引證,多先儒舊説。張守節《正義》嘗備述所引書目次,然如《國語》多引虞翻注,《孟子》多引劉熙注,《韓詩》多引薛君注,而守節未著於目。知當日援據浩博,守節不能偏數也。原本八十卷,隋唐《志》著録竝同。此本爲毛氏汲古閣所刊,析爲一百三十卷,原第遂不可考,然註文猶仍舊本。自明代監本以《索隱》、《正義》附入,其後又妄加删削,訛舛遂多。如《五帝本紀》「昔高陽氏有才子八人」句下,「高辛氏有才子八人」句下,俱脱「名見《左傳》」四字。《秦始皇本紀》「輕車重馬東就食」句下，脱「徐廣曰，一無此重字」八字。《項羽本紀》「其九月會稽守」句下，脱「徐廣曰，爾時未言太守」九字。《武帝紀》「祠上帝明堂」句下，脱「徐廣曰，常五年一修耳，今適二年，故但祀明堂」十八字，「然其效可覩矣」句下，脱「又數本皆無可字」七字。《河渠書》「岸善崩」句下，脱「如淳曰河水岸」六字。《司馬相如傳》「徬徨乎海外」句下，此引郭璞云：「青邱山名，上有田，亦有國，出九尾狐在海外。」《太史公自序》「《易大傳》」句下，此引張晏曰：「謂《易・繫辭》」，監本均誤作《正義》。至於字句異同，前後互見，如《夏本紀》「九江入賜大龜」句下，孔安國曰「出於九江水中」，監本作「山中」。《孝文本紀》「昌至渭橋」句下，引蘇林曰「在長安北三里」，監本多「渭橋」二字。「祁侯賀爲將軍」句下，引徐廣曰「姓繒」，監本多一「賀」字，「當有玉英見」句下，引《瑞應圖》云「玉英，五帝竝修則見」，監本作「五常」。案：五帝並修語，不可解，似當以監本爲是。「屬國悍爲將屯將軍」句下，引徐廣曰「姓徐」，監本多一「悍」字。《孝景本紀》「封故御史大夫周苛孫平爲繩侯」句下，引徐廣曰「一作應」，監本多一「平」字。《武帝紀》「自太主」句下，引徐廣曰「武帝姑也」，監本多「太主」二字。《龜策列傳》「蝟辱於鵲」句下，引郭璞曰「蝟憎其意，心惡之也」，監本作「而心惡之」。凡此之類，當由古注簡質，後人以意爲增益，已失其舊。至坊本流傳，脱誤尤甚，如《夏本紀》「灃水所同」句下，引孔安國曰「灃水所同，同於渭也」，坊本闕一「同」字。《項羽本紀》「乃封項伯爲射陽侯」句下，脱「徐廣曰，項伯名纏，字伯」九字，是又出監本下矣。惟《貨殖傳》「蘖麴鹽豉千瓿」句下，監本引孫叔敖云：「瓿，瓦器，受斗六升，合爲瓿音貽。」當是孫叔敖之訛，此本亦復相同。是校讎亦不免有疎，然終勝明人監本也。

黄丕烈《百宋一廛書録》 《史記》。此大字宋板《史記》。一百十六至一百二十爲列傳之第五十六至第六十，一爲《西南夷》，一爲《司馬相如》，一爲《淮南衡山》，一爲《循吏》，一爲《汲鄭》。但有《集解》，非三家注也。首葉有官印一方，係長印，文不可辨矣。余檢《汲古閣珍藏祕本書目》，有蜀本大字《史記》，注云「有缺」，未明言所缺何處，此刻殆近之。

張金吾《愛日精廬藏書志・正史類》 《史記》殘本十四卷。北宋刊本。宋裴駰《集解》。存《禮書》至《平準書》八卷，又《列傳》六十至六十二、六十八至七十，凡十四卷，中遇「禎」字不闕筆，蓋仁宗以前刊本也。每頁二十八行，行二十七字，注三十一字至三十五字不等。

又 《史記》殘本三十卷。宋蜀大字本。宋裴駰《集解》。存《本紀》第五、第六，又八至十二；《表》第四、第五；《世家》四至十，十八至二十四，又二十六；《列傳》三十九、四十，又四十七至五十，凡三十卷，中遇「慎」字俱未闕筆，當是孝宗以前刊本。每頁十八行，行十六字，注二十字。

後漢書

《舊唐書・經籍志・正史》 《後漢書》五十八卷。劉義慶撰。

《新唐書・藝文志・正史類》 劉義慶《後漢書》五十八卷。

晉書

《隋書・經籍志・正史》 《晉書》三十六卷。宋臨川内史謝靈運撰。

《舊唐書・經籍志・正史》 《晉書》三十五卷。謝靈運撰。

《新唐書・藝文志・正史類》 謝靈運《晉書》三十五卷。又《録》一卷。

鄭樵《通志・藝文略・正史》 《晉書》三十六卷。宋臨川内史謝靈運撰。

晉中興書

《隋書・經籍志・正史》 《晉中興書》七十八卷。起東晉。宋湘東太守何法盛撰。

《舊唐書・經籍志・正史》 《晉中興書》八十卷。何法盛撰。

《新唐書・藝文志・正史類》 何法盛《晉中興書》八十卷。

鄭樵《通志・藝文略・正史》 《晉中興書》七十八卷。宋湘東太守何法盛撰，起東晉。

宋書

《隋書・經籍志・正史》 《宋書》六十五卷。宋中散大夫徐爰撰。

《舊唐書・經籍志・正史》《宋書》四十二卷。徐爰撰。

《新唐書・藝文志・正史類》徐爰《宋書》四十二卷。

鄭樵《通志・藝文略・正史》《宋書》六十五卷。宋中散大夫徐爰撰。

漢書決疑

《舊唐書・經籍志・正史》《漢書決疑》十二卷。顔延年撰。

《新唐書・藝文志・正史類》顔游秦《漢書決疑》十二卷。

鄭樵《通志・藝文略・正史》《漢書決疑》十二卷。顔游秦撰。

宋書

《隋書・經籍志・正史》《宋書》一百卷。梁尚書僕射沈約撰。梁有宋大明中所撰《宋書》六十一卷，亡。

《舊唐書・經籍志・正史》《宋書》一百卷。沈約撰。

錢東垣等輯《崇文總目輯釋・正史類》《宋書》一百卷。沈約撰。原釋：其書雖諸志失于限斷，然有博洽多聞之益。今世雖所傳文多舛失，參補未獲。《趙倫之傳》一卷，今闕，《謝靈運傳》，文注譌駁。見《文獻通攷》。

《新唐書・藝文志・正史類》沈約《宋書》一百卷。

鄭樵《通志・藝文略・正史》《宋書》一百卷。梁尚書僕射沈約撰。

晁公武《郡齋讀書志・正史類》《宋書》一百卷。右梁沈約撰。十本紀，三十志，六十列傳。齊永明中，約奉詔爲是書，以何承天書爲本，旁采徐爰之説，頗爲精詳。但本志兼載魏、晉，失於限斷。又王劭謂其喜造奇説，以誣前代，如瑯琊王妃通小吏牛氏生中宗，孝武於路太后處寢息，時人多有異議之類是也。後梁武帝知而不以爲非。嘉祐中，以《宋》、《齊》、《梁》、《陳》、《魏》、《北齊》、《周書》舛謬亡闕，始詔館職讎校。曾鞏等以秘閣所藏多誤，不足憑以是正，請詔天下藏書之家，悉上異本。久之，始集。治平中，鞏校定《南齊》、《梁》、《陳》三書上之，劉恕等上《後魏書》，王安國上《周書》。政和中，始皆畢，頒之學官，民間傳者尚少。未幾，遭靖康丙午之亂，中原淪陷，此書幾亡。紹興十四年，井憲孟爲四川漕，始檄諸州學官，求當日所頒本。時四川五十餘州，皆不被兵，書頗有在者，然往往亡闕不全，收合補綴，獨少《後魏書》十許卷，最後得宇文季蒙家本，偶有所少者，於是七史遂全，因命眉山刊行焉。

尤袤《遂初堂書目・正史類》《宋書》。

陳振孫《直齋書録解題・正史類》《宋書》一百卷。齊太子家令吴興沈約休文撰。約永明中兼著作郎，被勅撰。本何承天、山謙之、蘇寶生所撰，至徐爰勒爲一史，起義熙，迄大明，自永光以來闕而不録。今新史始義熙，終昇明三年，本紀、列傳七十卷，志三十卷，獨闕《到彦之傳》。《館閣書目》謂其志兼載魏、晉，失於限斷。撰以班、馬史體，未足爲疵，至其所創《符瑞》一志，不經且無益，其贅甚矣。約後入梁爲僕射、侍中。

馬端臨《文獻通考・經籍考・正史》《宋書》一百卷。【略】《崇文總目》：其書雖諸志失於限斷，然有博洽多聞之益。今世所傳，文多舛失，參補未獲。《趙倫之傳》一卷，今闕，《謝靈運傳》，文注訛駁。

水心葉氏曰：遷、固爲書、志，論述前代舊章，以經緯當世。而漢事自多闕略，蔡邕、胡廣始有纂輯，陳壽、范曄廢不復著。至沈約比次漢、魏以來，最爲詳悉，唐人取之，以補晉記。然後歷代故實，可得而推。雖去遷、固本意已遠，然古事既不能追，則所當存者，隨世有無而已。但其體煩雜，非復前比，殆成會要矣。學者立乎千載之後，考見始末，當使相承如一日，若姑競遷、固之華而不求其實，則失之遠矣。

胡師安等《元西湖書院重整書目》《宋書》。

《宋史・藝文志・正史類》沈約《宋書》一百卷。

楊士奇等《文淵閣書目・史》《南宋書》。一部，五十五册。闕。

又《南宋書》。一部，五十五册。闕。

又《南宋書》。一部，五十二册。闕。塾本五十一册。

高儒《百川書志・正史》《宋書》一百卷。本紀十，志三十，傳六十。梁沈約撰。

范邦甸等《天一閣書目・正史類》《宋書》一百卷。刊本。梁沈約撰。

徐𤊹《徐氏家藏書目・正史類》《宋書》一百卷。沈約。

張萱等《内閣藏書目録・史部》《宋書》。二十二册。全。梁沈約撰。國子監新刻。

錢謙益等《絳雲樓書目・正史類》 《宋書》一百卷。

《四庫全書總目提要・正史類》 《宋書》一百卷。内府刊本。梁沈約撰。約事蹟具《梁書》本傳。約表上其書，謂「本紀、列傳，繕寫已畢，合志、表七十卷。所撰諸志，須成續上」。今此書有紀、志、傳，而無表。劉知幾《史通》謂此書爲紀十，志三十，列傳六十，合百卷，不言其有表。《隋書・經籍志》亦作《宋書》一百卷，與今本卷數符合。或唐以前其表早佚，今本卷帙出於後人所編次歟？以《志》序考之，稱凡損益前史諸志爲八門，曰律曆，曰禮，曰樂，曰天文，曰五行，曰符瑞，曰州郡，曰百官，是律曆未嘗分兩門。今本總目題卷十一志第一志序，卷十二志第二曆上，卷十三志第三曆下，而每卷細目，作志第一律志序，志第二曆上，志第三曆下，則出於後人編目，强爲分割，非約原本之舊次，此其明證矣。八志之中，惟《符瑞》實爲疣贅，《州郡》惟據《太康地志》及何承天、徐爰原本，於僑置刱立，併省分析，多不詳其年月，亦爲疎略。至於《禮志》，合郊祀、祭祀、朝會、輿服總爲一門，以省支節。《樂志》詳述八音衆器及《鼓吹鐃歌》諸樂章，以存義訓，如《鐸舞曲・聖人制禮樂篇》，有聲而詞不可詳者，每一句爲一斷，以存其節奏，義例尤善。若其追述前代，晁公武《讀書志》雖以失於限斷爲譏，然班固《漢書》增載《地理》，上敘九州，創設《五行》，演明鴻範，推原溯本，事有前規。且魏晉竝皆短祚，宋承其後，歷時未久，多所因仍。約詳其沿革之由，未爲大失，亦未可遽用糾彈也。觀《徐爰傳》述當時修史，議爲桓元等立傳，約則謂桓元、盧循等身爲晉賊，非關後代，吴隱、謝混等義止前朝，不宜濫入，劉毅、何無忌等志在興復，情非造宋，竝爲刊除，歸之晉籍。其申明史例，又何嘗不謹嚴乎！其書至北宋已多散失，《崇文總目》謂闕《趙倫之傳》一卷。陳振孫《書録解題》謂獨闕《到彦之傳》。今本卷四十六有趙倫之、王懿、張邵《傳》，惟彦之《傳》獨闕，與陳振孫所見本同。卷後有臣穆附記，謂此卷體同《南史》，傳末無論，疑非約書，其言良是。蓋宋初已闕此一卷，後人雜取《高氏小史》及《南史》以補之，取盈卷帙。然《南史》有《到彦之傳》，獨舍而不取。又《張邵傳》後附見其兄子暢，直用《南史》之文，而不知此書卷五十九已有《張暢傳》，忘其重出，則補綴者之疎矣。臣穆當即鄭穆，《宋史》有傳，嘉祐中，嘗校勘《宋書》，其所考證，僅見此條，蓋重刊之時削除偶賸，亦足見明以來之刊本隨意竄改，多非古式云。

張之洞《書目答問・正史》 《宋書》一百卷。

黎世蘅《補南齊書經籍志・正史類》 沈約《宋書》。世祖使太子家令沈約撰。《宋書》擬立《袁粲傳》以審世祖，世祖曰：「袁粲，自是宋家忠臣。」約又多載孝武明帝諸鄙瀆事，上遣左右謂約曰：「孝武事迹，不容頓爾。我昔經事宋明帝，卿可思諱惡之意，於是多所省除。」《南齊書》五二《王智深傳》、《南史》七二《文學王智深傳》、《隋志》、二《唐志》均作一百卷。右梁沈約撰。十本紀，三十志，六十列傳。齊永明中，約奉詔爲是書。以何承天書爲本，旁采徐爰之説，頗爲精詳。但本志兼載魏、晉，失於限斷。又王劭謂其喜造奇説，以誣前代，如瑯琊王妃通小吏牛氏生中宗，孝武於路太后處寢息，時人多有異議之類是也。後梁武帝知而不以爲非，嘉祐中，以《宋》、《齊》、《梁》、《陳》、《魏》、《北齊》、《周書》舛謬亡闕，始詔館職讎校。曾鞏等以秘閣所藏多誤，不足憑以是正，請詔天下藏書之家悉上異本。久之，始集。治平中，鞏校定《南齊》、《梁》、《陳》三書上之，劉恕等上《後魏書》，王安國上《周書》。政和中，始皆畢，頒之學官，民間傳者尚少。未幾，遭靖康丙午之亂，中原淪陷，此書幾亡。紹興十四年，井憲孟爲四川漕，始檄諸州學官，求當日所頒本。時四川五十餘州皆不被兵，書頗有在者，然往往亡闕不全，收合補綴，獨少《後魏書》十許卷，最後得宇文季蒙家本，偶有所少者，於是七史遂全，因命眉山刊行焉。《郡齋讀書志》五。

齊紀

《隋書・經籍志・正史》 《齊紀》二十卷。沈約撰。

鄭樵《通志・藝文略・正史》 《齊紀》二十卷。沈約撰。

晉書

《隋書・經籍志・正史》 沈約《晉書》一百一十一卷。

漢書注

《隋書・經籍志・正史》 《漢書注》一卷。齊金紫光禄大夫陸澄撰。

《舊唐書・經籍志・正史》《漢書新注》一卷。陸澄撰。

《新唐書・藝文志・正史類》陸澄《漢書新注》一卷。

鄭樵《通志・藝文略・正史》《漢書注》一卷。齊金紫光禄大夫陸澄撰。

注漢書

《隋書・經籍志・正史》陸澄《注漢書》一百二卷。

晉　書

《隋書・經籍志・正史》《晉書》一百一十卷。齊徐州主簿臧榮緒撰。

《舊唐書・經籍志・正史》《晉書》一百一十卷。臧榮緒撰。

《新唐書・藝文志・正史類》臧榮緒《晉書》一百一十卷。

鄭樵《通志・藝文略・正史》《晉書》一百十卷。齊徐州主簿臧榮緒撰。

宋　書

《隋書・經籍志・正史》《宋書》六十五卷。齊冠軍録事參軍孫嚴撰。

《舊唐書・經籍志・正史》《宋書》四十六卷。孫嚴撰。

《新唐書・藝文志・正史類》孫嚴《宋書》五十八卷。

鄭樵《通志・藝文略・正史》《宋書》六十五卷。齊孫嚴撰。

通　史

《隋書・經籍志・正史》《通史》四百八十卷。梁武帝撰。起三皇，訖梁。

《舊唐書・經籍志・正史》《通史》六百二卷。梁武帝撰。

《新唐書・藝文志・正史類》梁武帝《通史》六百二卷。

鄭樵《通志・藝文略・正史》《通史》六百二卷。梁武帝撰。起三皇，訖梁。

史記音

《隋書・經籍志・正史》《史記音》三卷。梁輕車録事參軍鄒誕生撰。

《舊唐書・經籍志・正史》《史記音義》三卷。鄒誕生撰。

《新唐書・藝文志・正史類》鄒誕生《史記音》三卷。

鄭樵《通志・藝文略・正史》《史記音》三卷。梁輕車録事參軍鄒誕生注。

後漢林

《隋書・經籍志・正史》王韶《後漢林》二百卷。

後漢音

《隋書・經籍志・正史》韋闡《後漢音》二卷。亡。

齊　史

《隋書・經籍志・正史》江淹《齊史》十三卷，亡。

漢書音

《隋書・經籍志・正史》《漢書音》二卷。梁尋陽太守劉顯撰。

鄭樵《通志・藝文略・正史》《漢書音》二卷。梁尋陽太守劉顯。

晉書

《隋書・經籍志・正史》 鄭忠《晉書》七卷。

東晉新書

《隋書・經籍志・正史》 庾銑《東晉新書》七卷，亡。

注漢書

《隋書・經籍志・正史》 劉孝標《注漢書》一百四十卷。

晉書

《隋書・經籍志・正史》《晉書》十一卷。本一百二卷，梁有，今殘缺。蕭子雲撰。

《舊唐書・經籍志・正史》《晉書》九卷。蕭子雲撰。

《新唐書・藝文志・正史類》 蕭子雲《晉書》九卷。

鄭樵《通志・藝文略・正史》《晉書》九卷。本百二卷，殘缺。蕭子雲撰。

齊書

《隋書・經籍志・正史》《齊書》六十卷。梁吏部尚書蕭子顯撰。

《舊唐書・經籍志・正史》《齊書》五十九卷。蕭子顯撰。

錢東垣等輯《崇文總目輯釋・正史類》《齊書》五十九卷。蕭子顯撰。

《新唐書・藝文志・正史類》 蕭子顯《齊書》六十卷。

鄭樵《通志・藝文略・正史》《齊書》六十卷。梁吏部尚書蕭子顯撰。

晁公武《郡齋讀書志・正史類》《南齊書》五十九卷。右梁蕭子顯撰。八紀，十一志，四十列傳。初，江淹已作十《志》，沈約又有《紀》，子顯自表別修。然《天文》但紀災祥，《州郡》不著户口，《祥瑞》多載圖讖，表云：「天文事秘，户口不知，不敢私載。」曾子固謂子顯於斯史，喜自馳騁，其更改破析、刻彫藻繢之變尤多，而文比七史最下云。

陳振孫《直齋書録解題・正史類》《齊書》五十九卷。梁吴興太守蕭子顯景陽撰。本傳稱六十卷。子顯者，齊豫章王嶷之孫也。

尤袤《遂初堂書目・正史類》《南齊書》。

馬端臨《文獻通考・經籍考・正史》《南齊書》五十九卷。

胡師安等《元西湖書院重整書目》《南齊書》。

《宋史・藝文志・正史類》 蕭子顯《南齊書》五十九卷。

楊士奇等《文淵閣書目・史》《南齊書》。一部，二十册。闕。

又《南齊書》。一部，十五册。闕。

又《南齊書》。一部，十五册。闕。

又《南齊書》。一部，二十册。闕。

高儒《百川書志・正史》《南齊書》五十九卷。本紀八，志十一，列傳四十。梁蕭子顯撰。始江淹以爲十志，沈約又爲《齊紀》，而子顯自表武帝，別爲此書。

范邦甸等《天一閣書目・正史類》《南齊書》五十九卷。刊本。梁蕭子顯撰。

徐𤊹《徐氏家藏書目・正史類》《南齊書》五十九卷。蕭子顯。

張萱等《内閣藏書目録・史部》《南齊書》。十册。全。梁蕭子顯撰。國子監新刻。

錢謙益等《絳雲樓書目・正史類》《南齊書》五十九卷。

《四庫全書總目提要・正史類》《南齊書》五十九卷。内府刊本。梁蕭子顯撰。子顯事蹟附載《梁書・蕭子恪傳》。章俊卿《山堂考索》引《館閣書目》云：「《南齊書》，本六十卷，今存五十九卷，亡其一。」劉知幾《史通》、曾鞏《敘録》則皆云：八紀，十一志，四十列傳，合爲五十九卷，不言其有闕佚。然《梁書》及《南史》子顯本傳實俱作六十卷，則《館閣書目》不爲無據。考《南史》載子顯自序，似是據其敘傳之詞。又晁公武《讀書志》載其《進書表》云：「天文事祕，户口不知，不敢私載。」疑原書六十卷爲子顯敘傳，末附以表，與李延壽《北史》例同。至唐已佚其敘傳，而其表至宋猶存。今又併其表佚之，故較本傳闕一卷也。又《史通序例》篇謂：「令升先覺，遠述丘明，史例中興，於是爲盛。沈《宋》之志序，蕭《齊》之序錄，雖以序爲名，其實例也。」子顯雖文傷蹇躓，而義甚優長，爲序例之美者。今考此書，《良政》、《高逸》、《孝義》、《倖臣》諸傳皆有序，而《文學傳》獨無敘，殆亦宋以後所殘闕歟？齊高好用圖讖，梁武崇尚釋氏，故子顯於《高帝紀》卷一引太乙九宮占，《祥瑞志》附會緯書，《高逸傳》論推闡禪理。蓋牽於時尚，未能釐正。又如《高帝紀》載王蘊之撫刀，袁粲之郊飲，連綴瑣事，殊乖紀體。至列傳尤爲冗雜。然如紀建元創業諸事，載沈攸之書於《張敬兒傳》，述顏靈寶語於《王敬則傳》，直書無隱，尚不失是非之公。《高十二王傳》引陳思之表，曹冏之論，感懷宗國，有史家言外之意焉，未嘗無可節取也。自李延壽之史盛行，此書誦習者尠，日就譌脱。《州郡志》及《桂陽王傳》中均有闕文，無從補正。其餘字句舛誤，如《謝莊傳》，《南史》作「詔徙越巂」，此書作「越州」。《崔懷慎傳》，《南史》作「臣子兩遂」，此書作「兩節者」，又不可勝乙。今裒合諸本，參核異同，正其灼然可知者。其或無考，則從闕疑之義焉。

張之洞《書目答問・正史》 《南齊書》五十九卷。

後漢書

《隋書・經籍志・正史》 蕭子顯《後漢書》一百卷。

晉史草

《隋書・經籍志・正史》 《晉史草》三十卷。梁蕭子顯撰。

鄭樵《通志・藝文略・正史》 《晉史草》三十卷。梁蕭子顯撰。

注漢書

《隋書・經籍志・正史》 梁元帝《注漢書》一百一十五卷，並亡。

宋書

《新唐書・藝文志・正史類》 王智深《宋書》三十卷。

鄭樵《通志・藝文略・正史》 《宋書》三十卷。梁王智深撰。舊六十一卷，殘缺。

後漢書注

《隋書・經籍志・正史》 《後漢書》一百二十五卷。范曄本，梁剡令劉昭注。

《舊唐書・經籍志・正史》 《後漢書》五十八卷。劉昭補注。

《新唐書・藝文志・正史類》 劉昭補注《後漢書》五十八卷。

鄭樵《通志・藝文略・正史》 《後漢書》五十八卷。梁剡令劉昭補注。

漢書續訓

《隋書・經籍志・正史》 《漢書續訓》三卷。梁平北諮議參軍韋稜撰。

《舊唐書・經籍志・正史》 《漢書續訓》二卷。韋稜撰。

《新唐書・藝文志・正史類》 韋稜《漢書續訓》二卷。

鄭樵《通志・藝文略・正史》 《漢書續訓》三卷。梁北平諮議參軍韋稜撰。

漢書音

《隋書·經籍志·正史》《漢書音》二卷。夏侯詠撰。

《舊唐書·經籍志·正史》《漢書音》二卷。夏侯泳撰。

《新唐書·藝文志·正史類》 夏侯泳《漢書音》二卷。

鄭樵《通志·藝文略·正史》《漢書音》二卷。夏侯泳。

齊紀

《隋書·經籍志·正史》《齊紀》十卷。劉陟撰。

《舊唐書·經籍志·正史》《齊書》八卷。劉陟撰。

《新唐書·藝文志·正史類》 劉陟《齊書》十三卷。

鄭樵《通志·藝文略·正史》《齊紀》十三卷。劉陟撰。

梁書

《隋書·經籍志·正史》《梁書》四十九卷。梁中書郎謝昊撰，本一百卷。

《舊唐書·經籍志·正史》《梁書》三十四卷。謝昊、姚察等撰。

《新唐書·藝文志·正史類》 謝昊、姚察《梁書》三十四卷。

鄭樵《通志·藝文略·正史》《梁書》四十九卷。梁中書郎謝昊撰。

陳書

《舊唐書·經籍志·正史》《陳書》三卷。顧野王撰。

《新唐書·藝文志·正史類》 顧野王《陳書》三卷。

鄭樵《通志·藝文略·正史》《陳書》三卷。顧野王撰。

陳書

《舊唐書·經籍志·正史》《陳書》三卷。傅縡撰。

《新唐書·藝文志·正史類》 傅縡《陳書》三卷。

鄭樵《通志·藝文略·正史》《陳書》三卷。傅縡撰。

梁史

《隋書·經籍志·正史》《梁史》五十三卷。陳領軍、大著作郎許亨撰。

鄭樵《通志·藝文略·正史》《梁史》五十三卷。陳領軍、大著作郎許亨撰。

陳書

《隋書·經籍志·正史》《陳書》四十二卷。訖宣帝。陳吏部尚書陸瓊撰。

鄭樵《通志·藝文略·正史》《陳書》四十二卷。訖宣帝。陳吏部尚書陸瓊撰。

范漢音訓

《隋書·經籍志·正史》《范漢音訓》三卷。陳宗道先生臧競撰。

《舊唐書·經籍志·正史》《後漢書音》三卷。臧競撰。

《新唐書·藝文志·正史類》 臧兢《後漢書音》三卷。

鄭樵《通志·藝文略·正史》《後漢音訓》三卷。陳宗道先生臧競撰。

漢書訓纂

《隋書・經籍志・正史》《漢書訓纂》三十卷。陳吏部尚書姚察撰。

《舊唐書・經籍志・正史》《漢書訓纂》三十卷。姚察撰。

《新唐書・藝文志・正史類》 姚察《漢書訓纂》三十卷。

鄭樵《通志・藝文略・正史》《漢書訓纂》三十卷。陳吏部尚書姚察撰。

漢書集解

《隋書・經籍志・正史》《漢書集解》一卷。姚察撰。

鄭樵《通志・藝文略・正史》《漢書集解》一卷。姚察撰。

定漢書疑

《隋書・經籍志・正史》《定漢書疑》二卷。姚察撰。

鄭樵《通志・藝文略・正史》《定漢書疑》二卷。姚察撰。

梁書帝紀

《隋書・經籍志・正史》《梁書帝紀》七卷。姚察撰。

鄭樵《通志・藝文略・正史》《梁書帝紀》七卷。姚察撰。

後漢書音

《隋書・經籍志・正史》《後漢書音》一卷。後魏太常劉芳撰。

《新唐書・藝文志・正史類》 劉芳《後漢書音》一卷。

鄭樵《通志・藝文略・正史》《後漢書音》一卷。後魏太常劉芳撰。

漢書音義

《新唐書・藝文志・正史類》 崔浩《漢書音義》二卷。

鄭樵《通志・藝文略・正史》《漢書音義》二卷。崔浩。

後魏書

《隋書・經籍志・正史》《後魏書》一百三十卷。後齊僕射魏收撰。

《舊唐書・經籍志・正史》《後魏書》一百三十卷。魏收撰。

錢東垣等輯《崇文總目輯釋・正史類》《後魏書》一百三十卷。魏收撰。

［原釋］齊天保中，始詔收撰《魏史》，收博采諸家舊文，隨條甄舉，綴屬後事，成一代大典，追敘魏先祖二十八帝，下終孝静，作十二紀、九十二列傳、十志，析之凡一百三十篇，而史有三十五例、二十五敘、九十四論、前後二表、一啓。然收詔于齊氏，言魏室多所不平。至隋開皇中，敕魏澹更作《魏史》。唐李延壽作《北史》，並行于世，與收《史》相亂，因而卷第殊舛，今所存僅九十餘篇。見《文獻通考》。

《新唐書・藝文志・正史類》 魏收《後魏書》一百三十卷。

鄭樵《通志・藝文略・正史》《後魏書》一百三十卷。後齊僕射魏收撰。

晁公武《郡齋讀書志・正史類》《後魏書》一百三十卷。右北齊魏收撰。初，魏史官崔浩既誅，太和後，始有李彪、崔鴻等書。魏末，山偉、綦儁更主國書，二十餘年，事迹蕩然，萬不紀一。文宣時，始詔收撰次，成十二紀、十志、九十二列傳，上之。悉焚舊書。多諂諱不平，受爾朱榮子金，故減其惡；夙有怨者，多没其善；黨北朝，貶江左。時人嫉之，號爲「穢史」。劉知幾謂其生絶胤嗣，死逢剖斲，皆陰慝所致。後隋文帝命顔之推等別修，唐貞觀中，陳叔達亦作《五代史》，皆不傳，獨收書在。皇朝命劉恕等校正。

尤袤《遂初堂書目・正史類》《魏書》。

陳振孫《直齋書録解題·正史類》《後魏書》一百三十卷。北齊中書令兼著作郎鉅鹿魏收伯起撰。始，魏初鄧彦海撰《代記》十餘卷，其後，崔浩典史爲編年體，李彪始分作紀、表、志、傳。收搜採遺亡，綴續後事，備一代史籍上之。時論言收著史不平，詔與諸家子孫共加論討，前後訴者百有餘人，衆口諠然，號爲「穢史」。僕射楊愔、高德正與收皆親，抑塞訴辭，遂不復論。今紀闕二卷，傳闕二十二卷，又三卷不全，志闕《天象》二卷。收既以史招怨，齊亡之歲，竟遭發冢棄骨之禍。隋文帝命魏澹等更撰《魏書》九十二卷。案：《舊唐書·經籍志》、《新唐書·藝文志》俱一百七卷。以西魏爲正，東爲僞，義例簡要。《唐志》又有張太素《後魏書》一百卷，今皆不傳，而收書獨行。《中興書目》謂所闕《太宗紀》以澹書補之，闕志以太素書補之。二書既亡，惟此紀、志獨存，不知何據。案：《宋史》存《澹紀》一卷，太素《天文志》二卷。

馬端臨《文獻通考·經籍考·正史》《後魏書》一百三十卷。魏收本傳：收修《魏書》，不甚能平，修史諸人宗祖姻戚，多被書録以美言，夙有怨言，多没其善。每云：「何物小子，敢共魏收作史？舉之則使上天，按之則使入地。」初，收得陽休之助，因謝曰：「無以謝德，當爲卿作佳傳。」又納爾朱榮子金，故減其惡而增其善。時謂之「穢史」。

胡師安等《元西湖書院重整書目》《後魏書》。

《宋史·藝文志·正史類》魏收《後魏書》一百三十卷。

楊士奇等《文淵閣書目·史》《後魏書》。一部，五十六册。闕。

又《後魏書》。一部，五十九册。闕。

又《後魏書》。一部，四十九册。闕。

高儒《百川書志·正史》《魏書》一百三十卷。帝紀十四，列傳九十六，志二十。北齊尚書右僕射魏收撰。

范邦甸等《天一閣書目·正史類》《魏書》一百十四卷。刊本。北齊魏收撰。

徐𤊹《徐氏家藏書目·正史類》《魏書》一百三十卷。魏。

張萱等《内閣藏書目録·史部》《魏書》。三十册。全。北齊魏收撰。國子監新刻。

錢謙益等《絳雲樓書目·正史類》《魏書》。一百三十卷。

《四庫全書總目提要·正史類》《魏書》一百十四卷。内府刊本。北齊魏收奉敕撰。收表上其書，凡十二紀，九十二列傳，分爲一百三十卷。今所行本爲宋劉恕、范祖禹等所校定。恕等《序録》謂：隋魏澹更撰《後魏書》九十二卷，唐又有張太素《後魏書》一百卷，今皆不傳。魏史惟以魏收書爲主，校其亡逸不完者二十九篇，各疏於逐篇之末。然其據何書以補闕，則恕等未言。《崇文總目》謂：澹書纔存紀一卷，太素書存志二卷。陳振孫《書録解題》引《中興書目》謂：收書闕《太宗紀》，以魏澹書補之，志闕《天象》二卷，以張太素書補之。又謂：澹、太素之書既亡，惟此紀、志獨存，不知何據。是振孫亦疑未能定也。今考《太平御覽·皇王部》所載《後魏書》，帝紀多取魏收書，而芟其字句重複，《太宗紀》亦與今本首尾符合，其中轉增多數語。「永興四年，宴羣臣於西宮，使各獻直言」下，多「弗有所諱」四字；「泰常八年，廣西宫起外牆垣，周回二十里」下，多「是歲民饑，詔所在開倉賑給」十一字。按此數語，《北史》有之，然《北史》前後之文與《御覽》所引者絶異。夫《御覽》引諸史之文，有刪無增，而此紀獨異，其爲收書之原本歟？抑補綴者取魏澹書而間有節損歟？然《御覽》所引《後魏書》實不專取一家。如此書卷十二《孝静帝紀》亡，後人所補，而《御覽》所載《孝静紀》與此書體例絶殊。又有西魏《孝武紀》、《文帝紀》、《廢帝紀》、《恭帝紀》，則疑其取諸魏澹書。《隋書·魏澹傳》自道武下及恭帝爲十二紀，劉知幾《史通》云「澹以西魏爲真，故文帝稱紀」。又此書卷十三《皇后傳》亡，亦後人所補。今以《御覽》相校，則字句多同，惟中有刪節，而末附西魏五后，當亦取澹書以足成之。蓋澹書至宋初尚不止僅存一卷，故爲補綴者所取資。至澹書亦闕，始取《北史》以補之。如《崔彧》、《蔣少游》及《西域傳》。故《崇文總目》謂魏澹《魏史》、李延壽《北史》與收《史》相亂，卷第殊舛。是宋初已不能辨定矣。惟所補《天象志》二卷，爲唐太宗避諱，可信爲唐人之書無疑義耳。收以是書爲世所詬厲，號爲「穢史」。今以收傳考之，如云：「收受爾朱榮子金，故減其惡。」其實榮之凶悖，收未嘗不書於册。至論中所云：「若修德義之風，則韓、彭、伊、霍，夫何足數。」反言見意，正史家之微詞，指以虚褒，似未達其文義。又云：「楊愔、高德正勢傾朝野，收遂爲其家作傳。其預修國史，得陽休之助，因爲休之父固作佳傳。」案愔之先世爲楊椿、楊津，德正之先世爲高允、高祐。椿、津之孝友亮節，允之名德，祐之好學，實爲魏代聞人，寧能以其門祚方昌，遂引嫌不録？況《北史·陽固傳》稱：「固以讖切聚斂，爲王顯所嫉，因奏固剩請米麥，免固官，從征硤石，李平奇固勇敢，軍中大事，悉與謀之。」不云固以貪虐先爲李平所彈也。李延壽書作於唐代，豈亦媚陽休之乎？又云：「盧同位至儀同，功業顯著，不爲立傳。崔綽位止功曹，本無事蹟，乃爲首傳。」夫盧同希元乂之旨，多所誅戮，後以乂黨罷官，不得云功業顯著。綽以卑秩見重於高允，稱其道德，固當爲傳,獨行者所不遺。觀盧文訴辭,徒以父位儀同,綽僅功曹,較量官秩之崇卑,争專傳、附傳之榮辱,《魏書》初定本,盧同附見《盧元傳》,崔綽自有傳。後奉敕更審,同立專傳,綽改入附傳。是亦未足服收也。蓋收恃才輕薄,有「驚蛺蝶」之稱,其德望本不足以服衆。又魏齊世近,著名史籍者竝有子孫,孰不欲顯榮其祖父?既不能一一如志,遂譁然羣起而攻。平心而論,人非南、董,豈信其一字無私!但互考諸書,證其所著,亦未甚遠於是非,「穢史」之説,無乃已甚之詞乎?李延壽修《北史》,多見館中墜簡,參核異同,每以收書爲據。其爲收《傳》論云:「勒成魏籍,婉而有章,繁而不蕪,志存實録。」其必有所見矣。今魏澹等之書俱佚,而收書終列於正史,殆亦恩怨併盡而後是非乃明歟!收敘事詳贍,而條例未密,多爲魏澹所駁正。《北史》不取澹書,而澹傳存其敘例,絶不爲掩其所短,則公論也。

魏志音義

《隋書・經籍志・正史》《魏志音義》一卷。盧宗道撰。

鄭樵《通志・藝文略・正史》《魏志音義》卷。盧宗道撰。

漢書音義

《舊唐書・經籍志・正史》《漢書音義》二十六卷。劉嗣等撰。

《新唐書・藝文志・正史類》劉嗣等《漢書音義》二十六卷。

鄭樵《通志・藝文略・正史》《漢書音義》二十六卷。劉嗣等。

後魏書

《隋書・經籍志・正史》《後魏書》一百卷。著作郎魏彦深撰。

《舊唐書・經籍志・正史》《後魏書》一百七卷。魏澹撰。

錢東垣等輯《崇文總目輯釋・正史類》《後魏紀》一卷。[原釋]隋魏澹撰。見天一閣鈔本。初高祖以魏收書褒貶失實,平繪中興事,叙事不倫,詔澹別成《魏史》。澹斷自道武,下迄恭帝,爲十二帝紀、七十八列傳、史論及例,目録一篇,合九十二篇,退東魏孝静帝稱傳,矯正收繪之失。收天子名則書,太子名則諱;澹諱皇帝名,書太子名。收諱太武、獻文之弑,使同善終天年;澹顯書之以懲逆。收書敵國皆曰死,澹曰卒。體裁簡正,帝甚善之。然世以收史爲主,故澹書亡闕,今纔紀一卷存。見《文獻通攷》。

《新唐書・藝文志・正史類》魏澹《後魏書》一百七卷。

鄭樵《通志・藝文略・正史》《後魏書》一百卷。隋著作郎魏彦深撰。

馬端臨《文獻通考・經籍考・正史》《後魏書紀》一卷。

《宋史・藝文志・正史類》魏澹《後魏書紀》一卷。本七卷。

漢書敘傳

《隋書・經籍志・正史》《漢書敘傳》五卷。項岱撰。

《舊唐書・經籍志・正史》《漢書敘傳》五卷。項岱撰。

《新唐書・藝文志・正史類》項岱《漢書敘傳》八卷。

鄭樵《通志・藝文略・正史》《漢書敘傳》五卷。項岱撰。

漢　疏

《隋書・經籍志・正史》《漢疏》四卷。

鄭樵《通志・藝文略・正史》《漢疏》四卷。

北齊未修書

《舊唐書・經籍志・正史》《北齊未修書》二十四卷。李德林撰。

《新唐書・藝文志・正史類》李德林《北齊未修書》二十四卷。

鄭樵《通志・藝文略・正史》《北齊書》二十四卷。修未成書。李德林撰。

隋　書

《新唐書・藝文志・正史類》王劭《隋書》八十卷。

鄭樵《通志・藝文略・正史》《隋書》六十卷。未成。祕書監王劭撰。

齊　志

《新唐書・藝文志・正史類》王劭《齊志》十七卷。

孔氏漢書音義抄

《舊唐書・經籍志・正史》《孔氏漢書音義抄》二卷。孔文詳撰。

《新唐書・藝文志・正史類》《孔氏漢書音義鈔》二卷。孔文祥。

鄭樵《通志・藝文略・正史》《孔氏漢書音義鈔》二卷。孔文祥。

周　史

《隋書・經籍志・正史》《周史》十八卷。未成。吏部尚書牛弘撰。

漢書音義

《隋書・經籍志・正史》《漢書音義》十二卷。國子博士蕭該撰。

《舊唐書・經籍志・正史》《漢書音》十二卷。蕭該撰。

《新唐書・藝文志・正史類》蕭該《漢書音》十二卷。

鄭樵《通志・藝文略・正史》《漢書音義》十二卷。國子博士蕭該。

范漢音

《隋書・經籍志・正史》《范漢音》三卷。蕭該撰。

《舊唐書・經籍志・正史》《後漢書音》三卷。蕭該作。

《新唐書・藝文志・正史類》蕭該《後漢書音》三卷。

鄭樵《通志・藝文略・正史》《後漢音》三卷。蕭該撰。

漢書音

《隋書・經籍志・正史》《漢書音》十二卷。廢太子勇命包愷等撰。

《舊唐書・經籍志・正史》《漢書音》十二卷。包愷撰。

《新唐書・藝文志・正史類》包愷《漢書音》十二卷。

鄭樵《通志・藝文略・正史》《漢書音》十二卷。廢太子勇命包愷等撰。

梁　書

《舊唐書・經籍志・正史》《梁書》五十卷。姚思廉撰。

錢東垣等輯《崇文總目輯釋・正史類》《梁書》五十六卷。姚察等撰。

《新唐書・藝文志・正史類》姚思廉《梁書》五十六卷。

鄭樵《通志・藝文略・正史》《梁書》五十六卷。姚思廉撰。

晁公武《郡齋讀書志・正史類》《梁書》五十六卷。右唐姚思廉撰。六本紀，五十列傳。唐貞觀三年，詔思廉同魏徵撰。思廉者，梁史官察之子。推其父意，采謝吴等所記，以成此書。徵惟著總論而已。

尤袤《遂初堂書目・正史類》《梁書》。

陳振孫《直齋書録解題・正史類》《梁書》五十六卷。唐弘文館學士京兆姚思廉撰。思廉名簡，以字行。

馬端臨《文獻通考・經籍考・正史》《梁書》五十六卷。

胡師安等《元西湖書院重整書目》《梁書》。

《宋史・藝文志・正史類》姚思廉《梁書》五十六卷。

楊士奇等《文淵閣書目・史》《梁書》。一部，二十册。闕。

又《梁書》。一部，二十册。闕。

又《梁書》。一部，二十册。闕。

又《梁書》。一部，十六册。闕。

又《梁書》。一部，十六册。闕。

高儒《百川書志・正史》《梁書》五十六卷。本紀六，列傳五十。姚思廉撰。

范邦甸等《天一閣書目・正史類》《梁書》五十六卷。萬曆三年刊本。每卷首有「千古同心之學」、「天一閣主人」二印。唐姚思廉撰。明余有丁校正，周子義同校。

徐𤊹《徐氏家藏書目・正史類》《梁書》六十五卷。姚思廉。

張萱等《内閣藏書目録・史部》《梁書》十册。全。唐姚思廉撰。國子監新刻。

錢謙益等《絳雲樓書目・正史類》《梁書》五十六卷。

于敏中等《天禄琳琅書目・明版史部》《梁書》一函，十册。唐姚思廉撰。五十六卷。此明南監本，版心中有稱嘉靖八年補刊者，亦有稱九年以及十年者，亦有不記刊刻之年者，是其中本有舊板，不盡爲南監所梓行者矣。收藏印記無考。闕補傳四十。九。

又《梁書》二函，二十册。篇目同前。與《晉書》版式相等，其間中有字畫模胡者，當是宋刊所遺殘版。闕補紀一、四十。紀二、十六、二十四。紀三、十九、三十八。紀四、三、三十九。紀五、八。傳一、五、七、十一。傳十、十。傳六、七、十。傳七、三、七。傳八、五、十三。傳九、一、二。傳十、七、八。傳十一、一、二。傳十二、四、七、十五。傳十三、六、七。傳十五、七。傳十六、十二、十三。傳十七、二、八。傳十八、九。傳二十、八、九、十。傳二十七、十五、十六、二十四。傳二十八、十、九。傳二十九、八、十三。傳三十、四、六。傳三十三、十三、十四。傳三十五、一之四十一。傳三十七、一、二。傳三十八、二、四。傳三十九、一、十一、二十。傳四十、三之六。傳四十一、九。傳四十二、十、十一、二十三。傳四十三、十三、十四、十九。傳四十四、二、三、二十二、二十三、二十六。傳四十八、三十二、三十三、三十八之四十、四十二。傳四十九、八。傳五十。二、五、六、二十。

《四庫全書總目提要・正史類》《梁書》五十六卷。内府刊本。唐姚思廉奉敕撰。《唐書》思廉《本傳》稱：「貞觀三年，詔思廉同魏徵撰。」《藝文志》亦稱《梁書》、《陳書》皆魏徵同撰。舊本惟題思廉。蓋徵本監修，不過參定其論讚。案此據《史通・古今正史》篇：魏徵總知其務，凡有論讚，徵多預焉之文。獨標思廉，不没秉筆之實也。是書《舊唐書・經籍志》及思廉本傳俱云五十卷，《新唐書》作五十六卷。考劉知幾《史通》謂：「姚察有志撰勒，施功未周，其子思廉憑其舊稾，加以新録，述爲《梁書》五十六卷。」則《新唐書》所據爲思廉編目之舊，《舊唐書》誤脱「六」字審矣。思廉本推其父意以成書，每卷之後，題「陳吏部尚書姚察」者二十五篇，題「史官陳吏部尚書姚察」者一篇，蓋仿《漢書》卷後題班彪之例。其專稱史官者，殆思廉所續纂歟？思廉承藉家學，既素有淵源。又貞觀二年先已編纂，及詔入祕書省論撰之後，又越七年，其用力亦云勤篤。中如《簡文紀》載「大寶二年四月丙子，侯景襲郢州，執刺史蕭方諸」，而《元帝紀》作「閏四月丙午」，則兩卷之内，月日參差。《侯景傳》上云「張彪起義」，下云「彪寇錢塘」，則數行之間，書法乖舛。趙與旹《賓退録》議其於《江革傳》中則稱何敬容掌選，序用多非其人，於《敬容傳》中則稱其銓序明審，號爲稱職，尤是非矛盾。其餘事蹟之複互者，前後錯見。證以《南史》，亦往往牴牾，蓋著書若是之難也。然持論多平允，排整次第，猶具漢、晉以來相傳之史法，要異乎取成衆手，編次失倫者矣。

張之洞《書目答問・正史》《梁書》五十六卷。

陳書

《舊唐書・經籍志・正史》《陳書》三十六卷。姚思廉撰。

錢東垣等輯《崇文總目輯釋・正史類》《陳書》三十六卷。魏徵等同撰。

《新唐書・藝文志・正史類》《陳書》三十六卷。姚思廉撰。

鄭樵《通志・藝文略・正史》《陳書》三十六卷。唐姚思廉撰。

晁公武《郡齋讀書志・正史類》《陳書》三十六卷。右唐姚思廉撰。六本紀，三十列傳。其父察在陳嘗刪撰梁、陳事，未成，陳亡。隋文帝問之，察以所論載，每一篇成，輒奏之，未訖而没。察且死，屬思廉繼其業。貞觀中，與《梁書》同上之。其書世亦罕傳，多脱誤。

尤袤《遂初堂書目·正史類》《陳書》。

陳振孫《直齋書録解題·正史類》《陳書》三十六卷。姚思廉撰。初，思廉父察嘗修梁、陳二史，未成，以屬思廉。後受詔與魏徵共撰。思廉采謝炅、顧野王等諸書，綜括爲二史，以卒父業。

馬端臨《文獻通考·經籍考·正史》《陳書》三十六卷。【略】南豐曾氏《序》曰：唐興，武德五年，高祖以自魏以來二百餘歲，世統數更，史氏放逸，乃詔論次。而思廉遂受詔爲《陳書》。久之，猶不就。貞觀三年，遂詔論撰於祕書内省。十年正月壬子，始上之。觀察等之爲此書，歷三世，傳父子，更數十歲而後乃成，蓋其難如此。然及其既成，與《宋》、《魏》、《齊》、《梁》等書，世亦傳之者少。故學者於其行事之跡，亦罕得而詳也。而其書亦以罕傳，則自祕府所藏，往往脱誤。嘉祐六年八月，始詔校讎，使可鏤板行之天下。而臣等言：《梁》、《陳》等書缺，獨館閣所藏，恐不足以定著。願詔京師及州縣藏書之家，使悉上之。先皇帝爲下其事。至七年冬，稍稍始集，臣等以相校。至八年七月，《陳書》三十六篇者始校定，可傳之學者，其疑者亦不敢損益，時各疏於篇末。其書舊無目録，列傳名氏多闕謬，因别爲目録一篇，使覽者得詳焉。夫陳之爲陳，蓋爲一切之計，非有先王經紀禮義風俗之美、制治之法，可章示後世。然而兼權尚計，明於任使，恭儉愛人，則始之所以興；惑於邪臣，溺於嬖妾，忘患縱欲，則其終之所以亡。興亡之端，莫非已致者。至於有所因造，以爲號令威刑，職官州郡之制，雖其事已淺，然亦各施於一時，皆學者之所不可考也。而當時之事爭奪詐僞，苟得偷合之徒，尚不得不列以爲世戒；而况於壞亂之中，倉皇之際，士之安貧樂義，取舍去就，不爲患禍勢利動其心者，亦不絶於其間。若此人者，可謂篤於善矣。蓋古人之所思見而不可得，《風雨》之詩所爲作者也，安可使之泯没，不少概見於天下哉！則陳之史，其可廢乎？蓋此書成之既難，其後又久不顯。及宋興已百年，古文遺事，靡不畢講，而始得盛行於天下，列於學者，其傳之之難又如此，豈非遭遇固自有時也哉！

胡師安等《元西湖書院重整書目》《陳書》。

《宋史·藝文志·正史類》《陳書》三十六卷。

楊士奇等《文淵閣書目·史》《陳書》。一部，十册。闕。

又《陳書》。一部，十册。闕。

高儒《百川書志·正史》《陳書》三十六卷。本紀六，列傳三十。唐散騎常侍姚思廉繼其父察未就之書，歷三世，傳父子，數十年始成。

范邦甸等《天一閣書目·正史類》《陳書》三十六卷。刊本。唐姚思廉撰。

徐𤊹《徐氏家藏書目·正史類》《陳書》三十六卷。姚思廉。

張萱等《内閣藏書目録·史部》《陳書》六册。全。唐姚思廉撰。國子監新刻。

錢謙益等《絳雲樓書目·正史類》《陳書》三十六卷。

于敏中等《天禄琳琅書目·明版史部》《陳書》一函，六册。唐姚思廉撰。三十六卷。《目録》後有宋曾鞏《序》。版心上方有剷補處，其字畫版式，與《梁書》前一部同。蓋去「嘉靖某年刊補」字樣，圖作宋槧也。書中有「裴」字并「閒主人」二印，鈐版心補紙之上，明係書賈作僞以掩補痕者。其「裴」字乃取「裴菴印」右方之字，觀「裴菴印」與「李葆貞慶東」兩印每牽連並用，篆法俱不工，印色復相似，皆出僞造無疑，均不足録。惟有「沈寀祖」印，篆刻頗精，惜其人不可考。又「秀峰方丈」印，考《廬山志》，有開先寺，本朝更名曰「秀峰」，此書或經收藏也。闕補紀一、二。紀四、四。傳十一、四。傳十三、十三。傳十四、七。傳十五、五。傳十八、十三。傳二十一、十五。傳二十七。四。

又《陳書》一函，十二册。篇目同前。字畫模胡，係新舊參半之版，與《梁書》後一部同。闕補目録，六。紀一、八。紀二、十、十四。紀三、九、十。傳一、五、七、九。傳二、七。傳三、五、六。傳五、十、十一。傳六、三。傳十三、十七。傳十五、四、五、十五。傳十六、三。傳二十二、四、五。傳二十五、十七。傳二十八、十四、十五。傳二十九。十三、十四。

《四庫全書總目提要·正史類》《陳書》三十六卷。内府刊本。唐姚思廉奉敕撰。劉知幾《史通》謂：「貞觀初，思廉奉詔撰成二史，彌歷九載。方始畢功。」而曾鞏校上序謂：「姚察録梁、陳之事，其書未就，屬子思廉繼其業。武德五年，思廉受詔爲《陳書》。貞觀三年，論撰於祕書内省。十年正月壬子，始上之。」是思廉編輯之功，固不止於九載矣。知幾又謂「陳史初有顧野王、傅縡各爲撰史學士，太建初中書郎陸瓊續撰諸篇，姚察就加删改」。是察之修史，實兼採三家。考《隋書·經籍志》有顧野王《陳書》三卷，傅縡《陳書》三卷，陸瓊《陳書》四十二卷，殆即察所據之本。而思廉爲傅縡、陸瓊《傳》詳述撰著，獨不言其修史篇第，殊爲疎略。至《顧野王傳》稱其撰《國史紀傳》二百卷，與《隋志》卷帙不符，則疑《隋志》舛譌，思廉所記得其真也。察《傳》見二十七卷，載其撰梁、陳二史事甚詳。是書爲奉詔所修，不同私撰，故不用序傳之例，無庸以變古爲嫌。惟察陳亡入隋，爲祕書丞、北絳郡開國公，與同時江總、袁憲諸人竝稽首新朝，歷踐華秩，而仍列傳於《陳書》。揆以史例，失限斷矣。且江總何人，乃取與其父合傳，尤屬自汚。觀李商隱贈杜牧詩有「前身應是梁江總」句，乃借以相譽，豈總之爲人，唐時尚未論定耶？書中惟二卷、三卷題陳吏部尚書姚察，他卷則俱稱史臣。蓋察先纂《梁書》，此書僅成二卷，其餘皆思廉所補撰。今讀其列傳，體例秩然，出於一手，不似《梁書》之參差，亦以此也。惟其中記傳年月，間有牴牾，不能不謂之疵累。然諸史皆然，亦不能獨責此書矣。

張之洞《書目答問・正史》《陳書》三十六卷。

北齊書

《舊唐書・經籍志・正史》《北齊書》五十卷。李百藥撰。

錢東垣等輯《崇文總目輯釋・正史類》《北齊書》四十九卷。李百藥撰。

《新唐書・藝文志・正史類》李百藥《北齊書》五十卷。

鄭樵《通志・藝文略・正史》《北齊書》五十卷。李百藥。

晁公武《郡齋讀書志・正史類》《北齊書》五十卷。右唐李百藥撰。本紀八，列傳四十二。百藥父德林，在齊嘗撰著紀傳。貞觀初，詔分修諸史。百藥因父書續成以獻。諸史稱帝號，百藥避唐朝名諱，不書「世祖」、「世宗」之類。

尤袤《遂初堂書目・正史類》《北齊書》。

陳振孫《直齋書録解題・正史類》《北齊書》五十卷。唐中書舍人定武李百藥重規撰。百藥父德林先已創紀、傳諸篇。百藥因父業，受詔成之。

馬端臨《文獻通考・經籍考・正史》《北齊書》五十卷。

胡師安等《元西湖書院重整書目》《北齊書》。

《宋史・藝文志・正史類》李百藥《北齊書》五十卷。

楊士奇等《文淵閣書目・史》《北齊書》。一部，十五册。闕。

又《北齊書》。一部，十五册。闕。

又《北齊書》。一部，十五册。闕。

高儒《百川書志・正史》《北齊書》五十卷。本紀八，列傳四十二。隋太子通事舍人李百藥撰。

范邦甸等《天一閣書目・正史類》《北齊書》五十卷。刊本。唐李百藥奉敕撰。明萬曆十年刊。

徐𤊹《徐氏家藏書目・正史類》《北齊書》五十卷。李百藥。

張萱等《內閣藏書目録・史部》《北齊書》八册。全。隋李百藥撰。國子監新刻。

錢謙益等《絳雲樓書目・正史類》《北齊書》五十卷。

于敏中等《天禄琳琅書目・明版史部》《北齊書》四函，二十册。隋李百藥撰。五十卷。版式亦與《梁書》後一部同，兼屬一時橅印之本。

《四庫全書總目提要・正史類》《北齊書》五十卷。內府刊本。唐李百藥奉敕撰。蓋承其父德林之業，纂緝成書，猶姚思廉之繼姚察也。大致仿《後漢書》之體，卷後各繫論贊，然其書自北宋以後漸就散佚，故晁公武《讀書志》已稱殘闕不完。今所行本，蓋後人取《北史》以補亡，非舊帙矣。今核其書，本紀則《文襄紀》眘集冗難，《文宣紀》、《孝昭紀》論辭重複。列傳則九卷、十卷、十一卷、十四卷、十五卷、二十六卷、二十七卷、二十九卷至四十卷俱無論贊，二十八卷有贊無論，十二卷、四十六卷、四十七卷、四十八卷、四十九卷有論無贊。又《史通》引李百藥《齊書》論魏收云：「若使子孫有靈，竊恐未挹高論。」又云：「足以入相如之室，游尼父之門，志存實録，詆訐姦私。」今《魏收傳》無此語，皆掇拾者有所未及也。至如《庫狄干傳》之連及其子士文，《元斌傳》之稱齊文襄，則又掇拾者刊削未盡之辭矣。北齊立國本淺，文宣以後，綱紀廢弛，兵事俶擾，既不及後魏之整飭疆圉，復不及後周之修明法制。其倚任爲國者，亦鮮始終貞亮之士，均無奇功偉節，資史筆之發揮。觀《儒林》、《文苑》傳敘，去其已見《魏書》及見《周書》者，寥寥數人，聊以取盈卷帙，是其文章萎茶，節目叢脞，固由於史材、史學不及古人，要亦其時爲之也。然一代興亡，當有專史，典章之沿革，政事之得失，人材之優劣，於是乎有徵焉，未始非後來之鑒也。

張之洞《書目答問・正史》《北齊書》五十卷。

後周書

《舊唐書・經籍志・正史》《後周書》五十卷。令狐德棻撰。

錢東垣等輯《崇文總目輯釋・正史類》 《後周書》五十卷。令狐德棻撰。

《新唐書・藝文志・正史類》 令狐德棻《後周書》五十卷。

鄭樵《通志・藝文略・正史》 《後周書》五十卷。令狐德棻撰。

晁公武《郡齋讀書志・正史類》 《周書》五十卷。右唐令狐德棻等撰。本紀八，列傳四十二。貞觀中，德棻請撰次，乃詔德棻與陳叔達、唐儉成之。先是，蘇綽秉周政，軍國辭令，多準《尚書》。牛弘爲史，尤務清言，德棻因之以成是書，故多非實録。仁宗朝出太清樓本，合史館秘閣本，又募天下書，而取夏竦、李巽家本，下館閣是正其文字，其後林希、王安國上之。

尤袤《遂初堂書目・正史類》 《後周書》。

陳振孫《直齋書録解題・正史類》 《後周書》五十卷。唐祕書監華原令狐德棻撰。初，德棻武德中建言近代無正史。詔德棻及諸臣論撰。歷年不能就，罷之。貞觀二年，復詔撰定。議者以魏有收、澹二家書爲已詳，唯五家史當立，德棻與岑文本、崔仁師次周史，李百藥次齊史，姚思廉次梁、陳史，魏徵次隋史，房玄齡總監而修撰之。原自德棻發之。

馬端臨《文獻通考・經籍考・正史》 《周書》五十卷。

胡師安等《元西湖書院重整書目》 《周書》。

《宋史・藝文志・正史類》 令狐德棻《後周書》五十卷。

楊士奇等《文淵閣書目・史》 《後周書》。一部，十八册。闕。

又 《後周書》。一部，十七册。闕。

又 《後周書》。一部，十八册。闕。

又 《後周書》。一部，十册。闕。

高儒《百川書志・正史》 《後周書》五十卷。本紀八，列傳四十二。唐令狐德棻撰。

范邦甸等《天一閣書目・正史類》 《後周書》五十卷。刊本。唐令狐德棻等奉敕撰。

徐𤊹《徐氏家藏書目・正史類》 《周書》五十卷。令狐德棻。

張萱等《内閣藏書目録・史部》 《周書》。十册。全。唐令狐德棻撰。國子監新刻。

錢謙益等《絳雲樓書目・正史類》 《後周書》五十卷。

于敏中等《天禄琳琅書目・明版史部》 《周書》一函，十册。唐令狐德棻等撰。五十卷。《目録》後有宋梁燾等序。版心上方亦間載嘉靖補刊之年，其年分並與前《梁書》脗合。

又 《周書》一函，十册。篇目同前。版心上方並經割補，其無補刊字樣之葉，字畫反較清朗者，樵印在先也。宛陵太守藏本，其子翰臣，亦無考。闕補紀八、一。傳二十四、一。傳二十八。十八之二十。

《四庫全書總目提要・正史類》 《周書》五十卷。内府刊本。唐令狐德棻等奉敕撰。貞觀中修梁、陳、周、齊、隋五史，其議自德棻發之，而德棻專領《周書》，與岑文本、崔仁師、陳叔達、唐儉同修。晁公武《讀書志》稱「宋仁宗時出太清樓本、合史館祕閣本，又募天下書而取夏竦、李巽家本，下館閣是正其文字。其後林希、王安國上之」，是北宋重校，尚不云有所散佚。今考其書，則殘闕殊甚，多取《北史》以補亡，又多有所竄亂，而皆不標其所移掇者何卷，所削改者何篇，遂與德棻原書混淆莫辨。今案其文義，粗尋梗槩，則二十五卷、二十六卷、三十一卷、三十二卷、三十三卷俱傳後無論，其傳文多同《北史》，惟更易《北史》之稱「周文」者爲「太祖」。《韋孝寬傳》連書「周文、周孝閔帝」，則更易尚有未盡。至《王慶傳》連書「大象元年」、「開皇元年」，不言其自周入隋，尤剽取《北史》之顯證矣。又如《韋孝寬傳》末刪《北史》「兄敻」二字，則《韋敻傳》中所云與孝寬竝馬者，事無根源。《盧辯傳》中刪去其曾事節閔帝事，則傳中所云及帝入關者，語不可曉。是皆率意刊削，遂成疎漏。至於遺文脱簡，前後疊出，又不能悉爲補綴。蓋名爲德棻之書，實不盡出德棻，且名爲移掇李延壽之書，亦不盡出延壽，特大體未改而已。劉知幾《史通》曰：「今俗所行周史，是令狐德棻等所撰，其書文而不實，雅而不檢，真迹甚寡，客氣尤繁。尋宇文開國之初，事由蘇綽，軍國詞令，皆準尚書。太祖敕朝廷他文，悉準於此。蓋史臣所記，皆稟其規。柳虬之徒，從風而靡。案綽文雖去彼淫麗，存茲典實，而陷於矯枉過正之失，乖乎適俗隨時之義。苟記言若是，則其謬愈多。爰及牛宏，彌尚儒雅，即其舊事，因而勒成。務累清言，罕逢佳句，而令狐不能别求他述，用廣異聞，惟憑本書，重加潤色，遂使周氏一代之史，多非實録。」又議其以王劭、蔡允恭、蕭韶、蕭大圜、裴政、杜臺卿之書中有俚言，故致遺略。其詆諆德棻甚力。然文質因時，紀載從實。周代既文章爾雅，仿古製言，載筆者勢不能易彼妍辭，改從俚語。至於敵國詆謗，里巷諺謡，削而不書，史之正體，豈能用是爲譏議哉！況德棻旁徵簡牘，意在摭實。故《元偉傳》後於元氏戚屬事迹湮没者，猶考其名位，連綴附書，固不可槩斥爲疎略。《庾信傳論》仿《宋書・謝靈運傳》之體，推論六義源流，於信獨致微辭，良以當時儷偶相高，故有意於矯時之弊，亦可見其不尚虛辭矣。知幾所云，非篤論也。晁公武《讀書志》祖述其語，掩爲己説，聽聲之見，尤無取焉。

張之洞《書目答問・正史》 《周書》五十卷。

隋　書

《舊唐書・經籍志・正史》 《隋書》八十五卷。魏徵等撰。

錢東垣等輯《崇文總目輯釋・正史類》 《隋書》八十五卷。魏徵等撰。

《新唐書・藝文志・正史類》 《隋書》八十五卷。《志》三十卷。顏師古、孔穎達、于志寧、李淳風、韋安化、李延壽與德棻、敬播、趙弘智、魏徵等撰。

鄭樵《通志・藝文略・正史》 《隋書》八十五卷。

又 《隋志》三十卷。

晁公武《郡齋讀書志・正史類》 《隋書》八十五卷。右唐魏徵等撰。紀五，列傳五十五，長孫無忌等撰志三十。初，詔顏師古、孔穎達修述，徵總其事，序、論皆徵自作。後又詔于志寧、李淳風、韋安仁、李延壽同修《五代史志》，無忌上之，詔編第入《隋書》，人亦號《五代史志》。《天文》、《律曆》、《五行》三志，淳風獨作。

尤袤《遂初堂書目・正史類》 舊杭本《隋書》。

陳振孫《直齋書録解題・正史類》 《隋書》八十五卷。唐祕書監魏徵、顏師古等撰。其十志，高宗時始成上，總梁、陳、齊、周之事，俗號「五代志」。

馬端臨《文獻通考・經籍考・正史》 《隋書》八十五卷。

《宋史・藝文志・正史類》 顏師古《隋書》八十五卷。

楊士奇等《文淵閣書目・史》 《隋書》。一部，三十册。闕。

又 《隋書》。一部，三十册。闕。

又 《隋書》。一部，四十册。闕。

又 《隋書》。一部，三十册。闕。

范邦甸等《天一閣書目・正史類》 《隋書》八十五卷。刊本。明景泰改元，東吳夏𣅀補輯重刊。

徐𤊹《徐氏家藏書目・正史類》 《隋書》八十五卷。魏徵。

張萱等《内閣藏書目録・史部》 《隋書》二十册。全。唐特進魏徵等撰。國子監新刻。

錢謙益等《絳雲樓書目・正史類》 《隋書》八十五卷。

于敏中等《天禄琳琅書目・宋版史部》 《隋書》六函，六十册。帝紀五卷，列傳五十卷，唐魏徵撰；志三十卷，唐長孫無忌撰，共八十五卷。是書未載刊刻年月，而於宋諱皆缺筆，其避「廓」字乃寧宗嫌名，係南宋嘉定間刊本。御題：「此書字蹟、紙質、墨瀋與趙吳興、董華亭題跋《文選》可稱聯璧。大内貯宋本書固多，視此並遜一籌矣。乾隆甲子九秋，御筆。」鈐寶二：曰「乾隆宸翰」，曰「攜筆流雲藻」。琴川毛氏、泰興季氏藏本，有印記。又「書堂胡氏」印，無考。闕補目録、十八、十九。志二、二十六。志二十四。十三。

《四庫全書總目提要・正史類》 《隋書》八十五卷。内府刊本。唐魏徵等奉敕撰。貞觀三年，詔徵等修隋史，十年成紀傳五十五卷。十五年又詔修梁、陳、齊、周、隋五代史志。顯慶元年，長孫無忌上進。據劉知幾《史通》所載，撰紀傳者爲顏師古、孔穎達。案《集古録》據穎達墓碑，謂碑稱與魏鄭公同修《隋書》，而傳不著。蓋但據《舊唐書》言之，未考知幾書也。撰志者爲于志寧、李淳風、韋安仁、李延壽、令狐德棻。案宋刻《隋書》之後有天聖中校正舊跋，稱同修紀傳者，尚有許敬宗，同修志者，尚有敬播。至每卷分題，舊本十志内，惟《經籍志》題侍中鄭國公魏徵撰。《五行志》序或云褚遂良作。紀傳亦有題太子少師許敬宗撰者。今從衆本所載，紀傳題以徵，志題以無忌云云。是此書每卷所題撰人姓名，在宋代已不能畫一。至天聖中重刊，始定以領修者爲主，分題徵及無忌也。其紀傳不出一手，間有異同。如《文帝本紀》云「善相者趙昭」，而《藝術傳》則作「來和」。又本紀云「以賀若弼爲楚州總管」，而弼本傳則作「吴州」。蓋卷帙浩繁，牴牾在所不免。至顧炎武《日知録》所摘《突厥傳》中上言「沙鉢略可汗擊阿波破擒之」，下言「雍虞閭以隋所賜旗鼓西征阿波，敵人以爲隋兵所助，多來降附，遂生擒阿波」一條，則疑上文本言擊阿波破之，傳寫誤衍一「擒」字。炎武以爲一事重書，似未必然也。其十志最爲後人所推，而或疑其失於限斷。考《史通・古今正史》篇稱：「太宗以梁、陳及齊、周、隋氏竝未有書，乃命學士分修，仍以祕書監魏徵總知其務。始以貞觀三年創造，至十八年方就。合爲五代紀傳，併目録凡二百五十二卷。書成，下於史閣，惟有十志，斷爲三十卷。尋擬續奏，未有其文。太宗崩後，刊勒始成其篇第，編入《隋書》，其實別行，俗呼爲《五代史志》。」云云。是當時梁、陳、齊、周、隋五代史本連爲一書，十志即爲五史而作，故亦通括五代。其編入《隋書》，特以隋於五史居末，非專屬隋也。後來五史各行，十志遂專稱《隋志》，實非其舊，乃議其兼載前代，是全不核始末矣。惟其時《晉書》已成，而《律曆志》所載《備數》、《和聲》、《審度》、《嘉量》、《衡權》五篇，《天文志》所載《地中》、《晷影》、《漏刻》、《經星》、《中宫二十八舍》、《十煇》諸篇，皆上溯魏晉，與《晉志》複出，殊非史體。且同出李淳風一人之手，亦不應自勦己説。殆以《晉書》不在五史之數，故不相避歟？《五行志》體例與《律曆》、《天文》三志頗殊，不類淳風手作。疑宋時舊本題褚遂良撰者，未必無所受之。《地理志》詳載山川，以定疆域，《百官志》辨明品秩，以别差等，能補蕭子顯、魏收所未備。惟《經籍志》編次無法，述經學源流，每多舛誤。如以《尚書》二十八篇爲伏生口傳，而不知伏生自有《書》教齊、魯間。以《詩序》爲衛宏所潤益，而不知傳自毛亨。以《小戴禮記》有《月令》、《明堂位》、《樂記》三篇爲馬融所增益，而不知劉向《别録・禮記》已載此三篇，在十志中爲最下。然後漢以後之藝文，惟藉是以考見源流，辨别真僞，亦不以小疵爲病矣。

張金吾《愛日精廬藏書志・正史類》 《隋書》八十五卷。元刊本。唐特進臣魏徵上。志三十卷，題太尉楊州都督監修國史上柱國趙國公臣長孫無忌等奉敕撰。紙背係洪武初年行移文册，蓋明初印本也。天聖二年五月十一日上。御藥供奉藍元用奉傳聖旨，齎禁中《隋書》一部付崇文，附至六月五日勑差官校勘。時命臣綬、臣煜提點，右正言直史館張觀等校勘。觀尋爲度支判官，續命黄鑒代之。仍内出版式刊造。

張之洞《書目答問・正史》 《隋書》八十五卷。

晉書

《舊唐書・經籍志・正史》 《晉書》一百三十卷。許敬宗等撰。

錢東垣等輯《崇文總目輯釋・正史類》 《晉書》一百三十卷。房喬等撰。

《新唐書・藝文志・正史類》 《晉書》一百三十卷。房玄齡、褚遂良、許敬宗、來濟、陸元仕、劉子翼、令狐德棻、李義府、薛元超、上官儀、崔行功、李淳風、辛丘馭、劉引之、陽仁卿、李延壽、張文恭、敬播、李安期、李懷儼、趙弘智等脩，而名爲御撰。

鄭樵《通志・藝文略・正史》 《晉書》一百三十卷。唐太宗命群臣撰。

晁公武《郡齋讀書志・正史類》 《晉書》一百三十卷。右唐房喬等撰。貞觀中，以何法盛等十八家晉史未善，詔喬與褚遂良、許敬宗再加撰次，乃據臧榮緒書增損之，後又命李淳風、李義府、李延壽等十三人分掌著述，敬播等四人考正類例。西晉四帝五十四年，東晉十一帝一百二年，又胡、羯、氐、羌、鮮卑割據中原，爲五凉、四燕、三秦、二趙、夏、蜀十六國，共成帝紀十、志二十、列傳七十、載記三十。例出於播。《天文》、《律曆》，淳風專之。喬以宣、武《紀》，陸機、王羲之《傳》論，上所自爲，故曰「制旨」，又總題「御撰」焉。按歷代之史，惟晉叢冗最甚，可以無譏。至於取沈約誕誣之説，采《語林》、《世説》、《幽明録》、《搜神記》詭異謬妄之言，亦不可不辨。

尤袤《遂初堂書目・正史類》 舊杭本《晉書》。

又 川本《晉書》。

陳振孫《直齋書録解題・正史類》 《晉書》一百三十卷。唐宰相房玄齡等修，題御撰。案《唐・藝文志》，爲《晉書》者，有王隱、虞預、臧榮緒、謝靈運、干寶等諸家。太宗以爲未善，命玄齡修之。與其事者，褚遂良、許敬宗、令狐德棻、李延壽、敬播、趙宏智等二十人。案：《新唐書・藝文志》：預修《晉書》者，有房玄齡、褚遂良、許敬宗、來濟、陸元仕、劉子翼、令狐德棻、李義甫、薛元超、上官儀、崔行功、李淳風、辛丘馭、劉引之、陽仁卿、李延壽、張文恭、敬播、李安期、李懷儼、趙宏智等二十一人。此書云二十人，誤。宣、武《紀》，陸機、王羲之《傳》論，太宗自爲之，故稱「制曰」，而總題其書曰「御撰」。其凡例則發於敬播云。

馬端臨《文獻通考・經籍考・正史》 《晉書》一百三十卷。【略】來濴鄭氏曰：古者修書，出於一人之手，成於一家之學，班馬之徒是也。至唐，始用衆手，《晉》、《隋》二書是矣。然亦隨其學術所長者而授之，未幾奪人之所能，而强人之所不及。如李淳風、于志寧之徒則授之以志，如顔師古、孔穎達之徒則授之以紀傳，以顔、孔博通古今，于、李明天文、地理、圖籍之學。所以《晉》、《隋》二志高於古今，而《隋志》尤詳明。

《宋史・藝文志・正史類》 房玄齡《晉書》一百三十卷。

楊士奇等《文淵閣書目・史》 《晉書》。一部，五十册。闕。

又 《晉書》。一部，五十册。闕。

又 《晉書》。一部，四十九册。闕。

又 《晉書》。一部，四十册。闕。

又 《晉書》。一部，五十册。闕。

又《晉書》。一部，六十七册。闕。

高儒《百川書志・正史》《晉書》一百三十卷。帝紀十一，志七十二，列傳七，瞿校：子目有誤，當作「帝紀三十，志七十，列傳三十」。載紀三。唐太宗文皇帝御撰。

范邦甸等《天一閣書目・正史類》《晉書》一百三十卷。刊本。唐太宗御撰。

徐𤊹《徐氏家藏書目・正史類》《晉書》一百三十卷。魏徵。

張萱等《内閣藏書目録・史部》《晉書》。三十册。全。唐太宗皇帝御製，及命諸儒臣分撰。國子監新刻。

毛晉《汲古閣書跋》《晉書》。宋本。

錢謙益等《絳雲樓書目・正史類》《晉書》一百三十卷。

于敏中等《天禄琳琅書目・元版史部》《晉書》四函，三十册。唐太宗御撰。帝紀十卷，志二十卷，列傳七十卷，載記三十卷，共一百三十卷。後載唐處士何超《音義》、楊齊宣《音義序》。晁公武《郡齋讀書志》曰：《晉書》，一百三十卷。唐房喬等撰。喬以宣、武《紀》、陸機、王羲之《傳》論，上所自爲，故曰「制旨」，又總稱「御撰」焉。馬端臨《文獻通考》引夾漈鄭氏曰：「古者修書，出於一人之手，成於一家之學，班、馬之徒是也。至唐始用衆手，《晉》、《隋》二書是矣。然亦隨其學術所長者而授之，如李淳風、于志寧之徒則授之以志，顔師古、孔穎達之徒則授之以紀、傳。以顔、孔博通今古，于、李明天文、地理、圖籍之學。所以《晉》、《隋》二志，獨爲詳明也。」此書版式尺寸，與前所載《史記》相類，其字畫、紙墨亦同，皆一時摹仿宋槧之本。

又《明版史部》《晉書》六函，六十册。唐太宗御撰。一百三十卷，載記前有太宗序，各卷後附唐楊齊宣《音義序》。字畫不能圓勁，係翻刻使然，宋諱仍從缺筆，亦沿原版之舊。闕補志三、志四，全。志十五。二十六。

又《晉書》十二函，一百册。篇目同前。此亦從宋版翻出，以刊行在先，槧印較爲清朗。其目録後仍存「淳熙丁未季春弘文館校刊」一行，蓋刻是書者竟欲作宋槧爲賈利之資耳。明蔣文藻藏本。李日華《六研齋筆記》：文藻與姚丹邱同隱大雲，執師資之禮，書畫皆步趨之，頗臻其妙。餘印無考。闕補志四、二十九。志七、三十三。志十四、三十二。傳三十四、二十一。傳五十四、十七。載記十四。三十九。

又《晉書》十函，一百册。篇目同前。與第一部同板，槧印稍次。

又《晉書》十二函，一百册。篇目同前，前有明人《序》，《序》闕末葉，失其名，又太宗《原序》。明人《序》稱舊版存南國子學宫，久多脱誤，邑人周文學若年氏見宋祕閣本，欣然授之剞劂，未成而卒。丁進士孟嘉委産續成云云。今以版式字畫較之，與前第一部大略相似，可知是書之成，大半皆出翻刻，但惜此《序》闕去末葉，不知其名，而他本欲求此失名之《序》，復不可得，總由書賈作僞割去者多也。周若年，丁孟嘉，爵里俱未詳。闕補志十五、三十九。志十九、五。傳六十六、十。傳九十、九、二十七。載記十、二十二。載記十二。五。

《四庫全書總目提要・正史類》《晉書》一百三十卷。内府刊本。唐房喬等奉敕撰。劉知幾《史通・外篇》謂：「貞觀中詔，前後《晉史》十八家未能盡善，敕史官更加纂撰。」自是言晉史者皆棄其舊本，競從新撰。然唐人如李善注《文選》，徐堅編《初學記》，白居易編《六帖》，於王隱、虞預、朱鳳、何法盛、謝靈運、臧榮緒、沈約之《書》，與夫徐廣、干寶、鄧粲、王韶、曹嘉之、劉謙之之《紀》，孫盛之《晉陽秋》，習鑿齒之《漢晉陽秋》，檀道鸞之《續晉陽秋》，竝見徵引。是舊本實未嘗棄，毋乃書成之日即有不愜於衆論者乎。考書中惟陸機、王羲之兩傳，其論皆稱「制曰」，蓋出於太宗之御撰。夫典午一朝，政事之得失，人材之良楛，不知凡幾，而九重揆藻，宣王言以彰特筆者，僅一工文之士衡，一善書之逸少，則全書宗旨，大槩可知。其所褒貶，略實行而獎浮華，其所採擇，忽正典而取小説，波靡不返，有自來矣。即如《文選》注馬汧督誄，引臧榮緒、王隱書，稱馬汧立功孤城，死於非罪，後加贈祭，而《晉書》不爲立傳，亦不附見於周處、孟觀等傳。又《太平御覽》引王隱書云：「武帝欲以郭琦爲佐著作郎，問尚書郭彰，彰憎琦不附己，答以不識。上曰：『若如卿言，烏丸家兒能事卿，即堪郎也。』及趙王倫篡位，又欲用琦，琦曰：『我已爲武帝吏，不能復爲今世吏』，終於家。」琦蓋始終亮節之士也，而《晉書》亦削而不載。其所載者，大抵宏奬風流，以資談柄，取劉義慶《世説新語》與劉孝標所注一一互勘，幾於全部收入，是直稗官之體，安得目曰「史傳」乎？黄朝英《緗素雜記》詆其引《世説》「和嶠峩峩如千丈松，礧砢多節目」，既載入《和嶠傳》中，又以嶠字相同，竝載入《温嶠傳》中，顛倒舛迕，竟不及檢，猶其枝葉之病，非其根本之病也。正史之中，惟此書及《宋史》，後人紛紛改撰，其亦有由矣。特以十八家之書竝亡，考晉事者舍此無由，故歷代存之不廢耳。《音義》三卷，唐何超撰。超字令升，自稱東京人。楊齊宣爲之序。其審音辨字，頗有發明，舊本所載，今仍附見於末焉。

張之洞《書目答問・正史類》《晉書》一百三十卷。附唐何超《音義》三卷。

彭元瑞等《天禄琳琅書目後編・宋版史部》《晉書》六函，六十册。唐太宗御撰。書一百三十卷。帝紀十，志二十，列傳七十，載記三十。每卷末附《音義》。宋諱自「敬」字至「惇」字皆闕筆。

南史

《舊唐書・經籍志・正史》《南史》八十卷。李延壽撰。

鄭樵《通志・藝文略・正史》《南史》八十卷。李延壽撰。

尤袤《遂初堂書目・正史類》舊本《南史》。

楊士奇等《文淵閣書目・史》《南史》。一部，二十六册。闕。

又《南史》。一部，二十六册。闕。

又《南史》。一部，三十册。闕。

又《南史》。一部，三十册。闕。

又《南史》。一部，十六册。闕。

又《南史》。一部，三十一册。闕。

又《南史》。一部，二十二册。闕。

又《南史》。一部，十六册。闕。

范邦甸等《天一閣書目・正史類》《南史》八十卷。刊本。唐李延壽撰，宋大德丙午蜀蒯東寅序。

徐𤊹《徐氏家藏書目・正史類》《南史》八十卷。李延壽。

張萱等《内閣藏書目録・史部》《南史》。二十册。全。唐李延壽撰。國子監新刻。

錢謙益等《絳雲樓書目・正史類》《南史》八十卷。

《四庫全書總目提要・正史類》《南史》八十卷。内府刊本。唐李延壽撰。延壽事蹟附載《新唐書・令狐德棻傳》。延壽承其父大師之志。爲《北史》、《南史》，而《南史》先成，就正於令狐德棻，其乖失者嘗爲改定。宋人稱延壽之書删煩補闕，爲近世佳史。顧炎武《日知録》又摘其李安民諸傳一事兩見，爲紀載之疎。以今考之，本紀删其連綴諸臣事蹟，列傳則多删詞賦，意存簡要，殊勝本書。然宋、齊、梁、陳四朝九錫之文，符命之説，告天之詞，皆沿襲虚言，無關實證，而備書簡牘，陳陳相因，是芟削未盡也。且合累朝之書，勒爲通史，發凡起例，宜歸畫一。今延壽於《循史》、《儒林》、《隱逸傳》，既遞載四朝人物，而《文學》一傳，乃因《宋書》不立此目，遂始於齊之邱靈鞠，豈宋無文學乎？《孝義傳》搜綴湮落，以備闕文，而蕭矯妻羊氏，衛敬瑜妻王氏先後互載，男女無别，將謂史不當有《列女傳》乎？況《北史》謂《周書》無《文苑傳》，遂取列傳中之庾信、王褒入於《文苑》，則宋之謝靈運、顔延之、何承天、裴松之諸人何難移冠《文苑》之前？《北史》謂魏、隋有《列女傳》，齊、周並無此篇。今又得趙氏、陳氏附備《列女》，則宛陵女子等十四人何難取補《列女》之闕？書成一手，而例出兩岐，尤以矛陷盾，萬萬無以自解者矣。蓋延壽當日專致力於《北史》，《南史》不過因其舊文，排纂删潤，故其減字節句，每失本意，間有所增益，又緣飾爲多。如《宋路太后傳》較《宋書》爲詳。然沈約修史，工於詆毁前朝，而不載路太后飲酒置毒之事，當亦揆以前後恩慈，不應存此異説也。延壽採雜史爲實録，又豈可盡信哉。然自《宋略》、《齊春秋》、《梁典》諸書盡亡，其備宋、齊、梁、陳四史之參校者，獨賴此書之存，則亦何可盡廢也。

孫星衍《平津館鑒藏書籍記・元版》《南史》八十卷。小題在上，大題在下，次行題「李延壽」三字，前後無序跋。末卷末葉板心下，題「桐學儒生趙良楶謹書，自起手至閣筆凡十月」，小字二行。《宋史・宗室世系表》商王房下有「良楶」，未知是此人否。然審其模印紙色，宋諱俱不缺筆，當是元時所刻。每葉廿行，行廿字，收藏有「史鑑之章」，「子孫保之」，「西史邨人」三白文方印，「果親王府圖書記」朱文長印。

張金吾《愛日精廬藏書志・正史類》《南史》八十卷。元刊本。唐李延壽撰。每册首有「南沙龔氏浪泊草堂圖書」印記，每卷末俱有題識，間及明末吾邑怪異事。如怪鳥嘴闊半尺，雞四足之類。卷二十四題識云「吴若之來，予求其入城，與錢孺怡索先君所著邑乘云云」。案：邑志載龔易立本次子，未知即易之手筆否。

張之洞《書目答問・正史》《南史》八十卷。

北史

《舊唐書・經籍志・正史》《北史》一百卷。李延壽撰。

鄭樵《通志・藝文略・正史》《北史》一百卷。李延壽撰。

尤袤《遂初堂書目・正史類》　舊本《北史》。

楊士奇等《文淵閣書目・史》　《北史》。一部，五十册。闕。

又　《北史》。一部，五十册。闕。

又　《北史》。一部，五十册。闕。

又　《北史》。一部，三十八册。闕。

又　《北史》。一部，五十册。闕。

又　《北史》。一部，三十册。闕。

又　《北史》。一部，四十九册。闕。

范邦甸等《天一閣書目・正史類》　《北史》一百卷。刊本。唐李延壽撰。

徐𤊹《徐氏家藏書目・正史類》　《北史》一百卷。李延壽。

張萱等《內閣藏書目録・史部》　《北史》。三十册。全。唐李延壽撰。國子監新刻。

錢謙益等《絳雲樓書目・正史類》　《北史》一百卷。

《四庫全書總目提要・正史類》　《北史》一百卷。内府刊本。唐李延壽撰。延壽表進其書，稱本紀十二卷，列傳八十八卷，爲《北史》，與今本卷數符合，《文獻通考》作八十卷者，誤也。延壽既與修《隋書》十志，又世居北土，見聞較近。參覈同異，於《北史》用力獨深，故敘事詳密，首尾典贍。如載元韶之姦利，彭樂之勇敢，郭琬、沓龍超諸人之節義，皆具見特筆。出酈道元於《酷吏》，附陸法和於《藝術》，離合編次，亦深有別裁。視《南史》之多仍舊本者，迥如兩手。惟其以姓爲類，分卷無法。《南史》以王、謝分支，《北史》亦以崔、盧繫派。故家世族，一例連書。覽其姓名，則同爲父子。稽其朝代，則各有君臣。參錯混淆，殆難辨別。甚至長孫儉附《長孫嵩傳》，薛道衡附《薛辨傳》，遥遥華胄，下逮雲仍，隔越抑又甚矣。考延壽之敘次列傳，先以魏宗室諸王，次以魏臣，又次以齊宗室，及齊臣，下逮周、隋，莫不皆然。凡以勒一朝始末，限斷分明，乃獨於一二高門，自亂其例，深所未安。至於楊素父子，有關隋室興亡，以其系出宏農，遂附見魏臣《楊敷傳》後。又魏收及魏長賢諸人，本非父子兄弟，以其同爲魏姓，遂合爲一卷，尤爲舛迕。觀延壽《敘例》，凡累代相承者皆謂之家傳，豈知家傳之體，不當施於國史哉。且《南》《北史》雖曰二書，實通爲一家之著述，故延壽於《裴藴傳》云：「祖之平，父忌，《南史》有傳。」《王頒傳》云：「父僧辨，《南史》有傳。」即互相貫通之旨也。乃《南史》既有《晉熙王昶傳》矣，《北史》復有《劉昶傳》。《南史》既有《鄱陽王寶寅傳》矣，《北史》復有《蕭寶夤傳》。《南史》既有《豫章王綜樂良王大圜傳》矣，《北史》復有《蕭贊蕭綜入魏改名贊蕭大圜傳》。朱修之、薛安都諸人，《南史》則取諸《宋書》，《北史》則取諸《魏書》，不爲删併。殆專意《北史》，無暇追删《南史》，以致有此誤乎？然自宋以後，《魏書》、《北齊書》、《周書》皆殘闕不全，惟此書僅《麥鐵杖傳》有闕文，《荀濟傳》脱去數行，其餘皆卷帙整齊，始末完具。徵北朝之故實者，終以是書爲依據。故雖「八書」具列，而「二史」仍竝行焉。

張之洞《書目答問・正史》　《北史》一百卷。

南北史

錢東垣等輯《崇文總目輯釋・雜史類》　《南史》八十卷。李延壽撰。《北史》一百卷。李延壽撰。［原釋］：《南史》、《北史》，唐高宗善其書自爲之敘，敘今闕。《郡齋讀書志》引，見《文獻通攷》。

《新唐書・藝文志・正史類》　李延壽《南史》八十卷。又《北史》一百卷。

晁公武《郡齋讀書志・雜史類》　《南史》八十卷。《北史》一百卷。右唐李延壽撰。延壽父太師，嘗謂宋、齊逮周、隋，南北分隔，南謂北爲「索虜」，北謂南爲「島夷」，欲改正，擬《吴越春秋》編年，未就而卒。延壽後預修《晉》、《隋書》，因究悉舊事，更依馬遷體，總敘八代。北起魏盡隋，二百四十二年；南起宋盡陳，百七十年，爲二史。删繁補闕，過本史遠甚，至今學者止觀其書，沈約、魏收等所撰皆不行。獨闕本志而《隋書》有之，故《隋書》亦傳於世。

陳振孫《直齋書録解題・別史類》　《南史》八十卷。《北史》八十卷。唐崇賢館學士鄴李延壽撰。初，延壽父大師多識舊事，常以宋、齊、梁、陳、魏、齊、周、隋天下分隔，南謂北爲「索虜」，北謂南爲「島夷」，詳略訾美失傳，思所以改正刊究，未成而没。延壽追終先志，凡八代合二書，爲百八十篇。其書頗有條理，删落釀辭，過本書遠甚。

馬端臨《文獻通考・經籍考・正史》　《南史》八十卷。《北史》八十卷。《崇文總目》：唐高宗善其書，自爲之序，序今闕。

遜齋陳氏曰：李延壽著《南》、《北史》，粗得作史之體。故《唐書》本傳亦謂其删略穢辭，過本書遠甚。然好述妖異兆祥謡讖，特爲繁猥。

司馬公曰：光少時，惟得《高氏小史》讀之，自宋迄隋并南北史，或未嘗得見，或讀之不熟。今因修南北朝通鑑，方得細觀。乃知李延壽之書亦近世之佳史也。雖於禨祥詼嘲小事無所不載，然叙事簡徑，比於南北正史，無煩冗蕪穢之辭。竊謂陳壽之後，惟延壽可以亞之也。

《宋史・藝文志・別史類》 李延壽《南史》八十卷。又《北史》一百卷。

高儒《百川書志・正史》 《南史》。《北史》。唐李延壽取宋、齊、梁、陳四代之史，既編《南史》，又以魏、齊、周、隋四代之史，復成《北史》。更勘雜史於正史所無，削冗編入，止資一手，凡十六載，爲南北二史，共合一百八十卷，有作史序傳。見《北史》。

後漢書注

《舊唐書・經籍志・正史》 《後漢書》一百卷。皇太子賢注。

《新唐書・藝文志・正史類》 章懷太子賢注《後漢書》一百卷。賢命劉訥言、格希玄等注。

鄭樵《通志・藝文略・正史》 《後漢書》一百卷。章懷太子賢注。

御銓定漢書

《舊唐書・經籍志・正史》 《御銓定漢書》八十一卷。郝處俊等撰。

《新唐書・藝文志・正史類》 《御銓定漢書》八十七卷。高宗與郝處俊等撰。

鄭樵《通志・藝文略・正史》 《御銓定漢書》八十七卷。

史記音義

《舊唐書・經籍志・正史》 《史記音義》三十卷，劉伯莊撰。

《新唐書・藝文志・正史類》 劉伯莊《史記音義》二十卷。

陳振孫《直齋書録解題・正史類》 《史記音義》二十卷。唐崇賢館學士劉伯莊撰。貞觀初，奉勑講授，采鄒誕生、徐廣及隋柳顧言《音義》爲此書。案：《唐書・藝文志》有劉伯莊撰《史記地名》二十卷，又《史記音義》二十卷。袁凱謂或沿鄒誕生、徐廣舊名而並稱之，誤也。

史記地名

《新唐書・藝文志・正史類》 劉伯莊又撰《史記地名》二十卷。

鄭樵《通志・藝文略・正史》 《史記地名》二十卷。劉伯莊。

漢書音義

《新唐書・藝文志・正史類》 《漢書音義》二十卷。

漢書辯惑

《舊唐書・經籍志・正史》 《漢書辯惑》三十卷。李善撰。

《新唐書・藝文志・正史類》 李善《漢書辨惑》二十卷。

鄭樵《通志・藝文略・正史》 《漢書辨惑》三十卷。李善撰。

後魏書

《舊唐書・經籍志・正史》 《後魏書》一百卷。張大素撰。

《新唐書・藝文志・正史類》 張大素《後魏書》一百卷。

鄭樵《通志・藝文略・正史》 《後魏書》一百卷。張太素撰，今惟有《天文志》二卷。

後魏書天文志

錢東垣等輯《崇文總目輯釋・正史類》《魏書・天文志》二卷。[原釋]唐張太素撰《魏書》凡百篇，今悉散亡，唯此二篇存焉。見《文獻通攷》。

馬端臨《文獻通考・經籍考・正史》《後魏書・天文志》二卷。

《宋史・藝文志・正史類》張太素《後魏書・天文志》二卷。本百卷，惟存此。

隋　書

《舊唐書・經籍志・正史》《隋書》三十二卷。張大素撰。

《新唐書・藝文志・正史類》張大素《隋書》三十二卷。

鄭樵《通志・藝文略・正史》《隋書》三十二卷。張太素撰。

北齊書

《舊唐書・經籍志・正史》《北齊書》二十卷。張大素撰。

《新唐書・藝文志・正史類》張大素《北齊書》二十卷。

鄭樵《通志・藝文略・正史》《北齊書》二十卷。張太素撰。

漢書議苑

《新唐書・藝文志・正史類》元懷景《漢書議苑》卷亡。開元右庶子，武陵縣男。謚曰「文」。

鄭樵《通志・藝文略・正史》《漢書議苑》。元懷景撰。

史記注

《新唐書・藝文志・正史類》李鎮注《史記》一百三十卷。開元十七年上，授門下典儀。

鄭樵《通志・藝文略・正史》《史記》一百三十卷。李鎮注。

陳振孫《直齋書録解題・正史類》李鎮注《史記》一百三十卷。開元十七年上，授門下典儀。

史記義林

《新唐書・藝文志・正史類》李鎮《義林》二十卷。

鄭樵《通志・藝文略・正史》《史記義林》二十卷。李鎮。

後漢書音義

《舊唐書・經籍志・正史》《後漢書音義》二十七卷。韋機撰。

《新唐書・藝文志・正史類》韋機《後漢書音義》二十七卷。

鄭樵《通志・藝文略・正史》《後漢書音義》二十七卷。韋機撰。

漢書古今集義

《舊唐書・經籍志・正史》《漢書古今集義》二十卷。顧胤撰。

《新唐書・藝文志・正史類》顧胤《漢書古今集義》二十卷。

鄭樵《通志・藝文略・正史》《漢書古今集義》二十卷。顧胤。

武德貞觀兩朝史

《新唐書・藝文志・正史類》 《武德貞觀兩朝史》八十卷。長孫無忌、令狐德棻、顧胤等撰。

史記注

《舊唐書・經籍志・正史》 《史記》一百三十卷。許子儒注。

《新唐書・藝文志・正史類》 許子儒注《史記》一百三十卷。

鄭樵《通志・藝文略・正史》 《史記》一百三十卷。許子儒注。

陳振孫《直齋書録解題・正史類》 許子儒注《史記》一百三十卷。

史記音

《新唐書・藝文志・正史類》 許子儒《史記音》三卷。字文舉，叔牙子也。證聖天官侍郎、潁川縣男。

鄭樵《通志・藝文略・正史》 《史記音》三卷。許子儒注。

注漢書

《新唐書・藝文志・正史類》 敬播《注漢書》四十卷。

鄭樵《通志・藝文略・正史》 《漢書注》四十卷。恭播撰。

漢書音義

《新唐書・藝文志・正史類》 敬播《漢書音義》十二卷。

鄭樵《通志・藝文略・正史》 《漢書音義》十二卷。恭播撰。

漢書紹訓

《新唐書・藝文志・正史類》 姚珽《漢書紹訓》四十卷。

鄭樵《通志・藝文略・正史》 《漢書紹訓》四十卷。姚挺撰。

史記注

《新唐書・藝文志・正史類》 王元感注《史記》一百三十卷。

鄭樵《通志・藝文略・正史》 《史記》一百三十卷。王元感注。

陳振孫《直齋書録解題・正史類》 王元感注《史記》一百三十卷。

史記纂訓

《新唐書・藝文志・正史類》 裴安時《史記纂訓》二十卷。

鄭樵《通志・藝文略・正史》 《史記纂訓》二十卷。裴安時。

元魏書

《新唐書・藝文志・正史類》 裴安時《元魏書》三十卷。字適之，大中江陵少尹。

鄭樵《通志・藝文略・正史》 《元魏書》三十卷。裴安時撰。

史記注

《新唐書・藝文志・正史類》 徐堅注《史記》一百三十卷。

鄭樵《通志・藝文略・正史》 《史記》一百三十卷。徐堅注。

陳振孫《直齋書録解題・正史類》 徐堅注《史記》一百三十卷。

晉書

《新唐書・藝文志・正史類》 徐堅《晉書》一百一十卷。

鄭樵《通志・藝文略・正史》 《晉書》一百一十卷。徐堅撰。

注晉書

《新唐書・藝文志・正史類》 高希嶠《注晉書》一百三十卷。開元二十年上，授清池主簿。

鄭樵《通志・藝文略・正史》 《注晉書》百三十卷。高希嶠撰。

齊史

《新唐書・藝文志・正史類》 吴兢《齊史》十卷。

鄭樵《通志・藝文略・正史》 《齊史》十卷。吴兢撰。

梁史

《新唐書・藝文志・正史類》 吴兢《梁史》十卷。

鄭樵《通志・藝文略・正史》 《梁史》十卷。吴兢撰。

陳史

《新唐書・藝文志・正史類》 吴兢《陳史》五卷。

鄭樵《通志・藝文略・正史》 《陳史》五卷。吴兢撰。

周史

《新唐書・藝文志・正史類》 吴兢《周史》十卷。

鄭樵《通志・藝文略・正史》 《周史》十卷。吴兢等撰。

隋史

《新唐書・藝文志・正史類》 吴兢《隋史》二十卷。

鄭樵《通志・藝文略・正史》 《隋史》二十卷。吴兢等撰。

唐書

《新唐書・藝文志・正史類》 吴兢《唐書》一百卷。

鄭樵《通志・藝文略・正史》 《唐書》一百卷。吴兢撰。

國史

《新唐書・藝文志・正史類》吴兢《國史》一百六卷。

鄭樵《通志・藝文略・正史》《國史》一百六卷。

國史

《新唐書・藝文志・正史類》吴兢《國史》一百一十三卷。

鄭樵《通志・藝文略・正史》《國史》一百十三卷。

續史記

《新唐書・藝文志・正史類》韓琬《續史記》一百三十卷。

鄭樵《通志・藝文略・正史》《續史記》一百三十卷。唐韓琬撰。

唐書

錢東垣等輯《崇文總目輯釋・正史類》《唐書》一百三十卷。[原釋]唐韋述撰。初，吴兢撰《唐史》，自創業訖于開元，凡一百一十卷。述因兢舊本更加筆削，刊去《酷吏傳》，爲紀、志、列傳一百一十二卷。至德、乾元以後，史官于休烈又增《肅宗紀》二卷，而史官令狐峘等復于紀、志、傳後隨篇增緝，而不加卷帙。今書一百三十卷，其十六卷未詳撰人名氏。見《文獻通攷》。

《新唐書・藝文志・正史類》《唐書》一百三十卷。兢、韋述、柳芳、令狐峘、于休烈等撰。

鄭樵《通志・藝文略・正史》《唐書》一百三十卷。韋述等撰。

馬端臨《文獻通考・經籍考・正史》《唐書》一百三十卷。

史記索隱

錢東垣等輯《崇文總目輯釋・正史類》《史記索隱》三十卷，司馬貞撰。

《新唐書・藝文志・正史類》司馬貞《史記索隱》三十卷。開元潤州別駕。

鄭樵《通志・藝文略・正史》《史記索隱》三十卷。司馬貞。

陳振孫《直齋書録解題・正史類》《史記索隱》三十卷。唐弘文館學士河内司馬貞撰。採摭異聞，釋文演註。末二卷爲《述》、《贊》，爲《三皇本紀》。世號《小司馬史記》。

《宋史・藝文志・正史類》司馬貞《史記索隱》三十卷。

楊士奇等《文淵閣書目・史》司馬貞《史記索隱》一部，六册。闕。

徐𤊹《徐氏家藏書目・正史類》《史記索隱》一百三十卷。司馬承禎。

毛晉《汲古閣書跋》《史記索隱》。讀史家多尚《索隱》，宋諸儒尤推小司馬《史記》與小顏氏《漢書》，如日月並炤。故淳熙、咸淳間官本頗多，廣漢張介仲削去褚少孫續補諸篇，以《索隱》爲附庸，尊正史也。趙山甫病非全書，取所削者別刊一帙。澄江耿直之又病其未便流覽，以少孫所續循其卷第而附入之。雖桐川郡有三刻，惟耿本最精。余家幸藏桐川本有二，擬從張本，恐流俗染人之深，難免山甫之嫌；擬從耿本，恐列《三皇本紀》爲冠，大非太史公象閏餘而成歲之數。遂訂裴駰《集解》而重新焉，每讀至舛逸同異處，如「宰我未嘗從田横」之類，輒不能忘情于小司馬。幸又遇一《索隱》本子，凡三十卷。《自序》綴於二十八卷之尾，後二卷爲贊述，爲《三皇本紀》，迺北宋祕省大字刊本。亟正其訛謬重脱，附于裴駰《集解》之後，真讀史第一快事也。倘有問張守節《正義》者，有王震澤先生行本在。古虞毛晉識。

《四庫全書總目提要・正史類》《史記索隱》三十卷。江蘇巡撫採進本。唐司馬貞撰。貞，河内人。開元中，官朝散大夫，弘文館學士。貞初受《史記》於崇文館學士張嘉會，病褚少孫補司馬遷書多傷踳駁，又裴駰《集解》舊有音義，年遠散佚，諸家音義，延篤音隱，鄒誕生、柳顧言等書亦失傳，而劉伯莊、許子儒等又多疏漏，乃因裴駰《集解》撰爲此書。首注駰《序》一篇，載其全文。其註司馬遷書，則如陸德明《經典釋文》之例，惟標所注之字，蓋經傳別行之古法。凡二十八卷。末二卷爲述贊一百三十篇，及《補史記條例》。欲降《秦本紀》、《項羽本紀》爲世家，而呂后、孝惠各爲本紀，補曹、許、邾、吴芮、吴濞、淮南系家，而降陳涉於列傳，蕭何、曹參、張良、周勃、五宗、三王各爲一傳，而附國僑、羊舌肸於管晏，附尹喜、莊周於老子，附韓非於商鞅，附魯仲連於田單，附宋玉於屈原，附鄒陽、枚乘於賈生。又謂司馬相如、汲鄭傳不宜在西南夷後，大宛傳不合在游俠、酷吏之間，欲更其次第，其言皆有條理。至謂司馬遷述贊不安，而別爲之，則未喻言外之旨。終以《三皇本紀》，自爲之註，亦未合闕疑傳信之意也。此書本於《史記》之外別行，及明代刊刻監本，合裴駰、張守節及此書散入句下，恣意删削。如《高祖本紀》「母媪」、「母温」之辨，有關考證者，乃以其有異舊説，除去不載。又如《燕世家》「啓攻益」事，貞註曰：「經傳無聞，未知其由」。雖失於考據《竹書》，案今本《竹書》不載此事，此據《晉書・束晳傳》所引。亦當存其原文，乃以爲冗句，亦删汰之。此類不一，漏略殊甚。然至今沿爲定本，與成矩所刊朱子《周易本義》，人人明知其非，而積重不可復返。此單行之本，爲北宋秘省刊板，毛晉得而重刻者。録而存之，猶可以見司馬氏之舊，而正明人之疎舛焉。

彭元瑞等《天禄琳琅書目後編・宋版史部》 《史記索隱》四函，四十册。唐司馬貞注，書一百三十卷。裴駰《集解序》，貞《補史記序》，《索隱序》。二《正義論例》，《謚法解》。末卷載嘉祐二年建邑王氏世翰堂鏤版。前有刻書《序》，不著名氏，云：平陽道參幕段君子成，求到善本，募工刊行，蓋重刊者也。

吴壽暘《拜經樓藏書題跋記》 《史記》。《史記索隱》帝紀十二，年表十，書八，世家三十，列傳七十。每篇首題第幾，不稱卷，俱小名在上，大名在下。每葉二十八行，行二十五字。蒙古中統二年刊。錢辛楣宫詹《養新録》云：「予所見《史記》，宋槧本，吴門顧抱冲所藏澄江耿秉刊於廣德郡齋者，紙墨最精善，此淳熙辛丑官本也。黄蕘圃所藏三山蔡夢弼刊本，亦在淳熙間。海甯吴槎客所藏元中統刊本，計其時在南宋之季。此三本皆有《索隱》而無《正義》。明嘉靖四年，莆田柯維熊校本，金臺汪諒刻。始合《索隱》《正義》爲一書。前有費懋中《序》，稱陝西翻宋本無《正義》，江西白鹿本有《正義》，是柯本出于白鹿本矣。同時震澤王氏亦有翻宋本，大約與柯本不異。《史記》、《索隱》、《正義》，皆各自爲書，不與本書比附。宋南渡後始有合《索隱》於《史記》者，刱自蜀本，繼有桐川、三山兩本，皆在淳熙以前。其時《正義》猶單行也。白鹿本未審刻于何年，以意揆之，必在淳熙以後。蓋以《索隱》爲主，而《正義》輔之，凡《正義》之文與《索隱》同者，悉從删汰。自是《正義》無單行本，而守節之元文不可攷矣。」又《日記鈔》云：「海甯吴槎客以元中統二年刻《史記索隱》本見示，首有校理董浦《序》，云平陽道僉幕段君子成募工刊行者也。黄蕘圃有南宋蔡夢弼本，亦與中統本同。有《集解》《索隱》而無《正義》。」又記蕘圃主事所藏《史記》，南宋大字板不全本云：「相如乃與馳歸成都，家居徒四壁立。」今本無「成都」二字。《子虛賦》「赤玉玫瑰」注，郭璞曰：「赤玉，赤瑾也。」今本注無「赤玉」二字。此本「馳歸成都」與大字板同，賦注無「赤玉」二字。按：《始皇本紀》「金人十二，重各千石」，柯板取《正義》不刻《索隱》，北監及馮本此段注在「置廷宫中」下。先君子記云：「元中統刻《史記索隱》，有中統二年校理董浦《序》。按：元世祖中統二年，爲宋理宗景定二年辛酉。然則此書雖署元號年，其實宋刻也。汲古閣專刻《史記索隱》，世稱善本，餘刻皆芟節不全，此本校毛刻注尤備。卷首有「史類」、「正史」、「史记」三朱印，蓋山陰祁氏淡生堂藏書。」

張之洞《書目答問・正史》 單行本《史記索隱》三十卷。汲古閣本，掃葉山房本。

補史記

趙希弁《讀書附志・史類》 《補史記》一百三十卷。右唐司馬貞補司馬遷之書也。補《三皇紀》於《五帝》之前，每篇各註《索隱》之説，以百三十篇贊附于每篇之末。希弁嘗考諸家之説，爲《讀史補註》一書，頗加詳焉。

唐書

《宋史・藝文志・正史類》 柳芳《唐書》一百三十卷。

唐書敍例目

《宋史・藝文志・正史類》 柳芳《唐書敍例目》一卷。

晉書音義

《宋史・藝文志・正史類》 楊齊宣《晉書音義》三卷。

史記注

錢東垣等輯《崇文總目輯釋・正史類》 《史記》八十七卷。［原釋］唐陳伯宣注。因裴駰説有所未悉，頗增損焉，然多取司馬氏《索隱》以爲己説。今篇殘缺。見《文獻通攷》。

《新唐書・藝文志・正史類》 陳伯宣注《史記》一百三十卷。貞元中上。

鄭樵《通志・藝文略・正史》 《史記》一百三十卷。陳伯宣注。今存八十七卷。

《宋史・藝文志・正史類》 《史記》一百三十卷。陳伯宣注。

陳振孫《直齋書録解題・正史類》 陳伯宣注《史記》一百三十卷。貞元中上。

《宋史・藝文志・正史類》 《史記》一百三十卷。陳伯宣注。

史記正義

錢東垣等輯《崇文總目輯釋・正史類》 《史記正義》三十卷，張守節撰。［原釋］爲《漢書》學者，此最精博。見《文獻通攷》。

《新唐書・藝文志・正史類》 張守節《史記正義》三十卷。

鄭樵《通志・藝文略・正史》 《史記正義》三十卷。唐張守節。

陳振孫《直齋書録解題・正史類》 《史記正義》三十卷。案：《唐》《宋》藝文志俱作三十卷，此本作二十卷。疑誤，今改正。 唐諸王侍讀張守節撰。開元二十四年作序。

胡師安等《元西湖書院重整書目》 《史記正義》。

《宋史・藝文志・正史類》 張守節《史記正義》三十卷。

范邦甸等《天一閣書目・正史類》 《史記正義》一百三十卷。刊本。 唐張守節撰并序。開元二十四年丙子八月刊成。

《四庫全書總目提要・正史類》 《史記正義》一百三十卷。兵部侍郎紀昀家藏本。 唐張守節撰。守節始末未詳，據此書所題，則其官爲諸王侍讀、率府長史也。是書據《自序》，三十卷。晁公武、陳振孫二家所録，則作二十卷。蓋其標字列注，亦必如《索隱》。後人散入句下，已非其舊。至明代監本採附《集解》《索隱》之後，更多所删節，失其本旨。【略】其他一兩字之出入，殆千有餘條，尤不可毛舉。苟非震澤王氏刊本具存，無由知監本之妄删也。

史記三家注

《宋史・藝文志・正史類》 司馬遷《史記》一百三十卷。裴駰等《集注》。

錢謙益等《絳雲樓書目・正史類》 宋板《史記》。一百三十卷。裴駰集解，張守節正義，司馬貞索隱。《容齋續筆》云：紹興中，分命兩淮江東轉運司刻三史板，其兩漢書內，凡欽宗諱，並小書四字曰「淵聖御名」，或徑易爲「威」字。而他廟諱，皆只缺畫，愚而自用，爲可笑也。

于敏中等《天禄琳琅書目・元版史部》 《史記》六函，六十册。 漢司馬遷撰，宋裴駰集解，唐司馬貞索隱，張守節正義。一百三十卷，前駰《集解序》，次貞《史記索隱序》、《補史記序》，張守節《正義序》、《論列謚法解》。

陳振孫《書録解題》載《史記》一百三十卷，漢太史夏陽司馬遷撰，宋南中郎參軍河東裴駰集解。張晏曰：「遷没之後，亡《景》、《武紀》、《禮》、《樂》、《兵書》、《漢興將相年表》、《三王世家》、《日者》、《龜筴》、《傅靳蒯成列傳》。元、成之間，褚先生補作《武紀》、《三王世家》、《日者》、《龜筴傳》。」顔師古曰：「本無《兵書》，張説非也。」今按：褚所補皆不足觀，其餘六篇，未知何人所補也。褚，名少孫。裴駰即注《三國志》松之之子。始，徐廣作《史記音義》，駰本之以成《集解》云云。又載《史記索隱》三十卷，唐宏文館學士河内司馬貞撰。採摭異聞，釋文演注，末二卷爲述贊，爲《三皇本紀》，世號小司馬《史記》。又載《史記正義》三十卷。唐諸王侍讀張守節撰。據此，則《索隱》、《正義》二書，本各單行，後人取而合之耳。是書目録并以貞所補《三皇本紀》居卷一之首，尤失其舊。版係翻刻宋槧，未爲工整。闕補卷五。二十三、三十。卷九十二。四、十六。卷九十七。三十二。

又《史記》六函，六十册。篇目同前。此即前版，而摹印在先，較爲清朗。闕補《集解序》。四。卷六十七。十六。卷一百十八。八。

又《史記》六函，六十四册。篇目同前，闕《集解序》。此書亦同前版，内有「安氏家藏」印，考《常州志》，安國，字民泰，無錫人。居積諸貨，人棄我取，贍宗黨，惠鄉里，乃至平海島，濬白茅河，皆有力焉。父喪，會葬者五千人。嘗以活字銅版印《吴中水利通志》，又目録後有「表章經史之寶」，乃爲木刻，係別紙所印，移黏於此。此出書賈作僞之手，不足登載。闕補卷四。二。卷五。二十五。卷八。三十之三十三。卷十六。三、四、五、十三。卷十八。五十六、七十一。卷二十一。十七。卷三十五。一。卷九十一。十八。卷九十七。九。卷一百十。二十六。卷一百二十九。四之八。

又《史記》六函，六十册。篇目同前，闕《索隱》、《補史記》、《正義》三序。此書目録後有「大宋紹興五年，王氏梅溪精舍鐫刻」隸書木記，乃割取別本以黏接者，實與前三部同出一版。錫山邵寶、安國俱經收藏，寶、安國見前。檇李郁氏無考。闕補卷十六。二十九。

又《史記》六函，六十册。篇目同前，闕《集解序》。此係宋印不全之本，參入元刻，以成完書。雖所存者僅十之二三，而宋槧面目猶未盡泯，亦足爲吉光片羽之珍也。「樂安沂水」、「王應瑞」二印無考。闕補卷二。十四、二十五。卷十一。二。卷二十二。五。卷四十四。十二。卷一百三。一。

于敏中等《天禄琳琅書目・明版史部》《史記》四函，二十四册。漢司馬遷撰，宋裴駰集解，唐司馬貞補《三皇本紀》并索隱，張守節正義。一百三十卷。前守節《正義序》、貞《索隱序》、《補史記序》、裴駰《集解序》，後貞《索隱後序》。明仿宋刊，略得形似而已。明趙宧光藏本。按《姑蘇志》：宧光，字凡夫，太倉人。卜居寒山。所著書多至數十種，而尤專精字學，刱作草篆《説文長箋》，是其所獨解也。餘印無考。

又《史記》六函，六十册。篇目同前。此與前書同出一版，前書目録後之第三行、四行有剗去重補之痕，當是明人所記刻書年月，書賈以其形似宋版，故爲剗去。此書目録後無「史記目録終」五字，而有「校對宣德郎、祕書省正字張來」隸書木記，較前書所補之痕增寬一倍，若果爲原版所有，前書何以剗去。即或剗之，而補痕寬窄何以不合。按：祕書省正字，雖宋代官名，而張來者亦無可考，其爲書賈欲僞充宋槧，別刊目録末葉增入木記彰然矣。明興宗第四子衡王允熞藏本，有「衡王圖書」。餘印無考。闕補傳七。六。傳五十。二十四。傳六十。六。傳六十三。十九。傳六十七。八。

彭元瑞等《天禄琳琅書目後編・宋版史部》《史記》六函，六十册。漢司馬遷撰，宋裴駰集解，唐司馬貞索隱，並補張守節正義。書一百三十卷。前有駰、貞、守節《序》，目録，後印校對「宣德郎祕書省正字張耒」八分書條記。按：《集解》、《索隱》、《正義》本各單行，至宋始合刻。據校書官乃張文潛，知爲元祐時槧。

朱大韶，字象元，號文石，仕履見前。潘允端，字仲履，上海人。嘉靖壬戌進士，官四川右布政使。即作豫園樂壽堂以奉其父者。其父恩，以南京工部尚書、都御史致仕，故有「御史大夫」章。

又《史記》四函，二十四册。同上，四《序》外有《正義論例》、《謚法解》。《集解序》後刻管工官王絅，梓匠張魯、何恩、章祥、張敖、馬龍、徐敖、陸仁、李渭、李安、陸鋆、陸司、莫徐、周永日、陸先、王良智。每卷末載《史記》若干字，註若干字。後有《索隱後序》，印記「紹興三年四月十二日，右修職郎充提舉茶鹽司幹辦公事石公憲發刊，至四年十月二十日畢工」。是書真南宋本，多鈐元及明初人印章，如元之綽克托、楊維楨，明之宋濂是也。王偉，字士英，攸縣人。正統丙辰進士，官兵部侍郎，著《桐山詩集》。

又《史記》十二函，六十册。同上，目録後刻「嘉定六年歲在癸酉季夏，萬卷樓刊」。袁忠徹，字静思，明初善相袁珙之子。以廕由鴻臚寺序班，官至尚寶寺少卿。其曰東海者，乃從郡望也。

又《史記》六函，五十六册。同上。倪瓚，字元鎮，號雲林子，無錫人。有《雲林集》。《明史・諸王傳》：楚莊王孟烷，敬慎好學，有《勤有堂詩集》。「水邨陸氏」，乃陸完，字全卿，號水邨，長洲人。成化丁未進士，官吏部尚書。

又《史記》六函，五十二册。同上。按：以上三部俱一版摹印，其「萬卷樓」記，後二部脱佚。

彭元瑞等《天禄琳琅書目後編・明版史部》《史記》八函，六十四册。篇目見前宋版史部。有《索隱序》、《集解序》、《索隱後序》。是書槧法極工。目録後有「淳祐丁未月正元日，古瞥盛如杞謹書」墨印，然於宋諱俱不闕筆，坊賈作僞，未能以一葉定爲宋本，在明版，則最上乘矣。陳繼儒藏本。嵇元夫，字長卿，歸安人。有《白鶴園集》。其父世臣，官編修，故有「太史公牛馬走」之章。後歸泰興季氏。餘無考。

又 《史記》三函，二十册。篇目見前宋版史部，諸序俱不載。闕補目録、一、二、卷五。一之十。

黄丕烈《蕘圃藏書題識再續録・史類》 《史記》一百三十卷。校宋本。此毛刻初印《史記》十册，在《十七史》全部中。向聞在郡某故家，書失其一册，後全部歸壽階袁君，而一册壽階以白鏹十金贖回，亦可爲好書之至矣。今身後轉歸他所。綺雲沈君因史中《漢書》係校余家藏宋刻本，復屬校其司馬氏、范氏之書。玆用大字蜀本校，原書爲裴駰《集解》間有錯出《索隱》文，想宋刻所本如是。宋本亦多誤字。臨校者據以改之，存其舊時面目耳。通體當必有佳處，惜未能一一識之爲恨。還書之日，聊誌數語于此。辛未中春復翁不烈。

張金吾《愛日精廬藏書志・正史類》 《史記》殘本七十六卷。元刊本。宋裴駰集解。唐司馬貞索隱，張守節正義。存本紀四至六，表一至四、七至十，書一至八，世家八至十二，列傳二十九至七十，凡七十六卷。《十二諸侯年表》後有木印，云「安成郡彭寅翁鼎新刊行」，不著年月，驗其板式，蓋元刊本也。舊本《史記》載正義者絶少，此本有正義，差可貴也。

張之洞《書目答問・正史》 《史記》一百三十卷。晉裴駰集解，唐司馬貞索隱，唐張守節正義。汲古本，掃葉本無索隱、正義。

史記三家注

張金吾《愛日精廬藏書志・正史類》 《史記》一百三十卷。宋乾道蔡夢弼刊本，懷古堂藏書。漢司馬遷撰，宋裴駰集解，唐司馬貞索隱。目録後有「三峰樵隱蔡夢弼傅卿校正」一行，《三皇本紀》後有「建谿蔡夢弼傅卿親校刻梓於東塾，時歲乾道七月當是年字。春王正上日書」兩行。《五帝本紀》後有「建谿三峯蔡夢弼傅卿親校謹刻梓於望道亭」兩行。每葉二十四行，行二十二字，注二十八字。字畫精朗，古香可愛。蓋宋板中之絶佳者。卷末有題識云，共計三十本，辛丑年孟春重裝，懷古堂識。又有題識云「泰興縣季振宜滄葦氏珍藏」。蓋錢求赤藏本，後歸季滄葦者。

《史記集解序》。

《補史記序》。

《史記索隱序》。

《史記索隱後序》。

又 《史記》殘本七十四卷，元刊本。宋裴駰集解，唐司馬貞索隱。存本紀三、四，又九至十二，表六至十，書一至五，世家一二，列傳一至七，九至十五，二十四至五十二，五十七至六十九，凡七十四卷。

史記名臣疏

《新唐書・藝文志・正史類》 竇羣《史記名臣疏》三十四卷。

鄭樵《通志・藝文略・正史》 《史記名臣疏》三十四卷。竇羣。

高氏小史

《新唐書・藝文志・正史類》 《高氏小史》一百二十卷。高峻。初六十卷，其子迥釐益之。峻，元和中人。

鄭樵《通志・藝文略・正史》 《高氏小史》一百二十卷。高峻撰。

統　史

《新唐書・藝文志・正史類》 姚康復《統史》三百卷。大中太子詹事。

鄭樵《通志・藝文略・正史》 《統史》三百卷。姚康復撰。

洞　史

《新唐書・藝文志・正史類》 劉氏《洞史》二十卷。劉權，忠州刺史晏曾孫。

鄭樵《通志・藝文略・正史》《劉氏洞史》二十卷。劉權，乃晏曾孫。

晉書音義

錢東垣等輯《崇文總目輯釋・正史類》《晉書音義》三卷。何超撰。

《新唐書・藝文志・正史類》何超《晉書音義》三卷。處士。

鄭樵《通志・藝文略・正史》《晉書音義》三卷。唐處士何超撰。

張金吾《愛日精廬藏書志・正史類》《晉書音義》三卷。元刊本。唐何超撰。楊齊宣《序》。《自序》。

漢書正義

《舊唐書・經籍志・正史》《漢書正義》三十卷。釋務静撰。

《新唐書・藝文志・正史類》僧務静《漢書正義》三十卷。

鄭樵《通志・藝文略・正史》《漢書正義》三十卷。唐僧務静撰。

漢書正名氏義

《舊唐書・經籍志・正史》《漢書正名氏義》十三卷。

《新唐書・藝文志・正史類》《漢書正名氏義》十二卷。

鄭樵《通志・藝文略・正史》《漢書正名氏義》十二卷。

漢書律曆志音義

《舊唐書・經籍志・正史》《漢書律曆志音義》一卷。陰景倫作。

《新唐書・藝文志・正史類》陰景倫《漢書律曆志音義》一卷。

鄭樵《通志・藝文略・正史》《漢書律曆志音義》一卷。陰景倫撰。

漢書英華

《舊唐書・經籍志・正史》《漢書英華》八卷。

《新唐書・藝文志・正史類》《漢書英華》八卷。

鄭樵《通志・藝文略・正史》《漢書英華》八卷。

漢書辯惑

《新唐書・藝文志・正史類》李喜《漢書辨惑》三十卷。

後漢書注

《新唐書・藝文志・正史類》劉熙注范曄《後漢書》一百二十二卷。

鄭樵《通志・藝文略・正史》《後漢書》一百二十二卷。范曄本，劉熙撰。

漢書問答

錢東垣等輯《崇文總目輯釋・正史類》《漢書問答》五卷。［原釋］沈遵行撰，采諸儒爲《漢書》説者，申釋其義，有博聞之益。然篇第頗差，討求未獲，闕列傳以下諸篇。見《文獻通攷》。

《新唐書・藝文志・正史類》沈遵《漢書問答》五卷。

鄭樵《通志・藝文略・正史》《漢書問答》五卷。沈遵撰。

朱梁列傳

《宋史・藝文志・正史類》 張昭遠《朱梁列傳》十五卷。

顧懷三《補五代史藝文志・史部》 《梁列傳》十五卷。張昭撰。

後唐列傳

《宋史・藝文志・正史類》 張昭遠《後唐列傳》三十卷。

顧懷三《補五代史藝文志・史部》 《後唐列傳》三十卷。張昭撰。

漢書纂誤

《宋史・藝文志・正史類》 劉巨容《漢書纂誤》二卷。

五代通録

顧懷三《補五代史藝文志・史部》 《五代通録》六十五卷。范質撰。

五代紀

宋祖駿《補五代史藝文志・史部》 《五代紀》七十五卷。孫冲撰。

五朝春秋

宋祖駿《補五代史藝文志・史部》 《五朝春秋》二十五卷。王轸撰。

漢書刊誤

《宋史・藝文志・正史類》 張泌《漢書刊誤》一卷。

唐書

錢東垣等輯《崇文總目輯釋・正史類》 《唐書》二百卷。劉昫等撰。

張耒《宛丘題跋》 讀《唐書》古之人主，自中庸以上，爲理所屈，皆能行之，而誠未必加也。若漢文帝之於務農，唐太宗之於從諫，幾於誠矣。或問二君之誠，孰愈？予謂：文帝寡於言而意有餘，未嘗爲外貌。觀美繁於辭令，而形於制度，不過詔令丁寧而已。而身之所履，則可信不誣矣。夫知稼穡者，必上儉彼身衣，弋綈足履，革爲集書，囊爲殿帷，罷露臺，却走馬，此其意可見也。太宗每見賢臣，則求諫。援引古今，出入經傳，慷慨歎息，語必成文，此雖無害，於聞過而有好名之心焉，此於誠有所不及也。意有餘者，忘言；實已修者，忘名，理之必然也。文皇常恨不撲殺此老。文德皇后問誰？帝曰：「魏徵。」太宗之信用徵如此，而猶有殺心焉。則其平日之厚敬而深信之，或未必情也。且好諫者不諱其過，而魏徵以諫草與史臣，帝閤而怒，遂有仆碑罷昏之事，何怒之深也。如此二事，或者疑而不信，予謂或有之。高宗之淫昏孱暗，又内爲悍妻，操制其柄，外聚羣不逞於朝，而禍不及其身者，有以也，非幸也。其智蓋有足以自衛者，彗見東方，言者以謂高麗將亡之祥。帝曰：「高麗小夷，且亦吾民也。」夫是言能出諸其口，則有不可欺者矣。以廢子賢之，故怒。某人嘗與交通，令其父訓其子，父殺之，帝聞而不喜也，更貶其父。夫刑政能如是，則希其意者，必相戒，而天下聞之，猶有父子之義焉。夫能酌理而不盡欺，參以義而譎有所不受，使其應變之際，十五出此，足以完其身矣。

鄭樵《通志・藝文略・正史》 《舊唐書》二百卷。劉昫、張昭遠等撰。

晁公武《郡齋讀書志・正史類》 《唐書》二百卷。右石晉劉昫、張昭遠等撰。因韋述舊史增損以成，繁略不均，校之實録，多所漏闕，又是非失實，其甚至以韓愈文章爲大紕繆，故仁宗時刪改，蓋亦不得已焉。

尤袤《遂初堂書目・正史類》 川本大字《舊唐書》。

又 川本小字《舊唐書》。

又 舊杭本《舊唐書》。

陳振孫《直齋書録解題・正史類》 《唐書》二百卷。五代晉宰相涿郡劉昫等撰。

馬端臨《文獻通考・經籍考・正史》 《唐書》二百卷。

《宋史・藝文志・正史類》 劉煦《唐書》二百卷。

楊士奇等《文淵閣書目・史》 《舊唐書》。一部，三十三册。闕。

又 《舊唐書》。一部，四十册。闕。

范邦甸等《天一閣書目・正史類》 《舊唐書》二百十四卷。刊本。晉劉昫等奉敕撰。明餘姚聞人詮校刊并《序》，東吳楊循吉《後序》，文徵明《序》。

徐𤊹《徐氏家藏書目・正史類》 《舊唐書》二百卷。劉昫。

錢謙益等《絳雲樓書目・正史類》 《舊唐書》。二百卷。宋有越州本，是紹興初年刻。嘉靖間人，嘗力購之，僅得十之六七耳。嘉靖己亥吳郡刻本，有文待詔《序》。

于敏中等《天禄琳琅書目・明版史部》 《舊唐書》五函，三十册。石晉劉昫撰。二百卷。前明聞人銓、文徵明、楊循吉三《序》。

聞人詮《序》稱劉氏《唐書》鬱絶不傳，酷志刊復，苦無善本。逮弭節姑蘇，窮搜力索，吳令朱子得列傳於光禄張氏，長洲賀子得紀、志於守溪公，遺籍俱出宋時櫋版。旬月之間，二美璧合，乃督同蘇庠嚴爲較刊，司訓沈子獨肩斯任，效勤四載，書幸成編。賈直千金，刻未竟業，石江歐陽公聞而助以厚鎰，午山馮子、西郭陳子以迫郡邑諸長貳，咸力輔以終事。肇工於嘉靖乙未，卒刻於嘉靖戊戌云云。詮、循吉，《明史》無傳。按朱彝尊《明詩綜小序》：詮，字邦正，餘姚人。嘉靖丙戌進士，除寶應知縣，擢山西道御史，巡視兩關，歷湖廣按察副使。有《芷蘭集》。今觀書中列銜稱「督學畿内」，彝尊作《小序》時未經考及。循吉，字君謙，吳縣人。成化甲辰進士，除禮部主事，以病乞歸。有《松壽堂集》。徵明見前。所云司訓沈子，名桐，嘉興人，詮之門人也。

闕補紀十二。二十三。志二十。十九。志二十四。十三。傳一百十五。三。傳一百五十上。二。傳一百五十下。十。

《四庫全書總目提要・正史類》 《舊唐書》二百卷。内府刊本。晉劉昫等奉敕撰。《五代史記》昫本傳不言昫撰此書，史漏略也。自宋嘉祐後，歐陽修、宋祁等重撰新書，此書遂廢。然其本流傳不絶，儒者表昫等之長以攻修、祁等之短者亦不絶。今觀所述，大抵長慶以前，本紀惟書大事，簡而有體。列傳敘述詳明，贍而不穢，頗能存班、范之舊法。長慶以後，本紀則詩話、書序、婚狀、獄詞委悉具書，語多支蔓。如《文宗紀》云：上每誦杜甫《曲江行》云，江頭宫殿鏁千門，細柳新蒲爲誰緑，乃知天寶以前，曲江四岸皆有行宫臺殿，百司廨署。又云：户部侍郎判度支王彦威進所撰《供軍圖略》，其《序》云云。《武宗紀》云：右庶子吕讓進狀，亡兄温女，太和七年嫁左衛兵曹蕭敏，生二男。開成三年，敏心疾乖忤，因而離婚，今敏日愈，却乞與臣姪女配合。又云：御史臺奏，據三司推勘吳湘獄，謹具逐人罪狀如後，揚州都虞候盧行立、劉羣於會昌二年五月十四日於阿顔家喫酒云云。列傳則多敘官資，曾無事實，或但載寵遇，不具首尾。如《夏侯孜傳》祇載歷官所至及責讓詔詞，不及一事。《朱朴傳》祇載其相昭宗而不及其始末。所謂繁略不均者，誠如宋人之所譏。案《崇文總目》，初吳兢撰《唐史》，自刱業訖於開元，凡一百一十卷。韋述因兢舊本，更加筆削。刊去《酷吏傳》，爲紀、志、列傳一百十二卷。至德、乾元以後，史官于休烈又增《肅宗紀》二卷。史官令狐峘等復於紀、志、傳隨篇增緝，而不加卷帙，爲《唐書》一百三十卷。是《唐書》舊稿，實出吳兢。雖衆手續增，規模未改。昫等用爲藍本，故具有典型。觀《順宗紀論》題史臣韓愈，《憲宗紀論》題史臣蔣係，此因仍前史之明證也。至長慶以後，史失其官，無復善本，昫等自採雜説傳記，排纂成之，動乖體例，良有由矣。至於卷一百三十二既有《楊朝晟傳》，卷一百四十四復爲立傳；蕭穎士既附見於卷一百二，復見於卷一百九十《文苑傳》；宇文韶《諫獵表》既見於卷六十二，復見於卷六十四；蔣乂《諫張茂宗尚主疏》既見於卷一百四十一，復見於卷一百四十九。《輿服志》所載條議，亦多同列傳之文。蓋李崧、賈緯諸人，各自編排，不相參校。昫掌領修之任，曾未能鉤稽本末，使首尾貫通，舛漏之譏，亦無以自解。平心而論，蓋瑕瑜不掩之作。黨新書者必謂事事勝舊書，黨舊書者又必謂事事勝新書，皆偏見也。我皇上獨秉睿裁，定於正史之中，二書並列，相輔而行。誠千古至公之道，論史諸家可無庸復置一議矣。

彭元瑞等《天禄琳琅書目後編・明版史部》 《舊唐書》六函，四十册。晉劉昫撰。昫，涿州歸義人。官司空、中書門下平章事，《五代史》有傳。書二百卷。本紀二十，表三十，列傳百五十。自宋祁、歐陽修修《唐書》而《舊書》遂廢，然互有長短，論者亦多出入。明南北雍刻《二十一史》，是書雖不在列，而刊寫流傳，自宋以來不絶。此本乃明提督南畿學政、御史聞人詮校刊，蘇州府學訓導沈桐同校，版式精雅。聞人詮，見前《儀禮註疏》條下。《静志居詩話》載其津津好古，曾雕劉昫《舊唐書》行世。

葛邦典、陳瓚俱常熟人，嘉靖丙辰同年進士。後歸項篤壽萬卷樓。

孫星衍《平律館鑒藏書籍記·明版》 《舊唐書》二百卷。題「監修國史推誠守節保運功臣特進守司空兼門下侍郎同中書門下平章事上柱國譙國公食邑五千户食實封四百户臣劉昫等奉勑修。皇明奉勑提督南畿學政山西道監察御史餘姚聞人詮校刻。蘇州府儒學訓導門人嘉興沈桐同校」。前有聞人詮《序》，稱弭節姑蘇，得列傳於光禄張氏、長洲賀子，得紀、志於守溪公遺籍，俱出宋時模板。乃督同蘇庠，嚴爲校刻，筆工於嘉靖乙未，卒刻於嘉靖戊戌。又有嘉靖十七年楊循吉《序》，文徵明《序》，并惠借藏書，捐俸助膳，分番校對，出貲經費姓氏。每葉廿八行，行廿六字。吴門黄蕘圃孝廉所藏有不全宋本，每葉廿八行，與此本同，收藏有「養和堂印」白文大方印，「白鶴主人」朱文大方印。

顧懷三《補五代史藝文志·史部》 《舊唐書》二百卷。劉昫撰。

張金吾《愛日精廬藏書志·正史類》 《唐書》殘本五卷。宋刊本。晉劉昫等修。存一百四十卷下至一百四十四卷上。每卷末俱有「左奉議郎充紹興府府學教授朱倬校正」一行。

張之洞《書目答問·正史》 《舊唐書》二百卷。

五代史

錢東垣等輯《崇文總目輯釋·正史類》 《五代史》一百五十卷。薛居正等撰。原敘： 昔孔子删書上斷《堯典》，下迄《秦誓》，著爲百篇。觀其堯舜之際，君臣相與吁俞，和諧于朝而天下治。三代以下約束賞罰，而民莫敢違。攷其典、誥、誓、命之文，純深簡質，丁甯委曲，爲體不同。周衰史廢，《春秋》所書，尤謹密矣。非惟史有詳略，抑由時君功德薄厚，異世而殊文哉。自司馬氏上採黄帝迄于漢武，始成《史記》之一家。由漢以來千有餘歲，其君臣善惡之迹，史氏詳焉。雖其文質不同，要其治亂興廢之本，可以攷焉。見《歐陽文忠公集》。

鄭樵《通志·藝文略·正史》 《五代史》一百五十卷。宋朝薛居正等撰。

晁公武《郡齋讀書志·正史類》 《五代史》一百五十卷。右皇朝薛居正等撰。開寶中，詔修梁、唐、晉、漢、周書，盧多遜、扈蒙、張澹、李昉、劉兼、李穆、李九齡同修，居正監修。

尤袤《遂初堂書目·正史類》 《舊五代史》。

陳振孫《直齋書録解題·正史類》 《五代史》一百五十卷。宰相薛居正子平撰。開寶中盧多遜、扈蒙、張澹、李昉等所修。居正蓋監修官也。

馬端臨《文獻通考·經籍考·正史》 薛居正《五代史》一百五十卷。

《宋史·藝文志·正史類》 薛居正《五代史》一百五十卷。

《四庫全書總目提要·正史類》 《舊五代史》一百五十卷，《目録》二卷。《永樂大典》本。宋薛居正等奉勑撰。考晁公武《讀書志》云：「開寶中詔修梁、唐、晉、漢、周書，盧多遜、扈蒙、張澹、李昉、劉兼、李穆、李九齡同修，宰相薛居正等監修。」《玉海》引《中興書目》云：「開寶六年四月戊申，詔修五代史。七年閏十月甲子，書成。凡百五十卷，目録二卷，爲紀六十一，志十二，傳七十七，多據累朝實録及范質《五代通録》爲稿本。」其後歐陽修别撰《五代史記》七十五卷，藏於家。修没後，官爲刊印，學者始不專習薛史。然二書猶竝行於世。至金章宗泰和七年，詔學官止用歐陽修史，於是薛史遂微。元明以來，罕有援引其書者，傳本亦漸就湮没。惟明内府有之，見於《文淵閣書目》，故《永樂大典》多載其文。然割裂淆亂，已非居正等篇第之舊。恭逢聖朝右文稽古，網羅放佚，零縑斷簡，皆次弟編摩。臣等謹就《永樂大典》各韻中所引薛史，甄録條繫，排纂先後，檢其篇第，尚得十之八九。又考宋人書之徵引薛史者，每條採録，以補其闕，遂得依原本卷數，勒成一編。晦而復彰，散而復聚，殆實有神物呵護以待時而出者。遭逢之幸，洵非偶然也。歐陽修文章遠出居正等上，其筆削體例，亦特謹嚴。然自宋時論二史者即互有所主，司馬光作《通鑑》，胡三省作《通鑑註》，皆專據薛史，而不取歐史。沈括、洪邁、王應麟輩爲一代博洽之士，其所著述，於薛、歐二史亦多兼採，而未嘗有所軒輊。蓋修所作皆刊削舊史之文，意主斷制，不肎以紀載叢碎，自貶其體。故其詞極工，而於情事或不能詳備。至居正等奉詔撰述，本在宋初，其時秉筆之臣，尚多逮事五代。見聞較近，紀傳皆首尾完具，可以徵信。故異同所在，較核事蹟，往往以此書爲證。雖其文體平弱，不免敘次煩冗之病，而遺聞瑣事，反藉以獲傳，實足爲考古者參稽之助。又歐陽止述司天、職方二考，而諸志俱闕，凡禮樂、職官之制度，選舉、刑法之沿革，上承唐典，下開宋制者，一槩無徵，亦不及薛史諸志爲有裨於文獻。蓋二書繁簡，各有體裁，學識兼資，難於偏廢。昔修與宋祁所撰《新唐書》，事增文省，足以括劉昫舊書。而昫書仰荷皇上表章，今仍得列於正史。況是書文雖不及歐陽，而事蹟較備，又何可使隱没不彰哉？謹考次舊文，釐爲《梁書》二十四卷，《唐書》五十卷，《晉書》二十四卷，《漢書》十一卷，《周書》二十二卷，《世襲列傳》二卷，《僭僞列傳》三卷，《外國列傳》二卷，《志》十二卷，共一百五十卷，別爲《目録》二卷。而蒐羅排纂之意，則著於凡例，兹不贅列焉。

顧懷三《補五代史藝文志・史部》 《舊五代史》一百五十卷。薛居正撰。

案：薛史雖成於宋，然居正當顯德中已爲吏部尚書。紀傳所載多屬親見，故附入五代。

張之洞《書目答問・正史》 《舊五代史》一百五十卷。《目録》二卷。

五代史闕文

楊士奇等《文淵閣書目・史》 王禹偁《五代史闕文》。一部，一册。闕。

錢謙益等《絳雲樓書目・雜史類》 《五代史闕文》一卷，王禹偁撰。

王士禛《漁洋書跋》 《五代史闕文》。王元之《五代史闕文》一册。僅一卷，而辨證精嚴，足正史官之謬。如辨司空圖清直大節一段，尤萬古公論所繫，非眇小也。如叙莊宗三矢告廟一段文字，淋漓慷慨，足爲武皇父子寫生。歐陽《五代史・伶官傳》全用之，遂成絶調。惟以張全義爲亂世賊臣，深合春秋之義，而歐陽不取，于《全義傳》略無貶詞。蓋即舊史以成文耳，終當以元之爲定論也。元之，吾鄉鉅野人。其《小畜集》三十卷。黄俞邰虞稷千頃堂有傳本。惜未及借録。

五代史補

楊士奇等《文淵閣書目・史》 陶岳《五代史補》。一部，一册。闕。

錢謙益等《絳雲樓書目・雜史類》 《五代史補》一册。五卷。陶岳撰。岳，登雍熙二年進士。

顧廣圻《思適齋書跋・史部》 《五代史補》五卷。校本。以下補遺。毛斧季《汲古閣書目》：「《五代史補》舊鈔與《五代史闕文》合一本，估直二錢」，即子晉刊刻之所自出。而《五代史補》實非足本也。晁公武則云一百七事，陳振孫則云一百七條。《文獻通考》備引兩家，皆是「七」字，而毛云僅一百四條，脱去三條明甚。《揮麈餘録》曾引毋昭裔刻《文選》事，今本無之，當在此三條之内。吴志伊《十國春秋》據《餘録》載《五代史補》云云。於後《毋昭裔傳》自注中極爲精覈，新城王尚書《居易録》以王明清引而汲古閣無，疑不能決。蓋尚書於考訂本非專家耳。又考裔相在蜀廣政年，當晉開運、漢天福、乾祐、周廣順，共歷三朝。未識岳元屬諸何朝矣，嘉慶庚午澗蘋居士書。

右馮知十藏鈔本，校時乾隆己酉也。嘉慶二年三月十八日鐙下覆勘一過，時在念耕堂中。澗蘋記。

張之洞《書目答問・正史》 《五代史補》五卷。宋陶岳。汲古閣本。掃葉山房本。

國　史

《宋史・藝文志・正史類》 王旦《國史》一百二十卷。

三史刊誤

錢東垣等輯《崇文總目輯釋・正史類》 《三史刊誤》四十五卷。[原釋]皇朝張觀等校定。初，祕書丞余靖上言，國子監所收《史記》、《漢書》誤，請行校正。詔翰林學士張觀、知制誥李淑、宋祁與靖，洎直講王洙于崇文院讐對。靖等悉取三館諸本，及先儒注解訓傳，六經、小說、《字林》、《說文》之類，數百家之書，以相參校。凡所是正增損數千言，尤爲精備，逾年而上之。靖等又自録其讐校之說，別爲《刊誤》四十五卷。見《文獻通攷》。闕。見天一閣鈔本。

鄭樵《通志・藝文略・正史》《三史刊誤》四十五卷。宋朝余靖等撰。

漢書刊誤

《宋史・藝文志・正史類》余靖《漢書刊誤》三十卷。

唐史記

王圻《續文獻通考・經籍考・正史》《唐史記》七十五卷。孫甫著。甫，陽翟人。少好書，日誦數千言，舉進士，累官右正。言時事多所建明。官至天章閣待制，所著有《文集》七卷。

三朝國史

晁公武《郡齋讀書志・正史類》《三朝國史》一百五十卷。右皇朝國史。紀十卷，志六十卷，列傳八十卷，吕夷簡等撰。初，景德中，詔王旦、先文元公、楊億等九人撰太祖、太宗兩朝史，至天聖五年，詔夷簡、宋綬、劉筠、陳堯佐、王舉正、李淑、黄鑑、謝絳、馮元，加入真宗朝史，王曾監修。曾罷，夷簡代，八年書成，計七百餘傳。比之三朝《實録》，增者大半，事覈文贍，褒貶得宜，百世之所考信云。

尤袤《遂初堂書目・國史類》《三朝國史》。

陳振孫《直齋書録解題・正史類》《三朝國史》一百五十卷。景德四年，詔王欽若、陳堯佐、趙安仁、晁迥、楊億等修太祖、太宗正史，王旦監修。祥符九年書成，凡爲紀六、志五十五、列傳五十九、目録一，共一百一十卷。天聖四年，吕夷簡、夏竦、陳堯佐修真宗正史，王曾提舉，八年上之。增紀爲十，志爲六十，傳爲八十。

馬端臨《文獻通考・經籍考・正史》《三朝國史》一百五十卷。

《宋史・藝文志・正史類》吕夷簡《宋三朝國史》一百五十五卷。

唐書直筆新例

鄭樵《通志・藝文略・正史》《唐書直筆新例》一卷。吕夏卿撰。

陳振孫《直齋書録解題・正史類》《唐書直筆新例》四卷。修書官温陵吕夏卿撰。紀、傳、志各一卷，摘舊史繁闕，又爲《新例須知》附於後，略舉名數如目録之類。

《宋史・藝文志・正史類》吕夏卿《唐書直筆新例》一卷。

于敏中等《天禄琳琅書目・宋版史部》《唐書直筆新例》一函，二册。宋吕夏卿撰。四卷。後附《新例須知》一卷。

《宋史》：吕夏卿，字縉叔，泉州晉江人。舉進士，爲江寧尉，編修《唐書》，直祕閣。其學長於史，貫穿唐事，博采傳記、雜説數百家，折衷整比。又通譜學，刱爲《世系》諸表，於《新唐書》最有功。晁公武《郡齋讀書志》稱：「夏卿强記絶人，預修《唐史》。此其在書局時所建明，歐、宋間有取焉。」此與《新唐書糾謬》版式相等，想同時所録。蓋是時，《新書》初成，文學之士争談史事，各自成書，版行於世耳。本朝蔣廷錫、查慎行藏本。餘印無考。

唐書音訓

陳振孫《直齋書録解題・正史類》《唐書音訓》四卷。宣義郎汶上竇苹叔野撰。

胡師安等《元西湖書院重整書目》《唐書音訓》。

楊士奇等《文淵閣書目・史》竇苹《唐書音訓》。一部，四册。闕。

又竇苹《唐書音訓》。一部，四册。闕。

又竇苹《唐書音訓》。一部，四册。闕。

東漢刊誤

趙希弁《讀書附志・史類》《東漢刊誤》一卷。右宣德郎守太常博士、充國子監直講劉攽所撰也。仁宗讀《後漢書》，見「墾田」字皆作「懇」字，使侍中傳詔中書，使刊正之。攽爲學官，遂刊其誤，爲一書云。

《宋史·藝文志·正史類》 劉攽《漢書刊誤》四卷。

漢書標注

陳振孫《直齋書録解題·正史類》 《三劉漢書標注》六卷。侍讀學士清江劉敞原父、中書舍人劉攽貢父、端明殿學士劉奉世仲馮撰。奉世，敞之子也。又本題《公非先生刊誤》，其實一書。案：《宋史·藝文志》，《三劉漢書標注》六卷，劉攽《漢書刊誤》四卷。宋代著《漢書刊誤》者四家，張泌、余靖、劉攽，其一亡其名氏。劉氏之書，因宋仁宗讀《後漢書》見「墾田」皆作「懇」字，於是使侍中傳詔中書刊正之。攽爲學官，遂刊其誤。劉氏書凡四卷，趙希弁《讀書附志》止云《東》、《西漢》各一卷，吴仁傑《兩漢刊誤補遺》，補劉氏之遺也。此書云其實一書，未知何據？公非，貢父自號也。《漢書》自顏監之後，舉世宗之，未有異其説者，至劉氏兄弟始爲此書，多所辨正發明。

《宋史·藝文志·正史類》 《三劉漢書標注》六卷。劉敞、劉攽、劉奉世。

楊士奇等《文淵閣書目·史》 劉敞《漢書標注》。一部，二册。闕。

新唐書

鄭樵《通志·藝文略·正史》 《新唐書》二百二十五卷。歐陽修、宋祁等撰。

晁公武《郡齋讀書志·正史類》 《新唐書》二百二十五卷。右皇朝嘉祐中曾公亮等被詔删定，歐陽修撰紀、志，宋祁撰列傳。舊書約一百九十萬，新書約一百七十四萬，而其中增表。故書成上於朝，自言曰：「其事則增於前，其文則省於舊」也。而議者頗謂永叔學《春秋》，每務褒貶，子京通小學，惟刻意文章，采雜説既多，往往牴牾，有失實之歎焉。

陳振孫《直齋書録解題·正史類》 《新唐書》二百二十五卷。翰林學士廬陵歐陽修永叔、端明殿學士安陸宋祁子京撰。初，慶曆中詔王堯臣、張方平等刊修，久而未就。至和初，乃命修爲紀、志，祁爲列傳，范鎮、王疇、宋敏求、吕夏卿、劉羲叟同編修，嘉祐五年上之。凡廢傳六十一，增傳三百三十一，志三，表四，故其《進書上表》曰：「其事則增於前，其文則省於舊。」第賞增秩訓詞，劉敞原父所行，最爲古雅。曰：「古之爲國者，法後王，爲其近於己，制度文物可觀故也。唐有天下且三百年，明君賢臣相與經營扶持之，其盛德顯功、美政善謀固已多矣，而史官非其人，記述失序，使興壞成敗之迹，晦而不章，朕甚恨之。肆擇廷臣筆削舊書，勒成一家，具官歐陽修、宋祁創立統紀，裁成大體，范鎮、王疇、宋敏求等網羅遺逸，厥協異同。凡十有七年，大典乃立，閎富精覈，度越諸子矣。校讎有功，朕將據古鑑今，以立時治，爲朕得法，其勞不可忘也。皆增秩一等，布其書於天下，使學者咸觀焉。」舊例，修書止著官高一人名銜。歐公曰：「宋公於我爲前輩，且於此書用力久且深，何可没也。」遂於紀、傳各著之。宋公感其退遜。今案舊史成於五代文氣卑陋之時，紀次無法，詳略失中，論贊多用儷語，固不足傳世。而新書不出一手，亦未得爲全善。本紀用《春秋》例，削去詔令，雖太略猶不失簡古，至列傳用字多奇澁，殆類虬户銑谿體，識者病之。歐公嘗臥聽《藩鎮傳序》曰：「使筆力皆如此，亦未易及也。」然其《序》全用杜牧《罪言》，實無宋公一語。然則歐公殆不滿於宋，名銜之著，固惡夫争名，抑亦以自表異耶？温公《通鑑》多據舊史，而唐庚子西直謂《新唐書》敢亂道而不好，雖過甚，亦不爲亡謂也。劉元城亦謂事增文省，正新書之失處云。

文簡云，《進唐書表》自言其文減於前，其事多於舊，此正其所爲不逮遷、固者，顧以自衒何哉！《論語》記夫子與弟子問答，率不過數語，而季氏將伐顓臾，記所詰對甚詳，不如是不足以見體要，各造其極也。今唐史務爲省文，而拾取小説私記，則皆附著無棄，其有官品尊崇而不預治亂，又無善惡可垂鑑戒者悉聚，徒繁無補，殆與古作者不侔。始，唐史置局時，其同僚約日著舊史所無者三事，則固立於不善矣，弊必至於此。然其名臣關國治亂者，如裴度、陸贄、魏徵傳，悉致其詳，則其有補亦不可掩。隨齋批注。

馬端臨《文獻通考·經籍考·正史》 《新唐書》二百二十五卷。【略】《宋氏筆記》曰：文有屬對平側用事者，供公家一時宣讀施行似快便，然不可施於史傳。余修《唐書》，未能得唐人一詔一令可載於傳者，惟拾對偶之文近高古者，乃可著於篇。大抵史近古，對偶非宜。今以對偶之文入史策，如黛粉飾壯士，笙匏佐鼓聲，非所宜云。《高氏緯略》曰：仁宗詔重修《唐書》，十年而歐陽公至，分撰帝紀、表、志，七年書成，韓魏公素不悦宋景文公，以所上列傳文采太過，又一書出兩手，詔歐公看詳，改歸一體。公受命歎曰：「宋公於我前輩人，所見不同，詎能盡如己意？」竟不易一字。又故事修书進御，惟書署官崇者。是時宋公守鄭州，歐公位在上。公曰：「宋公於此日久功深，吾可掩其長哉？」遂各列其姓名。宋公聞之曰：「自昔文人相凌掩，斯善古未有也！」然宋公却曾自撰紀、表、志，今其家猶有此本，世人固未嘗見之耳。

平園周氏曰：景文之於唐史，删煩爲簡，變今以古，用功既至，尤宜不苟也。如《吴競》一傳，具稿不知其幾。

胡師安等《元西湖書院重整書目》 《新唐書》。

《宋史・藝文志・正史類》 歐陽修、宋祁《新唐書》二百五十五卷。《目録》一卷。

楊士奇等《文淵閣書目・史》 《唐書》一部，八十二册。闕。

又 《唐書》。一部，八十一册。闕。

又 《唐書》。一部，八十册。闕。

又 《唐書》。一部，八十五册。闕。

又 《唐書》。一部，八十一册，闕。

又 《唐書》。一部，九十七册。闕。

高儒《百川書志・正史》 《新唐書》二百二十五卷。本紀十、志五十、表十五、列傳一百五十。宋翰林學士歐陽修奉勅編定前史，其事增於前，文省於舊，凡十有七年而成。

范邦甸等《天一閣書目・正史類》 《新唐書》二百五十卷。刊本。宋歐陽脩、宋祁等奉敕撰，曾公亮奉敕編脩表上。大德丁未戚明瑞《序》。大德九年河南雲謙《跋》。

徐𤊹《徐氏家藏書目・正史類》 《唐書》二百二十五卷。歐陽脩。

張萱等《内閣藏書目録・史部》 《新唐書》五十册。全。宋曾公亮等撰。國子監新刻。

《新唐書》十四册。全。舊本。

錢謙益等《絳雲樓書目・正史類》 《新唐書》。

于敏中等《天禄琳琅書目・宋版史部》 《唐書》十函，一百册。本紀十卷，志五十卷，表十五卷，宋歐陽修撰；列傳一百五十卷，宋宋祁撰，共二百二十五卷。書首載曾公亮《進書表》。考《宋史》，仁宗嘉祐五年六月，歐陽修等上《新唐書》。是書之末，前載嘉祐五年六月二十四日進書銜名：提舉爲曾公亮，刊修爲歐陽修、宋祁，編修官爲范鎮、王疇、宋敏求、吕夏卿、劉羲叟，後載是月二十六日准中書劄子，奉旨下杭州鏤版頒行，富弼、韓琦、曾公亮董其事，校勘官爲裴煜、陳薦文，同校對官爲吴申、錢藻。按：宋葉夢得論天下印書，有「杭州爲上，蜀本次之，福建最下」之語。意當時《新唐書》成，朝廷重其事，故特下杭州鏤版。詳閲此本，行密字整，結構精嚴，且於仁宗以上諱及嫌名缺筆甚謹，不及英宗以下，其即爲嘉祐奉敕所刊之本無疑。印紙堅緻瑩潔，每葉有「武侯之裔」篆文紅印，在紙背者十之九，似是造紙家印記，其姓爲諸葛氏。考宣城諸葛筆最著，而《唐書》載宣城紙筆並入土貢，唐張彦遠《歷代名畫記》亦稱好事家宜置宣紙百幅，用法蠟之，以備摹寫，則宣城諸葛氏亦或精於造紙也。泰興季氏、崑山徐氏藏本。又有「錢唐梁氏」及「李安詩」、「梅谷」、「樹德堂」諸印，無考。

《四庫全書總目提要・正史類》 《新唐書》二百二十五卷。内府刊本。宋歐陽修、宋祁等奉敕撰。其監修者則曾公亮，故書首《進表》以公亮爲首。陳振孫《書録解題》曰：「舊例修書，止署官高一人名銜。歐公曰：『宋公於我爲前輩，且於此書用力久，何可没也？』遂於紀傳各著之，宋公感其退遜。」故書中列傳題祁名，本紀、志、表題修名。然考《隋書》諸志，已有此例，實不始於修與祁。又《宋史・吕夏卿傳》稱《宰相世系表》夏卿所撰，而書中亦題修名，則仍以官高者爲主，特諸史多用一人，此用二人爲異耳。是書本以補正劉昫之舛漏，自稱「事增於前，文省於舊」。劉安世《元城語録》則謂：「事增文省，正新書之失，而未明其所以然。今即其說而推之，史官記録，具載舊書，今必欲廣所未備，勢必蒐及小說，而至於猥雜。唐代詞章，體皆詳贍，今必欲減其文句，勢必變爲澀體，而至於詰屈。」安世之言，所謂中其病源者也。若夫《史》、《漢》本紀，多載詔令，古文簡質，至多不過數行耳。唐代王言，率崇縟麗，駢四儷六，累牘連篇。宋敏求所輯《唐大詔令》，多至一百三十卷。使盡登本紀，天下有是史體乎！祁一例刊除，事非得已，過相訾議，未見其然。至於吕夏卿私撰《兵志》，見晁氏《讀書志》。宋祁别撰紀志，見王得臣《麈史》，則同局且私心不滿。書甫頒行，吴縝《糾謬》即踵之而出，其所攻駁，亦未嘗不切中其失。然一代史書，網羅浩博，門分類别，端緒紛拏，出一手則精力難周，出衆手則體裁互異。爰從「三史」以逮「八書」，牴牾參差，均所不免，不獨此書爲然。吕宋之書，未知優劣，吴縝所糾，存備考證則可，因是以病新書，則一隅之見矣。

張金吾《愛日精廬藏書志・正史類》 《唐書》二百五十五卷。元刊本。宋翰林學士兼龍圖閣朝散大夫給事中知制誥充史館修撰判秘閣臣歐陽修奉敕撰。曾公亮上表。

張之洞《書目答問・正史》 《新唐書》二百二十五卷。明南監本附宋董衝《釋音》二十五卷。

五代史記

鄭樵《通志・藝文略・正史》 《五代史記》七十五卷。歐陽修撰。

晁公武《郡齋讀書志・正史類》 《五代史記》七十五卷。右皇朝歐陽修永叔以薛居正史繁猥失實，重加修定，藏於家。永叔没後，朝廷聞之，取以付國子監刊行。《國史》稱其可以繼班固、劉向，人不以爲過。特恨其《晉出帝論》，以爲因濮園議而發云。

陳振孫《直齋書録解題・正史類》 《新五代史》七十四卷。歐陽修撰。其爲説曰：「昔孔子作《春秋》，因亂世而立法；余爲本紀，以治法而正亂君。」發論必以「嗚呼」，曰：「此亂世之書也。」諸臣止事一朝，曰「某臣傳」，其更事歷代者，曰「雜傳」，尤足以爲世訓。然不爲韓瞠眼立傳，識者有以見作史之難。案韓通之死，太祖猶未踐極也，其當在周臣傳明矣。惟王皥《唐餘雜史》以入《忠義傳》云。

馬端臨《文獻通考・經籍考・正史》 《新五代史記》七十五卷。【略】李方叔《師友談記》：歐陽公《五代史》最得《春秋》之法。蓋文忠公學《春秋》於胡瑗、孫復，故褒貶謹嚴，雖司馬子長無以復加。不幸五十二年之間，皆戎狄亂華，君臣之際無赫赫可道之功業也。

胡師安等《元西湖書院重整書目》 《五代史》。并《纂誤》。

《宋史・藝文志・正史類》 歐陽脩《新五代史》七十四卷。徐無黨注。

楊士奇等《文淵閣書目・史》 《五代史》。一部，十册。闕。

又 《五代史》。一部，十四册。闕。

又 《五代史》。一部，十五册。闕。

又 《五代史》。一部，十六册。闕。

高儒《百川書志・正史》 《五代史記》七十四卷。本紀十二、列傳六十二。宋歐陽修以前史繁猥失實，削去七十六卷，删定七十四卷。

范邦甸等《天一閣書目・正史類》 《五代史》七十四卷。刊本。宋歐陽脩撰，徐無黨註。

又 《五代史》七十四卷。刊本。同前。明汪文盛、高瀫、傅汝舟同校刊。

王世貞《讀書後》 書《五代史》後。歐陽公作《五代史》，而欲自附於《春秋》之筆削，創立義例，而其文辭頗爲世所喜。楊士奇稱之，以爲與司馬遷《史記》、班固《漢書》並，而義例勝之。予亟攷其所謂義例者，亦不爲甚當。如朱梁、石晉、郭周皆起於叛臣，前後李唐皆起於夷狄。劉漢起於員國之大鎮，不過因其繼唐室之統，據中原之地，其大者尚不能半天下，小者三分之一，而延世不能過三，紀年或僅四五，亦何必盡倣古帝王之例而全予之。李昪、王建、劉巖之類，乘時鼎峙，去全忠輩等耳，又何必盡用僭竊之例而全削之。死節死事之人，相去不甚遠，而分爲二。劉旻之爲漢，何不以附於知遠後，而別爲國。至於文辭尤索冥，腴不如范曄，雅不如陳壽，比之兩晉六朝，差有法耳。尚不能如其平生之所撰碑志，而何以齒《史》、《漢》哉。一《安重誨傳》，少欲間以議論，而痕跡宛然，詞旨沓拖，去伯夷、屈平霄壤矣。士奇之論，私其鄉前輩耳，而耳觀者羣和之，良可笑也。

徐𤊹《徐氏家藏書目・正史類》 《五代史》七十五卷。歐陽脩。

張萱等《内閣藏書目録・史部》 《五代史》。十册。全。宋歐陽修撰。國子監新刻。

錢謙益等《絳雲樓書目・正史類》 《五代史》。七十四卷。徐無黨注。《續長編》：太祖開寶六年，詔參知政事薛居正監修梁、唐、晉、漢、周五代史，七年書成。凡一百五十卷。

王士禎《漁洋書跋》 《五代史》。王勉夫《紀聞》，載東坡一日與歐陽公論《五代史》。公曰：「修於此，竊有善善惡惡之志。」坡曰：「韓通無傳，烏得爲善善惡惡。」公默然。千秋公議，當時坡公固已發之，是謂諍子。然劉壯輿作《五代史糾繆》以示東坡，坡答以王介甫嘗謂某當修《三國志》，某不敢當。正畏如公之徒，摭拾其後耳。

于敏中等《天禄琳琅書目・明版史部》 《五代史記》一函，五册。宋歐陽修撰，徐無黨注。七十四卷。前宋陳師錫《序》。板之徑圍，較諸史縮十之三，蓋取便行篋所攜者。

《四庫全書總目提要・正史類》 《新五代史記》七十五卷。内府刊本。宋歐陽修撰。本名《新五代史記》，世稱《五代史》者，省其文也。唐以後所修諸史，惟是書爲私撰，故當時未上於朝。修殁之後，始詔取其書，付國子監開雕，遂至今列爲正史。大致褒貶祖《春秋》，故義例謹嚴。敘述祖《史記》，故文章高簡。而事實則不甚經意，諸家攻駁，散見他書者無論。其特勒一編者，如吴縝之《五代史纂誤》、楊陸榮之《五代史志疑》，引繩批根，動中要害。雖吹求或過，要不得謂之盡無當也。然則薛史如左氏之紀事，本末賅具，而斷制多疎；歐史如《公》、《穀》之發例，褒貶分明，而傳聞多謬，兩家之並立，當如三傳之俱存。尊此一書，謂可兼賅五季，是以名之輕重爲史之優劣矣。且周官太史掌國之六典，漢法亦天下計書先上太史。史之所職，兼司掌故。八書、十志，遷、固相因，作者沿波，遞相撰述，使政刑禮樂、沿革分明，皆所謂國之大紀也。修作是書，僅司天、職方二考，寥寥數頁，餘槩從删。雖曰世衰祚短，文獻無徵，然王溥《五代會要》，蒐輯遺編，尚裒然得三十卷，何以經修編録，乃至全付闕如？此由信《史通》之謬談，劉知幾欲廢表志，見《史通》表歷、書志二篇。成茲偏見。元纂宋、遼、金三史，明纂《元史》，國朝纂《明史》，皆仍用舊規，不從修例，豈非以破壞古法，不可以訓乎！此書之失，此爲最大。若不考韓通之褒贈，案宋太祖褒贈韓通敕，今載《宋文鑑》中。有所諱而不立傳者，一節偶疎，諸史類然，不足以爲修病也。修之文章，冠冕有宋。此書一筆一削，尤具深心，其有裨於風教者甚大。惟其考證之疎，則有或不盡知者。故具論如右，俾來者有所別白。其註爲徐無黨作，頗爲淺陋，相傳已久，今仍並録之焉。

張金吾《愛日精廬藏書志・正史類》《五代史記》七十五卷。元宗文書院刊本。宋歐陽修撰，徐無黨注。卷末有「宗文書院刊」五字。陳師錫序。

張之洞《書目答問・正史》《新五代史記》七十四卷《目録》一卷。宋徐無黨注。

唐志

王圻《續文獻通考・經籍考・正史》《唐志》二十一卷。王沿著。沿，館陶人。舉進士，累官龍圖閣直學士，好建明當世事。所著又有《文集》二十卷。

古史

鄭樵《通志・藝文略・正史》《古史》六十卷。宋朝蘇轍撰。

趙希弁《讀書附志・史類》《古史》六十卷。右蘇文定公轍所作也。自伏羲、神農，訖秦始皇帝，爲七本紀、十六世家、三十七列傳，以補司馬遷之缺云。

馬端臨《文獻通考・經籍考・雜史類》《古史》六十卷。【略】朱子《古史餘論》曰：近世之言史者，惟此書爲近理。其《序》言古帝王爲善，不爲不善之意，非近世論者所能及；而論史遷，以爲淺近而不學，疎略而輕信，亦中其病。顧其本末，乃有大不相應者。其曰「帝王之道，以無爲宗，萬物莫能嬰之」。此特以老子、浮屠之意論聖人，非能知聖人之所以爲聖也。故其爲言，虚空無實，而中外首尾，不相爲用。其曰「管、晏、叔向之流，皆不足以知之」，與「孔子知之而有隱」、「孟子知之而未盡」者，皆何事邪？若但曰「以無爲宗，萬物莫能嬰之」而已，則數子之未知也不足恨，而孔、孟之所知，吾恐其非此之謂也。此皆義理之本原，而不可失者。秦、漢以來，史册之言，近理而可觀者，莫如此書，而其所未合猶若此，豈其學之所從入者，既已未得其正，而其所以講摩詠蹈者，又有所未精？是以雖既其文，而未既其實，雖聞其號，而未燭厥理也。蘇氏之學，大抵不知義理本原之正，而横邪曲直惟其意之所欲。其父子兄弟平日之言如此者，不可勝舉。少公資稟静厚，故此書於一時正見有暫明者，而本原綱領，終未能了，若長公之《志林》，又不逮遠矣。【略】雁湖李氏跋曰：士固有夙懷精識，自其少年便自超卓，至於終身不能以易。某觀黄門應制五十篇之文，首論夏、商、周，考其年，甫踰冠耳，而其辭已闓詣如此。逮晚謫官，續成《古史》，乃係以前論，止附益數言，豈非理之所到，初無老少之異乎？

高儒《百川書志・雜史類》《古史》六十卷。本紀七、世家十六、「六」原作「八」。從瞿校鈔本改。列傳三十七。宋潁濱先生眉山蘇轍子由撰。

錢謙益等《絳雲樓書目・雜史類》《古史》十四册。六十卷，蘇轍撰。七本紀、十六世家、三十七列傳。

于敏中等《天禄琳琅書目・元版史部》《古史》二函，十二册。宋蘇轍撰。本紀七卷、世家十六卷、列傳三十七卷，共六十卷，前《自序》，後《自志》。朱子《古史餘論》曰：近世之言史者，惟此書爲近理。其《序》言古帝王爲善不爲不善之意，非近世論者所能及。而論史遷，以爲淺近而不學，疎略而輕信，亦中其病。又云：蘇氏之學，大抵横邪曲直，惟其意之所欲少。公資稟静厚，故此書於一時正見頗明，若長公之《志林》，不逮遠矣。陳振孫《書録解題》曰：其書因馬遷之舊，上觀《詩》、《書》，下考《春秋》，及秦漢雜録，爲本紀、世家、列傳。蓋漢世古文經未出，戰國諸子各自著書，或增損故事，以自伸其說。遷一切信之，甚者或采世俗相傳之語，以易古文舊説，故爲此史以正之云云。馬端臨《文獻通考》載是書，後有雁湖李氏《跋》，今此本無之，其非宋槧無疑。卷七後別行刊左迪功郎衢州司户參軍沈大廉同校勘，卷十六後別行刊右修職郎衢州録事參軍蔡宙校勘兼監鏤版。宙無考。《兩浙名賢録》載沈大廉，字元簡，瑞安人。宋建炎進士，歷遷樞密院計議官。紹興更化拜監察御史。遇事敢言，無所顧望。給事中周葵、中書舍人淩景夏相繼罷斥，大廉俱力言之，不報，自以不得其言，求外補，時論翕然重之。

闕補卷十八、二十九之三十九。卷二十、十八。卷二十一、三。卷三十六、三。卷三十七、一。卷四十、四。卷四十二、二、四。卷四十九、十。卷五十九、六。卷六十、三之五。

彭元瑞等《天禄琳琅書目後編・宋版史部》《古史》一函，八册。宋蘇轍撰。書六十篇，本紀七、世家十六、列傳三十七，前轍《自序》，後紹聖二年《自志》。本紀第七末刻「左迪功郎衢州司參軍沈大廉同校勘」。大廉，字元簡，瑞安人。建炎間進士，官御史。小字本，汪琬家藏。琬字苕文，號鈍翁，長洲人。順治乙未進士，官刑部郎中，降北城兵馬司正指揮。康熙己未博學鴻詞科，授編修。著《堯峰文集》。

又《古史》二函，十六册。同前。大字本，明葉盛家藏。闕補序。二。紀二。八。紀四。二十。紀五。二十五。紀七。六十七。世家一。一。世家二。十四、十七、十八、十九、二十一、二十二、二十三。世家三。二十四之二十六、三十四、三十六、四十之四十二。世家四。四十四、四十五、四十七。世家五。五十、五十五、五十六、五十八、六十四。世家十一。七九。世家十四。五十六。世家十六。四。列傳八。三十五、三十八。列傳九。五十四。列傳十。六十三。列傳十三。九十二、九十三。列傳十六。五。列傳二十三。七十七。列傳三十三。一五。列傳三十四。一。列傳三十六。四十二。後志。

又《古史》二函，二十四册。同前。大字本，麻紙。《後志》佚。「毛晉」、「朱彝尊家藏」，又一印不可辨。闕補列傳八、三十八。列傳九、五十三。列傳十三。九十二。

孫星衍《平津館鑒藏書籍記・明版》《古史》六十卷。分本紀七、世家十六、列傳卅七，小題在上，大題在下，前後有蘇氏原《序》、《志》。審其紙板，當是明嘉靖以前所刊。後有缺葉，又補成之。大字本，每葉廿二行，行廿二字。

史記漢書

王仁俊《遼史藝文志補證・正史類》《史記漢書》。咸雍十年頒定，金有。按《道宗紀》：詔有司頒行《史記漢書》。

前漢書綱目

《宋史・藝文志・正史類》富弼《前漢書綱目》一卷。

新校前漢書

《宋史・藝文志・正史類》趙抃《新校前漢書》一百卷。

宋名臣傳

《宋史・藝文志・正史類》張唐英《宋名臣傳》五卷。

兩朝國史

晁公武《郡齋讀書志・正史類》《兩朝國史》一百二十卷。右皇朝仁宗、英宗兩朝國史也，王珪等撰。元豐五年六月甲寅奏御。監修王珪、史官蒲宗孟、李清臣、王存、趙彦若、曾肇賜銀絹有差，蘇頌、黄履、林希、蔡卞、劉奉世以他職罷去，吴充、宋敏求前死，皆有錫賚。紀五卷，志四十五卷。比之《實録》，事迹頗多，但非寇準而是丁謂，託之神宗詔旨。

尤袤《遂初堂書目・國史類》《兩朝國史》。

陳振孫《直齋書録解題・正史類》《兩朝國史》一百二十卷。熙寧十年，詔修仁宗、英宗正史，宋敏求、蘇頌、王存、黄履等編修，吴充提舉。元豐五年，王珪、李清臣等上之。

馬端臨《文獻通考・經籍考・正史》《兩朝國史》一百二十卷。

《宋史・藝文志・正史類》王珪《宋兩朝國史》一百二十卷。

舊史禮志

王仁俊《遼史藝文志補證・正史類》耶律儼《舊史禮志》。按《禮志》一：今國史院有金陳大任《禮遼儀志》，皆其國俗之故。又有《遼朝雜禮》，《漢》儀爲多，別得宣文閣所藏耶律儼志，視大任爲加詳。存其略著於篇。據此，是《遼史・禮志》内有儼書。

舊史曆象志

王仁俊《遼史藝文志補證・正史類》耶律儼《舊史曆象志》。按《曆象志・中閏考》注明耶律儼本某年有《曆象志》下朔。考耶律儼以大明法追正乙未月朔，又與陳大任紀時或牴牾。據此，是《曆象志》内有儼書。

舊史儀衛志

王仁俊《遼史藝文志補證・正史類》耶律儼《舊史儀衛志》。按《儀衛志》四：耶律儼、陳大任舊志有未備者，兼考之《遼朝雜禮》云。據此，是《儀衛志》内有儼書。

舊史食貨志

王仁俊《遼史藝文志補證・正史類》耶律儼《舊史食貨志》。按《食貨志》上曰：大要散見舊史，若農穀、租賦、鹽鐵、貿易、坑冶、泉幣、羣牧，逐類採摭，緝而爲篇，以存一代食貨之略。據此，是《食貨志》中有儼書。

舊史世表

王仁俊《遼史藝文志補證・正史類》耶律儼《舊史世表》。按《世表》曰：考之宇文周之書，遼本炎帝之後，而耶律儼稱遼爲軒轅後。儼志晚出，盍從《周書》。又曰：鼂呼、儼史書爲涅里，蓋遼太祖之始祖也。據此，是儼曾著《世表》。

舊史后妃傳

王仁俊《遼史藝文志補證・正史類》耶律儼《舊史后妃傳》。按《后妃傳序》曰：儼大任《遼史后妃傳》大同小異，酌取以著於篇。據此，是《后妃傳》爲儼書。但儼薨於天慶中，則道宗惠妃傳之召封太皇、太妃，及奔黑頂山，天祚皇后元妃二傳之從狩事，皆在其後。蓋托克托等據陳大任本補之。《天祚紀》及《儼傳》言：儼纂實録，而不言編史，蓋史略之矣。

神宗國史

尤袤《遂初堂書目・國史類》《神宗國史》。

《宋史・藝文志・正史類》鄧洵武《神宗正史》一百二十卷。

五代史纂誤

鄭樵《通志・藝文略・正史》 《五代史纂誤》五卷。吳縝撰。

陳振孫《直齋書録解題・正史類》 《五代史纂誤》五卷、《雜録》一卷。吳縝撰。宇文時中守吳興，以郡庠有二史板，遂取二書刻之，後皆取入國子監。初，郡人思溪王氏刻《藏經》有餘板，以刊二史寘郡庠。中興，監書多闕，遂取其板以往，今監本是也。

《宋史・藝文志・正史類》 吳縝《五代史纂誤》三卷。

楊士奇等《文淵閣書目・史》 《五代史纂誤》。一部，二册。闕。

又 《五代史纂誤》。一部，二册。闕。

《四庫全書總目提要・正史類》 《五代史記纂誤》三卷。《永樂大典》本。宋吳縝撰。案周密《齊東野語》曰：「劉義仲，道原之子也。案道原，劉恕之字也。道原以史學自名，義仲世其家學，摘歐公《五代史》之譌，爲《糾謬》一書以示坡公。公曰：『往歲歐公著此書初成，荆公謂余曰：歐公修《五代史》而不修《三國志》，非也，子盍爲之乎？余固辭不敢當。夫爲史者，網羅千百載之事，其間豈無小得失耶？余所以不敢當荆公之託者，正畏如公之徒，掇拾於其後耳』」云云。據其所説，似乎此書爲劉羲仲作。然晁公武《讀書志》、陳振孫《書録解題》載此書五卷，《宋史・藝文志》載此書三卷，雖卷數小異，然均題縝作，不云羲仲。又密引《揮麈録》之言，亦稱縝有此書，而不辨其爲一爲二。案《揮麈録》所云，乃《新唐書糾謬》，此引爲五代史，誤。則密亦自疑其説。蓋傳聞異詞，不足據也。是書南渡後嘗與《新唐書糾謬》合刻於吳興，附《唐書》、《五代史》末，今《糾謬》尚有槧本流傳，而是書久佚。惟《永樂大典》頗載其文，採掇裒集，猶能得其次序。晁公武稱所列二百餘事，今檢驗僅一百十二事，約存原書十之五六，然梗概已略具矣。歐陽修《五代史》，義存褒貶，而考證則往往疎舛。如司馬光《通鑑考異》所辨晉王三矢付莊宗等事，洪邁《容齋三筆》所摘失載朱梁輕賦等事，皆譌漏之甚者。至徐無黨註，不知參核事蹟，寥寥數語，尤屬簡陋。縝一一抉其闕誤，無不疏通剖析，切中癥結，故宋代頗推重之。章如愚《山堂考索》亦具列紀傳不同各條，以明此書之不可以不作，未可遽以輕議前修，斥其浮薄。至如所稱《唐明宗紀》趙鳳罷一條，徐無黨註中「忘其日」三字，檢今本無之。又《晉出帝紀》「射雁於繁臺」句，今本竝無「雁」字。《周太祖紀》之「甲辰」當作「甲申」，今本亦正作「甲申」不作「甲辰」。縝既糾修誤，不應竟搆虚詞，或後來校刊《五代史》者，因其説而追改之耶。謹依《宋史》目次，釐爲三卷，其間有與薛史同異者，竝略加附識於下，以備考證焉。

張之洞《書目答問・正史》 《五代史記纂誤》三卷。宋吳縝。聚珍本福本。知不足齋本。

新唐書糾繆

鄭樵《通志・藝文略・正史》 《新唐書糾繆》二十卷。吳縝撰。

陳振孫《直齋書録解題・正史類》 《唐書糾繆》二十卷。朝請大夫知蜀州成都吳縝廷珍撰。其父師孟，顯於熙、豐。序言修書之時，其失有八，而糾摘其繆誤，爲二十門。侍讀胡宗愈言於朝，紹聖元年上之。世傳縝父以不得預修書，故爲此。案：《揮麈録》，嘉祐中宋景文、歐陽文忠諸公重修《唐書》時，吳縝初登第，因范景仁而請於文忠，願預官屬之末。文忠以年少輕佻拒之。縝恚甚而去。迨新書成，乃指摘瑕疵，爲《糾繆》一書。此云世傳其父不能預修，故爲此，未知何據。

《宋史・藝文志・正史類》 吳縝《新唐書糾繆》二十卷。

徐𤊹《徐氏家藏書目・旁史類》 《新唐書糾繆》宋吳縝。

于敏中等《天禄琳琅書目・宋版史部》 《新唐書糾繆》一函，六册。宋吳縝撰。二十卷。前《自序》，後載縝《進書表》、宋吳元美《後序》。宋鼂公武《郡齋讀書志》曰：「吳縝，字廷珍，成都人。仕至郡守。數《新書》初修之時，其失有八類，其舛誤二十門，凡四百餘事。」又宋王明清《揮麈後録》載，嘉祐中，詔宋景文、歐陽文忠諸公重修《唐書》，時有蜀人吳縝者，初登第，因范景仁而請於文忠，願預官屬之末。上書文忠，言甚懇切，文忠以其年少輕佻，拒之，縝鞅鞅而去。逮夫新書之成，乃從其間指摘瑕疵，爲《糾繆》一書。至元祐中，縝遊宦蹉跎，老爲郡守，與《五代史纂誤》俱刊行之。紹興中，福唐吳仲實元美爲湖州教授，復刻於郡庠，且作《後序》，以爲「鍼膏肓，起廢疾，杜預實爲《左史》之忠臣」，然不知縝著書之本意也。吳元美，《宋史》無傳。考明淩迪知《萬姓統譜》，載元美，福州人。紹興中，爲福建安撫司機宜。鄉人鄭瑋告其家，亭號「潛光」，有心於黨李；堂名「商隱」，無意於事秦。秦檜惡之，謫容州。是書元美作《後序》時爲紹興戊午，乃宋高宗紹興八年。《序》

稱直寶文閣宇文時中自蜀來守吳興，以郡庠有《新唐書》、《五代史》版本，而吳君此書不可不附見，遂令併刻之云云。此本密行小字，楮墨甚精，實宋刊本之佳者。宇文時中仕至中奉大夫，直祕閣，亦見迪知《萬姓統譜》。御題：「《新唐書糾謬》，宋吳縝所作也。觀其離爲二十門，逐條考證，摘舉舛譌，洵稱犂然有當。夫以宋代文學之臣，如歐陽修、宋祁者主持官局，尚不免紕繆牴牾，信史之難，亶其然乎。是書爲元刻舊本，幾暇覽觀，用誌數語於卷首。乾隆甲子十月廿有八日。」鈐寶二：曰「莊敬日强」，曰「內府書畫之寶」。書後有明文徵明行書一行，曰：「弘治丙辰春三月二十四日，觀於唐子畏書樓，文璧記。」按：弘治丙辰，爲明孝宗九年。《書畫譜》載：徵明，名璧，以字行，長洲人。子畏，係唐寅字，吳縣人。二人皆工書畫，擅才名。寶貴是書，則在前明已難得矣，子畏有印記。本朝季振宜、徐乾學均有收藏圖章。

又《新唐書糾謬》一函，四册。篇目同前，缺吳元美《後序》。是書密行小字，體式與前部同，而筆畫較肥，亦間有譌字，蓋宋代翻刻之本。後缺吳縝《進表》一葉及吳元美《後序》，係本書所有而後經散逸者。《表》末六行，墨筆補書，而中仍缺一百三十四字，注明缺文。補書者，不知誰氏。書中頗有校正譌字之處，亦留心考古之士，惜所見非全本耳。明鴻臚顧汝修藏。詳見後明版《秦漢印統考證》。本朝大學士蔣廷錫、編修查慎行俱經收藏。廷錫，字揚孫，江南常熟人。康熙癸未進士，選庶吉士，授編修，官至東閣大學士，謚文肅。慎行，字悔餘，號初白，浙江海寧人，康熙癸酉，舉順天鄉試。以大學士李光地薦，入直南書房。癸未，成進士。選庶吉士，授編修。得樹樓，即慎行家樓名。其「武陵世家」、「顧家」、「困學齋」諸印無考。

《四庫全書總目提要・正史類》《新唐書糾謬》二十卷。兩淮鹽政採進本。

宋吳縝撰。縝字廷珍，成都人。嘗以朝散郎知蜀州，後歷典數郡，皆有惠政。其著此書，專以駁正《新唐書》之譌誤，凡二十門，四百餘事。初名《糾謬》，後改爲《辯證》。而紹興間長樂吳元美刊行於湖州，仍題曰「糾謬」，故至今尚沿其舊名。王明清《揮麈録》稱：歐陽修重修《唐書》時，縝嘗因范鎮請預官屬之末，修以其年少輕佻拒之，縝鞅鞅而去。及新書成，乃指摘瑕疵，爲此書。晁公武嘗引張九齡爲相事，謂其誤有詆訶。今觀其書，實不免有意掊擊。如第二十門「字書非是」一條，至歷指偏旁點畫之譌，以譏切修等。大都近於吹毛索瘢。然歐宋之作新書，意主文章，而疎於考證，牴牾踳駁，本自不少。縝《自序》中所舉八失，原亦深中其病，不可謂無裨史學也。今世所行刊本，第二十卷《柳宗元傳》至《蘇定方傳》，凡六條，皆全脱，而錯入第六卷郭潛曜姓不同以下四條之文，重複舛誤，已非完書。獨兩淮所進本尚屬南宋舊槧，其柳宗元傳六條，原文具在。謹據以訂正焉。

張金吾《愛日精廬藏書志・正史類》《新唐書糾謬》二十卷。先君子手抄本。

宋咸林吳縝纂。《自序》。元祐四年。《進表》。紹圣元年。

張之洞《書目答問・正史》《新唐書糾繆》二十卷。宋吳縝。聚珍本福本。知不足齋本。陳黄中《新唐書刊誤》三卷，未刊。

附索隱史記

陳振孫《直齋書録解題・正史類》《附索隱史記》一百三十卷。淳熙中廣漢張材介仲刊於桐川郡齋，削去褚少孫所續，而附以司馬貞《索隱》。其後，江陰耿秉直之復取所削者別刊之。

史論

《宋史・藝文志・正史類》任諒《史論》三卷。

四朝國史

尤袤《遂初堂書目・國史類》《四朝國史》。

陳振孫《直齋書録解題・正史類》《四朝國史》三百五十卷。紹興二十八年置修國史院，修一朝正史。三十一年提舉陳康伯奏紀成，乞選日進呈。至乾道二年閏九月，始與《太上聖政》同上。淳熙五年，同修史李燾言修四朝正史，開院已十七年，乞責以近限。七年十月，修史王希呂奏志成，十二月進呈。至十三年，修史洪邁奏昨得旨，限一年內修成列傳，今已成書，十一月與《會要》同進。蓋首尾三十年，所歷史官，不知其幾矣。

馬端臨《文獻通考・經籍考・正史》 《四朝國史》二百五十卷。【略】《中興藝文志》：紹興末始修神、哲、徽三朝正史，越三年紀成，乾道初進。時洪邁已出，李燾未入館，史官遷易無常，莫知誰筆。後又進《欽宗本紀》，詔通爲《四朝國史》。乃修諸志，未進而燾去國。淳熙初，志成，燾之力爲多。召修列傳，垂成而燾卒，上命洪邁專典之。初，邁以孫覿熟宣靖事，乃奏令撰蔡京、王黼、童貫、蔡攸、梁師成、譚稹、朱勔、种師道、何㮚、劉延慶、聶昌、譚世勣等列傳，覿頗狥愛憎。邁多採之。邁又奏四朝諸臣有雖顯貴而無事跡可書者，用遷、固史劉舍、薛澤、許昌例，不爲立傳。踰年，書成，爲列傳八百七十。邁又嘗欲合九朝三史爲一書，而不及成。

《容齋洪氏隨筆》曰：本朝國史凡三書，太祖、太宗、真宗曰《三朝》，仁宗、英宗曰《兩朝》，神宗、哲宗、徽宗、欽宗曰《四朝》，各自記事。至於諸志，若天文、地理、五行之類，不免煩複。元豐中，《三朝》已就，《兩朝》且成，神宗專以付曾鞏，使合之。鞏奏言：「五朝舊史皆累世公卿、道德文學、朝廷宗工所共準裁，既已勒成大典，豈宜輒議損益？」詔不許。始謀纂成，會以憂去，不克成。其後神、哲各自爲一史，紹興初，以其是非褒貶皆失實，廢而不用。淳熙乙巳，邁承乏修史，丙午之冬，成書進御。遂請合九朝爲一，壽皇即以見屬。嘗奏云：「臣所爲區區有請者，蓋以二百年間典章文物之盛，分見三書，倉卒討究，不相貫屬。及累代臣僚，名聲相繼，當如前史以子係父之體，類聚歸一。若夫制作之事，則已經先正名臣之手，是非褒貶皆有所據依，不容妄加筆削。乞以此奏下之史院，俾後來史官知所以編纂之意，無或輒將成書擅行删改。」上曰：「如有未穩處，改削無害。」邁既奉詔開院，亦修成三十餘卷矣，而有永思攢宫之役，才歸即去國，尤袤以《高宗皇帝實録》爲辭，請權罷史院，於是遂已。祥符中，王旦亦曾修撰兩朝史，今不傳。

《宋史・藝文志・正史類》 李燾、洪邁《宋四朝國史》三百五十卷。

訂正史記真本凡例

《四庫全書總目提要・正史類》 《訂正史記真本凡例》一卷。編修程晉芳家藏本。舊本題宋洪遵撰。遵字景嚴，鄱陽人。皓仲子，官至同知樞密院事，謚文安，事蹟具《宋史》本傳。是編載曹溶《學海類編》中。前有自序，稱「手録司馬遷《史記》一帙，盡汰去楊惲、褚少孫等所補十篇，并去其各篇中增益之語，而以己所校定者録於下方」。此其書前凡例也。考諸家目録，皆不載遵有此書。諸家言史學者，如《漢書刊誤》、《新唐書糾謬》、《五代史纂誤》俱表表於世。自宋以來，亦從無引及此本者。今觀其所刊正，不盡無理，而云得司馬遷名山所藏真本，與今本核其異同，知其孰爲楊惲所增，孰爲褚少孫所補，則三洪皆讀書人，斷不謬妄至此。豈有由漢及宋，尚有司馬遷真本藏於山中，遵忽然得之者耶？其爲明季妄人託名僞撰，殆無疑義。且既謂之凡例矣，而某篇同，某篇異，某篇自某處至某處删若干句，某篇某句下删若干字。直以全書悉載例中，可使人按例而塗乙之，即得真本，無庸更有全書矣，此尤作僞之一證也。

古記譯解

龔顯曾《金藝文志補録・正史類》 《古記譯解》。徒單鎰大定六年以女真字譯。

南北史志

王圻《續文獻通考・經籍考・正史》 《南北史》三十卷。金蔡珪著。珪，字正甫，真定人。中進士，仕至濰州刺史。合沈約、蕭子顯、魏收、宋、齊北魏志，成此書。

黄虞稷《千頃堂書目・正史類・補金》 蔡珪《南北史志》三十卷。

倪燦等《補遼金元藝文志・正史類》 蔡珪《南北史志》三十卷。

錢大昕《補元史藝文志・古史類》 蔡珪《補南北史志》六十卷。

龔顯曾《金藝文志補録・正史類》 《南北史志》三十卷。蔡珪。《中州集》作《補南北史志書》六十卷。金氏《補志》作《南北史》，且云合沈約、蕭子顯、魏收書作《南北史》。

孫德謙《金史藝文略・古史》 《南北史志》三十卷。真定蔡珪正甫撰。珪松年子，天德三年進士，辨博爲天下第一，朝廷稽古補禮文之事，取其議論爲多。此書合沈約、蕭子顯、魏收、宋、齊、魏志作。《中州集》作《補南北史志書》六十卷，珪《金史》列《文藝傳》。

西漢決疑

陳振孫《直齋書録解題·正史類》 《西漢決疑》五卷。國子司業宛邱王逨致君撰。案：《文獻通攷》作「王述」。一曰《失寔》，二曰《引古》，三曰《異言》，四曰《雜證》，五曰《注釋》。

唐書列傳辨證

陳振孫《直齋書録解題·正史類》 《唐書列傳辨證》二十卷。端明殿學士玉山汪應辰聖錫撰。專攻列傳，不及紀、志，以元祐名賢謂列傳記事，毀於鐫削，暗於藻繪，故隨事辨證之。

《宋史·藝文志·正史類》 汪應辰《唐書列傳辨證》二十卷。

補漢兵志

張之洞《書目答問·正史》 《補漢兵志》五卷。宋錢文子。知不足齋本。

史漢異同

范邦甸等《天一閣書目·正史類》 《史漢異同》三十五卷。刊本。宋倪思撰，元劉會孟評，明李元陽校。永樂廬陵楊士奇《跋》云：右《史漢異同》，近從鄒侍講借録，凡三册。此書相傳作於須溪，而編内不載。觀其評論、批點，臻極精妙，信非須溪不能。然《文獻通考》云，倪思撰《班馬異同》三十五卷。思以班史仍《史記》之舊，而多删改，務趨簡嚴。或删而遺其事實，或改而失其本意，因其異可以知其優劣，所論政與今所録者合，而卷數亦同。豈非書作於倪，而評論批點出於須溪邪。弋陽汪田《跋》。

《四庫全書總目提要·正史類》 《班馬異同》三十五卷。浙江汪汝瑮家藏本。舊本或題宋倪思撰，或題劉辰翁撰。楊士奇《跋》曰：「《班馬異同》三十五卷，相傳作於須溪。觀其評泊批點，臻極精妙，信非須溪不能。而《文獻通考》載爲倪思所撰，豈作於倪，而評泊出於須溪耶？」其語亦兩持不決。案：《通考》之載是書，實據《直齋書録解題》，使果出於辰翁，則陳振孫時何得先爲著録？是固可不辨而明矣。是編大旨以班固《漢書》多因《史記》之舊，而增損其文，乃考其字句異同，以參觀得失。其例以《史記》本文大書。凡《史記》無而《漢書》所加者，則以細字書之；《史記》有而《漢書》所删者，則以墨筆勒字旁。或漢書移其先後者則注曰漢書上連某文下連某文。或《漢書》移入别篇者，則注曰《漢書》見某傳。二書互勘，長短較然，於史學頗爲有功。昔歐陽棐編《集古録跋尾》，以真跡與集本竝存，使讀者尋删改之意，以見前人之用心。思撰是書，蓋即此意。特棐所列者一人之異同，思所列者兩人之異同，遂爲創例耳。其中如「戮力」作「勠力」，「沈船」作「湛船」，「由是」作「繇是」，「無狀」作「亡狀」，「鈇質」作「斧質」，「數却」作「數卻」之類，特今古異文。「半菽」作「芋菽」，「蛟龍」作「交龍」之類，特傳寫譌舛。至於「秦軍」作「秦卒」，「人言」作「人謂」，「三兩人」作「兩三人」之類，尤無關文義，皆非有意竄改。思一一贅列，似未免稍傷繁瑣，然既以異同名書，則隻字單詞皆不容略，失之過密終勝於失之過疎也。至英布、陳涉諸傳，軼而未録，明許相卿作《史漢方駕》，始補入之，則誠千慮之一失矣。思，字正甫，湖州歸安人，乾道二年進士，歷官寶文閣學士，謚文節，事蹟具《宋史》本傳。

孫星衍《平津館鑒藏書籍記·明版》 《班馬異同》卅五卷。題宋倪思撰，元劉會孟評，明李元陽校。前有《目録》一卷，後有永樂壬寅楊士奇《跋》，嘉靖丁酉汪佃《序》。據楊、汪兩《跋》，此書本名《史漢異同》，不題撰人姓名，舊未有刻本，李元陽付梓。據《文獻通考》，題作倪思，改名《班馬異同》。洪頤煊曰：《史記·司馬相如列傳》：相如乃與馳歸成都，家居徒四壁立，今本無「成都」二字，惟此本與南宋大字本有之。每葉十八行，行十九字。《史記》大字作正文，《漢書》小字注。末後有「嘉靖十六歲次丁酉山人高瀫覆校」十五字，收藏有「新安汪氏」朱文方印，「啓淑信印」白文方印。

西漢補註

趙希弁《讀書附志・史類》 《西漢補註》十卷。右國子博士吳莘商卿所著也。倪思爲之序。

東都事略

趙希弁《讀書附志・史類》 《東都事略》一百三十卷。右承議郎、知龍州王稱所進也。本紀十二，世家五，列傳一百五，附録八。間爲贊論，以發揚之。以其國都大梁以前之事，故謂之「東都」。然其中疏駁甚多。稱，眉山人，故禮部侍郎賞之子，此書既進，遂直中祕云。

史記法語

趙希弁《讀書附志・史類》 《史記法語》十卷。洪邁著也。

前漢法語

趙希弁《讀書附志・史類》 《前漢法語》二十卷。洪邁著也。

東漢精語

趙希弁《讀書附志・史類》 《東漢精語》十六卷。洪邁著也。

三國志精語

趙希弁《讀書附志・史類》 《三國志精語》六卷。右鄱陽洪文敏公邁所著也。

西漢補遺

趙希弁《讀書附志・史類》 《西漢補遺》一卷。右何俌德輔補西漢之遺文也，蓋東晳補《詩》之義耳。希弁嘗讀其《皇太子遺四皓書》及《侯公説項羽辭》，因思昔東坡先生亦嘗爲《侯公説項羽辭》，載於集中。而商芸《小説》載張良所與《商山四皓書》，則世所罕見也。其書曰：「良白仰惟先生秉超世之殊操，身在六合之間，志凌造化之表。但自大漢受命，禎靈顯集，神母告符，足以宅兆民之心。先生當於此時，耀神爽乎雲霄，濯鳳翼於天漢，使九門之外，有非常之客，北闕之下，有神氣之賓，而淵潛山隱，竊爲先生不取也。良以頑薄，承乏忝官，所謂絶景不御，而駕服駑駘。方今元首，欽明文思，百揆之佐，立則延首，坐則引領，日仄而方丈不御，夜眠而閶闔不閉，蓋皇極須日月以揚光，后土待嶽瀆以導滯。而當聖世鸞鳳林栖，不翔乎太清，騏驎嶽遁，不步乎郊藪，非所以寧八荒、尉六合也。不得侍省，展布腹心，略寫至言，想望翻然，不猜其意。張良白。」俌，乾道中權工侍兼權直院。

楊士奇等《文淵閣書目・史附》 何俌《西漢補遺》。一部，一册。闕。

西漢書譯解

龔顯曾《金藝文志補録・正史類》 《西漢書譯解》。徒單鎰大定六年譯。

遼　紀

黃虞稷《千頃堂書目・正史類・補金》　蕭永祺《遼記》三十卷,《志》五卷,《傳》四十卷。太常丞。

倪燦等《補遼金元藝文志・正史類》　金蕭永祺《遼紀》三十卷。又《志》五卷。又《傳》四十卷。太常丞。

龔顯曾《金藝文志補録・正史類》　《遼史紀》三十卷,《志》五卷,《傳》四十卷。耶律固撰。蕭永祺續。倪《志》作《遼紀》,蕭永祺撰。

王仁俊《遼史藝文志補證・正史類》　蕭永祺《遼紀》四十卷,《志》五卷,《傳》四十卷。厲有,見黃目。

孫德謙《金史藝文略・古史》　《遼史》七十五卷。尚書左丞蕭永祺景純撰。《金史文藝傳》:少好學,通契丹大小字,耶律固奉詔譯書,辟置門下,盡傳其學,固作《遼史》未成,永祺繼之,作《紀》三十卷,《志》五卷,《傳》四十卷,上之。

五代會史

王圻《續文獻通考・經籍考・正史》　《五代會史》二十卷。耿秉著。

續後漢書

陳振孫《直齋書録解題・正史類》　《續後漢書》四十二卷。廬陵貢士蕭常撰。

馬端臨《文獻通考・經籍考・正史》　《續後漢書》四十卷。

楊士奇等《文淵閣書目》　蕭常《續後漢書》。一部,十二册。闕。

又　蕭常《續後漢書》。一部,五十一册。闕。

又　蕭常《續後漢書》。一部,十册。闕。

又　蕭常《續後漢書》。一部,五册。闕。

黃丕烈《蕘圃藏書題識續録・史類》　《續後漢書》二卷。景宋鈔本。蕭常《續後漢書》,世罕傳本。此本當出影宋鈔,惜止上下卷,僅全昭烈皇帝本紀之一,其所逸多矣。是書爲柱國坊王氏物,故有「震澤」印。書賈收此,以爲未見之書,索余重直,余亦遂置之。既而售者無人,仍與余易家刻書,其直合番餅二枚。壬申歲初二日,半恕道人補記。

後漢書年表

黃虞稷《千頃堂書目・正史類・補宋》　熊方《後漢書年表》十卷。字廣居,豐城人。靖康中鄉舉,澧州參軍,自名其堂曰「補史」。

倪燦等《宋史藝文志補・正史類》　熊方《後漢書年表》十卷。字廣居,豐城人。

于敏中等《天禄琳琅書目・影宋鈔史部》　《集補後漢書年表》一函,四册。宋熊方撰。十卷。前方《進書序》、《表》、《狀》三篇。明盧廷選《南昌府志》:熊方,字廣居,豐城人。靖康鄉舉,貢上庠,參澧州軍事。雅善書,高宗内禪,大書「堯舜」二字表進,有旨付祕閣,除本路帥幕。此書序、表、卷首結銜「右迪功郎、前權澧州司户參軍」,與志所載脗合。書中雖未紀進御年月,當亦在高宗之時。《後漢書》無年表,得方輯之,以補范曄、劉昭之闕,亦藝林盛事。第《宋史・藝文志》及馬端臨《文獻通考》皆不載是書,觀方進狀中有「昨嘗投進,未蒙指揮」之語,豈當時經進再三而終無明詔許可耶?宜其此書刊行流傳絶尠,是不能不賴於影鈔矣。

嵇璜等《續通志・圖譜略・史乘・編纂》　宋熊方《補後漢書年表》。

《四庫全書總目提要・正史類》　《補後漢書年表》十卷。編修汪如藻家藏本。宋熊方撰。方,字廣居,豐城人。由上舍生官至右迪功郎,權澧州司户參軍。是書前後《進表》,不著年月。《表》中有「皇帝陛下奮神武以撥亂,致太平而中興,仰稽聖功,同符光武」之語,又有「灑宸翰於九經,永光庠序,焕雲章於八法,冠絶鍾王」之語。御書太學石經乃高宗時事,則方爲南渡初人矣。昔司馬遷作《史記》,始立十表。《梁書・王僧虔傳》稱其「旁行斜上,體仿周譜」,蓋三代之遺法也。班固八表,實沿其例。范蔚宗作《後漢書》,獨闕斯製,遂使東京典故,散綴於記傳之内,不能絲聯繩貫,開帙釐然。方因作此編,補所未備。凡《同姓侯王表》二卷,《異姓諸侯表》六卷,《百官表》二卷,其所證據,一本范氏舊文,義例則仿之前書,而稍爲通變。如《王子》、《外戚》、《恩澤》、《諸侯》表,皆不復分析,惟各書其狀於始封之下,而以功以親,自可瞭若指掌。又百官雖因西漢,而廢置不一,方取劉昭之志,自太傅至河南尹凡二十有三等,以繫於年,而除拜薨免之實悉見。其貫穿鉤考,極爲精詳,綱目條章,亦俱燦然有法。惟中間端緒繁密,故踳駁之處,亦間有之。如海昏侯會邑,安衆侯松,其肇封固自西漢,而前書皆云今見爲侯,則明章以後尚嗣封弗絶,自應在東京列侯之數。雖史文闕略,不能得其傳世之詳,亦當標其國號名屬,而注云後闕,始合史法。方乃因其世系無徵,遂黜其名,僅以「見前書王子侯表」一語附識篇末。審如是,則城陽恭王祉亦見前書王子侯表,何以此書又得載入乎?此其爲例不純者也。又如伏完乃伏湛七世孫,襲封不其侯,見於《湛傳》及《皇后紀》者甚明,惟袁宏《漢紀》有「建安元年,封董承、伏完十三人爲列侯」之文,范史誤採入本紀中,方不加考辨,於伏湛下既書「侯,完嗣爵」,而《孝獻時諸侯》表内又別出一列侯伏完,殊爲複舛。又《皇后紀》稱「完爲屯騎校尉,建安十四年卒,子典嗣。」是曹操弑伏后時,完已先卒,故史但稱操殺后兄弟宗族而不及完,方乃誤以爲曹操所誅國除,而於侯典一代竟不列入。又如漢壽亭侯,世但稱壽亭侯,沿習舊譌,未能糾正,此其考核偶疎者也。又漢制以太傅至將軍爲五府,自大將軍、車騎將軍、度遼將軍以外,其餘雜將軍號,隨時建置,見於紀傳者尚多,乃於《百官表》内,槩不之及,頗傷闕漏,此其採摭之未備者也。凡此數端,皆爲所短。要其經緯周密,敘次井然,使讀者按部可稽,深爲有裨於史學。《豐城縣志》稱「方作是書,自題其堂曰『補史』」。其深自矜重,殆亦非徒然矣。

張金吾《愛日精廬藏書志・正史類》《經進集補後漢書年表》十卷。舊抄本。宋右迪功郎前權澧州司户參軍臣熊方撰。《自序》。《進表》。《進狀》。

張之洞《書目答問・正史》《補後漢書年表》十卷。宋熊方。盧校鮑刻本。

南唐書

楊士奇等《文淵閣書目・史》《南唐書》。一部,五册。闕。

于敏中等《天禄琳琅書目・明版史部》《南唐書》一函,八册。宋馬令撰。三十卷。前令《自序》二篇。馬令,陽羨人。其序作於崇寧乙酉。按:乙酉,爲宋徽宗崇寧四年。陳振孫《書録解題》稱「其書略備紀傳體,而亦言徐鉉、湯悦之疏略」焉。此書雖係坊間刻梓,而字畫清朗,紙墨精潔,亦足爲插架之珍也。檇李項篤壽藏本,有「萬卷樓」印,篤壽見前,餘印無考。

遼　史

黄虞稷《千頃堂書目・正史類・補金》陳大任《遼史》。

倪燦等《補遼金元藝文志・正史類》陳大任《遼史》。

龔顯曾《金藝文志補録・正史類》《遼史》。陳大任,泰和中翰林學士。金氏《補志》作黨懷英撰,陳大任繼修。

孫德謙《金史藝文略・古史》《遼史》。陳大任撰。《金史蕭貢傳》與陳大任刊修《遼史》,又《文藝傳党懷英傳》:懷英致仕後,章宗詔直學士陳大任繼成《遼史》。

西漢刊誤補遺

陳振孫《直齋書録解題・正史類》《西漢刊誤補遺》十七卷。案:《宋史・藝文志》作十卷。國子博士吴仁傑斗南撰。補三劉之遺也。

《宋史・藝文志・正史類》吴仁傑《兩漢刊誤補遺》十卷。

王士禛《漁洋書跋》《兩漢刊誤補遺》。《兩漢刊誤補遺》十卷。宋河南吴仁傑南英著。蓋因劉仲原父、叔貢刊誤而增補釐正之。有汴人曾絳淳熙己酉序,稱其的當精確,如目擊東西都事者。周益公遺人書曰:「吴斗南博物洽聞,今之五總龜也。」

《四庫全書總目提要・正史類》《兩漢刊誤補遺》十卷。兩淮馬裕家藏本。宋吴仁傑撰。仁傑有《易圖説》,已著録。是書前有淳熙己酉曾絳《序》,稱「仁傑知羅田縣時自刊版」。又卷末有慶元己未林瀛《跋》,稱「陳虔英爲刊於全州郡齋」。殆初欲刊而未果,抑虔英又重刊歟?舊刻久佚,此本乃朱彝尊之子昆田鈔自山東李開先家,因傳於世。據其標題,當爲劉攽《兩漢書刊誤》而作,而書中乃兼補正劉敞、劉奉世之説。考趙希弁《讀書附志》載《西漢刊誤》一卷，《東漢刊誤》一卷，稱劉攽撰。《文獻通考》載《東漢刊誤》一卷，引《讀書志》之文，亦稱劉攽撰。又載三劉《漢書標注》六卷，引《讀書志》之文，稱劉敞、劉攽、劉奉世同撰。又引陳振孫《書録解題》稱別本題公非先生刊誤，其實一書。徐度《却埽編》引攽所校陳勝、田横傳二條，稱其兄敞及兄子奉世皆精於《漢書》。每讀，隨所得釋之，後成一編，號「三劉漢書」。以是數説推之，蓋攽於前、後《漢書》初各爲《刊誤》一卷，趙希弁所説是也。後以攽所校《漢書》與敞父子所校，合爲一編，徐度所記是也。然當時乃以攽書合於敞父子書，非以敞父子書合於攽書，故不改敞父子《漢書標注》之名，而東漢一卷，無所附麗，仍爲別行，則馬端臨所列是也。至別本乃以攽書爲主，而敞、奉世説附入之，故仍題《刊誤》之名，則陳振孫所記是也。厥後遂以《東漢刊誤》併附以行，而《兩漢刊誤》名焉。仁傑之兼補三劉，蓋據後來之本，而其名則未及改也。《文獻通考》載是書十七卷，《宋史藝文志》則作十卷。今考其書，每卷多者不過十四頁，少者僅十二頁，勢不可於十卷之中，析出七卷，而十卷之中補前漢者八卷，補後漢者僅二卷，多寡亦太相懸，殆修《宋史》時已佚其七卷，以不完之本著録歟？劉氏之書，於舊文多所改正，而隨筆標記，率不暇剖析其所以然。仁傑是書，獨引據賅洽，考證詳晰，元元本本，務使明白無疑而後已，其淹通實勝於原書。雖中間以「麟止」爲「麟趾」之類，間有一二之附會，要其大致，固瑕一而瑜百者也。曾絳《序》述周必大之言，以「博物洽聞」稱之，固不虚矣。

張之洞《書目答問・正史》 《兩漢刊誤補遺》十卷。宋吴仁傑。聚珍本福本。知不足齋本。陳景雲《兩漢舉正》五卷，錢大昭《兩漢書釋疑》四十四卷，沈欽韓《兩漢書疏證》七十四卷，未刊。

史記注

黄虞稷《千頃堂書目・正史類・補金》 蕭貢《史記注》一百卷。京兆咸陽人。户部尚書。

倪燦等《補遼金元藝文志・正史類》 蕭貢《史記注》一百卷。京兆咸陽人。户部尚書。

錢大昕《補元史藝文志・古史類》 蕭貢注《史記》一百卷。字真卿，京兆咸陽人。户部尚書。

龔顯曾《金藝文志補録・正史類》 《注史記》一百卷。蕭貢，京兆咸陽人。户部尚書。倪《志》作《史記注》。

孫德謙《金史藝文略・古史》 《史記注》一百卷。户部尚書咸陽蕭貢貞卿撰。貢，大定二十二年進士。此書見《金史》本傳。《中州集》、《歸潛志》云：公博學，嘗注《史記》，又著《蕭氏公論》數萬言。

中興事迹

黄虞稷《千頃堂書目・正史類・補金》 完顏孛迭《中興事跡》。翰林學士。

倪燦等《補遼金元藝文志・正史類》 完顏孛迭《中興事迹》。翰林學士。

龔顯曾《金藝文志補録・正史類》 《中興事跡》。完顏孛迭，翰林學士。

新唐書辨惑

孫德謙《金史藝文略・古史》 《新唐書辨惑》三卷。王若虚撰。書專攻子京而作。其首條曰：作史與他文不同，寧失之質，不可至于華靡而無實；寧失之繁，不可至于踈略而不盡。宋子京不識文章正理，而惟異之求，肆意雕鐫，無所顧忌，以至字語詭僻，殆不可讀。其事實則往往不明，或乖本意，自古史書之弊，未有如是之甚者。嗚呼！筆力如韓退之，而《順宗實録》不愜衆論。或勸東坡重修三國，而坡自謂非當行家，莫敢當也。以祁輩奇偏之口，而付之斯事，非其宜矣。此雖非序文，而論史之理與評子京之刻意求新，失其本事，語多扼要，實可作書叙觀矣。特録出之，以存其崖略云。

史記辨惑

孫德謙《金史藝文略・古史》 《史記辨惑》十一卷。王若虚撰。其書首二卷爲採摭之誤，三卷爲取舍不當，四卷爲議論不當，五卷爲文勢不相承接，六卷爲姓名冗複，七卷爲字語冗複，八卷爲重疊載事，九卷爲疑誤，十卷爲用而字多不安，十一卷爲雜辨。《補三史》諸志均不著録。余據《五經辨惑》、《滹南詩話》例，別出于此。其下諸史，《唐書》亦其旨焉。

諸書辨惑

孫德謙《金史藝文略・古史》 《諸書辨惑》二卷。王若虚撰。自《史》、《漢》隋唐以及五代通鑑，皆能正其謬誤。有兼訂注文者，如賈誼言秦俗之弊云：其慈子嗜利，去禽獸亡幾，以文勢觀之，慈子當是錯誤，顏氏强爲解釋恐非也。是有并論史體者，如韓退之《驅鰐魚文》苦非佳作，史臣但書其事目足矣，而全録其辭，亦何必也。是即此二説，可知其辨析之精，長于史學矣。

元輔表

胡師安等《元西湖書院重整書目》 《元輔表》。

重修南北史

黄虞稷《千頃堂書目・正史類・補宋》 方岳《重修南北史》一百十卷。

倪燦等《宋史藝文志補・正史類》 方岳《重脩南北史》一百十卷。

續唐書

王圻《續文獻通考・經籍考・正史》 《續唐書》若干卷。永新龍森著。理宗謂其扶持正統，得邵雍《皇極經世》之學。

續後漢書

王圻《續文獻通考・經籍考・正史》 《續後漢書》九十卷。郝經《自序》曰：晉平陽侯相陳壽，故漢吏也。漢亡仕晉，作《三國志》，以曹氏繼漢，而不與昭烈，稱之曰蜀鄙，爲偏霸僭僞。於是統體不正，大義不明，紊其綱維，故稱號議論皆失其正。哀帝時，滎陽太守習鑿齒著《漢晉春秋》，謂三國蜀以宗室爲正，魏雖受漢禪，尚爲篡。晉蜀平而漢始亡。上疏請越魏繼漢，以正統體，不用。宋元嘉中，文帝詔中書侍郎裴松之，採三國異同，凡數十家，以註壽書，補其缺漏，辯其舛錯，績力雖勤，而亦不能更正統體。歷南北隋唐五季，百有餘歲，列諸三史之後，不復議爲也。宋丞相司馬光作《通鑑》，始更蜀曰漢，仍以魏紀事，而昭烈爲僭僞。至晦菴先生朱熹爲通鑑作綱目，黜魏而以昭烈章武之元，繼漢統體，始正矣。然而本史正文猶用壽書。經嘗聞縉紳先生餘論，謂壽書必當改作。竊有志焉。中統元年，詔經持節使宋，告登寶位通好弭兵。宋人館留儀真，不令進退，乃破稿發凡，起漢終晉，以更壽書，作表、紀、傳、録，諸序議贊。十二年夏五月，借書於兩淮制使殷應雷，得二漢三國晉書，遂作正史。以裴註之異同，《通鑑》之去取，《綱目》之義例，參校刊定，歸於詳實，以昭烈纂承正統，魏、吴爲僭僞。十三年十月，書成。年表一卷，帝紀二卷，列傳七十九卷，録八卷，共九十卷，號曰《續後漢書》。奮昭烈之函光，揭孔明之盛心，祛操丕之鬼蜮，破懿昭之城府，千載之蔽，一日廓然矣。

黄虞稷《千頃堂書目・正史類・補元》 郝經《續後漢書》一百三十卷。經使宋，被羈於真州時作。用朱子綱目義例，以昭烈爲正統，魏吴爲僭僞。凡爲年表二卷，帝紀二卷，列傳七十九卷，録八卷，共九十卷，别爲一百三十卷，號曰《續後漢書》。

倪燦等《補遼金元藝文志・正史類》 郝經《續後漢書》一百三十卷。

錢大昕《補元史藝文志・古史類》 郝經《續後漢書》九十卷。

張金吾《愛日精盧藏書續志・别史類》 《續後漢書》九十卷。文瀾閣傳抄本。元郝經撰。卷一《年表》闕。漢建安末，曹氏廢漢，自立稱魏。孫氏據江左，僭號稱吴。昭烈以宗子繼漢，即位於蜀，討賊恢復，卒莫能相一，而折入於晉。晉平陽侯相陳壽，故漢吏也。漢亡仕晉，作《三國志》。以曹氏繼漢，而不與昭烈，稱之曰蜀，鄙爲偏霸僭僞。於是體統不正，大義不明，紊其綱維，故稱號、論議皆失其正。哀帝時，滎陽太守習鑿齒著《漢晉春秋》，謂三國蜀以崇室爲正，魏雖受漢禪，晉尚爲簒逆，蜀平而漢始亡，上疏請越魏繼漢，以正統體，不用。宋元嘉中，文帝詔中書侍郎裴松之，采三國異同，凡數十家，以注壽書，補其闕漏，辨其舛錯，績力雖勤，而亦不能更正統體。歷南北隋唐五季，七百有餘歲，列諸三史之後，不復議爲也。宋丞相司馬光作《通鑑》始更蜀曰漢，仍以魏紀事，而昭烈爲僭僞。至晦庵先生朱熹爲通鑑作《綱目》，黜魏而以昭烈章武之元繼漢，統體始正矣。然而本史正文猶壽書。經常聞搢紳先生餘論，謂壽書必當改作。竊有志焉。及先君臨終，復有遺命，斷欲爲之事梗不能。中統元年，詔經持節使宋，告登寶位，通好弭兵。宋人館留儀真，不令進退，束臂抱節，无所營爲。乃破稿發凡，起漢終晉，立限斷、條目，以更壽書，作表、記、傳、録，諸序議贊。十二年夏五月，令伴使西珪借書于兩淮制使印應雷，得兩漢三國晉書，遂作正史，以裴注之異同，《通鑑》之去取，《綱目》之義例，參校刊定，歸於詳實，以昭烈纂承漢統，魏吳爲僭僞。十二年冬十月，書成。年表一卷，帝紀二卷，列傳七十九卷，録八卷，共九十卷，別爲一百三十卷。仍故號曰《三國志》。奮昭烈之幽光，揭孔明之盛心，祛曹丕之鬼蜮，破懿昭之城府，明道術，闢異端，辨姦邪，表風節，甄義烈，核正僞，曲折隱奥，傳之義理，徵之典則，而原於道德，推本六經之初，苴補三史之後。千載之蔽，一旦廓然矣。古之爲書，大抵聖賢道否發憤而作，屈平《離騷》、馬遷《史記》皆是也。然皆曀昧一時，流光百世。故韓愈謂以彼易此，孰得孰失，今拘幽之極而集是，蓋亦失中之得古人之志也。嗚呼！安得復於先君而告卒事乎。十有五日庚子，翰林侍讀學士，行臺宣撫使，持節入宋國信大使陵川郝經序。

三國事涉漢晉，參出互見，百有餘年。諸所記註，不啻數十百家，其行於世者：漢史則華嶠《漢書》，謝承《後漢書》，司馬彪《續漢書》，袁宏《漢紀》，袁暐《獻帝春秋》，張璠《漢紀》，樂資《山陽公載記》，王隱《蜀記》，孫盛《蜀世譜》，郭冲《五事》。魏史則王沉《魏書》，傅玄《魏書》及傅子評斷，孫盛《魏氏春秋》，魚豢《魏略》，孔衍《漢晉春秋》，陰澹《魏紀》。吳史則韋曜《吳書》，虞溥《江表傳》，胡冲《吳曆》，虞預《會稽典録》，環氏《吳紀》。於晉則于寶《晉紀》，虞預《晉書》，王隱《晉書》，謝沉《晉書》，孫盛《晉陽秋》，傅暢《晉諸公贊》，徐廣《晉紀》。皆各著一國之事，以自名家。獨陳壽合魏、蜀、吳，總爲《三國志》，號稱良史。然其事多疏略，故宋文帝命裴松之爲註，大集諸家之書，補其遺闕，各具本文下，且爲考正，辨其得失。其諸書疏援引事類出異書者，注之。事顯者則不註。今宣相陵川先生更正陳志，凡裴注之事，當入正文者，則爲刪取。其乖戾不合、不可傳信者，則置之，命宗道掇拾具注新書本文下。陳志之評，裴注之論，亦爲具載。其義理悖誤者，則以所聞於先主餘論爲之辨正。凡書疏論議所引古今事類，裴注之未備者，皆爲補苴。事已見者，不重出；无所考者，則闕之。先生比爲新書，先作義例條目，以明予奪之旨。今各具本文下，其書法則復發凡舉例，以見其義。宗道初事先生之父静真先生，既又受學於先生。先生之開府南陽，辟宗道爲屬掾奉使入宋。又辟充典書狀，繾綣患難十有三年，故不敢不承命，亦庶幾附驥尾，而厠名於大典之末，云宣撫司都事充國信書狀官門生河陽荀宗道序。人有恒言曰經、史，史所以載興亡而經亦史也。《書》紀帝王之政治，《春秋》筆十二公之行事，謂之非史可乎。蓋定於聖人之手，則後世以經尊之，而止及乎興亡則謂之史也。古史分十七，東漢而下、西晉而上，有《三國志》亦十七之一也，出於陳壽之筆，不可謂失三國之實，獨帝魏而不知蜀之正統，爲史筆之玷，又前史紀傳外有書志，所以載三才之奥，禮樂食貨，兵刑官職之異，而壽皆未及，尤史筆之欠。此紫陽朱文公詩云，後賢合更張，感歎所繇發也。後紫陽百餘年，徒增閲史者之慨。中統庚申，郝文忠公以行壹宣撫持節使宋而留滯儀真，進退維谷，乃繼先志修舊史，破藁發凡。首帝昭烈，魏吳止筆其實，表外有紀傳，以辨崇卑，而復爲八錄，以補陳闕。各冠以序，述其從起，結以議贊，會其指歸。考前言，徵後史而損益之。儀真受一時之抑，而史書流百世之芳，公之榮遠矣。公之先世詩書之澤，鍾陵川青粹之氣，嬉笑怒罵，鋪張吟諷，皆成文章。由賦詩而至移文，復三十有九卷，公之文博矣。若夫《續後漢書》暨《陵川集》，則今之所定稱也。延祐戊午，集賢陳大學士以公書敷奏聖天子，念故臣之可憫，喜藏書之有傳，睿旨恩潤，俾江西行省繡梓。一哉王心繼今以往，天下後世有以誦習而資德業矣。臣良佐，時職寄江西提衡儒學省堂，孜孜欽承就委董役，率儒人胡元昌等詳正其字，庶无訛矣。工畢，念不容已，用紀歲月云。是年秋七月既望，臣馮良佐頓首百拜，謹識。

十八史略

楊士奇等《文淵閣書目・史》 曾先之《十八史略》一部，二册。完全。

漢藝文志考證

張之洞《書目答問・正史》 《漢藝文志考證》十卷。王應麟。《玉海》附刻本。

南史補帝紀贊

錢大昕《補元史藝文志・古史類》 謝翱《南史補帝紀贊》一卷。

唐書補傳

錢大昕《補元史藝文志・古史類》 謝翱《唐書補傳》一卷。

班馬異同評

《四庫全書總目提要・正史類》 《班馬異同評》三十五卷。浙江汪汝瑮家藏本。宋倪思撰。劉辰翁評。辰翁，字會孟，廬陵人。景定壬戌廷試對策，忤賈似道，置丙第，遂以親老請掌濂溪書院。後召入史館，及除太常博士，皆不就。宋亡後隱居以終。其文集散佚，僅存《四景詩》及《須溪記鈔》，蓋不及十分之一。今從《永樂大典》裒輯遺篇，始稍成卷帙。惟所評諸書尚傳，此本亦其一也。辰翁人品頗高潔，而文章多涉僻澁，其點論古書，尤好爲纖詭新穎之詞，實於數百年前預開明末竟陵之派。此書據文義以評得失，尚較爲切實。然於顯然共見者，往往贅論，而筆削微意罕所發明。又倪思原書，本較其文之異同，辰翁所評，乃多及其事之是非，大抵以意斷制，無所考證。既非論文，又非論古，未免兩無所取。楊士奇跋，以爲臻極精妙，過矣。舊無專刻，僅附倪思書以行，然究爲以辰翁之書亂思之書，故有疑《班馬異同》即爲辰翁作者，語詳《班馬異同》條下。今各著録，俾兩不相淆焉。

張之洞《書目答問・正史》 《班馬異同評》三十五卷。宋倪思。劉辰翁評。嘉慶丁酉福建刻本。倪書爲考史漢文辭異同，劉評無謂。今倪書無單行本。

班馬字類

張之洞《書目答問・正史》 《班馬字類》五卷。附《補遺》。宋婁機。別下齋刻《涉聞梓舊》本。小玲瓏館仿宋大字本。又仿宋中字本。

趙希弁《讀書附志・史類》 《西漢刊誤》一卷。

《宋史・藝文志・正史類》 《西漢刊誤》一卷。不知作者。

補注唐書

《宋史・藝文志・正史類》 李繪《補注唐書》二百二十五卷。

新唐史辨惑

《宋史・藝文志・正史類》 韓子中《新唐史辨惑》六十卷。

哲宗國史

尤袤《遂初堂書目・國史類》 《哲宗國史》。樂志、官職一册，臣傳一册。

《宋史・藝文志・正史類》 王孝迪《哲宗正史》二百一十卷。

宋名臣録

《宋史・藝文志・正史類》《宋名臣録》八卷。不知作者。

宋勳德傳

《宋史・藝文志・正史類》《宋勳德傳》一卷。不知作者。

宋兩朝名臣傳

《宋史・藝文志・正史類》《宋兩朝名臣傳》三十卷。不知作者。

咸平諸臣録

《宋史・藝文志・正史類》《咸平諸臣録》一卷。不知作者。

熙寧諸臣傳

《宋史・藝文志・正史類》《熙寧諸臣傳》四卷。不知作者。

兩朝諸臣傳

《宋史・藝文志・正史類》《兩朝諸臣傳》三十卷。不知作者。

國朝名臣敍傳

《宋史・藝文志・正史類》葛炳奎《國朝名臣敍傳》二十卷。

國史臣傳稿

尤袤《遂初堂書目・國史類》泰陵《國史臣傳稿》。

國史臣傳稿

尤袤《遂初堂書目・國史類》李秀巖《國史臣傳稿》。

遼史

楊士奇等《文淵閣書目・史》《遼史》。一部，二十册。闕。

又《遼史》。一部，二十册。闕。

又《遼史》。一部，二十册。闕。

又《遼史》。一部，十五册。闕。

高儒《百川書志・正史類》《遼史》一百一十六卷。本紀三十，志三十一，瞿校一當作二。表八，列傳四十六。元中書右丞脱脱奉勅撰。

徐𤊹《徐氏家藏書目・正史類》《遼史》一百一十六卷。脱脱。

張萱等《内閣藏書目録・史部》《遼史》十二册。全。元丞相脱脱等修。國子監新刻。

錢謙益等《絳雲樓書目・正史類》《遼史》一百十六卷。

范邦甸等《天一閣書目・正史類》《遼史》一百十五卷。刊本。元托克托等撰。明張邦奇、江汝璧奉旨校刊。

《四庫全書總目提要・正史類》《遼史》一百十六卷。内府刊本。元托克托等奉勑撰。至正三年四月，詔儒臣分撰，於四年三月書成。爲本紀三十卷，志三十一卷，表八卷，列傳四十六卷，國語解一卷。考遼制，書禁甚嚴。凡國人著述，惟聽刊行於境内，有傳於鄰境者，罪至死。見沈括《夢溪筆談》僧行均《龍龕手鏡》條下。蓋國之虚實，不以示敵，用意至深，然以此不流播於天下。迨五京兵燹之後，遂至舊章散失，澌滅無遺。觀袁桷修《三史議》、蘇天爵《三史質疑》，知遼代載籍，可備修史之資者寥寥無幾。故當時所據，惟耶律儼、陳大任二家之書。見聞既隘，又蕆功於一載之内，無暇旁搜，潦草成編，實多疎略。其間左支右詘，痕跡灼然。如每年遊幸，既具書於本紀矣，復爲《遊幸表》一卷。部族之分合，既詳述於《營衛志》矣，復爲《部族表》一卷。屬國之貢使，亦具見於《本紀》矣，復爲《屬國表》一卷。義宗之奔唐，章肅之争國，既屢見於紀、志、表矣，復屢書於列傳。文學僅六人，而分爲兩卷。伶官、宦官，本無可紀載，而强綴三人。此其重複瑣碎，在史臣非不自知，特以無米之炊，足窮巧婦，故不得已而縷割分隸，以求卷帙之盈。勢使之然，不足怪也。然遼典雖不足徵，宋籍非無可考。《東都事略》載遼太宗建國號大遼，聖宗即位，改大遼爲大契丹國。道宗咸雍二年，復改國號大遼。考重熙十六年《釋迦佛舍利鐵塔記》石刻今尚在古爾板蘇巴爾漢，其文稱「維大契丹國興中府，重熙十五年丙戌歲十一月丁丑朔」云云。與王偁所記合，而此書不載，是其於國號之更改尚未詳也。《文獻通考》稱遼道宗改元壽昌。洪遵《泉志》引李季興《東北諸蕃樞要》云：「契丹主天祚，年號壽昌。」又引《北遼通書》云：「天祚即位，壽昌七年改爲乾統。」而此書作「壽隆」，殊不思聖宗諱「隆緒」，道宗爲聖宗之孫，何至紀元而犯祖諱。考今興中故城即古爾板蘇巴爾漢，譯言三塔也，故土人亦稱三座塔云。東南七十里柏山，有《安德州靈巖寺碑》，稱：「壽昌初元歲次乙亥。」又有《玉石觀音像倡和詩碑》，稱「壽昌五年九月」，又易州有《興國寺太子誕聖邑碑》，稱「壽昌四年七月」，均與洪遵所引合。又《老學菴筆記》載：「聖宗改號重熙，後避天祚嫌名，追稱『重熙』曰『重和』」。考《興中故城鐵塔旁記》，有《天慶二年釋迦定光二佛舍利塔記》，稱「重和十五年鑄鐵塔」，與陸游所記亦合。而此書均不載，是其於改元之典章多舛漏也。《潛研堂金石文跋尾》又稱據太子誕聖邑碑諸人結銜，知遼制有知軍州事、通判軍州事、知縣事之名，而《百官志》亦不載，是其於制度有遺闕也。至厲鶚《遼史拾遺》所摭，更不可以僕數，此則考證未詳，不得委之文獻無徵矣。然其書以實録爲憑，無所粉飾。如《宋史》載太平興國七年戰於豐州，據此書則云宋使請和。《宋史・忠義傳》有康保裔，據此書則云保裔被擒而降，後爲昭順軍節度使。審其事勢，《遼史》較可徵信。此三史所由並行而不可偏廢歟！

張之洞《書目答問・正史》《遼史》一百一十六卷。

張金吾《愛日精廬藏書志・正史類》《遼史》一百十六卷。明初抄本。項墨林藏書。元開府儀同三司上柱國録軍國重事中書右丞相監修。國史領經筵事都總裁臣脱脱奉敕修。《聖旨》。至正三年。《進表》。至正四年。

金史

楊士奇等《文淵閣書目・史》《金史》。一部，四十册。闕。

又《金史》。一部，一百二十册。闕。

又《金史》。一部，八十册。闕。

高儒《百川書志・正史類》《金史》一百三十七卷。本紀十九，志目三十九，表四，列傳七十三，目録二。元中書右丞相阿魯國奉勑撰。

范邦甸等《天一閣書目・正史類》《金史》一百三十五卷。刊本。元托克托等撰。明張邦奇、江汝璧奉旨校刊。

徐𤊹《徐氏家藏書目・正史類》《金史》一百三十五卷。脱脱。

張萱等《内閣藏書目録・史部》《金史》二十四册。全。元丞相脱脱等修，國子監新刻。

錢謙益等《絳雲樓書目・正史類》《金史》一百三十五卷。

《四庫全書總目提要・正史類》《金史》一百三十五卷。内府刊本。元托克托等奉勑撰。凡紀十九卷，志三十九卷，表四卷，列傳七十三卷。金人肇基東海，奄有中原，制度典章，彬彬爲盛。徵文考獻，具有所資。即如大金弔伐一録，自天輔七年交割燕雲，及天會三年再舉伐宋，五年廢宋立楚，至康王南渡，所有國書、誓詔、册表、文狀、指揮牒檄，以載於故府案牘者，具有年月，得以編次成書，是自開國之初即已遺聞不墜。《文藝傳》稱元好問晚年以著作自任，以金源氏有天下，典章法制，幾及漢唐，國亡史作，己所當任。時金國實録在順天張萬户家，乃言於張，願爲撰述。既因有阻而止，乃搆野史亭，著述其上。凡金源君臣遺言往行，採摭所聞，有所得，輒以片紙細字爲記，録至百餘萬言。纂修《金史》，多本其所著。又稱劉祁撰《歸潛志》，於金末之事，多有足徵，是相承纂述，復不乏人。且考托克托等《進書表》，稱張柔歸《金史》於其前，王鶚輯金事於其後。是以纂修之命，見諸敷遺之謀，延祐申舉而未遑，天曆推行而弗竟。是元人之於此書，經營已久，與宋、遼二史取辦倉卒者不同。故其首尾完密，條例整齊，約而不疏，贍而不蕪，在三史之中，獨爲最善。如載世紀於卷首，而列景宣帝、睿宗、顯宗於世紀補，則酌取《魏書》之例。《曆志》則採趙知微之《大明曆》，而兼考渾象之存亡。《禮志》則掇韓企先等之《大金集禮》，而兼及雜儀之品節。《河渠志》之詳於二十五埽，《百官志》之首叙建國諸官，咸本本元元，具有條理。《食貨志》則因物力之微，而嘆其初法之不愼。《選舉志》則因令史之正班，而推言仕進之末弊。《交聘表》則數宋人三失而惜其不知守險，不能自强。皆切中事機，意存殷鑒，卓然有良史之風。惟其列傳之中，頗多踳舛，如楊朴佐太祖開基，見於《遼史》，而不爲立傳。晉王宗翰之上書乞免，見《北盟會編》。濬王宗弼之遺令處分，見《建炎以來繫年要録》，皆有關國政，而本傳不書。海陵之失德既見於本紀，而諸嬖之猥褻，復詳述於《后妃傳》。王倫以奉使被留，未嘗受職，而傳列於酈瓊、李成之後。《張邦昌傳》既云《宋史》有傳，事具宗翰等傳，而後複引本紀之文，列於劉豫之前，皆乖體例。至昌本之南走，施宜生之泄謀，宇文虚中之謗訕，傳聞異辭，皆未能核定。亦由於祗據《實録》，未暇旁考諸書。然《宋史》載兩國兵事，多採摭宋人所記，不免浮詞。如采石之戰，其時海陵士卒聞大定改元，離心自潰，虞允文攘以爲功，殊非事實。此書所載，獨得其真。泰和以後諸臣傳，尤能悉其情事。蓋好問等得諸目覩，與傳聞異詞者殊也。卷三十三、卷七十六中有闕文，蓋明代監板之脱誤，今以内府所藏元板校補，仍爲完帙云。

彭元瑞等《天禄琳琅書目後編・元版史部》 《金史》六函，四十八册。元托克托等撰。書百三十五卷。本紀十九，志三十九，表四，列傳七十三。前有至正五年江浙行中書省牒，次《進表》，次目録二卷，後有校勘臣彭衡、倪中、麥濈、岳信、楊鑄、牟思善、卜勝、李源、揭模、丁士恒十人列名。

張金吾《愛日精廬藏書志・正史類》 《金史》一百三十五卷。元刊本。元開府儀同三司上柱國録軍國重事前中書右丞相監修國史領經筵事都總裁臣脱脱奉敕修。江浙等處行中書省委官鋟梓印造咨文。至正五年。《進表》。至正四年。

張之洞《書目答問・正史》 《金史》一百三十五卷。

宋史

楊士奇等《文淵閣書目・史》 《宋史》。一部，二百六十册。闕。

又 《宋史》。一部，二百五十八册。闕。

又 《宋史》。一部，二百五十五册。闕。

范邦甸等《天一閣書目・正史類》 《宋史》四百九十六卷。刊本。元至正五年丞相阿魯圖等表進。

王世貞《讀書後》 讀《宋史》宋所以得稱大繼漢唐者，獨其君，共儉、崇禮、讓斬。然家範藹乎子惠之政而已，其他固不勝晉，余得略指數焉。藝祖賢，非晉武帝比也。然而其所以取周，則又甚焉。武帝藉累代之業，離君臣之分，勢不得退而稱臣矣。藝祖一殿帥耳，固周帝之所卵翼而手足者也。一旦乘隙而掩之，若承蜩然。其何以見周帝地下哉。晉鼎革之際，其爲敵者，偏霸之孫氏，而宋則遺統之劉鈞也。重在劉氏，則輕不得不在趙氏也。晉自太康中下吴，即無尺地不入版者，而宋至太宗朝，始取太原，降兩浙。然虚龍十六州之地，契丹之割如故也。天下固已失九之一。李繼遷割銀夏，黎桓割交阯，天下又失九之二。而宋之君臣方日惴惴焉，奉歲幣而昆事契丹。及二帝之北禽也，與遺主南竄，迹相等也。晉之江左，其君忘中原矣，然未嘗不詔羣雄而擯之。宋之江左，其君日夕不忘中原矣，然未嘗不表金人而君之伯父之。晉之亡，猶有禪受之迹焉。宋亡而銜璧輿櫬，再辱王庭，抑何甘忘絀辱也。故宋之治，其於漢唐弟也，其統于晉亦弟也。語統者，伸宋則不得獨屈晉，屈晉則不得獨伸宋。且宋安能越晉而漢唐也。或者曰：宋至濂洛，繼之閩，而先王之道秩如也，斯其所以爲統乎。曰：仲尼，魯人也。世卒不以魯先盟主之晉，而况濂洛爲也。彼以爲宋重諸儒生乎，抑諸儒生重宋乎。

徐𤊹《徐氏家藏書目・正史類》 《宋史》四百九十六卷。脱脱。

張萱等《内閣藏書目録・史部》 《宋史》一百册。全。元丞相脱脱等修，國子監新刻。

錢謙益等《絳雲樓書目・正史類》 《宋史》。四百九十六卷。

《四庫全書總目提要・正史類》 《宋史》四百九十六卷。内府刊本。元托克托等奉勅撰。案托克托，原作脱脱，今改正。其總目題本紀四十七，志一百六十二，表三十二，列傳二百五十五。然卷四百七十八至卷四百八十三，實爲世家六卷，總目未列，蓋偶遺也。其書僅一代之史，而卷帙幾盈五百，檢校既已難周，又大旨以表章道學爲宗，餘事皆不甚措意，故舛謬不能殫數。柯維騏《宋史新編》，僅引《容齋五筆》辨正向敏中、李宗諤數事，未能旁及。其後沈世泊撰《宋史就正編》，綜覈前後，多所匡糾。如謂《高宗紀》紹興十三年八月戊戌，洪皓至自燕，而《洪皓傳》作七月見於内殿。《朱倬傳》宣和五年登進士第，據《徽宗紀》則宣和六年策進士，是爲甲辰科，實非五年。此紀傳之互異也。《宋準傳》云：「李昉知貢舉，擢準甲科，會貢士徐士廉擊登聞鼓，訴昉取舍非當，太宗怒，召準覆試，後遂行殿試。」據《選舉志》則「開寶六年御殿給紙筆，別賜殿試，遂爲常制」，是太祖時事誤作太宗。《蘇舜欽傳》云：「康定中河東地震，舜欽詣匭通疏。」據《五行志》則地震在寶元元年，康定止一年，無地震事。此志傳之互異也。《杜太后傳》云：「母范氏，生五子三女，太后居長。」而《杜審琦傳》則云：「審琦，昭憲皇太后之兄，太后昆仲五人，審琦居長。」又《太后傳》云：「生太祖、太宗、秦王廷美。」據《廷美傳》則其母爲陳國夫人耿氏。《張浚傳》云：「浚擢殿中侍御史，駕幸東南，後軍統制韓世忠所部逼逐諫臣墜水死，浚奏奪世忠觀察使。」據《韓世忠傳》，世忠乃左軍統制，非後軍統制。案《本紀》後軍統制爲張焕，紀又云後軍將孫琦等作亂，逼左正言盧臣中墜水死，不言世忠。又《滕康傳》，世忠以不能戢所部坐贖金，康復論世忠無赫赫功，詔降世忠一官。是奏奪世忠觀察使者乃滕康，非張浚。此傳文前後之互異也。譏《宋史》者，謂諸傳載祖父之名而無事實，似誌銘之體。詳官階之遷除而無所刪節，似申狀之文。然好之者，或以爲世系官資，轉可藉以有考。及證以他書，則《宋史》諸傳多不足憑。如《晁補之傳》云：「太子少傅迥五世孫，宗慤之曾孫也，父端友。」據黄庭堅爲補之父端友撰誌銘云：「晁氏世載遠矣，有諱迥者，以太子少保致仕，謚文元。君之曾王父，諱迪，贈刑部侍郎。王父諱宗簡，贈吏部尚書。父諱仲偃，庫部員外郎。刑部梘文元，母弟也。」是補之實非迥五世孫。又《晁迥傳》云：「迥子宗慤。」據曾鞏《南豐集》，宗慤父名遘，是補之實非宗慤曾孫。《謝絳傳》云：「祖懿文，父濤。」據范仲淹撰《謝濤誌銘》，懿文生崇禮，崇禮生濤，濤生絳。是謝絳實爲懿文曾孫。然則所述世系，豈足盡信哉？《洪邁傳》云：「乾道二年知吉州，六年知贛州，辛卯歲饑，十一年知婺州，十三年拜翰林學士，淳熙改元，進焕章閣學士。」據本紀，淳熙十四年有翰林學士洪邁言，則淳熙改元當作紹熙改元。乾道無十三年，傳云：「辛卯歲饑」爲乾道七年，則十三年上當加「淳熙」二字。又邁以淳熙十年知太平州，今瑞麻讚、姑孰帖尚在太平，而傳文闕載。然則所叙官資，又豈可盡信哉？至於宋師伐遼，高鳳以易州來歸，見《北盟會編》，而《宋史》誤作郭藥師。紹興中，趙鼎以奉國軍節度使出知紹興府，見《宰輔編年録》，而《宋史》誤作忠武軍。失載王堅之守城不降，與林同之題壁自盡，忠義之士，尚多闕落，尤爲疏漏之大者矣。其所攻駁，皆一一切中其失。然其前後複沓牴牾，尚不止此，世泊亦不能悉舉也。蓋其書以宋人國史爲稿本，宋人好述東都之事，故史文較詳，建炎以後稍略。理、度兩朝，宋人罕所紀載，故史傳亦不具首尾。《文苑傳》止詳北宋，而南宋止載周邦彦等數人。《循吏傳》則南宋更無一人，是其明證。至於南唐劉仁贍之死節，歐陽修《五代史記》、司馬光《通鑑》俱爲之證明，而此書仍作以城降。李澣終於遼，未嘗入宋，見《遼史》本傳，而此書仍附於《李濤傳》。是於久列學官之書，共在史局之稿，尚不及互相勘證，則其他抑可知矣。自柯維騏以下，屢有改修，然年代縣邈，舊籍散亡，仍以是書爲稿本，小小補苴，亦終無以相勝。故考兩宋之事，終以原書爲據，迄今竟不可廢焉。

張之洞《書目答問・正史》 《宋史》四百九十六卷。

宋遼金史

王圻《續文獻通考・經籍志・正史》 《遼史》，本記三十卷、志三十一卷、表八卷、列傳曰十六卷。《金史》，本記一十九卷、志三十九卷、表四卷、列傳七十三卷。《宋史》，本記四十七卷、志一百六十二卷、表三十二卷、列傳世家二百五十五卷。至正二年，中書右丞相脱脱等同史臣纂修。楊維禎《宋遼金正統辯》略曰：自我世祖皇帝立國史院，嘗命承旨百一王公修遼、金二史矣。宋亡，又命詞臣通修三史矣。延祐、天曆間，屢動詔旨，而三史卒無成書者，豈不以三史正統之議未決乎？其議未決者，豈不以宋渡於南之後，拘于遼金之抗于此乎？吾嘗究契丹之有國矣，自灰牛氏之部落始廣其初，枯骨化形，戴豬服豕，荒唐怪誕，中國之人所不道也。八部之雄，至於阿保機，披其黨而自尊，迫耶律光而其勢寖盛。契丹之號，立于梁真明之初，大遼之號，後改於漢天福之口。自阿保機訖于天祚，凡七主，歷二百一十有五年，夫遼固唐之邊夷也。乘唐之衰，草竊而起，石晉氏通之，且割幽燕以與之，遂得窺覦中夏，而石晉氏不得不亡矣。議者以遼承晉統，吾不知其何統也。再考金之有國矣，始於完顔氏，實又臣屬于契丹者也。至阿骨打苟逃性命於道宗之世，遂敢萌人臣之將，而篡有其國。僭稱國號於宋重和之元，相傳九主，凡歷一百一十有七年。而議者又以金之平遼克宋，帝有中原，而謂接遼、宋之統，吾又不知其何統也。議者又謂完顔氏世爲君長，保有肅慎。至太祖時，南北爲敵國，素非君臣。遼祖神冊之際，宋祖未生。遼祖北宋前興五十餘年，而宋嘗遣使卑辭以告和約爲兄弟。晚年且遼爲翁，宋爲孫矣。此又其說之曲而陋也。天之曆數，自有歸代之正閏，不可紊。千載曆數之統，不必以承先朝、續亡主爲正，則宋興不必以膺周之禪，接漢周之閏爲統也。朱子《綱目》於五代之年，皆細註於歲之下。其餘意固有待於宋矣。有待於宋，則直以宋接唐統之正矣，而又何計其受周與禪否也。中遭陽九之厄，而天又不滅其社稷，瓜瓞之系，在江之南，子孫享國，又凡百五十有五年。金泰和之議，以靖康爲遊魂餘魄，北之昭烈在蜀，則泰和之議，固知宋有遺統在江之左矣。而金欲承其絶爲得統，可乎。好黨君子遂斥紹興爲僞宋。吁，吾不忍道矣。張邦昌《迎康邸之書》曰：由康邸之舊藩，嗣宋朝之大統。漢家之厄十世，而光武中興。獻公之子九人，而重耳尚在。茲惟天意，夫豈人謀？是書也，邦昌肯以靖康之後爲遊魂餘魄，而代有其國乎。邦昌不得革宋，則金不得以承宋，是後宋之與前宋，則東漢前漢之北耳。而又可以僞斥之乎。此不得以南渡爲南史也明矣。且世祖平宋之時，有過唐不及漢，宋統當絶，我統當續之喻。是世祖以曆數之正統，歸之於宋，而以今日接宋統之正者自屬也。故私著其說，爲《宋遼金正統辯》，以俟千載綱目之君子云。

黄虞稷《千頃堂書目・正史類・補元》 脱脱等修《宋史》四百九十六卷。又《遼史》一百十六卷。又《金史》一百三十五卷。

倪燦等《補遼金元藝文志・正史類》 [元]托克托舊作脱脱。等脩《宋史》四百九十六卷。又《遼史》一百十六卷。又《金史》一百三十五卷。

金哀宗紀

黄虞稷《千頃堂書目・正史類・補元》 瞻思《金哀宗紀》。

倪燦等《補遼金元藝文志・正史類》 瞻思《金哀宗紀》。

正大諸臣史傳

黄虞稷《千頃堂書目・正史類・補元》 瞻思《正大諸臣史傳》。

倪燦等《補遼金元藝文志・正史類》 瞻思《正大諸臣史傳》。

續後漢書

王圻《續文獻通考・經籍考・正史》 《續後漢書》七十三卷。東陽張樞著。

黄虞稷《千頃堂書目・正史類・補元》 《續後漢書》七十三卷。樞既刊定《三國志》，又別撰漢本紀、列傳，以魏、吴載紀附之，爲《續後漢書》。三國之臣，有能致節於其君者，舊史或諱而不書，或書而失實，或僅見於異代之史，皆爲更定。經筵檢討危素言其書於朝，詔藏於宣文閣。

倪燦等《補遼金元藝文志・正史類》 張樞《續後漢書》七十三卷。

錢大昕《補元史藝文志・古史類》 張樞《續後漢書》七十三卷。

刊定三國志

王圻《續文獻通考・經籍考・正史》 《刊定三國志》六十五卷。張樞著。樞，金華人。聰慧爽朗，於書無所不讀。嘗譏宋高宗忘親事仇，而不爲定復兩宮之計，宋室遺老存者無不慨歎。所著二書，是非予奪悉有論者，名曰訓志，藏於宣文閣。

黄虞稷《千頃堂書目・正史類・補元》 張樞《刊定三國志》六十三卷。樞以陳壽一書没武侯之豐功偉烈，善譙周之賣降覆國，反道害義，莫大於是，因刊而正之。

倪燦等《補遼金元藝文志・正史類》 張樞《刊定三國志》六十三卷。

錢大昕《補元史藝文志・古史類》 張樞《刊定三國志》六十五卷。

宋史稿

黃虞稷《千頃堂書目・正史類》 危素《宋史稿》五十卷。

元史稿

黃虞稷《千頃堂書目・正史類》 危素《元史稿》五十卷。

元史節要

楊士奇等《文淵閣書目・史》 《元史節要》一部，二冊。闕。

《明史・藝文志・正史類》 張九韶《元史節要》二卷。

宋史略

楊士奇等《文淵閣書目・史》 《宋史略》一部，十冊。闕。

《明史・藝文志・正史類》 梁寅《宋史略》四卷。

楊士奇等《文淵閣書目・史》 《元史》一部，一百二十冊。闕。

又 《元史》一部，八十冊。闕。

高儒《百川書志・正史類》 《元史》二百五卷。本紀四十八，志五十三，表八，列傳九十九，目録。瞿校：子目有脱撰，當作本紀四十七，志五十八，表十二，列傳九十七，目録二。國朝翰林學士宋濂等編修。

范邦甸等《天一閣書目・正史類》 《元史》一百九十七卷。刊本。明宋濂等奉敕撰。

徐𤊹《徐氏家藏書目・正史類》 《元史》二百一十六卷。宋濂。

張萱等《內閣藏書目録・史部》 《元史》五十冊。全。國朝翰林學士宋濂等奉敕撰，國子監新刻。

錢謙益等《絳雲樓書目・正史類》 宋濂等修《元史》。二百十卷。

黃虞稷《千頃堂書目・正史類》 《元史》二百十二卷。洪武二年二月丙寅。詔修《元史》，上謂廷臣曰：「近克元都，得元十三朝實録，元雖亡國，事當紀載。況《史記》成敗示勸懲，不可廢也。」乃詔中書左丞相宣國公李善長爲監修，前起居注宋濂、漳州府通判王禕爲總裁，徵山林遺逸之士汪克寬、胡翰、宋禧、陶凱、陳基、趙壎、曾魯、高啓、趙汸、張文海、徐尊生、黄篪、傅恕、王錡、傅著、謝徽十六人同爲纂修，開局天界寺，取《元經世大典》諸書以資參考，至八月癸酉書成，善長表進，凡爲紀三十七卷，志五十二卷，表六卷，傳六十三卷，通一百六十九卷。至三年二月乙丑，儒士歐陽和等采摭元統以後事實還朝，仍命翰林學士宋濂、待制王禕爲總裁，趙壎、朱右、貝瓊、朱世廉、王彝、張孟兼、高巽志、李懋、李汶、張宣、張簡、杜寅、殷弼、俞同十四人續修，七月丁亥朔書成，計五十有三卷，紀十，志五，表二，傳三十六。凡前書未備者，悉補完之，通二百十二卷，學士宋濂表進。詔刊行之，人賜白金二十兩，文綺、帛各二，授儒士張宣等官。惟趙壎、朱右、朱世廉乞還，從之。《洪武實録》四年七月林弼小傳，亦云與修《元史》，今無其名，不知何官。

《明史・藝文志・正史類》 《元史》二百十二卷。洪武中，宋濂等修。

《四庫全書總目提要・正史類》 《元史》二百十卷。內府刊本。明宋濂等奉敕撰。洪武二年，得《元十三朝實録》，命修元史，以濂及王禕爲總裁。二月開局天寧寺，八月書成，而順帝一朝史猶未備，乃命儒士歐陽佑等往北平採其遺事。明年二月，詔重開史局，閱六月，書成。爲紀四十七卷，志五十三卷，表六卷，列傳九十七卷。書始頒行，紛紛然已多竊議。迨後來遞相考證，紕漏彌彰。顧炎武《日知録》摘其趙孟頫諸傳，備書上世贈官，仍誌銘之文，不知芟削。《河渠志》言耿參政，《祭祀志》言田司徒，引案牘之語，失於翦裁。朱彝尊《曝書亭集》又謂其「急於成書，故前後複出」。因舉其一人兩傳者，條其篇目，爲倉猝失檢之病。然《元史》之舛駁不在於藏事之速，而在於始事之驟。以後世論之，元人載籍之存者，說部文集尚不下一二百種，以訂史傳，時見牴牾，不能不咎考訂之未密。其在當日，則重開史局，距元亡二三年耳。後世所謂古書，皆當日時人之書也。其時有未著者，有著而未成者，有成而未出者，勢不能裒合衆說，參定異同。考徐一夔

《始豐稿》，有重開史局時《與王褘書》云：「近代論史者莫過於日曆。日曆者，史之根柢也。至起居注之設，亦專以甲子起例，蓋紀事之法無踰此也。元則不然，不置日曆，不置起居注，獨中書置時政科。遣一文學掾掌之，以事付史館。及易一朝，則國史院據所付修實録而已。其於史事固甚疎略。幸而天曆間虞集倣六典法，纂《經世大典》，一代典章文物粗備。是以前局之史，既有《十三朝實録》，又有《經世大典》可以參稽，廑而成書。若順帝二十六年之事，既無實録可據，又無參稽之書，惟憑採訪以足成之。竊恐事未必覈，言未必馴，首尾未必貫穿也」云云。則是書之疎漏，未經屬草以前，一夔已預知之，非盡濂等之過矣。惟是事蹟雖難以遽詳，其體例則不難自定，其譌脱則不難自校也。今觀是書，三公宰相分爲兩表，禮樂合爲一志，又分祭祀、輿服爲兩志，列傳則先及釋老，次以方技，皆不合前史遺規。而删除藝文一志，收入列傳之中。遂使無傳之人，所著皆不可考，尤爲乖迕。又帝紀則定宗以後，憲宗以前，闕載者三年，未必實録之中竟無一事，其爲漏落顯然。至於《姚燧傳》中述其論文之語，殆不可曉。證以《元文類》，則引其《送暢純甫序》，而互易其問答之辭，殊爲顛倒。此不得委諸無書可檢矣。是則濂等之過，無以解於後人之議者耳。《解縉集》有《與吏部侍郎董倫書》，稱「《元史》舛誤，承命改修」云云，其事在太祖末年，豈非太祖亦覺其未善，故有是命歟？若夫曆志載許衡、郭守敬之曆經，李謙之曆議，而并及庚午元曆之未嘗頒用者，以證其異同。《地理志》附載潘昂霄《河源考》，而取朱思本所譯《梵字圖書》，分註於下。《河渠志》則北水兼及於盧溝河、御河，南水兼及於鹽官海塘、龍山河道。竝詳其繕濬之宜，未嘗不可爲考古之證。讀者參以諸書，而節取其所長可也。

張金吾《愛日精廬藏書志・正史類》 《元史》二百十卷。明洪武刊本。明翰林學士亞中大夫知制誥兼修國史臣宋濂，翰林待制承直郎兼國史院編修官臣王褘等奉勑修。進表。洪武二年。宋濂記。洪武二年。

張之洞《書目答問・正史》 《元史》二百一十卷。

郲世家

王士禛《漁洋書跋》 《郲世家》一卷。雜采《春秋》及三傳《國語》爲之。《年表》一卷，起己未周平王四十九年魯隱公元年，終癸酉周元王八年魯哀公二十七年。凡二百五十五年，會盟戰伐之蹟具焉。其《自序》，以爲以郲繫魯，以魯繫周，以周繫天，元末朱右作也。右字伯賢，臨海人，洪武初預修《元史》，官至晉府長史，有《白雲集》。

元史補遺

楊士奇等《文淵閣書目・史》 《元史補遺》一部，三册。闕。

黃虞稷《千頃堂書目・正史類》 朱右《元史補遺》十二卷。

《明史・藝文志・正史類》 朱右《元史補遺》十二卷。

孝慈高皇后傳

楊士奇等《文淵閣書目・國朝》 《孝慈高皇后傳》。一部，一册。完全。

又 《孝慈高皇后傳》。一部，一册。闕。

高儒《百川書志・起居注》 《大明孝慈高皇后傳》一卷。《成祖御序》。

張萱等《内板經書目録・史部》 《高皇后傳》一本。四十七葉。

元史續編

《明史・藝文志・正史類》 胡粹中《元史續編》七十七卷。

諸史會編

《明史・藝文志・正史類》 金濂《諸史會編》一百十二卷。

國史補遺

徐𤊹《徐氏家藏書目・本朝史類》　《國史補遺》六卷。孫交。

史類

《明史・藝文志・正史類》　吴琉《史類》六百卷。

班史名物編

楊士奇等《文淵閣書目・史》　王倬《班史名物編》。一部，五册，闕。

史漢方駕

徐𤊹《徐氏家藏書目・旁史類》　《史漢方駕》三十五卷。

《四庫全書總目提要・正史類存目》　《史漢方駕》三十五卷。兩江總督採進本。明許相卿編。相卿字台仲，海寧人。正德丁丑進士，官至兵科給事中，事蹟具《明史》本傳。是編因倪思原本稍爲釐訂，改題此名。陳勝、英布二傳，思書偶遺，此補綴所闕。他如《衛青、霍去病傳》附録諸將，《漢書》别自立傳，與《史記》文不相襲者，思書删去。此皆掇拾所遺。其先後次第，改從司馬貞《索隱》，亦稍更其序。然所益不及百分之一，惟思書《史記》大書，《漢書》細書，文相連屬，但以字形廣狹爲分，頗易混淆。又字旁鉤勒，傳寫尤舛誤。相卿變其體例，以史漢相同者直書行中，不同者分行夾註。凡《史記》有而《漢書》無者，偏列於右。《漢書》有而《史記》無者，偏列於左。條理井然，較思書爲勝。所列評語，亦因劉辰翁之本稍爲損益，頗不及舊文。又舊文皆標置簡端，相卿意取便覽，或移附句旁，如批點時文之例，反參錯難觀，則未免於不善變矣。

唐餘紀傳

徐𤊹《徐氏家藏書目・旁史類》　《唐餘紀傳》十八卷。陳霆。

學史會同

《明史・藝文志・正史類》　邵經邦《學史會同》三百卷。

弘簡録

《明史・藝文志・正史類》　邵經邦《弘簡録》二百五十卷。

史纂左右編

《明史・藝文志・正史類》　唐順之《史纂左編》一百四十二卷，《右編》四十卷。

吾學篇

徐𤊹《徐氏家藏書目・本朝史類》　《吾學篇》六十九卷。鄭曉。

錢謙益等《絳雲樓書目・本朝國紀》　鄭端簡公曉。《吾學編》六十九卷。《吾學編餘録》。

黄虞稷《千頃堂書目・正史類》　鄭曉《吾學編》六十九卷。《大政記》一卷、《遜國記》一卷、《同姓諸王表》二卷、《傳》三卷、《異姓諸侯表》一卷、《傳》二卷、《直文淵閣諸臣表》一卷、《兩京典銓表》一卷、《名臣記》三十卷、《遜國臣記》八卷、《天文述》一卷、《地理述》二卷、《三禮述》二卷、《百官述》二卷、《四裔考》二卷、《北鹵考》一卷，外《吾學編餘》一卷。餘無。

《明史・藝文志・正史類》 鄭曉《吾學編》六十九卷。

軍機處奏《禁毀書目》 《吾學編》。一部，二十四本。查《吾學編》係明鄭曉撰。曉長於史學，此書乃述明九朝事迹，略仿正史之體，分記、表、述、考，凡十四編，六十九卷。當時頗稱其簡當，其所載皆在嘉靖以前，尚无干礙。惟《四夷考》内《女真傳》一篇，有誣罔失寔之處，其餘紀載間有偏謬，俱應删節抽燬外，其全書應請毋庸銷燬。

《吾學編餘》。一部，一本。查《吾學編餘》係明鄭曉撰。皆隨手劄録，原未成書。其孫心材掇拾殘稿，重加排次，以補《吾學編》之缺。内除字句偏謬處應行删節外，其餘尚无違礙，應請毋庸銷燬。

宋史新編

徐𤊹《徐氏家藏書目・正史類》 《宋史新編》二百卷。柯維祺。

黄虞稷《千頃堂書目・正史類》 柯維祺《宋史新編》二百卷。會宋、遼、金三史爲一，以宋爲正統，遼、金列於外國傳。瀛國二王升於帝紀，以存宋統。正亡國諸叛臣之名以明倫，升道學於循吏之前以重道。釐複補漏，擊異訂譌，閲二十寒暑始成。其後祥符王惟儉、吉水劉同升皆有删定《宋史》，咸未行世。

《明史・藝文志・正史類》 柯維騏《宋史新編》二百卷。

史記考要

《明史・藝文志・史鈔類》 柯維騏《史記考要》十卷。

范邦甸等《天一閣書目・正史類》 《史記考要》十卷。刊本。明莆田柯維騏著。嘉靖辛丑冬王鳳麟叙云，柯子名維騏，字奇純，希齋其號。

徐𤊹《徐氏家藏書目・旁史類》 《史記考要》四卷。

史記題評

范邦甸等《天一閣書目・正史類》 《史記題評》一百三十卷。刊本。明李元陽輯訂，高世魁校正。嘉靖十六年福州知府胡有恒、同知胡瑞敦雕。

徐𤊹《徐氏家藏書目・正史類》 《史記題評》一百三十卷。高世魁。

藏书

耿文光《萬卷精華樓藏書記・別史類》 《藏書》六十八卷。明李贄撰。明本。贄書可焚，特以人震其名，因著其實。秀水陳孟常云《藏書》本《荆川左編》寫獨見而爲品隲。

續藏書

徐𤊹《徐氏家藏書目・旁史類》 李氏《續藏書》□卷。李贄。

錢謙益等《絳雲樓書目・本朝國紀》 李氏《續藏書》。

皇明七朝帝紀

黄虞稷《千頃堂書目・正史類》 劉應秋等《皇明七朝帝紀》四十卷。萬曆二十六年大學士陳于陛題請編纂。

正史七太子傳

黄虞稷《千頃堂書目・正史類》 陳懿典《正史七太子傳》一卷。萬曆二十六年大學士陳子陛題請編纂。

后妃傳

黄虞稷《千頃堂書目・正史類》 楊繼禮《后妃傳》一卷。萬曆二十六年大學士陳于陛題請編纂。

外戚傳

黄虞稷《千頃堂書目・正史類》 楊繼禮《外戚傳》一卷。萬曆二十六年大學士陳于陛題請編纂。

皇明書

徐𤊹《徐氏家藏書目・本朝史類》《皇明書》四十五卷。鄧原錫。

錢謙益等《絳雲樓書目・本朝國紀》 鄧元錫《皇明書》。南城人。曾舉於鄉,以老母不赴會試,萬曆中以薦徵爲翰林待詔,未上而卒。

黄虞稷《千頃堂書目・正史類》 鄧元錫《皇明書》四十五卷。輯洪武至嘉靖十一朝君臣事蹟。

《明史・藝文志・正史類》 鄧元錫《明書》四十五卷。

函　史

徐𤊹《徐氏家藏書目・旁史類》《函史》一百二卷。鄧元錫。

《明史・藝文志・正史類》 鄧元錫《函史》上編九十五卷,下編二十卷。

史記評林

范邦甸等《天一閣書目・正史類》《史記評林》一百三十卷。刊本。漢司馬遷著,宋裴駰集解,唐司馬貞索隱,張守節正義。明萬曆四年冬歸安茅坤序,萬曆五年八月天目徐中行序,裴駰集解序,司馬貞索隱前後兩序,并補史記序,張守節正義序,并論例謚法解,列國分野,備載卷首。

徐𤊹《徐氏家藏書目・正史類》《史記評林》一百三十卷。凌迪知。

張之洞《書目答問・正史》《史記評林》一百三十卷。明凌稚隆刻本較勝。他坊本有索隱、正義。

漢書評林

范邦甸等《天一閣書目・正史類》《漢書評林》一百卷。刊本。漢班固撰,唐顔師古注,并叙例。明萬曆辛巳吴興凌稚隆輯校,吴郡王世貞序。

張之洞《書目答問・正史》《漢書評林》一百二十卷。明淩稚隆刻本。較勝他坊本,有索隱、正義。

國史紀聞

《明史・藝文志・正史類》 張銓《國史紀聞》十二卷。

明右史略

《明史・藝文志・正史類》 馮復京《明右史略》三十卷。

史待

黄虞稷《千頃堂書目・正史類》 陳翼飛《史待》五十卷。字小翽，漳州人。萬曆庚戌進士，宜興知縣。

《明史・藝文志・正史類》 陳翼飛《史待》五十卷。

名山藏

黄虞稷《千頃堂書目・正史類》 何喬遠《名山藏》一百卷。分三十七類：曰典謨記、曰坤則記、曰開聖記、曰繼體記、曰分藩記、曰勳封記、曰天因記、曰天歐記、曰輿地記，未全；曰典禮記、曰樂舞記，皆缺；曰刑法記、曰河漕記、曰漕運記、曰錢法記、曰兵制記、曰馬政記、曰茶馬記、曰鹽法記、曰臣林記、曰臣林外記、曰關梀記、曰儒林記、曰文苑記、曰俘賢記、曰宦者記、曰列女記、曰臣林雜記、曰高道記、曰本士記、曰本行記、曰藝妙記、曰貨殖記、曰方伎記、曰方外記、曰王享記。始於洪武，終於隆慶。

《明史・藝文志・正史類》 何喬遠《名山藏》三十七卷。

軍機處奏《禁毁書目》 《名山藏》。四十本。查《名山藏》，明何喬遠撰。喬遠，名列《天鑒録》，乃天啓中閹黨。其人本不足道，其書乃明代野史，亦多摭拾舊文，不足以備考證。內《王享記》等五卷內有悖犯之處，應請銷燬。

皇明史概

黄虞稷《千頃堂書目・正史類》 朱國禎《皇明史概》一百二十卷。其目曰大政、曰大訓、曰大因、曰大志、曰大事，大因、大志皆缺。列傳曰開國、曰遜國、曰歷朝、曰類、曰外，亦惟開國、遜國二傳，餘並缺。

《明史・藝文志・正史類》 朱國禎《史概》一百二十卷。

皇明史竊

黄虞稷《千頃堂書目・正史類》 尹守衡《皇明史竊》一百七卷。字用平，東莞舉人。新昌知縣，左遷趙府審理正。書爲帝紀八卷、志六卷、世家十卷、列傳八十三卷。高后紀、百官志、田賦志、河漕志四卷，俱缺。

《明史・藝文志・正史類》 尹守衡《史竊》一百七卷。

軍機處奏《禁毁書目》 《明史竊》十四本。查《明史竊》係明尹守衡撰。其書依仿史例，分本紀、世家、列傳及各志，均係剽竊諸書而成，無資考據。內《軍法志》中語有悖犯，應請銷燬。

皇明副書

黄虞稷《千頃堂書目・正史類》 吴士奇《皇明副書》一百卷。字無奇，歙縣人。萬曆壬辰進士。由寧化知縣擢南京户部主事，歷官太常寺卿，卒贈工部右侍郎。書爲帝紀十四卷、表四卷、志九卷、列傳七十三卷，起洪武迄隆慶。

《明史・藝文志・正史類》 吴士奇《皇明副書》一百卷。

國史

黄虞稷《千頃堂書目・正史類》 雷叔聞《國史》四十卷。始洪武迄泰昌。字實先，江陵人。萬曆中舉人，官景東府知府。

《明史・藝文志・正史類》 雷叔聞《國史》四十卷。

史記瑣瑣

《四庫全書總目提要・正史類》 《史記瑣瑣》二卷。山東巡撫採進本。明郝敬撰。敬有《周易正解》，已著録。黄虞稷《千頃堂書目》載敬《山草堂集》，不詳卷數，今亦未見全本。此其集中外篇之第十八種也。取《史記疑義》略爲考正訓釋，然多臆撰。如《殷本紀》「西伯伐饑國」，蓋「黎」、「饑」古字假借，乃云《書》作「伐黎」。「黎」，飢色也。《書》曰：「黎民阻飢」，爲其民失養而弔伐之。然則黎民於變時雍又當何解？又《周本紀》「輕吕之劍」，謂即「赤刀」，「龍漦」謂即「龍溺」。《項羽本紀》「楚歌」爲激楚之音。皆漫無根據，不足信也。

識大録

黄虞稷《千頃堂書目・正史類》 劉振《識大録》。字自成，宣城人。

宋史記凡例

王士禛《漁洋書跋》 《宋史記凡例》。汴梁王司空損仲删正《宋史》，爲《宋史記》二百五十卷。錢宗伯受之謂大梁之亂，損仲圖書盡没於水，吴興潘昭度家有《宋史》鈔本，此或即吴興本也。目録列傳，删併塗乙甚多，云是湯義仍手筆。義仍亦删《宋史》，則此書或王本或湯本，皆不可知。康熙庚午，石門吕葆中無黨攜以入都，秀水朱竹垞太史借鈔其副。神物護持，不與刼灰俱燼，殆有天意。予僅鈔凡例一卷，而識其顛末。聞吉水劉狀元晉卿亦删《宋史》，不知西江兵燹後，猶有存否。俟續訪之。

南宋書增删定本

黄虞稷《千頃堂書目・正史類》 錢士升《南宋書增删定本》六十卷。

季漢書

徐𤊹《徐氏家藏書目・旁史類》 《季漢書》六十卷。謝陛。

黄虞稷《千頃堂書目・正史類》 謝陛《季漢書》六十六卷。《正論》五篇《問答》二十篇。字少連，歙人。

吴壽暘《拜經樓藏書題跋記》 《季漢書》。《季漢書》六十卷，先君子手録周耕厓先生《跋》于末，並先生手札云：「《季漢書》，後明知僭妄，陳君滮坳見之，謂少連亦苦志之儒，攻擊未免太甚，後遂不敢以示人。既思少連信苦志矣，庶子苦心，枉被後人醜詆，獨可聽之，亦恐失平。久仰吾兄卓識高才，特以就正。意在奉求斧削，乃即過蒙採録，又恐獎借太過矣。」先君子《跋》云：「右亡友周勤補孝廉《季漢書跋》，見于《蓬廬文鈔》。勤補自少好學工文，讀書具有卓識。此《跋》灑灑千餘言，反覆辨論，援據賅洽，真能直揭作者之心事，而息千載後聚訟之喙。予故録之于《季漢書》之後，以告讀史之君子。」

國　榷

《明史・藝文志・正史類》 談遷《國榷》一百卷。

皇明帝后紀略

錢謙益等《絳雲樓書目・本朝國紀》 《皇明帝后紀略》。一卷。黄曆間禮部郎戚元佐編，起德祖，止穆宗。

更定晉書

黄虞稷《千頃堂書目・正史類》 蔣之翹《更定晉書》一百三十卷。

元史備忘録

張之洞《書目答問・正史》《元史備忘録》一卷。明王光魯。借月山房本。

外戚傳

楊士奇等《文淵閣書目・國朝》《外戚傳》。一部，一册。完全。

孔子世家補

楊士奇等《文淵閣書目・史》《孔子世家補》。一部，六册。完全。

前漢贊論

楊士奇等《文淵閣書目・史》《前漢贊論》。一部，一册。闕。

又《前漢贊論》。一部，二册。闕。

遼史目録釋疑

楊士奇等《文淵閣書目・史》《遼史目録釋疑》。一部，一册。闕。

元史略

楊士奇等《文淵閣書目・史》《元史略》。一部，一册。闕。

又《元史略》。一部，一册。闕。

《明史・藝文志・正史類》《元史略》四卷。

元史外聞

楊士奇等《文淵閣書目・史》《元史外聞》。一部，一册。闕。

史記闕文

楊士奇等《文淵閣書目・史》《史記闕文》。一部，二册。闕。

史記纂

楊士奇等《文淵閣書目・史》趙青山《史記纂》。一部，四册。闕。

十二國史

楊士奇等《文淵閣書目・史附》《十二國史》。一部，一册。闕。

晉書音義

楊士奇等《文淵閣書目・史》楊正衡《晉書音義》。一部，一册。闕。

唐書音釋

楊士奇等《文淵閣書目・史》　《唐書音釋》。一部，一册。闕。

宋史後補

楊士奇等《文淵閣書目・史》　《宋史後補》。一部，二册。闕。

南北史列傳

楊士奇等《文淵閣書目・史附》　《南北史列傳》。一部，四册。闕。

史記白文

徐𤊹《徐氏家藏書目・旁史類》　《史記白文》。

史記大全

范邦甸等《天一閣書目・正史類》　《史記大全》一百三十卷。刊本。　漢司馬遷撰，唐司馬貞註。元中董浦叙，明景泰吳節叙，正德戊寅重校。

皇明本紀

錢謙益等《絳雲樓書目・本朝國記》　《皇明本紀》。俞本。　牧翁稱本以騎士從征，其記録最確，見《太祖實録辨證》。

唐　紀

黄虞稷《千頃堂書目・正史類》　孫瑴《唐紀》七十卷。字士先，華容人，選貢生。書成於崇禎中，自序言頗糾《新舊書》之失，而折衷於《通鑑綱目》。姪禔瞿表進。

國　書

黄虞稷《千頃堂書目・正史類》　廷左平《國書》三卷。不知爲何人書，不全。僅存帝紀及天官、輿地、曆、禮、樂五書，餘皆缺。有王化澄序。起太祖迄熹宗，莊閔帝有録無書。

國史考異

黄虞稷《千頃堂書目・正史類》　《國史考異》六卷。撰人未詳。考《實録》與諸家稗乘之異同者，止洪、永兩朝事迹。

國朝事蹟

《明史・藝文志・正史類》　孫宜《國朝事蹟》一百二十卷。

輯皇明紀傳

《明史・藝文志・正史類》　《輯皇明紀傳》三十卷。

十九史節定

《明史・藝文志・正史類》 安都《十九史節定》一百七十卷。

史書大全

《明史・藝文志・正史類》 魏國顯《史書大全》五百十二卷。

歷代史彙

《明史・藝文志・正史類》 楊寅冬《歷代史彙》二百四十卷。

史詮

《四庫全書總目提要・正史類》 《史詮》五卷。内府藏本。明程一枝撰。一枝，字巢父，休寧人。是編專釋《史記》字句，校考諸本，頗有發明。惟參雜時人評語，頗近鄉塾陋本，體例亦有過於膠固者，如欲據荀子《樂記》刪改禮書、樂書之類，皆不可據爲定論也。

宋史偶識

《四庫全書總目提要・正史類》 《宋史偶識》三卷。浙江巡撫採進本。明項夢原撰。夢原，字希憲，秀水人。萬曆己未進士，官至刑部郎中，管河張秋。其書乃讀《宋史》時隨筆摘録，又他書所見可以參考者附之。間加評斷，亦甚寥寥，蓋當時强授梨棗，以充書帕之本，非有意於著述也。

南唐書注

吴壽暘《拜經樓藏書題跋記》 《南唐書注》。右《南唐書注》十八卷，周在浚著。後附戚光《唐年世總釋》、馬令《南唐書建國譜》、吴非《三唐傳國編年圖》、楊維楨《正統辨》、李清《南唐書年世總釋前論》、邱鍾仁《南唐承唐統論》。前列趙世延《南唐書序》，沈士龍、胡震亨題辭。此書武原張文漁徵君得於易州山中，先君子假得，與先師朱巢飲夫子取家藏各書逐條校勘，凡異同悉筆之簡端。復經周耕厓先生校訂，粘簽數百條。後有二札，一云：「雪客《南唐書注》大費苦心，老年長兄政暇能即付之梨棗，誠不朽盛事矣。」一云：「雪客《南唐書注》，偶攜過竹西，曹荔老轉託伊弟燕客郡丞，勸其開雕。弟念年世兄已刻馬、陸二書，今又復鋟此注，未免近複，故不復辭。已鈔副本寄之，原本統俟録成匯繳可耳。」二札俱不書名氏，先君子謂是朱竹垞先生與蔣蘿村先生札。陳無軒學博跋云：「乾隆戊戌十月十二日，芑堂來保定，遂訪友于易州山中，得是書，冒雨衝寒而至，喜不自勝，洵一段奇緣也。芑堂急欲南行，余未暇細讀，惟屬即付開雕，公諸同好云。十七日置酒觀古書畫畢，月出記之。」先君子跋云：「大梁周雪客先生《南唐書注》，當時最有名，以未有刊本，故流傳絶少。昔襄平蔣蘿村、梅中兄弟合刻馬、陸二書時，曾得此校閲，既以示朱竹垞檢討，竹垞極賞之，謂蘿村已刊馬、陸二書，是以不復從臾。攜過廣陵，曹荔帷先生見之，勸其弟燕客郡丞開雕，卒亦未果，迄今又七十餘載矣。吾友張君文魚從易州山中得此書，數千里懷之以歸，喜不自勝，亟謀付之梨棗。予間從借讀，觀其徵引之富，真竹垞所謂具費苦心者。第其間亥豕脱謬，尚所不免，因與朱君允達據予家所有之書逐條校勘，凡諸異同，悉筆之簡端，還以質於文魚。至於注中有繁者宜芟，複者宜去，互異者應别其是非，附傳者當標其出處，若斯之類，皆私心所未安，而深有望於二三同志之共訂者也。文魚博雅嗜古，汲汲以表章爲事。試更以芻蕘之言斟酌盡當而刊焉，非特爲山陰陸氏之功臣，抑亦雪客先生之益友矣。庚子端陽後二日跋。」耕厓先生跋云：「歲壬寅，從兔牀借觀是書於王氏藜照書屋，隨貢粘簽。十年以來，奔馳南北，忽忽幾忘之矣。壬子春，因纂修《廣德州志》，意其注中事有涉廣德者，復借閲一過。重檢舊簽，竟無新得以益之。二壬之間，白髮頻添，依然故我，可歎也。歲暮攜歸，輒附數言于末。十二月一日海昌周廣業識。」

元史類編

耿文光《萬卷精華樓藏書記・别史類》 《元史類編》四十二卷。國朝邵遠平撰。掃葉山房本。是書亦名《續宏簡録》。席氏與《東都事略》、《契丹國志》、《大金國志》合刻爲四史本。席氏《序》曰：删《元史》之繁蕪，增補尤爲完備，其體例有厥祖所未及者，此與《宏簡》並行，今重梓之。《遺書録》：遠平取《元史》删繁訂誤，並採諸家所著補其缺略，以續祖書。朱彝尊爲之《序》。

歷代建元考

張之洞《書目答問・正史》 《歷代建元考》十卷。鍾淵映。守山閣本。金壺本。

歷代史表

張之洞《書目答問・正史》 《歷代史表》五十九卷。萬斯同。原刻足本，初印本少末六卷。錢大昕《唐學士年表》一卷、《五代學士年表》一卷、《宋中興學士年表》一卷，德清徐氏刻本。

明史稿列傳

吴壽暘《拜經樓藏書題跋記》 《明史稿列傳》。右六十一册。先君子《跋》云：「萬季野先生所撰《史稿》，方望溪侍郎以爲四百六十卷，諸志未成。全謝山庶常以爲五百卷。今此僅列傳二百六十七卷，雖似未全，蓋華亭開雕時亦尚有删併也。周松靄大令云，此書即查東山之《罪惟録》，故有朱康流、張待軒傳及海甯俞子久事。然予未見《罪惟録》，不敢懸斷，識之以俟知者。」又云：「此書予藏之數十年，姚江邵予桐編修見而極愛之，以爲此《舊唐書》也，在西湖書局中借閲累年，後竟攜以入都，屢索不還。屬武林友人往取之，酬以二十金始得。昔人以借書還書等爲一癡，殆是之謂歟？然予實一片苦心，終不以是爲悔。後人能體此意，亦可云文章紹編斯矣。」

歷代地理沿革表

張之洞《書目答問・正史》 《歷代地理沿革表》四十七卷。陳芳績。道光間刻本。

明　史

《四庫全書總目提要・正史類》 《明史》三百三十六卷。内府刊本。國朝保和殿大學士張廷玉等奉敕撰。乾隆四年七月二十五日書成，表進。凡本紀二十四卷，志七十五卷，表一十三卷，列傳二百二十卷，目録四卷。其進表有曰：「仰惟聖祖仁皇帝搜圖書於金石，羅耆俊於山林，創事編摩，寬其歲月。蓋康熙十八年始詔修明史，竝召試彭孫遹等五十人，入館纂修，以記載浩繁，異同岐出，遞相考證，未遽定也。」又曰：「我世宗憲皇帝重申公慎之旨，載詳討論之功。臣等於時奉敕充總裁官，率同纂修諸臣，開館排輯。十五年之内，幾經同事遷流，三百餘卷之書，以次隨時告竣。蓋雍正二年詔諸臣續蕆其事，至是乃成書也。」又曰：「鐵帙雖多，牴牾互見。惟舊臣王鴻緒之史稿，經名人三十載之用心，進在彤幃，頒來祕閣，首尾略具，事實頗詳。爰即成編，用爲初稿。」蓋康熙中户部侍郎王鴻緒撰《明史稿》三百十卷，惟帝紀未成，餘皆排比粗就，較諸家爲詳贍，故因其本而增損成帙也。其間諸志，一從舊例，而稍變其例者二：《曆志》增以圖，以曆生於數，數生算，算法之句股面線，今密於古，非圖則分刌不明；《藝文志》惟載明人著述，而前史著録者不載，其例始於宋孝王《關中風俗傳》，劉知幾《史通》又反覆申明，於義爲允，唐以來弗能用，今用之也。表從舊例者四：曰諸王，曰功臣，曰外戚，曰宰輔。𠟱新例者一：曰七卿。蓋明廢左右丞相，而分其政於六部。而都察院糾核百司，爲任亦重，故令而七也。列傳從舊例者十三，𠜱新例者三：曰閹黨，曰流賊，曰土司。蓋貂璫之禍，雖漢唐以下皆有，而士大夫趨勢附羶，則惟明人爲最夥，其流毒天下亦至酷，別爲一傳，所以著亂亡之源，不但示斧鉞之誅也。闖、獻二寇，至於亡明，勦撫之失，足爲炯鑒，非他小醜之比，亦非割據羣雄之比，故別立之。至於土司，古謂「羈縻州」也，不内不外，釁隙易萌，大抵多建置於元，而滋蔓於明，控馭之道，與牧民殊，與禦敵國又殊，故自爲一類焉。若夫甲申以後，仍續載福王之號；乙酉以後，仍兼載唐王、桂王諸臣，則頒行以後，宣示綸綍，特命改增。聖人大公至正之心，上洞三光，下昭萬禩，尤自有史籍以來所未嘗聞見者矣。

張之洞《書目答問・正史》《明史》三百三十六卷。

新舊唐書合鈔

張之洞《書目答問・正史》《新舊唐書合鈔》二百六十卷。沈炳震。海甯查氏刻本。丁小鶴《新舊唐書合鈔補正》有刻本，未見。

廿一史四譜

張之洞《書目答問・正史》《廿一史四譜》五十四卷。沈炳震。海甯查氏刻本。

後漢書補注

張之洞《書目答問・正史》《後漢書補注》二十四卷。惠棟。寶山李氏刻本。粤雅堂本。馮集梧刻本。

漢書地理志稽疑

張之洞《書目答問・正史》《漢書地理志稽疑》六卷。全祖望。朱文翰刻本。粤雅堂本。

歷代帝王年表

張之洞《書目答問・正史》《歷代帝王年表》三卷。齊召南。文選樓本。仁和葉氏重刻本。此書最簡括。

讀史記十表

《四庫全書總目提要・正史類》《讀史記十表》十卷。副都御史黄登賢家藏本。國朝汪越撰，徐克范補。越字師退，康熙己酉舉人。克范字堯民，皆南陵人。是書有《後記》一篇，記越初作此書成，以書抵克范曰：「有《讀史記十表》一帙，偏求友人商榷，殊無一人案定子長原表，通首訖尾，印證鄙説之是非者，不解何故？仰惟細加推勘，示明紕繆，以便改訂，有補義則亦書於篇，將來授梓」云云。蓋古來增減前人舊本，多在其人之身後。惟此書則同時商榷而補之，故考校頗爲精密，於讀史者尚屬有裨。考史家之難，在於表志。而表文經緯相牽，或連或斷，可以考證，而不可以誦讀，學者往往不觀。劉知幾考正史例，至爲詳悉，而《史通》已有廢表之論，則其他可知。越等獨排比舊文，鉤稽微義，雖其間一筆一削，務以《春秋》書法求之，未免或失之鑿。而訂譌砭漏，所得爲多，其存疑諸條，亦頗足正《史記》之牴牾，異乎矉捧一書，纖毫必爲回護者，於史學之中可謂人略我詳矣。

張之洞《書目答問・正史》《讀史記十表》十卷。汪越。

史記疑問

《四庫全書總目提要・正史類》《史記疑問》一卷。兩淮馬裕家藏本。國朝邵泰衢撰。泰衢有《檀弓疑問》，已著録。《史記》採衆説以成書，徵引浩博，不免牴牾。班固嘗議其宗旨之乖，劉知幾頗摘其體例之謬。至其敘述之罅漏，先儒雖往往駁正，然未有專著一書，抉其疏舛者。奏衢獨旁引異同，而一一斷之以理。如謂《高祖紀》解縱罪人，坦然回沛之非情實。《留侯世家》諸將偶語沙中之不可信。《李陵傳》兵矢既盡，尚殺匈奴萬餘人之言爲誇誕。據《功臣表》漢九年呂澤已死，而駁《留侯世家》所紀漢十一年不應又有呂澤。大抵皆參互審勘，得其間隙，故所論多精確不移。不但如吳縝之糾《新唐書》祇求諸字句間也。是書本與所作《檀弓疑問》合爲一編，今以《檀弓疑問》入經部，而是書析入史部，俾各從其類焉。

後漢書補逸

張之洞《書目答問・正史》 《後漢書補逸》二十一卷。姚之駰。刻本。孫志祖補輯謝承《後漢書》五卷，未見傳本。

五代史志疑

《四庫全書總目提要・正史類》 《五代史志疑》四卷。江蘇巡撫採進本。國朝楊陸榮撰。陸榮有《易互》，已著録。歐陽修作《五代史》，多倣《春秋》書法，自謂是非之旨，不謬於聖人。然褒貶謹嚴，而事蹟或在所略。故重複舛漏，間亦不免。吳縝作《五代史纂誤》，頗糾其譌。其本久佚，惟《永樂大典》中尚存梗概。今奉詔編纂，始排比成帙。陸榮此編，成於康熙庚子，蓋未睹縝書，故以意研求，摘其疎謬。如《梁太祖本紀》謂洹水之戰，擒李克用子落落，而家人傳不載其名。唐昭宗遺難以後，不書立昭宣帝，則紀中前後所稱天子，不可辨別。《晉出帝紀》謂馬全節戰於榆林，兩軍俱潰，其一軍不知爲誰，又與附録所載榆林之戰，全不相合。瀛州之戰，書梁漢璋敗績，王清戰死，附録則書漢璋戰死，而不及清。唐太祖兄弟傳所載太祖有四弟，克讓、克修、克恭、克寧，而《李嗣昭傳》乃有太祖弟克柔。唐莊宗諸子傳謂五子繼岌、繼潼、繼嵩、繼蟾、繼嶢，而《劉后傳》乃多一幼子滿喜。《晉出帝家人傳》漏延煦母楚國夫人丁氏，而《張延澤傳》中乃有之。《漢隱帝家人傳》漏耿夫人，而《楊邠傳》中乃有之。《王景仁傳》以朗王存之子友寧爲梁太祖子。《羅紹威傳》以「兄守文」爲「弟守文」。《白再榮傳》李崧和凝留鎮州時，契丹已北歸，不應云「隨契丹留」。《安重榮傳》謂其祖父皆爲刺史，不應云「暴至富貴」。《劉昫傳》不應漏修《唐書》，皆頗有考訂。然其餘不過爭文句之繁簡，論進退之當否，毛舉細故，往往失當。大抵惟就本書之中，互相校勘，所引他書，僅茅坤《五代史鈔評》一條，此外更無旁證也。

遼史拾遺

《四庫全書總目提要・正史類》 《遼史拾遺》二十四卷。浙江巡撫採進本。國朝厲鶚撰。鶚字太鴻，錢塘人，康熙庚子舉人。是書拾《遼史》之遺，有註有補，均摘録舊文爲綱，而參考他書條列於下。凡有異同，悉分析考證，綴以按語。《國語解》先後次第與目録有不合者，亦悉爲釐正。又補輯遼境四至，及風俗物産諸條於後。其中如劉守光自爲節度使，《唐書》及《五代史》列傳載之最詳，乃獨取《資治通鑑》一條。李嗣源之救幽州，不引《契丹國志》，亦僅引《通鑑》。王都破唐兵，《五代史》與諸書互有同異，而不加考辨。金克中京，《大金國志》敘次最悉，乃獨取《松漠紀聞》數言。保大以後，遼事載於《宋史》紀傳者最多，皆略而不取。似此之類，皆頗有所遺。又蘭亭石刻之類，蔓延鋪敘，與史事毫無所關，亦未免嗜博愛奇，傷於泛濫。然元修三史，莫繁冗於宋，莫疎略於遼。又遼時書禁最嚴，不得傳布於境外，故一朝圖籍，澌滅無徵。鶚採摭羣書，至三百餘種，均以旁見側出之文，參考而求其端緒。年月事蹟，一一鉤稽。其補唐中和諸人之傳，及《禮志》之補幡勝，《樂志》之補聒帳，《輿服志》之補金冠窄袍，《食貨志》之補賦稅名目，皆採輯散佚，足備考證。鶚《樊榭詩集》中自稱所註《遼史》，比於裴松之之《三國史註》，亦不誣也。至於卷末《國語解》，對音舛誤，名義多乖，由作史者昧於繙譯，故因仍故牘，致失其真。鶚雖釐正其次第，而索倫舊語，既非所知，故舊史駁文，未能考定。今三史國語悉蒙欽定，一洗前代之譌，足以昭示萬古，鶚所附贅，存而不論可矣。

吳壽暘《拜經樓藏書題跋記》 《遼史拾遺》。鈔本《遼史拾遺》四册。吳江楊慧樓進士跋云：「樊榭先生著述等身，而援引精博則推《遼史拾遺》爲冠。四十年前，廣陵馬氏曾擬剞劂而未果，海内鈔藏者，寥寥數家而已。客秋海甯吳丈槎客慨舉知不足齋贈本假鈔，以數年願見不可得之書，一旦得繕録全帙，登諸篋衍，快何如之！庚戌夏六月校畢，因識數語于後以誌幸。至菫浦先生《金史補闕》卷帙更鉅，身後散佚罕存，欲謀璧合而竟無自矣。惜夫！松陵楊復吉識。」先君子跋云：「吴江楊慧樓進士既從予借鈔《遼史拾遺》，又作《遼史拾遺補》。凡數百條，惜予卒卒未及傳録。」又云：「鮑緑飲云，此書向爲樊榭姪繡洲所藏，人有借鈔者，繡洲撤出一卷以借之，故外間傳本多不全，惟此爲足本也。」

張之洞《書目答問·正史》 《遼史拾遺》二十四卷。《補》五卷。厲鶚。汪刻本。杭世駿《補金史》一百卷，未刊。

三國志補注

《四庫全書總目提要·正史類》 《三國志補注》六卷，附《諸史然疑》一卷。浙江巡撫採進本。國朝杭世駿撰。世駿有《續方言》，已著録。是書補裴松之《三國志注》之遺，凡《魏志》四卷，《蜀志》《吴志》各一卷。松之注捃摭繁富，考訂精詳，世無異議。世駿復掇拾殘賸，欲以博洽勝之，故細大不捐，瑕瑜互見。如某人宅在某鄉，某人墓在某里，其體全類《圖經》。虞荔之《鼎録》，陶宏景之《刀劍録》，皆按年編入。而鍾繇等傳《書評》、《書品》，動輒連篇，其例又如雜記。至於神怪妖異，如嵇康見鬼、諸葛亮祭風之類，稗官小説，累牘不休，尤誕謾不足爲據。他如魏文帝角巾彈棊，裴註已引《博物志》，而又引《世説》。曹操之發邱摸金，裴註已載陳琳《檄》，而又引《宋書·廢帝紀》，書名有異，而事迹不殊，亦何取乎屋上之屋。至於崔琰捉刀，劉孝標《世説注》中已辨裴啓《語林》之誤，乃棄置劉語而别引《史通》之文。張飛豹月烏本出葉廷珪《海録碎事》，乃明標葉書，又冠以「匯苑」之目。大抵愛博嗜奇，故蔓引巵詞，多妨體要。又「異苑」王粲識礜石事，佚其荆州劉表數言；諸葛亮《梁甫吟》不載出《藝文類聚》，輾轉稗販，疎漏亦多。然如《魏文帝紀》之王凌謝亭侯一條，《明帝紀》之孔晏又一條，陳泰年三十六一條，《臧洪傳》之徐衆一條，《崔琰傳》之陳煒一條，《華歆傳》之東海郡人一條，嚴包交通一條，《蔣濟傳》之弊勉一條，《張遼傳》之大呼是名一條，《楚王彪傳》之徙封白馬一條，《蜀志·先主傳》之譙周爲從事一條，《後主傳》之不置史官一條，《諸葛亮傳》之躬耕南陽一條，《鄧芝傳》之廖化襄陽人一條，《吴志·孫休傳》二子之名一條，《太史慈傳》之神亭一條，《黄蓋傳》之黄子廉一條，《賀齊傳》之徐盛失矛一條，皆參校異同，頗爲精核。餘如黄初五經課試之法，王昶考課五事之目，司馬芝復錢之議，王肅祕書監之表，王象、繆襲之撰《皇覽》，引《正義》辨鄭元解稽古同天之謬，引《後漢書》註證宗賊之義，引《風俗通》證周生爲複姓，引《困學紀聞》證況長寧爲蜀人，亦皆足以資考證。故書雖蕪雜，而亦未可竟廢焉。末附《諸史然疑》一卷，亦世駿所撰，皆糾史文之疎漏。凡《後漢書》十四條，《陳書》三條，《三國志》六條，《晉書》三條，《宋書》三條，《魏書》八條，《北史》六條，《陳書》三條，蓋後人鈔其遺稿，録之成帙。其中引《史通》一條云：「習鑿齒以劉爲僞國者，蓋定邪正之途，明順逆之理爾。而檀道鸞稱其當桓氏執政，故撰此書，欲以絶彼瞻烏，防兹逐鹿。」審若所言，則鑿齒似未嘗尊蜀者。案此條見《史通·探賾》篇，核其上下文義，蓋傳寫《史通》者誤於「以劉」二字之上脱一「不」字，其《稱謂》篇中自注有曰：「習氏《漢晉春秋》以蜀爲正統，其敘事皆謂蜀先主爲昭烈帝。」本書之内，證佐甚明。近時浦起龍刻《史通》，以此句文義違背，改「劉」爲「魏」，猶無大害。世駿竟據誤本，遽發創論，殊失之不考。牛繼馬後一條，責《晉書》不當襲舊史，全因《史通》之説，亦不免勦襲。至於三老五更一條，據楊賜、伏恭、周澤三傳補杜佑《通典》之闕，則蔓延於本書之外，於《後漢書》絶不相關，亦爲自亂其例。然大致訂訛考異，所得爲多，於史學不爲無補。以篇頁無多，附載《三國志補注》之後，今亦併録存之，以資參訂云。

張之洞《書目答問·正史》 《三國志補注》六卷，附《諸史然疑》一卷。杭世駿。刻本。

漢書律曆志正譌

張之洞《書目答問·正史》 《漢書律曆志正譌》上下卷。王元啓。《祇平居士集》。杭世駿《漢書疏證》、《北齊書疏證》，未見傳本。

史記三書正譌

張之洞《書目答問·正史》 《史記三書正譌》三卷。王元啓。《祇平居士集》本。《律書》一卷，《曆書》一卷，《天官書》一卷。孫星衍《史記天官書考證》十卷，未見傳本。

元號略

張之洞《書目答問・正史》《元號略》四卷。《補遺》一卷。梁玉繩。《清白士集》本。

古今人表考

張之洞《書目答問・正史》《古今人表考》九卷。梁玉繩。《清白士集》本。

史記志疑

張之洞《書目答問・正史》《史記志疑》三十六卷。梁玉繩。原刻本。

十七史商榷

張之洞《書目答問・正史》《十七史商榷》一百卷。王鳴盛。原刻本。

廿二史考異

張之洞《書目答問・正史》《廿二史考異》一百卷。錢大昕。潛研堂本。李貽德《十七史考異》，未刊。

諸史拾遺

張之洞《書目答問・正史》《諸史拾遺》五卷。錢大昕。潛研堂本。

元史氏族表

張之洞《書目答問・正史》《元史氏族表》三卷。錢大昕。潛研堂本。別有《元史稿》一百卷，未刊。

補元史藝文志

張之洞《書目答問・正史》《補元史藝文志》四卷。錢大昕。潛研堂本。

遼金元三史拾遺

張之洞《書目答問・正史》《遼金元三史拾遺》五卷。錢大昕。《潛研堂全書》本。

宋遼金元四史朔閏考

張之洞《書目答問・正史》《宋遼金元四史朔閏考》二卷。錢大昕。錢侗續成。文選樓本。粵雅堂本。

後漢書補表

張之洞《書目答問·正史》《後漢書補表》八卷。錢大昭。汗筠齋本。粵雅堂本。

新斠注地理志

張之洞《書目答問·正史》《新斠注地理志》十六卷。錢坫。原刻本。同治甲戌會稽章氏重刻本，附徐松《集釋》。又《漢書十表注》十卷，未刊。

史記三書釋疑

張之洞《書目答問·正史》《史記三書釋疑》三卷。錢塘。錢坫《補史記注》一百三十卷，未刊。

元史本證

張之洞《書目答問·正史》《元史本證》五十卷。汪輝祖。家刻本。

南史識小録　北史識小録

張之洞《書目答問·正史》《南史識小録》八卷，《北史識小録》八卷。沈名蓀、朱昆田同編。刻本。錢大昕《南北史雋》一卷，未刊。

三國疆域志

張之洞《書目答問·正史》《三國疆域志》二卷。洪亮吉。《卷施閣集》本。

東晉疆域志

張之洞《書目答問·正史》《東晉疆域志》四卷。洪亮吉。《卷施閣集》本。

晉宋書故

張之洞《書目答問·正史》《晉宋書故》一卷。郝懿行。《郝氏遺書》本。洪亮吉《宋書音義》四卷，未刊。

十六國疆域志

張之洞《書目答問·正史》《十六國疆域志》十六卷。洪亮吉。《卷施閣集》本。

廿二史劄記

張之洞《書目答問·正史》《廿二史劄記》三十六卷。趙翼。原刻本。

遼金元三史國語解

《四庫全書總目提要·正史類》《欽定遼金元三史國語解》四十六卷。乾隆四十六年奉勑撰。考譯語對音，自古已然。《公羊傳》所稱地物從中國，邑人名從主人是也。譯語兼釋其名義，亦自古已然。《左傳》所稱楚人謂乳穀，謂虎於菟。《穀梁傳》所稱吳謂善伊謂稻緩。號從中國，名從主人是也。間有音同字異者，如天竺之爲捐篤、身毒、印度，烏桓之爲烏丸，正如中國文字，偶然假借，如「歐陽」，漢碑作「歐羊」；「包胥」，《戰國策》作「勃蘇」耳。初非以字之美惡分別愛憎也。自《魏書》改「柔然」爲「蠕蠕」，比諸蠕動，已屬不經。《唐書》謂「回紇」改稱「回鶻」，取輕健如鶻之意，更爲附會。至宋人武備不修，鄰敵交侮，力不能報，乃區區修隙於文字之間，又不通譯語，竟以中國之言，求外邦之義。如趙元昊自稱「兀卒」，轉爲「吾祖」，遂謂「吾祖」爲「我翁」。「蕭鷓巴」本屬蕃名，乃以與「曾淳甫」作對，以鷓巴鶉脯爲惡謔。積習相沿，不一而足。元托克托等修宋、遼、金三史，多襲舊文，不加刊正。考其編輯成書，已當元末，是時如台哈布哈號爲文士，今所傳納新案「納新」原本誤作「迺賢」，今改正。《金臺集》首，有所題篆字，亦自署曰「泰不華」，居然譌異。蓋舊俗已漓，併色目諸人亦不甚通其國語，宜諸史之譌謬百出矣。迨及明初，宋濂等纂修《元史》，以八月告成，事迹挂漏，尚難殫數。前代譯語，更非所諳。三史所附《國語解》顛舛支離，如出一轍，固其宜也。我皇上聖明天縱，邁古涵今，洞悉諸國之文，灼見舊編之誤。特命館臣，詳加釐定，併一一親加指示，務得其眞。以索倫語正《遼史》凡十卷。首君名。附以后妃、皇子、公主；次宮衛，附以軍名；次部族，附以屬國；次地理；次職官；次人名；次名物，共七門。以滿洲語正《金史》凡十二卷。首君名，附以后妃、皇子；次部族；次地理；次職官，附以軍名；次姓氏；次人名，附以名物，共六門。以蒙古語正《元史》凡二十四卷。首帝名，附以后妃、皇子、公主；次宮衛，附以軍名；次部族，附以國名；次地理；次職官；次人名；次名物，共七門。各一一著其名義，詳其字音，字音爲漢文所無者，則兩合三合以取之。分析微茫，窮極要窅。即不諳繙譯之人，繹訓釋之明，悟語聲之轉，亦覺釐然有當於心，而恍然於舊史之誤也。蓋自《欽定三合切音清文鑑》出，而國語之精奧明；至此書出，而前史之異同得失亦明。不但宋、明二史可據此以刊其譌，即四庫之書，凡人名、地名、官名、物名涉於三朝者，均得援以改正，使音訓皆得其眞。聖朝考文之典，洵超軼乎萬禩矣。

張之洞《書目答問・正史》《遼金元三史國語解》四十六卷。乾隆四十六年敕撰。殿本。宋遼金元史原書譯語不合者，殿本四史奉敕改正。

歷代帝王廟謚年諱譜

張之洞《書目答問・正史》《歷代帝王廟謚年諱譜》一卷。陸費墀。阮福刻本。仁和葉氏重刻本。

江表志南唐拾遺記新舊唐書雜論

吳壽暘《拜經樓藏書題跋記》《江表志》《南唐拾遺記》《新舊唐書雜論》。三種合爲一册。《江表志》三卷，耕厓先生依《閩汀文選》校，頗多補正，並云：「按《閩汀文選》中所刻《江表志》及《南唐近事》，每種作一卷，不分三卷。」《南唐拾遺記》，先師朱巢飲夫子暨先君子校，耕厓、慧樓二先生亦均借閱。《新舊唐書雜論》，慧樓先生校正並跋云：「李西涯《新舊唐書雜論》，《懷麓堂集》所不載。客冬假海甯吳丈槎客藏本讀之，樹義明快，洵堪與范淳甫《唐鑑》並峙。第其中訛脱孔多，而侯君集、許敬宗、晉王治三則舛錯淆雜，幾于不復可句讀。因爲校正録副，用誌賞析。辛亥寒食日覆校畢並記。」

南北史表

張之洞《書目答問・正史》《南北史表》六卷。周嘉猷。原刻本。章宗源《隋書經籍志考證》。《三十三種叢書》本。

五代史記纂誤補

張之洞《書目答問・正史》《五代史記纂誤補》四卷。吳蘭庭。知不足齋本。珠塵本。單刻本。

新五代史補注

張之洞《書目答問・正史》 《新五代史補注》七十四卷。彭元瑞、劉鳳誥同撰。原刻通行本。中分子卷。

晉書地理志新補正

張之洞《書目答問・正史》 《晉書地理志新補正》五卷。畢沅。經訓堂本。

漢書地理志補注

張之洞《書目答問・正史》 《漢書地理志補注》一百卷。吴卓信。安徽包氏刻本。

補宋書刑法志食貨志

張之洞《書目答問・正史》 《補宋書刑法志》一卷。《食貨志》一卷。郝懿行。《郝氏遺書》本。

宋瑣語

張之洞《書目答問・正史》 《宋瑣語》一卷。郝懿行。《郝氏遺書》本。此二書爲史鈔類，附此。

紀元通考

張之洞《書目答問・正史》 《紀元通考》十二卷。葉維庚。自刻本。此書最詳。

新舊唐書互證

張之洞《書目答問・正史》 《新舊唐書互證》二十卷。趙紹祖。原刻本。

三國職官表

張之洞《書目答問・正史》 《三國職官表》三卷。洪飴孫。道光元年李兆洛《合梁疆域志》刻本。

史　表

張之洞《書目答問・正史》 《史表》□卷。洪飴孫。李兆洛刻本。乃合編歷代史目録。

補梁疆域志

張之洞《書目答問・正史》 《補梁疆域志》八卷。洪齮孫。李兆洛刻本。

漢志水道疏證

張之洞《書目答問・正史》《漢志水道疏證》五卷。洪頤煊。問經堂本。

歷代紀元編

張之洞《書目答問・正史》《歷代紀元編》三卷。李兆洛。江甯官本。粵雅堂本。此書最便。

歷代地理志韻編今釋

張之洞《書目答問・正史》《歷代地理志韻編今釋》二十卷。李兆洛。江甯官本。此書最便。

歷代沿革圖

張之洞《書目答問・正史》《歷代沿革圖》一卷。六嚴。江甯官本。

人表考校補　續考補

張之洞《書目答問・正史》《人表考校補》一卷，《續考補》一卷。蔡雲。自刻本。

三國志考證

張之洞《書目答問・正史》《三國志考證》八卷。潘眉。嘉慶間刻本。沈欽韓《三國志補訓詁》八卷、《釋地理》八卷，未見傳本。

補遼金元三史藝文志

張之洞《書目答問・正史》《補遼金元三史藝文志》。倪璠。抱經堂《羣書拾補》之一。

補三國藝文志

張之洞《書目答問・正史》《補三國藝文志》四卷。侯康。《嶺南遺書》本。

三國志補注

張之洞《書目答問・正史》《三國志補注》一卷。侯康。《嶺南遺書》本。《學海堂二集》本。

後漢書補注

張之洞《書目答問・正史》《後漢書補注》一卷。侯康。《嶺南遺書》本。

補後漢藝文志

張之洞《書目答問・正史》 《補後漢藝文志》四卷。侯康。伍氏《嶺南遺書》本。錢大昭《補續漢書藝文志》二卷、《後漢郡國令長考》一卷,錢塘《續漢書律歷志補注》二卷,未刊。

漢書西域傳補注

張之洞《書目答問・正史》 《漢書西域傳補注》二卷。徐松。原刻本。張琦刻本。《指海》本。

漢書地理志校本

張之洞《書目答問・正史》 《漢書地理志校本》二卷。汪遠孫。杭州刻本。

補晉兵志

張之洞《書目答問・正史》 《補晉兵志》一卷。錢儀吉。《衎石齋記事初稿》本。

舊唐書逸文

張之洞《書目答問・正史》 《舊唐書逸文》十二卷。岑建功輯。揚州岑氏附《舊唐書》刻本,互見。

舊唐書校勘記

張之洞《書目答問・正史》 《舊唐書校勘記》六十六卷。羅士琳、陳立、劉文淇、劉毓崧同校。

漢西域圖考

張之洞《書目答問・正史》 《漢西域圖考》七卷。李光廷。同治庚午刻本。王峻《漢書辨誤》四卷,自刻本。

三國志辨誤

《四庫全書總目提要・正史類》 《三國志辨誤》三卷。兩淮鹽政採進本。不著撰人名氏,亦莫詳時代。《蘇州府志》載「陳景雲,字少章,吳江縣學生,長洲人。少從何焯遊,博通經史,淹貫羣籍。長於考訂,凡譌謬處能剖析毫芒。所著書凡九種,其四爲《三國志校誤》」,似即此書。然考《義門讀書記》中有何焯所校《三國志》三卷,其《魏志・楊阜傳》「阜嘗見明帝著帽披縹綾半褏袖」一條,稱「褏、袖,古今字。少章疑下一字衍。檢《宋書・五行志》,果然」云云,此書不載此條,則又似非景雲作,疑不能明,闕所不知可也。《三國志》簡質有法,古稱良史,而牴牾亦所不免。如孫權之攻合肥,魏、吳二《志》先後不同,當時已爲孫盛所議。明以來南北監本傳寫刊刻,脱誤尤多。是書所辨陳書及裴注之誤,凡《魏志》二十八條,《蜀志》八條,《吳志》二十一條。其間於字之譌異者,如《三少帝紀》定陵侯繁,「繁」當作「毓」,少府褒,「褒」當作「袠」之類;於文之倒置者,如正元二年八月戊辰,不當在辛未後之類;於正文與注淆亂者,如《王肅傳》評末附劉寔語,本裴注所引之類;於原本之闕佚者,如徐詳不當附《胡綜傳》之類,竝參校異同,各有根據。雖所辨僅數十條,不能如何焯書校正之詳,而不似焯之泛作史評。又大抵以前後文互相考證，參以《後漢書》、《晉書》，不能如杭世駿書徵據之博，而亦不似世駿之蔓引雜説。其抉摘精審之處，要不減三劉之於《西漢書》，吴縝之於《五代史》也。

張之洞《書目答問・正史》 《三國志辨誤》一卷。宋人，闕名。聚珍本。福本。守山閣本。金壺本。陳景雲《國志舉正》四卷，錢大昭《三國志辨疑》三卷，未刊。

漢書地理志水道圖説

張之洞《書目答問・正史》 《漢書地理志水道圖説》七卷。今人。廣州刻本。

攷正德清胡氏禹貢圖

張之洞《書目答問・正史》 《攷正德清胡氏禹貢圖》一卷。今人。廣州刻本。

歷代統紀表

張之洞《書目答問・正史》 《歷代統紀表》十三卷。段承基。自刻本。

疆域表

張之洞《書目答問・正史》 《疆域表》三卷。段承基。自刻本。

沿革表

張之洞《書目答問・正史》 《沿革表》三卷。段承基。自刻本。

編年部

論述

《隋書・經籍志・古史類序》 自史官放絶，作者相承，皆以班、馬爲準。起漢獻帝，雅好典籍，以班固《漢書》文繁難省，命潁川荀悅作《春秋左傳》之體，爲《漢紀》三十篇。言約而事詳，辯論多美，大行於世。至晉太康元年，汲郡人發魏襄王冢，得古竹簡書，字皆科斗。發冢者不以爲意，往往散亂。帝命中書監荀勖、令和嶠，撰次爲十五部，八十七卷。多雜碎怪妄，不可訓知，唯《周易》、《紀年》，最爲分了。其《周易》上下篇，與今正同。《紀年》皆用夏正建寅之月爲歲首，起自夏、殷、周三代王事，無諸侯國別。唯特記晉國，起自殤叔，次文侯、昭侯，以至曲沃莊伯，盡晉國滅。獨記魏事，下至魏哀王，謂之「今王」。蓋魏國之史記也。其著書皆編年相次，文意大似《春秋經》。諸所記事，多與《春秋》、《左氏》扶同。學者因之，以爲《春秋》則古史記之正法，有所著述，多依《春秋》之體。今依其世代，編而敍之，以見作者之別，謂之古史。

又《起居注類序》 起居注者，録紀人君言行動止之事。《春秋傳》曰：「君舉必書，書而不法，後嗣何觀？」《周官》，内史掌王之命，遂書其副而藏之，是其職也。漢武帝有《禁中起居注》，後漢明德馬后撰《明帝起居注》，然則漢時起居，似在宮中，爲女史之職。然皆零落，不可復知。今之存者，有漢獻帝及晉代已來《起居注》，皆近侍之臣所録。晉時，又得《汲冢書》，有《穆天子傳》，體制與今起居正同，蓋周時内史所記王命之副也。近代已來，別有其職，事在《百官志》，今依其先後，編而次之。其僞國起居，唯《南燕》一卷，不可別出，附之於此。

錢東垣等輯《崇文總目輯釋・編年類序》 昔春秋之後，繼以戰國，諸侯交亂，而史官廢失，策書所載，紀次不完。司馬遷始爲紀、傳、表、志之體，網羅千載，馳騁其文，其後史官悉用其法。《春秋》之義，書元最謹，一時無事，猶空書其首月，以謂四時不具，則不足成年，所以上尊天紀，下正人事。自晉荀悅爲《漢紀》，始復編年之體，學徒稱之，後世作者皆與正史並行云。見《歐陽文忠公集》。

又《實録類序》 實録起于唐世，自高祖至于武宗，其後兵盜相交，史不暇録，而賈緯始作《補録》，十或得其二三。五代之際，尤多故矣，天下乖隔，號令並出，傳記之士，譌謬尤多。幸而中國之君，實録粗備，其盛衰善惡之跡，較然而著者，不可泯矣。見《歐陽文忠公集》。

馬端臨《文獻通考・經籍考・編年》 《宋三朝藝文志》：編年之作，蓋《春秋》舊，自東漢後，變名滋多。至北齊，或曰紀，或曰春秋，或曰略，或曰典，或曰志。梁有《皇帝實録》，唐貞觀中作《高祖實録》，自是訖皇朝爲之。

又《起居注》 《宋三朝藝文志》：古者左史記言，右史記動。厥後有起居注，蓋記動也；時政紀，蓋記言也；又有日曆，兼言動而成之。淳化以來，悉備其書。《唐録》編年之外，又有起居注，類前代記註。今惟《唐創業起居注》存焉，餘悉亡逸。國朝起居注、時政記、日曆祕有司，不列於此。

焦竑《國史經籍志・編年類序》 述史者體有不一，而編年、紀傳其槩也。編年者，以年繫事，詳一國之治體，蓋本左氏；紀傳者，以人繫事，詳一人之事蹟，蓋本史遷。大較各有所長，而編年爲古矣。何者？紀、表、志、傳自爲篇章，不無煩複，故蕭頴士誚子長創爲，不合典訓，嘗深非之。然《左氏》依經爲傳，而《國語》一書，國別事殊，或越數十年而竟其義，亦知事詞散出，難於綴屬，而自相錯綜如此矣。荀悅、袁宏、干寶、諸裒之著作，一程《春秋》。乃若《通鑑》一編，通羣哲之歸趣，總百代之離詞，雖其涉津九流，鈐鍵六藝，而實王侯之龜鏡，經濟之潭奧也。今取其體裁相近者，並列於篇，以具當代得失之林焉。

又《起居注類序》 史官記注時事，略有數等：書榻前之厝置，有時政記；載柱下之見聞，有起居注。類例則爲會要，粹編則爲實録。總之以待異日之採擇，非正史也。昉於蕭梁，歷世靡缺。宜夫執簡而書，盡谿摭實，借箸之筴，無不目覩。而來鵠於此乃有三歎焉，謂宰臣密畫，史官不聞，次第周行，檢録制奏，與冗吏同工而已。嗟乎！史者當國之龜鏡，萬載之眉目也。以彼雲諏波訪，勦編刓筆，猶難勝其任，而顧令失職如此哉！《會要》列于故事三者，舊自爲部，今合爲一，而先後仍以類從云。

《四庫全書總目提要・編年類序》 司馬遷改編年爲紀傳，荀悅又改紀傳爲編年。劉知幾深通史法，而《史通》分敍六家，統歸二體，則編年、紀傳，均正史也。其不列爲正史者，以班、馬舊裁，歷朝繼作，編年一體，則或有或無，不能使時代相續，故姑置焉，無他義也。今仍蒐羅遺帙，次於正史，俾得相輔而行。《隋志・史部》有起居注一門，著録四十四部。《舊唐書》載二十九部，併實録爲四十一部。《新唐書》載二十九部，存於今者，《穆天子傳》六卷，温大雅《大唐創業起居注》三卷而已。《穆天子傳》雖編次年月，類小説傳記，不可以爲信史。實惟存温大雅一書，不能自爲門目，稽其體例，亦屬編年，今併合爲一，猶《舊唐書》以實録附起居注之意也。

又《編年類》 案：有歷代之編年，《竹書紀年》以下是也。有一代之編年，《漢紀》以下是也。其間或有或無，既不相續。今亦各以作者時代編之，不復以統系爲先後。其《通鑑地理通釋》、《綱目續麟》之類，則仍附本書之後，便參閲也。

又《編年類存目》 案：《鋼鑑正史約》之類，坊刻陋本，不足以言史矣。然五經、四書講章，雖極陋劣，不能不謂之經解也。故亦附存其目。此類至夥，姑就所見者載之，如經書講章之例。

耿文光《萬卷精華樓藏書記・編年類序》 古史官掌定《世本》，其篇目有紀，有傳，有世家。史公據《世本》爲《史記》，增以表、志，歷代因之，是爲正史。晉汲冢得竹書，文意大似《春秋》，紀事多符《左氏》，知爲古史記之正法。自是袁宏、干寶輩爲編年書，漢晉起居注、梁唐實録，皆其遺制也。但編年一體，時代不能相屬，故次於正史。今所録者凡二十七家。荀悦依《左傳》體爲《漢紀》，言綺事簡，大行於世。温公因《左氏》編年之體，倣荀悦簡要之文，罔羅衆説，成一家書，始於春秋以後，所以避聖尊經也。今惟劉氏《外紀》、畢氏《續鑑》可與並傳，其他非可比倫也。

黄逢元《補晉書藝文志・編年類序》 張璠以編年之體紀述後漢，踵而益之，復有袁宏，璠書佚而宏撰存。《史通》以配蔚宗，冠諸晉代。《春秋》者，經體之史，史體之編年，袁曄、孫盛、習鑿齒比而儗之，僭矣。然習氏帝蜀，其識量已度越承祚；盛能直書枋頭之事，有古董狐風，亦其卓卓者。干寶書則簡略，直而能婉，尤爲良史。陸機三祖之紀，劉氏知幾曰：「年既不編，何紀之有？」《唐志》類此。兹據劉説出置雜史。録編年篇。

又《起居注類序》 左史記言，右史記動，起居注者，左右史職也。晉西號中朝，東稱江左，帝一十有五，起自泰始，訖乎元熙，年百五十有六。此史既備，卷數滋多。詔書與起居注類也，《隋志》併入總集，唐新舊《志》類此，本志因之。《穆天子傳》，汲冢所出，體制與起居注同；《南燕》一卷，雖僞國僭擬，是或一類，仍本《隋志》録入此篇。

雜録

《隋書・經籍志・古史》 右三十四部，六百六十六卷。

又《起居注》 右四十四部，一千一百八十九卷。

《舊唐書・經籍志・編年》 右七十五部，編年五十五家，雜僞國史二十家，凡一千四百十卷。

錢東垣等輯《崇文總目輯釋・編年類》 共三十八部，計五百七十九卷。

又《實録類》 共三十三部，計八百四十一卷。

《新唐書・藝文志・編年類》 右編年類四十一家，四十八部，九百四十七卷。失姓名四家，柳芳以下不著録十九家，三百五十五卷。

又《起居注類》 右起居注類六家，三十八部，一千二百七十二卷。失姓名二十六家，《開元起居注》以下不著録三家，三千七百二十五卷。總七家，七十七部。

王應麟《玉海・藝文・編年》 《穀梁傳》曰：「《春秋》編年，四時具而後爲年。」上尊天時，紀正人事。司馬遷爲紀、傳、表、志之體，其後史官悉用其法。晉荀悦爲《漢紀》，復編年之體，後世作者皆正史並行。

又《實録》 實録起於蕭梁，至唐而盛，雜取編年、紀傳之法而爲之，以備史官採擇。

《宋史・藝文志・編年類》 右編年類一百五十一部，一萬五百七十五卷。《寧宗實録》以下不著録六部，無卷。曾慥《通鑑補遺》以下不著録十五部，九百六十八卷。

《四庫全書總目提要・編年類》 右編年類三十八部，二千六十六卷，皆文淵閣著録。

又《編年類存目》 右編年類三十七部，八百四十七卷，内一部無卷數。皆附存目。

通代分部

洞　紀

《隋書・經籍志・雜史》《洞紀》四卷。韋昭撰。記庖犧已來，至漢建安二十七年。

《舊唐書・經籍志・雜史》《洞記》九卷。韋昭撰。

《新唐書・藝文志・雜史類》韋昭《洞紀》四卷。

鄭樵《通志・藝文略・編年》《洞紀》四卷。韋昭撰，起庖犧已來，至漢建安十七年。

三五曆紀

鄭樵《通志・藝文略・編年》《三五曆紀》二卷。徐整撰。

通　歷

鄭樵《通志・藝文略・編年》《通歷》二卷。徐整撰。

雜　歷

鄭樵《通志・藝文略・編年》《雜歷》五卷。

帝王世紀

《隋書・經籍志・雜史》《帝王世紀》十卷。皇甫謐撰。起三皇，盡漢、魏。

《舊唐書・經籍志・雜史》《帝王代記》十卷。皇甫謐撰。

《新唐書・藝文志・雜史類》皇甫謐《帝王代紀》十卷。

鄭樵《通志・藝文略・編年》《帝王世紀》十卷。皇甫謐撰，起三皇，盡漢魏。

《宋史・藝文志・編年類》皇甫謐《帝王世紀》九卷。

年　曆

鄭樵《通志・藝文略・編年》《年曆》六卷。皇甫謐撰。

國志曆

鄭樵《通志・藝文略・編年》《國志曆》五卷。孔衍撰。

漢晉陽秋

《隋書・經籍志・古史》《漢晉陽秋》四十七卷。訖愍帝。晉滎陽太守習鑿齒撰。

《舊唐書・經籍志・編年》《漢晉春秋》五十四卷。習鑿齒撰。

《新唐書・藝文志・編年類》習鑿齒《漢晉春秋》五十四卷。

鄭樵《通志・藝文略・編年》《漢晉陽秋》五十四卷。訖愍帝。晉滎陽太守習鑿齒撰。

文廷式《補晉書藝文志・編年類》習鑿齒《漢晉陽秋》四十七卷。滎陽太守。

訖愍帝。本傳、《舊唐志》並云五十四卷。

帝王要略

《隋書·經籍志·雜史》《帝王要略》十二卷。環濟撰。紀帝王及天官、地理、喪服。

《舊唐書·經籍志·雜史》《帝王略要》十二卷。環濟撰。

《新唐書·藝文志·雜史類》環濟《帝王略要》十二卷。

鄭樵《通志·藝文略·編年》《帝王要略》十二卷。環濟撰。紀帝王及天官、地理、喪服。

周　載

《隋書·經籍志·雜史》《周載》八卷。東晉臨賀太守孟儀撰。略記前代，下至秦。本三十卷，今亡。

《舊唐書·經籍志·雜史》《周載》三十卷。孟儀注。

《新唐書·藝文志·雜史類》孟儀注《周載》三十卷。

鄭樵《通志·藝文略·編年》《周載》八卷。東晉孟儀撰。略記前代，下至秦。其書已亡缺。

十五代略

《隋書·經籍志·雜史》《十五代略》十卷。吉文甫撰。起庖犧，至晉。

《舊唐書·經籍志·雜史》《十五代略》十卷。吉文甫撰。

《新唐書·藝文志·雜史類》吉文甫《十五代略》十卷。

鄭樵《通志·藝文略·編年》《十五代略》十卷。吉文甫撰。起庖犧，至晉。

齊　典

《隋書·經籍志·古史》《齊典》十卷。

《舊唐書·經籍志·雜史》《十代記》十卷。熊襄撰。

《新唐書·藝文志·雜史類》熊襄《十代記》十卷。

鄭樵《通志·藝文略·編年》《十代記》十卷。熊襄撰。

三十國春秋

《隋書·經籍志·古史》《三十國春秋》三十一卷。梁湘東世子蕭方等撰。

《舊唐書·經籍志·編年》《三十國春秋》三十卷。蕭方等撰。

錢東垣等輯《崇文總目輯釋·編年類》《三十國春秋》三十卷。蕭方等撰。

《新唐書·藝文志·僞史類》蕭方《三十國春秋》三十卷。

鄭樵《通志·藝文略·霸史》《三十國春秋》三十卷。梁湘東王世子蕭方等撰。起漢建安，訖晉元熙，凡百五十六年，以晉爲主，包吴孫、劉淵等三十國事。

《宋史·藝文志·編年類》蕭方等《三十國春秋》三十卷。

續洞紀

《隋書·經籍志·雜史》《續洞紀》一卷。臧榮緒撰。

鄭樵《通志·藝文略·編年》《續洞紀》一卷。臧榮緒撰。

帝王年曆

鄭樵《通志·藝文略·編年》《帝王年曆》五卷。陶弘景撰。

世　譜

《舊唐書・經籍志・雜史》《代譜》四百八十卷。周武帝敕撰。

《新唐書・藝文志・雜史類》《代譜》四十八卷。周武帝敕撰。

鄭樵《通志・藝文略・編年》《世譜》四十八卷。

帝王世録

《隋書・經籍志・雜史》《帝王世録》一卷。甄鸞撰。

鄭樵《通志・藝文略・編年》《帝王世録》一卷。甄鸞撰。

帝王世紀音

《隋書・經籍志・雜史》《帝王世紀音》四卷。虞綽撰。

鄭樵《通志・藝文略・編年》《帝王世紀音》四卷。虞綽撰。

歷代記

《隋書・經籍志・雜史》《歷代記》三十二卷。

《舊唐書・經籍志・雜史》《歷代記》三十卷。庾和之撰。

《新唐書・藝文志・雜史類》庾和之《歷代記》三十卷。

鄭樵《通志・藝文略・編年》《歷代記》三十二卷。庾和之撰。

帝王本紀

《隋書・經籍志・雜史》《帝王本紀》十卷。來奥撰。

《舊唐書・經籍志・雜史》《帝王本紀》十卷。來奥撰。

《新唐書・藝文志・雜史類》來奥《帝王本紀》十卷。

鄭樵《通志・藝文略・編年》《帝王本紀》十卷。來奥撰。

續帝王世紀

《隋書・經籍志・雜史》《續帝王世紀》十卷。何茂材撰。

《舊唐書・經籍志・雜史》《續帝王代記》十卷。何集撰。

《新唐書・藝文志・雜史類》何茂林《續帝王代記》十卷。

鄭樵《通志・藝文略・編年》《續帝王世紀》十卷。何茂林撰。

先聖本紀

《隋書・經籍志・雜史》《先聖本紀》十卷。劉縚撰。

《舊唐書・經籍志・雜史》《先聖本紀》十卷。劉滔撰。

《新唐書・藝文志・雜史類》劉滔《先聖本紀》十卷。

鄭樵《通志・藝文略・編年》《先聖本紀》十卷。劉縚撰。《唐志》作「滔」。

年曆帝紀

《隋書・經籍志・雜史》《年曆帝紀》三十卷。姚恭撰。

《舊唐書・經籍志・雜史》《年曆帝紀》二十六卷。姚恭撰。

《新唐書・藝文志・雜史類》姚恭《年曆帝紀》二十六卷。

鄭樵《通志・藝文略・編年》《年曆帝紀》三十卷。姚恭撰。

華夷帝王紀

《隋書・經籍志・雜史》《華夷帝王世紀》三十卷。楊曄撰。

《舊唐書・經籍志・雜史》《華夷帝王記》三十七卷。楊曄撰。

《新唐書・藝文志・雜史類》楊曄《華夷帝王紀》三十七卷。

鄭樵《通志・藝文略・編年》《華夷帝王紀》三十七卷。楊曄撰。

帝王諸侯世略

《隋書・經籍志・雜史》《帝王諸侯世略》十一卷。

鄭樵《通志・藝文略・編年》《帝王諸侯世略》十一卷。

帝王編年録

《舊唐書・經籍志・雜史》《帝王編年録》五十一卷。盧元福撰。

《新唐書・藝文志・雜史類》盧元福《帝王編年録》五十一卷。

鄭樵《通志・藝文略・編年》《帝王編年録》五十一卷。盧元福撰。

共和以來甲乙紀年

鄭樵《通志・藝文略・編年》《共和以來甲乙紀年》一卷。盧元福撰。

古文紀年新傳

鄭樵《通志・藝文略・編年》《古今紀年新傳》三十卷。張昌宗撰。

帝王紀録

《舊唐書・經籍志・雜史》《帝王紀録》三卷。

《新唐書・藝文志・雜史類》褚無量《帝王紀録》三卷。

鄭樵《通志・藝文略・編年》《帝王紀録》三卷。褚無量撰。

漢魏晉帝要紀

《舊唐書・經籍志・雜史》《漢魏晉帝要紀》三卷。賈匪之撰。

《新唐書・藝文志・雜史類》賈匪之《漢魏晉帝要紀》三卷。

鄭樵《通志・藝文略・編年》《漢魏晉帝要紀》三卷。賈匪之撰。

通　曆

《舊唐書・經籍志・雜史》《通曆》七卷。李仁實撰。

《新唐書・藝文志・編年類》李仁實《通曆》七卷。

又《雜史類》李仁實《通曆》七卷。

鄭樵《通志・藝文略・編年》《通歷》七卷。李仁實撰。

三十國春秋

《舊唐書・經籍志・編年》 《三十國春秋》一百卷。武敏之撰。

《新唐書・藝文志・僞史類》 武敏之《三十國春秋》一百卷。

鄭樵《通志・藝文略・霸史》 《三十國春秋》一百卷。武敏之撰。

三國春秋

《新唐書・藝文志・雜史類》 員半千《三國春秋》二十卷。

鄭樵《通志・藝文略・編年》 《三國春秋》二十卷。唐員半千撰。

稽古典

《新唐書・藝文志・雜史》 唐穎《稽典》一百三十卷。開元中,穎罷臨汾尉,上之。張説奏留史館脩史,兼集賢待制。

鄭樵《通志・藝文略・編年》 《稽古典》一百三十卷。唐穎撰。

三國典略

錢東垣等輯《崇文總目輯釋・編年類》 《三國典略》三十卷。[原釋]唐汾州司户參軍邱悦撰。以關中、鄴都、江南爲三國,起西魏,終後周,而東包魏、北齊,南總梁、陳,凡三十篇。今卷第多遺,自二十一以下卷闕。見《玉海・藝文類》及《文獻通攷》。

《新唐書・藝文志・雜史類》 丘悦《三國典略》三十卷。

鄭樵《通志・藝文略・編年》 《三國典略》二十卷。唐邱悦撰,以關中、鄴都、江南爲三國,記南北朝事。

《宋史・藝文志・編年類》 丘悦《三國典略》二十卷。

三國春秋

《新唐書・藝文志・雜史類》 崔良佐《三國春秋》。卷亡。良佐,深州安平人,日用從子。居共白鹿山,門人謚曰貞文孝父。

鄭樵《通志・藝文略・編年》 《三國春秋》。崔良佐撰。卷亡。

建康實録

《新唐書・藝文志・雜史類》 許嵩《建康實録》二十卷。

鄭樵《通志・藝文略・編年》 《建康實録》二十卷。唐許嵩撰。記江左六朝事,作編年體。

尤袤《遂初堂書目・實録類》 《建康實録》。

楊士奇等《文淵閣書目・史》 《建康實録》。一部,十五册。闕。

洞曆記

《舊唐書・經籍志・雜史》 《洞曆記》九卷。周樹撰。

《新唐書・藝文志・雜史類》 周樹《洞曆記》九卷。

鄭樵《通志・藝文略・編年》 《洞歴記》九卷。周樹撰。

六代略

《新唐書・藝文志・雜史類》 李吉甫《六代略》三十卷。

鄭樵《通志・藝文略・編年》 《六代略》三十卷。李吉甫撰。

古今年號録

錢東垣等輯《崇文總目輯釋・編年類》《古今年號録》七卷。封演撰。

《新唐書・藝文志・編年類》 封演《古今年號録》一卷。天寶末進士第。

鄭樵《通志・藝文略・編年》《古今年號録》一卷。唐封演撰。

尤袤《遂初堂書目・編年類》《古今年號録》。

《宋史・藝文志・編年類》 封演《古今年號録》一卷。

通歷

錢東垣等輯《崇文總目輯釋・編年類》《通歷》十卷。馬總撰。

《新唐書・藝文志・編年類》 馬揔《通曆》十卷。

鄭樵《通志・藝文略・編年》《通歷》十卷。馬總撰。

晁公武《郡齋讀書志・編年類》《通曆》十卷。右唐馬總撰。纂太古十七氏、中古五帝三王，及刪取秦、漢、三國、晉、十六國、宋、齊、梁、陳、元魏、北齊、後周、隋世紀興滅，粗述其君賢否，取虞世南《略論》，分繫於末，以見義焉。

尤袤《遂初堂書目・編年類》 馬總《通歷》。

馬端臨《文獻通考・經籍考・編年》《通歷》十卷。

胡師安等《元西湖重整書目》《通歷》。

《宋史・藝文志・編年類》 馬總《通曆》十卷。

帝王曆數歌

錢東垣等輯《崇文總目輯釋・編年類》《帝王曆數歌》一卷。劉軻撰。

《新唐書・藝文志・編年類》 劉軻《帝王曆數詞》一卷。字希仁，元和末進士第，洺州刺史。

鄭樵《通志・藝文略・編年》《帝王曆數歌》一卷。唐劉軻撰。

晁公武《郡齋讀書志・編年類》《帝王鏡略》一卷。右唐劉軻撰。自開闢迄唐初帝王世次，綴爲四言，以訓童蒙。僞蜀馮鑑續之，至唐末。

陳振孫《直齋書録解題・編年類》《帝王照略》一卷。案：《文獻通攷》「照略」作「鏡略」。唐洺州刺史劉軻撰。僞蜀馮鑑注，并續唐祚以後。《唐志》及《館閣書目》有劉軻《帝王曆數歌》一卷，疑即此書也。

馬端臨《文獻通考・經籍考・編年》《帝王鏡略》一卷。

《宋史・藝文志・編年類》《帝王照録》一卷。

王氏五位圖

錢東垣等輯《崇文總目輯釋・編年類》《王氏五位圖》三卷。王起撰。[原釋]自開闢至唐，以五運爲敘。見《玉海・藝文類》。

《新唐書・藝文志・編年類》《王氏五位圖》十卷。王起。

鄭樵《通志・藝文略・編年》《王氏五位圖》十卷。唐王起撰。

《宋史・藝文志・編年類》 王起《五位圖》三卷。

帝系譜

鄭樵《通志・藝文略・編年》《帝系譜》二卷。唐張愔撰。

古今年代曆

錢東垣等輯《崇文總目輯釋・編年類》《古今年代曆》一卷。賈欽文撰。原釋闕。見天一閣鈔本。

《新唐書・藝文志・編年類》 賈欽文《古今年代曆》一卷。大中時人。

鄭樵《通志・藝文略・編年》《古今年代曆》一卷。唐賈欽文撰。

古今通要

錢東垣等輯《崇文總目輯釋・編年類》《古今通要》四卷。苗台符撰。

《新唐書・藝文志・編年類》 苗台符《古今通要》四卷。宣、懿時人。

鄭樵《通志・藝文略・編年》《古今通要》四卷。苗台符撰。

尤袤《遂初堂書目・編年類》《古今通要》。

《宋史・藝文志・編年類》 苗台符《古今通要》四卷。

楊士奇等《文淵閣書目・史附》《古今通要》。一部，四册。闕。

嘉號録

錢東垣等輯《崇文總目輯釋・編年類》《嘉號録》一卷。韋美撰。

《新唐書・藝文志・編年類》 韋美《嘉號録》一卷。中和中進士。

鄭樵《通志・藝文略・編年類》《嘉號録》一卷。唐進士韋美撰。

帝王年號圖

嵇璜等《續通志・圖譜略・記無史乘・編纂》 韋光美《帝王年號圖》。

正閏位曆

錢東垣等輯《崇文總目輯釋・編年類》《正閏位曆》三卷。柳璨撰。原釋闕。見天一閣鈔本。

《新唐書・藝文志・編年類》 柳璨《正閏位曆》三卷。

鄭樵《通志・藝文略・編年》《正閏位曆》三卷。唐柳璨撰。

兩漢至唐年紀

錢東垣等輯《崇文總目輯釋・編年類》《西漢至唐年紀》一卷。李匡乂撰。

《新唐書・藝文志・編年類》 李匡文《兩漢至唐年紀》一卷。昭宗時宗正少卿。

鄭樵《通志・藝文略・編年》《兩漢至唐年紀》一卷。唐李康乂撰。

五運録

錢東垣等輯《崇文總目輯釋・編年類》《五運録》二十卷。［原釋］唐曹圭撰。起三皇迄隋，年世之略。見《文獻通攷》。闕。見天一閣鈔本。

《新唐書・藝文志・編年類》 曹圭《五運録》十二卷。

鄭樵《通志・藝文略・編年》《五運録》十二卷。唐曹珪撰。

馬端臨《文獻通考・經籍考・編年》《五運録》十二卷。

帝　録

《舊唐書・經籍志・雜史》《帝録》十卷。諸葛忱撰。

《新唐書・藝文志・雜史類》 諸葛耽《帝録》十卷。

鄭樵《通志・藝文略・編年》《帝録》十八卷。諸葛耽撰。

分王年曆

鄭樵《通志・藝文略・編年》《分王年曆》五卷。羊瑗撰。

史略

《新唐書·藝文志·雜史類》 杜信《史略》三十卷。

鄭樵《通志·藝文略·編年》 《史略》三十卷。杜信撰。

廣軒轅本紀

鄭樵《通志·藝文略·編年》 《廣軒轅本紀》三卷。王權撰。

帝王興衰年代録

錢東垣等輯《崇文總目輯釋·編年類》 《帝皇興廢年代録》二卷。武密撰。

原釋闕。見天一閣鈔本。

《宋史·藝文志·編年類》 武密《帝王興衰年代録》二卷。

帝王歷數圖

鄭樵《通志·藝文略·編年》 《帝王歷數圖》十卷。路惟衡撰。

《宋史·藝文志·編年類》 路惟衡《帝王曆數圖》十卷。

許氏千歲曆

鄭樵《通志·藝文略·編年》 《許氏千歲曆》三卷。

長曆

鄭樵《通志·藝文略·編年》 《長曆》十四卷。

千年曆

鄭樵《通志·藝文略·編年》 《千年曆》二卷。

廣五運圖

《新唐書·藝文志·編年類》 《廣五運圖》。卷亡。

鄭樵《通志·藝文略·編年》 《廣五運圖》。

續通曆

鄭樵《通志·藝文略·編年》 《續通曆》十卷。孫光憲撰。

晁公武《郡齋讀書志·編年類》 《續通曆》十卷。右荆南孫光憲撰。輯唐洎五代事，以續馬總《曆》，参以黄巢、李茂貞、劉守光、阿保機、吴、唐、閩、廣、湖、越、兩蜀事迹。太祖朝詔毁其書，以所紀多非實也。

尤袤《遂初堂書目·編年類》 《續通曆》。

馬端臨《文獻通考·經籍考·編年》 《續通曆》十卷。

《宋史·藝文志·編年類》 孫光憲《續通曆》十卷。

通曆

陳振孫《直齋書録解題・編年類》《通曆》十五卷。唐泉州別駕扶風馬總會元撰。書本十卷，止於隋代。今書直至五代，增五卷者，後人所續也。晁公武《志》：《續通曆》十卷，孫光憲撰。太祖朝嘗詔毀其書。

張金吾《愛日精廬藏書志・編年類》《通曆》十五卷。明人抄本。唐馬總撰。總撰《通歷》十卷，孫光憲《續》十卷，宋時合爲一書。《直齋書録解題》著録《通歷》十五卷是也。此本首三卷闕，以新抄補入，題史臣李燾著，斷非原書，今撤出之。卷四至末，與《郡齋讀書志》所列，一一符合。卷中「公子曰」、「先生曰」云云者，當是虞永興《略論》。「按總」云云者，則會元之説也。卷九引「鄭文貞公魏徵論略曰」，則卷中所載「論曰」云云者，蓋魏鄭公之説也。《續通曆》好載符瑞夢兆，及鬼神怪異之事，體近小説，此宋祖所以詔毀其書歟。然所載五代事迹，間有出新舊兩史外者，是亦足資參考。有唐舊籍，世不多有。其珍秘之哉。【略】鈕氏手跋曰：鈔本《通曆》十五卷，首題曰「史臣李燾著」，即知其妄。今攷《讀書志》及《玉海》，知一卷至三卷，蓋當時闕失，後人取他書補入，故三國首蜀，而末無論略也。四卷至十卷，起西晉迄隋，有總案語，則爲會元所撰無疑。其十一卷至末，則孫氏所續也。嘉慶甲子鈕樹玉跋於洞庭山中。

古今類聚年號圖

錢東垣等輯《崇文總目輯釋・編年類》《古今類聚年號圖》一卷。杜光庭撰。

鄭樵《通志・藝文略・編年》《古今類聚年號圖》一卷。僞蜀杜光庭撰。自漢至魏蜀。

《宋史・藝文志・編年類》杜光庭《古今類聚年號圖》一卷。

五代通録

錢東垣等輯《崇文總目輯釋・編年類》《五代通録》六十五卷。范質撰。[原釋]初，梁末帝無實録，質自以聞見補成之。其纘次時敘，最有條理。見《玉海・藝文類》。

鄭樵《通志・藝文略・編年》《五代通録》六十五卷。宋朝范質撰。起梁開平元年，盡周顯德六年。

晁公武《郡齋讀書志・編年類》《五代通録》六十五卷。右皇朝范質撰。五代《實録》共三百六十卷，質刪其繁文，摭其要言，以成是書。自乾化壬申至梁亡十二年間，簡牘散亡，亦采當時制勑碑碣，以補其闕。

陳振孫《直齋書録解題・編年類》《五代通録》六十五卷。宰相昭文館大學士大名范質文素撰。亦以實録繁冗，節略而成此書。

馬端臨《文獻通考・經籍考・編年》《五代通録》六十五卷。

《宋史・藝文志・編年類》范質《五代通録》六十五卷。

運曆圖

錢東垣等輯《崇文總目輯釋・編年類》《年曆圖》八卷。龔穎撰。原釋闕。見天一閣鈔本。

鄭樵《通志・藝文略・編年》《運曆圖》六卷。宋朝龔穎撰。至雍熙。

晁公武《郡齋讀書志・編年類》《運曆圖》六卷。右皇朝龔穎撰。起於秦昭王滅周之歲乙巳，止於國朝雍熙丁亥，以歷代興亡大事附見其下。四年，獻於朝，優詔獎之。歐陽公嘗據之考正《集古目録》，稱其精博。按《晉史》，張軌世襲涼州，但稱愍帝建興年號。其間惟張祚篡竊，改建興四十二年爲和平元年，始奉穆帝升平之朔，始末不聞有改元事。惟穎書載張寔改元曰永安，張茂改元曰永元，張重華曰永樂，曰和平，張玄靚曰太始，張天錫曰太清，張大豫曰鳳凰，不知穎何所據而言然。或云出崔鴻《十六國春秋》，鴻書久不傳於世，莫得而考焉。

馬端臨《文獻通考・經籍考・編年》《運歷圖》六卷。

《宋史・藝文志・編年類》龔穎《運曆圖》三卷。

歷代年譜

鄭樵《通志・藝文略・編年》《歷代年譜》一卷。徐鍇撰。

歷代年號

錢東垣等輯《崇文總目輯釋・編年類》《歷代年號》一卷。李昉撰。

鄭樵《通志・藝文略・編年》《歷代年號》一卷。宋朝李昉等奉詔撰。

五代開皇紀

錢東垣等輯《崇文總目輯釋・編年類》《開皇紀》三十卷。[原釋]鄭向。見天一閣鈔本。五代亂亡，史册多漏失，向摭拾遺事，頗有補焉。見《玉海・藝文類》。

鄭樵《通志・藝文略・編年》《開皇紀》三十卷。鄭向撰。

尤袤《遂初堂書目・編年類》《五代開皇紀》。

《宋史・藝文志・編年類》鄭向《五代開皇記》三十卷。

王圻《續文獻通考・經籍考・編年》《開皇記》三十卷。鄭向著。向，陳留人，舉進士甲科，累遷龍圖閣直學士。五代亂亡，史册多漏失，向著《開皇記》，摭拾庶事，頗有補焉。

元　經

陳振孫《直齋書録解題・編年類》《元經薛氏傳》十五卷。稱王通撰，薛收傳，阮逸補并注。案河汾王氏諸書，自《中説》之外，皆《唐藝文志》所無。其傳出阮逸，或云皆逸僞作也。今攷唐神堯諱淵，其祖景皇諱虎，故《晉書》戴淵、石虎，皆以字行。薛收唐人，於傳稱戴若思、石季龍，宜也。《元經》作於隋世，而太興四年亦書曰「若思」，何哉？意逸之心勞日拙，自不能掩耶！此書始得於莆田，纔三卷，止晉成帝。後從石林葉氏得全本，録成之。

馬端臨《文獻通考・經籍考・編年》《元經薛氏傳》十五卷。

《宋史・藝文志・編年類》王通《元經薛氏傳》十五卷。

范邦甸等《天一閣書目・編年類》《元經薛氏傳》九卷《續元經》一卷。刊本。隋王通撰，唐河東薛收傳并序，宋阮逸注。

《四庫總目・編年類》《元經》十卷。江蘇巡撫採進本。舊本題隋王通撰，唐薛收續并作傳，宋阮逸注。其書始晉太熙元年，終隋開皇九年，凡九卷，稱爲通之原書。末一卷自隋開皇十年，迄唐武德元年，稱收所續。晁公武《讀書志》曰：「案《崇文》無其目，疑阮逸依託爲之。」陳振孫《書録解題》曰：「河汾王氏讀書，自《中説》以外，皆《唐藝文志》所無。其傳出阮逸，或云皆逸僞作也。唐神堯諱淵，其祖景皇諱虎，故《晉書》戴淵、石虎，皆以字行。薛收唐人，於傳稱戴若思、石季龍，宜也。《元經》作於隋世大業四年，亦書曰『若思』，何哉？」今考是書，晉成帝咸和八年，書張公庭爲鎮西大將軍；康帝建元元年，書石虎侵張駿。公庭即駿之字，猶可曰書名書字，例本互通。至於康寧三年，書「神虎門」爲「神獸門」，則顯襲《晉書》，更無所置辨矣。且於周大定元年，直書楊堅輔政，通生隋世，雖妄以聖人自居，亦何敢於悖亂如是哉？陳師道《後山談叢》、何薳《春渚紀聞》、邵博《聞見後録》，竝稱逸作是書，嘗以稿本示蘇洵。薳與博語未可知，師道則篤行君子，斷無妄語，所記諒不誣矣。逸字天隱，建陽人，天聖五年進士，官至尚書屯田員外郎。《宋史・胡瑗傳》景祐初，更定雅樂，與鎮東軍節度推官阮逸同校鐘律者，即其人也。王鞏《甲申雜記》，又載其所作詩，有「易立太山石，難芳上林柳」句，爲怨家所告，流竄以終。生平喜作僞書，此特其一耳。《文獻通考》載是書十五卷，此本止十卷，自魏太和以後，往往數十年不書一事，蓋又非阮逸僞本之全矣。至明鄧伯羔《藝彀》，稱是書爲關朗作。朗，北魏孝文帝時人，何由書開皇九年之事？或因宋人記關朗《易傳》，與此書同出阮逸，偶然誤記耶。其書本無可取，以自宋以來，流傳已久，姑録存之，而參考諸説，附糾其依託如右。

彭元瑞等《天禄琳琅書目後編・元板史部》《元經薛氏傳》。一函，三册。隋王通撰，唐薛收續并傳，宋阮逸註。書九卷，起晉惠帝，終陳亡。第十卷爲《續元經》，自隋開皇十年，至唐武德元年。全書用編年體，以擬《春秋》。通生隋時，《元經》作於隋世，乃於周大定元年，直書楊堅輔政，斷無是理。陳師道《後山叢談》、何薳《春渚紀聞》、邵博《聞見後録》，並稱阮逸作是書，以稿本示蘇洵。據此，乃逸僞作，而託之通與收也。逸字天隱，建陽人，天聖五年進士，官至尚書屯田員外郎。

紀年通譜

鄭樵《通志・藝文略・編年》 《紀年通譜》十二卷。宋庠撰。

晁公武《郡齋讀書志・編年類》 《紀年通譜》十二卷。右皇朝宋庠公序撰。自漢文帝後元戊寅，至周恭帝顯德庚申爲九篇，以本朝建隆之元，至慶曆辛巳爲一篇，皆曰「統元」，以甲子貫之。有五號，曰：正、閏、僞、賊、蠻夷。以王莽十九年繫孺子更始，以接建武；東魏十七年附西魏；豫王六年、天后十五年繫中宗，續神龍；朱梁十六年通濟陰天祐，續同光；捃晉恭帝禪宋之歲，對魏明元泰常五年。尊北降南，始主正朔，乃《通譜》之斷意也。別二篇舉字爲類，各以部分，曰「類元」。慶曆中上之，優詔褒焉。公武按：《三國志》，魏景初元年丁巳，當蜀建興十五年，次年戊午，蜀改元延熙，訖二十年歲次丁丑，明年改元景耀。今《通譜》載蜀建興之號止於丙辰，凡十四年，延熙改元在丁巳，且復增至二十一年，豈別有所據耶？歐陽公《集古目録》以東魏《造石像記》證《通譜》武定七年非戊辰，蓋自元象以後，遞差一歲。公序聞之，以爲宜易，遂著其事於《譜》前。意者編簡浩博，不免時有舛誤也。

尤袤《遂初堂書目・編年類》 《紀年通譜》。

陳振孫《直齋書録解題・編年類》 《紀年通譜》十二卷。丞相宋庠公序撰。自漢文後元有年號之後，以甲子貫之，曰正、曰閏、曰僞、曰賊、曰蠻夷，以正爲主，而附列其左，號「統元」，爲十卷。其二卷曰「類元」，因文之同，各以彙別。慶曆中表上之。宣義郎畢仲荀續補一卷，止元符三年。

馬端臨《文獻通考・經籍考・編年》 《紀年通譜》十二卷。

《宋史・藝文志・編年類》 宋庠《紀年通譜》十二卷。

錢謙益等《絳雲樓書目・編年類》 《經史通譜》二册。宋庠。《續長編》：慶曆六年，參知政事宋庠上所撰《紀年通譜》，庠取十七史并百家雜説，凡正僞年號，括爲一書，詔送史館。

五代春秋

鄭樵《通志・藝文略・編年》 《五代春秋》二卷。尹洙撰。

趙希弁《讀書附志・編年類》 《五代春秋》五卷。右河南先生尹洙師魯所作也。由梁太祖開平元年四月甲子，迄于周顯德七年正月甲辰。

《宋史・藝文志・編年類》 《五代春秋》一卷。不知作者。

《四庫總目・編年類存目》 《五代春秋》二卷。兩江總督採進本。宋尹洙撰。洙字師魯，河南人。天聖二年進士，授絳州正平主簿，以薦爲館閣校勘，累遷右司諫，知渭州，兼領涇原路經略公事。以争水洛城事移慶州，復爲董士廉所訟，貶崇信軍節度副使，監均州酒税，卒。事蹟具《宋史》本傳。考邵伯温《聞見録》，載歐陽脩作《五代史》，嘗約與洙分撰，此書或即作於是時。然體用編年，與脩書例異，豈本約同撰而不果，後乃自著此書歟？所載始梁太祖開平元年甲子，迄周顯德七年正月甲辰。鄭樵《通志・藝文略》作二卷，與今本合。趙希弁《讀書附志》則作五卷，或别本流傳，以一代爲一卷歟。穆脩《春秋》之學，稱受之於洙，然洙無説《春秋》之書，惟此一編，筆削頗爲不苟，多得謹嚴之遺意，知其《春秋》之學深矣。已載入所作《河南集》中，此蓋其别行之本。以初原自爲一書，故仍存其目焉。

黄丕烈《蕘圃藏書題識・史類》 《五代春秋》一卷。校本。甲戌十一月二十九日，偶從坊間借得傳是樓黑格鈔本校一過。鈔本每葉二十二行，每行二十字，計十二番。稍有異字，較此新刻殊勝。老蕘。

甲子編年曆

鄭樵《通志・藝文略・編年》 《五運甲子編年曆》三卷。劉蒙叟撰。

《宋史・藝文志・編年類》 劉蒙叟《甲子編年》二卷。

資治通鑑

鄭樵《通志・藝文略・編年》 《資治通鑑》二百九十四卷。司馬光撰。

晁公武《郡齋讀書志・編年類》 《資治通鑑》二百九十四卷。右皇朝治平中，司馬光奉詔編集歷代君臣事迹，許自辟官屬，借以館閣書籍，在外聽以書局自隨，至元豐七年，凡十七年始奏御。上起戰國，下終五代，凡一千三百六十二年。又略舉事目，年經國緯，以備檢閱，別爲《目録》；參考同異，俾歸一途，別爲《考異》，各一編。公自謂精力盡於此書。神宗賜名《資治通鑑》，御製序以冠其首，且以爲賢於荀悦云。公武心好是書，學之有年矣。見其大抵不采俊偉卓異之説，如屈原懷沙自沈，四皓羽翼儲君，嚴光足加帝腹，姚崇十事開説之類，削去不録，然後知公忠信有餘，蓋陋子長之愛奇也。

尤袤《遂初堂書目・編年類》 川本小字《通鑑》。

又 川本大字《通鑑》。

陳振孫《直齋書録解題・編年類》 《資治通鑑》二百九十四卷。丞相温公河内司馬光君實撰。初，光嘗約戰國至秦二世，如《左氏》體爲志八卷以進。英宗悦之，遂命論次歷代君臣事迹，起周威烈，迄乎五代，就祕閣置局。神宗御製序，賜名《資治通鑑》。及補外，聽以書局自隨。元豐七年書成。上曰：「賢於荀悦《漢紀》遠矣。」《目録》倣《史記》年表，年經國緯，用劉羲叟《長曆》氣朔，而撮新書精要散於其中。《攷異》參諸家異同，正其謬誤，而歸於一。總三百五十四卷。

馬端臨《文獻通考・經籍考・編年》 《資治通鑑》二百九十四卷。【略】公子康公休告其友晁説之曰：此書成，蓋得人焉。《史記》、前後《漢》則劉貢父，三國歷九朝而隋則劉道原，唐迄五代則范純甫。其在正史外，楚漢事則司馬彪、荀悦、袁宏，南北則崔鴻《十六國春秋》、蕭方等《三十國春秋》、李延壽《南北史》、《太清記》亦足採，《建康實録》以下無譏焉。柳芳《唐歷》最可喜，唐以來稗官野史暨百家譜録、正集、別集、墓誌、碑碣、行狀、別傳，亦不敢忽也。苟不先讀正史，則《資治通鑑》果何有邪？

武夷胡氏曰：昔聞贈諫大夫陳公言，因讀《資治通鑑》，然後知司馬文正公之有相業也。余自志學以來，涉獵史篇，文詞汗漫，莫知統紀，徒費精神，而無所得。及讀此書，編年紀事，先後有倫。凡君臣治亂、成敗安危之跡，若登乎喬嶽，天宇澄清，周顧四方，悉來獻狀。雖調元宰物、輔相彌綸之業，未能窺測，亦信其爲典刑之總會矣。

致堂胡氏曰：司馬公六任冗官，皆以書局自隨，歲月既久，又數應詔上書，論新法之害。小人欲中傷之，而光行義，無可訾者，乃倡爲浮言，謂書之所以久不成，緣書局之人利尚方筆墨、絹帛及御府果餌、金錢之賜耳。既而承受中貴人陰行檢校，乃知初雖有此旨，而未嘗請也。光於是嚴課程，省人事，促修成書。其表有云：日力不足，繼之以夜。簡牘盈積，浩如淵海，其間牴牾，不敢自保。今讀其書，蓋自唐及五代，采取微冗，日月或差，良有由也。光以議論不合，辭執政而不居，舍大藩而不爲，甘就冗散，編集舊史，盡願忠之志。而憸險細夫，顧謂眷戀匪頒之人。孟子曰：「如使予欲富，何爲辭十萬而受萬乎？」小人以己臆度君子，類皆如是。夫編集舊史，欲人君、學者便於觀覽，其功不細矣，以久之故，尚有讒口，又況矯世拂俗，興復先王之治哉！嗚呼，悲夫！

高氏《緯略》曰：公與宋次道書曰：「某自到洛以來，專以修《資治通鑑》爲事，於今八年，僅了得晉、宋、齊、梁、陳、隋六代以來奏御。唐文字尤多，託范夢得將諸書依年月編次爲草卷，每四丈截爲一卷，自課三日删一卷，有事故妨廢則追補。自前秋始删，到今已二百餘卷，至大曆末年耳。向後卷數又須倍此，共計不減六七百卷，更須三年，方可粗成編，又須細删，所存不過數十卷而已。」其費工如此。温公居洛十五年，故能成此書。今學者觀《通鑑》，往往以爲編年之法，然則一事用三四處出處纂成，是其爲功大矣。不觀正史精熟，未易決《通鑑》之功績也。《通鑑》采正史之外，其用雜史諸書凡二百二十二家。

容齋洪氏《隨筆》曰：「司馬公修《資治通鑑》，辟范夢得爲官屬，嘗以手帖論纘述之要，大抵欲如《左傳》叙事之體。」又云：「凡年號皆以後來者爲定。如武德元年，則從正月，便爲唐高祖，更不稱隋義寧二年；梁開平元年正月，便不稱唐天祐四年。」故此書用以爲法。然究其所窮，頗有窒而不通之處。公意正以《春秋》定公爲例，於未即位，即書正月爲其元年。然昭公以去年十二月薨，則次年之事，不得復係於昭，故定雖未立，自當追書。然經文至簡，不過一、二十字，一覽可以了解。若《通鑑》則不侔。隋煬帝大業十三年，便以爲恭皇帝上，直至下卷之末，恭帝立，始改義寧，後一卷則爲唐高祖。蓋凡涉歷三卷，而煬帝固存，方書其在江都時事。明皇後卷之首，標爲肅宗至德元載，至一卷之半，方書太子即位。代宗下卷云「上方勵精求治，不次用人」，乃是德宗也。莊宗同光四年便係於天成，以爲明宗，而卷内書命李嗣源討鄴，至次卷首，莊宗方殂。潞王清泰三年，便標爲晉高祖，而卷内書石敬瑭反，至卷末始爲晉天福。凡此之類，殊費分説。此外，如晉、宋諸胡僭國，所封建王公，及除拜卿相，纖悉必書，有至二百字者。又如西秦丞相南川宣公出連乞都卒，魏都坐大官章安侯封懿、天部大人白馬文正公崔宏、宜都文成王穆觀、鎮遠將軍平舒侯燕鳳、平昌宣王和其奴卒，皆無關於社稷治亂。而周勃薨，乃不書。及書漢章帝行幸長安，進幸槐里、岐山，又幸長平，御池陽宫，東至高陵，十二月丁亥還宫；又乙未幸東阿，北登太行山，至天井關，夏四月乙卯還宫。又書魏主七月戊子如魚池，登青岡原，甲午還宫；八月己亥如彌澤，甲寅登牛頭山，甲子還宫。如此行役，無歲無之，皆可省也。

巽岩李氏曰：　左邱明傳《春秋》，自隱至成八公，凡百五十年，爲十三卷；自襄至哀四公，凡百五年，爲十七卷。年近則事詳，遠則略，理勢固然，無足怪者。温公與范太史議修《唐紀》，初約爲八十卷，此帖云已及百卷，既而卒爲八十卷，删削之功盛矣。卷數細事，前輩相與平章猶嚴若此，則其他肯輕下筆哉？吁，可敬畏也！然今以《唐紀》視《漢紀》，其紙葉蓋多八九，視《周紀》滋益多，於斯文奚累焉！而或者弗察，强以繁省論文，晉張輔遽謂孟堅不及子長。孟堅不及子長固也，豈在文之繁省乎？此兒童之見耳！

先公曰：　張新叟言洛陽有《資治通鑑》草稿，盈兩屋。黄魯直閲數百卷，訖無一字草書，見李巽岩集。此温公所謂平生精力盡於此書也，如人之不能讀何！公嘗謂：「吾此書惟王勝之嘗讀一遍，餘人不能數卷，已倦睡矣！」公此書歷英宗、神宗二世，凡十九年而書成。

胡師安等《元西湖重整書目》　《資治通鑑》。

《宋史·藝文志·編年類》　司馬光《資治通鑑》三百五十四卷。

楊士奇等《文淵閣書目·史》　《資治通鑑》。一部，一百十四册。闕。

《資治通鑑》。一部，一百册。闕。

《資治通鑑》。一部，一百九册。闕。

《資治通鑑》。一部，七十四册。闕。

《資治通鑑》。一部，一百二十册。闕。

《資治通鑑》。一部，一百二十册。闕。

《資治通鑑》。一部，一百三十九册。闕。

《資治通鑑》。一部，九十八册。闕。

徐𤊹《徐氏家藏書目·旁史類》　《資治通鑑》二百九十四卷。司馬光。

張萱等《内閣藏書目録·史部》　《資治通鑑》。十四册，全。宋司馬光著。

錢謙益等《絳雲樓書目·編年類》　宋板《資治通鑑》。三百二十四卷，司馬温公編集。《東都事略·温公傳》：著《資治通鑑》二百九十四卷，《目録》三十卷。蓋《行狀》所云三百二十四卷，乃合《目録》言之也。頗疑今所傳《目録》出後人依託，而南宋刊本已有之，則原書之逸久矣。

錢曾《讀書敏求記·史》　《資治通鑑》二百九十四卷。温公脩《通鑑》成，自言惟王勝之一讀，他人讀未終卷，已欠申思睡矣。當公世而云然，無怪乎後之謏聞小生，拾一芝蔴終，便侈談今古也。此爲吾鄉顧塵客先生所披閲。先生諱大章，字伯欽，與楊、左諸公同受奄禍，名在斗杓。當其入詔獄時，有芝生一莖六瓣，兆六君子之祥，雖天公亦爲之告異。今觀先生點定此書，自始至終詳整，無一懈筆，心細如髮，晏居不苟如此，允爲王勝之後之一人矣。吾家《通鑑》有大字宋本，復有宋人手披者半部，刻鏤精工，烏絲外標題週遭殆遍，尚是宋人裝潢，未經今人攙釘者，然總不若此本之矜重。吾輩當盥頮莊拜而後讀，如臧榮緒之于五經可耳。

于敏中等《天禄琳琅書目·元版史部》　《資治通鑑》。二十八函，二百八十册。宋司馬光撰，二百九十四卷。胡三省音註。前三省《序》，後光《進表》，神宗《獎諭詔書》，并《尚書省奉旨下杭州鏤版劄子》，校定刊進諸臣銜名。又附三省《釋文辯誤》十二卷并《跋》。鼂公武《郡齋讀書志》曰：「司馬温公自謂精力盡於此書，神宗賜名《資治通鑑》，御製序以冠其首。」云云。今此書不載神宗《序》，三省《序》稱「《史》、《漢》自服虔、應劭，至三劉，註解多矣。章懷註范史，裴松之註陳壽史，雖間有音釋，其實廣異聞，補未備，以示博悉，疏其所以然。若《釋文》之舛謬，悉改而正之，著《辯誤》十二卷」云云。是三省此《序》，係專爲《音註》而作，故《釋文》别有《跋》也。《通鑑》後列光《進表》，并《詔書》、《劄子》及諸銜名，蓋存杭州初刻之舊。其《釋文辯誤》之作，以史炤本、公休本、費氏《龍爪通鑑》，皆譌謬相傳。公休本刻于海陵，亦非公休所作，不可不辯，故名之曰《辯誤》。考《台州府志》，三省字身之，寧海人，寶祐間進士，終朝奉郎。因《資治通鑑》音義、釋文，各本乖異，刊正爲《廣註》九十七卷、《著論》十卷。以薦參賈似道軍，言輒不用，歸而遇亂，失前書。復購他本爲之注，始以《考異》及所著者，散入《通鑑》各文之下。別註《辯誤》十二卷。又有《行素稿》一百卷。按《宋史》，賈似道以德祐元年乙亥免官，今書中三省之《序》，作於乙酉年，蓋元世祖至元二十二年。其《跋》作於丁亥，則二十四年也。祕閣之印無考。闕補序文，三。卷十二、六、十一、十四。卷十四、二十。卷十五、十。卷五十三、二十四。卷六十四、五、六。卷六十七、十二、二十一、二十二。卷六十八、三十三。卷七十一、三。卷七十二、十七、十八。卷七十六、十九。卷八十五、九。卷一百三、二十四。卷一百二十五、四之十八。卷一百四十九、十九。卷一百七十六、十八。卷一百八十、二。卷一百八十四、二十二。卷一百九十、二十八。卷二百八、三十一。卷二百十、十五、十六。卷二百十四、十五、十八。卷二百十八、二十五。卷二百二十一、三十三、三十四。卷二百二十二、二十一、二十二。卷二百三十一、一。卷二百四十四、二十四。卷二百四十八、五。卷二百五十八、十一、十二。卷二百六十五、九。卷二百七十四、五。卷二百八十、二十七、二十八。卷二百八十三、二十五。卷二百九十三、十四。卷二百九十四。三十二。

《資治通鑑》。二十函，一百六十册。篇目同前。有元王磐《序》。

此書即前版，而字畫精朗，紙質亦較明净，蓋摹印稍先也。書首多王磐一《序》。考《元史》，王磐字文炳，廣平永年人，至大四年擢經義進士第，累官翰林學士，遷太常少卿，以年老屢乞骸骨，進資德大夫致仕。年九十二卒，贈端貞雅亮佐治功臣、太傅、開府儀同三司，追封洛國公，謚文忠。其《序》稱朝廷於京師剏立興文署，署置令丞并校理四員，厚給禄廩，召集良工，剡刻諸經子史版本，流布天下，以《資治通鑑》爲起端之首，可爲識時事之緩急，而審適用之先務云云。按《元史》載世祖至元二十七年正月，立興文署，掌經籍版。磐《序》所言與史脗合，則知此書乃元時官刻本也。

武陵顧從德藏本。從德見前。

闕補卷二百二十九、二、五、二十七。卷二百四十二、二十七、二十八。卷二百四十六、十二。卷二百八十一。三十七。

《四庫全書總目提要·編年類》 《資治通鑑》二百九十四卷。内府藏本。宋司馬光撰，元胡三省音注。光以治平二年受詔撰《通鑑》，以元豐七年十二月戊辰書成奏上，凡越十九年而後畢。光《進表》稱精力盡於此書。其採用之書，正史之外，雜史至三百二十二種。其殘稿在洛陽者尚盈兩屋。既非掇拾殘賸者可比。又助其事者，《史記》、前後《漢書》屬劉攽，三國、南北朝屬劉恕，唐、五代屬范祖禹，又皆通儒碩學，非空談性命之流。故其書網羅宏富，體大思精，爲前古之所未有。而名物訓詁，浩博奥衍，亦非淺學所能通。光門人劉安世嘗撰《音義》十卷，世已無傳。南渡後，注者紛紛，而乖謬彌甚。至三省乃匯合羣書，訂譌補漏，以成此注。元袁桷《清容集》載《先友淵源録》，稱三省天台人，寶祐進士，賈相館之。釋《通鑑》三十年，兵難稿三失。乙酉歲，留袁氏家塾，日手鈔定注。己丑寇作，以書藏窖中得免。案：三省《自序》，稱乙酉徹編，與桷所記正合。惟桷稱「定注」，而今本題作「音注」，疑出三省所自改。三省又稱初依《經典釋文》例，爲《廣注》九十七卷，後失其書，復爲之注，始以《考異》及所注者，散入《通鑑》各文之下，歷法、天文，則隨《目録》所書而附注焉。此本惟《考異》散入各文下，而《目録》所有之歷法、天文，書中竝未附注一條，當爲後人所删削，或三省有此意而未及爲歟。《通鑑》文繁義博，貫穿最難。三省所釋，於象緯推測、地形建置、制度沿革諸大端，極爲賅備。故《唐紀》開元十二年内注云：「温公作《通鑑》，不特紀治亂之迹而已，至於禮樂、歷數、天文、地理，尤致其詳。讀者如飲河之鼠，各充其量。」蓋本其命意所在，而於此特發其凡，可謂能見其大矣。至《通鑑》中或小有牴牾，亦必明著其故。如《周顯王紀》「秦大良造伐魏」條注云：「『大良造』下，當有『衛鞅』二字。」《唐代宗紀》「董晉使回紇」條注云：「此韓愈狀晉之辭，容有溢美。」又「嚴武三鎮劍南」條注云：「武只再鎮劍南，蓋因杜甫詩語致誤。」《唐穆宗紀》「册回鶻嗣君」條注云：「《通鑑》例，回鶻新可汗未嘗稱嗣君。」《文宗紀》「鄭注代杜悰鎮鳳翔」條注云：「如上卷所書，杜悰鎮忠武，不在鳳翔。」凡若此類，竝能參證明確，而不附會以求其合，深得注書之體。較尹起莘《綱目發明》附和同護，如諧臣媚子所爲者，心術之公私，學術之真僞，尤相去九牛毛也。雖徵摭既廣，不免檢點偶疎。如景延廣之名，《出師表》敗軍之事，庾亮「此手何可著賊」之語，沈懷珍之軍洋水，阿那瓌之趨下口，烏丸軌宇文孝伯之誤句，周太祖詔令兄之作「令兄」，顧炎武《日知録》竝糾其失。近時陳景雲亦摘地理譌舛者，作《舉正》數十條。然以二三百卷之書，而蹉失者僅止於此，則其大體之精密，益可概見。黄溥《簡籍遺聞》，稱是書元末刊於臨海，洪武初，取其版藏南京國學。其見重於後來，固非偶矣。

彭元瑞等《天禄琳琅書目後編·宋板史部》 《資治通鑑》。十八函，一百十七册。宋司馬光撰。書二百九十四卷，《目録》三十卷。前神宗《御製序》，附載「治平四年十月，初開經筵，奉聖旨讀《資治通鑑》，其月九日，臣光初進讀，面賜《御製序》令候書成日寫入」。末元豐七年《進書表》，列光名，同修三人：劉攽、劉恕、范祖禹。檢閲文字一人：司馬康。又《獎諭詔書》。又元豐八年九月十七日，准尚書省劄子，奉聖旨重行校定，元祐元年十月四日，奉聖旨下杭州鏤版。列銜宰執三人：呂公著、李清臣、呂大防。校定六人：范祖禹、司馬康、劉安世、黄庭堅、孔武仲、張舜民。校對四人：盛次仲、宋匪躬、晁補之、張耒。按：是書自宋末胡三省作注，元初始成書，後刊版臨海，明初取入國學。今所傳者，惟明陳仁錫重鐫本。若此未注初刻，足爲希珍矣。長洲文氏、上元焦氏、松江顧氏、檇李項氏、常熟毛氏、揚州季氏、崑山徐氏流傳藏本。「玉蘭堂」、「辛夷館」、「江左」諸印，皆文徵明物。焦竑字弱侯，萬曆己丑進士第一，授修撰，謫福寧同知，追謚文憲。《静志居詩話》謂其儲書之富，幾勝中簿，多手自鈔撮。顧從德字汝修，松江人，從義弟，嘉靖時官鴻臚。餘已見前。

又《明版史部》 《資治通鑑》。十四函，九十册。明陳仁錫梟刻。凡《目録》三十卷，《資治通鑑》二百九十四卷，附元胡三省《釋文辨誤》十二卷，明薛應旂《甲子會紀》五卷，《宋元通鑑》一百五十七卷。前有崇正己巳仁錫《序》。仁錫字明卿，長洲人，天啓壬戌進士，官南國子祭酒，謚文莊。應旂字仲常，武進人，嘉靖乙未進士，官陝西提學副使，有《方山集》。

孫星衍《平津館鑒藏書籍記・元版》 《資治通鑑》二百九十四卷。題朝散大夫右諫議大夫權御史中丞充理檢使上護軍紫金魚袋臣司馬光奉敕編集，此據第一卷所題銜名，餘卷首銜名隨官改换。後學天台胡三省音注。前有元豐七年光《進書表》并《獎諭詔書》，元祐元年下杭州鏤板銜名，紹興二年下紹興府餘姚縣印造銜名，皆宋刊《資治通鑑》原帙。袁桷《清容集》載胡三省，天台人，寶祐進士，賈相館之。釋《通鑑》三十年，兵難，稿三失，乙酉歲留袁氏家塾，日手鈔注定。己丑寇作，以書藏窖中得免。三省《通鑑》本有《自序》，亦云乙酉撤編。乙酉爲元世祖至元廿二年。温公《考異》本别行，此本散入於各條之下，據黄溥《簡籍遺聞》，稱是書刊於臨海，洪武初，取其版藏南京國學，即此本也。洪頤煊曰：此本模印皆用明成化年間案牘廢紙，其紙背有和州之印、應天府經歷司印、江寧縣印、當塗縣印、建陽衛指揮使印、六安衛指揮使印，完全可辨，皆可爲版藏南京國學之證。黑口版，每葉廿行，行廿字。

顧廣圻《思適齋書跋・史部》 《資治通鑑》二百九十四卷。元刻本。《通鑑》晉咸寧五年，「禹分九州，今之刺史，幾向一倍」注云：「時有司豫、徐、兖、荆、揚、梁、益、寧、交、秦、雍、涼、冀、幽、并、青十八州刺史。」今案：景參既云十八州刺史，而上文則司一，豫二，徐三，兖四，荆五，揚六，梁七，益八，寧九，交十，秦十一，雍十二，涼十三，冀十四，幽十五，并十六，青十七而止，尚闕其一。余以《通典》、晉宋兩《志》、温公《考異》互考之，知本於「幽」下有「平」字，而以平爲十六，并爲十七，青爲十八，故云十八州刺史也。元板刊刻時，遺落「平」字，失景參之舊耳。《通鑑》正文，於上泰始十年閏月，明書分幽州置平州，尤屬確證。但景參十八州刺史之説，卻有微誤。何則？《通鑑》正文，於下太康元年十月，始書「是歲，以司隸所統郡置司州」。又《晉志》云：「晉武帝太康元年，既平孫氏，省司隸，置司州。」是咸寧時所統郡，方屬司隸校尉，不得有司州刺史名目矣。所謂「今之刺史，幾向一倍」者，正指刺史有十七，并司隸則十八而爲言。景參注欠分晰，便似咸寧五年之前，已立司州刺史，其爲微誤，不可不知也。讀全書者，若於如脱「平」字之類，得元板之所譌，於咸寧無司州刺史之類，得胡注當辨正，而未經前人舉出者，條舉件系，各爲之考證。昔人有言：精索而麤用，深探而約見，爲後學垂益於無窮，其庶幾乎？嘉慶癸酉書於江寧寓館，時方爲鄱陽中丞重開雕是書也。

張金吾《愛日精廬藏書志・編年類》 《資治通鑑》二百九十四卷。元刊本。葉石君藏書。宋朝散大夫右諫議大夫權御史中丞充理檢使上護軍賜紫金魚袋臣司馬光奉勅編集，元後學天台胡三省音注。卷一後有葉氏石君題識。胡三省《新注資治通鑑序》。司馬温公《進表》。元祐元年、紹興二年兩次刊板銜名。

吴壽暘《拜經樓藏書題跋記》卷二 《資治通鑑》。明陳氏刻本，朱、墨、黄三色評點，最爲精密。先君子題卷首云：《資治通鑑》爲慈谿裘庶常閲本。庶常名璉，康熙乙未進士，除翰林院庶吉士，深于史學，評點《通鑑》凡五次。

張之洞《書目答問・編年類》 《資治通鑑》二百九十四卷。宋司馬光，元胡三省音注。胡克家仿元本，武昌局翻胡本。戰國至五代。

資治通鑑目録

晁公武《郡齋讀書志・編年類》 《目録》三十卷。司馬光撰。

尤袤《遂初堂書目・編年類》 《通鑑目録》。

陳振孫《直齋書録解題・編年類》 《目録》三十卷。司馬光撰。

馬端臨《文獻通考・經籍考・編年》 《目録》三十卷。司馬光撰。

楊士奇等《文淵閣書目・史》 《資治通鑑目録》。一部，十册。闕。

錢謙益等《絳雲樓書目・編年類》 宋板《資治通鑑目録》。三十卷。

《四庫總目・編年類》 《資治通鑑目録》三十卷。光禄寺卿陸錫熊家藏本。宋司馬光撰。此書亦與《通鑑》同奏上，即《進書表》所謂略舉事目以備檢閲者也。其法年經國緯，著其歲陽歲名於上，而各標《通鑑》卷數於下。又以劉羲叟《長歷》氣朔閏月，及列名所載七政之變，著於上方，復撮書中精要之語，散於其間，次第鳌然，具有條理。蓋《通鑑》一書，包括宏富，而篇帙浩繁，光恐讀者倦於披尋，故於編纂之時，提綱挈要，併成斯編。使相輔而行，端緒易於循覽。其體全仿年表，用《史記》、《漢書》舊例。其標明卷數，使知某事在某年、某年在某卷，兼用目録之體，則光之創例。《通鑑》爲紀志傳之總會，此書又《通鑑》之總會矣。至五星淩犯之類，見於各史《天文志》者，《通鑑》例不備書，皆具列上方，亦足補本書所未及。《書録解題》稱光忠本書浩大難領略，而《目録》無首尾，晚著《通鑑舉要歷》八十卷，其稿在晁説之以道家，紹興初，謝克家任伯得而上之。今其本不傳。《讀書志》又別載《通鑑節文》六十卷，亦稱光所自鈔，今亦不傳。惟此書以附《通鑑》得存，尚足爲全書之綱領云。

張之洞《書目答問・編年類》 《通鑑目録》三十卷。宋司馬光。蘇州局繙宋本。

體若表譜，以便尋檢《通鑑》。

晁公武《郡齋讀書志・編年類》 《考異》三十卷。司馬光撰。

尤袤《遂初堂書目・編年類》 《通鑑考異》。

陳振孫《直齋書録解題・編年類》 《考異》三十卷。司馬光撰。

馬端臨《文獻通考・經籍考・編年》 《考異》三十卷。司馬光撰。

楊士奇等《文淵閣書目・史》 《資治通鑑考異》。一部，二册。闕。

《資治通鑑考異》。一部，六册。闕。

《資治通鑑考異》。一部，十册。闕。

范邦甸等《天一閣書目・編年類》 《資治通鑑考異》三十卷。刊本。宋司馬光奉敕編集。

錢謙益等《絳雲樓書目・編年類》 《資治通鑑考異》八册。三十卷。

于敏中等《天禄琳琅書目・宋版史部》 《資治通鑑考異》。一函，三册。宋司馬光撰。三十卷。晁公武《郡齋讀書志》：光既成《通鑑》，又參考異同，俾歸一塗，別爲《考異》一編。則《考異》本單行，胡三省後取以入注耳。考書成在元豐七年，《玉海》載元祐七年詔諸路安撫鈐轄司並西京南京，各賜《通鑑》一部。是哲宗朝刻本已具。今校書內，欽宗以下諱俱不闕，當是元祐槧也。

《四庫總目・編年類》 《資治通鑑考異》三十卷。安徽巡撫採進本。宋司馬光撰。此書於元豐七年，隨《通鑑》同奏上。高似孫《緯略》載，光編集《通鑑》，有一事用三四出處纂成者。《文獻通考》載司馬康所述，有司馬彪、荀悦、袁宏、崔鴻、蕭方等，李延壽及《太清記》、《唐歷》之類。洪邁《容齋隨筆》所摘，有《河洛記》、《魏鄭公諫録》、《李司空論事》、《張中丞傳》、《涼公平蔡録》、《鄴侯家傳》、《兩朝獻替記》、《後史補》、《金鑾密記》、《彭門紀亂》、《平剡録》、《廣陵妖亂志》之類。不過偶舉其數端，不止是也。其間傳聞異詞，稗官既喜造虚言，正史亦不皆實録。光既擇可信者從之，復參考同異，別爲此書，辨正謬誤，以祛將來之惑。昔陳壽作《三國志》，裴松之注之，詳引諸書錯互之文，折衷以歸一是，其例最善。而修史之家，未有自撰一書，明所以去取之故者。有之，實自光始。其後李燾《續通鑑長編》、李心傳《建炎以來繫年要録》，皆沿其義。雖散附各條之下，爲例小殊，而考訂得失則一也。至陳桱、王宗沐、薛應旂等，欲追續光書，而不能網羅舊籍，僅據本史編排，參以他書，往往互相牴牾，不能遽定其是非。則考異之法不講，致留遺議於本書，滋疑實於後來者矣。其中如唐關播平章事拜罷，專引《舊唐書》，而不及引《新唐書》紀傳年表以證其誤者，小小滲漏，亦所不免。然卷帙既繁，所謂牴牾不敢保者，光固已自言之，要不足爲全體累也。其書原與《通鑑》別行，胡三省作《音注》，始散入各文之下，然亦頗有漏略。此乃明初所刊單本，猶光原書卷第，故録之以存其舊焉。

彭元瑞《天禄琳琅書目後編・元版史部》 《資治通鑑考異》。二函，十六册。宋司馬光撰。書三十卷。按高似孫《緯略》：光編集《通鑑》，有一事三四出處，既擇可信者録之，復參考同異，別爲此書。辯證謬誤，以祛將來之惑。修史家自撰一書，以明去取之故者，實自光始。於元豐七年隨《通鑑》奏上。胡三省作《資治通鑑注》，取《考異》散入各條下，於是專行絶少。然光當時，《通鑑》與《考異》、《目録》三書，雖相輔而成，要各自單行，此猶其本來面目也。明王穀祥家藏本，酉室其別號。

張之洞《書目答問・編年類》 《通鑑考異》三十卷。宋司馬光。《通鑑全書》附刻本。胡注本已將《考異》散附本書各條下。

稽古録

晁公武《郡齋讀書志・編年類》 《稽古録》二十卷。右皇朝司馬光君實編。

起自三皇，止本朝英宗治平末。至周共和庚申，始爲編年。

尤袤《遂初堂書目·編年類》《稽古録》。

陳振孫《直齋書録解題·編年類》《稽古録》二十卷。司馬光撰。其表云：「由三晉開國，迄於顯德之末造，臣既具之於《歷年圖》；自六合爲宋，接於熙寧之元，臣又著之於《百官表》，乃威烈丁丑而上，伏羲書契以來，悉從論纂，皆是依憑。」蓋元祐初所上也。此書始刻於越，其後再刻於潭。越本《歷年圖》諸論聚見第十六卷，蓋因圖之舊也；潭本諸論各繫於國亡之時，故第十六卷惟存總論。

馬端臨《文獻通考·經籍考·編年》《稽古録》二十卷。【略】《朱子語録》曰：《稽古録》一書，可備講筵官僚進讀，小兒讀六經了，令讀之亦好。末後一表，其言如蓍龜，一一皆驗。又曰：温公之言，桑麻穀粟，且如《稽古録》，極好看。常思量教太子、諸王，恐《通鑑》難看，且看一部《稽古録》，有不備者，當以《通鑑》補之。温公作此書，想在忙裏做成，元無義例。

《宋史·藝文志·編年類》《稽古録》二十卷。

楊士奇等《文淵閣書目·史》司馬温公《稽古録》。一部，四册。闕。

司馬温公《稽古録》。一部，三册。闕。

司馬温公《稽古録》。一部，四册。闕。

司馬温公《稽古録》。一部，七册。闕。

司馬温公《稽古録》。一部，五册。闕。

司馬温公《稽古録》。一部，四册。闕。

司馬温公《稽古録》。一部，五册。闕。

范邦甸等《天一閣書目·編年類》《稽古録》二十卷。刊本。宋司馬光上進。明餘姚黄珣序。

錢謙益等《絳雲樓書目·編年類》司馬文正公《稽古録》。二十卷。晁公武有《稽古後録》，惜未之見。又龔頤正在甯宗朝，嘗著《續稽古録》，因言韓侂胄定策功，侂胄敗，有詔毁板，其書不傳。

王士禛《漁洋書跋》《稽古録》。徐編修元正子貞貽石門吕氏新刊司馬文正公《稽古録》二十卷。首有文正公《進表》一首。朱文公《與鄭知院書》以爲此書當與六經同進講筵，良然。

《四庫全書總目提要·編年類》《稽古録》二十卷。光禄寺卿陸錫熊家藏本。宋司馬光撰。光既撰《資治通鑑》及《目録》、《考異》，又有《舉要歷》，有《歷年圖》，有《百官表》。《歷年圖》仍依《通鑑》，起於三晉，終於顯德，《百官表》止著宋代。是書則上溯伏羲，下訖英宗治平之末，而爲書不過二十卷。蓋以各書卷帙繁重，又《歷年圖》刻於他人，或有所增損，亂其卷帙。故芟除繁亂，約爲此編，而諸論則仍《歷年圖》之舊。元祐初表上於朝。陳振孫《書録解題》曰：「越本彙聚諸論於一卷，潭本則分繫於各代之後。」此刻次第，蓋依潭本，較越本易於循覽。《朱子語録》曰：「《稽古録》一書，可備講筵官僚進讀，小兒讀六經了，令讀之亦好。末後一表，其言如蓍龜，一一皆驗。」今觀其諸論，於歷代興衰治亂之故，反復開陳，靡不洞中得失。洵有國有家之炯鑒，有裨於治道者甚深。故雖非洛學之派，朱子亦不能不重之，足見其不可磨滅矣。南渡以後，龔頤正嘗續其書，今《永樂大典》尚有全本，然是非頗乖於公議，陳振孫深不取之。蓋其心術學問皆非光比，故持論之正，亦終不及光也。

彭元瑞等《天禄琳琅書目後編·宋版史部》《稽古録》。一函，二册。宋司馬光撰。書二十卷。第一卷至十五卷，起伏羲氏，訖周世宗。第十六卷爲《歷年圖序》。第十七卷至二十卷，起宋太祖，訖英宗，爲《國朝百官公卿表》、《大事記》。前有光進表，敘次甚晰。附刻朱熹《與鄭知院書》，稱在長沙時，曾爲刊刻，今越中刻本未竟，欲奏行取索投進。是此書當時已再刻矣。又《語録》一則。按陳振孫《書録解題》云：「越本聚諸論於一卷，潭本則分繫於各代之後。」此刻次第同潭本，即所云長沙刻也。

又《元版史部》《稽古録》。一函，六册。篇目見前《宋版史部》。

孫星衍《平津館鑒藏書籍記·明版》《司馬温公經進稽古録》廿卷。「進」字空一格。前有弘治辛酉黄珣《序》、温公《進稽古録表》、朱文公《與鄭知院書》，又《語録》中語一條。末有弘治辛酉楊璋《序》。《書録解題》云：「越本彙聚諸論於一卷，潭本則分繫於各代之後。」此本次第同潭本。黑口板，每葉廿行，行廿字。收藏有「雪晴齋藏書記」朱文大長印。

黄丕烈《蕘圃藏書題識·史類》《稽古録》二十卷。崇禎甲戌，讀司馬温公《資治通鑑》，凡四閲月始竟。以爲古來君臣事迹，所以興衰之故，既詳且盡矣，而無提綱挈領，不能一時取覽。讀未幾，湖賈以此書見售，意始慊然。又悵夫《目録》一書，無由見也。石君。

康熙甲辰春，自裝成二本訖。若得《目録》、《外紀》二書相配，則《通鑑》之事實大備矣。惜乎未有以遇，怏怏於中耳。又有朱子《綱目前編》、《續編》，此又一種，不列温公之教者。世人莫不奉爲寶符聖訓，余竊謂宣聖筆削，萬古不能繼，朱子擬之，儼然素王矣。又分注於下，操素臣之筆，不已勞乎！而金履祥、陳桱從而僭其位，何後世聖師賢弟之多也！且孔子、左邱明，尚出兩人之筆，而宋元儒皆以一人而兼兩任，又何其不憚煩若是！世人舍孔、左，而奉宋元之儒，則不知又何説也。因裝成之後，聊抒所懷，記之卷末，以示後之有志者。

司馬温公《稽古録》，向藏陳禾叔校本，大都以意改定，非有舊本爲據也。余初聞此黑口板本，在金昌某骨董家，未及往訪，先從他坊間獲一本，與所聞同是黑口，取校舊藏爲勝，蓋刻在先爾。既而重訪是册，見部葉有葉石君手跡，卷終并有兩《跋》，遂復收之。中有闕葉，悉從前本影鈔足之。前本後歸五硯樓云。嘉慶丙寅二月廿有四日，蕘翁黄丕烈識。

張之洞《書目答問·編年類》《通鑑稽古録》二十卷。宋司馬光。單行本。學津本。武昌局本。

通鑑舉要曆

鄭樵《通志·藝文略·編年》《舉要曆》八十卷。司馬光撰。

晁公武《郡齋讀書志·編年類》《通鑑舉要曆》八十卷。右皇朝司馬光撰。《通鑑》奏御之明日，輔臣亟請觀焉。神宗出而示之，每編始末識以「睿思殿寶章」，蓋尊寵其書如此。公尚患本書浩大，故爲《舉要》云。

尤袤《遂初堂書目·編年類》《通鑑舉要曆》。

陳振孫《直齋書録解題·編年類》《通鑑舉要曆》八十卷。司馬光撰。《通鑑》既成，尚患本書浩大難領略，而《目録》無首尾，晚著是書，以絶二累。其稿在晁説之以道家。紹興初，謝克家任伯得而上之。

馬端臨《文獻通考·經籍考·編年》《通鑑舉要曆》八十卷。

《宋史·藝文志·編年類》司馬光《資治通鑑舉要曆》八十卷。

通鑑曆年圖

尤袤《遂初堂書目·編年類》《曆年圖》。

《宋史·藝文志·編年類》司馬光《曆年圖》六卷。

累代歷年

尤袤《遂初堂書目·編年類》《累代歷年》。

陳振孫《直齋書録解題·編年類》《累代歷年》二卷。司馬光撰。即所謂《歷年圖》也。治平初所進，自威烈王至顯德，本爲圖五卷，歷代皆有論。今本陳輝晦叔刻於章貢，爲方策以便觀覽，而自漢高帝始。

馬端臨《文獻通考·經籍考·編年》《累代歷年》二卷。【略】温公《記歷年圖後》曰：光頃歲讀史，患其文繁事廣，不能得其綱要，又諸國分列，歲時先後參差不齊，乃止采共和以來，下訖五代，略記國家興衰大迹，集爲五圖。每圖爲五重，每重爲六十行，每行紀一年之事，其年取一國爲主，而以朱書他國元年綴於其下。蓋欲指其元年，以推二、三、四、五，則從可知矣。凡一千八百年，命曰《歷年圖》。其書雜亂無法，聊以私便於討論，不敢布於他人也。不意趙君摹刻於版，傳之蜀人，梁山令孟君得其一通以相示。始光率意爲此書，苟天下非一統，則漫以一國主其年，固不能辨其正閏。而趙君乃易其名曰「帝統」，非光志也。趙君頗有所增損，仍變其卷帙，又傳寫多脱誤。今此淺陋之書既不可掩，因刊正，使復其舊而歸之。

《宋史·藝文志·編年類》司馬光《歷代累年》二卷。

百官公卿表

陳振孫《直齋書録解題·編年類》《百官公卿表》十五卷。司馬光撰。其《序》曰：「朝廷所以鼓舞羣倫，緝熙庶績者，曰官、曰差遣、曰職而已。所謂『官』者，乃古之爵也；所謂『差遣』者，古之官也；所謂『職』者，古之加官也。自建隆以來，文官知雜御史以上，武官閤門使以上，内臣押班以上，遷轉黜免存其實，以先後相次爲表。」本入職官類，以《稽古録序》所謂「建隆接乎熙寧，臣又著之於《百官表》」，即謂此書，蓋與《通鑑》相爲表裏，故著之於此。案晁氏《讀書志》有一百四十二卷，未詳。

通鑑前例

尤袤《遂初堂書目・編年類》《通鑑前例》。

陳振孫《直齋書録解題・編年類》《通鑑前例》一卷《修書帖》一卷《三十六條四圖》共一卷。司馬光記集修書凡例，諸帖則與書局官屬劉恕、范祖禹往來書簡也。其曾孫侍郎伋季思裒爲一編，又以《前例》分爲三十六條，而攷其離合，稽其授受，推其甲子，括其卷帙，列爲四圖。

《宋史・藝文志・編年類》《通鑑前例》一卷。

楊士奇等《文淵閣書目・史》《資治通鑑前例》。一部，二册。闕。

《四庫總目・編年類》《通鑑釋例》一卷。内府藏本。宋司馬光撰。皆其修《通鑑》時所定凡例。後附與范祖禹《論修書帖》二通。有光曾孫尚書吏部員外郎伋《跋語》，稱遺稿散亂，所藏僅存，脱略已甚，伋輒掇取，分類爲三十六例。末題丙戌仲秋，乃孝宗乾道二年。胡三省《通鑑釋文辨誤序》謂光没後，《通鑑》之學其家無傳。後因金使問司馬光子孫，朝廷始訪其後之在江南者，得從曾孫伋，使奉公祀。凡言書出於司馬公者，必鋟梓行之。蓋伋之始末如此，其編此書時，嘗有浙東提舉常平茶鹽司版本。惟伋《跋》稱三十六例，而今本止分十二類，蓋併各類中細目計之也。伋又稱，文全字闕者，伋亦從而闕之。而今本並無所闕，則已非原刻之舊。胡三省又云：温公與范夢得修書二帖，得於三衢學宫。與劉道原十一帖，則得於高文虎氏。伋取以編於《前例》之後。今本止有與夢得二帖，而道原十一帖無之。殆後人以《通鑑問疑》别有專本，而削去不載歟。其書雜出於南渡後，恐不無以意損益，未必盡光本旨。而相傳已久，今故與《問疑》竝著於録，以備參考焉。

張金吾《愛日精廬藏書志・編年類》《通鑑釋例》一卷。抄本。宋司馬温公撰，曾孫伋重編。分三十六例。行間多注闕字，皆與伋跋語合。蓋猶是温公原本，未經後人竄改者。曾大父温國文正公作書之例，或因或倣，皆有所據。故自《春秋》以來，用例之精確深隱，皆考究爲最詳而得其當，於此概見。然《前例》遺稿，中遭散亂，所藏僅存，脱落已甚。故先後無叙，或改注重複，觀者病焉。伋輒掇取而分類之，爲三十六例。其間或書年而不書事，如曰「齊襄公之二年」。或書事而不著年，如曰「節度使官自此始」。或書謚、書年，而不實其數，如曰「桓年以大雩有兩秋」之類。伋皆不敢增益也。至若或文雖全，而其字闕滅者，伋亦從而闕之。或事欲詳見，而旁附其文者，伋則因其文而述之。雖然，苟能因此類而參酌貫穿焉，亦庶幾矣。伋抑嘗因此例而涉其書，考其離析，稽其授受，推其甲子，括其卷帙，列爲四圖，以便尋究。求者授之，以廣其傳，庶與《考異》、《音釋》並行於世，萬一有助於觀覽云。乾道丙戌仲秋癸酉，曾孫右朝散郎尚書吏部員外郎賜緋魚袋伋謹書。

資治通鑑節文

鄭樵《通志・藝文略・編年》《資治通鑑節文》六十卷。司馬光撰。

晁公武《郡齋讀書志・編年類》《通鑑節文》六十卷。右題司馬温公自鈔纂《通鑑》之要，然實非也。

馬端臨《文獻通考・經籍考・編年》《通鑑節文》六十卷。

《宋史・藝文志・編年類》司馬光《通鑑節要》六十卷。

帝統編年紀事珠璣

《宋史・藝文志・編年類》司馬光《帝統編年紀事珠璣》十二卷。

五代紀

顧懷三《補五代史藝文志・史部》《五代紀》七十五卷。孫沖撰。

編年紀事

晁公武《郡齋讀書志・編年類》《編年紀事》十一卷。右皇朝劉攽因司馬温公所撰編次。

馬端臨《文獻通考・經籍考・編年》《編年紀事》十一卷。

編年通載

鄭樵《通志・藝文略・編年》《編年通載》十卷。章衡撰。

晁公武《郡齋讀書志・編年類》《編年通載》十五卷。右皇朝章衡撰。衡觀四部書至古今纂輯運曆書十餘家，皆淺陋揎釀，無足紬繹，乃編歷代年號，貫以甲子，始於帝堯，訖於國朝治平丁未，質之經史，資以傳記百家之書，聖賢勳德、姦雄篡竊及蠻夷盜賊，凡繫於存亡綱紀之大者，無不詳録。總三千四百年。且刊正謬誤，如《史記》載舜年，《虞書》不同，《漢紀》載魏受漢禪，與《魏志》《受禪壇碑》各異之類。熙寧七年表獻之。

尤袤《遂初堂書目・編年類》《編年通載》。

陳振孫《直齋書録解題・編年類》《編年通載》十五卷。集賢院學士建安章衡子平撰。編歷代帝系年號，始自唐、虞，迄於聖宋治平四年，總三千四百年。熙寧七年上之。其族父粢質夫爲之序。衡，嘉祐二年進士首選也。

馬端臨《文獻通考・經籍考・編年》《編年通載》十五卷。

《宋史・藝文志・編年類》章衡《編年通載》十卷。

楊士奇等《文淵閣書目・史附》章衡《編年通載》。一部，五册。闕。

王圻《續文獻通考・經籍考・編年》《編年通載》十卷。章衡著。衡，浦城人，嘉祐初進士第一。

張萱等《內閣藏書目録・史部》《編年通載》。二册，不全。宋元祐間，起居舍人章衡撰進。斷自帝堯，訖於宋治平丁未，總三千四百年。推甲子以冠其首，凡史之訛謬疑誤，皆爲辨證。世數代易，歷統相傳，年名國號，災祥善惡，具載焉。凡十卷，其第五卷以下皆闕。

錢謙益等《絳雲樓書目・編年類》《編年通載》二册。十五卷。宋集賢學士章衡撰。起帝堯，訖治平，於熙寧七年表上之。衡，質夫樞密族子也。書成，質夫序之。

阮元《四庫未收書目提要・編年類》《編年通載》四卷。宋章衡撰。按陳直齋《書録解題》、晁公武《郡齋讀書志》皆載此書，凡十五卷。此宋刊本四卷，前有明內府文淵閣印記。考之明《內閣藏書目録》云：「《編年通載》。二册，不全。宋元祐間，起居舍人章衡撰進。斷自帝堯，訖于宋治平丁未，總三千四百年。推甲子以冠其首，凡史之訛謬疑誤，皆爲辨證。世數代易，歷統相傳，年名國號，災祥善惡具載焉。凡十卷，其第五卷以下皆闕。」據此，則爲明內府所藏宋本無疑也。首有元祐三年章粢《刊書序》一篇，粢乃衡之族父。又衡《進書表》一篇。自一卷帝堯起，至四卷西晉世祖太康元年止。歷代興亡分合，開卷瞭如，是誠有裨於史學也。

黃丕烈《蕘圃藏書題識・史類》《編年通載》四卷。殘宋本。章衡《編年通載》，世間向無傳本。偶於友人處見一書估，爲余言是書，友人亦爲余言此書之善，蓋書估先以此書質諸余友，而爲之評論其價直也。既而書友引至某坊，往取樣本示余，詭云有他人已先取觀，未敢與君議交易。問其緣由，本某坊物，而爲伊所涉手者，余亦不辨其爲誰之物，第問其價，則同然一辭，必得白金五十兩而後句。余雖愛其書，然彼既以他人先取爲辭，未便持此樣本歸。越日，探知書賈已還某坊，遂從某坊得之，竟予以四十金，以四金勞書估，爲其先爲余言也。及交易後，某坊始爲余言，初不識此書之貴，四十金之數，即君友人所定云。因誌其顛末如此。復翁。

余既得章衡《編年通載》四卷殘本宋刻，爲之誌其顛末，并歷考自宋以來之書目，爲之引證矣。欣喜之情，有不能已於言者。復爲之跋於尾曰：余性喜讀未見書，故以之名其齋。自後所見，往往得未曾有，始信天之於人，必有以報之也。古人云：思之思之，鬼神通之。余之於書，殆造斯境與。即如此書，雖歷載於宋人諸家目録，及明朝收藏諸家，然世間絕無其書。今得見宋刻殘本，足徵古書授受源流，爲之拍案叫絕。一，卷數之可信。向傳十五卷，聞《通志略》云十卷，此《序》云「列爲十卷」，其可信者一。一，收藏之可信。《文淵閣書目》載有二部，一十册，一五册，此第三卷有文淵閣印，其可信者二。一，殘闕之可信。十册、五册《文淵閣》、《菉竹堂》五册，所載如是。二册，《內閣》、《絳雲樓》、《述古堂》所載又如是。其裝四册者，或十册五册之有所失，二册之有所分。其第五卷以下皆闕，與《內閣藏書目録》合，其可信者三。至於圖記之冠以南昌，標題之訖於西晉，皆向來藏棄之淵源，足以傳信者也。

後跋書一葉，適紙盡，因輟筆。至九月廿有七日，尋獲故紙，補書後一葉。歲病手腕力輭弱，強爲之筆，跡與前稍殊也。復翁又識。

己巳正月，見甲申歲刊於白鷺洲書院本《前漢書》，其卷首有云：今本注末入諸儒辨論，具列如左。郤載章衡《編年通載》。是在宋時，其書固盛行也。因并記之。復翁。

資治通鑑外紀

鄭樵《通志・藝文略・編年》 《資治通鑑外紀》三卷。劉恕撰。

晁公武《郡齋讀書志・編年類》 《資治通鑑外紀》十卷。右皇朝劉恕撰。司馬光作《通鑑》，託始於周威烈王命韓、趙、魏爲諸侯，下訖五代。恕嘗語光：「曷不起上古或堯、舜？」光答以事包《春秋》，不可。又以《經》不可續，不敢始於獲麟。恕意謂闕漏，因撰此書。起三皇、五帝，止周共和，載其世次而已。起共和庚申，至威烈王二十二年丁丑，四百三十八年爲一編，號曰《外紀》，猶《國語》稱《春秋外傳》也。

尤袤《遂初堂書目・編年類》 《通鑑外紀》。

陳振孫《直齋書録解題・編年類》 《通鑑外紀》十卷。祕書丞高安劉恕道原撰。司馬公修歷代君臣事迹，辟恕爲屬。嘗謂《史記》不及庖犧、神農，今歷代書不及威烈之前，欲爲《前紀》，而本朝爲《後紀》，將俟書成請於公。會道原病廢，絶意《後紀》，迺改《前紀》爲《外紀》云。《通鑑》書成，恕已亡，范淳父奏恕於此書用力最多，援黄鑑、梅堯臣例，官其子，且以書賜其家。道原父涣凝之，家廬山。歐陽公所爲賦《廬山高》也。

馬端臨《文獻通考・經籍考・編年》 《資治通鑑外紀》十卷。

胡師安等《元西湖重整書目》 《通鑑外紀》。

《宋史・藝文志・編年類》 劉恕《資治通鑑外紀》十卷。

楊士奇等《文淵閣書目・史》 《通鑑外紀》。一部，二册。闕。

《通鑑外紀》。一部，二册。闕。

范邦甸等《天一閣書目・編年類》 《資治通鑑外紀》十卷。刊本。宋劉恕編集。元豐元年司馬光叙。元祐四年趙友澄等重刊。

王圻等《續文獻通考・經籍考・編年》 《通鑑外紀》。高安劉恕著。

《四庫總目・編年類》 《通鑑外紀》十卷。少詹事陸費墀家藏本。宋劉恕撰。恕字道原，其先世京兆萬年人。祖受爲臨川令，葬於高安，因家焉。《宋史》本傳稱其舉進士人高等，不著何年。考司馬光作此書《序》，稱恕卒於元豐元年九月，年四十七，則當生於明道元年。又稱其登第時年十八，則皇祐元年進士也。初授鉅鹿主簿，尋遷知和州、翁源二縣。會司馬光受詔修《資治通鑑》，奏以恕同司編纂，轉著作郎。熙寧四年，以忤王安石乞終養，改祕書丞，仍令就家續成前書，遂終於家。此書乃其臨没時所成也。蓋修《資治通鑑》時，恕欲與司馬光採宋一祖四宗實録、國史爲《後紀》，而摭周威烈王以前事蹟爲《前紀》。會遭憂遘疾，右股痺廢，知遠方不可得國書，《後紀》必不能就，乃口授其子義仲，以成此書，改名曰《外紀》。凡《包羲以來紀》一卷，《夏紀》、《商紀》共一卷，《周紀》八卷。又《目録》五卷，年經事緯，上列朔閏天象，下列《外紀》之卷數，悉與司馬光《通鑑目録》例相同。金履祥作《通鑑前編》，詆其好奇：「今觀其書，周成王元年丙戌，稱周公攝王之元年，越七年癸巳，始稱成王元年，則是周公殆類新莽之爲矣。又稱魯惠公爲隱公娶於宋，見其女好而自納之，生桓公，是惠公先有衛宣之醜。如斯之類，頗爲不經。又如齊桓觀龍，殆如戲劇，熊渠射虎，何預勸懲。雖曰細大不捐，亦未免貪多務得。」履祥所論，未可謂之吹求。然《外紀》於上古之事，可信者大書，其異同舛誤，以及荒遠茫昧者，或分註，或細書，未嘗不具有別裁。《目録》於共和以後，據《史記》年表編年，共和以前皆謂之疑年，不標歲陽歲陰之名，並不縷列其數，亦特爲審慎。且其《自序》稱：「陶潛豫爲祭文，杜牧自撰墓誌，夜臺甫邇，歸心若飛，不能作前、後紀而爲《外紀》。他日書成，公爲前、後紀，則可删削《外紀》之繁冗而爲《前紀》，以備古今一家之言云云。則恕作此書，特刱爲草稿，儲才備用，如《通鑑》之有長編，以待司馬光之刊定耳。」履祥不察當日書局編纂之例，遽加輕詆，操之未免爲已甚矣。

張之洞《書目答問・編年類》 《通鑑外紀》十卷。宋劉恕。蘇州局本。包羲至周。宋金履祥《通鑑前編》十八卷、《舉要》三卷，坊行《通鑑全書》附刻本。不如劉書。

外紀目録

鄭樵《通志・藝文略・編年》 《外紀目録》三卷。劉恕撰。

陳振孫《直齋書録解題・編年類》 《目録》三卷。劉恕撰。

范邦甸等《天一閣書目・編年類》 《目録》五卷。宋劉恕編集。

《四庫總目・編年類》 《目録》五卷。宋劉恕撰。

張之洞《書目答問・編年類》《目録》五卷。宋劉恕。

疑年譜

鄭樵《通志・藝文略・編年》《疑年譜》二卷。劉恕撰。

尤袤《遂初堂書目・編年類》《疑年譜》。

陳振孫《直齋書録解題・編年類》《疑年譜》一卷《年略譜》一卷《雜年號》附。劉恕撰。謂春秋起周平、魯隱，《史記》本紀自軒轅，列傳首伯夷，年表起共和。共和至魯隱，其間七十一年，即與《春秋》相接矣。先儒敍庖犧、女媧，下逮三代，享國之歲，衆説不同，懼後人以疑事爲信書，穿鑿滋甚，故周厲王以前三千五百一十九年爲《疑年譜》，而共和以下至元祐壬申一千九百一十八年爲《年略譜》，大略不取正閏之説，而從實紀之。四夷及寇賊僭紀名號，附之於末。

馬端臨《文獻通考・經籍考・編年》《疑年譜》一卷《年略譜》一卷。《雜年號》附。

《宋史・藝文志・編年類》劉恕《疑年譜》一卷。

通鑑詳節

錢謙益等《絳雲樓書目・編年類》劉道原《通鑑詳節》一册。

十國紀年

王圻等《續文獻通考・經籍考・編年》《十國紀年》。高安劉恕著。

通鑑問疑

趙希弁《讀書附志・編年類》《通鑑問疑》一卷。右祕書丞高安劉恕字道原，嘗與司馬公修《通鑑》。司馬公深愛其博學，每以所疑問焉。恕子羲仲纂集其往復相難者而作此書，《十國紀年序》附于後。

陳振孫《直齋書録解題・編年類》《通鑑問疑》一卷。高安劉羲仲壯輿纂集。其父道原與温公往復相難者，亦附《修書帖》後。

《宋史・藝文志・編年類》劉恕《通鑑問疑》一卷。

楊士奇等《文淵閣書目・史附》《通鑑問疑》。一部，七册。闕。

張之洞《書目答問・編年類》《通鑑問疑》一卷。宋劉羲仲。津逮本，學津本。

文武賢臣治蜀編年志

《宋史・藝文志・編年類》王玉《文武賢臣治蜀編年志》一卷。

帝王年代圖

錢東垣等輯《崇文總目輯釋・編年類》《帝皇年代圖》一卷。鄭伯邕撰。原釋闕。見天一閣鈔本。

鄭樵《通志・藝文略・編年》《帝王年代圖》一卷。郭伯邕撰，訖隋。

嵇璜等《續通志・圖譜略・記無史乘・編纂》鄭伯邕《帝王年代圖》。

資治通鑑釋文

趙希弁《讀書附志拾遺》《資治通鑑釋文》二十八卷。右奉議郎行祕書省著作佐郎兼侍講賜緋魚袋司馬康所集也。康字公休，温公之子也。

陳振孫《直齋書録解題・編年類》《通鑑釋文》二十卷。案：《宋史・藝文志》作六卷。司諫司馬康公休撰。温公之子也。

《宋史・藝文志・編年類》司馬康《通鑑釋文》六卷。

通鑑釋文

尤袤《遂初堂書目・編年類》《通鑑釋文》。

陳振孫《直齋書録解題・編年類》《通鑑釋文》三十卷。左宣義郎眉山史炤見可撰。馮時行爲之《序》。今攷之公休之書，大略同而加詳焉。蓋因其舊而附益之者也。

《宋史・藝文志・編年類》史炤《資治通鑑釋文》三十卷。

楊士奇等《文淵閣書目・史附》《通鑑釋文》。一部，三册。闕。

《通鑑釋文》。一部，五册。闕。

《通鑑釋文》。一部，六册。闕。

阮元《四庫未收書目提要・編年類》《資治通鑑釋文》三十卷。宋刊本，十萬卷樓叢書本。宋史炤撰。炤字見可，眉州人，嘗爲右宣義郎，監成都府糧科院，嘉祐、治平間，爲搢紳所宗，蘇軾兄弟以鄉先生事之。案《資治通鑑釋文》，在宋時舊有二本：一爲司馬公休注，刻於海陵郡齋者，名爲海陵本；一爲史炤撰，爲成都府廣都縣費氏進修堂版行，以《釋文》附注本文之下者，名爲龍爪本。自龍爪本行，而海陵本廢，自湖三省本行，而龍爪本又廢。《直齋書録解題》稱公休名康，爲温公之子。史炤之書，與公休大略同，而加詳焉，炤蓋因其舊而附益之也。則炤書本是康注，宜得涑水著書遺意。乃三省作《辨誤》，摭其一二缺失詆史者，且以詆康，未免太過。今以炤本與三省本參校，如秦之范睢，本千餘切，而胡改音雎；唐之李芃，本蒲紅切，而胡改居包翻。遂使「睢」、「雎」莫别，「芃」、「芁」互淆，豈非以不狂爲狂乎。三省以地理名家，而小學不甚究心，大率承襲史氏舊文，偶有改易，輒成罅漏。此本近代藏書家鮮有著録，兹從吴門蔣氏影宋本鈔出。前有紹興三十年三月，左朝散郎權發遣黎州軍州主管學事緡雲馮時行《序》，與《書録解題》及《宋史・藝文志》卷數相同。《玉海》稱其紹興三十一年上，則當日固進之於朝，不可以胡氏一家之言而絀之也。

黄丕烈《百宋一廛書録》《通鑑釋文》。胡三省注《通鑑》，盡取資於史見可之書，而反撰《通鑑釋文辨誤》，以矜其識。三省書世多有，而見可之書世不多有，外間好古者，偶得一鈔本，即詫爲枕中祕，而得此宋本，其祕更何如乎！余始聞桐鄉金氏有宋本，進入内府，而同郡蔣氏亦有宋本，余取證之，似彼爲翻刻，而此其原本也。字畫明朗，展卷瞭然，宋刻之有用者，史部亦在所急，非第以舊本爲珍。倘得重梓壽世，未知與三省之書，果孰得而孰失也。

張金吾《愛日精廬藏書志・編年類》《通鑑釋文》三十卷。舊抄本。宋右宣議郎監成都府糧料院史炤撰。《通鑑》體大文繁，名物訓詁，浩博奥衍，有非淺學可通者。史氏取《爾雅》、《説文》及諸經傳注、古今小學之書，詳爲音注，積十年而書成，用力亦云勤矣。惟採摭既廣，齟齬亦多，胡身之特作《辨誤》以刊正之。自《辨誤》行，而此書遂微。然地理之學，史不及胡，音訓之學，胡不及史，其書亦有不可没者。此本爲王西莊家藏舊抄本，每半頁十二行，行三十一、二字不等。

太史公作《史記》，於《尚書》、《春秋》、《左氏》、《國語》之外，别出新意，立本紀、世家、列傳，後之作史者皆宗之，莫敢有異。獨近世司馬温公作《通鑑》，不用太史公法律，總叙韓、趙、魏而下至于五季，以事繫年月之次，治亂興亡之蹟，并包夷夏，粲然可考，雖無諸史可也。又自黄帝下屬五季，貫穿成書，皆出司馬氏一家之手，此又不可得而知者。《通鑑》之成殆百年，未有釋文，學者讀其書，間有難字，必捨卷尋繹，淹移晷景，一字既通，則已忘失前覽矣。於是眉山史見可，著《通鑑釋文》三十卷，字有疑難，求於本史，本史無據，則雜取六經諸子釋音，《説文》、《爾雅》及古今小學家訓詁，辨釋地理姓纂單聞小説，精力疲疚，積十年而書成。吁，亦勤哉！夫無用之學，聖賢所不取，古今以文章名世，傳後固不少，雖傳矣，未必真有補於世。見可精索而粗用，深探而約見，不與文人才士競能於異世，而爲後學垂益於無窮，亦可以觀其用心矣。見可名炤，嘉祐、治平間眉州三卿，爲搢紳所宗，東坡兄弟以鄉先生事之。見可即清鄉之曾孫也。温恭誠信，見於言貌，年幾七十，好學之志不衰，其猶所謂古君子者歟。紹興三十年三月日，左朝散郎權發遣黎州軍州主管學事緡雲馮時行序。

通鑑舉要補遺

《宋史・藝文志・編年類》胡安國《通鑑舉要補遺》一百二十卷。

王圻《續文獻通考・經籍考・編年》《資治通鑑舉要補遺》一百卷。胡安國著。

皇王大紀

趙希弁《讀書附志・編年類》《皇王大紀》八十卷。右五峯先生胡宏所述皇帝王伯之事。始於盤古氏，而終於周之末。自堯以上，六閼逢無紀。堯之初載，迄于赧王乙巳，二千有三十年。貫通經典，採摭史傳，靡所不載。又因事而爲之論，所以述去取之原，釋疑似之惑者至矣。先生字仁仲，文定公之季子，自幼有志於道。嘗見楊中立于京師，又從侯師聖于荆門，而卒傳文定公之學。紹定戊子，希弁生父師同爲衡山令，嘗奉朝旨索其書云。

陳振孫《直齋書録解題・編年類》《皇王大紀》八十卷。胡宏撰。述三王、五帝至周赧王。前二卷自盤古至帝嚳，年不可攷信，姑載其事而已。自堯以後，用《皇極經世》曆，起甲辰，始著年紀。博采經傳，時有論説，自成一家之言。然或取莊周寓言以爲實，及敍邃古之初，終於無徵不信云爾。案：趙希弁《讀書附志》云：五峰先生所述皇帝王霸之事，自堯以上，六閼逢無紀，堯之初載，迄于赧王乙巳，二千有三十年，貫通經典，采摭史傳，又因事而爲之論，所以述去取之原，釋疑似之惑者至矣。朱彝尊作《皇王大紀跋》，謂譙周、蘇轍撰《古史》，胡衛撰《通史緣起》，羅泌撰《路史》，不盡出于雅馴，惟此書擇之精，而語之詳云。

馬端臨《文獻通考・經籍考・編年》《皇王大紀》八十卷。

《宋史・藝文志・編年類》胡宏《皇王大紀》八十卷。

楊士奇等《文淵閣書目・史》《皇王大紀》。一部，二十册。闕。

《皇王大紀》。一部，二十册。闕。

《皇王大紀》。一部，四十册。闕。

《皇王大紀》。一部，二十册。闕。

《皇王大紀》。一部，二十册。闕。

《皇王大紀》。一部，二十册。闕。

徐𤊹《徐氏家藏書目・旁史類》《皇王大紀》八十卷。宋胡宏。

《四庫總目・編年類》《皇王大紀》八十卷。浙江范懋柱家天一閣藏本。宋胡宏撰。宏字仁仲，號五峯，崇安人，安國之季子也。以蔭補承務郎，紹興中嘗上書忤秦檜，久不調，檜死，始召用，辭疾不赴。事蹟附載《宋史・儒林傳・胡安國傳》

歷代指掌編

《宋史・藝文志・編年類》張根《歷代指掌編》九十卷。

紹運圖

陳振孫《直齋書録解題・編年類》《紹運圖》一卷。諸葛深通甫撰。元祐中人，未詳爵里。其書頗行於世俗。

馬端臨《文獻通考・經籍考・編年》《紹運圖》一卷。

《宋史・藝文志・編年類》諸葛深《紹運圖》一卷。

讀史管見

陳振孫《直齋書録解題・編年類》《讀史管見》三十卷。禮部侍郎胡寅明仲撰。以《通鑑》事備而義少，故爲此書。議論宏偉嚴正，間有感於時事。其於熙、豐以來接於紹興權姦之禍，尤拳拳寓意焉。晦翁《綱目》亦多取之。案：朱子謂《讀史管見》乃致堂謫嶺表所作，當時無一册文子隨行，只是記憶，而議論儘有好處。與此所云宏偉嚴正、有感時事，大指相同。要之，其書不外《通鑑》立義。《文獻通考》及《宋史・藝文志》視《解題》分類較多，故不入編年，而入史評、史鈔。

楊士奇等《文淵閣書目・史附》《致堂管見》。一部，十册。闕。

《致堂管見》。一部，三十册。完全。

《致堂管見》。一部，十四册。闕。

《致堂管見》。一部，十五册。完全。

《致堂管見》。一部，十册。闕。

《致堂管見》。一部，十五册。闕。

中。是書成於紹興辛酉，紹定間，嘗宣取入祕閣。所述上起盤古，下迄周末。前二卷皆粗存名號事蹟，帝堯以後，始用《皇極經世》編年，博採經傳，而附以論斷。陳振孫《書録解題》嘗譏其誤取莊子寓言，及敘邃古之初，無徵不信。然古帝王名號可考，統系斯存，典籍相傳，豈得遽爲删削？至其採摭浩繁，雖不免小有出入，較之羅泌《路史》，則切實多矣，未可以一眚掩也。朱彝尊《曝書亭集》有是書《跋》，稱近時鄒平馬驌撰《繹史》，體例頗相似，疑其未見是書，正可竝存不廢。今考驌書多引《路史》，而不及《皇王大紀》一字，彝尊以爲未見，理或有然。至於此書體用編年，《繹史》則每事標題，而雜引古書之文，排比倫次，略如袁樞記事本末之法，體例固截然不同，不知彝尊何以謂其相似，殆偶未詳檢驌書歟。

少微通鑑節要

楊士奇等《文淵閣書目・史》　《少微通鑑》。一部，五册。闕。

《少微通鑑》。一部，四册。闕。

《少微通鑑》。一部，四册。闕。

高儒《百川書志・編年》　《少微通鑑》三十卷。宋少微先生節要，自周至五代，上下千年。《外紀》則略紀周前以及太古爾。附註繼。

《少微通鑑節要》五十卷。起周威烈王二十三年戊寅，至後周世宗顯德六年己未，凡一千三百六十二年。內府板，與外本大同小異。

范邦甸等《天一閣書目・編年類》　《少微通鑑節要》五十六卷。刊本。宋江少微著。明正德九年《御製序》。弘治二年賜進士及第資善大夫東海徐溥《序》。

《資治通鑑節要》二十卷。刊本。宋江少微編，門人劉剡識。

徐𤊹《徐氏家藏書目・旁史類》　《少微通鑑》五十卷。

劉若愚《内板經書經略》　《少微通鑑節要》。廿本，四千四百廿八葉。

錢謙益等《絳雲樓書目・編年類》　《少微通鑑節要》。江贄。學者稱少微先生。

黃虞稷《千頃堂書目・編年類・補元》　江贄《少微通鑑詳節》三十卷。

倪燦等《宋史藝文志補・編年類》　江贄《少微通鑑詳節》三十卷。崇安人，隱居不仕。政和中，賜號少微先生。

《四庫全書總目提要・編年類存目》　《少微通鑑節要》五十卷。內府藏本。

宋江贄編。贄字叔直，崇安人，政和中，太史奏少微星見，朝命舉遺逸之士，有司以贄應詔，贄辭不赴，賜號少微先生。是書取司馬光《資治通鑑》，删存大要，然首尾賅貫，究不及原書。此本爲明正德中所刊，前有武宗《御製序》。考羅願《鄂州小集》，末載王瓚《月山録跋》，結銜稱《通鑑節要》纂脩官，疑正德時又爲重脩，非復贄之舊本。又《明史・李東陽傳》稱東陽奉命編《通鑑纂要》，既成，瑾令人摘其筆畫小疵，除謄録官數人名，欲因以及東陽，東陽大窘，屬焦芳與張綵爲解，乃已。又《張元禎傳》稱爲《通鑑纂要》副總裁。《纂要》當即《節要》，蓋史偶異文。然則此書乃東陽及元禎所定也。

于敏中等《天禄琳琅書目・明版史部》　《少微通鑑節要》。六函，三十册。宋江贄撰。《外紀節要》四卷，《通鑑節要》五十卷。前明武宗《序》，次《歷代帝王傳授總圖》，後附《資治通鑑節要續編》三十卷。考凌迪知《萬姓統譜》：江贄字叔圭，崇安人。初遊上庠，與龔深之以學《易》著名，隱居里中，近臣薦其賢明，不赴。政和中，太史奏少微星見，賜號少微先生。所著《通鑑節要》行於世。其説與王圻《續文獻通考》所載略同。武宗《序》稱「偶檢《少微通鑑》，悦之，詳不至泛，略不至疏，一開卷間，首尾具見，前日《纂要》之修，亦備採擇。第歲久字畫模胡，因命司禮監重刻之。又附《宋元節要續編》於其後」云云。書中不著撰續編人姓氏，前扶安《通鑑綱目集説》載歷代先儒姓氏，內稱建陽劉剡，字用章，號仁齋，著少微宋元二鑑，是《通鑑節要續編》正爲劉剡所作也。明內府藏本。有「廣運之寶」。

《少微通鑑節要》。五函，四十册。篇目同前。此亦正德間初印本，紙墨俱極光潔。有「廣運之寶」。闕補《續編》卷三十二。四十六。

孫星衍《平津館鑒藏書籍記續編・明版》　《資治通鑑節要》廿卷。題少微先生纂述，松隖王逢釋義，仁齋劉剡增校，木石山人補注。《續資治通鑑節要》卅卷，題先儒陳桱纂述，中和處士釋義，木石山人校正。《資治通鑑外紀節要》五卷，題眉山史炤音釋，鄱陽王輯義，蕭山張維翰箋注，餘杭周禮校正。前有《釋例》一卷、《通論》一卷、《讀法》一卷、《引用姓氏》一卷、《目録》一卷，正德四年劉吉《序》。末有「正德己巳歲京兆慎獨齋校正新刊」木長印。後《跋》一篇，年月姓名已佚。據劉《序》，此本是建陽劉宏毅所刊。巾箱本，每葉廿六行，行廿二字，上有音訓，旁有圈點，收藏有「見侯氏」白文方印。

少微通鑑外紀

高儒《百川書志・編年》 《外紀》一卷。宋少微先生節要。

范邦甸等《天一閣書目・編年類》 《少微通鑑外紀》四卷。宋江少微著。

帝王經譜

王圻《續文獻通考・經籍考・編年》 《帝王經譜》。熊克著。克，建陽人，紹興中進士，博學强記，著述外無他事。

混天帝王五運圖古今須知

《宋史・藝文志・編年類》 李燾《混天帝王五運圖古今須知》一卷。

歷代宰相年表

嵇璜等《續通志・圖譜略・記無史乘・編纂》 李燾《歷代宰相年表》。

節資治通鑑

《宋史・藝文志・編年類》 洪邁《節資治通鑑》一百五十卷。

通鑑補遺

《宋史・藝文志・編年類》 曾慥《通鑑補遺》一百篇。

楊士奇等《文淵閣書目・史附》 《通鑑補遺》。一部，三十册。闕。

《通鑑補遺》。一部，三十册。闕。

經世紀年

陳振孫《直齋書録解題・編年類》 《經世紀年》二卷。侍講廣漢張栻敬夫撰。用《皇極經世》譜編，有所發明則著之。其言邵氏以數推知去外丙、仲壬之年，乃合於《尚書》「成湯既没，太甲元年」之説。今案孔氏《正義》正謂劉歆、班固不見古文，謬從《史記》，而章衡《通載》乃云以紀年推之外丙、仲壬合於歲次，《尚書》殘缺，而《正義》之説撰。蓋三代而上，帝王歷年遠而難攷類如此，劉道原所謂疑年者也。然孟子亦有明文，不得云《史記》謬。

馬端臨《文獻通考・經籍考・編年》 《經世紀年》二卷。【略】南軒張氏《自序》曰：太史遷作《十二圖世表》，始紀甲子，起於成周共和庚申之歲，庚申而上，則莫紀焉。歷世寖遠，其事雜見於諸書，靡適折衷，則亦傳疑而已。本朝嘉祐中，康節邵先生雍出於河南，窮往知來，精極於數，作《皇極經世書》，上稽唐堯受命甲辰之元，爲編年譜。如云外丙、仲壬之紀，康節以數知之，乃合於《尚書》「成湯既没，太甲元年」之説。成湯之後，蓋實傳孫，孟子所説，特以太丁未立而卒，方是時，外丙生二年，仲壬生四年耳。又正武王伐商之年，蓋武王嗣位十一年矣。故《書序》稱十有一年，而復稱十有三年者，字之誤也。是類皆自史遷以來傳習之繆，一旦使學者曉然得其真，萬世不可改者也。某不自揆，輒因先生之歷，考自堯甲辰，至皇上乾道改元之歲，凡三千五百二十有二年，列爲六圖，命之曰《經世紀年》，以便觀覽。間有鄙見，則因而明之。其大節目有六。如孟子謂堯、舜三年之喪畢，舜、禹避堯、舜之子而天下歸之，然後踐天子位，此乃見帝王奉天命之大旨，其可闇而弗彰？故於甲申書服堯之喪，乙酉書踐位之實，丙戌書元載格於文祖。自乙酉至丁巳，是踐位三十有三載也，則書薦禹於天，與《尚書》命禹之辭合。自丁巳至癸酉，是薦禹十有七年也，與孟子之説合。於禹受命之際，書法亦然。然而《書》稱舜在位五十載，陟方乃死，則是史官自堯崩之明年通數之耳。夏后相二十有八載，寒浞弑相，明年少康始生於有仍氏，凡四十年而後祀夏配天，不失舊物。寒浞豈可使間有夏之統，故缺此四十載不書，獨書少康出處，而紀元載於復國之歲，以見少康四十年經營，宗祀絶而復續，足以爲萬代中興之冠冕。今按：張氏此序成於乾道間，所謂四十年經營中興者，蓋以少康之所歷如此其久，以諷時也，然而事情不同。於新莽之篡缺其年，亦足以表光武之中興也。漢吕太后稱制，既不得繫年，而所立他人子名爲少帝者，又安得承統？故復缺此數年，獨書曰「吕太后臨朝稱制」，亦范太史祖禹繫嗣聖紀年之意也。漢獻之末，曹丕雖稱帝，而昭烈以正義立於蜀，不改漢號，則漢統烏得爲絶？故獻帝之後，即繫昭烈年號，書曰「蜀漢」，逮後主亡國，而始繫魏。凡此皆節目之大者，妄意明微扶正，不自知其愚也。其他如夏以上稱載，商稱祀，周始稱年，皆考之《書》可見。而《周書・洪範》獨稱祀者，是武王不欲臣箕子，尚存商立箕子之志也。由魏以降，南北分裂，如元魏、北齊、後周，皆夷狄也，故統獨繫於江南。五代迭揉，則都中原者，不得不繫之。

先公曰：愚按張氏本《皇極經世書》作《經世紀年圖》，愚之所述，蓋亦本此。然嘗疑堯之前標甲子者六而不載世代與事迹，意者黄帝命大撓作甲子，則甲子紀年自黄帝始，以前無有甲子，則亦不可得而書也。

通鑑論篤

陳振孫《直齋書録解題・編年類》　《通鑑論篤》三卷。侍講廣漢張栻敬夫撰。取《通鑑》中言論之精確者，表而出之。多或全篇，少至一二語，去取甚嚴，可以見前輩讀書眼目之高。

楊士奇等《文淵閣書目・史附》　張南軒《通鑑論篤》。一部，三册。闕。張南軒《通鑑論篤》。一部，三册。闕。

歷代帝王纂要譜括

陳振孫《直齋書録解題・編年類》　《歷代帝王纂要譜括》二卷。餘姚孫應符仲潛撰。蓋《紹運圖》之詳者也。

馬端臨《文獻通考・經籍考・編年》　《歷代帝王纂要譜括》二卷。

楊士奇等《文淵閣書目・史》　《歷代帝王譜括》。一部，一册。闕。

王圻《續文獻通考・經籍考・編年》　《歷代帝纂要譜括》。孫應符著。

錢謙益等《絳雲樓書目・編年類》　《歷代帝王纂要譜括》。二卷。宋孫應符撰。

嵇璜等《續通志・圖譜略・記有史乘・編纂》　《歷代帝王纂要譜括》。

讀　史

《宋史・藝文志・編年類》　李孟傳《讀史》十卷。

大事記

陳振孫《直齋書録解題・編年類》　《大事記》十二卷《解題》十二卷《通釋》一卷。案：《宋史・藝文志》作二十七卷。著作郎東萊吕祖謙伯恭撰。自敬王三十九年以下，采《左氏傳》、歷代史、《皇極經世》、《通鑑》、《稽古録》輯而廣之。雖上接獲麟，而書法則視太史公所録，不盡用策書凡例。《解題》者略具本末，或附以己意，多所發明。《通釋》者，經典綱要，孔、孟格言，以及歷代名儒大議論。初，意欲起春秋，接於五代，僅及漢武征和三年而止。東萊年方强仕而得末疾，平生論著大抵經始而未及成，如《讀詩記》、《書説》是已。是書之作，當淳熙七年，又二年而没。使天假之年，所傳於世者，寧止是哉！

馬端臨《文獻通考・經籍考・編年》　《大事記》十二卷《解題》十二卷《通釋》

一卷。【略】朱子曰：伯恭《大事記》甚精密，古今蓋未有此書，若能續而成之，豈非美事？但讀書本自不多，加以衰老昏憊，豈復能辨此事？世間英俊如林，要必有能爲之者，但恐其所經世之意未離乎功利術數之間，則非筆削之本意耳。《答詹帥書》。《語録》：伯恭《大事記》辨司馬遷、班固異同處最好，大抵謙不敢任作書之意，故《左傳》、《通鑑》已載者不復載，其載者皆《左傳》、《通鑑》所無者耳。有大纖巧處，如指公孫弘、張湯姦狡處，皆説得羞愧人。伯恭少時，被人説他不曉事，故其論事多指出人之情僞云。我亦知得他有此意。東萊《大事記》時，已有感疾了，一日做一年，若不死，自漢武到五代只千年，三年自可了此文字。《解題》煞有工夫，只一句要包括一段意思。

《宋史・藝文志・編年類》 呂祖謙《大事記》二十七卷。

楊士奇等《文淵閣書目・史》 呂東萊《大事記》。一部，十册。闕。

呂東萊《大事記》。一部，七册。闕。

錢謙益等《絳雲樓書目・編年類》 呂東萊《大事記》。十三卷。《解題》十二卷，《通釋》一卷。

《四庫總目・編年類》 《大事紀》十二卷《通釋》三卷《解題》十二卷。浙江吳玉墀家藏本。 宋呂祖謙撰。祖謙有《古周易》，已著録。是書取司馬遷年表所書，編年繫月，以紀《春秋》後事，復採輯諸書以廣之。始周敬王三十九年，迄漢武帝征和三年。書法皆祖太史公，所録不盡用策書凡例。朱子《語録》所謂伯恭子約宗太史公之學，以爲非漢儒所及者，此亦一證也。其書作於淳熙七年，每以一日排比一年之事，本欲起《春秋》後，迄於五代，會疾作而罷，故所成僅此，然亦足見其大凡矣。當時講學之家，惟祖謙博通史傳，不專言性命。《宋史》以此黜之，降置《儒林傳》中。然所學終有根柢，此書亦具有體例，即如每條下，各註從某書修云云，一一具載出典，固非臆爲筆削者可及也。《通釋》三卷，如説經家之有綱領，皆録經典中要義格言。《解題》十二卷，則如經之有傳，略具本末，而附以己見。凡《史》、《漢》同異，及《通鑑》得失，皆縷析而詳辨之。又於名物象數，旁見側出者，並推闡貫通，夾註句下。朱子《語録》每譏祖謙所學之雜，獨謂此書爲精密，又謂《解題》煞有工夫，只一句要包括一段意思。觀書中周慎靚王二年，載魏襄王問孟子事，取蘇轍《古史》之論，後《孟子集註》即引用其説，蓋亦心服其淹通，知非趙師淵輩所能望其項背也。所附《通釋》，《文獻通考》作一卷。此本乃宋嘉定壬申吳郡學舍所刻，實分三卷，《通考》蓋傳寫之誤云。

于敏中等《天禄琳琅書目・明版史部》 《大事記》。二函，十八册。宋呂祖謙著。《大事記》十二卷，《解題》十二卷，共二十四卷。前祖謙《自序》，後宋吳學《識語》。考祖謙既作《大事記》十二卷，又作《解題》十二卷、《通釋》一卷，見陳振孫《書録解題》。馬端臨諸家著録，皆合《通釋》爲一書。而是本佚而不刊，知非宋槧之舊。且宋時傳本，亦非一版，如《宋史・藝文志》所載，又作二十七卷，非二十四，亦非二十五也。按祖謙《自序》，作於淳熙七年，吳學《識語》稱嘉定壬申鋟木，則相去已三十餘年，則疑宋時初刻，原合三書，而吳學重刊，不及《通釋》，其源流固可考而知。但此本又爲明人翻刻，故字畫益不能精整矣。至書中所標校正諸人姓氏，無一可考見。觀其結銜，有免解進士，及府學直學學録、武義縣主簿等名，則皆祖謙同郡後學，與吳學同爲嘉定時人耳。又吳學《識語》，稱學掾東陽李大有書，考大有字謙仲，慶元二年進士，官至太常博士，見《浙江志》。則吳學亦疑東陽人，未可知也。闕補《大事記》卷八、四，五。卷九，六，七。《解題》卷五，十八。卷九，七十七。卷十一，二十九，三十。卷十二，四十六，五十六，七十六。

大事記解題

楊士奇等《文淵閣書目・史附》 呂東萊《大事記解題》。一部，十二册。闕。

范邦甸等《天一閣書目・編年類》 《大事記解題》十二卷。刊本。宋呂祖謙撰。嘉定壬申，東陽李大有《後序》云：《大事紀》者，史遷表漢事之目也。以事繫年，而列將相名臣於其下，蓋不但存古策書之法而已。特其體統未備，猶有遺憾。是書名襄遷，史體備編年，雖不幸絶筆於征和，而書法可概見。《通釋》是書之總也，《解題》是書之傳也。

大事記通釋

梅鷟《南廱志・經籍考・史》 《大事記通釋》三卷。存者十八面，壞者四面。著作郎東萊呂祖謙撰。伯恭有《大事記》十二卷，《解題》十二卷，《通釋》三卷。自敬王三十九年以下，採《左史傳》、歷代史、《皇極經世》、《通鑑》、《稽古録》，輯而廣之。雖上接獲麟，而書法則視太史公所録不盡用策書凡例。《解題》者略具本末，或附以己意，多所發明。《通釋》者，經典綱要，孔孟格言，以及歷代名儒大議論。初意欲起《春秋》，接於五代，僅及漢武征和三年而止。朱子曰：「伯恭《大事記》甚精密。」又曰：「《解題》煞有工夫，只一句要包括一段意思。」

呂氏家塾通鑑節要

《宋史・藝文志・編年類》 吕祖謙《吕氏家塾通鑑節要》二十四卷。

讀書譜

陳振孫《直齋書録解題・編年類》 《讀書譜》一卷。陳傅良撰。自伏羲迄春秋終，以《易》、《書》、《詩》、《春秋》諸經攷世代而附著之。共和而下始有年數。

馬端臨《文獻通考・經籍考・編年》 《讀書譜》一卷。

紀年統紀論

陳振孫《直齋書録解題・編年類》 《紀年統紀論》一卷。永嘉朱黼文昭撰。黼從陳止齋學，嘗著《記年備遺》，起陶唐，終顯德爲百卷。蓋亦本《通鑑》、《稽古録》，而擷其中論正統者爲《統紀論》。是編葉水心序之。

馬端臨《文獻通考・經籍考・編年》 《紀年統論》一卷。【略】水心葉氏《序》曰：平陽朱黼因《通鑑》、《稽古録》章别論者，始堯、舜，迄五代，三千餘篇，述吕、武、王莽、曹丕、朱温，皆削其紀年以從正統，曰：「吾爲書之志也，書法無大於此矣。報讐明恥，貴夏賤夷，其次也。」凡民人家國之用，制度等威之異，皆爲説以處之；衆言之淆亂，則折而一之；訛謬之相承，則釐而正之；南北華戎之離合，爭奪之碎，人所厭簡，亦備論之。該括既多，而條目衆矣。所以存世次，觀興壞，本經訓，原其實，芟理蕪蔓，顯發精隱，扶樹正義，蒐舉墜逸，不以華爲辨，不以意爲覺，無偏駁之説，無新特之論。反而約之，知其能費而隱也；時而措之，知其能典而當也。嗚呼！此豈非學者之所當盡其心歟？

紀年備遺

馬端臨《文獻通考・經籍考・編年》 《紀年備遺》一百卷。朱黼撰。

孔子編年

《宋史・藝文志・編年類》 胡仔《孔子編年》五卷。

歷代帝王年運銓要

陳振孫《直齋書録解題・編年類》 《歷代帝王年運詮要》十卷。左朝請大夫朱繪撰。紹興五年序，未詳何所人。

馬端臨《文獻通考・經籍考・編年》 《歷代帝王年運詮要》十卷。

《宋史・藝文志・編年類》 朱繪《歷代帝王年運銓要》十卷。

楊士奇等《文淵閣書目・史雜》 《歷代帝王年運銓要》。一部，一册。闕。

歷代史年表

王圻《續文獻通考・經籍考・編年》 《歷代史年表》二十卷。張紱著。紱，清江人，强記博覽，爲文敏而純粹。紹興中舉進士。

嵇璜等《續通志・圖譜略・記無史乘・編纂》 張紱《歷代史年表》。

通鑑要覽

《宋史・藝文志・編年類》 崔敦詩《通鑑要覽》六十卷。

歷代紀年

尤袤《遂初堂書目・編年類》 《晁氏紀年》。

陳振孫《直齋書録解題・編年類》 《歷代紀年》十卷。濟北晁公邁伯咎撰。詠之之子也,嘗爲提舉常平使者。其自爲《序》,當紹興七年。

馬端臨《文獻通考・經籍考・編年類》 《歷代紀年》十卷。

《宋史・藝文志・編年類》 晁公邁《歷代記年》十卷。

楊士奇等《文淵閣書目・史》 《歷代紀年》。一部,一册。闕。

錢謙益等《絳雲樓書目・編年類》 《歷代紀年》一册。十卷。宋晁公武撰。卷首《自序》,紹興七年也。

黄丕烈《蕘圃藏書題識・史類》 《歷代紀年》十卷。宋本。 此《歷代紀年》,述古堂舊物也。按是書傳布絶少,故知者頗希。余素檢《讀書敏求記》,留心述古舊物,故裝潢式樣,一見即識。然遵王所記,不甚了了,即如此書首缺第一卷,並未標明。其云始之以正統,而後以最歷代年號終焉,似首尾完善矣。然十卷外,又有最國朝典禮五葉,此附録於本書者,而記未之及,何耶?又按《書録解題》云:《歷代紀年》十卷。其自爲《序》,當紹興七年。或者此缺第一卷,故《自序》不傳爾。余友陶蘊輝爲余言,向在京師,見一鈔本,是完好者,未知尚在否也,俟其入都,當屬訪之。大清嘉慶元年清明前三日,棘人黄丕烈書於故居之养恬軒。

黄丕烈《百宋一廛書録》 《歷代紀年》。此《歷代紀年》,述古堂舊物也。初,書友以是書來求售,亦知其爲宋刻,需直二十金。余曰:此書誠宋刻,然殘闕損汙,究爲瑜不掩瑕。以青蚨四金易之。

張金吾《愛日精廬藏書志・編年類》 《歷代紀年》十卷。宋紹興刊本。述古堂藏書。宋晁氏公邁撰。卷一闕。首正統,次古封建,次僭據,附唐藩鎮,又次盜賊、夷狄,及道書所載年號,而以最歷代年號終焉。末附最國朝典禮,載太祖至淵聖,樂舞、宫殿、南郊、太廟、封泰山、祀汾陰、拜陵、幸學、大赦、德音等事,而終之以祖宗神御在京師者。原注云:「元稿無此目,止附見逐朝册葉界行外,今存卷末。」云云。是書上起唐虞,據包履常跋,此本缺首卷,起三國魏。下迄北宋,建國傳緒,用人行政,凡節目之大,而關於體統者,靡不臚載,蓋不止於考據世裔年號而已。即就年號而論,夏諒祚有廣禧、嘉祐六年辛丑。清平治平三年丙午。兩號,而《宋史》不載。案《玉海・歷代年號》有廣禧、清平,俱注「夏國」,蓋本諸此,可補《宋史》之闕。遼太宗立,改元天顯,而《遼史・太祖紀》云:「天顯元年二月,改元,天顯七月,上崩。」案《資治通史》云:「契丹改元天顯,非其主阿保機於木葉山。」《五代史》云:「德光立三年,改元天顯。」《東都事略》云:「德光立二年,改元天顯。」《契丹國志・太宗紀》云:「帝即位,猶稱天贊六年,次年乃以天顯紀元。」雖微有異同,而天顯爲太宗年號,則斷然無疑者。《遼史拾遺》亦以天顯爲太祖年號,蓋仍《遼史》之誤。遼道宗改元壽昌,而《遼史》作「壽隆」。案聖宗諱隆緒,道宗爲聖宗之孫,何至紀年而犯祖諱?且遼人謹於避諱,避太宗諱,而光禄改爲崇禄矣;避興宗諱,而女真改爲女直矣;避天祚名,而且追改重熙爲重和矣。嫌名猶回避如此,而乃以祖諱紀元,此理所必無者。又案《東都事略》、《十朝綱要》、《文獻通考》、《玉海》、《洪遵泉志》及《安德州創建靈巖寺碑》、壽昌元年。《易州興國寺太子延聖邑碑》、壽昌四年。《憫忠寺故慈智大德佛頂尊勝大悲陀羅尼幢》、壽昌五年。《三座塔玉石觀音像倡和詩》,壽昌五年。俱作「壽昌」,均與此合,可訂《遼史》之誤。有裨史學,豈淺鮮哉!是書自《玉海》、《直齋書録解題》外,近惟《讀書敏求記》著録,此本即係述古舊藏,雖稍有殘缺,終不失爲希世珍也。

南北征伐編年

趙希弁《讀書附志・編年類》 《南北征伐編年》二十三卷。右吴曾編集。自漢獻帝迄于周世宗。其意謂《資治通鑑》征伐之事,雜見於列國言動之間,讀者不得專一稽攷。至南北議論,亦未詳盡。遂效其體,凡一征一伐,靡所不載。紹興辛巳,逆亮叛盟,廟堂知有是書,嘗取以備乙覽云。曾,字虎臣,撫之崇仁人。京文忠公鏜爲之《序》。

《宋史・藝文志・編年類》 吴曾《南北征伐編年》二十三卷。

通鑑總類

《宋史・藝文志・編年類》 沈樞《通鑑總類》二十卷。

楊士奇等《文淵閣書目・史附》 《通鑑總類》。一部，二十册。闕。

《通鑑總類》。一部，十册。闕。

錢謙益等《絳雲樓書目・編年類》 《通鑑總類》十册。二十卷。沈樞。嘉定間刻於潮陽，樓鑰元末吴郡重刻。周伯琦《序》。

于敏中等《天禄琳琅書目・元版史部》 《通鑑總類》。四函，四十册。宋沈樞撰。二十卷。前樓鑰《序》。《安吉州志》：沈樞，字持要，舉進士，調彭澤丞。用葉義問薦，賜封，首論君子小人之辨，高宗嘉之，除監察御史。坐不附楊邦彦，獲譴謫端州，尋起温州，終太子詹事，謚憲敏。樓鑰《序》稱「故詹事光禄沈憲敏公，取司馬公所著，各以事類編之，爲二百七十一門。首曰治世，曰知人，終曰辯士，曰烈婦。公之季子欲鋟版以廣其傳，俾鑰序之。鑰晚出試郡永嘉，實守蕭規，以自免於戾，荷公忘年定交，又與公之子游，爲書卷首」云云。按《宋史・樓鑰傳》於孝宗淳熙間出知温州。以樞起官時考之，正不相遠，其《序》作於寧宗元年，距官永嘉之日二十餘載，是在樞既殁之後也。明文徵明、文伯仁、王寵藏本。有「玉蘭堂」、「五峯樵客」、「王履吉」諸印，皆見前。本朝季振宜亦經收藏。其用「宋本」印，蓋因樓鑰《序》中，有「公之季子守潮陽，欲鋟版以廣其傳」語。然書之字體結搆，與宋槧本不同，且印工墨色亦欠精朗，其爲優絀，固不能自掩耳。餘印俱無考。闕補卷一、五十一。卷三。四十四。

又《明版史部》 《通鑑總類》。二函，十六册。宋沈樞撰。二十卷。前宋樓鑰《序》。前元版中有是書，以此較之，槧刻則猶出其上也。

彭元瑞等《天禄琳琅書目後編・宋版史部》 《通鑑總類》。四函，四十册。宋沈樞撰。樞字持要，德清人，紹興間進士，官太子詹事、光禄卿，謚憲敏。書二十卷，凡二百七十一門，計三千一百七十一條。前有樓鑰嘉定元年《序》。按：《序》稱公季子守潮陽，鋟版以廣其傳。此其初刻，洎元至正中，浙江行省重刊，周伯琦爲之《序》，至明嘉靖中，司禮太監孫榮又刊，申時行爲之《序》。今所行惟明刻，至正本已難得，矧此剛氏權輿者乎！

《通鑑總類》。四函，四十册。同上。

《通鑑總類》。四函，二十二册。同上。

又《元版史部》 《通鑑總類》。四函，三十二册。篇目見前《宋版史部》。是書宋、元、明三刻，前説已具。此本不避宋諱，其古雅過明内監所刊遠甚，知爲元至正重鋟木。闕補卷四、五十九之六十二。卷九卷十、全。卷十六。四十。

增節備注資治通鑑

楊士奇等《文淵閣書目・史附》 吕大著《通鑑精義》。一部，三十一册。闕。

黄虞稷《千頃堂書目・編年類・補宋》 吕大著《增節備注資治通鑑》一百二十卷。

倪燦等《宋史藝文志補・編年類》 吕大著《增節備註資治通鑑》一百二十卷。

增節音注資治通鑑

楊士奇等《文淵閣書目・史》 《陸狀元資治通鑑詳節》。一部，十二册。闕。

錢謙益等《絳雲樓書目・編年類》 宋刻《陸狀元通鑒》廿册。

黄虞稷《千頃堂書目・編年類・補宋》 《陸唐老集百家音注資治通鑑》一百二十卷。一作《陸狀元增節音注精義資治通鑑》。唐老，會稽人，淳熙十六年兩優釋褐進士。

倪燦等《補宋史藝文志・編年類》 《陸唐老集百家音註資治通鑑》一百二十卷。會稽人。

《四庫總目・編年類存目》 《增節音注資治通鑑》一百二十卷。内府藏本。宋陸唐老編。唐老，會稽人，淳熙中進士第一，故此書亦稱《陸狀元通鑑》。皆於司馬光書内，鈔其可備科舉策論之用者，間有音注，然淺陋頗甚，亦寥寥不詳。首有《總例》云：學者未能偏曉出處，則於詞賦一場，未敢引用。足以見其大旨矣。

彭元瑞等《天禄琳琅書目後編・元版史部》 《增修陸狀元集百家注資治通

鑑詳節》。四函，三十二册。宋陸唐老撰。唐老，會稽人，淳熙中進士第一。書百二十卷，前有元好問《序》，次《總例》，次撰史撰註姓氏，次宋神宗《序》、《詔進表》、《節要序》、《外紀序》、馮時行《釋文序》，次《目録》，次《綱目》。其書第一《看通鑑法》，第二《通鑑總例圖譜》，第三以下《舉要歷》，第六以下《君臣事實分紀》，第十三以下《外紀》，第十七以下自周威烈王至五代，紀其君臣事實。《分紀》列九十八門，皆以兩字標題，撮其事略，以備科舉引用。雖託於涑水，實則建陽書肆兔園册耳。據好問《序》稱中州百年，《通鑑》之學未盛，好事家藏不過三五本。歷亭州將張侯晉卿進亭，取陸氏《詳節》，以《外紀》及諸儒精義附益之，鋟木以傳。是晉卿有所附益，非盡唐老之舊矣。其《序》署歲乙卯，乃元憲宗之五年。此書乃元初與宋分治時舊本。《序》載《遺山集》第三十六卷。闕補卷十五、四之七。卷十六、全。卷十七、一之四。卷二十五二十六、全。卷九十六之百一、全。卷百十二百十三。全。

張金吾《愛日精廬藏書志・編年類》《陸狀元集百家注資治通鑑詳節》一百二十卷。宋刊本。宋會稽陸唐老集注。集注姓氏後有「蔡氏家塾校正」六字。案：《百宋一廛賦注》云：孫尚書《内簡尺牘》十六卷，目後有「蔡氏家塾校正」六字。予向有趙靈均校元本，首有鈔補《序》一通，云「慶元三祀閏餘之月，梅山蔡建侯行父謹序」云云。知是本爲寧宗時蔡建侯刊本也。缺卷九、卷十，抄補。又卷二十三至三十、卷八十五至九十三，俱以別本刊改卷數補入，撤出附後。

歷代紀元賦

晁公武《郡齋讀書志・編年類》《歷代紀元賦》一卷。右皇朝楊備撰次。漢至五代正統年號，爲賦一首，又別爲《宋頌》四章。

馬端臨《文獻通考・經籍考・編年》《歷代紀元賦》一卷。

《宋史・藝文志・編年類》楊備《歷代紀元賦》一卷。

帝王曆數

王圻《續文獻通考・經籍考・編年》《帝王曆數》。王栢著。

宇宙略記

黃虞稷《千頃堂書目・編年類・補元》車若水《宇宙略記》。

古今紀要

徐𤊹《徐氏家藏書目・旁史類》《古今紀要》二十卷。黃震。

通鑑地理通釋

《四庫總目・編年類》《通鑑地理通釋》十四卷。江蘇巡撫採進本。宋王應麟撰。應麟有《周易鄭氏注》，已著録。是書以《通鑑》所載地名，異同沿革，最爲糾紛。而險要阨塞所在，其措置得失，亦足爲有國者成敗之鑒。因各爲條例，釐定成編。首歷代州域，次歷代都邑，次十道山川，次歷代形勢，而終以唐河湟十一州、石晉十六州、燕雲十六州。書本十四卷，《宋史》本傳作十六卷，疑傳刻之譌也。其中徵引浩博，考核明確，而敘列朝分據戰攻，尤一一得其要領，於史學最爲有功。原書無序，後人以書後應麟自跋移冠於前。所云「上章執徐橘壯之月」，乃元世祖至元十六年庚辰八月，是時宋亡已三年，蓋用陶潛但書甲子之義。書内稱「梓慎」爲「梓謹」，亦猶爲宋諱云。

張之洞《書目答問・編年類》《通鑑地理通釋》十四卷。宋王應麟。津逮本，學津本，《玉海》附刻本。

通鑑答問

《宋史・藝文志・編年類》王應麟《通鑑答問》四卷。

通鑑前編

楊士奇等《文淵閣書目・史》 《通鑑前編》。一部，二十册。闕。

《通鑑前編》。一部，十九册。闕。

《通鑑前編》。一部，十八册。闕。

《通鑑前編》。一部，十二册。闕。

范邦甸等《天一閣書目・編年類》 《通鑑綱目前編》十八卷四明陳子桱《外紀》一卷《舉要》三卷。刊本。元金履祥編，明劉宏毅音釋并列。門人許謙《序》云：是書用《皇極經世歷》、胡氏《皇王大紀》之例，損益折衷，一以《尚書》爲主，下及《詩》、《禮》、《春秋》，旁採舊史諸子，表年繫事，復加訓釋，斷自唐堯，以下接於《通鑑》之前，勒爲一書。仁山先生《後叙》云：右《通鑑前編》起帝堯元載甲辰，止周威烈王二十三年戊寅，凡一千九百五十五年。

《通鑑》十八卷《舉要》二卷。刊本。卷首有禮部官書圖章。元金履祥撰。表云：《通鑑前編》十八卷，《舉要》二卷，官爲鋟梓，裝編成二十册，隨表上進者。又《自序》。

王圻《續文獻通考・經籍考・編年》 《通鑑前編》。蘭谿處士金履祥著。嘗以劉恕《外紀》，記司馬氏《通鑑》以前事，不本於經，舛繆不可信，乃斷自《尚書》，旁採子史損益之。

張萱等《內閣藏書目録・史部》 《通鑑前編》。二十册，全。元金履祥撰次。凡十八卷。又《舉要》二卷。

倪燦等《補遼金元藝文志・編年類》 金履祥《通鑑前編》十八卷。又《前編舉要》二卷。

黄虞稷《千頃堂書目・編年類・補元》 金履祥《通鑑前編》十八卷又《前編舉要》二卷。

《四庫總目・編年類》 《通鑑前編》十八卷《舉要》三卷。編修邵晉涵家藏本。宋金履祥撰。履祥有《尚書表注》，已著録。案柳貫作履祥《行狀》曰：司馬文正作《資治通鑑》，繫年著代，祕書丞劉恕作《外紀》，以記前事。顧其志不本於經，而信百家之説，不足傳信。乃用邵氏《皇極經世書》、胡氏《皇王大紀》之例，損益折衷，一以《尚書》爲主，下及《詩》、《禮》、《春秋》，旁採舊史諸子，表年繫事，復加訓釋。斷自唐堯，以下接於《資治通鑑》，勒爲一書。既成，以授門人許謙曰：「二帝三王之盛，其微言懿行，後王所當法。戰國申韓之術，其苛法亂政，亦後王所當戒。自周威烈王二十三年以後，司馬公既已論次。而春秋以前無編年之書，是編固不可少之著也。」云云。蓋履祥撰述之意，在於引經據典，以矯劉恕《外紀》之好奇。惟履祥師事王柏，柏勇於改經，履祥亦好持新説。如釋「桑土既蠶」，引後所謂桑間爲證；釋「封十有二山濬川」，謂營州當云「其山碣石，其川遼水」。以《篤公劉》、《七月》二篇爲豳公當時之詩，非周公所追述，又以《七月》爲豳詩，《篤公劉》即爲豳雅，皆不免於臆斷。以《春秋》書尹氏卒，爲即與隱公同歸於魯之鄭大夫尹氏，尤爲附會。至於引《周書記異》，於周昭王二十二年書釋氏生，則其徵引羣籍，去取失當，亦未必遠在恕書上也。然援據頗博，其審定羣説，亦多與經訓相發明，在講學諸家中，猶可謂究心史籍，不爲游談者矣。履祥自撰《後序》，謂既編年表，例須表題，故别爲《舉要》三卷。凡所引經傳子史之文，皆作大書，惟訓釋及案語，則以小字夾註，附綴於後。蓋避朱子《綱目》之體，而稍變《通鑑》之式。後來浙江重刻之本，列《舉要》爲綱，以經傳子史之文爲目，而訓釋仍錯出其間，已非其舊。又《通鑑綱目》刊本，或以此書爲冠，題曰《通鑑綱目前編》，亦後來所改名。今仍從原本，與《綱目》别著於録，以存其真焉。

錢大昕《補元史藝文志・編年類》 金履祥《通鑑前編》十八卷。

通史緣起

趙希弁《讀書附志・編年類》 《通史緣起》二十卷。右會稽胡衛之作也。其説謂伏羲氏、神農氏、軒轅氏，三皇也；少昊氏、高陽氏、高辛氏，合唐、虞氏，五帝也，不可不備。乃推盤古以來衆説之異同，雖十紀浩茫，難以年考，而傳疑傳信，有理存焉。衛嘗仕于朝云。

歷代統紀

王圻《續文獻通考・經籍考・編年》 《歷代統紀》。陳著撰。著字子徵，德剛子也。別號本堂，登文天祥榜進士，咸淳中通判臨安，後隱居四川之奉川，撰是書以淑子弟。

續補通歷

鄭樵《通志・藝文略・編年》《續補通歷》十五卷。王淑撰。

海東三國通歷

鄭樵《通志・藝文略・編年》《海東三國通歷》十卷。

帝王事迹相承圖

鄭樵《通志・藝文略・編年》《帝王事迹相承圖》三卷。牛檢撰。

嵇璜等《續通志・圖譜略・記無史乘・編纂》牛檢《帝王事迹相承圖》。

編年手鑑

鄭樵《通志・藝文略・編年》《編年手鑑》一卷。周韶纂。

歷代統紀

鄭樵《通志・藝文略・編年》《歷代統紀》一卷。章寔撰。

《宋史・藝文志・編年類》章寔《歷代統紀》一卷。

視古圖

鄭樵《通志・藝文略・編年》《視古圖》一卷。侯利建撰。

古今通系圖

鄭樵《通志・藝文略・編年》《古今通系圖》一卷。魏森撰。

甲子紀年圖

《宋史・藝文志・編年類》何許《甲子紀年圖》一卷。

嵇璜等《續通志・圖譜略・記無史乘・編纂》何許《甲子紀年圖》。

通鑑總考

《宋史・藝文志・編年類》喻漢卿《通鑑總攷》一百十二卷。

帝王授受圖

嵇璜等《續通志・圖譜略・記無史乘・編纂》宋崔倜《帝王授受圖》。

五運歷

鄭樵《通志・藝文略・編年》《五運歷》一卷。

五運紀年志

鄭樵《通志·藝文略·編年》《五運紀年志》一卷。

渾天帝王五運歷年紀

鄭樵《通志·藝文略·編年》《渾天帝王五運歷年紀》一卷。

紀年録

鄭樵《通志·藝文略·編年》《紀年録》一卷。起黄帝，至宋朝至道。

古今年表

鄭樵《通志·藝文略·編年》《古今年表》一卷。

表年歷

鄭樵《通志·藝文略·編年》《表年歷》一卷。

紀年指歸

鄭樵《通志·藝文略·編年》《紀年指歸》五卷。

紀運圖

鄭樵《通志·藝文略·編年》《紀運圖》一卷。

帝系圖

鄭樵《通志·藝文略·編年》《帝系圖》一卷。

年號歷

錢東垣等輯《崇文總目輯釋·編年類》《年號歷》一卷。《通志略》不著撰人。原釋闕。見天一閣鈔本。

《年號歷》一卷。原釋闕。見天一閣鈔本。

鄭樵《通志·藝文略·編年》《年號歷》一卷。起漢建元，訖唐天祐。

歷代帝王正閏五運圖

錢東垣等輯《崇文總目輯釋·編年類》《歷代帝王正閏五運圖》一卷。《通志略》不著撰人。原釋闕。見天一閣鈔本。

鄭樵《通志·藝文略·編年》《歷代帝王正閏五運圖》一卷。

年紀録

錢東垣等輯《崇文總目輯釋·編年類》《年紀録》一卷。原釋闕。見天一閣鈔本。

唐至五代紀年記

錢東垣等輯《崇文總目輯釋・編年類》《唐至五代紀年記》五卷。《通志略》不著撰人。原釋闕。見天一閣鈔本。

鄭樵《通志・藝文略・編年》《唐至五代紀年記》二卷。

歷代君臣圖

錢東垣等輯《崇文總目輯釋・編年類》《歷代君臣圖》三卷。《通志略》、《宋志》並不著撰人。原釋闕。見天一閣鈔本。

鄭樵《通志・藝文略・編年》《歷代君臣圖》三卷。

寶曆歌

晁公武《郡齋讀書志・編年類》《寶曆歌》一卷。右未詳撰人。以開闢太古，訖於周世宗，正統帝王世次謚號，成七言韻語一通。

馬端臨《文獻通考・經籍考・編年》《寶歷歌》一卷。

帝王全要

尤袤《遂初堂書目・編年類》《帝王全要》。

歷代年運

尤袤《遂初堂書目・編年類》《歷代年運》。

帝王要略

尤袤《遂初堂書目・編年類》《帝王要略》。

十代編年紀

《宋史・藝文志・編年類》《十代編年紀》一卷。不知作者。

通曆譯

黃任恒《補遼史藝文志・編年類》 蕭韓家奴《通曆譯》。《文學傳》。（下原闕）

續資治通鑑

王圻《續文獻通考・經籍考・編年》《續資治通鑑》。金衛紹王大安中，詔儒臣楊雲翼等纂續。

黃虞稷《千頃堂書目・編年類・補金》 楊雲翼等編《續資治通鑑》。大安元年，命儒臣等編輯。

倪燦等《補遼金元藝文志・編年類》 楊雲翼等編《續資治通鑑》。大安元年，命儒臣等編輯。

錢大昕《補元史藝文志・編年類》 楊雲翼等《續資治通鑑》。金大安元年編。

龔顯曾《金史藝文補録・編年類》《續資治通鑑》。大安元年，命儒臣楊雲翼等編纂。

龜鏡萬年録

黄虞稷《千頃堂書目·編年類·補金》 趙秉文、楊雲翼等編《龜鏡萬年録》。正大二年編。

倪燦等《補遼金元藝文志·編年類》 趙秉文、楊雲翼等編《龜鏡萬年録》。正大二年編。

龔顯曾《金藝文志補録·編年類》 《龜鏡萬年録》。正大二年，趙秉文、楊雲翼同編進。金氏《補志》作「龜鑑」。又元好問《楊文獻公神道碑》云：雲翼編《萬年龜鏡録》，凡聖孝聖學之類，共二十篇。

興亡金鏡録

黄虞稷《千頃堂書目·編年類·補金》 傅慎微《興亡金鏡録》一百卷。泰州沙溪人。禮部尚書。

倪燦等《補遼金元藝文志·編年類》 傅慎微《興亡金鏡録》一百卷。泰州沙溪人。禮部尚書。

龔顯曾《金藝文志補録·編年類》 《興亡金鏡録》一百卷。傅慎微。泰州沙溪人。禮部尚書。錢氏《補志》作「金鑑」，收入經濟類。

孫德謙《金史藝文略·編年》 《興亡金鏡録》一百卷。禮部尚書沙溪傅慎微幾先撰。《金史》入《循吏傳》，謂慎微博學喜著書，嘗奏《興亡金鏡録》一百卷。《補遼金元藝文志》列編年類，今從之。《補三史藝文志》則次在雜史矣。其書明時尚存，見《世善堂書目》。

歷年係事記

王圻《續文獻通考·經籍考·編年》 《歷年紀事記》。張特立著。特立爲元偃師主簿，選洛陽令。

黄虞稷《千頃堂書目·編年類·補金》 張特立《歷年係事記》。

倪燦等《補邊金元藝文志·編年類》 張特立《歷年係事記》。

錢大昕《補元史藝文志·編年類》 張特立《歷年係事記》。

龔顯曾《金藝文志補録·編年類》 《歷年係事記》張特立。

正統書

黄虞稷《千頃堂書目·編年類·補元》 楊奐《正統書》六十卷。

倪燦等《補遼金元藝文志·編年類》 楊奐《正統書》六十卷。

通鑑書法

錢大昕《補元史藝文志·編年類》 郝經《通鑑書法》。

資治通鑑音注

楊士奇等《文淵閣書目·史》 胡三省《音注通鑑》。一部，一百六十册，闕。

范邦甸等《天一閣書目·編年類》 《資治通鑑音註》二百九十四卷。刊本。宋咸淳旃蒙作噩之歲，天台胡三省撰并序。司馬光奉敕編集。

張萱等《内閣藏書目録·史類》 《資治通鑑音注》。二十二册，不全。天台胡三省注。

錢謙益等《絳雲樓書目·編年類》 元板胡三省註《通鑑》。

黄虞稷《千頃堂書目·編年類·補元》 胡三省《音注資治通鑑》二百九十四卷。

倪燦等《宋史藝文志補·編年類》 胡三省《音註資治通鑑》二百九十四卷。

錢大昕《補元史藝文志·編年類》 胡三省《音注資治通鑑》二百九十四卷。字景參，一字身之，天台人。

通鑑釋文辨誤

楊士奇等《文淵閣書目·史附》《通鑑釋文辨誤》。一部，四册。闕。

《通鑑釋文辨誤》。一部，四册。闕。

范邦甸等《天一閣書目·編年類》《通鑑釋文辨誤》十二卷。胡三省撰。

《四庫總目·編年類》《資治通鑑釋文辨誤》十二卷。内府藏本。元胡三省撰。《通鑑釋文》本南宋時蜀人史炤所作，淺陋特甚。時又有海陵所刊《釋文》，稱司馬康本。又蜀廣都費氏進修堂版行《通鑑》，亦以注附之，世號《龍爪通鑑》，皆視史炤本差略，而實相蹈襲。三省既自爲《通鑑音注》，復以司馬康《釋文》本出僞託，而史炤所作，譌謬相傳，恐其疑誤後學，因作此書以刊正之。每條皆先舉史炤之誤，而海陵本、龍爪本與之同者，則分注其下。其已見於此書者，《音注》之中即不復著其説。

彭元瑞等《天禄琳琅書目後編·元版史部》《通鑑釋文辨誤》。一函，八册。元胡三省撰。三省字身之，天台人，寶祐進士，見袁桷《先友淵源録》。書十二卷。《通鑑釋文》一書，本南宋蜀人史炤所作，又有海陵所刊《釋文》，稱司馬康本，又廣都費氏進修堂刊《通鑑附注》，號《龍爪通鑑》，皆略於炤本，而實相蹈襲。三省既注《通鑑》，復以康本係僞説，炤本及龍爪譌謬相傳，因作此書以辨正之。末有丁亥春三省自作《後序》，具作書之旨。丁亥爲元世祖至元二十四年，距厓山之亡八年矣。三省自託宋之遺民，取陶潛但書甲子例也。

錢大昕《補元史藝文志·編年類》胡三省《釋文辨誤》十二卷。

張金吾《愛日精廬藏書志·編年類》《通鑑釋文辨誤》十二卷。元刊本。元天台胡三省身之撰。《自序》。

張之洞《書目答問·編年類》《通鑑釋文辨誤》十二卷。元胡三省。胡刻《通鑑》武昌局刻《通鑑》附刻本，《通鑑全書》附刻本。

直説通略

黃虞稷《千頃堂書目·編年類·補元》鄭湰孫《直説通略》十二卷。

倪燦等《補遼金元藝文志·編年類》鄭湰孫《直説通略》十三卷。

歷代編年

王圻《續文獻通考·經籍考·編年》《歷代編年》。胡一桂著。

黃虞稷《千頃堂書目·編年類·補元》胡一桂《歷代編年》。

倪燦等《宋史藝文志補·編年類》胡一桂《歷代編年》。

錢大昕《補元史藝文志·編年類》胡一桂《歷代編年》。

十七史纂古今通要

楊士奇等《文淵閣書目·史附》《十七史纂通要》。一部，二册。闕。

黃虞稷《千頃堂書目·編年類·補元》胡一桂《十七史纂古今通要》十七卷。

倪燦等《宋史藝文志補·編年類》胡一桂《十七史纂》。

通鑑音釋質疑

錢大昕《補元史藝文志·編年類》董蕃《通鑑音釋質疑》。字子衍，宜興人，鈞臺書院山長。

正統五德類要

黃虞稷《千頃堂書目·編年類·補元》馮翼翁《正統五德類要》三十四卷。

倪燦等《補遼金元藝文志·編年類》馮翼翁《正統五德類要》三十四卷。

帝王紀年纂要

楊士奇等《文淵閣書目・史雜》 《歷代帝王紀事纂要》。一部，一册。闕。

高儒《百川書志・編年》 《歷代紀年帝皇纂要》一卷。元平章白雲翁察罕編。明翰林編修金城黄諫續編。瞿校：「諫」，鈔本作「練」。

范邦甸等《天一閣書目・編年類》 《帝王紀年》一卷附《聖政紀》一卷《禮賢録》一卷。刊本。元平章白雲翁察罕編，黄用和梓。

《歷代帝王紀年纂要》一卷。刊本。元平章白雲翁察罕編，明翰林編脩金城黄諫訂正并序，皇慶元年程鉅夫序。

徐𤊹《徐氏家藏書目・旁史類》 《帝王紀年纂要》一卷。

錢謙益等《絳雲樓書目・編年類》 《帝王紀纂年要》一册。

黄虞稷《千頃堂書目・編年類・補元》 察罕《帝王紀略纂要》一卷。平章政事。白雲翁明翰林侍講學士黄諫補。

倪燦等《補遼金元藝文志・編年類》 察罕《帝王紀年纂要》一卷。平章政事。

《四庫總目・編年類存目》 《帝王紀年纂要》一卷。户部尚書王際華家藏本。元察罕撰，明黄諫補。察罕官至平章事，事蹟具《元史》本傳。諫有《從古正文》，已著録。其書本《皇極經世》爲準，自太皞以下諸帝王，各載其在位年數，而略述興廢大旨，於每代之前。察罕成此書，在皇慶元年，嘗奏進於朝，程鉅夫爲之序。至明景泰中，諫復爲續輯，改原本每代下至延祐戊午若干年，爲下至洪武戊申若干年，并補入元代諸帝紀年。然簡略太甚，不足以資考訂也。

錢大昕《補元史藝文志・編年類》 察罕《帝王紀年纂要》一卷。

通鑑日纂

黄虞稷《千頃堂書目・編年類・補元》 曹仲埜《通鑑日纂》二十四卷。

倪燦等《補遼金元藝文志・編年類》 曹仲埜《通鑑日纂》二十四卷。

錢大昕《補元史藝文志・編年類》 曹仲埜《通鑑日纂》二十四卷。

歷代通略

黄虞稷《千頃堂書目・編年類・補元》 陳櫟《歷代通略》三卷。

倪燦等《補遼金元藝文志・編年類》 陳櫟《歷代通略》三卷。

增廣通略

黄虞稷《千頃堂書目・編年類・補元》 陳櫟《增廣通略》。

倪燦等《補遼金元藝文志・編年類》 陳櫟《增廣通略》。

世運略

黄虞稷《千頃堂書目・編年類・補元》 張明卿《世運略》八卷。字子晦，天台人。別字務光。（盧補）

倪燦等《補遼金元藝文志・編年類》 張明卿《世運略》八卷。字子晦，天台人。

通鑑地理志

錢大昕《補元史藝文志・編年類》 汪從善《通鑑地理志》二十卷。字國良，杭州新城人。邵武路總管。

遼金紀年

錢大昕《補元史藝文志・編年類》 蘇天爵《遼金紀年》。

歷代史譜

范邦甸等《天一閣書目・編年類》《歷代史譜》二卷。刊本。元括蒼鄭鎮孫編并序。元薛超吾《序》云：此譜上起三皇，下終宋季，其義例本于朱氏，其事實約于諸史。四千年國統離合，一覽可得，誠稽古之要法也。括蒼鄭鎮孫國安，篤志史學，嘗作《直説通略》，姑孰、澧、荆三郡刊行之。又爲《歷代蒙求》，纂註可謂勤矣。

徐𤊹《徐氏家藏書目・旁史類》《歷代史譜》二卷。

黃虞稷《千頃堂書目・編年類・補元》 鄭鎮孫《歷代史譜》二卷。

倪燦等《補遼金元藝文志・編年類》 鄭鎮孫《歷代史譜》二卷。

帝王傳授圖説

黃虞稷《千頃堂書目・編年類・補元》 倪士毅《帝王傳授圖説》。

倪燦等《補遼金元藝文志・編年類》 倪士毅《帝王傳授圖説》。

宋鑑提綱

黃虞稷《千頃堂書目・編年類・補元》 陸以道《宋鑑提綱》。無錫人，翰林待制。

倪燦等《補遼金元藝文志・編年類》 陸以道《宋鑑提綱》。無錫人，翰林待制。

皇極經世書説

黃虞稷《千頃堂書目・編年類・補元》 朱隱老《皇極經世書説》十七卷。

倪燦等《補遼金元藝文志・編年類》 朱隱老《皇極經世書説》十七卷。

筆　記

黃虞稷《千頃堂書目・編年類・補元》 陳桱《筆記》二百篇。

續通鑑要言

黃虞稷《千頃堂書目・編年類・補元》 徐詵《續通鑑要言》二十卷。

倪燦等《補遼金元藝文志・編年類》 徐詵《續通鑑要言》二十卷。

錢大昕《補元史藝文志・編年類》 徐詵《續通鑑要言》二十卷。

歷代帝王正閏圖説

黃虞稷《千頃堂書目・編年類・補元》 陳剛《歷代帝王正閏圖説》。

倪燦等《補遼金元藝文志・編年類》 陳剛《歷代帝王正閏圖説》。

通鑑總論

錢大昕《補元史藝文志・編年類》 潘榮《通鑑總論》一卷。

歷代叙略

高儒《百川書志・編年》《歷代叙略》一卷。皇明臨江梁寅著。凡十三篇。

徐𤊹《徐氏家藏書目・旁史類》《歷代叙略》一卷。

大事記續編

王圻《續文獻通考・經籍考・編年》《續東萊大事記》七十九卷。義烏王禕著。禕字子充，國初翰林待制承旨。

錢謙益等《絳雲樓書目・編年類》王禕《大事記續編》。七十九卷。

黃虞稷《千頃堂書目・編年類》王禕《大事記續編》七十七卷。

《四庫總目・編年類》《大事記續編》七十七卷。兩江總督採進本。明王禕撰。禕字子充，義烏人。少遊柳貫、黃溍之門，明初徵爲中書省掾，修《元史》成，拜翰林待制，使雲南，抗節死。贈翰林學士，追謚忠文。事蹟具《明史・忠義傳》。此書乃續呂祖謙《大事記》而作，體例悉遵其舊，惟解題即附各條之下，不別爲一書。俞恂稱其書自征和迄宋德祐二年，凡一千三百六十五年。而今所傳本，實自漢武帝征和四年，至周恭帝顯德六年，不知恂何所據而云然。或是書鈔本僅藏蜀王府中，至成化間始刊版，傳寫有所佚脱歟。考何喬新集，嘗稱禕此書予奪褒貶，與《綱目》不合。如《綱目》以昭烈紹漢統，章武紀年，直接建安。此書乃用無統之例，以漢與魏、吴竝從分註。又《綱目》斥武后之號，紀中宗之年，每歲書帝所在，用《春秋》「公在乾侯」例。而此書乃以武后紀年。又李克用父子，唐亡稱天祐年號，以討賊爲詞，名義甚正，故《綱目》紀年，先晉後梁，此書乃先梁後晉，皆好奇之過。所言亦頗中其失。然其間考訂同異，如《通鑑》載漢武帝仙人妖妄之言，淖方成禍水之説，以爲出於《漢武故事》、《飛燕外傳》，譏司馬光輕信之失。紀光武帝省并十三國，以地志正本紀之誤。此類考證，辨別皆爲不苟。又宋庠《紀年通譜》久無傳本，劉羲叟《長歷》僅《通鑑目録》用以紀年，書亦散佚。此書間引及之，亦可以備參稽。至前賢議論，薈萃尤多，瑕瑜不掩，讀者節取其長焉可矣。

張金吾《愛日精廬藏書志・編年類》《大事記續編》七十七卷。明成化刊本。明金華王禕子充著。

帝王基命録

黃虞稷《千頃堂書目・編年類》方孝孺《帝王基命録》。

通鑑前紀

王圻《續文獻通考・經籍考・編年》《通鑑前紀》。金華戴良著。

歷代統系

黃虞稷《千頃堂書目・編年類》袁時億《歷代統系》五篇。浙江新城人。洪武初吴江教諭。

天運紹統

黃虞稷《千頃堂書目・編年類》寧獻王權《天運紹統》二卷。（盧補）

通鑑博論

高儒《百川書志・編年》《通鑑博論》二卷。皇明臞仙撰。

錢謙益等《絳雲樓書目・編年類》《通鑑博論》三册。二卷。洪武間寧王奉敕編集，內府刻。

漢唐秘史

高儒《百川書志・編年》 《漢唐秘史》二卷。皇明寧王奉勅編。取二代事實，以甲子編年，直書善惡之跡，自以爲羣史中之利器也。

諸史會編

范邦甸等《天一閣書目・編年類》 《諸史會編大全》一百十二卷。刊本。明東吴金爒編集。凡例十九條。

黄虞稷《千頃堂書目・編年類》 金濂《諸史會編》一百十二卷。字懋光，太倉州人。歲貢，象山訓導。

《明史・藝文志・正史類》 金濂《諸史會編》一百十二卷。

古今歷代大統易見録

范邦甸等《天一閣書目・編年類》 《古今歷代大統易見録》。刊本。不著撰人名氏。

黄虞稷《千頃堂書目・編年類》 《歷代大統易見》一卷。不知撰人，蓋明初人，宣宗時曾進呈。一稱《歷代紀年圖》。（盧補）

甲子編年

黄虞稷《千頃堂書目・編年類》 周定王橚《甲子編年》十二卷。

《明史・藝文志・正史類》 周定王橚《甲子編年》十二卷。

通鑑釋義

錢謙益等《絳雲樓書目・編年類》 王逢《輯義》十六册。

黄虞稷《千頃堂書目・編年類》 王逢《通鑑釋義》□卷。宣德初，樂平人。

宋元通鑑節要續編

黄虞稷《千頃堂書目・編年類》 張光啓《宋元通鑑節要續編》三十卷。一作「張元啓」。

歷代紀年甲子圖

范邦甸等《天一閣書目・編年類》 《歷代紀年甲子圖》。刊本。明杭郡李旻撰。《自序》云：偶閲《歷代紀年圖》，因取朱子《通鑑綱目》、金吉甫《前編》，參以羣書衆論，折中以《春秋》之法，校其異同，訂其譌缺，頗加更定，寓微意焉。析圖爲卷，十年爲行，題甲以繫干支，列年而別統序，所謂陰陽九七之會，丙丁龜鑑之説，運之延促，時之治亂，求其大凡，如指諸掌。

歷代甲子編年

黄虞稷《千頃堂書目・編年類》 龔艮《歷代甲子編年》一卷。字熙止。天順時人。

正統世年表

黃虞稷《千頃堂書目・編年類》 涂觀《正統世年表》。字恒符，豐城人。天順庚辰進士，南京吏部主事，歷文選郎中，出知衢州、寧國二府。

人代紀要

范邦甸等《天一閣書目・編年類》 《人代紀要》三十六卷。刊本。明吴興顧應祥編輯，江陰楊明善校正，庠生倪佩、臧繼葉同校，大埔黃宸校刊。《叙》殘。

徐𤊹《徐氏家藏書目・旁史類》 《人代紀要》四卷。

黃虞稷《千頃堂書目・編年類》 顧應祥《人代紀要》三十卷。

《四庫總目・編年類存目》 《人代紀要》三十卷。兩淮馬裕家藏本。明顧應祥撰。應祥字惟賢，號箬溪，長興人。弘治乙丑進士，官至南京刑部尚書。是書以編年紀事，雖無事必書其年，蓋合《甲子會紀》、《大事記》而一之。然繁簡失倫，多未盡當。其中無年可編者，亦往往隨意科配，如荀悦著《漢紀》、《申鑒》，皆强係之獻帝乙酉年，恐必不然也。

人代紀略

黃虞稷《千頃堂書目・編年類》 顧應祥《人代紀略》三卷。

歷代紀事

徐𤊹《徐氏家藏書目・旁史類》 《歷代紀事》一卷。素仁。

歷代紀元彙編

黃虞稷《千頃堂書目・編年類》 袁仁《歷代紀元彙編》二卷。

通　歷

黃虞稷《千頃堂書目・編年類》 黃佐《通歷》三十六卷。起庖犧氏，迄於元。以大書分書紀年爲正僞。於三代及漢唐宋則詳，餘皆略。

《明史・藝文志・正史類》 黃佐《通曆》三十六卷。

帝王世系圖記

黃虞稷《千頃堂書目・編年類》 章相《帝王世系圖記》。字良弼，湯溪人。章懋弟子。

帝祖萬年金鏡録

黃虞稷《千頃堂書目・編年類》 汪循《帝祖萬年金鏡録》。

歷代世歷

黃虞稷《千頃堂書目・編年類》 陳士元《歷代世歷》四卷。

紀元考

黄虞稷《千頃堂書目・編年類》 魯藩□□□當漷《紀元考》一卷。望號洋子。嘉靖元年輯。

世譜增定

黄虞稷《千頃堂書目・編年類》 吕顓《世譜增定》二卷。

宋元資治通鑑

范邦甸等《天一閣書目・編年類》 《續資治通鑑》六十四卷。刊本。明中奉大夫山東布政使司臨海王宗沐編。《凡例》云：自宋受命，始於建隆庚申，迄於祥興己卯，共三百二十年。元一天下，始於至元庚辰，迄於至正丁未，共八十八年。合遼、金、夏三姓，其興亡治亂，有足紀者，不應獨闕，是以編而次之。始於嘉靖乙卯，成於隆慶丁卯，以備全史之要略云。

黄虞稷《千頃堂書目・編年類》 王宗沐《宋元資治通鑑》六十四卷。

《明史・藝文志・正史類》 王宗沐《宋元資治通鑑》六十四卷。

世緯

黄虞稷《千頃堂書目・編年類》 彭衷《世緯》一卷。

歷年圖

黄虞稷《千頃堂書目・編年類》 王漸逵《歷年圖》。

續麟正史

黄虞稷《千頃堂書目・編年類》 許孚遠《續麟正史》。

通鑑集要

黄虞稷《千頃堂書目・編年類》 諸燮《通鑑集要》三十八卷。字子相，餘姚人。嘉靖乙未進士，授兵部主事，謫州同知，謝歸。再起潮州判，晉邵武同知，持父服歸，過嚴陵灘溺死。

六鑑舉要

黄虞稷《千頃堂書目・編年類》 劉元卿《六鑑舉要》。

通鑑進謀録

黄虞稷《千頃堂書目・編年類》 余繼登《通鑑進謀録》五十卷。

通鑑節要

祁承㸁《澹生堂藏書目・編年史》 《通鑑節要》十二册。十二卷。李廷機輯。

宋元資治通鑑

范邦甸等《天一閣書目・編年類》 《宋元通鑑》一百五十七卷。刊本。明嘉靖丙寅薛應旂序。

錢謙益等《絳雲樓書目・編年類》 薛應旂《宋元通鑑》。

黄虞稷《千頃堂書目・編年類》 薛應旂《宋元資治通鑑》一百五十七卷。

《明史・藝文志・編年類》 薛應旂《宋元資治通鑑》一百五十七卷。

《四庫總目・編年類存目》 《宋元資治通鑑》一百五十七卷。内府藏本。明薛應旂撰。應旂有《四書人物考》，已著録。是編續司馬光《資治通鑑》而作。朱彝尊《静志居詩話》嘗議其孤陋寡聞，如王偁、李燾、楊仲良、徐夢華、劉時舉、彭百川、李心傳、葉紹翁、陳均、徐自明諸家之書，多未寓目，并遼、金二史亦削而不書，唯道學宗派特詳爾。今核其書，大抵以商輅等《通鑑綱目續編》爲藍本，而稍摭他書附益之。於宋、元二史，未嘗參考其表志，故於元豐之吏官制、至元之定賦法，一切制度，語多闇略。於本紀列傳，亦未條貫。凡一人兩傳，一事互見者，異同詳略，無所考證，往往文繁而事複。

甲子會紀

徐𤊹《徐氏家藏書目・旁史類》 《甲子會紀》五十卷。

黄虞稷《千頃堂書目・編年類》 薛應旂《甲子會紀》五卷。

《明史・藝文志・正史類》 《甲子會紀》五卷。

《四庫總目・編年類存目》 《甲子會紀》五卷。江蘇巡撫採進本。明薛應旂撰。前四卷以六十甲子紀年，上自黄帝八年，下至嘉靖四十二年，爲七十二甲子。又每年之下，亦略紀大事，以備檢閲。第五卷則取邵子以元經會之語，略論洪荒以來，而以邵子《觀化詩》附焉。

通鑑分解

黄虞稷《千頃堂書目・編年類》 馮琦《通鑑分解》。

考信編

黄虞稷《千頃堂書目・編年類》 杜思《考信編》七卷。四明人。

《四庫總目・編年類存目》 《考信編》七卷。江蘇周厚堉家藏本。明杜思撰。思字子睿，鄞縣人。嘉靖丙辰進士，官至青州府知府。是書皆載上古之事，其目有二，曰《原始考》，始自盤古氏，迄於燧人氏；曰《讀墳考》，始自庖犧氏，迄於帝魁。編年紀月，記動記言，全作策書之體，如珥筆其側，親注起居，又不言其何所據，乃題曰「考信」，名實可謂舛迕矣。

續資治通鑑節要

孫星衍《平津館鑒藏書籍記補遺・明版》 《新刊四明先生高明大字續資治通鑑節要》廿卷。題賜進士第潮陽蔡亨嘉校正。次行有「新刊」二字，而無銜名，蓋坊間所刻也。前後無序跋。此本因四明陳桱《通鑑續編》删節其要以别行。各家皆未著録。末卷後有「嘉靖壬戌季春新賢書堂新刊」本長印。每葉廿四行，行廿六字。

通鑑直解

劉若愚《内板經書經略》 《通鑑直解》。二十五本，一千四十二葉。

黃虞稷《千頃堂書目・編年類》 張居正《通鑑直解》二十五卷。萬曆元年十二月，講筵所編進。一作二十八卷。

古今通歷

黃虞稷《千頃堂書目・編年類》 朱謀㙔《古今通歷》。

帝王歷祚考

黃虞稷《千頃堂書目・編年類》 吳繼安《帝王歷祚考》八卷。休寧人。

《明史・藝文志・正史類》 吳繼安《帝王歷祚考》八卷。

年號韻編

黃虞稷《千頃堂書目・編年類》 陳懋仁《年號韻編》一卷。字無功，嘉興人。泉州府經歷。書仿《史記》年表例，依《洪武正韻》以歷代正僞紀元類入。

朝代紀元

黃虞稷《千頃堂書目・編年類》 韓承祚《朝代紀元》二卷。字德夫。萬曆中人。

世統紀年

黃虞稷《千頃堂書目・編年類》 徐師曾《世統紀年》六卷。

《明史・藝文志・正史類》 徐師曾《世統紀年》六卷。

通鑑要略

徐𤊹《徐氏家藏書目・旁史類》 《通鑑要略》十二卷。秦繼宗。

通鑑節要

徐𤊹《徐氏家藏書目・旁史類》 《通鑑節要》十卷。蘇一韓。

史編始事

徐𤊹《徐氏家藏書目・旁史類》 《史編始事》二卷。勞堪。

治統紀略

黃虞稷《千頃堂書目・編年類》 沈堯中《治統紀略》五卷。

通鑑箋注

黃虞稷《千頃堂書目・編年類》 汪明際《通鑑箋注》六十卷。字無際，嘉定人。萬曆戊子舉人，工部員外郎。（盧補）

編年合録

黄虞稷《千頃堂書目・編年類》 包萬年《編年合録》八十卷。

歷代史彙

《明史・藝文志・編年類》 楊寅冬《歷代史彙》二百四十卷。

帝王紀年通録

王圻《續文獻通考・經籍考・編年類》 《帝王紀年通録》。南安李沂集。

黄虞稷《千頃堂書目・編年類》 李沂《帝王紀年通録》。南安人。

歷代帝王世統

黄虞稷《千頃堂書目・編年類》 張家玉《歷代帝王世統》。

年代紀要

黄虞稷《千頃堂書目・編年類》 李頴《年代紀要》。李材子。萬曆丙辰舉人，教諭。

歷代長秩

黄虞稷《千頃堂書目・編年類》 楊維休《歷代長秩》七十四卷。

紀元録

黄虞稷《千頃堂書目・編年類》 丘文學《紀元録》。

資治通鑑補

黄虞稷《千頃堂書目・編年類》 嚴衍《資治通鑑補》二百七十卷。李永思，嘉定人，與其門人談允厚補正温公缺失。始於萬曆乙卯，成於崇禎戊寅。漏者補之，複者删之，紊與雜及誣誤者正之。師弟取十七史全文刊校，凡歷二十餘寒暑乃成。（盧補）

《明史・藝文志・正史類》 嚴衍《資治通鑑補》二百七十卷。

張之洞《書目答問・編年類》 《資治通鑑補》二百九十四卷。嚴衍。附《刊誤》二卷。童和豫。咸豐元年江夏童氏活字本，印行不多。

歷代帝王統系

黄虞稷《千頃堂書目・編年類》 夏洪基《歷代帝王統系》二卷。崇禎時高郵州人。

通史紀略

軍機處奏《禁毀書目》 《通史紀略》。一部，二本。查《通史紀略》又名《古今全史一覽》，係明曹勳等撰。中叙明代事蹟，語多狂悖，應請銷燬。再此書止有卷八、卷十，其卷七以前，有無違礙，應令該督撫再行查明辦理。

資治通鑑節要續編

范邦甸等《天一閣書目・編年類》 《資治通鑑節要續編》三十卷。刊本。不著編纂人姓名。

劉若愚《内板經書紀略》 《通鑑節要續編》。二十本，一千六百八十三葉。

黄虞稷《千頃堂書目・編年類》 劉剡《宋元資治通鑑節要》三十卷。字用章，建陽人。

又《編年類・補元》 江贄《通鑑節要續編》三十卷。

倪燦等《補宋史藝文志・編年類》 劉剡《通鑑節要續編》三十卷。

通　歷

楊士奇等《文淵閣書目・史》 齊推《通歷》。一部，四册。闕。

通鑑論斷

楊士奇等《文淵閣書目・史附》 周焱《通鑑論斷》。一部，十四册。闕。

世　略

黄虞稷《千頃堂書目・編年類》 周祚《世略》二卷。

紀元考

黄虞稷《千頃堂書目・編年類》 郁紹賢《紀元考》四卷。字閎緒，吴人。一作一卷。

歷代紀元録

黄虞稷《千頃堂書目・編年類》 郁紹賢《歷代紀元録》一卷。

宋元通鑑輯略

黄虞稷《千頃堂書目・編年類》 蔡伸《宋元通鑑輯略》二卷。

歷代甲子圖

楊士奇等《文淵閣書目・史》 《歷代甲子圖》。一部，一册。闕。

歷代譜贊

楊士奇等《文淵閣書目・史》 《歷代譜贊》。一部，一册。闕。

歷代史譜

楊士奇等《文淵閣書目·史》《歷代史譜》。一部，一册。闕。

稽古圖

楊士奇等《文淵閣書目·史》《稽古圖》。一部，一册。闕。

五代史通鑑

楊士奇等《文淵閣書目·史》《五代史通鑑》。一部，三册。闕。

帝紀大略

楊士奇等《文淵閣書目·史》《帝紀大略》。一部，十二册。闕。

歷年總數

楊士奇等《文淵閣書目·史》《歷年總數》。一部，一册。闕。

通鑑源委

楊士奇等《文淵閣書目·史附》《通鑑源委》。一部，二十三册。闕。

三國編年要略

楊士奇等《文淵閣書目·史附》《三國編年要略》。一部，六十三册。闕。

十九史略

高儒《百川書志·編年》《十九史略》十卷。

古通略句解

高儒《百川書志·編年》《古通略句解》七卷。

歷代紀年

晁瑮《晁氏寶文堂書目》卷上《歷代紀年》。

通鑑什義

晁瑮《晁氏寶文堂書目》卷上《通鑑什義》。

漢唐通鑑品藻

晁瑮《晁氏寶文堂書目》卷上《漢唐通鑑品藻》。

歷代紹運圖

晁瑮《晁氏寶文堂書目》卷上《歷代紹運圖》。

通鑑綱領

晁瑮《晁氏寶文堂書目》卷上《通鑑綱領》。

通鑑總論註解

晁瑮《晁氏寶文堂書目》卷上《通鑑總論註解》。

帝統紀年

晁瑮《晁氏寶文堂書目》卷上《帝統紀年》。

正紀世年表

晁瑮《晁氏寶文堂書目》卷上《正紀世年表》。

小通鑑

晁瑮《晁氏寶文堂書目》卷上《小通鑑》。劉弘毅刻。欠二册。

通鑑别紀考疑

晁瑮《晁氏寶文堂書目》卷上《通鑑别紀考疑》。

通鑑斷義全集

晁瑮《晁氏寶文堂書目》卷上《通鑑斷義全集》。

名儒集議通鑑詳節

晁瑮《晁氏寶文堂書目》卷上《名儒集議通鑑詳節》。不全。

歷代傳統

范邦甸等《天一閣書目·編年類》《歷代傳統》。鈔本。不著撰人名氏。

分類通鑑

徐圖等《行人司重刻書目·正史稗史雜記著類》《分類通鑑》。二本。

鑑　雋

徐𤊹《徐氏家藏書目·旁史類》《鑑雋》四卷。

紀年録

錢謙益等《絳雲樓書目・編年類》　《紀年録》一册。

紀年考

錢謙益等《絳雲樓書目・編年類》　《紀年考》一册。

年號類編

錢謙益等《絳雲樓書目・編年類》　《年號類編》一册。

歷代世譜

黄虞稷《千頃堂書目・編年類》　《歷代世譜》十卷。不知撰人姓氏。始於三代，迄元。

資治通鑑後編

《四庫總目・編年類》　《資治通鑑後編》一百八十四卷。江蘇巡撫採進本。國朝徐乾學撰。乾學有《讀禮通考》，已著録。是編以元明人續《通鑑》者，陳桱、王宗沐諸本，大都年月參差，事蹟脱落。薛應旂所輯，雖稍見詳備，而如改《宋史》周義成軍爲周義，以胡瑗爲朱子門人，疏謬殊甚，皆不足繼司馬光之後。乃與鄞縣萬斯同、太原閻若璩、德清胡渭等，排比正史，參考諸書，作爲是編。草創甫畢，欲進於朝，未果而殁。今原稿僅存，惟闕第十一卷。書中多塗乙删改之處，相傳猶若璩手蹟也。其書起宋太祖建隆元年，迄元順帝至正二十七年。

列代紀事年表

嵇璜等《清通志・圖譜略・御定史乘》　《列代紀事年表》。謹按：康熙四十六年，聖駕南巡，布衣龔士炯獻《歷代年表》，所載至隋而止，乃詔儒臣重修成編，上起帝堯元載甲辰，下迄元順帝至正二十年戊申，首末凡三千七百二十五年。準《史記》年表、月表，司馬光《資治通鑑目録》，而條理分明，脈絡連屬，上下數千年，包括無遺，實爲讀史之津梁。

歷代史表

嵇璜等《清通志・圖譜略・臣下史乘》　萬斯同《歷代史表》。謹按：十七史自《後漢書》以下，惟《新唐書》有表，餘皆闕如。萬斯同各爲補撰，多自創之例。

張之洞《書目答問・正史類》　《歷代史表》五十九卷。萬斯同。原刻足本。初印本少末六卷。錢大昕《唐學士年表》一卷，《五代學士年表》一卷，《宋中興學士年表》一卷。德清徐氏刻本。

皇王史訂

《四庫總目・編年類存目》　《皇王史訂》四卷。陝西巡撫採進本。國朝李學孔撰。學孔字瞻黄，渭州人。順治中嘗官大寧衛斷事。是編以劉恕《外紀》義類未確，端緒難明，因訂正其文。上自盤古氏，下迄周幽王，東遷而後，《春秋》既作，則不復録焉。大抵摭拾羅泌《路史》之説，加以臆斷耳。

此木軒紀年略

《四庫總目・編年類存目》《此木軒紀年略》五卷。江蘇巡撫採進本。國朝焦袁熹撰。袁熹有《春秋闕如編》，已著録。康熙甲午，故户部尚書王鴻緒纂輯《明史》，袁熹預其事，開局月餘，以持論齟齬辭去，乃自以其意著此書。紀事始於帝堯，編年則始於春秋。撮其治亂興亡之大端，而各繫以論，亦頗考證其異同。未及卒業，僅及漢順帝而止。其門人徐達照裒輯賸稿，編爲此本。首卷及第三卷，皆袁熹手自標識，提其綱要。二卷、四卷、五卷，則逵仿袁熹之例，補爲標識者也。

通鑑胡注舉正

《四庫總目・編年類》《通鑑胡注舉正》一卷。浙江巡撫採進本。國朝陳景雲撰。景雲里貫已附見《三國辨誤》條下。是書皆參訂胡三省《資治通鑑音注》之誤，凡六十三條，而所正地理居多，頗爲精核。【略】考書後附載王峻所作景雲墓誌，稱作《通鑑胡注舉正》十卷。而卷末其子黄中《跋》，亦稱書本十卷，屋漏鼠齧之餘，僅存什一。然則是編乃殘闕之稿，其多所挂漏宜矣。要此所存諸條，亦未始不足資考據也。

張之洞《書目答問・編年類》《通鑑胡注舉正》一卷。陳景雲。《文道十書》本。原書十卷。

歷代帝王年表

張之洞《書目答問・正史類》《歷代帝王年表》三卷。齊召南。文選樓本。仁和葉氏重刻本。此書最簡括。

歷代帝王統系圖紀

軍機處奏《禁毁書目》《歷代帝王統系圖紀》一本。查《歷代帝王統系圖紀》，係南豐曾亹撰。内叙明統系，列入唐桂二王，稱明十九帝，又稱福王謚赧，唐王謚文思，所紀俱極誕妄，應請銷燬。

通鑑注辨正

張之洞《書目答問・編年類》《通鑑注辨正》二卷。錢大昕。潛研堂本。

讀史綱要

《四庫總目・編年類存目》《讀史綱要》一卷。直隸總督採進本。國朝王植撰。植有《四書參注》，已著録。此書紀歷代帝王年號，而附録僭僞諸國，排比舊文，有如簿籍，不足以當著書。其以西夏、遼、金并列，尤爲紕繆。

續資治通鑑

張之洞《書目答問・編年類》《續資治通鑑》三百二十卷。畢沅。原刻蘇州補印本。宋元明人續《通鑑》甚多，有此皆可廢。

歷代帝王統系考

朱記榮《國朝未刊遺書志略・史目》《歷代帝王統系考》八卷。吴縣吴翌鳳枚菴。

通鑑注商

張之洞《書目答問・編年類》《通鑑注商》十八卷。趙紹祖。原刻本。

通鑑補識誤

張之洞《書目答問・編年類》《通鑑補識誤》卷。張敦仁。自刻本。

通鑑補略

張之洞《書目答問・編年類》《通鑑補略》卷。張敦仁。自刻本。

十六國春秋世系表

朱記榮《國朝未刊遺書志略・史目》《十六國春秋世系表》二卷。嘉興李旦華厚齋。是編所以補萬氏之漏略。

帝系考

軍機處奏《禁毀書目》《帝系考》一部，一本。查《帝系考》係魏博色撰。其書採撮舊文，无資考據，又稱明福王爲赧帝，殊爲違悖，應請銷燬。

断代分部

竹書紀年

《隋書・經籍志・古史》《紀年》十二卷。《汲冢書》。并《竹書同異》一卷。

《舊唐書・經籍志・編年》《紀年》十四卷。《汲冢書》。

《新唐書・藝文志・編年類》《紀年》十四卷。《汲冢書》。

鄭樵《通志・藝文略・編年》《紀年》十四卷。《汲冢書》。并《竹書同異》一卷。《隋志》作十二卷。

尤袤《遂初堂書目・編年類》《竹書紀年》。

《宋史・藝文志・編年類》《竹書》三卷。荀勗、和嶠編。

范邦甸等《天一閣書目・編年類》《竹書紀年》二卷。刊本。梁沈約附注，明司馬公訂刊。版藏閣中。

錢謙益等《絳雲樓書目・編年類》《竹書紀年》沈約注。十四卷。

《四庫全書總目提要・編年類》《竹書紀年》二卷。内府藏本。案《晉書・束皙傳》：晉太康二年，汲縣人發魏襄王冢，得古書七十五篇，中有《竹書紀年》十三篇。今世所行，題沈約注，亦與《隋志》相符。顧炎武考證之學最爲精核，所作《日知録》中，往往引以爲據。然反覆推勘，似非汲冢原書。考平王東遷以後，惟載晉事，三家分晉以後，惟載魏事，是魏承晉史之明驗。然晉靈公桃園之事，董狐所書，明見《左傳》，孔子稱趙盾爲法受惡，足知未改史文。乃今本所載，仍以趙穿蔽獄，則非晉史之舊也。

姚振宗《漢書藝文志拾補・春秋》《紀年》十三篇。汲冢竹書。束晳《竹書敘目》曰：《紀年》十三篇，記夏以來至周幽王爲犬戎所滅，以事接之，三家分，仍述魏事，至安釐之二十年。按：杜征南云：魏哀王二十年。此疑「哀王」之誤。蓋魏國之史書，大略與《春秋》皆多相應。其中經傳大異，則云「夏年多殷；益干啓位，啓殺之；太甲殺伊尹；文丁殺季歷；自周受命，至穆王百年，非穆王壽百歲也；幽王既亡，有共伯和者，攝行天子事，非二相共和也」。勘，似非束晳、杜預、郭璞及隋時所見本，又非酈道元、劉知幾、李善、瞿曇悉達、司馬貞、楊士勛、王存、羅泌、羅萃、鮑彪、董逌所見本，豈亦明人鈔合諸書爲之歟？沈約注外，又有小字夾行之注，不知誰作。約注唯五帝三王最詳，而皆全鈔《宋書·符瑞志》語。約不應既著於史，又不易一字，移而爲此本之注。然則此注亦依託耳。

文廷式《補晉書藝文志·編年類》《紀年》十二卷。汲冢書。並《竹書同異》一卷。事具《荀勗傳》及《隋志》。杜元凱《春秋後序》，言其篇第尤詳。《同異》一卷，蓋勗等所撰也。

《竹書》三卷。《宋史·藝文志·編年類》：《竹書》三卷。荀勗、和嶠編。

《竹書紀年》一卷。黄奭輯。

《竹書佚文》一卷。王仁俊輯。

太古以來紀年

《漢書·藝文志·春秋》《太古以來年紀》二篇。

姚振宗《漢書藝文志條理·春秋》《太古以來年紀》二篇。《禮記正義序》曰：伏犧之前及伏犧之後，年代參差，所說不一，緯候紛紜，各相乖背，且復煩而無用。王氏《考證》：《春秋緯》曰：開闢至獲麟，三百七十六萬歲，分爲十紀。大率一紀二十七萬六千年。艾軒林氏曰：伏羲氏元年辛巳，或以爲甲寅。陶唐氏元年戊辰，或以爲辛卯，或以爲甲辰。舜之年月，以孟子、司馬遷之言，求之《虞書》，似亦有不合者。

漢大年紀

《漢書·藝文志·春秋》《漢大年紀》五篇。

姚振宗《漢書藝文志條理·春秋》《漢大年紀》五篇。

漢德春秋

姚振宗《後漢藝文志·編年類》何英《漢德春秋》十五卷。《蜀都人士贊》：何英，字叔俊，郪人也。學通經緯，著《漢德春秋》十五卷。《華陽國志·三州士女目録》曰：述作。謁者僕射何英，字叔俊，郪人也。著《漢德春秋》。《經義考》曰：《蜀中著作紀》：「漢何英，郪人，何武弟也。與成都楊申「楊申」當爲「楊由」。俱通經緯，著《漢德春秋》十五卷。」

漢紀

《隋書·經籍志·古史》《漢紀》三十卷。漢祕書監荀悦撰。

《舊唐書·經籍志·編年》《漢紀》三十卷。荀悦撰。

《新唐書·藝文志·編年類》應劭等注荀悦《漢紀》三十卷。

《新唐書·藝文志·編年類》荀悦《漢紀》三十卷。

鄭樵《通志·藝文略·編年》《漢紀》三十卷。漢獻帝以班史文繁難省，故令祕書監荀悦約二百四十三年之行事，起高祖，迨王莽，準《左傳》爲《漢紀》三十篇。辭約而事詳，本末先後，不失條理，當世偉之。學者循習班馬之日久，故此書不行，自唐以前猶不能忘焉，今或幾乎泯矣。

晁公武《郡齋讀書志·編年類》荀悦《漢紀》三十卷。右漢荀悦撰。班固作《漢書》，起高祖，終於孝平王莽之誅，十二世，二百四十二年，爲紀、表、志、傳，凡八十餘萬言。獻帝以其文繁，詔悦舉要撮總，通比其事，列繫年月，爲紀三十篇，凡八萬三千四百三十二字。辭約事該，時稱嘉史。

尤袤《遂初堂書目·編年類》荀悦《漢紀》。

陳振孫《直齋書録解題·編年類》《漢紀》三十卷。漢侍中汝南荀悦仲豫撰。獻帝好典籍，常以班固《漢書》文繁難省，乃令悦依《左氏傳》體以爲《漢紀》，詔尚書給筆劄，辭約事詳，論辨多美。其自序曰：「立典有五志焉，曰達道義，章法式，通古今，著功勳，表賢能。」

馬端臨《文獻通考·經籍考·編年》《漢紀》三十卷。【略】巽岩李氏曰：某家有寫本一，印本一，寫本不記其時，而印本乃天聖間益州市所摹刻者。大抵皆差悞，而印本尤甚，衍文助語，亂布錯置，往往不可句讀，或又增以子注音切，並非所當有。而近歲江浙印本，號爲曾經校讐，其實與天聖市刻相似，間用班固《書》竄改悦語，而又非固《書》本文。按悦爲此《紀》，固不出班《書》，然亦時有所删潤。而諫大夫王仁、侍中王閎諫疏，班《書》皆無之，不知悦從得此也。

胡師安等《元西湖書院重整書目》　荀氏《前漢紀》。

《宋史・藝文志・編年類》　荀悦《漢紀》三十卷。

楊士奇等《文淵閣書目・史》　荀悦《前漢紀》。一部，六册。闕。

高儒《百川書志・編年》　《漢紀》三十卷。漢荀悦撰。

范邦甸等《天一閣書目・編年類》　《漢記》三十卷。刊本。　漢荀悦撰并序。

徐𤊹《徐氏家藏書目・旁史類》　《前漢紀》三十卷。荀悦。

錢謙益《絳雲樓書目・編年類》　荀悦《漢紀》。三十卷。應劭等注。悦在獻帝時，承詔作此書，辭約事該，時稱嘉史。

《四庫全書總目提要・編年類》　《漢紀》三十卷。安徽巡撫採進本。漢荀悦撰。悦字仲豫，潁陰人。獻帝時官秘書監侍中。《後漢書》附見其祖《荀淑傳》，稱獻帝好典籍，以班固《漢書》文繁難省，乃令悦依《左氏傳》體，爲《漢紀》三十篇。詞約事詳，論辨多美。張璠《漢紀》亦稱其因事以明臧否，致有典要，大行於世。

錢東垣等輯《崇文總目輯釋・編年類》　《前漢紀》三十卷。荀悦撰。

孫星衍《平津館鑒藏書籍記・明版》　《漢紀》三十卷。題荀悦著，吕柟校正。

黄丕烈《蕘圃藏書題識再續録》卷一　《前漢紀》三十卷。明刻本校影宋鈔本。

張之洞《書目答問・編年》　《漢紀》三十卷。漢荀悦。

姚振宗《後漢藝文志・編年類》　荀悦《漢紀》三十卷。

姚振宗《後漢藝文志・編年類》　應劭等注荀悦《漢紀》三十卷。劭始末見《正史類》。《唐書・藝文志》：荀悦《漢紀》三十卷。應劭等注荀悦《漢紀》三十卷。《通志・藝文略》：《漢紀》三十卷，漢獻帝令荀悦撰。《漢紀》三十卷，應劭等撰。此「撰」當是「注」之譌。

漢靈獻二帝紀

《隋書・經籍志・雜史》　《漢靈獻二帝紀》三卷。漢侍中劉芳撰，殘缺。梁有六卷。

《舊唐書・經籍志・編年》　《漢靈獻二帝紀》六卷。劉艾撰。

《新唐書・藝文志・編年類》　劉艾《漢靈獻二帝紀》六卷。

鄭樵《通志・藝文略・編年類》　《後漢靈獻二帝紀》六卷。劉艾撰。

姚振宗《後漢藝文志・編年類》　劉艾《漢靈獻二帝紀》六卷。

漢皇德紀

《隋書・經籍志・雜史》　《漢皇德紀》三十卷。漢有道徵士侯瑾撰。起光武，至沖帝。

《舊唐書・經籍志・編年》　《漢皇德紀》三十卷。侯瑾撰。

《新唐書・藝文志・編年類》　侯瑾《漢皇德紀》三十卷。

鄭樵《通志・藝文略・編年類》　《漢皇德紀》三十卷。侯瑾撰。

漢獻帝傳

姚振宗《三國藝文志・編年類》　《漢獻帝傳》。錢大昕《三國志考異》曰：裴松之注所引書，有《獻帝起居注》、《獻帝傳》，並不詳撰人。章宗源《隋志考證》曰：《魏志》武紀、文紀、明紀注，《袁紹傳》注，《續漢・禮儀志》注，《水經・渭水》注，《後漢書・董卓傳》注，《藝文類聚・服飾部》、《太平御覽・車部》，並引《獻帝傳》，無撰人名。

獻帝春秋

《隋書・經籍志・古史》　《獻帝春秋》十卷。袁暐撰。

《舊唐書・經籍志・編年》　《漢獻帝春秋》十卷。袁暐撰。

《新唐書・藝文志・編年類》　袁暐《漢獻帝春秋》十卷。

鄭樵《通志・藝文略・編年類》　《漢獻帝春秋》十卷。袁暐撰。

姚振宗《三國藝文志・編年類》　袁暐《獻帝春秋》十卷。

文廷式《補晉書藝文志・編年類》　袁暐《獻帝春秋》十卷。《吴志・陸瑁傳》「廣陵袁迪」，裴注云：迪孫暐，字思光，作《獻帝春秋》。

魏武本紀

《隋書・經籍志・雜史》《魏武本紀》四卷。梁并《曆》五卷。

《舊唐書・經籍志・編年》《魏武本紀》三卷。

《新唐書・藝文志・編年類》《魏武本紀》四卷。

魏武本紀年曆

《舊唐書・經籍志・雜史》《魏武本紀年曆》五卷。

《新唐書・藝文志・雜史類》《魏武本紀年曆》五卷。

鄭樵《通志・藝文略・編年》《魏武本紀年曆》五卷。

姚振宗《三國藝文志・編年類》《魏武本紀》并《年曆》五卷。

魏略

《舊唐書・經籍志・正史》《魏略》三十八卷。魚豢撰。

《新唐書・藝文志・雜史類》魚豢《魏略》五十卷。

鄭樵《通志・藝文略・編年》《魏略》五十卷。魚豢撰。

吴曆

《舊唐書・雜史》《吴曆》六卷。胡沖撰。

《新唐書・雜史類》胡沖《吴曆》六卷。

鄭樵《通志・藝文略・編年》《吴曆》六卷。胡沖撰。

文廷式《補晉書藝文志・編年類》胡沖《吴曆》六卷。從《通志》。見《唐志・雜史類》。案：《吴志》王蕃等傳評已引胡沖説，裴松之《吴志注》屢引之。《通鑑考異》：諸葛恪以張約、朱恩等密書示滕胤事，從《吴曆》。是此書温公著書時猶存。

後漢紀

《隋書・經籍志・古史》《後漢紀》三十卷。張璠撰。

《舊唐書・經籍志・編年》《後漢紀》三十卷。張璠撰。

《新唐書・藝文志・編年類》張璠《後漢紀》三十卷。

鄭樵《通志・藝文略・編年》《後漢紀》三十卷。張璠撰。

文廷式《補晉書藝文志・編年類》張璠《後漢紀》三十卷。

晉紀

秦榮光《補晉書藝文志・編年類》《晉紀》。阮籍撰。據《御覽引用書目》。

晉紀

《隋書・經籍志・古史》《晉紀》四卷。陸機撰。

《舊唐書・經籍志・編年》《晉帝紀》四卷。陸機撰。

《新唐書・藝文志・編年類》陸機《晉帝紀》四卷。

鄭樵《通志・藝文略・編年》《晉紀》四卷。陸機撰。

文廷式《補晉書藝文志・編年類》陸機《晉紀》四卷。《史通・正史篇》云：《晉史》，洛京時著作郎陸機，始撰三祖紀，佐著作束晳又撰十志。會中朝喪亂，其書不存。又《曲筆篇》云：陸機《晉史》，虚張拒葛之鋒。

吴録

《舊唐書・經籍志・雜史》 《吴録》三十卷。張勃撰。

《新唐書・藝文志・雜史類》 張勃《吴録》三十卷。

鄭樵《通志・藝文略・編年》 《吴録》三十卷。張勃撰。

姚振宗《隋書經籍志考證・正史類》 梁有張勃《吴録》三十卷。亡。

晉後略

《隋書・經籍志・雜史》 《晉後略記》五卷。晉下邳太守荀綽撰。

《舊唐書・經籍志・雜史》 《晉後略記》五卷。荀綽撰。

《新唐書・藝文志・雜史類》 荀綽《晉後略》五卷。

鄭樵《通志・藝文略・編年》 《晉後略》五卷。荀綽撰。

晉録

秦榮光《補晉書藝文志・編年類》 《晉録》五卷。據《唐志》。荀綽撰。

後漢紀

《隋書・經籍志・古史》 《後漢紀》三十卷。袁彦伯撰。

《舊唐書・經籍志・編年》 《後漢紀》三十卷。袁宏撰。

錢東垣等輯《崇文總目輯釋・編年類》 《後漢紀》三十卷。袁彦伯撰。

《新唐書・藝文志・編年類》 袁宏《後漢紀》三十卷。

鄭樵《通志・藝文略・編年》 《後漢紀》三十卷。袁宏撰。

晁公武《郡齋讀書志・編年類》 袁宏《漢紀》三十卷。右晉袁宏彦伯撰。宏在晉末，爲一時文宗。性强直，雖爲桓温禮遇，每不阿屈。以東京史籍不倫，謝承、司馬彪之徒錯謬同異，無所取正，惟張璠《紀》差詳，因參摭記傳以損益之，比諸家號爲精密。

尤袤《遂初堂書目・編年類》 袁宏《後漢紀》。

陳振孫《直齋書録解題・編年類》 《後漢紀》三十卷。晉東陽太守陽夏袁宏彦伯撰。以《後漢書》煩穢雜亂，撰集爲此記。

馬端臨《文獻通考・經籍考・編年》 《後漢紀》三十卷。

胡師安等《元西湖重整書目》 袁氏《後漢記》。

《宋史・藝文志・編年類》 袁宏《後漢紀》三十卷。

楊士奇等《文淵閣書目・史》 袁宏《後漢紀》。一部，六册。闕。

范邦甸等《天一閣書目・編年類》 《後漢記》三十卷。刊本。晉太守袁宏撰并序。

徐𤊹《徐氏家藏書目・旁史類》 《後漢紀》三十卷。袁宏。

錢謙益《絳雲樓書目・編年類》 袁宏《漢紀》。三十卷。晉末人，桓宣武幕客。

《四庫總目・編年類》 《後漢紀》三十卷。安徽巡撫採進本。晉袁宏撰。

張之洞《書目答問・編年》 《後漢紀》三十卷晉袁宏。兩《紀》合刻本。又明黄省曾今刻本。

文廷式《補晉書藝文志・編年類》 袁宏《後漢紀》三十卷。今存。

前後漢紀

張萱等《内閣藏書目録・史部》 《漢紀》。十二册，全。荀悦《前漢紀》三十卷，袁宏《後漢紀》三十卷。

王士禛《漁洋書跋》 《兩漢紀》。古書固有晦于前而顯於後者。《聞見後録》云：神宗惡范曄之名，欲更修《後漢書》，求《東觀漢紀》，久之不得。後高麗以其本付醫官某來上，神宗已厭代矣。元祐中，高麗使人言狀，訪于書省，無知者。醫已死，于其家得之，藏于中祕。予嘗寫本于吕汲公家，亦棄之兵火中矣。又予官長安時，或云鄠、杜民家有《江表志》、《英雄傳》，因爲外臺言之，委官以取。民驚懼，遽焚之。世今無此三書矣。今荀悦《漢紀》與袁宏《後漢紀》，嘉靖間吴郡雕版甚精，流傳于世，當是有神物護持之耳。

彭元瑞等《天禄琳琅書目後編·宋版史部》 《前後漢紀》。四函二十册。《前後漢紀》。四函三十二册。同上。脱王銍《後序》。

又《明版史部》 《前後漢紀》。二函十册。篇目同前《宋版史部》。前有嘉靖戊申黄姬水序，略云：何景明曾刻《前漢紀》，袁氏書尤希覯，得雲間朱氏宋本，輒復梓行云云。姬水，省曾子。

黄丕烈《蕘圃藏書題識續録·史類》 《前漢紀》三十卷《後漢紀》三十卷。明刻本。

魏氏春秋

《隋書·經籍志·古史》 《魏氏春秋》二十卷。孫盛撰。

《舊唐書·經籍志·編年》 《魏武春秋》二十卷。孫盛撰。

《新唐書·藝文志·編年類》 孫盛《魏武春秋》二十卷。

鄭樵《通志·藝文略·編年》 《魏氏春秋》二十卷。孫盛撰。

文廷式《補晉書藝文志·編年類》 孫盛《魏氏春秋》二十卷。

晉陽秋

《隋書·經籍志·古史》 《晉陽秋》三十二卷。訖哀帝。孫盛撰。

《新唐書·藝文志·編年》 孫盛《晉陽秋》二十二卷。

鄭樵《通志·藝文略·編年》 《晉陽秋》三十二卷。訖哀帝。孫盛撰。

尤袤《遂初堂書目·編年類》 《晉陽秋》。

《宋史·藝文志·編年類》 孫盛《晉陽秋》三十卷。

文廷式《補晉書藝文志·編年類》 孫盛《晉陽秋》三十二卷。訖哀帝。《唐志》二十二卷。《史通·採撰篇》曰：安國之述《陽秋》也，梁益舊事，訪諸故老。

魏陽秋異同

《舊唐書·經籍志·雜史》 《魏陽秋異同》八卷。孫壽撰。

《新唐書·藝文志·雜史類》 孫壽《魏陽秋異同》八卷。

鄭樵《通志·藝文略·編年》 《魏陽秋異同》八卷。孫壽撰。

魏　紀

《隋書·經籍志·古史》 《魏紀》十二卷。左將軍陰澹撰。

《舊唐書·經籍志·編年》 《魏紀》十二卷。魏澹撰。

《新唐書·藝文志·編年類》 魏澹《魏紀》十二卷。

鄭樵《通志·藝文略·編年》 《魏紀》十二卷。左將軍陰澹撰。

文廷式《補晉書藝文志·編年類》 陰澹《魏紀》十二卷。左將軍。《魏志·陳思王植傳》注引之。《晉書·藝術傳》：索紞所占莫不驗，太守陰澹從求占書。餘事章氏已録，今不複出。

漢魏春秋

《隋書·經籍志·古史》 《漢魏春秋》九卷。孔舒元撰。

鄭樵《通志·藝文略·編年》 《漢魏春秋》九卷。孔舒元撰。

文廷式《補晉書藝文志·編年類》 孔衍《漢魏春秋》九卷。《隋志》題孔舒元。舒元，衍字。《七録》避梁諱也。

漢春秋

《舊唐書·經籍志·雜史》 《漢春秋》十卷。孔衍撰。

《新唐書・藝文志・雜史類》　孔衍《漢春秋》十卷。

鄭樵《通志・藝文略・編年》　《漢春秋》十卷。孔衍撰。

文廷式《補晉書藝文志・編年類》　孔衍《漢春秋》十卷。見《新唐志》。

後漢春秋

《舊唐書・經籍志・雜史》　《後漢春秋》六卷。孔衍撰。

《新唐書・藝文志・雜史類》　孔衍《後漢春秋》六卷。

鄭樵《通志・藝文略・編年》　《後漢春秋》六卷。孔衍撰。

文廷式《補晉書藝文志・編年類》　孔衍《後漢春秋》六卷。見《新唐志》。

後魏春秋

《舊唐書・經籍志・雜史》　《後魏春秋》九卷。孔衍撰。

《新唐書・藝文志・雜史類》　孔衍《後魏春秋》九卷。

文廷式《補晉書藝文志・編年類》　孔衍《後魏春秋》九卷。見《新唐志》。疑《後魏春秋》即《隋志》「《漢魏春秋》」矣。《後漢書》、《三國注》所引，並題《漢魏春秋》。

晉紀

《隋書・經籍志・古史》　《晉紀》二十三卷。干寶撰。訖愍帝。

《舊唐書・經籍志・編年》　《晉紀》二十二卷。干寶作。

《新唐書・藝文志・編年類》　干寶《晉紀》二十二卷。

鄭樵《通志・藝文略・編年》　《晉紀》二十三卷。干寶撰。訖愍帝。

文廷式《補晉書藝文志・編年類》　干寶《晉紀》二十三卷。訖愍帝。

晉紀

《隋書・經籍志・古史》　《晉紀》十卷。晉前軍諮議曹嘉之撰。

《舊唐書・經籍志・編年》　《晉紀》十卷。曹嘉之撰。

《新唐書・藝文志・編年類》　曹嘉之《晉紀》十卷。

鄭樵《通志・藝文略・編年》　《晉紀》十卷。晉前軍諮議曹嘉之撰。

文廷式《補晉書藝文志・編年類》　曹嘉之《晉紀》十卷。前軍諮議。章宗源《考證》，從《世説注》、《文選注》、《初學記》、《藝文類聚》、《太平御覽》録得十一事。

晉紀

《隋書・經籍志・古史》　《晉紀》十一卷。訖明帝。晉荊州別駕鄧粲撰。

《舊唐書・經籍志・編年》　《晉紀》十一卷。鄧粲撰。

《新唐書・藝文志・編年類》　鄧粲《晉紀》十一卷。

鄭樵《通志・藝文略・編年》　《晉紀》十一卷。晉荊州別駕鄧粲撰。訖明帝。

文廷式《補晉書藝文志・編年類》　鄧粲《晉紀》十一卷。荊州別駕。訖明帝。本傳：著《元明紀》十篇。《舊唐志》又有鄧粲《晉陽秋》二十卷，恐誤，今不録。《文心雕龍・史傳篇》：鄧璨《晉紀》，始立條例。又撮略漢魏，憲章殷周，雖湘州曲學，亦有心典謨。

晉陽春秋

《舊唐書・經籍志・編年》　《晉陽春秋》二十二卷。鄧粲撰。

《新唐書・藝文志・編年類》　鄧粲《晉陽秋》三十二卷。

山陽公載記

《隋書・經籍志・雜史》《山陽公載記》十卷。樂資撰。

《舊唐書・經籍志・編年》《山陽義紀》。樂資撰。

《新唐書・藝文志・編年類》樂資《山陽公載記》十卷。

鄭樵《通志・藝文略・編年》《山陽公載紀》十卷。樂資撰。

吴　紀

《隋書・經籍志・正史》《吴紀》九卷。晉太學博士環濟撰。晉有張勃《吴録》三十卷，亡。

《舊唐書・經籍志・編年》《吴紀》十卷。環濟撰。

《新唐書・藝文志・編年類》環濟《吴紀》十卷。

鄭樵《通志・藝文略・編年》《吴紀》十卷。晉太學博士環濟撰。

漢　表

《舊唐書・經籍志・雜年》《漢表》十卷。袁希之撰。

《新唐書・藝文志・雜史類》袁希之《漢表》十卷。

鄭樵《通志・藝文略・編年》《漢表》十卷。袁希之撰。

崇安記

《舊唐書・經籍志・編年》《崇安記》二卷。周祇撰。

《新唐書・藝文志・雜史類》周祇《崇安記》二卷。

文廷式《補晉書藝文志・編年類》周祇《崇安紀》二卷。《舊唐志》。錢辛楣《廿二史考異》曰：「崇安」本是「隆安」，晉安帝年號也，避明皇諱改。

晉　紀

《隋書・經籍志・古史》《晉紀》四十五卷。宋中散大夫徐廣撰。

《舊唐書・經籍志・編年》《晉紀》四十五卷。徐廣撰。

《新唐書・藝文志・編年類》徐廣《晉紀》四十五卷。

鄭樵《通志・藝文略・編年》《晉紀》四十五卷。宋中散大夫徐廣撰。

文廷式《補晉書藝文志・編年類》徐廣《晉紀》四十六卷。《宋書・廣傳》：義熙十二年，《晉紀》成，凡四十二卷。隋、唐《志》四十五卷。今據《晉書》本傳。

聶崇岐《補宋書藝文志・古史類》《晉紀》。四十五卷。《宋書》五十五作四十六卷。徐廣撰。

晉中興書

《隋書・經籍志・正史》《晉中興書》七十八卷。起東晉。宋湘東太守何法盛撰。

《舊唐書・經籍志・正史類》《晉中興書》八十卷。何法盛撰。

《新唐書・藝文志・正史類》何法盛《晉中興書》八十卷。

秦榮光《補晉書藝文志・編年類》《晉中興書》八十卷。據《唐志》。郗紹撰。案：《南史・徐廣傳》：高平郗紹作《晉中興書》，數以示何法盛，法盛竊之。《隋志》作七十八卷。起東晉。

晉　録

《舊唐書・經籍志・編年》《晉録》五卷。

《新唐書・藝文志・編年類》《晉録》五卷。

鄭樵《通志・藝文略・編年》《晉録》五卷。

文廷式《補晉書藝文志・編年類》《晉録》五卷。見《唐志》。章宗源《隋書經籍志考證》曰：《北堂書鈔・設官部》、《藝文類聚・菓部》、《白帖》卷十六，並引《晉録》六事。無撰名。

晉曆

《舊唐書・經籍志・雜史》《晉曆》二卷。

《新唐書・藝文志・編年類》《晉曆》二卷。

鄭樵《通志・藝文略・編年》《晉曆》二卷。

晉安帝紀

沈家本《世説注所引書目・古史》《晉安帝紀》。德行。案：注中所引極多，不著撰人。隋、唐《志》皆不著録。

中興紀

秦榮光《補晉書藝文志・編年類》《中興記》。闕名。據本書《徐廣傳》引。

晉紀

《隋書・經籍志・古史》《晉紀》二十三卷。宋中散大夫劉謙之撰。

《舊唐書・經籍志・編年》《晉紀》二十卷。劉謙之撰。

《新唐書・藝文志・編年類》劉謙之《晉紀》二十卷。

鄭樵《通志・藝文略・編年》《晉紀》二十五卷。宋中散大夫劉謙之撰。

徐崇《補南北史藝文志・南史・別史》《晉紀》二十卷。劉謙之撰。見本傳。《宋書》謙之見《劉康祖傳》，同。《隋經籍志》：《晉紀》三十三卷。劉謙之撰。

聶崇岐《補宋書藝文志・古史類》《晉紀》。二十三卷。劉謙之撰。

晉紀

《隋書・經籍志・古史》《晉紀》十卷。宋吳興太守王韶之撰。

《舊唐書・經籍志・編年》《崇安記》十卷。王韶之撰。

《新唐書・藝文志・雜史類》王韶之《崇安記》十卷。

鄭樵《通志・藝文略・編年》《晉紀》十卷。宋吳興太守王韶之撰。

徐崇《補南北史藝文志・南史・別史》《晉安帝陽秋》。王韶之撰。見本傳。《宋書》同。《隋經籍志》：《晉紀》十卷。王韶之撰。

聶崇岐《補宋書藝文志・古史類》《晉紀》十卷。兩《唐志》作《崇安記》十卷。章宗源謂「崇安」即「隆安」。王韶之撰。《晉安帝陽秋》。不知卷數。見《宋書》六十。王韶之撰。

晉紀

徐崇《補南北史藝文志・南史・別史》《晉紀》。裴松之撰。見本傳。《宋書》同。《隋經籍志》未收。

聶崇岐《補宋書藝文志・古史類》《晉紀》。不知卷數。見《宋書》六十四。裴松之撰。

續晉陽秋

《隋書・經籍志・古史》《續晉陽秋》二十卷。宋永嘉太守檀道鸞撰。

《**舊唐書・經籍志・編年**》《晉陽秋》二十卷。檀道鸞注。
《**新唐書・藝文志・編年類**》　檀道鸞《晉春秋》二十卷。
鄭樵《**通志・藝文略・編年**》《續晉陽秋》二十卷。宋永嘉太守檀道鸞撰。
徐崇《**補南北史藝文志・南史・別史**》《續晉陽秋》二十卷。檀道鸞撰。見《檀超傳》。《齊書・超傳》未載。《隋經籍志》：《續晉陽秋》二十卷。宋檀道鸞撰。
聶崇岐《**補宋書藝文志・古史類**》《續晉陽秋》。二十卷。兩《唐志》無「續」字。《新唐志》「陽」作「春」。檀道鸞撰。

續晉紀

《**隋書・經籍志・古史**》《續晉紀》五卷。宋新興太守郭季産撰。
《**舊唐書・經籍志・編年**》《晉續記》五卷。郭季産撰。
《**新唐書・藝文志・編年類**》　郭季産《晉續紀》五卷。
鄭樵《**通志・藝文略・編年**》《續晉紀》五卷。宋新興太守郭季産撰。
聶崇岐《**補宋書藝文志・古史類**》《續晉紀》。五卷。郭季産撰。

宋　紀

《**舊唐書・經籍志・編年**》《宋紀》三十卷。王智深撰。
《**新唐書・藝文志・編年類**》　王智深《宋紀》三十卷。
鄭樵《**通志・藝文略・編年**》《宋紀》三十卷。王智深撰。
黎世衡《**補南齊書經籍志・編年類**》王智深《宋紀》三十卷。又勅智深撰《宋紀》，召見芙蓉堂，賜衣服，給宅。智深告貧於豫章王，王曰：「須卿書成，當相論以祿。」書成三十卷。世祖後召見智深於璿明殿，令拜表奏上，表未奏而世祖崩。隆昌元年，勅索其書，智深遷爲竟陵王司徒參軍。《南齊書》五二《王智深傳》。《南史》七二《文學・王智深傳》。二《唐志》。
徐崇《**補南北史藝文志・南史・別史**》《宋紀》三十卷。王智深撰。見本傳。《齊書》同。《隋經籍志》未收。

齊　典

《**隋書・經籍志・古史**》《齊典》五卷。王逸撰。
《**舊唐書・經籍志・儀注**》《齊典》四卷。王逸志。
《**新唐書・藝文志・儀注類**》　王逸《齊典》四卷。
鄭樵《**通志・藝文略・編年**》《齊典》五卷。王逸撰。
黎世衡《**補南齊書經籍志・編年類**》　王逸《齊典》五卷。《隋志》。二《唐志》作四卷，列《儀注類》。

齊　紀

《**隋書・經籍志・正史**》《齊紀》二十卷。沈約撰。梁有江淹《齊史》十三卷，亡。
《**舊唐書・經籍志・編年**》《齊紀》二十卷。沈約撰。
《**新唐書・藝文志・編年類**》　沈約《齊紀》二十卷。
黎世衡《**補南齊書經籍志・編年類**》　沈約《齊紀》二十卷。

梁武紀

徐崇《**補南北史藝文志・南史・別史**》《梁武紀》十四卷。沈約撰。見本傳。《梁書》同。《隋經籍志》未收。

後漢略

《**隋書・經籍志・雜史**》《後漢略》二十五卷。張緬撰。
《**舊唐書・經籍志・雜史**》《後漢書略》二十五卷。張緬撰。

《新唐書・藝文志・編年類》 張緬《後漢略》二十七卷。

鄭樵**《通志・藝文略・編年》** 《後漢略》二十五卷。張緬撰。

晉史草

《隋書・經籍志・正史》 《晉史草》三十卷。梁蕭子顯撰。梁有鄭忠《晉書》七卷，沈約《晉書》一百一十一卷，庾銑《東晉新書》七卷，亡。

《舊唐書・經籍志・編年》 《晉史草》三十卷。蕭景暢撰。

《新唐書・藝文志・編年類》 蕭景暢《晉史草》三十卷。

鄭樵**《通志・藝文略・編年》** 《晉史草》三十卷。蕭景暢撰。《隋志》作蕭子顯。

宋　略

《隋書・經籍志・古史》 《宋略》二十卷。梁通直郎裴子野撰。

《舊唐書・經籍志・編年》 《宋略》二十卷。裴子野撰。

《新唐書・藝文志・編年類》 裴子野《宋略》二十卷。

鄭樵**《通志・藝文略・編年》** 《宋略》二十卷。梁通直郎裴子野撰。

尤袤**《遂初堂書目・編年類》** 《宋略》。

《宋史・藝文志・編年類》 裴子野《宋略》二十卷。

徐崇**《補南北史藝文志・南史・別史》** 《宋略》二十卷。裴子野撰。見本傳。《梁書》同。《隋經籍志》同。

晉紀注

《舊唐書・經籍志・編年》 《晉紀》六十卷。干寶撰，劉協注。

《新唐書・藝文志・編年類》 劉協注干寶《晉紀》六十卷。

徐崇**《補南北史藝文志・南史・別史》** 《干寶晉紀注》四十卷。劉彤撰。見《劉昭傳》。《梁書》同。《隋經籍志》未收。

宋春秋

《隋書・經籍志・古史》 《宋春秋》二十卷。梁吳興令王琰撰。

《新唐書・藝文志・編年類》 王琰《宋春秋》二十卷。

鄭樵**《通志・藝文略・編年》** 《宋春秋》二十卷。梁吳興令王琰撰。

宋春秋

《舊唐書・經籍志・編年》 《宋春秋》二十卷。鮑衡卿撰。

《新唐書・藝文志・編年類》 鮑衡卿《宋春秋》二十卷。

鄭樵**《通志・藝文略・編年》** 《宋春秋》二十卷。鮑衡卿撰。

乘輿龍飛記

《舊唐書・經籍志・編年》 《乘輿龍飛記》二卷。鮑衡卿撰。

《新唐書・藝文志・雜史類》 鮑衡卿《乘輿飛龍記》二卷。

徐崇**《補南北史藝文志・南史・雜史》** 《乘輿龍飛記》。鮑行卿撰。見本傳。《梁書》行卿無傳。《隋經籍志》未收。

齊春秋

《隋書・經籍志・古史》 《齊春秋》三十卷。梁奉朝請吳均撰。

《舊唐書・經籍志・編年》 《齊春秋》三卷。吳均撰。

《新唐書・藝文志・編年類》 吳均《齊春秋》三十卷。

鄭樵《通志・藝文略・編年》《齊春秋》三十卷。梁奉朝請吳均撰。

徐崇《補南北史藝文志・南史・別史》《齊春秋》三十卷。吳均撰。見本傳。《梁書》同。《隋經籍志》同。

梁太清紀

《隋書・經籍志・古史》《梁太清紀》十卷。梁長沙蕃王蕭韶撰。

《舊唐書・經籍志・編年》《梁太清紀》十卷。蕭韶撰。

《新唐書・藝文志・編年類》蕭韶《梁太清紀》十卷。

錢東垣等輯《崇文總目輯釋・編年類》《太清紀》十卷。[原釋]梁王韶撰。

鄭樵《通志・藝文略・編年》《梁太清紀》十卷。梁長沙藩王蕭韶撰。

尤袤《遂初堂書目・編年類》《梁太清紀》。

徐崇《補南北史藝文志・南史・別史》《太清紀》十卷。蕭韶撰。見本傳。《梁書》韶無傳。《隋經籍志》同。

梁　典

《新唐書・藝文志・編年類》謝昊《梁典》三十九卷。

鄭樵《通志・藝文略・編年》《梁典》三十九卷。謝昊撰。

棲鳳春秋

《隋書・經籍志・雜史》《棲鳳春秋》五卷。臧嚴撰。

《舊唐書・經籍志・編年》《棲鳳春秋》五卷。臧嚴撰。

《新唐書・藝文志・編年類》臧嚴《棲鳳春秋》五卷。

鄭樵《通志・藝文略・編年》《棲鳳春秋》五卷。臧嚴撰。

梁承聖中興略

《隋書・經籍志・雜史》《梁承聖中興略》十卷。劉仲威撰。

鄭樵《通志・藝文略・編年》《梁承聖中興略》十卷。劉仲威撰。

普通北伐記

徐崇《補南北史藝文志・南史・雜史》《普通北伐記》五卷。蕭子顯撰。見本傳。《梁書》同。《隋經籍志》未收。

皇帝紀

《舊唐書・經籍志・編年》《皇帝紀》七卷。

《新唐書・藝文志・雜史類》《皇帝紀》七卷。

鄭樵《通志・藝文略・編年》《皇帝紀》七卷。

梁帝紀

鄭樵《通志・藝文略・編年》《梁帝紀》七卷。

梁末代紀

《隋書・經籍志・雜史》《梁末代紀》一卷。

《舊唐書・經籍志・編年》《梁末代記》一卷。

《新唐書・藝文志・編年類》《梁末代記》一卷。

鄭樵《通志・藝文略・編年》《梁末代紀》一卷。

梁　典

《隋書・經籍志・古史》《梁典》三十卷。陳始興王諮議何之元撰。

《舊唐書・經籍志・編年》《梁典》三十卷。何元之撰。

《新唐書・藝文志・編年類》何之元《梁典》三十卷。

鄭樵《通志・藝文略・編年》《梁典》三十卷。陳始興王諮議何之元撰。

徐崇《補南北史藝文志・南史・別史》《梁典》三十卷。何之元撰。見本傳。《陳書》同。《隋經籍志》同。

梁撮要

《隋書・經籍志・古史》《梁撮要》三十卷。陳征南諮議陰僧仁撰。

《舊唐書・經籍志・編年》《梁撮要》三十卷。陰僧仁撰。

《新唐書・藝文志・雜史類》陰僧仁《梁撮要》三十卷。

鄭樵《通志・藝文略・編年》《梁撮要》三十卷。陳征南諮議陰僧仁撰。

陳王業曆

《隋書・經籍志・雜史》《陳王業曆》一卷。陳中書郎趙齊旦撰。

鄭樵《通志・藝文略・編年》《陳王業曆》二卷。陳中書郎趙齊旦撰。

漢紀音義

《舊唐書・經籍志・編年》《漢紀音義》三卷。崔浩撰。

《新唐書・藝文志・編年類》崔浩《漢紀音義》三卷。

鄭樵《通志・藝文略・編年》《漢紀音義》三卷。崔浩撰。

李正奮《補後魏書藝文志・編年類》《漢紀音義》三卷。見《唐志》。《太平御覽》引之，題崔浩《漢紀音義》，不著卷數。佚。

魏國統

《隋書・經籍志・雜史》《魏國統》二十卷。梁祚撰。

《舊唐書・經籍志・編年》《國紀》十卷。梁祚撰。

《新唐書・藝文志・編年類》梁祚《魏書國紀》十卷。

鄭樵《通志・藝文略・編年》《魏國紀》十卷。梁祚撰。

李正奮《補後魏書藝文志・編年類》《魏國統》二十卷。梁祚撰。

魏　紀

李正奮《補後魏書藝文志・編年類》《魏紀》三十卷。張始均撰。

戰國春秋

《隋書・經籍志・古史》《戰國春秋》二十卷。李槩撰。

《舊唐書・經籍志・編年》《戰國春秋》二十卷。李槩撰。

《新唐書・藝文志・僞史類》李槩《戰國春秋》二十卷。

鄭樵《通志・藝文略・霸史》《戰國春秋》二十卷。李槩撰。

徐崇《補南北史藝文志・北史・別史》《戰國春秋》。李槩撰。見《李公緒傳》。《齊書・公緒傳》未載。《隋經籍志》：《戰國春秋》二十卷。李槩撰。

梁典

《隋書・經籍志・古史》《梁典》三十卷。劉璠撰。
《舊唐書・經籍志・編年》《梁典》三十卷。劉璠撰。
《新唐書・藝文志・編年類》劉璠《梁典》三十卷。
鄭樵《通志・藝文略・編年》《梁典》三十卷。劉璠撰。
徐崇《補南北史藝文志・北史・別史》《梁典》三十卷。劉璠撰。見本傳。《周書》同。《隋經籍志》同。

梁後略

《隋書・經籍志・古史》《梁後略》十卷。姚勖撰。
《舊唐書・經籍志・編年》《梁昭後略》十卷。姚最撰。
《新唐書・藝文志・編年類》姚最《梁昭後略》十卷。
鄭樵《通志・藝文略・編年》《梁後略》十卷。姚最撰。
徐崇《補南北史藝文志・北史・別史》《梁後略》十卷。姚最撰。見本傳。《周書》同。《隋經籍志》同。

淮海亂離志

《隋書・經籍志・古史》《淮海亂離志》四卷。蕭世怡撰。敘梁末侯景之亂。
《舊唐書・經籍志・編年》《淮海亂離志》四卷。蕭大圜撰。
《新唐書・藝文志・雜史類》蕭大圜《淮海亂離志》四卷。
鄭樵《通志・藝文略・雜史》《淮海亂離志》四卷。蕭世怡撰。敘梁末侯景之亂。
徐崇《補南北史藝文志・北史・別史》《淮海亂離志》四卷。蕭圓肅撰。見本傳。《周書》同。《隋經籍志》:《淮海亂離志》四卷。蕭世怡撰。按:《淮海亂離志》四卷,《北史》、《周書》均載《圓肅傳》。《隋志》作蕭世怡,恐誤。世怡,蕭泰字。

鄴洛鼎峙記

《舊唐書・經籍志・編年》《鄴洛鼎峙記》十卷。
《新唐書・藝文志・僞史類》《鄴洛鼎峙記》十卷。
鄭樵《通志・藝文略・霸史》《鄴洛鼎峙記》十卷。

齊志

《隋書・經籍志・古史》《齊志》十卷。後齊事。王劭撰。
《舊唐書・經籍志・編年》《北齊志》十七卷。王劭撰。
《新唐書・藝文志・編年類》王劭《北齊志》十七卷。
鄭樵《通志・藝文略・編年》《北齊志》十卷。王劭撰。
徐崇《補南北史藝文志・北史・別史》《齊志》。王劭撰。見本傳。《隋書・劭傳》:《齊志》二十卷。《隋經籍志》:《齊志》十卷。後齊事。王劭撰。

魯史記

徐崇《補南北史藝文志・北史・別史》《魯史記》。劉炫撰。見本傳。《隋書》同。《隋經籍志》未收。

周史

《隋書・經籍志・正史》《周史》十八卷。未成。吏部尚書牛弘撰。
鄭樵《通志・藝文略・編年》《周史》十八卷。未成。隋牛弘撰。

北齊紀

《隋書・經籍志・古史》《齊紀》三十卷。紀後齊事。崔子發撰。

《舊唐書・經籍志・編年》《北齊記》二十卷。

《新唐書・藝文志・編年類》《北齊記》二十卷。

鄭樵《通志・藝文略・編年》《北齊紀》三十卷。崔子發撰。

後梁春秋

《舊唐書・經籍志・編年》《後梁春秋》十卷。蔡允恭撰。

《新唐書・藝文志・僞史類》蔡允恭《後梁春秋》十卷。

鄭樵《通志・藝文略・編年》《後梁春秋》十卷。蔡允恭撰。

後魏紀

《舊唐書・經籍志・雜史》《魏記》三十三卷。盧彦卿撰。

《新唐書・藝文志・雜史類》盧彦卿《後魏紀》三十三卷。

鄭樵《通志・藝文略・編年》《後魏紀》三十三卷。盧彦卿撰。

晉春秋略

《舊唐書・經籍志・編年》《晉春秋略》二十卷。杜延業撰。

錢東垣等輯《崇文總目輯釋・編年類》《晉春秋略》二十卷。杜延業撰。

《新唐書・藝文志・編年類》杜延業《晉春秋略》二十卷。

鄭樵《通志・藝文略・編年》《晉春秋略》二十卷。唐杜延業撰。

趙希弁《讀書附志・編年類》《晉春秋》二十卷。右隋祕書省正字杜延業所述。其自序云:「蕭方等採削羣史,著《三十國春秋》,囊括兩晉之事,以晉國爲主,附列二十九國。延業删緝,題曰《晉春秋》。」載於《唐書・藝文志》。

尤袤《遂初堂書目・編年類》《晉春秋》。

陳振孫《直齋書録解題・編年類》《晉春秋略》二十卷。唐祕書省正字杜延業撰。自王隱而下諸書及諸僭僞傳記,皆所詳究,而以蕭方等《三十國春秋》删緝爲此書。《館閣書目》作「杜光業」。案《唐志》亦曰「延業」。攷新舊《史》,他無所見,未詳何時人。

馬端臨《文獻通考・經籍考・編年》《晉春秋略》二十卷。

《宋史・藝文志・編年類》杜延業《晉春秋略》二十卷。

河洛行年記

《新唐書・藝文志・雜史類》《劉氏行年記》二十卷。劉仁軌。

鄭樵《通志・藝文略・雜史》《劉氏行年記》十卷。唐劉仁軌撰。起大業十三年,盡武德三年,紀河洛寇攘事。

晁公武《郡齋讀書志・編年類》《河洛行年記》十卷。右唐劉仁軌撰。記唐初李密、王世充事。起大業十三年二月,迄武德四年七月秦王擒竇建德。第九卷述大業都城,第十卷載宫館園囿,且云「煬帝遷都之詔稱務崇節儉,觀其宫室,窮極綺麗」云。

陳振孫《直齋書録解題・雜史類》《行在河洛記》十卷。唐宰相尉氏劉仁軌正則撰。記李密、王世充事。末二卷記隋都城、宫殿、池苑。按《唐志》作《行年記》二十卷。

馬端臨《文獻通考・經籍考・編年類》《河洛行年記》十卷。

隋大業略記

《舊唐書・經籍志・編年》《隋大業略記》三卷。趙毅撰。

《新唐書・藝文志・編年類》趙毅《隋大業略記》三卷。
鄭樵《通志・藝文略・雜史》《大業略記》三卷。唐趙毅撰。

隋後略

《舊唐書・經籍志・編年》《隋後略》十卷。張大素撰。
《新唐書・藝文志・編年類》張大素《隋後略》十卷。
鄭樵《通志・藝文略・編年》《隋後略》十卷。張太素撰。

隋記

《新唐書・藝文志・雜史類》吕才《隋記》二十卷。
鄭樵《通志・藝文略・編年》《隋紀》二十卷。吕才撰。

隋記

《新唐書・藝文志・雜史類》丘啟期《隋記》十卷。開元管城尉。
鄭樵《通志・藝文略・編年》《隋紀》十卷。邱啟期撰。

魏典

錢東垣等輯《崇文總目輯釋・編年類》《魏典》三十卷。
《新唐書・藝文志・雜史類》元行沖《魏典》三十卷。
鄭樵《通志・藝文略・編年》《魏典》三十卷。唐元行沖撰。
尤袤《遂初堂書目・編年類》《魏典》。

唐太宗建元實迹

鄭樵《通志・藝文略・編年》《太宗建元實迹》一卷。
《宋史・藝文志・編年類》裴煜之《唐太宗建元實跡》一卷。
楊士奇等《文淵閣書目・史》《唐太宗建元實跡》。一部，一册。闕。

唐春秋

《新唐書・藝文志・編年類》吴兢《唐春秋》三十卷。
鄭樵《通志・藝文略・編年》《唐春秋》三十卷。吴兢撰。

唐春秋

《新唐書・藝文志・編年類》韋述《唐春秋》三十卷。
鄭樵《通志・藝文略・編年》《唐春秋》二十卷。韋述撰。

唐春秋

《新唐書・藝文志・編年類》陸長源《唐春秋》六十卷。
鄭樵《通志・藝文略・編年》《唐春秋》六十卷。陸長源撰。

唐曆

錢東垣等輯《崇文總目輯釋・編年類》《唐曆》四十卷。柳芳撰。原釋闕。

見天一閣鈔本。

《新唐書・藝文志・編年類》 柳芳《唐曆》四十卷。

鄭樵《通志・藝文略・編年》 《唐曆》四十卷。唐柳芳撰。起隋義寧元年，訖建中三年。

晁公武《郡齋讀書志・編年類》 《唐曆》四十卷。右唐柳芳撰。初，肅宗詔芳緝吴兢書，其叙天寶後事不倫。上元中，芳謫黔中，會高力士同貶，因從力士質開元、天寶及禁中事，識其本末。時舊史已送官，不可追刊，乃推衍義類，倣編年法作此書。起隋義寧元年，迄大曆十三年。或譏其不立褒貶義例，而詳於制度，然景迂生亟稱之，以爲《通鑑》多取焉。

尤袤《遂初堂書目・編年類》 《唐曆》。

陳振孫《直齋書録解題・編年類》 《唐曆》四十卷。唐集賢學士河東柳芳仲敷撰。芳所輯國史，叙天寶後事不倫。及謫黔中，會高力士同貶，因從之質開元、天寶禁中事本末。史已上送，不可追刊，乃用編年法作此書。起隋義寧元年，迄大曆十三年。

馬端臨《文獻通考・經籍考・編年》 《唐曆》四十卷。

《宋史・藝文志・編年類》 柳芳《唐曆》四十卷。

唐曆目録

錢東垣等輯《崇文總目輯釋・編年類》 《唐曆目録》一卷。崔令撰。原釋闕。見天一閣鈔本。

鄭樵《通志・藝文略・編年》 《唐曆目録》一卷。唐崔令欽撰。據柳芳《歷》，鈔其事目。

續唐曆

《新唐書・藝文志・編年類》 《續唐曆》二十二卷。韋澳、蔣偕、李荀、張彦遠、崔瑄撰，崔龜從監脩。

鄭樵《通志・藝文略・編年》 《續唐曆》二十二卷。韋澳等撰。

陳振孫《直齋書録解題・編年類》 《續唐曆》二十二卷。唐監修國史崔龜從元吉撰。起大曆十三年春，盡元和十五年，以續柳芳之書也。《藝文志》載韋澳、蔣偕、李荀、張彦遠、崔瑄等撰，實大中時。

馬端臨《文獻通考・經籍考・編年》 《續唐曆》二十二篇。

《宋史・藝文志・編年類》 崔龜從《續唐曆》二十二卷。

唐年曆

鄭樵《通志・藝文略・編年》 《唐年曆》一卷。唐劉軻撰。

《宋史・藝文志・別史類》 劉軻《唐年曆》一卷。

建元曆

錢東垣等輯《崇文總目輯釋・編年類》 《建元曆》二卷。張敦素撰。原釋闕。見天一閣鈔本。

《新唐書・藝文志・編年類》 張敦素《建元曆》二卷。

鄭樵《通志・藝文略・編年》 《建元曆》二卷。唐張敦素撰。

《宋史・藝文志・別史類》 張敦素《通記一作「紀」。建元曆》二卷。

唐　典

《新唐書・藝文志・雜史類》 王彦威《唐典》七十卷。

鄭樵《通志・藝文略・編年》 《唐典》七十卷。王彦威撰。

唐朝年代紀

錢東垣等輯《崇文總目輯釋・編年類》 《唐朝年代紀》十卷。焦璐撰。原釋闕。見天一閣鈔本。

《新唐書・藝文志・編年類》 焦璐《唐朝年代記》十卷。徐州從事。龐勛亂遇害。

鄭樵《通志・藝文略・編年》 《唐朝年代記》十卷。唐焦璐撰。

《宋史・藝文志・別史類》 焦璐《聖朝年代記一作「紀」。》十卷。

唐統紀

錢東垣等輯《崇文總目輯釋・編年類》 《唐統紀》一百卷。陳嶽撰。

《新唐書・藝文志・編年類》 陳嶽《唐統紀》一百卷。

鄭樵《通志・藝文略・編年》 《唐統紀》一百卷。陳嶽撰。

陳振孫《直齋書録解題・編年類》 《大唐統紀》四十卷。唐江南西道觀察判官陳嶽撰。用荀、袁體，起武德，盡長慶，爲一百卷。今止武后如意，非全書也。

馬端臨《文獻通考・經籍考・編年》 《大唐統紀》四十卷。

《宋史・藝文志・編年類》 陳嶽《唐統紀》一百卷。

續皇王寶運録

《新唐書・藝文志・雜史類》 《續皇王寶運録》十卷。韋昭度、楊涉撰。

鄭樵《通志・藝文略・雜史》 《續皇王寶運録》十卷。唐韋昭度等撰。楊岑作《皇王寶運録》，止於憲宗，而昭度續其後，記唐末亂世事。楊岑《録》已亡。

《宋史・藝文志・編年類》 韋昭度《續皇王寶運録》十卷。

尤袤《遂初堂書目・編年類》 《續帝王寶運録》。

唐録政要

《新唐書・藝文志・雜史類》 凌璠《唐録政要》十二卷。昭宗時江都尉。

鄭樵《通志・藝文略・編年》 《唐録政要》十二卷。凌璠撰。自獻祖訖僖宗。

《宋史・藝文志・編年類》 凌璠《唐録政要》十三卷。

唐年統略

鄭樵《通志・藝文略・編年》 《唐年統略》十一卷。郭候撰。

唐聖運圖

《新唐書・藝文志・雜史類》 薛璫《唐聖運圖》二卷。

鄭樵《通志・藝文略・編年》 《唐聖運圖》二卷。唐薛璫撰。

《宋史・藝文志・編年類》 薛璫《大唐聖運圖略》三卷。

唐歷帝紀

鄭樵《通志・藝文略・編年》 《唐歷帝紀》一卷。

大統略

尤袤《遂初堂書目・編年類》 《大統略》。

大唐中興新書紀年

《宋史・藝文志・編年類》 《大唐中興新書紀年》三卷。不知作者。

史　系

《宋史・藝文志・别史類》 賈緯《史系》二十卷。

顧櫰三《補五代史藝文志・史部》 《史系》二十卷。賈緯撰。

唐年補録

錢東垣等輯《崇文總目輯釋・實録類》 《唐年補録》六十五卷。賈緯撰。原釋闕。見天一閣鈔本。

鄭樵《通志・藝文略・編年》 《唐年補録》六十五卷。晉賈緯撰。

陳振孫《直齋書録解題・編年類》 《唐年補録》六十五卷。後晉起居郎史館修撰獲鹿賈緯撰。以武宗後無《實録》，故爲此書，終唐末，其實補《實録》之缺也。雖論次多缺誤，而事迹麤存，亦有補於史氏。

馬端臨《文獻通考・經籍考・編年》 《唐年補録》六十五卷。

顧櫰三《補五代史藝文志・史部》 《唐年補録》六十五卷。賈緯撰。

備　史

陳振孫《直齋書録解題・雜史類》 《賈氏備史》六卷。漢諫議大夫賈緯撰。敘石晉禍亂，每一事爲一詩系之。

《宋史・藝文志・别史類》 賈緯《備史》六卷。

顧櫰三《補五代史藝文志・史部》 《備史》六卷。賈緯撰。

唐補紀

鄭樵《通志・藝文略・雜史》 《唐補紀》二卷。唐程柔撰。記宣、懿、僖宗事。

《宋史・藝文志・編年類》 程正柔《大唐補紀》三卷。

陳振孫《直齋書録解題・雜史類》 《大唐補記》三卷。南唐程匡柔撰。案：馬令《南唐書》作「程匡柔」，原本作「臣柔」，誤。今改正。序言懿宗朝有焦璐者撰《年代紀》，述神堯，止宣宗。匡柔襲《三百年曆》，補足十九朝。起咸通戊子，止癸巳，附璐書中。乾符以後備存《補紀》。末有《後論》一篇，文辭雖拙，論議亦正。

元　類

錢東垣等輯《崇文總目輯釋・編年類》 《元類》一卷。沈汾撰。

鄭樵《通志・藝文略・編年》 《元類》一卷。

《宋史・藝文志・别史類》 沈汾《元類》一卷。

吴書實録

鄭樵《通志・藝文略・編年》 《吴書實録》三卷。

《宋史・藝文志・别史類》 李清臣《吴書實録》三卷。記楊行密事。

漢春秋

錢東垣等輯《崇文總目輯釋・編年類》 《漢春秋》一百卷。胡旦撰。原釋闕。見天一閣鈔本。

鄭樵《通志・藝文略・編年》 《漢春秋》一百卷。宋朝胡旦撰。

《宋史・藝文志・編年類》 胡旦《漢春秋》一百卷。

漢春秋問答

錢東垣等輯《崇文總目輯釋・編年類》《漢春秋問答》一卷。胡旦與門人撰。原釋闕。見天一閣鈔本。

鄭樵《通志・藝文略・編年》《漢春秋問答》一卷。胡旦與門人郄羽問答。

《宋史・藝文志・編年類》胡旦《問答》一卷。

唐　紀

鄭樵《通志・藝文略・編年》《唐紀》四十卷。宋朝陳彭年撰。

馬端臨《文獻通考・經籍考・編年》《唐紀》四十卷。

《宋史・藝文志・編年類》陳彭年《唐紀》四十卷。

元　統

王圻《續文獻通考・經籍考・編年》《元統》二十卷。林陶著。陶，閩縣人，景德中中捷詞科。

唐史論斷

陳振孫《直齋書録解題・編年》《唐史論斷》三卷。天章閣待制陽翟孫甫之翰撰。甫以《唐書》煩冗遺略，多失體法，乃修爲《唐史》，用編年體。自康定元年逮嘉祐元年，成七十五卷，爲論九十二首。甫没，朝廷取其書留禁中，其從子察録以遺温公，而世亦罕見。聞蜀有刻本，偶未得之，今惟諸論存焉。

唐直鑑

王圻《續文獻通考・經籍考・編年》《唐直鑑》。江休復著。休復，陳留人，仕爲刑部郎中，修起居注。爲人外簡曠，而内行甚飭，其文章醇雅，尤善于詩。所著又有《春秋世論》及《文集》若干卷。

唐　鑑

鄭樵《通志・藝文略・編年》《唐鑑》五卷。石介撰。

兩朝實録大事

《宋史・藝文志・編年類》鄭向《兩朝實録大事》二卷。

續唐録

鄭樵《通志・藝文略・編年》《續唐録》一百卷。宋敏求撰。

仁宗君臣政要

趙希弁《讀書附志・編年類》《仁宗君臣政要》四十卷。

五朝春秋

《宋史・藝文志・别史類》 王軫《五朝春秋》二十五卷。

顧櫰三《補五代史藝文志・史部》 《五朝春秋》二十五卷。王軫撰。

唐　鑑

鄭樵《通志・藝文略・編年》 《唐鑑》十二卷。范祖禹撰。

陳振孫《直齋書録解題・編年》 《唐鑑》十二卷。案：《文獻通攷》作二十卷。翰林學士成都范祖禹淳父撰。祖禹與修《通鑑》，分主唐史。元祐初上此書，攷其治亂興廢之由，爲三百六篇。

唐餘録

鄭樵《通志・藝文略・編年》 《唐餘録》六十卷。王皡撰。

《宋史・藝文志・别史類》 王皡《唐餘録》六十卷。

繫年録

《宋史・藝文志・編年類》 王巖叟《繫年録》一卷。

元祐時政記

《宋史・藝文志・編年類》 王巖叟《元祐時政記》一卷。

建炎中興日曆

晁公武《郡齋讀書志・雜史類》 《建炎日曆》五卷。右皇朝汪伯彦撰。記太上皇登極時事。

《宋史・藝文志・編年類》 汪伯彦《建炎中興日曆》一卷。

續紀年通譜

趙希弁《讀書附志・編年類》 《續紀年通譜》一卷。右宣義郎致仕畢仲荀續宋元憲公《紀年通譜》之書也。元憲止於慶曆辛巳，仲荀起於慶曆壬午，而迄於徽宗。

尤袤《遂初堂書目・編年類》 《續紀年通譜》。

元和録

《宋史・藝文志・編年類》 馬永易《元和録》三卷。

楊士奇等《文淵閣書目・史》 《唐元和録》。一部，一册。闕。

陳振孫《直齋書録解題・雜史類》 《元和録》三卷。

丁未録

趙希弁《讀書附志・編年類》 《丁未録》二百卷。平丁未之所始，故以「丁未」名之。

陳振孫《直齋書録解題・編年類》 《丁未録》二百卷。左修職郎昭武李丙撰。自治平丁未王安石初召用，迄於靖康童貫之誅，故以「丁未」名之。每事皆全載制詔章疏甚詳。原注：靖康亦丁未也。

馬端臨《文獻通考・經籍考・編年》《丁未録》二百卷。
《宋史・藝文志・編年類》李丙《丁未録》二百卷。
楊士奇等《文淵閣書目・史》《宋丁未録》。一部，二十九册。闕。
《宋丁未録》。一部，三十册。闕。

續資治通鑑長編

趙希弁《讀書附志・編年類》《續資治通鑑長編》九百四十六卷。
尤袤《遂初堂書目・國史類》《續通鑑長編》。
陳振孫《直齋書録解題・編年類》《續通鑑長編》一百六十八卷。
馬端臨《文獻通考・經籍考・編年》《續通鑑長編》一百六十八卷。
《宋史・藝文志・編年類》李燾《續資治通鑑長編》一百六十八卷。
錢謙益等《絳雲樓書目・編年類》李燾《續通鑒長編》。
于敏中等《天禄琳琅書目・影宋鈔史部》《續資治通鑑長編》。十函，五十册。宋李燾撰。
《四庫全書總目提要・編年類》《續資治通鑑長編》五百二十卷。《永樂大典》本。宋李燾撰。燾有《説文解字五音韻譜》，已著録。燾博極羣書，尤究心掌故。以當時學士大夫各信所傳，不考諸實録、正史，家自爲説，因踵司馬光《通鑑》之例，備採一祖八宗事蹟，薈稡討論，作爲此書。
彭元瑞等《天禄琳琅書目後編・宋版史部》《續資治通鑑長編》。六函五十册。宋李燾撰。《欽定四庫全書總目》云：《續通鑑長編》自元以來，世鮮傳本。康熙初，徐乾學始獲其本於泰興季氏，嘗具疏進，副帙流傳，無不珍爲祕乘。蓋燾爲此書，意以續《資治通鑑》，以司馬光修《通鑑》時，先成長編，燾謙不敢言《續通鑑》，故但謂之《續長編》。後來貴重其書，上接涑水，且以罕見寶也。闕補卷十三。六。
張金吾《愛日精廬藏書志・編年類》《續資治通鑑長編》五百二十卷。文淵閣傳抄本。宋李燾撰。即擺印之底本也。《進表》。乾道四年。
張之洞《書目答問・編年》《續資治通鑑長編》五百二十卷。宋李燾。昭文張氏愛日精廬活字版本。四庫傳鈔本。北宋七代。原闕不全，此卷數乃四庫館重定。
孫星衍《平津館鑒藏書籍記・舊影寫本》《續資治通鑑長編》一百八卷。
潘祖蔭《滂喜齋藏書記・史部》宋刻《續資治通鑑長編》一百八卷。六函四十八册。宋李燾撰。

續通鑑長編舉要

尤袤《遂初堂書目・國史類》《續長編舉要》。
陳振孫《直齋書録解題・編年類》《續通鑑長編舉要》六十八卷。李燾撰。大略皆温公舊規也。
馬端臨《文獻通考・經籍考・編年》《續通鑑長編舉要》六十八卷。

續長編考異

尤袤《遂初堂書目・國史類》《續長編考異》。

思陵大事記　阜陵大事記

陳振孫《直齋書録解題・編年類》《思陵大事記》三十六卷《阜陵大事記》二卷。李燾撰。
馬端臨《文獻通考・經籍考・編年》《思陵大事記》三十六卷《阜陵大事記》二卷。
錢謙益等《絳雲樓書目・編年類》宋板《中興大事記》。李燾撰。《思陵大事記》三十六卷，《阜陵大事記》二卷。

四朝史稿

《宋史・藝文志・編年類》李燾《四朝史稿》五十卷。

江左方鎮年表

《宋史・藝文志・編年類》 李燾《江左方鎮年表》十六卷。

宋政録

《宋史・藝文志・編年類》 李燾《宋政録》十二卷。

宋異録

《宋史・藝文志・編年類》 李燾《宋異録》一卷。

宋年表

《宋史・藝文志・編年類》 李燾《宋年表》一卷。

年　表

《宋史・藝文志・編年類》 李燾《年表》一卷。

天禧以來御史年表

嵇璜等《續通志・圖譜略・記無史乘・編纂》 李燾《天禧以來御史年表》。

天禧以來諫官年表

嵇璜等《續通志・圖譜略・記無史乘・編纂》 李燾《天禧以來諫官年表》。

皇宋十朝綱要

張金吾《愛日精廬藏書志・編年類》 《皇宋十朝綱要》二十五卷。抄本。

張萱等《内閣藏書目録・史部》 《宋十朝綱要》。六册，不全。宋眉山李𡌴編。

九朝通略

陳振孫《直齋書録解題・編年類》 《九朝通略》一百六十八卷。起居郎建安熊克子復撰。

馬端臨《文獻通考・經籍考・編年》 《九朝通略》一百六十八卷。

《宋史・藝文志・編年類》 熊克《九朝通略》一百六十八卷。

中興小曆

陳振孫《直齋書録解題・編年類》 《中興小曆》四十一卷。熊克撰。克之爲書，往往疏略多牴牾，不稱良史。

馬端臨《文獻通考・經籍考・編年》 《中興小曆》四十一卷。

《宋史・藝文志・編年類》 熊克《中興小曆》四十一卷。

《四庫全書總目提要・編年類》 《中興小紀》四十卷。《永樂大典》本。宋熊克撰。

楊士奇等《文淵閣書目・史》　《宋中興小曆》。一部，十册，闕。

張金吾《愛日精廬藏書志・編年類》　《中興小紀》四十卷。文淵閣傳抄本。宋熊克撰。

西漢年紀

楊士奇等《文淵閣書目・史》　王益之《西漢年紀》。一部，十八册。闕。

《四庫總目・編年類》　《西漢年紀》三十卷。《永樂大典》本。宋王益之撰。益之字行甫，金華人。官大理司直。所著有《漢官總録》、《職原》等書，見馬端臨《經籍考》。蓋能熟於兩漢掌故者。今他書散佚，惟此本以載入《永樂大典》獨存。考益之自序，稱《年紀》三十卷，《考異》十卷，《鑒論》若干卷，各自爲書。今此本不載《鑒論》，而《考異》則散附《年紀》各條之下，與序不合，殆後人離析其文，如胡三省之於《通鑑考異》歟。又序稱自高祖迄王莽之誅，而此本終於平帝，居攝以後闕焉，且其文或首尾不完，中間已有脱佚，蓋編入《永樂大典》之時，已殘闕矣。司馬光《通鑑》所載《漢書》，皆本班、馬二書及荀《紀》爲據，其餘鮮所採掇。益之獨旁取《楚漢春秋》、《説苑》諸書，廣徵博引，排比成書，視《通鑑》較爲詳密。至所作《考異》，於一切年月舛誤，紀載異同，名地錯出之處，無不參稽互覈，折衷一是，多出二劉《刊誤》、吴仁傑《補遺》之外，尤《通鑑考異》所未及，其考證亦可謂精審矣。今依益之自序目次，釐爲三十卷。其《考異》亦即從舊本，仍附各條之下，以便檢核，不復拘自序之文，別爲編次焉。

張之洞《書目答問・編年》　《西漢年紀》三十卷。宋王益之。掃葉山房本。《金華叢書》本。改竄前人史書，以爲箸述，乃宋明人通病。此取其有可刊正《漢書》文字之處。

西漢年紀考異

楊士奇等《文淵閣書目・史》　王益之《西漢年紀考異》。一部，二册。闕。

中興遺史

陳振孫《直齋書録解題・編年類》　《中興遺史》六十卷。從義郎趙甡之撰。慶元中上進。其書大抵記軍中事爲詳，而朝政則甚略，意必當時遊士往來邊陲、出入幕府者之所爲。及觀其記張浚攻濠州一段，自稱姓名曰開府張鑑。然則此書鑑爲之，而甡之竊以爲己有也。或曰鑑即甡之婦翁，未知信否？

馬端臨《文獻通考・經籍考・編年》　《中興遺史》六十卷。

《宋史・藝文志・別史類》　趙甡之《中興遺史》二十卷。

三朝北盟集編　集補

趙希弁《讀書附志・編年類》　《三朝北盟集編》二百五十卷《集補》五十卷。右朝散大夫、充荆湖北路安撫司參議官徐夢莘編集。上帙起政和七年七月庚寅，終宣和七年十二月庚申；中帙起宣和七年十二月庚申，終靖康二年四月丁亥；下帙起建炎元年五月庚寅，終紹興三十二年四月丁亥。《集補》則補其遺也。

左氏國語史記年紀

王圻《續文獻通考・經籍考・編年》　《左氏國語史紀年紀》。徐夢莘著。莘，清江人。百家過目成誦。紹興舉進士，安貧樂分，官至通直郎致仕。所著又有《柳江志》。

太祖太宗本紀

《宋史・藝文志・編年類》　洪邁《太祖太宗本紀》三十五卷。

四朝史紀

《宋史・藝文志・編年類》 洪邁《四朝史紀》三十卷。

列　傳

《宋史・藝文志・編年類》 洪邁《列傳》一百三十五卷。

國　紀

陳振孫《直齋書録解題・編年類》 《國紀》五十八卷。吏部侍郎睢陽徐度敦立撰。度，丞相處仁擇之之子也。其書詳略頗得中，而不大行於世。鄞學有魏邸舊書傳得之。

馬端臨《文獻通考・經籍考・編年》 《國紀》五十八卷。

《宋史・藝文志・編年類》 徐度《國紀》六十五卷。

宋通鑑節

《宋史・藝文志・編年類》 吕祖謙《宋通鑑節》五卷。

開基事要

趙希弁《讀書附志・編年類》 《開基事要》十卷。右朝奉郎祕書少監皇子嘉王府贊讀陳傅良所進也。自建隆之初，迄開寶之末，亦曰《建隆編》。曹叔遠序而刻之。

陳振孫《直齋書録解題・編年類》 《建隆編》一卷。陳傅良撰。蓋《長編》太祖一朝節略也。隨事攷訂，併及累朝始末。慶元初，在經筵所上。

馬端臨《文獻通考・經籍考・編年》 《建隆編》一卷。【略】止齋自序曰：本朝國書有日曆，有實録，有正史，有會要，有勑令，有御集，又有司專行指揮典故之類。三朝以上，又有寶訓。而百家小説私史，與士大夫行狀志銘之類，不可勝記。自李燾作《續通鑑》，起建隆元年，盡靖康元年，而一代之書萃見於此，可謂備矣。然篇帙浩繁，文字重併，未爲成書，難以觀覽。今略依漢司馬遷《年表大事記》、温公司馬光《稽古録》與燾《舉要》，撮取其要，繫以年月，其上譜將相大臣除罷，而記其政事因革於下方。夫學之爲王事，非若書生務多而求博，雖章句言語，皆不忍捨也。誠能考大臣之除罷，而識君子小人進退消長之際；考政事之因革，而識取士養民治軍理財之方。其後治亂成敗，效出於此，斯足以成孝敬、廣聰明矣。故今所節略《通鑑》，如群臣奏疏與其他年行，與一時誥令出於代言之臣，苟非關於當年治道之大端，即不抄録。或見於他書，實係治體，不可不聞，而《通鑑》偶遺，即據某書添入。至於《通鑑》登載，萬一有小小遺誤，亦略附著其説於下。若夫列聖深仁厚澤，垂裕後人，傳之萬世，尤當循守者，必爲之論，但存本指，不加文采，深有冀於省察也。

國朝編年政要

趙希弁《讀書附志・編年類》 《國朝編年政要》四十卷。右兵部尚書太子詹事蔡文懿公幼學所編也。自太祖建隆之元，迄于欽宗靖康之末。祖《春秋》之法，而參以司馬公《舉要曆》、吕氏《大事記》之例，宰輔拜罷表諸年首。其子朝請大夫直祕閣提舉福建路常平義倉茶事籥敘而刻之。

續百官公卿表　質疑

陳振孫《直齋書録解題・編年類》 《續百官公卿表》十卷《質疑》十卷。兵部尚書永嘉蔡幼學行之撰。續温公舊書，起熙寧，至靖康。《質疑》者，攷異也。

太祖政要

《宋史·藝文志·編年類》 黄維之《太祖政要》一十卷。

建炎以來繫年要録

趙希弁《讀書附志·編年類》 《建炎以來中興繫年要録》二百卷。右陵陽布衣李心傳微之所修也，知瀘州許奕奏進之。修國史曾晚又嘗乞令其弟太常博士道傳繳進，得旨降付國史院。然其中闕疑尚多，希弁嘗爲《補注》一書，頗爲詳備云。

陳振孫《直齋書録解題·編年類》 《建炎以來繫年要録》二百卷。工部侍郎陵陽李心傳微之撰。蓋與李巽巖《長編》相續，亦嘗自隆興後相繼爲之。會蜀亂散失，不可復得。

馬端臨《文獻通考·經籍考·編年》 《建炎以來繫年要記》二百卷。

《宋史·藝文志·編年類》 李心傳《建炎以來繫年要録》二百卷。

楊士奇等《文淵閣書目·史》 李心傳《建炎繫年要録》。一部，六十三册。闕。

塾本二十册。

《四庫總目·編年類》 《建炎以來繫年要録》二百卷。《永樂大典》本。宋李心傳撰。心傳字微之，井研人。官至禮部侍郎。事蹟具《宋史·儒林傳》。是書述高宗朝三十六年事蹟，仿《通鑑》之例，編年繫月，與李燾《長編》相續。寧宗時嘗被旨取進。《永樂大典》别載賈似道《跋》，稱寶祐初曾刻之揚州。而元代修宋、遼、金三史時，廣購逸書，其目具見袁桷、蘇天爵二集，並無此名。是當時流傳已絶，故修史諸臣均未之見。至明初，始得其遺本，亦惟《文淵閣書目》載有一部二十册，諸家書目則均不著録。今明代秘府之本，又已散亡，其存於世者，惟《永樂大典》所載之本而已。其書以國史、日曆爲主，而參之以稗官野史、家乘志狀、案牘奏議、百司題名，無不臚採異同，以待後來論定。故文雖繁而不病其冗，論雖岐而不病其雜，在宋人諸野史中，最足以資考證。《宋史》本傳稱其重川蜀而薄東南。然如宋人以張栻講學之故，無不堅持門户，爲其父張浚左袒。心傳獨於淮西富平之僨事，曲端之枉死，岳飛之見忌，一一據實直書，雖朱子《行狀》，亦不據以爲信，初未嘗以鄉曲之私，稍爲回護。則《宋史》之病是書者，殆有不盡然矣。大抵李燾學司馬光，而或不及光，心傳學李燾，而無不及燾。其宏博而有典要，非熊克、陳均諸人所能追步也。原本所載秦熺、張滙諸論，是非顛倒，是不待再計而删者，而竝存以備參稽，究爲瑕纇。至於本注之外，載有留正《中興聖政草》、吕中《大事記講義》、何俌《龜鑑》諸書，似爲修《永樂大典》者所附入。然今無别本可校，理貴闕疑，姑仍其舊。其中與《宋史》互異者，則各爲辨證，附注下方。所載金國人名、官名、地名，音譯均多舛誤，謹遵《欽定金史國語解》，詳加訂正。别爲考證，附載各卷之末。仍依原第，析爲二百卷。至其書名，《文獻通考》作《繫年要記》，《宋史》本傳作《高宗要録》，互有不同。今據《永樂大典》所題，與心傳《朝野雜記》自跋及王應麟《玉海》相合，故定爲《繫年要録》，著於録焉。

張金吾《愛日精廬藏書志·編年類》 《建炎以來繫年要録》二百卷。文淵閣傳抄本。宋李心傳撰。

孝宗要略初草

《宋史·藝文志·編年類》 李心傳《孝宗要略初草》二十三卷。

錢謙益等《絳雲樓書目·編年類》 《孝宗要録初草》四册。二十卷。李心傳。

張萱等《内閣藏書目録·史部》 《孝宗要録初草》十册，不全。宋草澤臣李心傳編集。莫詳卷數。今存第一卷至第二十卷。

續稽古録

趙希弁《讀書附志·編年類》 《續稽古録》一卷。右太社令龔頤正續司馬文正《稽古録》之書也。文正止於治平，頤正起於熙寧，而迄于寧宗之初。袁説友栞于成都，趙彦勵復栞于長沙。未幾，有毁版之旨云。

尤袤《遂初堂書目·編年類》 《續稽古録》。

陳振孫《直齋書録解題・編年類》《續稽古録》一卷。祕書丞歷陽龔頤正養正撰。以續司馬光前《録》，而序述繁釀。其記紹熙甲寅事，歸功於韓侂冑。頤正本名敦頤，避崇陵諱改焉。嘗撰《元祐黨籍譜傳》得官。韓氏用事時，賜出身入館，非端士也。此書正以右韓也。

馬端臨《文獻通考・經籍考・編年》《續稽古録》一卷。

《宋史・藝文志・故事類》龔頤正《續稽古録》一卷。

宋高聖政編要

王圻《續文獻通考・經籍考・編年》《宋高聖政編要》。四明史彌遠著。

續通鑑長編

王圻《續文獻通考・經籍考・編年》《續通鑑長編》。張沿著。沿，清江人，從朱熹學。嘉定初，舉進士，累遷著作佐郎，直秘閣。平生用力於敬。聞一君子進用，則喜見顔色。

宋編年備要

王圻《續文獻通考・經籍考・編年》《宋編年備要》。鄭性之著。性之，閩清人。嘉定四年，舉進士第一，終參知政事、觀文殿學士。

續大事記

王圻《續文獻通考・經籍考・編年》《續大事記》。孫德之著。

皇朝大事記

王圻《續文獻通考・經籍考・編年》《皇朝大事記》。吕中著。中字時中，晉江人。淳祐中進士。嘗言人能正心，則事不足爲；人主能正心，則天下不足治。晚徙汀州，卒。

錢謙益等《絳雲樓書目・雜史類》《宋皇朝大事記》。

國朝治跡要略

《宋史・藝文志・編年類》吕中《國朝治跡要略》十四卷。

王圻《續文獻通考・經籍考・編年》《治跡要略》。吕中著。

徽宗長編

王圻《續文獻通考・經籍考・編年》《徽宗長編》。高斯得著。

丙丁龜鑑

黄虞稷《千頃堂書目・編年類・補宋》柴望《丙丁龜鑑》六卷。

續宋中興編年資治通鑑

黄虞稷《千頃堂書目・編年・補元》劉時舉《續宋中興編年》十五卷。通直郎户部架閣國史實録院檢討官。

倪燦《補遼金元藝文志・編年類》 劉時舉《續宋中興編年》十五卷。

《四庫總目・編年類》 《續宋編年資治通鑑》十五卷。浙江巡撫採進本。宋劉時舉撰。時舉里貫無考,其結銜稱「通直郎户部架閣國史實録院檢討兼編修官」。《宋季三朝政要》載史嵩之父喪去位,詔以右丞相起復。時舉爲庠學生,有與王元野、黄道等九十四人上疏力争一事,其始末則未之詳也。是書所記,始高宗建炎元年,迄寧宗嘉定十七年,當成於理宗之世。而書末附論一條,稱理宗撑拄五十年而後亡,不可謂非幸云云。其言乃出於宋亡以後,似非時舉原文。案舊本《目録》後有書坊《題識》一則,稱是編繫年有考據,載事有本末,增入諸儒集議,三復校正,一新刊行云云。則書中所附議論,又元時刊書者所增入,非其舊矣。其中紀載,雖以簡約爲主,或首尾未具,於事蹟間有脱遺。然如論張浚不附和議,而不諱其黨汪黄、攻李綱、引秦檜之罪;辨李綱之被謗遠謫,而不諱其庇翁彦國、陷宋齊愈之失。褒貶頗協至公,無講學家門户之見。卷端有朱彝尊《題詞》,稱其過於王宗沐、薛應旂所撰,殆不誣云。

黄丕烈《蕘圃藏書題識・史類》 《續宋中興編年資治通鑑》十五卷。影鈔元本。余向收得舊鈔殘本,係郡中柱國坊王氏物。既而借海昌吴兔牀家鈔本是正,又借坊間元刻本校之。校未終,取去。因又借香嚴書屋藏鈔本參校,復經兔牀嗣君蘇閣手校正,可云盡善矣。去春,有蕭山人來吴作寓公者,意欲予手校本,適届新正,囊中羞澀,聊藉此沾潤,易得番餅十枚,然時時念及,輒又惋惜。適香嚴本亦欲贈人,作介者仍以示余,余必欲得既去之本手校,方敢留之。蓋前此借校,知中多闕失,恐無别本參校,無以卒讀。作介者許借元刻備校,因復收之。歲暮校始,有事即止。越歲初,至二月望前二日始竣事。是本所據亦佳,中有校改處,元刻不逮者,爰知元本非一刻,蓋有勝於今所見者矣。元本出楓江草堂宋氏,亦長興人而僑吴者。予前校此書,已曾借過,今復通假,深感主人之德,并謝作介之惠。校畢,復初氏識。道光乙酉花朝後一日書於見復居。

張金吾《愛日精廬藏書志・編年類》 《續宋中興編年資治通鑑》十五卷。元刊本。池北書庫藏書。宋通直郎户部架閣國史實録院檢討兼編修官劉時舉撰。《目録》後有「陳氏餘慶堂刊」六字。是編繫年有考據,載事有本末。增入諸儒議,三復校正,一新刊行。宋朝中興,自高宗至於寧宗四朝,政治之得失,國勢之安危,一開卷間,瞭然在目矣。幸鑒。

吴壽暘《拜經樓藏書題跋記》卷二 《宋中興通鑑》。《宋中興通鑑》十五卷,前有竹垞老人題云:「《宋中興通鑑》一十五卷,通直郎國史院編修官劉時舉編。史嵩之喪父,以右相起復。時舉爲京學生,與王元野、黄道等九十四人,鈔本重「四」字,今校正。太學生黄愷伯、金九萬、孫翼鳳等百四十四人,武學生翁日善等六十七人,宗學生趙子寰等三十四人,上言争之。是亦慷慨之士也。觀者嫌其太略,然以視王宗沐、薛應旂所撰,斯條理過之矣。小長蘆七十九老人朱彝尊題」。此跋見《曝書亭集》。

續宋編年資治通鑑

錢謙益《絳雲樓書目・編年類》 李燾《續宋編年資治通鑑》六册。

《四庫全書總目提要・編年類存目》 《續宋編年資治通鑑》十八卷。浙江鮑士恭家藏本。舊本題朝散郎尚書禮部員外郎兼國史院編脩官李燾經進。考《宋史・藝文志》及燾本傳,惟載所著《續通鑑長編》,無此書之名。此本《目録》末有「武夷主奉劉深源校定」一行,亦不知爲何許人。書中所記皆北宋事蹟,體例與《宋史全文》約略相似,而闕漏殊甚。蓋亦當時麻沙坊本,因燾有《續通鑑長編》,託其名以售欺也。

國朝年表

鄭樵《通志・藝文略・編年》 《國朝年表》八卷。

寧宗皇帝紀

趙希弁《讀書附志・編年類》 《寧宗皇帝紀》十卷。右《四朝國史》中之本紀也。

靖康要録

陳振孫《直齋書録解題・雜史類》 《靖康要録》五卷。不著撰人名氏。自欽廟潛邸，迄靖康元年十二月事。

錢謙益等《絳雲樓書目・雜史類》 《靖康要録》三册。五卷。亡名氏。記欽宗潛邸，迄靖康元年十二月事。

楊士奇等《文淵閣書目・史》 《靖康要録》。一部，二册。

《四庫全書總目提要・編年類》 《靖康要録》十六卷。兩淮鹽政採進本。不著撰人名氏。陳振孫《書録解題》曰：《靖康要録》五卷。不知作者。記欽宗在儲時，及靖康一年之事。案日編次，凡政事制度及詔誥之類，皆詳載焉。其與金國和戰諸事，編載尤詳云云。是振孫之時，已莫知出誰手矣。今觀其書，記事具有日月，載文俱有首尾，決非草野之士不睹國史、日曆者所能作。考《書録解題》，又載《欽宗實録》四十卷，乾道元年修撰洪邁等進。此必實録既成之後，好事者撮其大綱，以成此編，故以《要録》名也。宋人雜史傳於今日者，如熊克《中興小紀》、李心傳《建炎以來繫年要録》之類，大抵於南宋爲詳。其詳於北宋者，惟李燾《續資治通鑑長編》。然《長編》已多佚闕，今以《永樂大典》所載補之，亦僅及哲宗而止。徽宗、欽宗兩朝之事，遂以無徵。徐夢莘《三朝北盟會編》起政和，迄建炎，雖較他書爲賅備，而所録事蹟章疏，惟以有涉金人者爲主，餘則略焉。此書雖敘事少略，載文太繁，而一時朝政，具有端委，多有史所不詳者。即以補李燾《長編》，亦無不可也。

張金吾《愛日精盧藏書志・編年類》 《靖康要録》十二卷。文淵閣傳抄本。不著撰人名氏。

編年全要

尤袤《遂初堂書目・國史類》 《編年全要》。

兩朝編年

尤袤《遂初堂書目・國史類》 《兩朝編年》。

宋聖政編年

《宋史・藝文志・編年類》 《宋聖政編年》十二卷。不知作者。

尤袤《遂初堂書目・國史類》 《聖政編年》。

國史英華

《宋史・藝文志・編年類》 《國史英華》一卷。不知作者。

宋朝宰輔拜罷圖

嵇璜等《續通志・圖譜略・記無史乘・編纂》 《宋朝宰輔拜罷圖》。

宋朝相輔年表

嵇璜等《續通志・圖譜略・記無史乘・編纂》 《宋朝相輔年表》。

續通鑑長編

張萱等《內閣藏書目録・史部》 《續通鑑長編》。六册，不全。莫詳撰著姓氏。鈔本。

宋季三朝政要

王圻《續文獻通考・經籍考・編年》 《宋季三朝政要》。

錢謙益等《絳雲樓書目・編年類》 《宋季三朝政要》一册。

黃虞稷《千頃堂書目・編年類・補宋》 《宋季三朝政要》六卷。不知撰人姓氏。

《四庫總目・編年類》 《宋季三朝政要》六卷。編修汪如藻家藏本。不著撰人名氏。卷首題詞稱理宗國史爲元載入北都，無復可考，故纂集理、度二朝及幼主本末，附以廣、益二王事。其體亦編年之流，蓋宋之遺老所爲也。然理宗以後國史，修《宋史》者實見之，故本紀所載，反詳於是書。又是書得於傳聞，不無舛誤，其最甚者，謂寶慶元年，趙葵、趙范、全子才建守河據關之議，遣楊誼、張迪據洛陽，與北軍戰，潰歸。案寶慶元年，葵、范名位猶微，其後五年，范始爲安撫副使，葵始爲淮東提刑。討李全，子才乃爲參議官。至端平元年滅金，子才乃爲關陝制置使，知河南府，西京留守，有洛陽潰敗之事。上距寶慶元年九年矣，所紀非實也。其餘敘次，亦乏體要。然宋末軼事頗詳，多有史所不載者，存之亦可備參考也。其以理宗、度宗、瀛國公稱爲三朝，而廣、益二王則從附録，體例頗公。卷末論宋之亡，謂「君無失德，歸咎權相」，持論亦頗正。而忽推演命數，兼陳因果，轉置人事爲固然，殊乖勸戒之旨。殆欲附徐鉉作李煜《墓誌》之義，而失之者歟。

錢大昕《補元史藝文志・編年類》 《宋季三朝政要》六卷。起寶慶，終祥興。無撰人姓名。皇慶壬子陳氏餘慶堂刊。

宋史全文

錢謙益等《絳雲樓書目・編年類》 《宋史全文續資治通鑑》十二册。

黃虞稷《千頃堂書目・編年類・補宋》 《宋史全文續資治通鑑長編》三十六卷。不知撰人姓氏。

倪燦等《宋史藝文志補・編年類》 《宋史全文續資治通鑑長編》三十六卷。

失名

《四庫全書總目提要・編年類》 《宋史全文》三十六卷。内府藏本。不著撰人名氏。原本題曰《續通鑑長編》，而以李燾《進長編表》冠之於前，是直以爲燾之《長編》矣。案燾成書在孝宗時，所録止及北宋，此本實載南宋一代之事，其非出燾手明甚。檢勘此書，每卷標題皆有「宋史全文」四字，而《永樂大典》「宋」字韻內，亦多載《宋史全文》，與《長編》截然二書。又此本《目録》前，有坊間原題，稱「本堂得《宋鑑》善本，乃名公所編，前宋已盛行，再付諸梓」云云。蓋本元人所編，而坊賈假託燾名，詭稱前宋盛行耳。惟《永樂大典》所收之書，皆載入《文淵閣書目》，乃《宋鑑》多至六部，獨不見《宋史全文》之名。或亦楊士奇等編輯時，因標題而致誤歟。又别本之末，有商邱宋犖《跋》曰：「宋李燾有《通鑑長編》百六十八卷、《續長編集要》六十八卷、《續宋編年》十八卷，今世藏書家往往求之甚渴。此三十六卷，是元人所刊，卷首割去著書人姓名，卷末割去『大元』字，其爲元胡宏《續通鑑長編》無疑」云云。則又臆斷之語，未見其有確證也。其書自建隆以迄咸淳，用編年之體，以次排纂。其靖康以前，亦本於燾之《長編》，而頗加刪節。高、孝二代，則取諸留正之《中興聖政草》。今以《永樂大典》所載《聖政草》相與參校，其文大同小異。留正等所附案語，亦援引甚多。至光、寧以後，則别無藍本可據，爲編書者所自綴輯，故《永樂大典》於光、寧二宗下，亦全收此書之文，勘對竝合。其於諸家議論，採録尤富，如吕中《講義》、何俌《龜鑑》、李沆《太祖實録論》《足國論》、富弼等《釋》、吕源等《增釋》、陳瓘《論大事記》諸書，雖其立説不盡精醇，而原書世多失傳，亦足以資參考也。惟原本第三十六卷内，度宗、少帝及益王、廣王事蹟，俱有録無書，《永樂大典》亦未採，今姑仍其闕焉。

彭元瑞等《天禄琳琅書目後編・元版史部》 《宋史全文續資治通鑑》二函十二册。不著撰人名姓。書三十六卷，自宋太祖至少帝，編年紀事。前有乾道四年李燾《進續通鑑長編表》、《宋朝王裔》、《宋朝傳授》二圖。《目録》首刻「《宋史通鑑》一書，見刊行者節略太甚，讀者不無遺憾焉。本堂今得善本，乃名公所編者，前宋已盛行於世，今再繡諸梓，與天下士大夫共之，誠爲有用之書，視它本大有徑庭，具眼者必蒙賞音。幸鑑」。夫既稱「前宋」，自係元時。云出名公，何以不著其名？且李燾生南宋孝宗、光宗之間，所著《續通鑑長編》止於汴都九朝，此書南渡後七朝，下至益、廣二王，俱入紀中，而欲冒《續長編》之名，甚矣書賈作僞之拙也。然其書援據極富,中多兩宋軼籍,録手款式俱古雅,亦未可廢之書。明晉王鍾鉉藏本。

張金吾《愛日精廬藏書志・編年類》 《宋史全文續資治通鑑》三十六卷附《宋季朝事實》二卷。元刊本。不著撰人名氏。卷首題豐城游明大昇校正,蓋刊書者姓名也。《宋季朝事實》載度宗、少帝、益廣二王事迹。

李燾《進續資治通鑑長編表》。《宋史通鑑》一書,見刊行者節略太甚,讀者不無遺恨焉。本當今得善本,乃名公所編者,前宋已盛行於世,今再綉諸梓,與天下士大夫共之,誠爲有用之書,回視他本,大有逕庭,具眼者必蒙賞音。幸鑑。

張金吾《愛日精廬藏書續志・編年類》 《諸儒集議續資治通鑑》三十六卷附《宋季朝事實》二卷。元刊本。不著撰人名氏。是書初名《諸儒集議續資治通鑑》,無所謂《宋史全文》也。《宋史全文》蓋重刊時所改耳。金吾初得《宋史全文》以爲元刊,列之《藏書志》中。今得是本,乃知前所得者,蓋明初重刊本耳。是本元刊元印,清朗悦目,視重刊本神氣索然矣。闕卷十四至十七,又卷二十四、二十五,凡六卷,以重刊本補。又卷三十一至末暨《季朝事實》,題「增入名儒講議續資治通鑑」,字畫與全書迥異,疑亦重刊本也。

吴壽暘《拜經樓藏書題跋記》卷二 《宋史全文》。此書三十六卷。《目録》題「續資治通鑑長編」,前冠以乾道四年李燾《進書表》。每卷首則題「宋史全文續資治通鑑」,三十卷後每卷題「增入名儒講義續資治通鑑長編」。三十六卷末,又編度宗、少帝事,稱《宋季朝事實》。不著撰人名氏,惟列「豐城游明大昇校正」一行,蓋薈萃諸家紀傳而成者。紙墨精好,每葉二十二行,行二十五字。前有長墨印云:「《宋史通鑑》一書,見刊行者節略太甚,讀者不無遺恨焉。本堂今得善本,乃名公所編者,前宋已盛行於世,今再繡諸梓,與天下士大夫共之,誠爲有用之書,回視它本,大有徑庭,具眼者必蒙賞音。幸鑑」。觀此印可見元時坊刻之精審。惜缺二十、二十一兩卷。

高宗中興繫年要録節要

錢謙益等《絳雲樓書目・編年類》 《高宗中興繫年要録節要》一册。《繫年要録》至《十六國春秋》四十種,俱在雜史類《三朝聖訓》條下,誤録於此。

中興兩朝聖政

阮元《四庫未收書提要・雜史類》 《中興兩朝聖政》六十四卷。宋刊巾箱本。此書不知編集人姓名。起建炎元年,訖淳熙十五年。書内標題,謂之「增入名儒講義皇宋中興兩朝聖政」。其所采《中興龜鑑》、《大事記》等書,各低一格附後,所謂「增入講義」是也。其書編年紀事,體例一倣《資治通鑑》爲之。卷端有《分類事目》,列十五門:興復一,任相二,君道三,治道四,皇親五,官職六,人才七,禮樂八,儒學九,民政十,兵事十一,財用十二,技術道釋十三,邊事十四,災祥十五。每門各有子目,共三百條。案《書録解題・典故類》,有《高宗孝宗聖政編要》二十卷。陳振孫云:「《高宗聖政》五十卷,《孝宗聖政》五十卷。乾道淳熙中,皆有御製序。此二帙書坊鈔節,以便舉子應用之儲者也。」據振孫所述,知此即彙合兩書,而冠以「中興兩朝」之名者。所有御製序,亦不復存。蓋亦書坊所刻,故有增入講義,非進御之原本也。此書流傳絶少,今借宋刻本影鈔,自三十卷至四十五卷,惜已闕佚,無從訪補矣。按:此書宋槧題留正等編。

蜀漢本末

楊士奇等《文淵閣書目・史》 趙居信《蜀漢本末》。一部,三册。闕。

王圻《續文獻通考・經籍考・編年》 《蜀漢本末》。趙居信著。

黄虞稷《千頃堂書目・編年類・補元》 趙居信《蜀漢本末》三卷。字季明,許州人。翰林學士,進封梁國公,謚文簡。

倪燦《補遼金元藝文志・編年類》 趙居信《蜀漢本末》三卷。字季明,許州人。梁國公。

兩漢通紀

黄虞稷《千頃堂書目・編年類・補元》 呂思誠《兩漢通紀》。

倪燦《補遼金元藝文志・編年類》 呂思誠《兩漢通紀》。

宋史略

黃虞稷《千頃堂書目・編年類》 梁寅《宋史略》四卷。

元史略

黃虞稷《千頃堂書目・編年類》 梁寅《元史略》四卷。

元史節要

黃虞稷《千頃堂書目・編年類》 張九韶《元史節要》二卷。九韶字和美，清江人。洪武三年用薦爲縣教諭，入官國子助教，擢編脩，致仕。

元史續編

王圻《續文獻通考・經籍考・編年》 《元史續編》。張九韶著。韶，臨江人。

宋系統圖

黃虞稷《千頃堂書目・編年類》 王行《宋系統圖》二卷。

元史續編

范邦甸等《天一閣書目・編年類》 《元史續編》十六卷。刊本。明永樂癸未，會稽胡粹中撰并序。

錢謙益等《絳雲樓書目・編年類》 《元史續編》四册。十六卷。胡粹中。

黃虞稷《千頃堂書目・編年類》 胡粹中《元史續編》七十七卷。名由，以字行，山陰人。永樂初楚府右長史，盡心輔導，在王門者二十年。

《明史・藝文志・正史類》 胡粹中《元史續編》七十七卷。

《四庫總目・編年類》 《元史續編》十六卷。浙江汪汝瑮家藏本。明胡粹中撰。粹中名由，以字行，山陰人。永樂中官楚府長史。此書大旨，以明初所修《元史》詳於世祖以前攻戰之事，而略於成宗以下治平之迹，順帝時事亦多闕漏，因作此以綜其要。起世祖至元十三年，終順帝至正二十八年。編年繫月，大書分注，有所論斷，亦隨事綴載，全仿《通鑑綱目》之例。然《綱目》訖五代，與此書不能相接。其曰《續編》，蓋又續陳桱書也。黃虞稷《千頃堂書目》載有此書十六卷，又別出《元史評》，而不著卷數。疑當時或析其評語，別爲一本以行，如《後漢書贊》之例歟。其中書法，如文宗之初，知存泰定太子天順年號，而於明宗元年，轉削而不紀，仍書文宗所改之天曆二年，進退未免無據。又英宗南坡之變，書及其丞相云云，蓋欲仿《春秋》之文，而忘其當爲内辭，亦劉知幾所謂貌同心異者。其他議論，雖尺尺寸寸，學步宋儒，未免優孟衣冠，過於刻畫。然如謂張世傑奪舟斷港，未能決性命於義利之間；謂吳直方勸托克托大義滅親，爲不知《春秋》之義，持論亦未嘗不正。至於文宗陰謀害兄，更能據故老之傳聞，揭史家未發之隱，尤爲有關於懲戒。商輅等修《續綱目》，全取此書爲藍本，竝其評語亦頗採之。至明太祖起兵稱王以後，《續綱目》即分注元年，斥其國號，而粹中獨大書至正，直至二十八年八月而止。内外之辭，未嘗少紊。其持論之公，非輅等之所及。又宋末二王，不予以統，亦協其平。鄭瑗《井觀瑣言》乃曰「胡粹中《元史續編》，又下於陳桱《續編》。德祐北遷，閩、廣繼立，宋之統緒，猶未絕也。乃遽抑景炎、祥興之年於分書，非《綱目》書蜀漢、東晉之例」云云。何其偏歟。

周鑑

楊士奇等《文淵閣書目・史》 宋煇《周鑑》。一部，十五册。闕。

天順日録

王圻《續文獻通考・經籍考・編年》 《天順日録》三卷。南陽李賢著。

元史本末

王圻《續文獻通考・經籍考・編年》 《元史本末》。謝鐸著。

黄虞稷《千頃堂書目・編年類》 謝鐸《元史本末》。

前漢通紀

黄虞稷《千頃堂書目・編年類》 穆孔暉《前漢通紀》。

經世策

《四庫總目・編年類存目》 《經世策》一卷。安徽巡撫採進本。明魏校撰。校有《周禮沿革傳》，已著録。是書編年紀事，起漢高祖奉楚懷王命伐秦之歲，止文帝末年。似於《通鑑綱目》中，偶拈一二卷，以己意筆削之。大旨欲仿《春秋》，而既非經體，又非傳體。如高帝元年書曰：沛公掾蕭何收丞相府圖籍，不及收博士所藏，先王典籍遂滅，齊魯諸儒傳習自孔氏者不復全。此仿《春秋》何例也？

孤樹裒談

王圻《續文獻通考・經籍考・編年》 《孤樹裒談》。建安李默著。

徐㶿《徐氏家藏書目・本朝史類》 《孤樹裒談》十卷。李默。

龍飛紀略

范邦甸等《天一閣書目・編年類》 《龍飛紀略》八卷。刊本。明詔安吴樸撰。嘉靖甲辰武夷林希元《序》云：「初名《聖朝征伐禮樂書》，予易今名，因爲之序。」

徐㶿《徐氏家藏書目・本朝史類》 《龍飛紀略》八卷。嘉靖中詔安李樸著。樸字華甫，布衣。

黄虞稷《千頃堂書目・編年類》 吴樸《龍飛紀略》十卷。字華甫，詔安人。嘉靖中布衣。

《四庫全書總目提要・編年類存目》 《龍飛紀略》八卷。兩江總督採進本。明吴樸撰。樸字華甫，詔安人。是編仿《綱目》體例，紀明太祖事蹟。初名《征伐禮樂書》，後改今名。自壬辰至壬午，共五十一年。蓋據《元史》及明初武肯貼黄列傳、則例紀載，旁蒐博採而成。前有嘉靖甲辰林希元《序》，及樸自編《通例》。是時建文年號未復，故於己卯以後四年，仍以洪武紀年，旁注建文於下，自屬當時功令，未足爲譏。若自壬辰至丙午，明號未建，順帝儼存，猶是元之天下，乃削去至正年號，惟書甲子，則偏僻太甚，於公議爲不協矣。至所謂成化間續編《綱目》，托克托用兵六合，有「賊勢大蹙」之句，不知彼時明祖正在六合，罔識諱避云云，律以臣子之義，鑿然正論，雖起商輅於九原，無詞以解也。

洪武大政記

黄虞稷《千頃堂書目・編年類》 吴樸《洪武大記》二十卷。

《明史·藝文志·正史類》 吴樸《洪武大政記》二十卷。

開國事略

黃虞稷《千頃堂書目·編年類》 蔡于穀《開國事略》十卷。莆田人。嘉靖中歲貢，湖廣行都司經歷。在太學時，禮部郎鄭繼之薦其明習理數，請擢用以正司天之謬，不果行。

《明史·藝文志·雜史類》 蔡于穀《開國事略》十卷。

明大政記

黃虞稷《千頃堂書目·編年類》 雷禮《大政記》三十六卷。

《明史·藝文志·正史類》 雷禮《大政記》三十六卷。

《四庫總目·編年類存目》 《明大政記》二十五卷。内府藏本。明雷禮撰。禮字必進，豐城人。嘉靖壬辰進士。官至工部尚書。《明史·藝文志》載禮《大政記》三十六卷。此本爲萬曆中應天周時泰所刊，其中禮所輯者至武宗而止，僅二十卷。其世宗四卷，即范守己之《肅皇外史》，穆宗一卷，則譚希思所續編。卷目與史志不符，蓋時泰已有所合併也。禮明習朝典，以史學自任，而所記多採撮實録，詳略未能得中，異同亦尠能考據。

國朝列卿年表

張萱等《内閣藏書目録·史部》 《國朝列卿年表》十册。明豐城雷禮編輯。

嵇璜等《續通志·圖譜略·記有史乘·編纂》 明雷禮《列卿年表》。

昭代典則

范邦甸等《天一閣書目·編年類》 《昭代典則》二十八卷。刊本。明萬曆賜進士太子少保刑部尚書晉江黃光昇編輯，吴郡陸翀之校閲，金陵周日校刊行。

徐𤊹《徐氏家藏書目·本朝史類》 《昭代典則》二十八卷。黃光昇。

錢謙益等《絳雲樓書目·本朝國紀》 《昭代典則》十六册。二十六卷。黃光昇。

黃虞稷《千頃堂書目·編年類》 黃光昇《昭代典則》二十八卷。

《明史·藝文志·故事類》 黃光昇《昭代典則》二十八卷。

《四庫總目·編年類存目》 《昭代典則》二十八卷。江蘇周厚堉家藏本。明黃光昇撰。光昇字明舉，晉江人。嘉靖乙丑進士，官至刑部尚書。是書起元至正壬辰明太祖起兵，至穆宗隆慶二年而止，編年紀事，每條皆提綱列目。其前四卷，自至正壬辰迄洪武建元以前，以明紀年，而元事則隨年附見。雖當時臣子之詞，然順帝北行以後，以明紀年可也。若至正戊申以前，非惟元祚未移，儼然其主，即韓林兒龍鳳紀年，明主亦自奉其朔，乃於其初起兵時即削元號，究非萬世之公論也。

皇明大紀

范邦甸等《天一閣書目·別史類》 《皇明大紀》二十八卷。藍絲闌鈔本。嘉靖丁未閩嶠吴村《序》。

黃虞稷《千頃堂書目·編年類》 夏浚《皇明大紀》三十六卷。字惟明，玉山人。嘉靖中進士，廣東布政司參議。因朱子《綱目》爲此書。

《明史·藝文志·正史類》 夏浚《皇明大紀》三十六卷。

明大政紀

黃虞稷《千頃堂書目·編年類》 張元忭《明大政紀》。

錢謙益等《絳雲樓書目·本朝國紀》 《皇明大政記》三十二册。張元忭著。山陰人，隆慶辛未狀元，歷官侍講。前輩言此書即《洪武實録》也，萬曆以前禁私藏國史，故間有收藏《太祖實録》者，易其名爲《大政記》。雷禮《大政記》三十六卷。

皇明啓運録

范邦甸等《天一閣書目・別史類》　《皇明啓運録》八卷。刊本。粵濱逸史陳建輯著。始於前元至元辛卯，終於國朝洪武戊寅。嘉靖壬子自序。

錢謙益等《絳雲樓書目・本朝國紀》　邵相《皇明啓運録》。

《明史・藝文志・雜史類》　邵相《皇明啓運録》八卷。

明通紀

范邦甸等《天一閣書目・別史類》　《皇明通紀》四十二卷。刊本。明陳建輯著。繼自永樂，下逮正德，凡八朝一百二十四年。有自序。

徐𤊹《徐氏家藏書目・本朝史類》　《皇明通紀》八卷。

錢謙益等《絳雲樓書目・本朝國紀》　《皇明通紀》。梁億撰。正、嘉間人，順德相公儲之弟。

黃虞稷《千頃堂書目・編年類》　陳建《明通紀》二十七卷。隆慶間，給事中李貴利言：建以草莽之臣，越職僭擬，請毁其板。從之。或云梁儲弟億託名建作。

《明史・藝文志・正史類》　陳建《皇明通紀》二十七卷。

續通紀

黃虞稷《千頃堂書目・編年類》　陳建《續通紀》十卷。

《明史・藝文志・正史類》　陳建《續通紀》十卷。

昭代紀要

軍機處奏《禁毁書目》　《昭代紀要》。一部，二本。查《昭代紀要》，即陳建《明通紀》另刻不全之本，應請一併銷燬。

憲章録

范邦甸等《天一閣書目・編年類》　《憲章録》四十七卷。刊本。明薛應旂述，平湖陸光宅梓并序。

錢謙益等《絳雲樓書目・本朝國紀》　《皇明憲章録》。四十六卷。薛應旂。

黃虞稷《千頃堂書目・編年類》　薛應旂《憲章録》四十六卷。

《明史・藝文志・正史類》　薛應旂《憲章録》四十六卷。

《四庫總目・編年類存目》　《憲章録》四十七卷。内府藏本。明薛應旂撰。所載上起洪武，下迄正德，用編年之體，蓋以續所作《宋元通鑑》。然採摭雜書，頗失甄別。如惠帝遜國，事本傳疑，應旂乃於正統五年十二月，書思恩州土知州岑瑛送建文帝入京，號爲老佛，豈史氏闕文之義耶？

王圻《續文獻通考・經籍考・編年》　《皇明憲章録》。武進薛應旂編。

嘉隆聞見紀

徐𤊹《徐氏家藏書目・本朝史類》　《嘉隆聞見記》二十卷。

黃虞稷《千頃堂書目・編年類》　沈越《嘉隆聞見紀》十二卷。字中甫，南京錦衣衛人。嘉靖壬辰進士，由知縣擢監察御史，忤嚴嵩坐監試事，出判開州，稍遷衛輝府推官，德安府同知，罷歸。

錢謙益等《絳雲樓書目・本朝國紀》　《嘉隆聞見記》十二冊。沈越撰。嘉靖壬辰進士，歷官御史，江寧人。或云越子陽撰。

《明史・藝文志・正史類》　沈越《嘉隆聞見紀》十二卷。

《四庫總目・編年類》　《嘉隆兩朝聞見紀》十二卷。浙江巡撫採進本。明沈越撰。越字韓峯，南京錦衣衛人。嘉靖壬辰進士，官至監察御史。是編以薛應旂《憲章録》、鄭曉《吾學編》諸書止載武宗以前事，故續取世、穆兩朝政蹟，彙次成編。起正德十六年世宗即位，止於隆慶六年。朱之蕃謂其爲野史之良，然所採書目，自

《明倫大典》以下，僅四十一種，未爲贍備。而所附案之文，如「五元臣皆不利」之類，亦體雜説部。

國朝紀要

徐𤊹《徐氏家藏書目・本朝史類》《國朝紀要》十卷。王世貞。

《明史・藝文志・正史類》王世貞《國朝紀要》十卷。

天言彙録

《明史・藝文志・正史類》王世貞《天言彙録》十卷。

明繩武編

黄虞稷《千頃堂書目・編年類》吴瑞登《明繩武編》三十四卷。

《明史・藝文志・正史類》吴瑞登《明繩武編》三十四卷。

英廉奏《抽毁書目》《皇明繩武編》十二本。查《皇明繩武編》係明吴瑞登撰。其書所紀，俱明穆宗以前諸帝事蹟。書内卷二永樂三年按語一段，卷四洪武丁未年一段，卷五隆慶元年一段，卷九嘉靖庚戌一段，卷十八永樂十年一段，卷二十六隆慶元年一段、弘治十四年一段，卷三十一第十頁按語一段，卷三十二汪直大藤峽一段，俱有偏謬語，應請抽燬。

兩朝憲章録

錢謙益等《絳雲樓書目・本朝國紀》《兩朝憲章録》。二十卷。吴瑞登。

黄虞稷《千頃堂書目・編年類》吴瑞登《兩朝憲章録》二十卷。嘉隆二代。

《明史・藝文志・正史類》吴瑞登《嘉隆憲章録》二十卷。

《四庫總目・編年類存目》《兩朝憲章録》二十卷。浙江朱彝尊家曝書亭藏本。明吴瑞登撰。瑞登字雲卿，武進人。由貢生官光州訓導。先是，薛應旂纂洪武至正德九朝事爲《憲章録》，瑞登因輯嘉靖、隆慶兩朝，以續應旂之書，大抵鈔撮邸報而成。有巡撫河南御史陳登雲、李時華二《序》，一作於萬曆癸巳，一作於甲午。又有瑞登自序，惟頌世宗初政及遺詔，併費宏調燮之勳，徐階受顧之蹟。蓋謂嘉靖中年壞於任用嚴嵩，而不欲顯言也。

嘉靖大政編年紀

黄虞稷《千頃堂書目・編年類》黄鳳翔《嘉靖大政編年紀》一卷。

《明史・藝文志・正史類》黄翔鳳《嘉靖大政編年紀》一卷。

嘉靖大政類編

黄虞稷《千頃堂書目・編年類》黄鳳翔又《嘉靖大政類編》二卷。

《明史・藝文志・正史類》黄翔鳳《嘉靖大政類編》二卷。

肅皇外史

黄虞稷《千頃堂書目・編年類》范守己《肅皇外史》四十六卷。一名《肅皇大謨》。

歷朝捷録

徐𤊹《徐氏家藏書目・旁史類》《歷朝捷録》二卷。顧充。上虞人。

歷朝捷録大成

軍機處奏《禁毀書目》　《歷朝捷録大成》十本。查《歷朝捷録大成》、《捷録大全》、《捷録全文直解》，俱題明顧充原本，周昌年重訂。餖飣俚淺，本不成書，其敘明末事蹟，語多觸犯，應請銷燬。

《捷録法原旁注》。一部，六本。查《捷録法原旁注》，即係亦燬之《捷録大成》另行重刊，應請一併銷燬。

《捷録真本》一部，六本。查《捷録真本》，即係已燬之《捷録大成》另改面目重刊者，應請一併銷燬。

捷録大全

軍機處奏《禁毀書目》　《捷録大全》六本。題明顧充原本，周昌年重訂。

《歷朝捷録全編》。一部，六本。查《歷朝捷録全編》，即明顧充《捷録大全》之別本，應請一併銷燬。

捷録全文直解

軍機處奏《禁毀書目》　《捷録全文直解》六本。題明顧充原本，周昌年重訂。

歷朝捷録旁訓

軍機處奏《禁毀書目》　《歷朝捷録旁訓》。一部，四本。查《歷朝捷録旁訓》，即明顧充《捷録大全》原本另加旁訓者，應請銷燬。

歷朝捷録題評

軍機處奏《禁毀書目》　《歷朝捷録題評》。一部，二本。查《歷朝捷録題評》，即《捷録旁訓》另刊不全之本，應請銷燬。

通鑑補要

軍機處奏《禁毀書目》　《通鑑補要》。一部，四本。查《通鑑補要》，即係明顧充《捷録》原本而改易書名者。其後有《明紀纂要》，不知何人附入。於大兵定撫順城一條，語有違悖，應請銷燬。

世穆兩朝編年史

徐𤊹《徐氏家藏書目・本朝史類》　《永昭兩陵編年史》。

黃虞稷《千頃堂書目・編年類》　支大倫《永昭二陵編年信史》六卷。

《明史・藝文志・正史類》　支大倫《永昭二陵編年信史》六卷。

《四庫總目・編年類存目》　《世穆兩朝編年史》六卷。內府藏本。明支大綸撰。大綸字華平，嘉善人。萬曆甲戌進士，由南昌府教授擢泉州府推官，謫江西布政司理問，終於奉新縣知縣。是編成於萬曆丙申，所載自嘉靖元年至四十五年，凡四卷，自隆慶元年至六年，凡二卷。前有項維楨序，但稱《永陵信史》。據大綸自序，蓋先成世宗編年，後乃續以穆宗云。

皇明大紀纂要

黃虞稷《千頃堂書目・編年類》　譚希思《皇明大紀纂要》六十三卷。號岳南，茶陵州人。萬曆甲戌進士，官御史。

《明史・藝文志・正史類》 譚希思《皇明大紀纂要》六十三卷。

《四庫總目・編年類存目》 《明大政纂要》六十卷。浙江巡撫採進本。明譚希思撰。希思，茶陵人。萬曆甲戌進士。官至四川巡撫。是書所記，自洪武元年至隆慶六年，凡大事皆編年紀載，每帝皆有論贊。卷首載萬曆己未修撰韓敬《序》，有云「侍御方壺劉公，持斧畿輔，捐俸刻之」。是此書向曾刊刻。今鈔本卷首，仍存巡按直隸監察御史印，則當爲未刊以前藏本。其中多塗乙增損之處，似即希思之原稾也。

兩朝大政紀

黄虞稷《千頃堂書目・編年類》 馮琦《兩朝大政紀》。

皇明通紀述遺

黄虞稷《千頃堂書目・編年類》 卜世昌《皇明通紀述遺》十二卷。秀水人。起元至正十一年，迄明隆慶六年。

《四庫總目・編年類存目》 《明通紀述遺》十二卷。浙江汪啟淑家藏本。舊本一卷、二卷、四卷、五卷、八卷、九卷、十卷、十二卷，皆題繡水卜世昌校訂；三卷、六卷、七卷、十一卷，皆題繡水屠衡校訂。前有馮夢禎《序》，惟稱世昌。又有卜萬祺、屠隆二《序》，則兼稱衡。蓋二人合作，仿《新唐書》各署姓名例也。其書補東莞陳建《明通紀》之遺，起元至正十一年，終明隆慶六年，編年紀載，多捃拾稗史之言，冗雜特甚。如首卷多載元順帝荒淫瑣事，與明無關，殊失斷限之義。又如以成祖征漠北時太監沐敬進諫之事，竄入建文四年之末，則紀載之無法，可以槩見矣。

明政統宗

徐𤊹《徐氏家藏書目・本朝史類》 《明政統宗》卷。

黄虞稷《千頃堂書目・編年類》 涂山《明政統宗》三十卷。字子壽，豫章人。吏部尚書。蜀郡衛承芳爲之序，萬曆乙卯編。

續憲章録

黄虞稷《千頃堂書目・編年類》 薛敷教《續憲章録》。

國朝紀要

黄虞稷《千頃堂書目・編年類》 姚文蔚《國朝紀要》十卷。首卷至八卷爲洪武至正德編年，末二卷則《弇山堂別集鈔》也。

皇明朝野紀略

黄虞稷《千頃堂書目・編年類》 王大綱《皇明朝野紀略》一千二百二十卷。浙江山陰人。以太學生官兖州府東平州同知。輯列朝實録，旁及野史稗編成是書。起太祖迄於穆宗。別有《野史編年》，未見。

《明史・藝文志・正史類》 王大綱《皇明朝野紀略》一千二百卷。

皇明政紀纂要

黄虞稷《千頃堂書目・編年類》 周永春《皇明政紀纂要》二卷。

《明史・藝文志・正史類》 周永春《政紀纂要》四卷。

熙朝政紀纂要

黄虞稷《千頃堂書目・編年類》 周永春《熙朝政紀纂要》二卷。

泰昌日録

黄虞稷《千頃堂書目・編年類》 楊維休《泰昌日録》二卷。字叔度，豐城人。録中直書梃擊、紅丸、選侍事無所避。霍維華疏劾維休草莽一介，何從記注朝廷起居，稱述舛錯，語意閃爍，非潛授意旨，即暗含譏刺。得旨提問，並燬其書。維休時爲保定通判，聞之仰藥死。維休萬曆庚申嘗作《黄河清賦》及《山陵頌》以獻，他著作尚多，咸散佚。

明右史略

黄虞稷《千頃堂書目・編年類》 馮復京《明右史略》三十卷。

《明史・藝文志・正史類》 馮復京《明右史略》三十卷。

嘉靖大政記

《明史・藝文志・正史類》 茅維《嘉靖大政記》二卷。

大政記

《四庫總目・編年類存目》 《大政記》三十六卷。兩江總督採進本。明朱國楨撰。國楨字文寧，烏程人。萬曆己丑進士，官至文淵閣大學士，謚文肅。事蹟附見《明史・朱國祚傳》。是書始洪武元年戊申，終隆慶六年壬申，編年紀載，繁簡多有未當，殊乏史裁。

明大事記

丁丙《八千卷樓書目・編年類》 《明大事記》五十卷。明朱國楨撰。明刊本。

明大訓記

丁丙《八千卷樓書目・編年類》 《明大訓記》十六卷。明朱國楨撰。明刊本。

明從信録

黄虞稷《千頃堂書目・編年類》 沈國元《明從信録》四十卷。

軍機處奏《禁燬書目》 《明從信録》十二本。查《明從信録》四十卷，係明沈國元所輯，紀明列朝事蹟。又《兩朝從信録》三十五卷，亦國元所輯，專紀泰昌、天啓兩朝事蹟。草野傳聞，事皆失實，且中多犯悖之語，應請銷燬。

兩朝從信録

黄虞稷《千頃堂書目・編年類》 沈國元《兩朝從信録》三十五卷。

《明史・藝文志・正史類》 沈國元《天啓從信録》三十五卷。

軍機處奏《禁燬書目》 《兩朝從信録》十三本。

甲申大事記

黃虞稷《千頃堂書目・編年類》 沈國元《甲申大事記》六卷。

軍機處奏《禁毀書目》 《甲申大事紀》二本。查《甲申大事紀》，明沈國元撰。係記崇禎十七年闖賊入京，及福王稱號南京之事，俱採邸抄、塘報，湊集成書。其中事蹟除已見正史者，餘皆傳聞失實，且多悖犯字句，應請銷燬。

明實紀

軍機處奏《禁毀書目》 《明實紀》。一部，十四本。查《明實紀》二十七卷，正德以前亦題陳建所撰，與《通紀》大同小異。嘉靖以後題陳龍可所撰。亦係坊間剽竊成書，中多悖謬之語，應請銷燬。

《明通紀輯録》。一部，十六本。查《通紀輯録》二十七卷，即《明寔紀》原本而坊賈易名售僞之書。其狂悖處亦與《明寔紀》相同，應請銷燬。

憲章外史續編

黃虞稷《千頃堂書目・編年類》 許重熙《憲章外史續編》十四卷。一名《五朝注略》，起正德十六年四月，迄天啓七年八月。崇禎九年正月，誠意伯劉孔昭論其居下訕上，實録未成書，而《五朝注略》先刊行世。旨令斥革。

神宗大事紀要

徐𤊹《徐氏家藏書目・本朝史類》 《神宗大事紀要》。

黃虞稷《千頃堂書目・編年類》 許重熙《神宗大事紀要》二卷。

軍機處奏《禁毀書目》 《神宗大事紀要》二本。查《神宗大事紀要》，明許重熙撰。係當時野史，闕陋猥鄙，中間狂悖處尤多，應請銷燬。

光宗大事紀要

黃虞稷《千頃堂書目・編年類》 許重熙《光宗大事紀要》一卷。

明季甲乙彙編

黃虞稷《千頃堂書目・編年類》 東村老人《兩年事略》三卷。一名《甲乙彙編》。不知何人。

明注略

軍機處奏《禁毀書目》 《明注略》三本。查《明注略》十四卷，明許重熙撰。起正德十六年，迄天啓七年，亦係當時野史，記載失實，尤多悖謬，應請銷燬。

嘉靖隆慶萬曆天啓四朝注略

軍機處奏《禁毀書目》 《嘉靖隆慶萬曆天啓四朝注略》七本。查《四朝注略》，係明許重熙撰。內第七卷以至十四卷，詆斥之詞甚多，應請銷燬。

定陵注略

黃虞稷《千頃堂書目・編年類》 文秉《定陵注略》。

甲乙事案

黄虞稷《千頃堂書目・編年類》 文秉《甲乙事案》一卷。

軍機處奏《禁毁書目》 《甲乙事案》一本。查《甲乙事案》，係文秉撰。乃紀明福王由崧在南京時事蹟，大抵艸野傳聞，不足徵信。書中以弘光紀年，其於莊烈帝，亦不用本朝所加謚號，甚爲狂悖，且有指斥字句，應請銷燬。

通紀集要

黄虞稷《千頃堂書目・編年類》 江旭奇《通紀集要》六十卷。

《明史・藝文志・正史類》 江旭奇《通紀集要》六十卷。

軍機處奏《禁毁書目》 《明通紀》。一部，十三本。查《明通紀》六十卷，其書正德以前，乃明陳建所撰，嘉靖至天啓，則江旭奇所續。本係坊間野史，不足徵信，而神以後語多悖犯，應請銷燬。再此書原缺十二卷，其中必尚多觸礙之處，應行令各督撫一併查銷。

南渡録

黄虞稷《千頃堂書目・編年類》 李清《南渡録》二卷。

軍機處奏《禁毁書目》 《南渡録》十二本。查《南渡録》，係舊抄本，不著撰人名氏。記南渡始末頗詳。其紀元于甲申仍用崇禎年號，于乙酉用福王年號。中多空格，核其上下文義，皆指斥之詞，應請銷燬。

《南渡録》。一部，二本。查《南渡録》，不題撰人姓名。專紀福王由崧在南京時事蹟，類皆艸野傳聞，不足盡憑，且多指斥字句，應請銷燬。

甲乙編年録

軍機處奏《禁毁書目》 《甲乙編年録》。一部，五本。查《甲乙編年録》，題碧水翁撰。考李清别號碧水翁，則此書清所作也。記福王稱號南京始末，語多狂悖，應請銷燬。

明三朝法傳録

丁丙《八千卷樓書目・編年類》 《明三朝法傳録》十六卷。明高汝栻撰。明刊本。

明法傳録

黄虞稷《千頃堂書目・編年類》 《明法傳録》二十八卷。不知何人撰。

軍機處奏《禁毁書目》 《明法傳録》十六本。查《明法傳録》，前二十八卷即陳建原本，後《嘉隆兩朝續紀》六卷、《三朝續紀》十卷，明高汝栻所續，與江旭奇《明通紀》、陳龍可《明實紀》諸書，大同小異。亦係坊間湊集陋本，語多悖犯，應請銷燬。

國　榷

黄虞稷《千頃堂書目・編年類》 談遷《國榷》一百卷。字孺木，海鹽人。諸生。

《明史・藝文志・正史類》 談遷《國榷》一百卷。

春秋編年舉要

《四庫全書總目提要・編年類存目》 《春秋編年舉要》。無卷數。兩江總督採進本。明楊時偉撰。時偉有《正韻牋》，已著録。是書成於崇禎甲戌，凡前後二編，皆仿《史記》年表之例，以國爲經，以事爲緯。前爲《春秋列國編年舉要》，起周平王四十九年己未，訖敬王三十九年庚申，以括春秋大要。後爲《獲麟後七十七年編年舉要》，起敬王三十九年庚申，訖威烈王二十三年戊寅，以補《通鑑前編》。首有《春秋託始論》，據洪邁《容齋隨筆》之説，謂「《春秋》始隱公，爲治鄭莊，以强侯跋扈，實自寤生始也」。次爲《春秋列國君臣總論》三篇，隨意斷制，未爲精確。其謂「無季氏則魯不昌，無二氏則季孤立」，頗爲乖刺。又有《獲麟後編年總論》，辨魏文侯師子夏在未命爲諸侯以前，亦無關大義。二編惟後編有引，稱「竊於諸書中採十一於千百，私爲《編年舉要》。既而深思，恐開後人以懶惰之端，遂舉覆瓿，不復災木，止存七十七年事」。然則當時僅刊其後編。今則二編俱在，蓋猶其家藏未刻之稾矣。

通紀直解

軍機處奏《禁毁書目》 《明通紀直解》。一部，八本。查《通紀直解》，係明張嘉和撰。原屬坊刻陋本，中多悖犯之語，應請銷燬。

戊寅紀事

軍機處奏《禁毁書目》 《戊寅紀事》一本。查《戊寅紀事》，係明楊士聰撰。所紀乃崇禎丁丑至己卯三年朝事，大都門户攻擊之語，不足取信。内多悖犯字句，應請銷燬。

戰國紀年

黄虞稷《千頃堂書目・編年類》 湯桂禎《戰國紀年》四十六卷。

《明史・藝文志・正史類》 湯桂禎《戰國紀年》四十六卷。

通紀纂

軍機處奏《禁毁書目》 《通紀纂》三本。查《通紀纂》，題明鍾惺撰。亦係坊間托名陋書，本不足存，且語多違礙，應請銷燬。再此書原闕第六、第七卷，恐尚有觸悖處，應行令各督撫一併查銷。

明六朝索隱

《四庫總目・編年類存目》 《明六朝索隱》十六卷。兩江總督採進本。舊本題明雷禮撰，何應元校。應元不知何許人。其書以正統、景泰、天順、成化、弘治、正德六朝事蹟，編年紀録。考《明史・藝文志》不載是書，疑後人從實録鈔撮而成，託名於禮。其稱「索隱」，亦不知何所取義也。

宋續編

楊士奇等《文淵閣書目・史附》 《宋續編》。一部，一册。完全。

宋紀編年

錢謙益等《絳雲樓書目・雜史類》 《宋紀編年》。

永樂年表

張萱等《内閣藏書目録·史部》 《永樂年表》。四册，全。自洪武三十五年六月朔起，至永樂二十二年八月止。

黄虞稷《千頃堂書目·國史類》 《永樂年表》四卷。

洪武宣德年表

張萱等《内閣藏書目録·史部》 《洪武宣德年表》。三册，全。

洪熙年表

黄虞稷《千頃堂書目·國史類》 《洪熙年表》二卷。

宣德年表

黄虞稷《千頃堂書目·國史類》 《宣德年表》四卷。

萬曆編年

黄虞稷《千頃堂書目·編年類》 《萬曆編年》。不知何人作。

明傳信

黄虞稷《千頃堂書目·編年類》 《明傳信》四十卷。不知何人撰。

十六朝彙記

黄虞稷《千頃堂書目·編年類》 《十六朝彙記》二十八卷。不知何人撰。

軍機處奏《禁毁書目》 《十六朝廣彙紀》二十四本。查《十六朝廣彙紀》，亦題陳建輯，陳龍可訂。係坊間剽竊《通紀》等書，易名售欺，毫無義例，中間尤多悖謬之處，應請銷燬。

皇明紀略

黄虞稷《千頃堂書目·編年類》 《皇明紀略》□卷。不知何人撰。

明紀重輯

軍機處奏《禁毁書目》 《明紀重輯》九本。查《明紀重輯》，俱係抄本，不著撰人姓名。查檢即係從《明通紀》、《明寔紀》等書内抄撮另編，尤爲叢雜。中多悖犯處，應請銷燬。

後場紀年

軍機處奏《禁毁書目》 《後場紀年》一本。查《後場紀年》，乃明末坊間所刻，膚濫門墨，已殘缺不完。中有悖妄之語，應銷燬。

萬曆時略

軍機處奏《禁燬書目》 《萬曆時略》。一部，七本。查《萬曆時略》，不知何人所撰。用編年體，次敘萬曆時事。中多悖礙之語，應請銷燬。

明本紀

《四庫總目・編年類存目》 《明本紀》一卷。左都御史張若溎家藏本。不著撰人名氏。紀明太祖事蹟，自起兵濠梁，迄建國金陵，皆分年排載，頗爲詳備，蓋亦自實録中摘出編次者。惟自洪武三年正月以後竝闕，或草創未竟之本歟。

成憲録

《四庫總目・編年類存目》 《成憲録》十一卷。浙江范懋柱家天一閣藏本。不著撰人名氏。記明太祖至英宗五朝之事。考明太宗廟號，至嘉靖十七年始改曰成祖，此書仍稱太宗，是作於成化後、嘉靖前也。書中所載，事實少而誥勅多。如洪武元年二月，詔以太牢祀先師孔子於國學，仍遣使詣曲阜致祭，竝載太祖遣祭之諭。今《本紀》乃止書祀國學，而不及闕里。又《本紀》載洪武十年十二月，高麗使五至，以嗣王未立却之。十二年十二月，高麗貢黃金百斤，白金萬兩，以不如約却之。而此書又載洪武十二年五月，諭遼東守將潘敬、葉旺勿納鄭白一事。亦足以補史傳之闕。然浮文妨要者終多也。

秘閣元龜政要

錢謙益等《絳雲樓書目・本朝國紀》 《祕閣元龜政要》十六册。

黃虞稷《千頃堂書目・國史類》 《秘閣元龜政要》十六册。所記皆太祖朝事。撰人無考。

《四庫總目・編年類存目》 《祕閣元龜政要》十六卷。浙江孫仰曾家藏本。不著撰人名氏。書中已稱成祖，則嘉靖以後人作也。所紀皆明太祖事，然起於元順帝至正十六年張士德取常熟，終於洪武二十八年。首尾皆不完具，殆前後各佚一册，今本卷第又傳寫者所改題歟。大致與《太祖實録》相出入，亦無異聞也。

明紀編年

軍機處奏《禁燬書目》 《明紀編年》四本。查《明紀編年》十二卷，前八卷題明鍾惺撰，後四卷則王汝南所續。係坊間野史所紀，率略淺鄙，殊不成書。內稱明福王爲赧皇帝，語句亦有干礙，應請銷燬。

《明紀會纂》六本。查《明紀會纂》，即鍾惺等之《明紀編年》，係坊間改易書名，應請一併銷燬。

考定竹書

《四庫總目・編年類存目》 《考定竹書》十三卷。浙江巡撫採進本。國朝孫之騄撰。之騄有《尚書大傳》，已著録。是編以沈約所注《竹書紀年》未爲詳備，因採摭諸書，别爲之注。然之騄愛博嗜奇，多所徵引，而不能考正真僞。如帝癸十年地震，引《華嚴合論》大地有六種震動，所謂徧動、徧起、徧涌、徧震、徧吼、徧擊者爲説，殊爲蕪雜。又劉知幾《史通・疑古篇》中，排詆舜、禹，以末世莽、操心事推測聖人，至爲乖謬，而一概引用，漫無辨正。沈約注出依託，尚能知伊尹自立之誣，太甲殺伊尹之妄。之騄乃旁取異説，以熒耳目，云能補正沈注，未見其然。惟《拾遺記》商均暴天下之類，辨别誣妄；《路史》帝杼遷老王之類，考訂譌謬，間有數處可取耳。至所稱逸文，采摭頗備。然如「晉幽公會魯季孫」一條，今本有之，而注曰無。又如湯十九年至二十四年，皆書大旱，蓋作書者依託《墨子》湯五年旱之文。此本竟脱去「二十一年大旱」、「鑄金幣」二條，則亦不可盡據也。

竹書統箋

《四庫總目・編年類》 《竹書統箋》十二卷。安徽巡撫採進本。國朝徐文靖撰。文靖有《禹貢會箋》，已著録。是編蓋作於孫之騄《考定竹書》以後，亦因僞沈約注爲之引證推闡。首仿司馬貞補《史記》例，作《伏羲神農紀年》，題曰前編，而自爲之注。多據毛漸僞《三墳》，殊失考正。次爲《雜述》，述《竹書》源流，皆不入卷數。其箋則仿諸經注疏之例，發明於各條之下。蓋文靖誤以《紀年》爲原書，又誤以其注真出沈約，故以箋自名，如鄭玄之尊毛萇也。然其引證諸書，皆著出典，較孫之騄爲切實；而考正地里，訂正世系，亦較之騄爲詳晰。如坊本誤於外丙元年後係以小庚五年、小甲十七年、雍己十二年、太戊三十五年，乃繼以二年陟。蓋舊本顛倒一頁，重刻者因而仍之。陳仁錫作《四書考》，遂據以駁難異同。文靖以《殷本紀》排比，知其脱誤，亦較之騄爲密也。

十六國年表

嵇璜等《清通志・圖譜略・臣下史乘》 張愉曾《十六國年表》。謹按：是書以崔鴻所録十六國事，仿《史記・十二諸侯年表》之例，年經國緯，條理分明，便于尋覽。

校正竹書紀年

張之洞《書目答問・古史》 《校正竹書紀年》二卷。洪頤煊。平津館本。

竹書紀年補證

張之洞《書目答問・古史》 《竹書紀年補證》四卷。林春溥。竹柏山房十一種本。

古史紀年

張之洞《書目答問・古史》 《古史紀年》十四卷。林春溥。竹柏山房十一種本。

古史考年異同表

張之洞《書目答問・古史》 《古史考年同異表》二卷。林春溥。竹柏山房十一種本。

戰國紀年

張之洞《書目答問・古史》 《戰國紀年》六卷。林春溥。竹柏山房十一種本。

竹書紀年集證

張之洞《書目答問・古史》 《竹書紀年集證》五十八卷。陳逢衡。陳氏叢書本。

十六國年表

嵇璜等《清通志・圖譜略・臣下史乘》 孔尚質《十六國年表》。謹按：是編本崔鴻《十六國春秋》列傳，改爲編年，亦仿《史記》年表之例。

明　紀

張之洞《書目舉要・編年》《明紀》六十卷。陳鶴。陳克家續成。蘇州局本。

考訂竹書紀年

張之洞《書目答問・古史》《考訂竹書紀年》十四卷。雷學淇。家刻本。

昭代台德大猷二君記

丁丙《八千卷樓書目・編年類》《昭代台德大猷二君記》十卷。日本鹽谷世弘撰。日本刊本。

遼大臣年表

嵇璜等《續通志・圖譜略・記有史乘・編纂》《遼大臣年表》。

金大臣年表

嵇璜等《續通志・圖譜略・記有史乘・編纂》《金大臣年表》。

起居注分部

穆天子傳

《隋書・經籍志・起居注》《穆天子傳》六卷。汲冢書。郭璞注。

《舊唐書・經籍志・起居注》《穆天子傳》六卷。郭璞撰。

《新唐書・藝文志・起居注類》郭璞《穆天子傳》六卷。

鄭樵《通志・藝文略・起居注》《穆天子傳》六卷。汲冢古文，郭璞注，其言似今起居注。

陳振孫《直齋書録解題・起居注類》《穆天子傳》六卷。晉武帝時汲冢所得書，其體制與起居注正同，郭璞爲之注。起居注者，案：原本脱此四字，今據《文獻通考》補入。自漢明德馬皇后始，漢、魏以來因之。

馬端臨《文獻通考・經籍考・起居注》《穆天子傳》六卷。

楊士奇等《文淵閣書目・史附》《穆天子傳》。一部，一册。闕。

《穆天子傳》。一部，一册。闕。

徐𤊹《徐氏家藏書目・旁史類》《穆天子傳》一卷。

文廷式《補晉書藝文志・起居注類》郭璞注《周王游行記》六卷。

漢著記

《漢書・藝文志・春秋》《漢著記》百九十卷。

姚振宗《漢書藝文志條理・春秋》《漢著記》百九十卷。顔師古集注曰：「若今之起居注」。本書《劉向傳》：向上奏曰：「及項籍之敗，星孛大角。漢之入秦，五星聚于東井，得天下之象也。孝惠時，有雨血、日食于衝、滅光星見之異。孟康曰：「日月行交道之衝也，相薄而既也。京房所謂陰氣盛，薄奪日光者也」。孝昭時，有泰山卧石自立，上林僵柳復起，大星如月西行，衆星隨之，此爲特異。孝宣興起之表，天狗夾漢而西，李奇曰：「流星也。下墮地爲天狗，皆妖星。」久陰不雨者二十餘日，昌邑不終之異。皆著于《漢紀》云。」又《五行志》云：凡《漢著紀》十二世，二百一十二年，日食五十三，朔十四，晦三十六，先晦一日三。按此則《漢著記》百九十卷，當訖于平帝元始五年。其哀平兩朝《著記》，《七略》所未及，當是後人緒成之。

建武注記

姚振宗《後漢藝文志・起居注類》　《建武注記》。范書《馬援傳》：援兄子嚴，字威卿，仕郡督郵。援卒後，嚴乃與弟敦歸安陵。明德皇后既立，嚴乃更徙北地，斷絶賓客。永平十五年，皇后勅使移居洛陽。顯宗召見嚴，有詔留仁壽闥，與校書郎杜撫、班固等雜定《建武注記》。又《和熹鄧后紀》：元初五年，平望侯劉毅上書安帝曰：「漢之舊典，世有《注記》。」惠棟《補注》：《藝文志》曰：「《漢著記》百九十卷。」《五行志》曰：「凡《漢著記》十二世，二百一十二年。」谷永言災異，有「八世《著記》，久不塞除」之語。荀悦有復内外《注記》之説，云：「先帝故事，有起居注，日用動静之節必書焉。宜復其式，内史掌之，以紀内事。」按：荀悦是説見《申鑒》。按：《漢志・春秋家》：「《漢著記》百九十卷。」師古注曰：「若今之起居注。」此西京十二朝之注記。東京可考見者，惟此及顯宗、長樂宫、靈、獻五書。

顯宗起居注

姚振宗《後漢藝文志・起居注類》　《顯宗起居注》。范書《后紀》：明德馬皇后諱某，伏波將軍援之小女也。永平三年立爲皇后。及帝崩，肅宗即位，尊后曰皇太后。自撰《顯宗起居注》，削去兄防參醫藥事。帝請曰：「黄門舅旦夕供養且一年，既無褒異，又不録勤勞，無乃過乎？」太后曰：「吾不欲令後世聞先帝數親后宫之家，故不著也。」又《馬融傳》：潁陽侯防以顯宗寢疾，入參醫藥。又平定西羌，增邑千三百五十户。袁宏《後漢紀》曰：初，明帝寢疾，馬防爲黄門郎，參侍醫藥。及太后爲《明帝起居注》，削去防名。《隋書・經籍志》曰：漢武帝有《禁中起居注》。後漢明德馬后撰《明帝起居注》。然則漢時起居注，似在宫中，爲女史之職，然皆零落，不可復知。侯《志》曰：《初學記》三十引《風俗通》曰：「按《明帝起居注》曰：東巡泰山，到滎陽，有鳥飛鳴乘輿上，虎賁王吉射中之，作辭曰：『烏烏啞啞，引弓射左腋。陛下壽萬歲，臣爲二千石。』帝賜錢二百萬，令亭壁畫爲烏也。」《御覽》七百卅六、九百廿同。《文選・赭白馬賦》注小異。今《風俗通》佚此文。

長樂宫注

姚振宗《後漢藝文志・起居注類》　《長樂宫注》。《東觀記》曰：孝安皇帝謙讓恪懃，孜孜經學，篤志供養，委政長樂宫。范書《后紀》：和熹鄧皇后諱綏，太傅禹之孫也，父訓。永元七年，與諸家子俱選入宫。八年冬，入掖庭爲貴人。十四年冬，立爲皇后。自入宫掖，從曹大家受經書，兼天文、算數。殤帝立，尊爲皇太后，太后臨朝。及殤帝崩，太后定策立安帝，猶臨朝政。元初五年，平望侯劉毅以太后多德政，欲令早有注記，上書安帝曰：「古之帝王，左右置史，漢之舊典，世有注記。宜令史官著《長樂宫注》、《聖德頌》，以敷宣景燿，勒勳金石，懸之日月，攄之罔極，以崇陛下烝烝之孝。」帝從之。

漢靈帝起居注

姚振宗《後漢藝文志・起居注類》　《漢靈帝起居注》。袁宏《紀》自序曰：聊以暇日，撰集爲《後漢紀》。其所綴會《漢紀》、謝承書、司馬彪書、華嶠書、謝忱書、《漢山陽公紀》、《漢靈獻起居注》。侯《志》曰：《漢靈帝起居注》，見袁宏《後漢紀序》。序尚有《獻帝起居注》，其書似魏人作，故不録。

漢獻帝起居注

《隋書・經籍志・起居注》　《漢獻帝起居注》五卷。

《舊唐書・經籍志・起居注》　《漢獻帝起居注》五卷。

《新唐書・藝文志・起居注類》《漢獻帝起居注》五卷。

鄭樵《通志・藝文略・起居注》《漢獻帝起居注》五卷。

姚振宗《後漢藝文志・起居注類》《漢獻帝起居注》五卷。《隋書・經籍志》：《漢獻帝起居注》五卷。又曰：今之存者，有漢獻帝及晉代以來起居注，皆近侍之臣所録。《唐經籍志》：《漢獻帝起居注》五卷。《藝文志》同。章宗源《隋志考證》曰：《魏志》《武紀》注、《文紀》注、《董卓傳》注、《邴原傳》注，《蜀志》《先主傳》注，《續漢》《禮儀》、《祭祀》、《五行》、《百官》、《輿服》志注，《後漢書》《獻紀》、《董卓傳》注，《初學記・職官部》，《御覽・職官部》，《通典・禮門》注，並引《獻帝起居注》，共數十事。侯康《補三國藝文志》曰：《魏志・文紀》注引一條云：建安十五年，爲司徒趙温所辟。太祖表温辟臣子弟，選舉故不以實，使侍中守光禄勳郗慮持節奉策免温官。稱曹操爲太祖，則此書成於魏時也。

晉武帝起居注

文廷式《補晉書藝文志・起居注類》《晉武帝起居注》。章宗源曰：《北堂書鈔・設官部》：「司馬璞貞固和詳，有識見才幹，以爲宂從僕射。」《太平御覽・皇親部》：「詔曰：今出掖庭才人妓女保林以下二百七十餘人。」《職官部》：「豫州刺史胡威，忠素質直，思謀深沈。《御覽》二百四十引作「深奧」。其以威爲監軍刺史如故。」又：「東安王世子瑾，貞固和詳，有識見才幹，以爲宂從僕射。」此事與《書鈔》當是一事，《書鈔》作名璞，須考。並引《晉武帝起居注》。

晉元康起居注

《隋書・經籍志・起居注》《晉元康起居注》一卷。梁有《永平元康永寧起居注》六卷，又有《惠帝起居注》二卷，《永嘉建興起居注》十三卷，亡。

鄭樵《通志・藝文略・起居注》《晉元康起居注》一卷。

永平元康永寧起居注

《隋書・經籍志・起居注》《永平元康永寧起居注》六卷。

文廷式《補晉書藝文志・起居注》《永平元康永寧起居注》六卷。《隋志》有《元康起居注》一卷。《唐志》有《永平起居注》一卷。

惠帝起居注

《隋書・經籍志・起居注》《惠帝起居注》二卷。

文廷式《補晉書藝文志・起居注》《惠帝起居注》二卷。章宗源《考證》曰：《宋書・蔡廓傳》：「式乾殿集，諸皇子悉在三司上。」《魏志・張燕傳》注：「門下令史張林飛，與趙王倫爲亂，位至尚書令，封郡公，尋爲倫所殺。」並題陸機《晉惠帝起居注》。又各書共引《惠帝起居注》十三事，不著撰名。按《御覽》六百九十七：「《惠帝起居注》曰：帝還洛陽，至陵下謁，無履，著左右履下拜。」六百九十九：「《惠帝起居注》曰：有雲母幌。」二事章氏未舉。《書鈔》一百三十六：「《晉惠帝起居注》曰：愍懷太子賜典兵中郎□，倚複紵襪一緉。」《御覽》七百七：「《惠帝起居注》曰：帝至朝歌，無被，中黄門以兩幅布被給帝。」

永嘉建興起居注

《隋書・經籍志・起居注》《永嘉建興起居注》十三卷。

文廷式《補晉書藝文志・起居注》《永嘉建興起居注》十三卷。

晉泰始起居注

《隋書・經籍志・起居注》《晉泰始起居注》二十卷。李軌撰。

《舊唐書・經籍志・起居注》《晉太始起居注》二十卷。李軌撰。

《新唐書・藝文志・起居注類》李軌《晉泰始起居注》二十卷。

鄭樵《通志・藝文略・起居注》《晉泰始起居注》二十卷。李軌撰。

文廷式《補晉書藝文志・起居注》李軌《泰始起居注》二十卷。《蜀志・諸葛亮傳》注引《晉泰始起居注》：「諸葛京隨才署吏詔。」《類聚》八十八：「《太始起居注》曰：二年六月，嘉柰一蔕十五實，生於酒泉郡。」

晉咸寧起居注

《隋書・經籍志・起居注》《晉咸寧起居注》十卷。李軌撰。

《新唐書・藝文志・起居注類》李軌《晉咸寧起居注》二十二卷。

鄭樵《通志・藝文略・起居注》《晉咸寧起居注》十卷。李軌撰。

文廷式《補晉書藝文志・起居注類》李軌《咸寧起居注》十卷。《舊唐志》二十二卷。《晉書・禮志下》引之。

晉泰康起居注

《隋書・經籍志・起居注》《晉泰康起居注》二十一卷。李軌撰。

《舊唐書・經籍志・起居注》《晉太康起居注》二十二卷。李軌撰。

《新唐書・藝文志・起居注類》《晉太康起居注》二十二卷。

鄭樵《通志・藝文略・起居注》《晉太康起居注》二十二卷。李軌撰。

文廷式《補晉書藝文志・起居注類》李軌《泰康起居注》二十一卷。《書鈔》一百四十七：「《晉泰康起居注》云：尚書令荀勗，久疾羸毁，賜蜜五升。」《御覽》七百五十九：「《晉泰康起居注》曰：齊王出番，詔賜榼樽螺杯盤各有差。」《舊唐志》二十二卷。《齊書・州郡志》引《晉太康二年起居注》。《御覽》三百五十三：「《晉太康起居注》：詔曰：諸王中尉及諸軍皆典兵以備不虞，乃有著中戰衣、木履，持長矛者，此爲兒戲，而無相憚懾也。」

晉咸和起居注

《隋書・經籍志・起居注》《晉咸和起居注》十六卷。李軌撰。

《舊唐書・經籍志・起居注》《晉咸和起居注》十八卷。李軌撰。

《新唐書・藝文志・起居注類》李軌《晉咸和起居注》十八卷。

鄭樵《通志・藝文略・起居注》《晉咸和起居注》十六卷。李軌撰。

文廷式《補晉書藝文志・起居注類》李軌《咸和起居注》十六卷。《唐志》十八卷。《類聚》八十六：「《晉咸和起居注》曰：六年，寧州上言，甘露降城北園柰桃樹等。」《御覽》七百六十三：「《晉咸和起居注》曰：有司奏魏氏故事，正旦賀，公卿上殿，虎賁六人隨上，以斧柄挂衣裾。上令宜依舊爲儀，詔曰：此非前代善制，其除之。」九百二十五：「《咸和起居注》曰：二年正月，饗萬國，有五鷗集太極殿前。」

晉咸康起居注

《隋書・經籍志・起居注》《晉咸康起居注》二十二卷。

《舊唐書・經籍志・起居注》《晉咸康起居注》二十二卷。李軌撰。

《新唐書・藝文志・起居注類》李軌《晉咸康起居注》二十二卷。

鄭樵《通志・藝文略・起居注》《晉咸康起居注》二十二卷。

文廷式《補晉書藝文志・起居注》《咸康起居注》二十二卷。《類聚》八十九引《咸康起居注》。

晉愍帝起居注

《舊唐書・經籍志・起居注》《晉愍帝起居注》三十卷。李軌撰。

文廷式《補晉書藝文志・起居注類》李軌《晉愍帝起居注》三十卷。見《舊唐志》。

晉永平起居注

《舊唐書·經籍志·起居注》《晉永平起居注》八卷。李軌撰。

《新唐書·藝文志·起居注類》《晉永平起居注》八卷。

文廷式《補晉書藝文志·起居注類》 李軌《晉永平起居注》八卷。見《舊唐志》。

晉建武大興永昌起居注

《隋書·經籍志·起居注》《晉建武大興永昌起居注》九卷。梁有二十卷。

《舊唐書·經籍志·起居注》《晉建武大興永昌起居注》二十二卷。

《新唐書·藝文志·起居注類》《晉建武大興永昌起居注》二十二卷。

鄭樵《通志·藝文略·起居注》《晉建武大興永昌起居注》九卷。

文廷式《補晉書藝文志·起居注類》《建武大興永昌起居注》二十卷。《唐志》二十二卷。章宗源《考證》曰：《太平御覽》七百九《服用部》：「《晉建武起居注》曰：立敬后廟，薦席不用緑緣。」《職官部》：「《晉大興起居注》曰：元年，置通直散騎侍郎四人。」又二百三十四：「元帝依故事，召陳郡王隱待詔著作，單衣介幘，朔望朝著作之省。」按《北堂書鈔》卷一百三十引《晉永昌起居注》云：「元帝使當朝司空王導拒王敦詔曰：吾征東時，節給司空。」《御覽》八百六十一亦引之。

晉太寧起居注

鄭樵《通志·藝文略·起居注》《晉太寧起居注》十卷。

晉建元起居注

《隋書·經籍志·起居注》《晉建元起居注》四卷。

《舊唐書·經籍志·起居注》《晉建元起居注》四卷。

《新唐書·藝文志·起居注類》《晉建元起居注》四卷。

鄭樵《通志·藝文略·起居注》《晉建元起居注》二卷。

文廷式《補晉書藝文志·起居注類》《建元起居注》四卷。《通典》卷一百：「范汪與王彪之書云：尋《起居注》，九月是康皇帝忌月。」此所引是《建元起居注》也。《史通·辨職篇》：「按《晉起居注》載康帝詔，盛稱箸述任重，理籍親賢，遂以武陵王晞領祕書監。尋武陵才非河獻，識異淮南，而輒以彼藩翰，董斯邦籍，求諸稱職，無聞焉爾。」

晉永和起居注

《隋書·經籍志·起居注》《晉永和起居注》十七卷。梁有二十四卷。

《舊唐書·經籍志·起居注》《晉永和起居注》二十四卷。

《新唐書·藝文志·起居注類》《晉永和起居注》二十四卷。

鄭樵《通志·藝文略·起居注》《晉永和起居注》十七卷。

文廷式《補晉書藝文志·起居注類》《永和起居注》二十四卷。《御覽》八百十。

晉升平起居注

《隋書·經籍志·起居注》《晉升平起居注》十卷。

《舊唐書·經籍志·起居注》《晉升平起居注》十卷。

《新唐書·藝文志·起居注類》《晉升平起居注》十卷。

鄭樵《通志・藝文略・起居注》《晉升平起居注》十卷。

文廷式《補晉書藝文志・起居注類》《升平起居注》十卷。

晉隆和興寧起居注

《隋書・經籍志・起居注》《晉隆和興寧起居注》五卷。

《舊唐書・經籍志・起居注》《晉崇和興寧起居注》五卷。

《新唐書・藝文志・起居注類》《晉隆和興寧起居注》五卷。

文廷式《補晉書藝文志・起居注類》《隆和興寧起居注》五卷。

晉泰和起居注

《隋書・經籍志・起居注》《晉泰和起居注》六卷。梁十卷。

《舊唐書・經籍志・起居注》《晉太和起居注》六卷。

《新唐書・藝文志・起居注類》《晉太和起居注》六卷。

文廷式《補晉書藝文志・起居注類》《泰和起居注》六卷。《初學記》卷四：「《晉起居注》曰：海西泰和六年三月庚午朔，詔曰：三月臨流杯池，依東堂小會。」

晉咸安起居注

《隋書・經籍志・起居注》《晉咸安起居注》三卷。

《舊唐書・經籍志・起居注》《晉咸安起居注》三卷。

《新唐書・藝文志・起居注類》《晉咸安起居注》三卷。

文廷式《補晉書藝文志・起居注類》《咸安起居注》三卷。

晉寧康起居注

《隋書・經籍志・起居注》《晉寧康起居注》六卷。

《舊唐書・經籍志・起居注》《晉寧康起居注》六卷。

《新唐書・藝文志・起居注類》《晉寧康起居注》六卷。

文廷式《補晉書藝文志・起居注類》《寧康起居注》六卷。

晉泰元起居注

《隋書・經籍志・起居注》《晉泰元起居注》二十五卷。梁五十四卷。

《舊唐書・經籍志・起居注》《晉太元起居注》五十二卷。

《新唐書・藝文志・起居注類》《晉太元起居注》五十二卷。

鄭樵《通志・藝文略・起居注》《晉太元起居注》五十四卷。

文廷式《補晉書藝文志・起居注類》《泰元起居注》五十四卷。《世説・賞譽門注》引之。《御覽》二百三十四：「《晉太元二百三十三誤作「太康」。起居注》曰：祕書丞桓石綏啟校定四部書，詔郎中四人各掌一部。」又七百七十五引《太元起居注》劉毅奏羊琇事，疑是「太康」之誤。

晉孝武起居注

文廷式《補晉書藝文志・起居注類》《晉孝武起居注》。《太平御覽》一百四十九引二條。

晉隆安起居注

《隋書・經籍志・起居注》《晉隆安起居注》十卷。

《**舊唐書・經籍志・起居注**》《晉崇安起居注》十卷。

文廷式《**補晉書藝文志・起居注類**》《隆安起居注》十卷。《初學記》卷四：「《晉起居注》曰：安帝崇安四年十二月辛丑，臘祠用樂。」「崇安」即「隆安」也。

晉崇寧起居注

《**新唐書・藝文志・起居注類**》《晉崇寧起居注》十卷。

文廷式《**補晉書藝文志・起居注類**》《崇寧起居注》十卷。見《唐志》。沈炳震曰：晉無崇寧年號，似有誤。余謂此「隆安」之譌。《初學記》、《御覽》諸書，引「隆安」作「崇安」，以避明皇諱，遂譌作「崇寧」矣。

晉元興起居注

《**隋書・經籍志・起居注**》《晉元興起居注》九卷。

《**舊唐書・經籍志・起居注**》《晉元興起居注》九卷。

《**新唐書・藝文志・起居注類**》《晉元興起居注》九卷。

文廷式《**補晉書藝文志・起居注類**》《元興起居注》九卷。

晉義熙起居注

《**隋書・經籍志・起居注**》《晉義熙起居注》十七卷。梁三十四卷。

《**舊唐書・經籍志・起居注**》《晉義熙起居注》三十四卷。

《**新唐書・藝文志・起居注類**》《晉義熙起居注》三十四卷。

文廷式《**補晉書藝文志・起居注類**》《義熙起居注》三十四卷。《類聚》八十六：「《義熙起居注》曰：吴令顧修期言縣西鄉有柿樹，殊本合條，依舊集駕，詔停。」《御覽》九百七十一亦引之。《書鈔》一百一：「《義熙起居注》云：何無忌在祕閣，求賜祕書，詔與一千卷。」一百二十九：「《義熙起居注》云：義熙元年，百官更服，侍官不備采衣袴褶。」一百三十六：「《義熙起居注》曰：兼黄門郎徐應禎出爲散騎，著屐出省閤，有司奏，乃免官。」一百三十八：「《義熙起居注》云：盧循新作八槽艦九枚，起四層，高十餘丈。」《御覽》六百九十：「《義熙起居注》曰：安帝自荆州至新亭，詔曰：諸侍官戎行之時，不備朱服，悉令袴褶從也。」

晉元熙起居注

《**隋書・經籍志・起居注**》《晉元熙起居注》二卷。

《**舊唐書・經籍志・起居注**》《晉元熙起居注》二卷。

《**新唐書・藝文志・起居注類**》《晉元熙起居注》二卷。

文廷式《**補晉書藝文志・起居注類**》《元熙起居注》二卷。

大將軍起居注

文廷式《**補晉書藝文志・起居注類**》《大將軍起居注》。見《石勒載記》。

南燕起居注

《**隋書・經籍志・起居注**》《南燕起居注》一卷。

鄭樵《**通志・藝文略・起居注**》《南燕起居注》六卷。

文廷式《**補晉書藝文志・起居注類**》《南燕起居注》一卷。《史通・外篇》曰：「南燕有趙郡王景暉，嘗事德超，撰二燕《起居注》。」

前燕起居注

文廷式《**補晉書藝文志・起居注類**》《前燕起居注》。《史通・外篇》曰：

「前燕有《起居注》，杜輔全録以爲《燕紀》。」

桓玄自撰起居注

文廷式《補晉書藝文志・起居注類》《桓玄自撰起居注》。見本傳。

晉起居注

《隋書・經籍志・起居注》《晉起居注》三百一十七卷。宋北徐州主簿劉道會撰。梁有三百二十二卷。

《舊唐書・經籍志・起居注》《晉起居注》三百二十卷。劉道會撰。

《新唐書・藝文志・起居注類》劉道薈《晉起居注》三百二十卷。

鄭樵《通志・藝文略・起居注》《晉起居注》三百十七卷。劉道薈撰。

晉起居鈔

《隋書・經籍志・起居注》《晉宋起居注鈔》五十一卷。

《新唐書・藝文志・起居注類》何始真《晉起居鈔》五十一卷。

鄭樵《通志・藝文略・起居注》《晉宋起居注鈔》五十一卷。何始真撰。

晉起居注鈔

《新唐書・藝文志・起居注類》《晉起居注鈔》二十四卷。

鄭樵《通志・藝文略・起居注》《晉起居注鈔》二十四卷。

晉宋先朝起居注

《隋書・經籍志・起居注》《晉宋先朝起居注》二十卷。

宋永初起居注

《隋書・經籍志・起居注》《宋永初起居注》十卷。

《舊唐書・經籍志・起居注》《宋永初起居注》六卷。

《新唐書・藝文志・起居注類》《宋永初起居注》六卷。

鄭樵《通志・藝文略・起居注》《宋永初起居注》十卷。

宋景平起居注

《隋書・經籍志・起居注》《宋景平起居注》三卷。

《舊唐書・經籍志・起居注》《宋景平起居注》三卷。

《新唐書・藝文志・起居注類》《宋景平起居注》三卷。

鄭樵《通志・藝文略・起居注》《宋景平起居注》三卷。

宋元嘉起居注

《隋書・經籍志・起居注》《宋元嘉起居注》五十五卷。梁六十卷。

《舊唐書・經籍志・起居注》《宋元嘉起居注》六十卷。

《新唐書・藝文志・起居注類》《宋元嘉起居注》七十一卷。

鄭樵《通志・藝文略・起居注》《宋元嘉起居注》五十五卷。

宋孝建起居注

《隋書・經籍志・起居注》《宋孝建起居注》十二卷。

《新唐書・藝文志・起居注類》《宋孝建起居注》十七卷。

鄭樵《通志・藝文略・起居注》《宋孝建起居注》十二卷。

宋大明起居注

《隋書・經籍志・起居注》《宋大明起居注》十五卷。梁三十四卷。又有《景和起居注》四卷，《明帝在蕃注》三卷，亡。

《舊唐書・經籍志・起居注》《宋大明起居注》八卷。

《新唐書・藝文志・起居注類》《宋大明起居注》十五卷。

鄭樵《通志・藝文略・起居注》《宋大明起居注》十五卷。

景和起居注

《隋書・經籍志・起居注》《景和起居注》四卷。

明帝在藩注

《隋書・經籍志・起居注》《明帝在藩注》三卷。

宋泰始起居注

《隋書・經籍志・起居注》《宋泰始起居注》十九卷。梁二十三卷。

鄭樵《通志・藝文略・起居注》《宋泰始起居注》十九卷。

宋泰豫起居注

《隋書・經籍志・起居注》《宋泰豫起居注》四卷。梁有《宋元徽起居注》二十卷，《昇明起居注》六卷，亡。

鄭樵《通志・藝文略・起居注》《宋泰豫起居注》四卷。

宋元徽起居注

《隋書・經籍志・起居注》《宋元徽起居注》二十卷。

昇明起居注

《隋書・經籍志・起居注》《昇明起居注》六卷。

三代起居注鈔

《新唐書・藝文志・起居注類》王逡之《三代起居注鈔》十五卷。

鄭樵《通志・藝文略・起居注》《三代起居注鈔》十五卷。王逡之撰。

建元起居注

《隋書・經籍志・起居注》《建元起居注》十二卷。

齊永明起居注

《隋書·經籍志·起居注》《齊永明起居注》二十五卷。梁有三十四卷。又有《建元起居注》十二卷,《隆昌延興建武起居注》四卷,《中興起居注》四卷,亡。

《新唐書·藝文志·起居注類》《齊永明起居注》二十五卷。

鄭樵《通志·藝文略·起居注》《齊永明起居注》二十五卷。

隆昌延興建武起居注

《隋書·經籍志·起居注》《隆昌延興建武起居注》四卷。

中興起居注

《隋書·經籍志·起居注》《中興起居注》四卷。

流别起居注

《隋書·經籍志·起居注》《流别起居注》三十七卷。梁有《晉宋起居注鈔》五十一卷,《晉宋先朝起居注》二十卷,亡。

《新唐書·藝文志·起居注類》《流别起居注》四十七卷。

鄭樵《通志·藝文略·起居注》《流别起居注》三十七卷。

梁大同起居注

《隋書·經籍志·起居注》《梁大同起居注》十卷。

《新唐書·藝文志·起居注類》《梁大同七年起居注》十卷。

鄭樵《通志·藝文略·起居注》《梁大同起居注》十卷。

陳永定起居注

《隋書·經籍志·起居注》《陳永定起居注》八卷。

鄭樵《通志·藝文略·起居注》《陳永定起居注》八卷。

陳天嘉起居注

《隋書·經籍志·起居注》《陳天嘉起居注》二十三卷。

鄭樵《通志·藝文略·起居注》《陳天嘉起居注》二十三卷。

陳天康光大起居注

《隋書·經籍志·起居注》《陳天康光大起居注》十卷。

鄭樵《通志·藝文略·起居注》《陳天康光大起居注》十卷。

陳太建起居注

《隋書·經籍志·起居注》《陳太建起居注》五十六卷。

陳至德起居注

《隋書·經籍志·起居注》《陳至德起居注》四卷。

鄭樵《通志・藝文略・起居注》《陳至德起居注》四卷。

陳起居注

《舊唐書・經籍志・起居注》《陳起居注》四十一卷。

《新唐書・藝文志・起居注類》《陳起居注》四十一卷。

後魏起居注

《隋書・經籍志・起居注》《後魏起居注》三百三十六卷。

《舊唐書・經籍志・起居注》《後魏起居注》二百七十六卷。

《新唐書・藝文志・起居注類》《後魏起居注》二百七十六卷。

鄭樵《通志・藝文略・起居注》《後魏起居注》三百三十六卷。

後周太祖號令

《隋書・經籍志・起居注》《後周太祖號令》三卷。

鄭樵《通志・藝文略・起居注》《後周太祖號令》三卷。

隋開皇元年起居注

《新唐書・藝文志・起居注類》《隋開皇元年起居注》六卷。

隋開皇起居注

《隋書・經籍志・起居注》《隋開皇起居注》六十卷。

鄭樵《通志・藝文略・起居注》《隋開皇起居注》六十卷。

大唐創業起居注

《舊唐書・經籍志・起居注》《大唐創業起居注》三卷。温大雅撰。

王堯臣等編，錢東垣等輯《崇文總目輯釋・雜文類》《大唐創業起居注》三卷。温大雅撰。

《新唐書・藝文志・起居注類》温大雅《大唐創業起居注》三卷。

鄭樵《通志・藝文略・起居注》《大唐創業起居注》三卷。温大雅撰。

晁公武《郡齋讀書志・編年類》《大唐創業起居注》三卷。右唐温大雅撰。紀高祖建義，至受隋禪，用師符讖受命典册事。

陳振孫《直齋書録解題・起居注類》《唐創業起居注》五卷。案：《唐書・藝文志》作三卷。唐工部尚書晉陽温大雅彦弘撰。所載自起義至受禪凡三百五十七日。其述神堯不受九錫，反復之語甚詳。愚嘗書其後曰：《新史》稱除隋之亂，比迹湯武，湯武未易比也，唐之受命正與漢高帝等爾。其不受九錫，足以掃除魏、晉以來欺天罔人之態，而猶不免曰受隋禪者，乃以尊立代王之故，曾不若以子嬰屬吏之爲明白洞達也。

馬端臨《文獻通考・經籍考・起居注》《唐創業起居注》五卷。

《宋史・藝文志・編年類》《唐創業起居注》三卷。温大雅撰。

范邦甸等《天一閣書目・別史類》《大唐創業起居注》二卷。棉紙紅絲欄鈔本。唐温大雅著。後有《跋》云：國初華亭映雪老人孫道明，代多藏書，此其一種。歲久斷爛不堪讀，又多譌舛，惜吴中無別本正之，漫録一過，藏諸敝篋以俟。皇山人姚咨，時年六十歲，燈下識。

徐𤊹《徐氏家藏書目・旁史類》《大唐創業起居注》三卷。唐温大雅。

毛晉《汲古閣書跋》《大唐創業起居注》。

錢謙益等《絳雲樓書目・雜史類》《大唐創業起居注》一册。三卷。温大雅撰。

《四庫總目・編年類》《大唐創業起居注》三卷。浙江巡撫採進本。唐温大雅撰。大雅字彦寵，并州祁人。官禮部尚書，封黎國公，事蹟具《唐書》本傳。是書

《唐志》、《宋志》皆作三卷，惟《文獻通考》作五卷。此本上卷記起義旗至發引四十八日之事，中卷記起自太原至京城一百二十六日之事，下卷記起攝政至即真一百八十三日之事，與《書録解題》所云記三百五十七日之事者，其數相符，首尾完具，無所佚闕，不應復有二卷。

黄丕烈《蕘圃藏書題識·史類》 《大唐創業起居注》三卷。校本。

張之洞《書目答問·别史類》 《大唐創業起居注》三卷。唐温大雅。津逮本。學津本。明鍾人傑刻《唐宋叢書》本。

開元起居注

《新唐書·藝文志·起居注類》 《開元起居注》三千六百八十二卷。失撰人名。

鄭樵《通志·藝文略·起居注》 《開元起居注》三千六百八十二卷。

脩時政記

《新唐書·藝文志·起居注類》 姚璹《脩時政記》四十卷。

鄭樵《通志·藝文略·起居注》 《修時政記》四十卷。姚璹撰。

唐起居注

楊士奇等《文淵閣書目·史附》 《唐起居注》。一部，一册。闕。

孝宗起居注

尤袤《遂初堂書目·實録類》 《孝宗起居注》。

興宗起居注

王仁俊《遼史藝文志補證·起居注類》 《興宗起居注》。重熙中耶律良修。金、繆有。按本傳：以家貧詔乘廐馬，遷修起居注。

天德朝起居注

龔顯曾《金藝文志補録·起居注類》 《天德朝起居注》。天德三年翰林待制宗敘修。

世宗起居注

龔顯曾《金藝文志補録·起居注類》 《世宗起居注》。大定七年詔紇石烈良弼、石琚、楊邦基、夾谷衡等同修。

章宗起居注

龔顯曾《金藝文志補録·起居注類》 《章宗起居注》。守貞等修。

世祖起居注

金門詔《補三史藝文志·起居注類》 《世祖起居注》。至元十五年修。

順帝起居注

金門詔《補三史藝文志・起居注類》《順帝起居注》。至正元年修。

萬曆起居注

錢謙益等《絳雲樓書目・本朝實録》《萬曆起居注》。定陵。

黄虞稷《千頃堂書目・國史類》《萬曆起居注》二十卷。

實録分部

梁皇帝實録

《舊唐書・經籍志・起居注》《梁皇帝實録》三卷。周興嗣撰。

《新唐書・藝文志・起居注類》周興嗣《梁皇帝實録》二卷。

鄭樵《通志・藝文略・起居注》《梁皇帝實録》二卷。周興嗣撰。

《舊唐書・經籍志・起居注》《梁皇帝實録》五卷。

《新唐書・藝文志・起居注類》謝昊《梁皇帝實録》五卷。

鄭樵《通志・藝文略・起居注》《梁皇帝實録》五卷。謝昊撰。

梁太清實録

《舊唐書・經籍志・起居注》《梁太清實録》八卷。

《新唐書・藝文志・起居注類》《梁太清實録》十卷。

鄭樵《通志・藝文略・起居注》《梁太清實録》十卷。

高祖實録

《舊唐書・經籍志・起居注》《高祖實録》二十卷。房玄齡撰。

《新唐書・藝文志・起居注類》《高祖實録》二十卷。敬播撰，房玄齡監脩，許敬宗删改。

鄭樵《通志・藝文略・起居注》《唐高祖實録》二十卷。

晁公武《郡齋讀書志・實録類》《唐高祖實録》二十卷。右唐房玄齡等撰。太宗詔玄齡與許敬宗、敬播同修，起創業，盡武德九年。貞觀十七年書成。

陳振孫《直齋書録解題・起居注類》《唐高祖實録》二十卷。唐給事河東敬播撰。案《志》稱房玄齡監修，許敬宗删改。今本首題監修國史許敬宗奉勅定，而第十一卷題司空房玄齡奉勅撰，不詳其故。

馬端臨《文獻通考・經籍考・起居注》《唐高祖實録》二十卷。

《宋史・藝文志・編年類》《唐高祖實録》二十卷。許敬宗、房玄齡等撰。

錢東垣等輯《崇文總目輯釋・實録類》《唐高祖實録》二十卷。敬播撰，房玄齡監修，許敬宗删改。

太宗實録

《舊唐書・經籍志・起居注》《太宗實録》二十卷。房玄齡撰。

《新唐書・藝文志・起居注類》《今上實録》二十卷。敬播、顧胤撰，房玄齡監脩。

鄭樵《通志・藝文略・起居注》《太宗實録》二十卷。

《舊唐書・經籍志・起居注》《太宗實録》四十卷。長孫無忌撰。

《新唐書・藝文志・起居注類》長孫無忌《貞觀實録》四十卷。

鄭樵《通志・藝文略・起居注》《貞觀實録》四十卷。長孫無忌撰。

晁公武《郡齋讀書志・實録類》《唐太宗實録》四十卷。右唐許敬宗等撰。起即位，盡貞觀二十三年。初，貞觀十七年，房玄齡、許敬宗、敬播撰《今上實録》，止十四年，成二十卷。永徽五年，無忌與史臣續十五年後，盡昭陵事，合四十卷。其後敬宗改定。

陳振孫《直齋書録解題·起居注類》《唐太宗實録》四十卷。案《藝文志》有《今上實録》二十卷，敬播等撰，房玄齡監修。又有長孫無忌《太宗實録》四十卷。今本惟題中書令許敬宗奉勑撰。蓋敬宗當高宗時用事，以私意竄改國史。《中興書目》言之詳矣。但今本既云許敬宗撰，而以爲恐止是玄齡、無忌所進，則不可攷也。

馬端臨《文獻通考·經籍考·起居注》《唐太宗實録》四十卷。

《宋史·藝文志·編年類》《唐太宗實録》四十卷。許敬宗撰。

錢東垣等輯《崇文總目輯釋·實録類》《正觀實録》四十卷。長孫無忌等撰。原釋闕。見天一閣鈔本。

高宗實録

《舊唐書·經籍志·起居注》《高宗實録》三十卷。許敬宗撰。

《新唐書·藝文志·起居注類》許敬宗《皇帝實録》三十卷。

唐高宗後修實録

《新唐書·藝文志·起居注類》《高宗後脩實録》三十卷。初，令狐德棻撰，止乾封，劉知幾、吴兢續成。

鄭樵《通志·藝文略·起居注》《高宗後實録》三十卷。劉知幾撰。

晁公武《郡齋讀書志·實録類》《唐高宗實録》三十卷。右唐劉知幾等撰。起即位，盡永淳二年，凡二十九年。初，令狐德棻、許敬宗等撰録，止顯慶三年，成二十卷，上之。後知幾與吴兢續成。

陳振孫《直齋書録解題·起居注類》《唐高宗後修實録》十九卷。唐左散騎常侍彭城劉知幾子玄、恒王傅汴州吴兢撰。案《志》，令狐德棻撰，止乾封，知幾續成之，故號「後修」。書本三十卷，今闕十一卷。

馬端臨《文獻通考·經籍考·起居注》《唐高宗實録》三十卷。

《宋史·藝文志·編年類》《唐高宗後修實録》三十卷。

錢東垣等輯《崇文總目輯釋·實録類》《唐高宗後修實録》三十卷。令狐德棻撰，劉知幾、吴兢續成。

高宗實録

《新唐書·藝文志·起居注類》韋述《高宗實録》三十卷。

鄭樵《通志·藝文略·起居注》《高宗實録》三十卷。韋述撰。

述聖記

《舊唐書·經籍志·起居注》《述聖記》一卷。大聖天后撰。

高宗實録

《舊唐書·經籍志·起居注》《高宗實録》一百卷。大聖天后撰。

《新唐書·藝文志·起居注類》武后《高宗實録》一百卷。

聖母神皇實録

《舊唐書·經籍志·起居注》《聖母神皇實録》十八卷。宗秦客撰。

《新唐書·藝文志·起居注類》宗秦客《聖母神皇實録》十八卷。

唐則天實録

《新唐書·藝文志·起居注類》《則天皇后實録》二十卷。魏元忠、武三思、祝欽明、徐彦伯、柳沖、韋承慶、崔融、岑羲、徐堅撰，劉知幾、吴兢删正。

鄭樵《通志・藝文略・起居注》《則天實録》二十卷。劉知幾等撰。

晁公武《郡齋讀書志・實録類》《唐則天實録》二十卷。右唐吴兢撰。初，神龍二年，詔武三思、魏元忠、祝欽明、徐彦伯、柳同、崔融、岑羲、徐堅撰録，三十卷。開元四年，兢與知幾刊修成此書上之。起嗣聖改元甲申臨朝，止長安四年甲辰傳位，凡二十一年。

陳振孫《直齋書録解題・起居注類》《唐則天實録》二十卷。吴兢撰。案《志》，魏元忠等撰，劉知幾、吴兢删正。今惟題兢撰。武氏罪大惡極，固不應復入唐廟，而題主猶有「聖帝」之稱，至開元中，禮官有言，乃去之。武氏不應有實録，猶正史之不應有本紀。皆沿襲《史》《漢》吕后例。惟沈既濟之論爲正，而范氏《唐鑑》用之。《唐鑑》中宗嗣聖元年書至二十一年（案神龍元年），黜武后光宅至長安並不用。

馬端臨《文獻通考・經籍考・起居注》《唐則天實録》二十卷。

《宋史・藝文志・編年類》《唐武后實録》二十卷。

錢東垣等輯《崇文總目輯釋・實録類》《唐則天實録》二十卷。魏元忠等撰，劉知幾、吴兢删正。

唐中宗實録

《舊唐書・經籍志・起居注》《中宗皇帝實録》二十卷。吴兢撰。

《新唐書・藝文志・起居注類》吴兢《中宗實録》二十卷。

鄭樵《通志・藝文略・起居注》《中宗實録》二十卷。劉知幾、吴兢撰。

晁公武《郡齋讀書志・實録類》《唐中宗實録》二十卷。右唐吴兢撰。起神龍元年復位，盡景龍四年，凡六年。

陳振孫《直齋書録解題・起居注類》《唐中宗實録》二十卷。吴兢撰。

馬端臨《文獻通考・經籍考・起居注》《唐中宗實録》二十卷。

《宋史・藝文志・編年類》《唐中宗實録》二十卷。

錢東垣等輯《崇文總目輯釋・實録類》《唐中宗實録》二十卷。吴兢撰。

太上皇實録

《新唐書・藝文志・起居注類》劉知幾《太上皇實録》十卷。

鄭樵《通志・藝文略・起居注》《太上皇實録》十卷。劉知幾撰，起景雲元年。

晁公武《郡齋讀書志・實録類》《唐睿宗實録》十卷。右唐劉知幾撰。知幾與吴兢先修《太上皇實録》，起初誕，止傳位，凡四年。後續修益，止山陵。

陳振孫《直齋書録解題・起居注類》《唐睿宗實録》十卷。劉知幾撰。《志》有二録，五卷者爲吴兢。今此十卷，當是知幾也。《館閣書目》亦別有五卷者。

馬端臨《文獻通考・經籍考・起居注》《唐睿宗實録》十卷。

《宋史・藝文志・編年類》《唐睿宗實録》十卷。劉知幾、吴兢撰。

錢東垣等輯《崇文總目輯釋・實録類》《太上皇實録》十卷。劉知幾撰。

睿宗實録

《新唐書・藝文志・起居注類》吴兢《睿宗實録》五卷。

鄭樵《通志・藝文略・起居注》《睿宗實録》五卷。吴兢撰。

《宋史・藝文志・編年類》《唐睿宗實録》五卷。劉知幾、吴兢撰。

錢東垣等輯《崇文總目輯釋・實録類》《睿宗實録》五卷。吴兢撰。

明皇實録

《新唐書・藝文志・起居注類》張説《今上實録》二十卷。説與唐潁撰，次玄宗開元初事。

鄭樵《通志・藝文略・起居注》《明皇實録》二十卷。張説撰。

開元實録

《新唐書・藝文志・起居注類》《開元實録》四十七卷。失撰人名。

鄭樵《通志・藝文略・起居注》《開元實録》四十七卷。

唐玄宗實録

《新唐書・藝文志・起居注類》 《玄宗實録》一百卷。令狐峘撰,元載監脩。

晁公武《郡齋讀書志・實録類》 《唐玄宗實録》一百卷。右唐元載等撰。起即位,盡上元三年,凡五十年。安史之亂,《玄宗起居注》亡。大曆中,史官令狐峘裒掇詔策,備一朝之遺闕,開元、天寶間君臣事多漏略。

陳振孫《直齋書録解題・起居注類》 《唐玄宗實録》一百卷。題元載撰。蓋左拾遺令狐峘所爲,而載以宰相監修也。史稱事多漏略,拙於取棄,不稱良史。峘,德棻五世孫也。

馬端臨《文獻通考・經籍考・起居注》 《唐玄宗實録》一百卷。

《宋史・藝文志・編年類》 《唐玄宗實録》一百卷。元載、令狐峘撰。

錢東垣等輯《崇文總目輯釋・實録類》 《明皇實録》一百卷。令狐峘撰,元載監修。

明皇實録

鄭樵《通志・藝文略・起居注》 《明皇實録》五卷。元載等撰。

肅宗實録

《新唐書・藝文志・起居注類》 《肅宗實録》三十卷。元載監脩。

鄭樵《通志・藝文略・起居注》 《肅宗實録》三十卷。元載撰。

晁公武《郡齋讀書志・實録類》 《唐肅宗實録》三十卷。右唐元載等撰。起即位,盡後元年,凡六年。

陳振孫《直齋書録解題・起居注類》 《唐肅宗實録》三十卷。案:《文獻通攷》作二十卷。亦元載監修,不見史官姓名。

馬端臨《文獻通考・經籍考・起居注》 《唐肅宗實録》三十卷。

《宋史・藝文志・編年類》 《唐肅宗實録》三十卷。元載撰。

錢東垣等輯《崇文總目輯釋・實録類》 《肅宗實録》三十卷。元載監修。

代宗實録

《新唐書・藝文志・起居注類》 令狐峘《代宗實録》四十卷。

鄭樵《通志・藝文略・起居注》 《代宗實録》四十卷。令狐峘撰。

晁公武《郡齋讀書志・實録類》 《唐代宗實録》四十卷。右唐令狐峘撰。初,詔峘撰《實録》,未成書,貶官,卒。元和二年,子丕上之。當時名臣如房琯不立傳,抗直如顔真卿略而不載,時譏漏略。起寶應元年壬寅,止大曆十四年己未,凡十七年。

陳振孫《直齋書録解題・起居注類》 《唐代宗實録》四十卷。令狐峘撰。尤爲漏略,不立房琯傳,不載顔真卿事跡。

馬端臨《文獻通考・經籍考・起居注》 《唐代宗實録》四十卷。

《宋史・藝文志・編年類》 《唐代宗實録》四十卷。令狐峘撰。

錢東垣等輯《崇文總目輯釋・實録類》 《代宗實録》四十卷。令狐峘撰。

建中實録

《新唐書・藝文志・起居注類》 沈既濟《建中實録》十卷。

鄭樵《通志・藝文略・起居注》 《建中實録》十卷。沈既濟撰。

陳振孫《直齋書録解題・起居注類》 《唐建中實録》十卷。唐史館修撰吴郡沈既濟撰。其書止於建中二年十月,既濟罷史官之日。

馬端臨《文獻通考・經籍考・起居注》 《唐建中實録》十卷。

《宋史・藝文志・編年類》 《唐建中實録》十五卷。沈既濟撰。

錢東垣等輯《崇文總目輯釋・實録類》 《建中實録》十卷。[原釋]唐史館修撰沈既濟撰,起大曆十四年德宗即位,盡建中二年十月,既濟罷史官之日。自作五例,所以異於常者,舉終必見始,善惡必評,月必舉朔。史官雖卑,出入必書。太子曰蕘。自謂辭雖不足，而書法無隱云。見《文獻通考》。

德宗實録

《新唐書・藝文志・起居注類》《德宗實録》五十卷。蔣乂、樊紳、林寶、韋處厚、獨孤郁撰，裴垍監脩。

鄭樵《通志・藝文略・起居注》《德宗實録》五十卷。裴垍撰。

晁公武《郡齋讀書志・實録類》《唐德宗實録》五十卷。右唐裴垍等撰。起即位，盡貞元二十一年，凡二十五年。元和二年，詔蔣乂、樊紳、林寶、韋處厚、獨孤郁同修。五年，垍上之。

陳振孫《直齋書録解題・起居注類》《唐德宗實録》五十卷。稱裴垍撰，亦監修宰相也。案《志》，蔣乂、樊紳、林寶、韋處厚、獨孤郁撰。垍，字弘中，河東人。

馬端臨《文獻通考・經籍考・起居注》《唐德宗實録》五十卷。

《宋史・藝文志・編年類》《唐德宗實録》五十卷。裴垍等撰。

錢東垣等輯《崇文總目輯釋・實録類》《德宗實録》五十卷。

順宗實録

《新唐書・藝文志・起居注類》《順宗實録》五卷。韓愈、沈傳師、宇文籍撰，李吉甫監脩。

鄭樵《通志・藝文略・起居注》《順宗實録》五卷。韓愈撰。

晁公武《郡齋讀書志・實録類》《唐順宗實録》五卷。右唐韓愈撰。起貞元二十一年乙酉正月，止永貞元年丙戌八月。初，韓愈撰録禁中事爲切直，閹官不喜，訾其非實。文宗時，詔路隨刊正。隨建言：「衆議以刊修非是，李宗閔、牛僧孺謂史官李漢、蔣係皆愈之壻，不可參撰，俾臣下筆。臣謂不然，且愈之所書，非己自出，元和以來，相循逮今。漢等以嫌，無害公議，請條其甚謬誤者，付史官刊定。」詔摘去元和、永貞間數事爲失實，餘不復改。

陳振孫《直齋書録解題・起居注類》《唐順宗實録》五卷。唐史館修撰韓愈撰。見愈《外集》。案《志》稱韓愈、沈傳師、宇文籍撰，李吉父監修。《新史》謂議者閧然不息，卒竄定無完篇，以閹官惡其書禁中事切直故也。

馬端臨《文獻通考・經籍考・起居注》《唐順宗實録》五卷。

《宋史・藝文志・編年類》《唐順宗實録》五卷。韓愈撰。

高儒《百川書志・起居注》《唐順宗實録》五卷。唐韓愈撰。

錢東垣等輯《崇文總目輯釋・實録類》《順宗實録》五卷。韓愈等撰，李吉甫監修。

張之洞《書目答問・別史》《順宗實録》五卷。唐韓愈。海山仙館本。亦在《全唐文》内。

憲宗實録

《新唐書・藝文志・起居注類》《憲宗實録》四十卷。沈傳師、鄭澣、宇文籍、蔣係、李漢、陳夷行、蘇景胤撰，杜元穎、韋處厚、路隋監脩。景胤，弁子也，中書舍人。

鄭樵《通志・藝文略・起居注》《憲宗實録》四十卷。路隋等撰。

晁公武《郡齋讀書志・實録類》《唐憲宗實録》四十卷。右唐路隨等撰。起即位，盡元和十五年。初，穆宗長慶二年，詔監修國史杜元穎與史官韋處厚、路隨、沈傳師、鄭澣、宇文籍等修《元和實録》，未及成書。大和四年，隨與蘇景胤、陳夷行、李漢、蔣係續成上之。統例取捨，皆出處厚焉。

陳振孫《直齋書録解題・起居注類》《唐憲宗實録》四十卷。題路隋撰。隋自長慶中與韋處厚同修撰，歷年久而未成，至文宗太和中，隋爲監修，迺上之。案《志》稱沈傳師、鄭澣、宇文籍、蔣繫、李漢、陳夷行、蘇景胤案：《唐書・藝文志》注作「蘇景允」。撰，蓋前後史官也。又稱杜元穎、韋處厚、路隋監修，亦前後宰相也。

馬端臨《文獻通考・經籍考・起居注》《唐憲宗實録》四十卷。

《宋史・藝文志・編年類》《唐憲宗實録》四十卷。路隋等撰。

錢東垣等輯《崇文總目輯釋・實録類》《憲宗實録》四十卷。沈傳師等撰，杜元穎等監修。

牛羊日曆

錢謙益等《絳雲樓書目・雜史類》《牛羊日曆》一册。皇甫松有《續牛羊日曆》。

劉軻記牛僧孺、楊虞卿事也。皇甫松特爲作序耳。劉軻《牛羊日曆》中，多誣毁太牢語，蓋軻亦偏袒贊皇者，其是非亦不可盡信也。皇甫松，奇章表甥也。憾其舅不爲援引，因襄陽大水，遂爲《大水變》詩，極言詆謗，真劉軻同志之友。

穆宗實録

《新唐書・藝文志・起居注類》　《穆宗實録》二十卷。蘇景胤、王彦威、楊漢公、蘇滌、裴休撰，路隋監脩。滌，字玄獻，冕子也，荆南節度使、吏部尚書。

鄭樵《通志・藝文略・起居注》　《穆宗實録》二十卷。路隋撰。

晁公武《郡齋讀書志・實録類》　《唐穆宗實録》二十卷。右唐路隨等撰。起即位，盡長慶四年。案《文宗實録》：大和四年隨與蘇景胤等上《憲宗實録》，後有王彦威、楊漢公、蘇滌、裴休，並爲史官云。

陳振孫《直齋書録解題・起居注類》　《唐穆宗實録》二十卷。亦路隋監修，史官則蘇景胤、王彦威、楊漢公、蘇滌、裴休也。

馬端臨《文獻通考・經籍考・起居注》　《唐穆宗實録》二十卷。

《宋史・藝文志・編年類》　《唐穆宗實録》二十卷。路隋等撰。

錢東垣等輯《崇文總目輯釋・實録類》　《穆宗實録》二十卷。蘇景胤等撰，路隋監修。

敬宗實録

《新唐書・藝文志・起居注類》　《敬宗實録》十卷。陳商、鄭亞撰，李讓夷監脩。商，字述聖，禮部侍郎、祕書監。

鄭樵《通志・藝文略・起居注》　《敬宗實録》十卷。

晁公武《郡齋讀書志・實録類》　《唐敬宗實録》十卷。右唐李讓夷等撰。起長慶四年甲辰即位，止寶曆二年丁未，凡三年。武宗會昌中，詔史官陳商、鄭亞同修，讓夷監修，書成上之。

陳振孫《直齋書録解題・起居注類》　《唐敬宗實録》十卷。監修李讓夷，史官陳商、鄭亞。

馬端臨《文獻通考・經籍考・起居注》　《唐敬宗實録》十卷。

《宋史・藝文志・編年類》　《唐敬宗實録》十卷。李讓夷等撰。

錢東垣等輯《崇文總目輯釋・實録類》　《敬宗實録》十卷。陳商、鄭亞撰，李讓夷監修。

文宗實録

《新唐書・藝文志・起居注類》　《文宗實録》四十卷。盧耽、蔣偕、王渢、盧告、牛叢撰，魏謩監脩。耽，字子嚴，一字子重，歷西川節度使、同中書門下平章事。渢，字中德，歷東都留守。告，字子有，弘宣子也，歷吏部侍郎。

鄭樵《通志・藝文略・起居注》　《文宗實録》四十卷。李讓夷等撰。

晁公武《郡齋讀書志・實録類》　《唐文宗實録》四十卷。右唐魏謩等撰。起即位，盡開成五年，凡十四年。宣宗大中八年，史官蔣偕、牛叢、王渢、盧告同修。

陳振孫《直齋書録解題・起居注類》　《唐文宗實録》四十卷。監修魏謩，史官盧耽、蔣偕、王渢、盧告、牛叢也。

馬端臨《文獻通考・經籍考・起居注》　《唐文宗實録》四十卷。

《宋史・藝文志・編年類》　《唐文宗實録》四十卷。魏謩修撰。

錢東垣等輯《崇文總目輯釋・實録類》　《文宗實録》四十卷。[原釋]起寶曆二年，盡開成五年，凡十四年。見《玉海・藝文類》

武宗實録

《新唐書・藝文志・起居注類》　《武宗實録》三十卷。韋保衡監脩。

鄭樵《通志・藝文略・起居注》　《武宗實録》三十卷。韋保衡等撰。

晁公武《郡齋讀書志・實録類》　《唐武宗實録》一卷。右唐韋保衡等撰。武宗以後，實録皆亡，今存止會昌元年正月、二月。國朝宋敏求次道嘗補《宣宗實録》三十卷、《懿宗實録》三十卷、《僖宗實録》三十卷、《昭宗實録》三十卷、《哀帝實録》八卷，通百二十八卷。世服其博聞。

陳振孫《直齋書録解題・起居注類》《唐武宗實録》三十卷。監修韋保衡。

案：原本脱此句，今據《唐書・藝文志》校補。

馬端臨《文獻通考・經籍考・起居注》《唐武宗實録》一卷。

《宋史・藝文志・編年類》《唐武宗實録》二十卷。

錢東垣等輯《崇文總目輯釋・實録類》《武宗實録》一卷。韋保衡監修。

天祐日曆

《宋史・藝文志・編年類》《唐天祐二年日曆》一卷。

唐十五帝實録

尤袤《遂初堂書目・實録類》《唐十五帝實録》。

梁太祖實録

鄭樵《通志・藝文略・起居注》《梁太祖實録》三十卷。梁郗象等撰。

尤袤《遂初堂書目・實録類》《梁太祖實録》。

《宋史・藝文志・編年類》《五代梁太祖實録》三十卷。張衮、郄象等撰。

錢東垣等輯《崇文總目輯釋・實録類》《梁太祖實録》一卷。郗象等撰。

顧櫰三《補五代史藝文志・史部》《梁太祖實録》二十卷。張衮、郗象等撰。

末帝實録

顧櫰三《補五代史藝文志・史部》《末帝實録》十卷。張昭撰。

後唐懿祖紀年録

鄭樵《通志・藝文略・起居注》《後唐懿祖紀年録》一卷。趙鳳、張昭遠等撰。

尤袤《遂初堂書目・實録類》《唐懿祖實録》。

《宋史・藝文志・編年類》《五代唐懿祖紀年録》一卷。趙鳳等撰。

錢東垣等輯《崇文總目輯釋・實録類》《後唐懿祖紀年録》一卷。趙鳳等撰。

顧櫰三《補五代史藝文志・史部》《唐懿祖紀年録》一卷。張昭遠等撰。天成三年十二月，左補闕張昭遠狀：「嘗讀國書，伏見懿皇帝自元和之初，獻祖文皇帝於太和之際，立功王室，陳力國朝。武皇帝自咸通後來，勤王勠力，翦平多難，頻立大功，三换節旄，再安京邑。莊宗皇帝終平大憝，奄有中原，儻闕編修，遂成湮墜。請與當館修撰，參序條綱，撰太祖、莊宗《實録》。」四年七月，監修趙鳳奏：「伏以凡關纂述，務合品題。承乾御宇之君，行事方云實録。追尊册號之帝，約文祇爲紀年。請自莊宗一朝，名爲《實録》，其太祖以上，并目爲《紀年》。」從之。

後唐獻祖紀年録

鄭樵《通志・藝文略・起居注》《後唐獻祖紀年録》二卷。

尤袤《遂初堂書目・實録類》《唐獻祖紀年録》。

《宋史・藝文志・編年類》《五代唐獻祖紀年録》一卷。趙鳳、張昭遠等撰。

錢東垣等輯《崇文總目輯釋・實録類》《後唐獻祖紀年録》一卷。趙鳳等撰。

顧櫰三《補五代史藝文志・史部》《獻祖紀年録》一卷。張昭遠等撰。

後唐太祖實録

鄭樵《通志・藝文略・起居注》《後唐太祖紀年録》十七卷。

錢東垣等輯《崇文總目輯釋・實録類》《後唐太祖紀年録》十七卷。趙鳳等撰。

顧懷三《補五代史藝文志・史部》《太祖紀年録》二十卷。張昭遠等撰。

後唐莊宗實録

鄭樵《通志・藝文略・起居注》《後唐莊宗實録》，三十卷。後唐趙鳳、史官張昭遠等修，獻祖、懿祖、太祖爲紀年，莊宗爲實録。

尤袤《遂初堂書目・實録類》《唐莊宗實録》。

陳振孫《直齋書録解題・起居注類》《後唐莊宗實録》三十卷。監修趙鳳，史官張昭遠撰。天成四年上。

馬端臨《文獻通考・經籍考・起居注》《後唐莊宗實録》三十卷。

《宋史・藝文志・編年類》《五代唐莊宗實録》三十卷。趙鳳、張昭遠等撰。

錢東垣等輯《崇文總目輯釋・實録類》《後唐莊宗實録》二十卷。趙鳳等撰。

顧懷三《補五代史藝文志・史部》《莊宗實録》三十卷。張昭遠等撰。

後唐明宗實録

鄭樵《通志・藝文略・起居注》《後唐明宗實録》三十卷。姚顗等撰。

尤袤《遂初堂書目・實録類》《唐明宗實録》。

陳振孫《直齋書録解題・起居注類》《後唐明宗實録》三十卷。監修姚顗，史官張昭遠等撰。清泰三年上。

馬端臨《文獻通考・經籍考・起居注》《後唐明宗實録》三十卷。

《宋史・藝文志・編年類》《五代唐明宗實録》三十卷。姚顗等撰。

錢東垣等輯《崇文總目輯釋・實録類》《後唐明宗實録》三十卷。姚顗等撰。

顧懷三《補五代史藝文志・史部》《唐明宗實録》三十卷。姚顗、張昭遠、李祥、吴承範、楊昭儉等撰。

後唐愍帝實録

鄭樵《通志・藝文略・起居注》《後唐愍帝實録》三卷。張昭等修。

尤袤《遂初堂書目・實録類》《愍帝實録》。

《宋史・藝文志・編年類》《五代唐愍帝實録》三卷。張昭遠等撰。

錢東垣等輯《崇文總目輯釋・實録類》《後唐愍帝實録》三卷。姚顗等撰。原釋闕。見天一閣鈔本。

顧懷三《補五代史藝文志・史部》《唐愍帝實録》三卷。張昭遠撰。顯德四年正月，兵部尚書張昭上言：「奉詔編修《太祖實録》，及梁、唐二末主《實録》。竊以梁末帝之上，有郢王友珪，簒弒居位，未有紀録。請依《宋書》劉劭例，書爲『元兇友珪』。其末主請依古義書曰《後梁實録》。又唐末帝之前，有應順帝，在位四月，出奔於衛，亦未編紀，請修《閔帝實録》。其清泰帝實録，請爲《廢帝實録》。」從之。

後唐廢帝實録

鄭樵《通志・藝文略・起居注》《後唐廢帝實録》十七卷。宋朝張昭、劉温叟同修。

尤袤《遂初堂書目・實録類》《廢帝實録》。

陳振孫《直齋書録解題・起居注類》《後唐廢帝實録》十七卷。張昭、案：《東都事略》本傳舊名「昭遠」，避漢祖諱，止稱「昭」。尹拙、劉温叟撰。案昭本傳撰梁均王、郢王、後唐愍帝、廢帝、漢隱帝《實録》，惟梁二王年祀浸遠，事皆遺失，遂不修。餘三帝《實録》皆藏史閣，周世宗時也。蓋昭本撰《周祖實録》，以其歷試之迹，多在漢隱帝時，故請先修《隱録》，因併及前代云。

馬端臨《文獻通考・經籍考・起居注》《後唐廢帝實録》十七卷。

《宋史・藝文志・編年類》《五代唐廢帝實録》十七卷。張昭等同撰。

錢東垣等輯《崇文總目輯釋・實録類》《後唐廢帝實録》十七卷。張昭等撰。

顧懷三《補五代史藝文志・史部》《唐廢帝實録》十七卷。張昭遠撰。

晉高祖實録

鄭樵《通志・藝文略・起居注》《晉高祖實録》三十卷。漢竇貞固、史官賈緯等修。

尤袤《遂初堂書目・實録類》《晉高祖實録》。

陳振孫《直齋書録解題・起居注類》《晉高祖實録》三十卷。監修竇貞固，史官賈緯、王伸、竇儼等撰。周廣順元年上。貞固字體仁，同州人。相漢至周，罷歸洛陽，國初卒。

馬端臨《文獻通考・經籍考・起居注》《晉高祖實録》三十卷。

《宋史・藝文志・編年類》《五代晉高祖實録》三十卷。竇貞固等撰。

錢東垣等輯《崇文總目輯釋・實録類》《晉高祖實録》三十卷。竇貞固等撰。

顧懷三《補五代史藝文志・史部》《晉高祖實録》三十卷。竇貞固、賈緯、竇儼、王伸等撰。

晉少帝實録

鄭樵《通志・藝文略・起居注》《晉少帝實録》二十卷。竇貞固等修。

尤袤《遂初堂書目・實録類》《晉少帝實録》。

陳振孫《直齋書録解題・起居注類》《晉少帝實録》二十卷。監脩竇貞固，史官賈緯、王伸、竇儼等撰。

馬端臨《文獻通考・經籍考・起居注》《晉出帝實録》二十卷。

《宋史・藝文志・編年類》《五代晉少帝實録》二十卷。竇貞固等撰。

錢東垣等輯《崇文總目輯釋・實録類》《晉少帝實録》二十卷。竇貞固等撰。

顧懷三《補五代史藝文志・史部》《少帝實録》二十卷。竇貞固、賈緯、竇儼、王伸等撰。

漢高祖實録

鄭樵《通志・藝文略・起居注》《漢高祖實録》二十卷。漢蘇逢吉等修。

尤袤《遂初堂書目・實録類》《漢高祖實録》。

陳振孫《直齋書録解題・起居注類》《漢高祖實録》十七卷。監修蘇逢吉，史官賈緯等撰。乾祐二年上。書本十二卷，今缺末三卷。《中興書目》作十卷。

馬端臨《文獻通考・經籍考・起居注》《漢高祖實録》十七卷。

《宋史・藝文志・編年類》《五代漢高祖實録》十卷。蘇逢吉等撰。

錢東垣等輯《崇文總目輯釋・實録類》《漢高祖實録》二十卷。蘇逢吉等撰。

顧懷三《補五代史藝文志・史部》《漢高祖實録》十卷。蘇逢吉等撰。

漢隱帝實録

鄭樵《通志・藝文略・起居注》《漢隱帝實録》十五卷。張昭等修。

尤袤《遂初堂書目・實録類》《漢隱帝實録》。

陳振孫《直齋書録解題・起居注類》《漢隱帝實録》十五卷。張昭等撰。事已見前。

馬端臨《文獻通考・經籍考・起居注》《漢隱帝實録》十五卷。

《宋史・藝文志・編年類》《五代漢隱帝實録》十五卷。張昭、尹拙、劉温叟等撰。

錢東垣等輯《崇文總目輯釋・實録類》《漢隱帝實録》十五卷。張昭等撰。

顧懷三《補五代史藝文志・史部》《漢隱帝實録》十五卷。張昭遠、尹拙、劉温叟等撰。

周太祖實録

鄭樵《通志·藝文略·起居注》《周太祖實録》三十卷。張昭、劉温叟等撰。

尤袤《遂初堂書目·實録類》《周太祖實録》。

陳振孫《直齋書録解題·起居注類》《周太祖實録》三十卷。張昭等撰。顯德五年上。昭即昭遠，字潛夫，濮上人。避漢祖諱，止稱「昭」。逮事本朝，爲吏部尚書。開寶四年卒。案：《宋史》本傳開寶五年卒。

馬端臨《文獻通考·經籍考·起居注》《周太祖實録》三十卷。

《宋史·藝文志·編年類》《五代周太祖實録》三十卷。張昭、尹拙、劉温叟等撰。

錢東垣等輯《崇文總目輯釋·實録類》《周太祖實録》三十卷。張昭等撰。

顧櫰三《補五代史藝文志·史部》《周太祖實録》三十卷。張昭遠、尹拙、劉温叟等撰。薛《史》：張昭上言：「伏以撰《漢書》者先爲項籍，編《蜀紀》者首序劉璋，貴神器之傳授有因，曆數之推遷得序。伏緣漢隱帝君臨在太祖之前，其歷試之績，并在隱帝朝。請先修《漢隱帝實録》，以全太祖之事。」

周世宗實録

鄭樵《通志·藝文略·起居注》《周世宗實録》四十卷。宋朝王溥等修。

尤袤《遂初堂書目·實録類》《周世宗實録》。

陳振孫《直齋書録解題·起居注類》《周世宗實録》四十卷。監修官晉陽王溥齊物，修撰范陽扈蒙日用撰。

馬端臨《文獻通考·經籍考·起居注》《周世宗實録》四十卷。

《宋史·藝文志·編年類》《五代周世宗實録》四十卷。宋王溥等撰。

錢東垣等輯《崇文總目輯釋·實録類》《周世宗實録》四十卷。王溥等撰。

顧櫰三《補五代史藝文志·史部》《周世宗實録》四十卷。王溥等撰。

顯德日曆

《宋史·藝文志·編年類》《顯德日曆》一卷。周扈蒙、董淳、賈黄中撰。

顧櫰三《補五代史藝文志·史部》《顯德日曆》一卷。

周恭帝日曆

鄭樵《通志·藝文略·起居注》《周恭帝日曆》三卷。扈蒙撰。

南唐烈祖實録

陳振孫《直齋書録解題·僞史類》《南唐烈祖實録》十三卷。南唐史館修撰高遠撰。闕第八、第十二卷。遠又嘗爲《吴録》二十卷。而徐鉉、鄭文寶皆云：開寶中，遠始緝昇元以來事，書未成而疾，悉焚其草，故事多遺落。

《宋史·藝文志·編年類》《南唐烈祖實録》二十卷。高遠撰。

顧櫰三《補五代史藝文志·霸史》《南唐烈祖實録》二十卷。高遠撰。

元宗實録

顧櫰三《補五代史藝文志·霸史》《元宗實録》十卷。高遠撰。

蜀高祖實録

晁公武《郡齋讀書志·實録類》《蜀高祖實録》三十卷。右僞蜀李昊撰。高祖者，孟知祥也。昊相知祥子昶時被命撰。起唐咸通甲午，終於僞明德元年甲午，凡六十一年。

《宋史・藝文志・編年類》《後蜀高祖實録》三十卷。李昊撰。

後蜀主實録

《宋史・藝文志・編年類》《後蜀主實録》四十卷。李昊撰。

太祖皇武紀

尤袤《遂初堂書目・實録類》《太祖皇武紀》。

太祖實録

晁公武《郡齋讀書志・實録類》《太祖實録》五十卷。右皇朝沈倫撰。太平興國三年，詔李昉、扈蒙、李穆、郭贄、宋白、董淳、趙鄰幾同修，倫總其事。更歷二載，書成。起創業，迄山陵，凡十七年。淳化中，王禹偁作《篋中記》，《敘》云：「太祖神聖文武，曠世無倫，自受命之後，功德日新，皆禹偁所聞見。今爲史臣，多有諱忌而不書，又上近取實録入禁中，親筆削之。禹偁恐歲月寖久，遺落不傳，因編次十餘事。」按禹偁所言雖未可盡信，然咸平、祥符間，亦以所書漏落，一再命儒臣重修，多所增益，故有三本傳於世。

馬端臨《文獻通考・經籍考・起居注》《太祖實録》五十卷。

重修太祖實録

晁公武《郡齋讀書志・實録類》《重修太祖實録》五十卷。右皇朝李沆等撰。咸平中，真宗以前録漏略，詔錢若水、王禹偁、李宗諤、梁顥、趙安仁重加刊修，吕端監修。端罷，沆代。二年，書成奏御。沆《表》云：「前《録》天造之始，國姓之源，發揮無取，削平諸國，僭主僞臣，頗亡事迹。今之所正，率由典章，又益諸臣傳一百四人。」按書太宗不夯市及杜太后遺言，與司馬温公所書不同，多類此。

尤袤《遂初堂書目・實録類》《重修太祖實録》。

陳振孫《直齋書録解題・起居注類》《太祖實録》五十卷。監修國史肥鄉李沆太初，史官集賢院學士河南錢若水淡成等重修。初，淳化中，命李至、張洎等修太祖史，未成。及咸平元年，《太祖實録》成書，以太祖朝事多漏略，故再命若水修撰。二年書成，上之。卷首有沆《進書表》，敘前《録》之失及新書刊修條目甚詳。同修者直館饒陽李宗諤昌武、東平梁顥太素、直集賢院河南趙安仁樂道。李燾云：世傳太祖自陳橋推戴，馬上約束諸將，本太祖聖意，前《録》無太宗叩馬之語，乃後《録》所增也。前《録》既不傳，今不可攷矣。李燾《長編》且載，而云舊《録》所無，今從新《録》。然則燾亦嘗見舊《録》也耶？近聞士大夫家亦多有之，求之未獲也。

馬端臨《文獻通考・經籍考・起居注》《重脩太祖實録》五十卷。

《宋史・藝文志・編年類》《宋太祖實録》五十卷。李沆、沈倫修。

太宗實録

晁公武《郡齋讀書志・實録類》《太宗實録》八十卷。右皇朝錢若水等撰。至道三年，命若水監修，不隸史局。若水即引柴成務、宋度、吳淑、楊億爲佐，咸平元年書成，上於朝。起即位，至至道三年丁酉三月，凡二十年。初，太宗有馴犬常在乘輿側，及崩，犬輒不食。李至嘗作歌紀其事，以遺若水，其斷章曰：「白麟赤鴈君勿書，勸君書此懲浮俗。」而若水不爲載。吕端雖爲監修，而未嘗涖局，書成，不署端名。至抉其事以爲專美，若水援唐朝故事若此者甚衆，時議不能奪。世又傳億子娶張洎女而不終，故洎傳多醜辭。嗚呼！若水及億，天下稱賢，尚不能免於流議若此，信乎執史筆者之難也。

尤袤《遂初堂書目・實録類》《太宗實録》。

陳振孫《直齋書録解題・起居注類》《太宗實録》八十卷。錢若水等以至道三年十一月受命，咸平元年八月上之。九月而畢，人難其速。同修撰者給事中濟陰柴成務寶臣、祕閣校理丹陽吳淑正儀、直集賢院建安楊億大年。案《億傳》，書凡八十篇，而億獨草五十六卷。

馬端臨《文獻通考・經籍考・起居注》《太宗實録》八十卷。

《宋史・藝文志・編年類》《太宗實録》八十卷。錢若水修。

真宗實録

晁公武《郡齋讀書志・實録類》《真宗實録》一百五十卷。右皇朝王欽若等撰。起藩邸，止乾興元年壬戌二月，凡二十六年。乾興元年，詔李維、晏殊、孫奭、宋綬、陳堯佐、王舉正、李淑同修，馮拯監修。拯卒，欽若代。天聖二年，書成奏御。

尤袤《遂初堂書目・實録類》《真宗實録》。

陳振孫《直齋書録解題・起居注類》《真宗實録》一百五十卷。學士承旨肥鄉李維仲方、學士臨川晏殊同叔撰。乾興元年受詔，天聖二年，監修新喻王欽若定國上之。同修者侍講博平孫奭宗古、知制誥趙郡宋綬公垂、度支副使閬中陳堯佐希元、校理真定王舉正伯中、校勘河南李淑獻臣。

馬端臨《文獻通考・經籍考・起居注》《真宗實録》一百五十卷。【略】容齋洪氏《隨筆》曰：司馬遷作《史記》，於《封禪書》中述武帝神仙鬼竈方士之事甚備，故王允謂之「謗書」。國朝景德、祥符之間，王文穆、陳文忠、陳文僖、丁晉公諸人造作天書符瑞，以爲固寵容悦之計。及真宗上仙，王沂公思貽譏後世，故請藏天書於梓宫以滅迹。而《實録》之成，乃文穆監脩，其載崇奉宫廟，祥雲芝鶴，惟恐不詳，遂爲信史之累，與太史公「謗書」意異而實同也。

《宋史・藝文志・編年類》《真宗實録》一百五十卷。晏殊等同修。

仁宗實録

晁公武《郡齋讀書志・實録類》《仁宗實録》二百卷。右皇朝韓琦等撰。起藩邸，盡嘉祐八年三月，凡四十二年。嘉祐八年十二月，詔韓琦提舉，王珪、賈黯、范鎮修撰，宋敏求、吕夏卿、韓維檢討。治平中，又命陳薦、陳繹同編修。熙寧二年奏御。

尤袤《遂初堂書目・實録類》《仁宗實録》。

陳振孫《直齋書録解題・起居注類》《仁宗實録》二百卷。學士華陽王珪禹玉、范鎮景仁、知制誥常山宋敏求次道撰。嘉祐八年奉詔，歷治平至熙寧二年七月書成。宰臣韓琦提舉。

馬端臨《文獻通考・經籍考・起居注》《仁宗實録》二百卷。

《宋史・藝文志・編年類》《仁宗實録》二百卷。韓琦等修。

三朝紀

鄭樵《通志・藝文略・起居注》《三朝紀》十卷。吕夷簡修。

聖政記

鄭樵《通志・藝文略・起居注》《聖政記》百五十卷。丁謂等修。

英宗實録

晁公武《郡齋讀書志・實録類》《英宗實録》三十卷。右皇朝曾公亮等撰。起藩邸，盡治平四年正月，凡四年。熙寧元年正月，詔公亮提舉，吕公著、韓維修撰，孫覺、曾鞏檢討。三月，又以錢藻檢討。四月，又以王安石、吴充爲修撰。二年七月，書成上之。

陳振孫《直齋書録解題・起居注類》《英宗實録》三十卷。學士壽春吕公著晦叔、長社韓維持國、知制誥浦城吴充沖卿撰。熙寧元年正月奉詔，二年七月宰臣提舉曾公亮上之。《英宗實録》，熙寧元年曾宣靖提舉。王荆公時已入翰林，請自爲之，兼實録修撰，不置官屬。成書三十卷，出於一手。東坡先生嘗語劉壯輿羲仲云：「此書詞簡而事備，文古而意明，爲國朝諸史之冠。」《揮麈第三録》。晁氏《讀書志》云：「熙寧元年正月，詔曾公亮提舉，吕公著、韓維修撰，孫覺、曾鞏檢討。三月，又以錢藻檢討。四月，又以王安石、吴充爲修撰。二年七月，書成上之。」隨齋批注。

馬端臨《文獻通考・經籍考・起居注》《英宗實録》三十卷。【略】王氏《揮麈録》曰：《英宗實録》，熙寧元年曾宣靖提舉。王荆公時已入翰林，宣靖自爲之，兼實録脩撰，不置官屬。成書三十卷，出於一手。東坡先生嘗語劉莊輿羲仲云：「此書詞簡而事備，文古而意明，爲國朝諸史之冠。」

《宋史・藝文志・編年類》《英宗實録》三十卷。曾公亮等修。

英宗治平紀要

尤袤《遂初堂書目・實録類》《英宗治平紀要》。

宣宗實録

鄭樵《通志・藝文略・起居注》《宣宗實録》三十卷。宋敏求撰。

陳振孫《直齋書録解題・起居注類》《宣宗實録》三十卷。案：《唐志》惟有《武宗實録》三十卷，其後皆未嘗修纂。更五代，《武録》亦不存，《邯鄲書目》惟存一卷而已。五《録》者，龍圖閣直學士常山宋敏求次道追述爲書。案《兩朝史志》初爲一百卷，其後增益爲一百四十八卷。今案《懿録》三十五卷，止有二十五卷，而始終皆備，非闕也。實一百四十三卷。《館閣書目》又言闕第九一卷，今本亦不闕云。

馬端臨《文獻通考・經籍考・起居注》《唐宣宗實録》三十卷。

《宋史・藝文志・編年類》《唐宣宗實録》三十卷。宋敏求撰。

懿宗實録

鄭樵《通志・藝文略・起居注》《懿宗實録》三十卷。宋敏求修。

陳振孫《直齋書録解題・起居注類》《懿宗實録》二十五卷。宋敏求撰。

馬端臨《文獻通考・經籍考・起居注》《懿宗實録》二十五卷。

《宋史・藝文志・編年類》《唐懿宗實録》二十五卷。宋敏求撰。

僖宗實録

鄭樵《通志・藝文略・起居注》《僖宗實録》三十卷。宋敏求修。

陳振孫《直齋書録解題・起居注類》《僖宗實録》三十卷。宋敏求撰。

馬端臨《文獻通考・經籍考・起居注》《僖宗實録》三十卷。

《宋史・藝文志・編年類》《唐僖宗實録》三十卷。宋敏求撰。

昭宗實録

鄭樵《通志・藝文略・起居注》《昭宗實録》三十卷。宋敏求修。

陳振孫《直齋書録解題・起居注類》《昭宗實録》三十卷。宋敏求撰。

馬端臨《文獻通考・經籍考・起居注》《昭宗實録》三十卷。

《宋史・藝文志・編年類》《唐昭宗實録》三十卷。宋敏求撰。

哀帝實録

鄭樵《通志・藝文略・起居注》《哀帝實録》八卷。宋敏求修。

陳振孫《直齋書録解題・起居注類》《哀帝實録》八卷。宋敏求撰。

馬端臨《文獻通考・經籍考・起居注》《哀帝實録》八卷。

《宋史・藝文志・編年類》《唐哀帝實録》八卷。宋敏求撰。

神宗實録

晁公武《郡齋讀書志・實録類》《神宗實録》二百卷。右皇朝曾布等撰。起藩邸，止元豐八年三月，凡十九年。

尤袤《郡齋讀書志・實録類》《神宗實録》。

馬端臨《文獻通考・經籍考・起居注》《神宗實録》二百卷。

神宗朱墨史

晁公武《郡齋讀書志・實録類》　《神宗朱墨史》二百卷。右皇朝元祐元年，詔修《神宗實録》，鄧温伯、陸佃修撰，林希、曾肇檢討，蔡確提舉。確罷，司馬光代。光薨，吕公著代。公著薨，大防代。六年奏御。趙彦若、范祖禹、黄庭堅後亦與編修，書成賞勞，皆遷官一等。紹聖中，諫官翟思言：「元祐間，吕大防提舉《實録》，祖禹、庭堅等編修，刊落事迹，變亂美實，外應姦人詆誣之辭。」命曾布重行修定。其後奏書，以舊録爲本，用墨書，添入者用朱書，其删去者用黄抹。已而將舊録焚燬。宣和中，或得其本於禁中，遂傳於民間，號《朱墨史》云。

尤袤《遂初堂書目・實録類》　《朱墨本神宗實録》。

陳振孫《直齋書録解題・起居注類》　《神宗實録朱墨本》二百卷。案：《宋史・藝文志》作三百卷。元祐中，兵部侍郎青社趙彦若元攷、著作郎成都范祖禹淳甫、豫章黄庭堅魯直撰。紹聖中，中書舍人莆田蔡卞元度、長樂林希子中等重修。其朱書繫新修，黄字繫删去，墨字繫舊文，其增改删易處則又有籤貼，前史官由是得罪。卞，王安石之壻，大抵以安石《日録》爲主。陳瓘所謂尊私史而壓宗廟者也。

馬端臨《文獻通考・經籍考・起居注》　《神宗朱墨史》二百卷。

《宋史・藝文志・編年類》　《神宗實録朱墨本》三百卷。舊録本用墨書，添入者用朱書，删去者用黄抹。

熙寧日曆草

尤袤《遂初堂書目・國史類》　《熙寧日曆草》。

元祐七年八年日曆

尤袤《遂初堂書目・國史類》　《元祐七年八年日曆》。

宣仁日曆

尤袤《遂初堂書目・國史類》　《宣仁日曆》。

中興日曆

尤袤《遂初堂書目・國史類》　《中興日曆》。

哲宗前録　後録

晁公武《郡齋讀書志・實録類》　《哲宗前録》一百卷，《後録》九十四卷。右皇朝蔡京撰。《前録》起藩邸，盡元祐七年十二月；《後録》起紹聖元年正月，盡元符三年正月，共十三年。京之意以宣仁垂簾時，政非出於上，故分前、後《録》，蓋誣之也。

尤袤《遂初堂書目・實録類》　蔡卞所修《哲宗實録》。

馬端臨《文獻通考・經籍考・起居注》　《哲宗前録》一百卷，《後録》九十四卷。

重修哲宗實録

晁公武《郡齋讀書志・實録類》　《重修哲宗實録》一百五十卷。右紹興四年三月壬子，太上皇帝顧謂宰臣朱勝非等曰：「神宗、哲宗兩朝史録，事多失實，非所以傳信後世，當重别修定。著《唐鑑》范祖禹有子名沖者，已有召命，可促來，令兼史事。」臣勝非奏曰：「神宗史緣添入王安石《日録》，哲宗史經蔡京、蔡卞之手，議論多不公。今蒙聖諭，命官删定，以昭彰二帝盛美，天下幸甚。」十八日丙申，新除宗正少卿、兼直史館范沖，辭免恩命。勝非奏曰：「沖謂史館專修神宗、哲宗史録，而其父祖禹元祐間任諫官，後坐章疏議論，責死嶺表。而《神宗實録》又經祖禹之手，今既重修，則凡出京、卞之意及其增添者，不無删改。倘使沖與其事，恐其黨未能厭服。」上曰：「以私意增添，不知當否？」勝非曰：「皆非公論。」上曰：「然則删之何害？紛紛浮議，不足卹也。」勝非曰：「范沖不得不以此爲辭。今聖斷不私，沖亦安敢有請。」上復愀然，謂勝非等曰：「此事豈朕敢私！頃歲昭慈聖獻皇后誕辰，因置酒宫中，從容語及前朝事。昭慈謂朕曰：『吾老矣，幸相聚於此，他時身後，吾復何患？然有一事，當爲官家言之。吾逮事宣仁聖烈皇后，求之古今母后之賢，未見其比。因姦臣快其私憤，肆加誣謗，有玷盛德。建炎初，雖嘗下詔辨明，而史録所載，未經删改，豈足傳信後世？吾意在天之靈，不無望於官家也。』朕每念此，惕然於懷，朝夕欲降一詔書，明載昭慈遺旨，庶使中外知朕之本意。」勝非進曰：「聖諭及此，天下幸甚！臣等仰惟神宗、哲宗兩朝《實録》，以太上皇帝聖意先定。」爰命宰臣悉令删修，故具載聖語於篇末云。

尤袤《遂初堂書目·實録類》《重修哲宗實録》。

陳振孫《直齋書録解題·起居注類》《哲宗實録》一百五十卷。監修趙鼎、史官范沖等重修。紹興四年三月，思陵嘗謂宰臣朱勝非等曰：「神宗、哲宗史録，事多失實，當别修定。范祖禹之子沖已有詔命，可趣來，令兼史職。」沖至，以宗正少卿兼直史館。辭，不許。上謂勝非等曰：「此事朕何敢私？頃歲，昭慈誕辰，宫中置酒，從容語及前朝事，曰：『吾逮事宣仁，求之古今母后之賢，未見其比。姦臣私憤誣謗，雖嘗下詔辨明，而史録未經删改，豈足貽信從世？吾意在天之靈，不無望也。』朕每念及此，惕然于懷，欲降一語，具載昭慈遺旨，庶使中外知朕修史之本意。」於是以聖語繫之《哲録》之末。

馬端臨《文獻通考·經籍考·起居注》《重修哲宗實録》一百五十卷。【略】王氏《揮塵録》曰：徐敦立云：「在館中時，見《重修哲宗實録》。其舊書，崇寧間率多貴游子弟以預討論，於一時名臣行事，既多疎略，而新書復因之。於時急於成書，不復廣加搜討，有一傳而僅載歷官先後，且據逐人碑志，有傳中合書名猶云『公』者。讀之使人不能無恨。」

《宋史·藝文志·編年類》《哲宗實録》一百五十卷。湯思退進。

哲宗實録辨誣

尤袤《遂初堂書目·國史類》《哲宗實録辨誣》。

紹興重修神宗實録

尤袤《遂初堂書目·實録類》《紹興重修神宗實録》。

《宋史·藝文志·編年類》《神宗實録》二百卷。趙鼎、范沖重修。

神宗實録考異

陳振孫《直齋書録解題·起居注類》《神宗實録考異》二百卷。監修解梁趙鼎元鎮、史官成都范沖元長等撰。建炎初，有詔重修。紹興六年，先進呈五十卷。六年正月，書成。《攷異》者，備朱、墨、黄三書，而明著其去取之意也。闕百六十一至百七十一卷。初，蔡卞既改舊《録》，每一卷成，納之禁中，蓋將盡泯其迹，而使新《録》獨行。謂《朱墨本》者，世不可得而見也。及梁師成用事，自謂蘇氏遺體，頗招延元祐諸家子孫，若范温、秦湛之流。師成在禁中見其書，爲諸人道之。諸人幸其書之出，因曰此不可不録也。師成如其言。及敗，没入。有得其書者，攜以渡江，遂傳於世。嗚呼，此可謂非天乎！

馬端臨《文獻通考·經籍考·起居注》《神宗實録考異》二百卷。

《宋史·藝文志·編年類》《神宗實録考異》五卷。范沖撰。

徽宗實録

陳振孫《直齋書録解題·起居注類》《徽宗實録》一百五十卷。監修宰相湯思退等上。自紹興七年詔修，十一年先成六十卷，至二十八年書成。修撰官歷年既久，前後非一人。至乾道五年，祕書少監李燾請重修。淳熙四年成二百卷，《攷異》百五十卷，《目録》二十五卷。今百五十卷者，前本也。

馬端臨《文獻通考·經籍考·起居注》《徽宗實録》二百卷。

《宋史·藝文志·編年類》《徽宗實録》二百卷。湯思退進。

重修徽宗實録

尤袤《遂初堂書目·實録類》《重修徽宗實録》。

《宋史·藝文志·編年類》《徽宗實録》二百卷。李燾重修。

徽廟實録

晁公武《郡齋讀書志・實録類》 《徽廟實録》二十卷。右皇朝程俱撰。先是汪藻編《庚辰以來詔旨》，頗繁雜。俱删輯成此書，且附以靖康、建炎時事。

欽宗實録

尤袤《遂初堂書目・實録類》 《欽宗實録》。

陳振孫《直齋書録解題・起居注類》 《欽宗實録》四十卷。乾道四年修撰洪邁等進。

馬端臨《文獻通考・經籍考・起居注》 《欽宗實録》四十卷。

《宋史・藝文志・編年類》 《欽宗實録》四十卷。洪邁修。

高宗日曆

馬端臨《文獻通考・經籍考・起居注》 《高宗日曆》一千卷。國史日曆所李燾等修進。自爲《序》略曰：《日曆》起初潛，訖内禪，用《春秋》四繫之法，雜取左右史起居注，三省密院時政記，及百司移報，綜錯成章。凡關於時，靡不畢載。前後所論著，共成一千卷，卷爲一册，總一千册，謹繕進呈。顧惟紀述聖神之言動，事大體重，臣愚豈能獨任？加之歲周三紀，史非一官，掇緝穿聯，簡策繁夥，其間脱略牴牾，違失本真，安敢自保？在昔英主，往往指授，重加刊正。房玄齡等進武德、貞觀事迹，太宗更令紀實。如臣妄庸於玄齡，無能爲役，姑自罄竭，强附於唐虞氏史臣之義爾。《中興藝文志》：《高宗日曆》，初年者，多爲秦檜改棄，專政以後，紀録尤不足信。韓侂胄當國，《寧宗日曆》亦多誣。後皆命刊脩。然《高宗日曆》、《時政記》亡失，多不復可考。

《宋史・藝文志・編年類》 《宋高宗日曆》一千卷。

高宗實録

陳振孫《直齋書録解題・起居注類》 《高宗實録》五百卷。慶元三年，修撰濟源傅伯壽景仁撰。初進二百八十卷，止紹興十六年。嘉泰二年，修撰建安袁説友起巖等又進二百二十卷，止三十二年。

馬端臨《文獻通考・經籍考・起居注》 《高宗實録》五百卷。

《宋史・藝文志・編年類》 《高宗實録》五百卷。傅伯壽撰。

孝宗日曆

《宋史・藝文志・編年類》 《孝宗日曆》二千卷。

孝宗實録

陳振孫《直齋書録解題・起居注類》 《孝宗實録》五百卷。嘉泰二年，修撰傅伯壽等撰進。中興以來，兩朝五十餘載事迹，置院既久，不以時成，涉筆之臣，乍遷忽徙，不可殫紀。及有詔趣進，則匆遽鈔録，甚者一委吏手，卷帙猥多，而紀載無法，疎略牴牾，不復可稽據。故二《録》比之前世，最爲缺典，觀者爲之太息。

馬端臨《文獻通考・經籍考・起居注》 《孝宗實録》五百卷。【略】《中興國史志》：高宗命范沖重修《神録》，已進而沖去國。尹焞繼之，又進哲宗、徽宗《實録》，紹興未嘗成書。建炎後，史牘不存，皆仰搜討，故猶多脱略，孝宗命李燾增修之。《欽宗實録》，洪邁用龔茂良所補《日曆》，文直事核。《高宗實録》，慶元、嘉泰間所上。時史無專官，莫知誰筆。孝宗、光宗《實録》，初以付龔敦頤，卒。專委傅伯壽、陸游。《孝録》比諸録爲疎。

《宋史・藝文志・編年類》 《孝宗實録》五百卷。傅伯壽、陸游等撰。

光宗日曆

《宋史・藝文志・編年類》 《光宗日曆》三百卷。

光宗實録

《宋史・藝文志・編年類》 《光宗實録》一百卷。傅伯壽、陸游等修。

寧宗日曆

《宋史·藝文志·編年類》《寧宗日曆》五百一十卷。

重修寧宗日曆

《宋史·藝文志·編年類》《重修寧宗日曆》五百卷。

寧宗實録

《宋史·藝文志·編年類》《寧宗實録》四百九十九册。

理宗實録初稿

《宋史·藝文志·編年類》《理宗實録初稿》一百九十册。

理宗日曆

《宋史·藝文志·編年類》《理宗日曆》二百九十二册。

《宋史·藝文志·編年類》《日曆》一百八十册。

宋孝宗實録

王圻《續文獻通考·經籍考·編年》《宋孝宗實録》。高斯得著。

度宗時政記

《宋史·藝文志·編年類》《度宗時政記》七十八册。

德祐事蹟日記

《宋史·藝文志·編年類》《德祐事蹟日記》四十五册。

本朝政録

鄭樵《通志·藝文略·起居注》《本朝政録》十二卷。

三朝録要

鄭樵《通志·藝文略·起居注》《三朝録要》十二卷。

六朝實録

鄭樵《通志·藝文略·起居注》《六朝實録》五百四十卷。

續添六朝實録

鄭樵《通志·藝文略·起居注》《續添六朝實録》一百七十卷。

統和實録

王圻《續文獻通考・經籍考・編年》 《遼統和實録》二十卷。室昉著。昉字夢奇，南京人。統和中進此書，手詔褒之。

黄虞稷《千頃堂書目・國史類・補遼》 室昉《統和實録》二十卷。

倪燦等《補遼金元藝文志・國史類》 室昉《統和實録》二十卷。

錢大昕《補元史藝文志・實録類》 室昉《統和實録》二十卷。

王仁俊《遼史藝文補證・實録類》 《統和實録》二十卷。室昉、邢抱朴等撰。倪、錢、金、繆有。按《室昉傳》：乾亨初，監修國史，統和八年表進所撰《實録》二十卷，手詔褒之。《邢抱朴傳》：遷翰林學士承旨，與室昉同修《實録》。書見黄《目》。疑即尤《目》之《契丹實録》。

遼先朝事迹

王圻《續文獻通考・經籍考・編年》 《遼先朝事迹》二十卷。蕭韓家奴著。家奴字休堅，涅剌部人。重熙十三年，詔與耶律庶成録遥輦可汗至重熙以來事迹，集爲二十卷進之。

黄虞稷《千頃堂書目・國史類・補遼》 蕭韓家奴、耶律庶成同撰《遥輦可汗至重熙以來事迹》二十卷。

倪燦等《補遼金元藝文志・國史類》 蕭韓家奴、耶律庶成同撰《遥輦可汗至重熙以來事迹》二十卷。

遼皇朝實録

王圻《續文獻通考・經籍考・編年》 《遼皇朝實録》七十卷。耶律儼修。儼字若思，析津人。壽隆間授樞密直學士。太安元年十一月，史臣進《太祖以下七帝實録》，疑即儼所進也。

黄虞稷《千頃堂書目・國史類・補遼》 耶律儼《皇朝實録》七十卷。知樞密院事。

倪燦等《補遼金元藝文志・國史類》 耶律儼《皇朝實録》七十卷。知樞密院事。

錢大昕《補元史藝文志・實録類》 耶律儼《皇朝實録》七十卷。

王仁俊《遼史藝文補證・實録類》 《皇朝實録》七十卷。耶律儼等撰。倪、錢、金、繆有。見黄《目》。本傳：大安六年封越國公，修《皇朝實録》七十卷，一名《太祖以下實録》。《天祚紀》：乾統三年，詔耶律儼纂太祖以下七十卷。

實録

王仁俊《西夏藝文志・史部》 焦景顔、王僉等修《實録》。《金史》：仁宗立翰林學士院，俾學士焦景顔、王僉等修《實録》。

始祖以下十帝實録

王圻《續文獻通考・經籍考・編年》 《金先朝實録》三卷。完顔勗修。皇統元年進。

黄虞稷《千頃堂書目・國史類・補金》 《始祖以下十帝實録》三卷。金源郡王完顔勖撰。

倪燦《補遼金元藝文志・國史類》 《始祖以下十帝實録》三卷。金源郡王完顔勖撰。

錢大昕《補元史藝文志・實録類》 《金先朝實録》三卷。皇統元年左丞勖進。

龔顯曾《金藝文志補録・實録類》 《金始祖以下十帝實録》三卷。穆宗子金源郡王完顔勖撰。皇統元年進。

太祖實録

王圻《續文獻通考・經籍考・編年》《金太祖實録》。宗弼修。皇統八年進。

黄虞稷《千頃堂書目・國史類・補金》《太祖實録》。宗弼修。皇統八年進。

倪燦等《補遼金元藝文志・國史類》《太祖實録》。宗弼脩。皇統八年進。

錢大昕《補元史藝文志・實録類》《太祖實録》二十卷。皇統八年宗弼進。

龔顯曾《金藝文志補録・實録類》《太祖實録》二十卷。皇統八年宗弼進。倪《志》作宗弼修。金《志》作完顔勖撰，宗弼進。

太宗實録

王圻《續文獻通考・經籍考・編年》《金太宗實録》。紇石烈良弼修。天德七年進。

黄虞稷《千頃堂書目・國史類・補金》《太宗實録》。泰和九年，尚書右丞相監修國史紇石烈良弼進。

倪燦等《補遼金元藝文志・國史類》《太祖實録》。泰和九年，尚書右丞相監脩國史紇石烈良弼進。

錢大昕《補元史藝文志・實録類》《太宗實録》。大定七年，右丞相監修國史紇石烈良弼進。

龔顯曾《金藝文志補録・實録類》《太宗實録》。泰和九年，尚書右丞相監修國史紇石烈良弼進。錢《志》作大定七年，金《志》作紇石烈良弼、張景仁、曹望之、劉仲淵等同修。

熙宗實録

錢大昕《補元史藝文志・實録類》《熙宗實録》。

龔顯曾《金藝文志補録・實録類》《熙宗實録》。鄭子聃。

海陵實録

黄虞稷《千頃堂書目・國史類・補金》《海陵庶人實録》。

倪燦等《補遼金元藝文志・國史類》《海陵庶人實録》。

錢大昕《補元史藝文志・實録類》《海陵實録》。

龔顯曾《金藝文志補録・實録類》《海陵實録》。

睿宗實録

王圻《續文獻通考・經籍考・編年》《金睿宗實録》。大定十一年，尚書左丞紇石烈良弼所進。

黄虞稷《千頃堂書目・國史類・補金》《睿宗實録》。大定十一年，紇石烈良弼進。

倪燦《補遼金元藝文志・國史類》《睿宗實録》。大定十一年，紇石烈良弼進。

錢大昕《補元史藝文志・實録類》《睿宗實録》。太定十一年，左丞相紇石烈良弼撰。

龔顯曾《金藝文志補録・實録類》《睿宗實録》。尚書左丞相紇石烈良弼等修。大定十一年進。

世宗實録

王圻《續文獻通考・經籍考・編年》《金世宗實録》。明昌四年七月，國史院所進。

黄虞稷《千頃堂書目・國史類・補金》《世宗實録》。明昌四年，守尚書右丞監修國史完顔匡等進。

倪燦等《補遼金元藝文志・國史類》《世宗實録》。明昌四年，守尚書右丞監脩國史完顏匡等進。

錢大昕《補元史藝文志・實録類》《世宗實録》。明昌四年，國史院進。

龔顯曾《金藝文志補録・實録類》《世宗實録》。明昌四年，守尚書右丞監修國史完顏匡等進。錢《志》作國史院進。金《志》作承安三年進。

顯宗實録

錢大昕《補元史藝文志・實録類》《顯宗實録》十八卷。泰和三年，左丞完顏匡等撰。

龔顯曾《金藝文志補録・實録類》《顯宗實録》十八卷。泰和三年，左丞完顏匡等撰。

章宗實録

錢大昕《補元史藝文志・實録類》《章宗實録》。興定四年，高汝礪、張行簡進。

龔顯曾《金藝文志補録・實録類》《章宗實録》。興定四年，尚書右丞高汝礪，監史參知政事張行信、王若虛等同修。錢《志》作高汝礪、張行簡進。倪《志》作王若虛脩進。

王圻《續文獻通考・經籍考・編年》《金章宗實録》。興定四年九月，國史院所進，王若虛修。

黄虞稷《千頃堂書目・國史類・補金》《章宗實録》。興定四年九月，國史王若虛修進。

倪燦等《補遼金元藝文志・國史類》《章宗實録》。興定四年九月，國史院王若虛脩進。

衛王事迹

黄虞稷《千頃堂書目・國史類・補金》《衛王事迹》。興定五年進。

倪燦等《補遼金元藝文志・國史類》《衛王事迹》。興定五年進。

錢大昕《補元史藝文志・實録類》《衛王事迹》。蘇天爵謂《衛王實録》竟不及爲。

龔顯曾《金藝文志補録・實録類》《衛王事迹》。興定五年進。蘇天爵謂《衛王實録》竟不及爲。

宣宗實録

王圻《續文獻通考・經籍考・編年》《金宣宗實録》。正大五年十一月，國史院所進，王若虛修。

黄虞稷《千頃堂書目・國史類・補金》《宣宗實録》。正大五年，王若虛修進。

倪燦等《補遼金元藝文志・國史類》《宣宗實録》。正大五年，王若虛脩進。

錢大昕《補元史藝文志・實録類》《宣宗實録》。正大五年進。

龔顯曾《金藝文志補録・實録類》《宣宗實録》。正大五年，王若虛脩進。

太祖實録

錢大昕《補元史藝文志・實録類》《太祖實録》。大德七年，翰林國史院進太祖、太宗、定宗、睿宗、憲宗五朝《實録》。

太宗實録

錢大昕《補元史藝文志・實録類》《太宗實録》。至元二十七年，大司徒撒里蠻、翰林學士承旨兀魯帶進太宗、定宗《實録》。

定宗實録

錢大昕《補元史藝文志・實録類》《定宗實録》。

睿宗實録

錢大昕《補元史藝文志・實録類》《睿宗實録》。

憲宗實録

錢大昕《補元史藝文志・實録類》《憲宗實録》。

世祖實録

王圻《續文獻通考・經籍考・編年》《元世祖實録》。姚燧修。

黃虞稷《千頃堂書目・國史類・補元》《世祖實録》。姚燧修。

倪燦等《補遼金元藝文志・國史類》《世祖實録》。姚燧脩。

錢大昕《補元史藝文志・實録類》《世祖實録》二百一十卷。《成宗紀》：大德八年，翰林學士承旨撒里蠻進金書《世祖實録節文》一册、漢字《實録》八十册。翰林學士承旨董元用，翰林學士王構，翰林學士王惲、趙孟頫。

順宗實録

錢大昕《補元史藝文志・實録類》《順宗實録》一卷。皇慶元年十月，學士程鉅夫、待制元明善進。

成宗實録

王圻《續文獻通考・經籍考・編年》《元成宗實録》。雍德純修。《河南志》謂暢師文修，蓋共成之也。

黃虞稷《千頃堂書目・國史類・補元》《成宗實録》。暢師文修。

倪燦等《補遼金元藝文志・國史類》《成宗實録》。暢師文脩。

錢大昕《補元史藝文志・實録類》《成宗實録》五十六卷。皇慶元年，翰林學士程鉅夫、修撰鄧文原、待制元明善進。

武宗實録

王圻《續文獻通考・經籍考・編年》《元武宗實録》。至順元年蘇天爵修。

黃虞稷《千頃堂書目・國史類・補元》《武宗實録》。至順元年蘇天爵修。

倪燦等《補遼金元藝文志・國史類》《武宗實録》。至順元年蘇天爵脩。

錢大昕《補元史藝文志・實録類》《武宗實録》五十卷。皇慶元年，翰林學士承旨程鉅夫、待制元明善、修撰楊載進。

仁宗實録

錢大昕《補元史藝文志・實録類》《仁宗實録》六十卷。至治三年二月進。翰林學士元明善，侍講學士曹元用、袁桷。

英宗實録

錢大昕《補元史藝文志・實録類》《英宗實録》四十卷。至順元年五月進。翰林學士吳澂，侍講學士曹元用、馬祖常、謝端。

泰定實録

錢大昕《補元史藝文志・實録類》《泰定實録》。翰林學士王結、翰林直學士歐陽原功、編修成遵。

明宗實録

錢大昕《補元史藝文志・實録類》《明宗實録》。翰林直學士歐陽原功、侍講學士張起巖、翰林直學士謝端、編修成遵。

文宗實録

錢大昕《補元史藝文志・實録類》《文宗實録》。翰林直學士歐陽原功、謝端，侍講學士張起巖，翰林學士王結，待詔蘇天爵，編修成遵。

寧宗實録

錢大昕《補元史藝文志・實録類》《寧宗實録》。張起巖、歐陽原功、謝端。

大明日曆

王圻《續文獻通考・經籍考・編年》《大明日曆》。洪武七年，命宋訥、樂韶鳳等修。

黄虞稷《千頃堂書目・國史類》《大明日曆》一百卷。洪武中，翰林學士承旨兼吏部尚書詹同等，編帝起兵渡江以來，征討平定之績，禮樂治道之詳，爲此書。始於洪武六年九月，迄七年五月。書成，同與侍講學士宋濂等上進，命藏之金匱，留其副於祕書監。

《明史・藝文志・正史類》《日曆》一百卷。洪武中，詹同等編，具載太祖征討平定之績，禮樂治道之詳。

洪武實録

楊士奇等《文淵閣書目・史》《洪武實録》。十五套，二百四十册。

錢謙益等《絳雲樓書目・本朝實録》《洪武實録》。孝陵。二百五十七卷。胡廣等。

黄虞稷《千頃堂書目・國史類》《太祖高皇帝實録》二百五十七卷。建文元年正月，勅修《太祖實録》，命禮部侍郎董倫、王景等纂修。三年十二月書成。靖難後成祖命重修，以李景隆、茹瑺爲監修，解縉爲總裁。永樂元年六月書成進呈。至九年，帝以景隆、瑺心術不正，又成於急促，未及精詳，乃命胡廣、胡儼、黄淮、楊榮爲總裁，楊士奇、金幼孜等爲纂修，而命姚廣孝、夏原吉監修。十六年五月書成進上。始於元至正辛卯，終於洪武三十一年戊寅。

《明史・藝文志・正史類》《明太祖實録》二百五十七卷。建文元年，董倫等修。永樂元年，解縉等重修。九年，胡廣等復修。起元至正辛卯，訖洪武三十一年戊寅，首尾四十八年。萬曆時，允科臣楊天民請，附建文帝元、二、三、四年事蹟於後。

永樂實録

楊士奇等《文淵閣書目・史》《永樂實録》。十套，二百三十四册。

錢謙益等《絳雲樓書目・本朝實録》《永樂實録》。長陵。一百三十卷。楊士奇等。

黄虞稷《千頃堂書目・國史類》《太宗文皇帝實録》一百三十卷。洪熙元年癸酉，命行在禮部翰林院修《太宗實録》，以太師英國公張輔、少師吏部尚書蹇義、少保兼太子少傅户部尚書夏原吉爲監修官，少傅兵部尚書兼華蓋殿大學士楊士奇、少保户部尚書兼武英殿大學士黄淮、太子少傅工部尚書兼謹身殿大學士楊榮、太子少保兼武英殿大學士金幼孜、太常寺卿兼翰林學士楊溥爲總裁官。至宣德五年正月書成進御。

《明史・藝文志・正史類》《成祖實録》一百三十卷。楊士奇等修。

明成祖文皇帝實録

范邦甸等《天一閣書目・別史類》《明成祖文皇帝實録》九卷。藍絲闌鈔本。

不著編纂人名氏。

孫星衍《平津館鑒藏書籍記續編・寫本》《明成祖實録》九册。不著撰人姓氏。前後亦無序跋。卷首空五行，不解其意。起洪武卅五年十月，終永樂廿二年十二月。洪武卅五年，爲建文四年，當時不以建文元，故仍以洪武繫之。建文元年七月，燕王起兵，四年六月，靖難兵入京師，燕王即皇帝位。此册前尚有闕佚。

皇明實録

范邦甸等《天一閣書目・別史類》《皇明實録》一册。朱絲闌鈔本。卷首有「天一閣」、「范欽之印」二圖章。明大學士胡廣等奉勑脩。

洪熙實録

楊士奇等《文淵閣書目・史》《洪熙實録》。二套，二十一册。

范邦甸等《天一閣書目・別史類》《明仁宗昭皇帝實録》十卷。藍絲闌鈔本。每卷有「天一閣」、「萬古同心之學」二圖章。明監脩官光禄大夫左柱國太師英國公張輔等奉勑脩，宣德五年《御製序》。

錢謙益等《絳雲樓書目・本朝實録》《洪熙實録》。獻陵。十卷。楊士奇等。

黄虞稷《千頃堂書目・國史類》《仁宗昭皇帝實録》十卷。洪熙元年閏七月命纂修，總裁即修《太宗實録》諸人，惟監修增太子太保成山侯王通。至宣德五年五月書成進御。

《明史・藝文志・正史類》《仁宗實録》十卷。蹇義等修。

宣德實録

楊士奇等《文淵閣書目・史》《宣德實録》。十套，一百十六册。

范邦甸等《天一閣書目・別史類》《明宣宗章皇帝實録》一百十五卷。紅絲闌鈔本。正統三年《御製序》。

錢謙益等《絳雲樓書目・本朝國史》《宣德實録》。景陵。一百十五卷。

黄虞稷《千頃堂書目・國史類》《宣宗章皇帝實録》一百十五卷。宣德十年七月丙子，命大學士楊士奇、楊榮，禮部尚書兼翰林院學士楊溥爲總裁，以少詹事王英、王直副之。至正統三年四月乙丑書成進呈，士奇等各進一官，以他官纂修者，俱改翰林院官。

《明史・藝文志・正史類》《宣宗實録》一百十五卷。楊士奇等修。

正統實録

錢謙益等《絳雲樓書目・本朝國史》《正統實録》。裕陵。三百六十一卷。

黄虞稷《千頃堂書目・國史類》《英宗睿皇帝實録》三百六十一卷。天順八年正月，憲宗即位，勑修《英宗實録》，以太保會昌侯孫繼宗爲監修，禮部尚書兼翰林院學士陳文、兵部尚書兼翰林學士彭時等爲總裁，太常寺少卿兼翰林院侍讀學士劉定之、吴節副之，與纂修官柯潛等同纂修。成化三年八月書成進御。起宣德十年正月，迄天順八年正月，首尾三十年。附景泰帝事實於中，稱廢帝郕戾王。附録凡八十七卷。

《明史・藝文志・正史類》《英宗實録》三百六十一卷。成化元年，陳文等修。起宣德十年正月，訖天順八年正月，首尾三十年。附景泰帝事蹟於中。凡八十七卷。

明英宗睿皇帝實録

范邦甸等《天一閣書目・別史類》《明英宗睿皇帝實録》六十六卷。藍絲闌鈔本。不著編纂人名氏。

景泰實録

錢謙益等《絳雲樓書目・本朝國史》《景泰實録》。

天順實録

錢謙益等《絳雲樓書目・本朝國史》　《天順實録》。

成化實録

范邦甸等《天一閣書目・別史類》　《明憲宗純皇帝實録》一百九十三卷。烏絲闌鈔本。弘治四年，太師英國公張懋等表進。

錢謙益等《絳雲樓書目・本朝國史》　《成化實録》。茂陵。二百二十三卷。劉吉等。

黄虞稷《千頃堂書目・國史類》　《憲宗純皇帝實録》二百九十三卷。弘治元年閏正月勅修。以英國公張懋爲監修，大學士劉吉、徐溥、學士劉健爲總裁，禮部尚書丘濬、少詹事江諧爲副總裁，少卿兼侍讀傅瀚等纂修。弘治四年八月書成進御。

《明史・藝文志・正史類》　《憲宗實録》二百九十三卷。劉吉等修。

洪武實録

錢謙益等《絳雲樓書目・本朝國史》　《洪武實録》。泰陵。二百二十四卷。李東陽等。

孝宗實録

范邦甸等《天一閣書目・別史類》　《明孝宗敬皇帝實録》二百二十卷。藍絲闌鈔本。不著編纂人名氏。

黄虞稷《千頃堂書目・國史類》　《孝宗敬皇帝實録》二百二十四卷。正德元年十二月勅修，命少師劉健、李東陽、少傅謝遷總裁，吏部侍郎張元楨、詹事楊廷和、學士劉忠副之。未幾健、遷去位，再命少傅焦芳、王鏊、少保廷和同東陽總裁，而以尚書梁儲爲副。至四年五月書成。時焦芳秉筆，褒貶任情，天下正人，皆肆詆誣。嘉靖二年，御史盧瓊請改正，不允。

《明史・藝文志・正史類》　《孝宗實録》二百二十四卷。正德元年，劉健、謝遷等修。未幾健、遷皆去位，焦芳等續修。

正德實録

范邦甸等《天一閣書目・別史類》　《明武宗毅皇帝實録》一百九十七卷。藍絲闌鈔本。嘉靖四年《御製序》。

錢謙益等《絳雲樓書目・本朝國史》　《正德實録》。康陵。一百九十七卷。費宏等。

黄虞稷《千頃堂書目・國史類》　《武宗毅皇帝實録》一百九十七卷。正德十六年六月勅修。先命楊廷和、蔣冕、毛紀、費宏爲總裁，其後廷和、冕、紀三人去位，申命宏與楊一清、石瑶、賈詠、毛澄、羅欽順爲正副總裁，復增以侍郎吴一鵬。至嘉靖四年六月書成。

《明史・藝文志・正史類》　《武宗實録》一百九十七卷。費宏等修。

睿宗實録

黄虞稷《千頃堂書目・國史類》　《獻皇帝實録》五十卷。嘉靖四年三月甲戌，勅修《獻皇帝實録》。命藩府内外臣僚將當日嘉言善行，輯送翰林院編纂。於是以定國公徐光祚、尚書廖紀、席書爲監修官，大學士費宏、石瑶、賈詠爲總裁，侍郎温仁和、李時副之，侍講學士董玘等七人纂修。明年六月書成，賞賚升職有差。先是，費宏疏言：「獻皇帝享國長久，嘉言懿行，舊邸承奉長史等官必有成書，宜遣官取付史館，並促張元忞速進長史張景明原撰《日録》。」詔從之。

《明史・藝文志・正史類》　《睿宗實録》五十卷。嘉靖四年，大學士費宏言：「獻皇帝嘉言懿行，舊邸必有成書，宜取付史館纂修。」從之。

嘉靖實録

范邦甸等《天一閣書目・别史類》《明世宗肅皇帝實録》。不著編纂人姓氏。

錢謙益等《絳雲樓書目・本朝國史》《嘉靖實録》。永陵。五百五十六卷。張居正等。

黄虞稷《千頃堂書目・國史類》《世宗肅皇帝實録》五百六十六卷。隆慶元年五月，命徐階等總裁纂修，未及成。神宗登極，再命張居正、吕調陽、張四維爲總裁，馬自强、汪鏜、申時行、王錫爵副之。五年八月書成進御。

《明史・藝文志・正史類》《世宗實録》五百六十六卷。隆慶中，徐階等修，未竣。萬曆五年，張居正等續修成之。

隆慶實録

范邦甸等《天一閣書目・别史類》《明穆宗莊皇帝實録》七十卷。烏絲闌鈔本。不著編纂人名氏。

錢謙益等《絳雲樓書目・本朝國史》《隆慶實録》。昭陵。七十卷。

黄虞稷《千頃堂書目・國史類》《穆宗莊皇帝實録》七十卷。隆慶六年十月勅修，總裁張居正、吕調陽，副總裁王希烈、丁士美、汪鏜、申時行、王錫爵，纂修官范應期等二十四人。二年七月書成進御。

《明史・藝文志・正史類》《穆宗實録》七十卷。張居正等修。

神宗戊子實録

錢謙益等《絳雲樓書目・本朝國史》《神宗戊子實録》。

辛巳實録

錢謙益等《絳雲樓書目・本朝國史》《辛巳實録》。《神宗實録》，顧秉謙等。

神宗實録

黄虞稷《千頃堂書目・國史類》《神宗顯皇帝實録》五百九十四卷。天啓□年勅修。監修國公張維賢，總裁大學士顧秉謙、丁紹軾、黄立極、馮銓，副總裁尚書孟時芳、侍郎黄儒炳、李思誠、駱從宇、施鳳來、邱士毅、李康先、錢龍錫、韓日瓚等共九人。

《明史・藝文志・正史類》《神宗實録》五百九十四卷。温體仁等修。

光宗實録

錢謙益等《絳雲樓書目・本朝國史》《光宗》。慶陵。《光宗實録》有二本，一天啓三年七月進呈，禮臣周炳謨等、史臣莊際昌等纂修，閣臣葉向高、韓爌等總裁。又三年，羣小之醜正者，謂前史非實，採黄承昊之議，開局重修，至崇禎元年二月進呈。時黄立極等柄政，皆閹黨也，不行奏明，仍照例頒賚，收貯皇史宬。諸輔臣中，更有以新録已成，欲焚舊本者，大璫王體乾力持之而止。

黄虞稷《千頃堂書目・國史類》《光宗真皇帝實録》八卷。總裁大學士葉向高等修。天啓三年七月書成，熹宗《御製序》。後逆閹柄國政，給事中黄承昊題請改修，於是霍維華等大肆塗抹，未及上而熹宗崩，至崇禎元年二月始進呈。閣臣施鳳來請焚向高先所修本，司禮監太監王體乾以前所修，亦係奉旨事理，國朝無焚實録之例，請並貯皇史宬中。其後詞臣文震孟、許士柔疏請改修，震孟請刊定改録所筆，士柔則抉摘録所削帝紀、皇子女誕生事，俱奉不必煩議之旨。照原本卒以不焚，得並行云。

《明史・藝文志・正史類》《光宗實録》八卷。天啓三年，葉向高等修成，有熹宗《御製序》。既而霍維華等改修，未及上而熹宗崩，至崇禎元年始進呈。向高原本并貯皇史宬。

軍機處奏《禁毀書目》《泰昌寔録》。一部，四本。查此書係《明光宗寔録》

外間抄存之本，中多干礙字句，應請銷燬。

熹宗實録

錢謙益等《絳雲樓書目・本朝國史》 《熹宗》。德陵。温體仁等。

黄虞稷《千頃堂書目・國史類》 《熹宗哲皇帝實録》八十四卷。缺天啓四年□月及七年□月。

《明史・藝文志・正史類》 《熹宗實録》八十四卷。温體仁等修。

熹宗七年都察院實録

黄虞稷《千頃堂書目・國史類》 李長春纂修《熹宗七年都察院實録》十四卷。崇禎時，以纂修《熹宗實録》，六部都察院各命官纂修事實，都察院以浙江監察御史李長春董其事。長春乃輯泰昌元年九月以後爲一卷，天啓元年至六年各上下二卷，七年正月至八月爲一卷，共十五卷。今缺五年下卷。

大明實録

范邦甸等《天一閣書目・別史類》 《大明實録》二卷。藍絲闌鈔本。不著編纂人名氏。

孫星衍《平津館鑒藏書籍記續編・寫本》 《大明實録》六册。不著撰人名氏。前後無序跋。載明大祖初生，及乙未起兵，至洪武廿三年五月止。中缺洪武九年至十六年止，蓋亦殘缺之本。此與《成祖實録》，余從天一閣寫得之。《明史・藝文志》、焦氏《經籍志》、王圻《續文獻通考》俱不載。

實録抄

錢謙益等《絳雲樓書目・本朝國紀》 《實録抄》八册。

内直日記

黄虞稷《千頃堂書目・國史類》 《内直日記》二十一册。

太祖實録戰圖

嵇璜等《清通志・圖譜略・御定政典》 《太祖實録戰圖》。謹按：《實録戰圖》八册，乃國家盛京時舊本，敬貯乾清宫。嗣奉勅依式重繪二本，以一本恭送盛京尊藏，以一本貯上書房，傳之奕世，用昭祖德豐功，開億萬載無疆之丕業。

綱目分部

資治通鑑綱目

趙希弁《讀書附志・編年類》 《資治通鑑綱目》五十九卷。《序例》一卷。右晦庵先生朱文公所編也。司馬文正既爲《資治通鑑》，又別爲《目録》及《舉要曆》。胡文定復修《舉要補遺》。朱文公因文正、文定兩公四書，別爲義例。表歲以首年，而因年以著統；大書以提要，而分注以備言。其綱倣《春秋》，而參取羣史之長；其目效《左傳》，而稽合諸儒之粹。真德秀刻于泉南，陳孔碩、李方子敘其後。希弁所藏夔本，爲板四千二百有奇。吉本二千八百，而且無陳、李二公之序。希弁又嘗參以泉本，校其去取之不同，并考温公、文公之書法，爲《資治通鑑綱目考異》。淳祐丙午，祕省嘗下本州借本書寫云。

陳振孫《直齋書録解題・編年類》《通鑑綱目》五十九卷。侍講新安朱熹元晦撰。始，司馬公《通鑑》有《目録》、《舉要》。其後，胡給事安國康侯又修爲《舉要補遺》。朱晦翁因別爲義例，表歲以首年，因年以著統，大書以提要，而分注以備言，自爲之序，乾道壬辰也。大書者爲綱，分注者爲目，綱如經，目如傳。此書嘗刻於温陵，別其綱謂之提要，今板在監中。廬陵所刊則綱目並列，不復別也。

馬端臨《文獻通考・經籍考・編年》《通鑑綱目》五十九卷。【略】朱子《自序》曰：温公《通鑑》既成，又撮其精要之語，別爲《目録》三十卷并上之。晚病本書太詳，《目録》太簡，更著《舉要歷》八十卷以適厥中。紹興中，胡文定公因公遺藁，修成《舉要歷補遺》若干卷，則其文愈約，而事愈備矣。今輒與同志，因兩公四書，別爲義例，增損檃括，以就此篇。蓋表歲以首年，而因年以著統；大書以提要，而分注以備言，使夫歲月之久近，國統之離合，辭事之詳略，議論之同異，通貫曉析，如指諸掌，名曰《資治通鑑綱目》云。《建炎以來朝野雜記》：自昔注書，首尾多不相照，雖《資治通鑑》亦或未免此病，大抵編集非出一手故也。姑以一事論之，漢景帝四年、中四年，皆以冬十月日食，今《通鑑》並書於夏秋之後，蓋編緝者自本志中摘出，而不思漢初以十月爲歲首，故誤係之歲末耳。近歲呂伯恭最爲知古，陳君舉最爲知今。伯恭親作《大事記》，君舉親作《建隆編》，世號精密。余嘗考之，皆不免差誤，亦隨事辨之矣。朱文公《通鑑綱目》條貫至善，今草本行於世者，於唐肅宗朝直脱二年之事，亦由門人綴緝，前後不相顧也；又自唐武德八年以後至於天祐之季，甲子並差。考求其故，蓋《通鑑》以歲名書之，而文公門人大抵多忽史學，不熟歲多，故有此誤。余因諸生有問，亦爲正之矣。然則該貫古今，亦非可薄之事，但不至於喪志可也。

胡師安等《元西湖重整書目》《通鑑綱目》。

《宋史・藝文志・編年類》朱熹《通鑑綱目》五十九卷。

楊士奇等《文淵閣書目・史》《通鑑綱目》。一部，二册。闕。

《通鑑綱目》。一部，三十册。闕。

《通鑑綱目》。一部，十三册。闕。

《通鑑綱目》。一部，十四册。完全。

《通鑑綱目》。一部，六十册。闕。

《通鑑綱目》。一部，二十册。完全。

《通鑑綱目》。一部，十五册。闕。

《通鑑綱目》。一部，六十册。闕。

《通鑑綱目》。一部，十五册。闕。

《通鑑綱目》。一部，二十九册。闕。塾本二十五册。

《通鑑綱目》。一部，四十册。闕。

都穆《南濠居士文跋》《通鑑綱目》。《資治通鑑綱目》，世傳爲朱子手筆，無復致疑。後新安汪氏既爲《考異》，上虞徐氏以綱與《凡例》往往不合，復著《考證》。余謂《綱目》作于朱子，則其所書當無誤謬，何以來後人紛紛之說？嘗讀朱子《文集》，見其與門人趙師淵數書，則《綱目》成于趙氏，惟《凡例》乃朱子之筆耳。李方子親受業朱門，其言《綱目》曰：「朱子欲稍加更定而未暇。」魯齋王氏去朱子未遠，其序《凡例》，謂嘗見趙公《文集》綱下之目，蓋屬筆于趙也。元廬陵劉友益作《綱目書法》，其門人疑以爲非朱子之書，友益不以爲然，豈未嘗親見手札及王季之言而誤云邪？

范邦甸等《天一閣書目・編年類》朱子《綱目》五十九卷。宋朱子撰。乾道壬辰夏四月甲子《資治通鑑綱目》五十九卷。皇明弘治戊午歲書林慎獨齋刊。卷首載朱子《原序》、朱子《與訥齋趙氏師淵論綱目手書》、李方子《綱目後序》、王柏《綱目後語》、汪克寛《序》、徐昭文《考證序》、王幼學《集覽序》、陳濟《集覽正誤序》、揭傒斯《書法序》、尹起莘《發明序》。《資治通鑑綱目》五十九卷。明嘉靖歲次甲午春江西按察司重刊。卷首序跋同前。

徐𤊹《徐氏家藏書目・旁史類》《通鑑綱目》五十九卷。

張萱等《内閣藏書目・録・史部》《通鑑綱目》三十册，全。宋朱熹著。又二十册，全。鈔本。同前。

劉若愚《内板經書紀略》《資治通鑑綱目》。四十本，四千一百葉。

錢謙益等《絳雲樓書目・編年類》《資治通鑑綱目》二十四册。五十九卷。宋温陵刻《通鑒提要》，即此書之綱也。廬陵所刊，則綱目並列。見陳氏《書録》。元板朱子《綱目》。

于敏中等《天禄琳琅書目・宋版史部》《資治通鑑綱目》。六函，六十册。宋朱子撰，五十九卷。前《自序》。宋陳振孫《書録解題》載朱子《綱目》云：「刻於温陵，別其綱謂之提要，今版在監中。廬陵所刊，則綱目並列，不復別也。」是書大書細注，字畫分明，即當時廬陵刊本。御題：「涑水創爲開義例，紫陽述訂益精微。直傳一貫天人學，兼揭千秋興廢機。敬勝治兮怠勝亂，念兹是耳釋兹非。三編惟此遵綱紀，輯覽曾無越範圍。録出新安留面目，弃增天禄有光輝。外王内聖斯誠備，勿失服膺永勅幾。乾隆甲午仲秋月御筆。」鈐寶二，曰「乾隆宸翰」，曰「幾暇臨池」。前繪御容，鈐乾隆雙璽。卷後間有印記，俱經割去，不知誰氏所藏。而補鈔之葉，紙潔字工，竟無異於刊本。則藏是書者，必爲好古之士。書中雖有八册以別本補入，紙色印工稍遜，而亦皆取之舊刻，不相懸絶也。闕補卷一、全。卷九、二之十二。卷三十二、十六、十七。卷五十四、一之三。卷五十七、十二之十四。卷五十九。末葉。

又《元版史部》《資治通鑑綱目》。三函，十八册。宋朱子撰，五十九卷。元王幼學撰《集覽》。前載朱子及幼學《序例》各一篇。朱子《資治通鑑綱目》，宋時廬陵刊本已載前矣。此爲幼學作《集覽》既成，刻梓以行於世者。《序例》後有「歲在上章敦牂孟夏魏氏仁實書堂新刊」分書本記。魏仁實應是當時書賈姓字。幼學《序》稱編始於大德己亥，迄於延祐戊午，積二十年，七易稿而編甫成。以其薈萃叢集，頗可省覽，因題之曰《通鑑綱目集覽》云云。是幼學之作是書，用心良苦。考《安慶府志》，幼學字行卿，望江人，博覽經史，宗程朱之學。至元間，躬耕慈湖之坂，與學者講道不輟，時稱爲慈湖先生。明厲文暉藏本。淩迪知《萬姓統譜》載文暉名昇，無錫人，性狷介，與人不苟合。以歲貢人胄監，授浙江青田知縣，持公秉廉，孜孜愛民。去二十年，邑人猶懷慕其德，立生祠祀之。本朝泰興季氏亦經收藏。

《資治通鑑綱目》。六函，五十九册。宋朱子撰，五十九卷。前《自序》。是書綱目並列，係照宋廬陵本刊梓，然版之尺寸較縮，字畫紙墨亦遠不相及。此宋槧所爲尤可寶也。明顧仁效藏本。【略】本朝泰興季氏亦經收藏。餘印無考。闕補卷四之卷七、全。卷五十九。三十四、三十五。

《資治通鑑綱目》。六函，六十册。篇目同前。此書與第一部同版，而墨色少差，橅印在其後也。施愈收藏印記無考。

又《明版史部》　文公先生《資治通鑑綱目》。六函，六十册。宋朱子編，五十九卷。前《批抹綱目凡例》，次朱子《綱目凡例》，次朱子《序例》、王幼學《集覽序例》、尹起莘《發明序》，次朱子《與趙師淵論綱目書》，附宋王柏《識語》。此書仿宋槧式，不能精善。所採王幼學《集覽》、尹起莘《發明》、汪克寬《考異》，皆分標於綱目每條之下。其中亦間有載陳濟《正誤》者。數人之名，皆於每卷標題後，按行分列。並稱京兆劉寬裕刊行。寬裕爲何如人不可考。按汪克寬、陳濟皆明人，而書首所載《綱目凡例》，視各卷之版縮半寸餘，似是從他本割取補入。蓋《凡例》從宋王柏《識語》，有「鋟梓於涵古堂，與同志共之」之語，書賈得是書，不知克寬、濟爲明人，欲借柏《識語》以充宋刊耳。克寬字仲裕，祁門人，元舉於鄉，不第，遂隱居教授。明初預修《元史》，程敏政目爲史局第一人。見凌迪知《萬姓統譜》。陳濟字伯載，武進人，成祖詔修《永樂大典》，用大臣薦，以布衣召爲都總裁，書成授右贊善。《明史》有傳。收藏印記無考。

《資治通鑑綱目》。八函，五十六册。宋朱子編，五十九卷。前明憲宗《序》，次《綱目凡例目録》，次《綱目凡例》。後附宋王幼學《集覽》五十九卷并《序》，尹起莘《發明》五十九卷并《序》，《續綱目》二十七卷并憲宗《序》、《續綱目凡例》，商輅、萬安等《進書表》。

憲宗《綱目序》稱：傳刻既久，間有缺訛，甚至書法與所著《凡例》、《提要》，或有不同，是以後人疑焉，有《考異》、《考證》之作。嘗求其故，蓋《凡例》、《提要》，乃朱子親筆，以授門人，使據之以成書。及書既成，再加筆削，隨事立文，時有小異，而大體終不出乎勸懲之外。所有書法與《凡例》小異，無大關涉者，悉仍其舊。盡去《考異》、《考證》，不使並傳。此重刊《綱目》之意也。《續綱目序》稱：宋元二代之史，迄無定本。雖有《長編》、《續編》之作，然槩以朱子書法，未能盡合。乃申勅儒臣，遵朱子成例，編纂二史。上接《綱目》，共爲一書。此重編《續綱目》之意也。其書刻印精良，紙潔墨潤，洵推明刻善本。當時董其事者爲商輅、萬安。考《明史》，輅字宏載，淳安人，登正統十年進士及第，除修撰，歷官至吏部尚書，進謹身殿大學士，加少保，卒贈太傅，謚文毅。安字循吉，眉州人，正統十三年進士，改庶吉士，授編修，累官至吏部尚書，進華蓋殿大學士，加少傅，卒贈太師，謚文康。恩遇常優於輅，而品節則遠不逮焉。明內府藏本。有「廣運之寶」、「表章經史之寶」。

《資治通鑑綱目》。八函，五十四册。篇目同前。此坊間翻刻之本，橅印之工次於前部。

《資治通鑑綱目》。六函，四十二册。篇目同前。闕王幼學《集覽》、尹起莘《發明》。考明王圻《續文獻通考》所載朱子《資治通鑑綱目》、王幼學《集覽》、尹起莘《發明》，皆各爲單行之書。此本以正續《綱目》合裝，則本文已成全帙，雖無《集覽》、《發明》，正不得以闕佚棄之。書中有「項氏家藏」、「汪氏象家」二印，篆文杜撰，昧於古法。又二印字畫模胡，不可辨識，均出書賈僞造之手，不足存也。

《資治通鑑綱目》。六函，四十二册。篇目同前，闕《續通鑑綱目》。憲宗《續綱目序》，有「朱子《通鑑綱目》，既命儒臣重加校定，鋟梓頒行」之語。是《續綱目》未成帙時，此書已傳宇內，非始全而終闕也明矣。明內府所鈐之寶，與前第一部同。又有「道卿頓首」印。考《明太學進士題名碑》，有吴道卿者，山東平山衛人，隆慶五年進士，或即其人。餘印無考。

彭元瑞等《天禄琳琅書目後編・元版史部》《資治通鑑綱目》。八函，五十九册。宋朱熹撰。書五十九卷。前有熹《自序》、王幼學《集覽》、尹起莘《發明》、元汪克寬《考異》、陳濟《正誤》。幼學已見。起莘字耕道，遂昌人，隱居不仕。克寬字仲裕，祁門人。濟字載之，武進人。《明史》有傳。三人皆元末名宿，入明與修《元史》。克寬史事畢，以疾辭不仕，濟爲總裁，書成授右春坊右贊善。書内第十六卷，不書濟《正誤》，别著張光啓纂輯，殆從别本竄入者。自明成化中，商輅等修《續綱目》，並正書通行刊本。正德年黄仲昭羼入《發明》、《質實》、《考異》等書，今所通行。此猶元季舊刻也。闕補卷十七、三十七。卷十九。三十五。

又《明版史部》《資治通鑑綱目》。十二函，八十四册。《資治通鑑綱目》篇目見前《元版史部》。明成化九年奉勅重刊。前有憲宗《御製序》。《續資治通鑑綱目》二十七卷，前亦有憲宗《御製序》。乃因重録本目，而宋元二代無定本，雖有《長編》、《續編》，而採擇不精，書法未能盡合，勅儒臣編纂，共爲一書。成化十二年書成。前列纂修商輅等十五人。兩《序》俱前鈐「廣運之寶」，後鈐「表章經史之寶」。

明官刻頒行本。

《資治通鑑綱目》。十二函，五十四册。同上，係一版摹印。有商輅等《進表》。附刻陳濟《資治通鑑綱目集覽》五十九卷，前有永樂壬寅濟自《序》。尹起莘《發明》五十九卷，後有起莘自《序》。陳貞慧字定生，宜興人，都御史于廷之子，復社諸生，爲阮大鋮所搆，被逮得脱。闕補卷三十二、三十三。全。

《資治通鑑綱目》。八函，八十册。篇目見前，而諸家序跋較爲全備。《綱目》前有乾道壬辰朱熹《自序》，次《凡例》；次《論綱目手書》；次嘉定己卯李方子《後序》，蓋泉州初刻時作；次咸淳乙丑王柏《後語》；次文天祐《後語》，蓋稽古堂刻《序例》時作；次尹起莘《發明自序》；次永新劉氏《書法凡例》，分正統、帝王、皇后、皇太子、列國、大臣、師衆、誅殺、臨幸、雜例十類，有劉友益《識語》；次嘉定元年王幼學《集覽敍例序》；次至順壬申《賀善》；次天曆二年揭傒斯兩《序》，至元二年劉桀《跋》，皆爲劉友益《書法》而作，桀即友益子也；次至正二年倪士毅《序》，蓋建安劉叔簡坊刻，並附方氏《綱目論》時作；次至正癸未汪克寬《考異自序》及《考異凡例》；次至正己亥徐昭文《考證自序》；次永樂壬寅陳濟《集覽正誤自序》，蓋爲駁正王幼學書作；次宣德己卯楊士奇《序》，蓋建陽知縣張光啟，以尹氏《發明》、徐氏《考證》、王氏《集覽》、汪氏《考異》，纂集於《綱目》書中，而附陳氏《正誤》於後，屬書林劉寬梓行時作；次成化元年馮智舒《質實自序》；次弘治丙辰黄仲昭《序》，蓋仲昭取徐氏《考證》、汪氏《考異》、陳氏《集覽正誤》、劉氏《書法》、馮氏《質實》五書，各附入本條之下，與汪從仁及黎諂、吴錡、鄧傑等精校刻於南昌時作；次《編集諸儒姓氏》，即上七家。有正德癸酉劉繼善《識語》，即校正是本時作。《續綱目》前有明憲宗《御製序》，商輅等《進表》，輅及萬安、劉珝、王獻、彭華、邱濬、邱淳、謝一夔、劉健、汪諧、程敏政、鄭環、羅璟、陸簡、林瀚等十五人銜名，次弘治元年吏部聽選監生張時泰《進所撰續資治通鑑廣義疏》，次弘治十一年余杭學生員周禮《進所撰續資治通鑑發明疏》，次《凡例》。《綱目》一書，宋、元、明三朝諸家譔述傳刻合本專本，源流具是。然必讀《御批通鑑綱目》、《御批通鑑輯覽》、《御製發明廣義題辭》，而後是非予奪，理正義彰，諸家偏曲之論，始得所折衷定一矣。黄仲昭名潛，以字行，莆田人，成化丙戌進士，官江西提學僉事，故是書刻於南昌也。

資治通鑑綱目提要

趙希弁《讀書附志・編年類》《資治通鑑綱目提要》五十九卷。右《資治通鑑綱目提要》，存其綱而去其目，如《春秋》之經也。希弁所藏乃趙希栞刻于廬陵者。

《宋史・藝文志・編年類》 朱熹《提要》五十九卷。

楊士奇等《文淵閣書目・史》《綱目舉要》。一部，二册。闕。

《綱目提要》。一部，十册。闕。

《綱目提要》。一部，四册。闕。

綱目發明

趙希弁《讀書附志・編年類》《綱目發明》五十九卷。右建康布衣尹起莘所著，以發明《綱目》義例。别之傑帥金陵，進其書于朝。魏文靖公了翁爲之序。

楊士奇等《文淵閣書目・史附》 尹起莘《綱目發明》。一部，三册。闕。

尹起莘《綱目發明》。一部，十册。闕。

尹起莘《綱目發明》。一部，四册。完全。

尹起莘《綱目發明》。一部，四册。闕。

尹起莘《綱目發明》。一部，八册。闕。

范邦甸等《天一閣書目·編年類》《資治通鑑綱目發明》五十九卷。刊本。元臣尹起莘上進。書後《自序》。

張萱等《内閣藏書目録·史部》《通鑑綱目發明》。四册，全。宋尹起莘著。又四册，全。

錢大昕《補元史藝文志·編年類》尹起莘《通鑑綱目發明》五十九卷。遂昌人。

蜀鑑

楊士奇等《文淵閣書目·史附》《蜀鑑》。一部，四册。闕。

黄丕烈《蕘圃藏書題識·史類》《蜀鑑》十卷。明鈔本。《蜀鑑》一書，向少傳本。家中所儲，有張充之青芝子。手鈔者。昨歲五柳主人以殘刻本見遺，缺首二卷，楮墨古雅，洵爲舊刻。卷端有「紅豆書屋」印，因檢惠氏《百歲堂藏書目》，於史部云：《蜀鑑》十卷。李文子刻元槧。知爲松厓先生家藏本，惜所缺無由補全，心甚悵怏。後顧子千里歸江寧，爲予言伊師張白華先生家有此刻，遂丐歸影鈔足之。前有方正學序，是明初板矣。爰志數語于卷首而重裝之。丁卯孟夏四日，復翁識。

皇朝編年舉要

陳振孫《直齋書録解題·編年類》《皇朝編年舉要》三十卷。太學生莆田陳均平甫撰。均，丞相俊卿之從孫。端平初，有言於朝者，下福州取其書，由是得初品官。大抵依倣朱氏《通鑑綱目》。《舉要》者綱也，《備要》者目也。然去取無法，詳略失中，未爲善書。

馬端臨《文獻通考·經籍考·編年》《皇朝編年舉要》三十卷。

皇朝編年備要

趙希弁《讀書附志·編年類》《皇朝編年備要》二十九卷。右壺山陳均所編也。其書用國史、實録等書爲編年體例，起于建隆，迄于淳熙，書法蓋微倣《綱目》之例而加斟酌焉。真德秀、鄭性之、林岊皆爲之序。

陳振孫《直齋書録解題·編年類》《備要》二十卷。案：《文獻通攷》《備要》亦作三十卷。陳均撰。

馬端臨《文獻通考·經籍考·編年》《備要》三十卷。

《四庫總目·編年類》《宋九朝編年備要》三十卷。兩淮鹽政採進本。宋陳均撰。均字平甫，號雲巖，莆田人。端平初，有言是書於朝者，勅下福州宣取，賜均官迪功郎。馬端臨《文獻通考》載均《編年舉要》三十卷、《備要》三十卷，又有《中興舉要》十四卷、《備要》十四卷。今《中興舉要》、《備要》皆佚。此書前有紹定二年真德秀《序》，稱《皇朝編年舉要》與《備要》合若干卷，則當時本共爲一書，今《舉要》亦佚，存者惟此編耳。其書取日曆、實録及李燾《續通鑑長編》，删繁撮要，勒成一帙。兼採司馬光、徐度、趙汝愚等十數家之書，博考互訂。始太祖，至欽宗，凡九朝事蹟。欲其篇帙省約，便於尋閲，故苟非大事，則略而不書。林岊《序》謂「取司馬氏之綱，而時有修飾，取李氏之目，而頗加節文」，足以括其體例。然實以《通鑑綱目》爲式，特據事直書，不加褒貶耳。觀均自《序》，其宗旨可見也。

黄丕烈《百宋一廛書録》《皇朝編年備要》。馬貴與《經籍考》載有《皇朝編年舉要》三十卷、《備要》三十卷，《中興編年舉要》十四卷、《備要》十四卷。今所傳者，維《皇朝編年備要》三十卷而已。此書前有陳均自《序》，并紹定真、鄭、林三《序》。余檢未刻《真西山文集》，有《皇朝編年舉要備要序》云：莆田陳均以其所輯《皇朝編年舉要》之書，合四十八卷。又與《通考》所載異矣。《目録》題《皇朝編年備要》，而每卷於「皇朝編年」下空兩格，始接「備要」二字。錢少詹以爲所闕者，或即「舉要」二字。然以余别本證之，所空兩格係「綱目」二字，則與《宋史·理宗紀》端平二年三月乙未，詔太學生陳均編《宋長編綱目》，補迪功郎之説合，且與少詹所云「予讀其書，有大字，有分注，略仿紫陽《綱目》之例」者，亦適相符也。是書先爲五硯樓藏，故《潛研堂文集》跋有云：予初於袁又愷齋假讀此書，并於林序後親爲題識云。林岊字仲山，福州長樂人，淳熙十四年王容榜進士。開禧三年三月，除祕書郎；七月，除著作佐郎，以祖諱改除祕書丞；十月，出知衢州。見《中興館閣續録》。此又可備宋代職官考，故并著之於此。

《皇朝編年綱目備要》二十卷，不全宋刻本也。前有陳均《自序》，並紹定真德秀、鄭性之、林岊三《序》及《凡例》、《目録》等，俱與袁本合。惟書之行款獨異，此爲十六行十六字本，偶以袁本勘之，間有袁本空字處，此本已接連，非闕疑之義矣。然袁本有爛版，而此本反無，因知非一刻，故版之爛者獨存，足以補其闕。書之不可不多蓄幾本，其益爲無方耳。目止於二十五卷，後則別爲一行云：已後五卷，見成出售。蓋徽欽兩朝，續爲一目也。袁本可證。它日當案袁本足成之，便可卒讀。

孫星衍《平津館鑒藏書籍記・影寫本》《皇朝編年備要》卅卷。題壺山陳均編。前有陳均自《序》，紹定二年真德秀《序》，林岊《序》，紹定己丑鄭性之《序》，《凡例》一卷，《引用諸書》二葉，《目録》一卷。陳氏《書録解題》云：陳均所撰，有《皇朝編年舉要》卅卷、《備要》卅卷。《舉要》者綱也，《備要》者目也。二書本合爲一。此本每卷「編年」下空二格，當是「舉要」二字。別本又題作《宋九朝編年備要》。

中興編年舉要

陳振孫《直齋書録解題・編年類》《中興編年舉要》十四卷。陳均撰。

馬端臨《文獻通考・經籍考・編年》《中興編年舉要》十四卷。

中興編年備要

趙希弁《讀書附志・編年類》《中興編年備要》十卷。陈均撰。

陳振孫《直齋書録解題・編年類》《備要》十四卷。陳均撰。

馬端臨《文獻通考・經籍考・編年》《備要》十四卷。

楊士奇等《文淵閣書目・史》《宋中興編年備要》。一部，十册。闕。

《宋中興編年備要》。一部，十四册。闕。

宋朝長編綱目

王圻《續文獻通考・經籍考・編年》《宋朝長編綱目》。太學生陳均編類。

理宗以其有益治道，詔補迪功郎。

綱目論斷

趙希弁《讀書附志・編年類》《綱目論斷》二十卷。右江珪、吕中論大書，以提要正變例，而爲之斷云。其間所載徐清叟《跋》，有以知端平初元《通鑑綱目》上塵乙覽之因。

綱目書法纂要

楊士奇等《文淵閣書目・史附》劉國器《綱目書法纂要》。一部，二册。闕。

中興兩朝編年綱目

楊士奇等《文淵閣書目・史》《宋中興編年綱目》。一部，六册。闕。

續編兩朝綱目備要

楊士奇等《文淵閣書目・史附》《宋續編兩朝綱目》。一部，二册。闕。

《四庫總目・編年類》《兩朝綱目備要》十六卷。《永樂大典》本。不著撰人名氏。所紀自宋光宗紹熙元年，迄寧宗嘉定十七年事蹟。諸家書目皆不著録。

大宋綱目

《宋史・藝文志・編年類》張公明《大宋綱目》一百六十七卷。

資治通鑑綱目書法

楊士奇等《文淵閣書目・史附》《綱目書法》。一部，八册。闕。

錢謙益等《絳雲樓書目・編年類》 元劉友益《資治通鑑綱目書法》八册。字益友，宋末元初人，以三十年之功爲此書。見揭傒斯序。

錢大昕《補元史藝文志・編年類》 劉友益《通鑑綱目書法》五十九卷。字益友，永新人。

通鑑綱目測海

《四庫總目・編年類存目》《通鑑綱目測海》三卷。江西巡撫採進本。元何中撰。中字太虛，一字養正，撫州人，事蹟具《元史・儒學傳》。是書以糾《通鑑綱目》書法之同異。卷末有大德丙午自《跋》曰：「朱子作《綱目》，續《春秋》，然其間書法可商略者猶多。間附己意，輯成《綱目測海》三卷示兒輩。」云云。蓋不知《綱目》出趙師淵之手，猶誤以爲朱子書也。書中所列凡三例：一辨胡吕二家所注，如「魏徙都大梁」條，胡氏謂魏王不恨不用孟子，而恨不聽公叔之言，中以爲徙都之後六年，孟子方至魏之類是也。一發明二家所未注，如「秦人誅衛鞅」條下，中補注曰「書秦人何？鞅得罪於衆，猶其誅之」之類是也。一乃糾正本書之譌異，於全書之中，不過十之二三耳。其中如「秦魏冉出其故君之妃歸於魏」一條，中謂「諸侯之妻，宜稱夫人，不宜稱妃」。不知元妃孟子，固《左傳》文也。又「漢元狩六年封三王」一條，中謂「宜載誥策之辭」。不知《綱目》紀事之書，非載文之書也。又「莽廢孺子」一條，中謂「既書始建國元年，則不必書莽」。不知孺子廢而後成爲始建國也。又「秦王世民殺太子建成」一條，中謂「宜削秦王字」。此泥以爵字爲褒貶例也。又「張柬之等舉兵討武氏」一條，中謂「多『之亂』二字」。不知書法在討字，此二字刪之固可，存之亦無害也。又「晉主重貴發大梁」一條，中謂「宜書北遷」。不知朱子宋人，避二帝北遷之事，變其文也。其他間有可取，不過摭拾細碎，不能深裨於史學。《綱目》非無可糾，如中此書，尚未足以糾《綱目》也。

錢大昕《補元史藝文志・編年類》 何中《通鑑綱目測海》三卷。

資治通鑑綱目集覽

楊士奇等《文淵閣書目・史附》《綱目集覽》。一部，四册。闕。

《綱目集覽》。一部，四册。闕。

《綱目集覽》。一部，四册。闕。

《綱目集覽》。一部，四册。闕。

《綱目集覽》。一部，四册。闕。

范邦甸等《天一閣書目・編年類》《資治通鑑綱目集覽》五十九卷。刊本。元王幼學編。《序》云：編始於大德己亥，迄於延祐戊午，積二十年，七易藁而甫成。

張萱等《内閣藏書目録・史部》《資治通鑑集覽》六册。元泰定間王幼學著。

錢謙益等《絳雲樓書目・編年類》 王幼學《資治通鑒綱目集覽》十册。字行卿，元人。永樂間，毘陵陳太史濟著《集覽正誤》一書，凡正王氏之誤四百餘事，援據皆精切。宣德間刊行，西楊作序極稱之。自《正誤》出，而《集覽》可廢矣。

錢大昕《補元史藝文志・編年類》 王幼學《通鑑綱目集覽》五十九卷。字行卿，望江人。書成於泰定中。

通鑑綱目前編

朱睦㮮《萬卷堂書目・編年》《通鑑綱目前編》三卷。許謙。

通鑑綱目考證

錢謙益等《絳雲樓書目・編年類》《通鑒綱目考證》一册。徐昭文，元人。此書出於汪克寬《考異》之後。

錢大昕《補元史藝文志・編年類》 徐昭文《通鑑綱目考證》五十九卷。字秀章，上虞人。

通鑑綱目凡例考異

錢大昕《補元史藝文志・編年類》 金居敬《通鑑綱目凡例考異》。

重定綱目

黄虞稷《千頃堂書目・編年類・補元》 吴迂《重定綱目》。

倪燦等《補遼金元藝文志・編年類》 吴迂《重定綱目》。

錢大昕《補元史藝文志・編年類》 吴迂《重定綱目》。

通鑑續編

楊士奇等《文淵閣書目・史》 《通鑑續編》。一部，十二册。闕。

《通鑑續編》。一部，二十四册。闕。

高儒《百川書志・編年》 《通鑑續編》三十卷。元四明陳桱子經撰。載宋元二代事。

王圻《續文獻通考・經籍考・編年》 《通鑑續編》。奉化陳桱著。桱自束髮受父書，思弘先人之業，乃著《筆記》二百卷。又上論盤古，建于高辛，會于有宋，比事較義，尊正統以定大分。其紀年師司馬光《補遺》，其書法師朱文公《綱目》，名曰《通鑑續編》。

張萱等《内閣藏書目録・史部》 《通鑑續編》六册，不全。元四明陳桱著。因金履祥《通鑑前編》闕陶唐以前事，桱采盤古至高辛氏梗槩爲第一卷，契丹、遼並五代爲第二卷。宋有國三百二十年，爲二十二卷。太平興國四年，混一中原，始大書其年爲正統，至國亡止，而遼金之事附之，一以《通鑑綱目》爲法。凡二十四卷，闕第三卷至第十四卷。

錢謙益等《絳雲樓書目・編年類》 元板陳桱《通鑑續編》。二十四卷。元末明初人。爲明太祖所誅。

黄虞稷《千頃堂書目・編年類・補元》 陳桱《通鑑續編》二十四卷。又《筆記》二百卷。洪武初，官起居注。

《四庫總目・編年類》 《通鑑續編》二十四卷。左副都御史黄登賢家藏本。舊本題元陳桱撰。桱字子經，奉化人，流寓長洲。後入明爲翰林編修。以附楊憲，遷待制。見《明史》憲本傳。題元人者誤也。桱祖著，宋時以秘書少監知台州，嘗作書名《歷代紀統》。其父泌，爲校官，又續有撰述，世傳史學。桱以司馬氏《通鑑》、朱子《綱目》，竝終於五代，其周威烈王以上，雖有金履祥《前編》，而亦斷自陶唐。因著此書，首述盤古至高辛氏，以補金氏所未備，爲第一卷。次摭契丹在唐及五代時事，以志其得國之故，爲第二卷。其二十二卷皆宋事，始自太祖，終於二王，以繼《通鑑》之後，故以「續編」爲名。然大書分注，全仿《綱目》之例，當名之曰「續綱目」，仍襲《通鑑》之名，非其實也。沈周《客座新聞》載桱著此書時，書宋太祖云：「匡允自立而還」。未輟筆，忽迅雷擊其案，桱端坐不懾，曰：「雷雖擊吾手，終不爲之改易也。」云云。此雖小説附會之談，亦足見桱以褒貶自任，乃造作此説。今觀其義例，於宋自太平興國四年平北漢後，始爲大書繫統。鄭瑗《井觀瑣言》，稱其本晦翁《語録》，持論已偏。至於金承麟稱末帝，爲之紀年，西遼自德宗以下諸主年號，亦詳爲分注。雖各本史文，然承麟立僅一日，未成爲君。西遼竝無事蹟可紀，而必縷列其間，亦不免循名失實。蓋委曲以存昺二王，使承宋統，故輾轉相牽，生是義例，非千古公評。《明史・何喬新傳》載喬新年十一時，侍父京邸，修撰周旋過之。喬新方讀《通鑑續編》，旋問書法何如，對曰：「吕文煥降元不書叛，張世傑溺海不書死節，曹彬、包拯之卒不書其官，而紀羲軒多採怪妄，似未有當。」云云。亦未始不中其失也。他如取宋太祖燭影斧聲之譌，載文天祥黄冠故鄉之語，皆漫無考正，輕信傳述。陳燿文《學林就正》，又謂桱誤以范仲淹《赴桐廬郡至淮遇風》詩爲唐介作，又改詩中「强楚」爲「狂楚」、「盡室」爲「今日」、「蛟鼉」爲「魚龍」，則引據未免疎舛。黄溥《簡籍遺聞》，又謂桱紀其先户部尚書顯、吏部尚書伸、工部尚書德綱諸事，爲《宋史》所不載，成化間續《綱目》者，亦皆削去，疑其或出於妄託，則挾私濫載，尤不恊至公。然自《通鑑綱目》以後，繼而作者，實始於桱。其後王宗沐、薛應旂等，雖遞有增修，而才識卒亦無以相勝。姑存以備參考，亦未爲不可也。

彭元瑞等《天禄琳琅書目後編・元版史部》《通鑑續編》。四函，二十四册。明陳桱撰。桱字子經，奉化人。入明爲翰林院編修，以附楊憲，遷待制。見《明史》憲本傳。此其在元時所著也。書二十四卷，前有至正二十一年周伯琦《序》，十八年陳基《序》，二十二年張紳《序》，又姜漸《序》，十年桱自《序》。其書以盤古至高辛爲《通鑑世編》一卷，唐天復至周亡遼夏初事爲《通鑑外編》一卷，宋有國至亡爲《通鑑新編》二十二卷。自太平興國三年以前係甲子，四年滅北漢後，始全繫以統。前揭書例十三條以明之。按伯琦《序》：「桱書既成，行中書省賓佐海陵馬玉麟國瑞資諸生編録之，松江貳守昭陽顧逖思邈甫鋟梓以廣其傳。」是此書纂刻俱在元時。桱流寓長洲，淮張方據吳，伯琦、陳基皆以元官爲其幕佐也。闕補《序》。首半葉。

孫星衍《平津館鑒藏書籍記・元版》《通鑑續編》二十四卷。題「陳桱」二字。前有至正廿一年周伯琦《序》，末有「太史氏」、「行中書」、「周氏伯温」三木印；至正十八年陳基《序》，末有「陳基私印」、「陳氏敬初」二木印；至正廿二年張紳《序》，末有「雲門山樵」、「山東張紳士行」三木印；至正十年陳桱自《序》，末有「陳桱私印」、「陳氏子經」、「隆國世家」三木印。書紀盤古至高辛爲一卷，契丹建國之始合五代爲一卷，宋爲廿二卷。黑口版，每葉十八行，行廿一字。收藏有「弱侯」朱文長印。

補正三史綱目

黄虞稷《千頃堂書目・編年類》楊維楨《補正三史綱目》。

綱目音訓

楊士奇等《文淵閣書目・史附》孔克表《綱目音訓》。一部，一册。闕。

綱目音釋

楊士奇等《文淵閣書目・史附》孫吾與《綱目音釋》。一部，一册。闕。

通鑑前編綱目

黄虞稷《千頃堂書目・編年類》孫蕡《通鑑前編綱目》。

資治通鑑綱目集覽鐫誤

高儒《百川書志・編年》《資治通鑑綱目集覽鐫誤》三卷。皇明錢塘瞿佑宗吉著。共二百二十一條。

世史正綱

高儒《百川書志・編年》《世史正綱》三十二卷。皇明瓊山邱濬撰。瞿校：「山」，鈔本作「臺」。

范邦甸等《天一閣書目・編年類》《世史正綱》三十二卷。明邱瓊山編，林大猷梓。門人費誾《後序》云：先生主文公《資治通鑑綱目》、吕成公《大事紀》，約爲此編。先生在翰林時已屬筆，及來太學始脱稿。既而陞秩尚書，掌詹事府，入爲國史副總裁。誾因請其稿刻之梓，藏之載道所，付典籍掌焉。

王圻《續文獻通考・經籍考・編年》《世史正綱》。瓊山丘璿著。

錢謙益等《絳雲樓書目・編年類》邱濬《世史正綱》。三十二卷。

張萱等《内閣藏書目録・史部》《世史正綱》。十册，全。初，方孝孺著《釋統》三篇，謂正統之説，不當以全有天下者槩加是名。唯周、漢、唐、宋爲正統，秦、晉、隋、女后、夷狄，當立變統代之。邱文莊公濬取孝孺意，撮《綱目》、《大事紀》二書，鎔裁之爲是書。凡三十二卷。

黄虞稷《千頃堂書目・編年類》丘濬《世史正綱》三十二卷。書始於嬴秦庚申之歲滅六國，終於元至正戊申之春彗出於昴，首尾凡一千六百十有一年。

《明史・藝文志・正史類》丘濬《世史正綱》三十二卷。

《四庫總目・編年類存目》 《世史正綱》三十二卷。副都御史黄登賢家藏本。明邱濬撰。濬有《家禮儀節》,已著録。是書本明方孝孺《釋統》之意,專明正統。起秦始皇帝二十六年,訖明洪武元年,以著世變事始之所由。於各條之下,隨事附論,然立説多偏駁不經。如紀年干支之下,皆規以一圈,中書國號,至元代則加以黑圈,迨至正十五年明太祖起兵,則爲白圈。其説以爲本之太極圖之陰陽,至是天運轉而陽道復,陰翳消也。率臆妄作,爲史家未有之變例,可謂謬誕。王士禛《池北偶談》稱其「議論嚴正」,殊爲太過。陶輔《桑榆漫志》稱其「義嚴理到,括盡幽隱,深得麟經之旨」,胡應麟《史學佔畢》稱「《春秋》之後有朱氏,而《綱目》之後有邱氏」,更乖舛矣。

續編宋元通鑑綱目

王圻《續文獻通考・經籍考・編年》 《續編宋元通鑑綱目》。丘濬著。

綱目集覽正誤

范邦甸等《天一閣書目・編年類》 《綱目集覽正誤》二卷。刊本。明毘陵陳濟撰。永樂壬寅自《序》云:《資治通鑑》全書二百九十四卷,惟胡三省《音注》優於諸家。苐卷帙浩繁,人不易致,故學者多讀《綱目》。王行卿《實覽》,爲《綱目》而作,惜草率欠精,繆戾爲多。輒用他書考正,無慮四百餘條,久而成編,姑遺兒輩習之。

王圻《續文獻通考・經籍考・編年》 《通綱集覽正誤》。右賛善陳濟著。

通鑑綱目六家注録

黄虞稷《千頃堂書目・編年類》 黄仲昭《通鑑綱目六家注録》五十九卷。以《考異》、《考證》、《集覽》、《正誤》、《書法》、《發明》六書各自爲書,不便覽,乃分録於《綱目》各條之下,而爲此書。

續資治通鑑綱目

高儒《百川書志・編年》 《續資治通鑑綱目》二十七卷。皇明文淵閣學士商輅修。續司馬氏《綱目》之後,紀編宋元事。

范邦甸等《天一閣書目・編年類》 《續資治通鑑綱目》二十七卷。明大學士商輅等奉勑纂脩并表上。成化十二年《御製序》。

徐𤊹《徐氏家藏書目・旁史類》 《宋元通鑑綱目》二十七卷。

劉若愚《内板經書紀略》 《續資治通鑑綱目》。十四本,一千一百二十二葉。

錢謙益等《絳雲樓書目・編年類》 《續資治通鑒綱目》十册。二十七卷。成化中纂修,商文毅公主其事。一時文學名臣,如邱仲深、程克勤輩,皆預焉。

王圻《續文獻通考・經籍考・編年》 《續資治通鑑綱目》。成化十二年成。

黄虞稷《千頃堂書目・編年類》 《續宋元資治通鑑綱目》二十七卷。成化九年勑修。遵朱熹《資治通鑑綱目》例,纂宋元二史,上續其書。總裁大學士彭時、户部尚書商輅、禮部尚書萬安。

《明史・藝文志・正史類》 《續宋元資治通鑑綱目》二十七卷。成化中,商輅等修。

續資治通鑑綱目廣義

范邦甸等《天一閣書目・編年類》 《續資治通鑑綱目廣義》十七卷。刊本。明雲間張時泰著并表上。弘治己酉南城羅玘《序》。

張萱等《内閣藏書目録・史部》 《續通鑑綱目廣義》。六册,全。松江監生張時泰著。弘治元年進御。凡十七卷。

綱目愚管

黄虞稷《千頃堂書目・編年類》 鄭宣《綱目愚管》二十卷。處州人。

綱目前編

高儒《百川書志・編年》《綱目前編》三卷。皇明涵谷居士姚林許誥續補《春秋》、《綱目》首尾不紀七十餘年之事。「涵」原作「函」，從瞿校鈔本改。《千頃堂目》亦作「涵」。

范邦甸等《天一閣書目・編年類》《綱目前編》三卷。刊本。明許誥著。嘉靖丙戌弟許讚《序》。

黄虞稷《千頃堂書目・編年類》許誥《綱目前編》三卷。稱涵谷居士姚林許誥續補《春秋》、《綱目》不紀七十餘年事。

《明史・藝文志・正史類》許誥《綱目前編》三卷。

徐𤊹《徐氏家藏書目・旁史類》《通鑑綱目前編》三卷。許誥。

《四庫總目・編年類存目》《通鑑綱目前編》三卷。江蘇巡撫採進本。明許誥撰。誥自號函谷山人，靈寶人。吏部尚書進之子，文淵閣大學士讚之兄，兵部尚書論之弟。弘治己未進士，官至南京户部尚書，謚莊敏，事蹟附見《明史・許進傳》。是書以司馬光《通鑑》、朱子《綱目》皆不直接《春秋》，中間闕七十餘年之事，金履祥《通鑑前編》，書法又多舛迕，乃重輯是編，以訂譌補闕。其中如辨宋昭公非周元孫，魏文侯未弑晉幽公，趙鞅、趙無卹之卒歲《史記》竝誤，亦小有考證。而摹仿《春秋》過甚，拘文牽義，往往畫虎不成，又或生例於《春秋》之外。如《春秋》書「衛侯燬滅邢」，說者謂惡其滅同姓，又或以爲因下「衛侯燬卒」之文而譌，已非成例。而誥於楚子章滅陳書名，於越句踐滅吴併削爵。《史記・越世家》：越致貢於周，周元王使人賜句踐胙，命爲伯。所謂伯者，蓋爲方伯，非由子爵晉爲伯爵也。誥乃自是，俱書「越伯」。至於《春秋》無事必書時，例也。於春特書「王正月」，明正朔也。誥於無事之年，既不備書，又不書「王正月」，必於年下別標一「春」字。自序謂「行夏時，重歲首」也。亦不善於學步矣。

歷代通鑑纂要

王圻《續文獻通考・經籍考・編年》《歷代通鑑纂要》。弘治中，命儒臣李東陽等纂輯。九十二卷。

劉若愚《内板經書紀略》《歷代通鑑纂要》。六十本，三千六百三十葉。

黄虞稷《千頃堂書目・編年類》《歷代通鑑纂要》九十二卷。弘治十八年，諭内閣李東陽等纂輯《綱目》及《續編》切於治道者，以備觀覽。正德□年書成。

《明史・藝文志・正史類》《歷代通鑑纂要》九十二卷。弘治中，李東陽等修。

于敏中等《天禄琳琅書目・明版史部》《歷代通鑑纂要》。四函，四十册。明弘治間奉勅輯，九十二卷。前明武宗《序》，次李東陽等《進舊表》及編纂儒臣銜名，次《凡例》，次《引用書目》，次《先儒姓氏》。武宗《序》作於正德二年，稱孝宗好觀《通鑑綱目》，苦其繁多，特勑儒臣撮其要略，賜名《纂要》。昔在東宮，預聞是舉。乃弘治乙丑冬，翰林以首帙備講讀書。明年丁卯夏，始克成編云云。考《明史》，武宗即位於弘治十八年五月，明年丙寅改元正德，又明年丁卯，即正德二年。所云弘治乙丑，乃弘治十八年也。是書之作，蓋剏始於弘治之末，而蕆事於正德二年者。觀其紙墨精良，當是橅印最初之本。明内府藏本。有「廣運之寶」、「表章經史之寶」。闕補卷五十二。四十二。

《歷代通鑑纂要》。六函，六十册。篇目同前。此係通行之本，橅印遠遜前部。闕補卷八。五六。

通鑑綱目事類

黄虞稷《千頃堂書目・編年類》包瑜《通鑑綱目事類》一百二十一卷。

綱鑑會纂

范邦甸等《天一閣書目・編年類》《綱鑑會纂》四十六卷。刊本。明王世貞纂，陳仁錫訂，吕一經校。卷首載《歷代帝王傳授之圖》，《凡例》五條，《總論》一卷。

黄虞稷《千頃堂書目・編年類》王世貞《綱鑑會纂》六十九卷。

資治通鑑綱目集説

劉若愚《内板經書紀略》 晏宏《通鑑綱目》。三十本，四千二十葉。

于敏中等《天禄琳琅書目・明版史部》 《資治通鑑綱目集説》。八函，六十二册。明扶安輯。《綱目》五十九卷，《前編》二卷。首列朱子《序例》，次朱子《與趙師淵論綱目書》，次元汪克寛《考異序》、徐昭文《考證序》、宋王幼學《集覽序》、明陳濟《正誤序》、馮智舒《質實序》、尹起莘《發明序》、元揭傒斯《書法序》，次《歷代先儒姓氏》，次明晏宏《識語》，次朱子《綱目凡例》、《綱目目録》，次明劉璣《序》。劉璣《序》稱「鎮守陜西東齋晏先生，集胡三省《音注》，吕東萊《大事記》、《少微通鑑》、《大明一統志》，邱濬《世史正綱》諸家之説，合而爲一稿。雖其師馬平扶先生自立，然實託諸先生以成之也。又稱馬平諱安，字世寧，卒年七十有二，朝廷賜祠額昭義，蔭其姪孫數人。東齋名宏，字約之」云云。考《明史・職官志》，有以文臣而稱鎮守者，永樂時，命尚書、侍郎、都御史、少卿等官巡行天下，初名巡撫，亦名鎮守。後定爲巡撫，或加巡撫，或加贊理、參贊，並總督諸名，不復稱鎮守。惟内監爲鎮守者，始於洪熙，徧於正統，凡各省鎮無不有之，至嘉靖八年後始革。今按璣《序》作於嘉靖己丑，正嘉靖八年。其猶稱晏宏爲鎮守，則爲宦官無疑矣。而扶安之賜祠賜蔭，亦明代内侍恩倖之常數也。王道淩收藏諸印無考。

大方綱鑑

黄虞稷《千頃堂書目・編年類》 李廷機《大方綱鑑》三十九卷。

稽古編大政紀綱目

黄虞稷《千頃堂書目・編年類》 姜寶《稽古編大政紀綱目》八卷。

《明史・藝文志・正史類》 姜寶《稽古編大政記綱目》八卷。

資治上編大政紀綱目

黄虞稷《千頃堂書目・編年類》 姜寶《資治上編大政紀綱目》四十卷。

《明史・藝文志・正史類》 姜寶《資治上編大政記綱目》四十卷。

資治下編大政紀綱目

黄虞稷《千頃堂書目・編年類》 姜寶《資治下編大政紀綱目》三十二卷。

《明史・藝文志・正史類》 姜寶《資治下編大政記綱目》三十二卷。

綱鑑統宗

黄虞稷《千頃堂書目・編年類》 趙時濟《綱鑑統宗》□百卷。字子輿，蘭溪人。嘉靖丙辰進士，福建屯田僉事。

玉堂綱鑑

黄虞稷《千頃堂書目・編年類》 葉向高《玉堂綱鑑》七十二卷。

資治歷朝紀政綱目

黄虞稷《千頃堂書目・編年類》 黄洪憲《資治歷朝紀政綱目》七十四卷。

訂補綱目摘要

黃虞稷《千頃堂書目・史學類》 梅士亨《訂補綱目摘要》六卷。

歷代二十一傳

《四庫總目・編年類存目》 《歷代二十一傳》殘本十二卷。浙江巡撫採進本。

明程元初撰。元初有《律古詞曲賦叶韻》,已著録。是書略仿《資治通鑑綱目》之例,以二十一史各編年爲傳,故曰「二十一傳」,然非傳體也。此本惟存《季周傳》十一卷、《嬴秦傳》一卷。其爲刊刻未竟,抑傳本闕佚,均不可知。據所存者觀之,大抵疎漏百出,漫無體例,其佚亦不足惜也。

綱目訂正

黃虞稷《千頃堂書目・編年類》 楊伯珂《綱目訂正》。字直甫,淮安大河衛人。萬曆丙戌進士,汾州府同知。

資治通鑑綱目前編

黃虞稷《千頃堂書目・編年類》 南軒《資治通鑑綱目前編》二十五卷。渭南人。南吏部郎中。起于伏羲,下迄周季。

《明史・藝文志・正史類》 南軒《資治通鑑綱目前編》二十五卷。

《四庫總目・編年類存目》 《通鑑綱目前編》二十五卷。編修邵晉涵家藏本。

明南軒撰。軒字叔後,渭南人。據軒《自序》,題吏部文選司郎中、前翰林院庶吉士。《明史》附見《南居益傳》,亦云官吏部郎中,嘗著《綱目前編》。然又有其門人楊光訓《序》,稱軒爲渭上先生,壯遊金馬,閱銓曹,歷藩臬。是其官不終於郎中。《陝西通志》稱其終山東參議,與光訓《序》合,當得其實。然《太學進士題名碑録》載軒爲嘉靖癸丑進士,而《通志》作甲辰進士,則《通志》又傳寫之誤矣。此書以金履祥《通鑑前編》、陳桱《通鑑前編外紀》合併删削,共爲一編。起自伏羲,終於周威烈王。然不明提綱分目之法,宂瑣糅雜,殊無可取。至於引《爾雅》曰:「熊羆貔貅貙虎六者,猛獸可以教戰」。引《左傳》曰:「龍角,亢星也,建戌之月見於東方,故戒民以土工之事」。《爾雅》、《左傳》皆無其文。蓋有明一代,八比盛而古學荒,諸經注疏,皆以不切於時文,庋置高閣。故雜采類書,以譌傳譌,至於如此。又金履祥受業王柏,故徵引師説,稱「子王子」。此書既盡變履祥之例,而引王柏之説,仍稱爲「子王子」。是更與不去葛、龔同一例矣。

國史紀聞

黃虞稷《千頃堂書目・編年類》 張銓《國史紀聞》十二卷。萬曆四十八年巡按江西時輯。

《明史・藝文志・正史類》 張銓《國史紀聞》十二卷。

《四庫全書總目提要・編年類存目》 《國史紀聞》十二卷。江蘇周厚堉家藏本。

明張銓撰。銓字宇衡,沁州人。萬曆甲辰進士,官至監察御史,巡按遼東。天啓元年,大兵破遼陽,殉節死,贈兵部尚書,謚忠烈。事蹟具《明史・忠義傳》。是編起元至正十二年明太祖起兵濠州,迄於武宗之末,編年紀載,有綱有目。名曰「紀聞」者,銓自以職非史官,不得見實録、記注,僅取各家之書,討論異同,編次成帙,所謂得之傳聞而不敢據以爲信也。書成於萬曆庚戌,至天啓甲子始刊行之。徐揭先爲之序,其子道濬又重爲校訂云。

綱鑑會編　後編

丁丙《八千卷樓書目・編年類》 《綱鑑會編》六十四卷。《後編》二十八卷。明喬承詔撰。明刊本。

綱鑑箋注

丁丙《八千卷樓書目・編年類》　《綱鑑箋注》七十二卷。明鍾人傑撰。明刊本。

綱鑑正史約

范邦甸等《天一閣書目・編年類》　《綱鑑正史約》三十六卷。刊本。明顧錫疇編纂。崇禎三年郭必昌《序》。

黃虞稷《千頃堂書目・編年類》　顧錫疇《綱鑑正史約》三十六卷。

《四庫總目・編年類存目》　《綱鑑正史約》三十六卷。內府藏本。明顧錫疇撰。錫疇字九疇，號瑞屏，崑山人。萬曆己未進士。崇禎末官至南京禮部侍郎。福王時，進尚書。後爲總兵官賀君堯所殺。事蹟具《明史》本傳。是書編年紀載，於歷代故實，粗存梗概，蓋鄉塾課蒙之本。至「綱鑑」之名，於《綱目》、《通鑑》各摘一字稱之，又顛倒二書之世次，尤沿坊刻陋習也。

綱目續麟

《四庫總目・編年類存目》　《綱目續麟》二十卷，《校正凡例》一卷，《附録》一卷，《彙覽》三卷。江西巡撫採進本。明張自勳撰。自勳字卓菴，南昌人。是編成於崇禎癸未。首爲《校正凡例》一卷，列朱子《凡例》與劉友益《書法凡例》，而各著所疑。次爲《附録》一卷，備列朱子《論綱目手書》十二篇，及李方子《綱目後序》、王柏《書綱目大全後》、徐昭文《綱目考證序》，證《綱目》一書，非惟分注非朱子手定，即正綱亦多出趙師淵手。併證劉友益誤以晚年未定之本爲中年已定之本，遂不求端訊末，强辨誣真。其《續麟》二十卷，則案原書次第，摘列《綱目》及《考異》、《書法》、《發明》、《考證》之文，而一一辨正其是非。《彙覽》三卷，則列增删正綱者三千六百四十餘字，增删分注者四百四十餘字。蓋《彙覽》爲改正之本，而《續麟》則發明改正之所以然。分注之文，《彙覽》僅改其年號、君名、謚號之類，而其他所當改者，以其文太繁，則散見於《續麟》中。蓋二書詳略互見，相輔爲用者也。其宗方孝孺之論，不以統予秦、晉、隋，未免儒生膠固之見。然其他參互比校，每能推其致誤之所以然。如唐以前太子即位皆書名，至唐獨不書名，劉友益曲爲之說。自勳則以爲太子即位，前史皆書名，至《唐書・本紀》獨不書名，《綱目》不過誤從史文，不必强爲穿鑿。又如漢景帝中元年十二月晦，日食，《綱目》漏書；三年九月晦，日食既，《綱目》漏書「既」字。自勳以爲皆《漢書・本紀》先漏，《綱目》但據《本紀》，而未見《五行志》，故有此失，別無他義。皆足破陋儒附會之說。【略】謹案：四庫編纂之例，凡箋注古書者，仍以所箋所注之時代爲次。是書本爲朱子《綱目》而作，《綱目》經聖祖仁皇帝御批，當以御批爲主，已恭録於《史評類》中，故《編年類》中不録《綱目》。而是編及芮長恤、陳景雲書，則仍從《綱目》之次序，列諸此焉。

綱目備忘

黃虞稷《千頃堂書目・編年類》　余本《綱目備忘》。

綱目前紀

黃虞稷《千頃堂書目・編年類》　謝九成《綱目前紀》。號仁峰，繁昌人。□□進士，吏部郎中。

通鑑綱目集要

黃虞稷《千頃堂書目・編年類》　蔡伸《通鑑綱目集要》十卷。

綱鑑世史類編

黄虞稷《千頃堂書目・編年類》 李槃《綱鑑世史類編》四十五卷。

綱鑑正史大全

軍機處奏《禁毀書目》 《綱鑑正史大全》一部四十本。查《綱鑑正史大全》，舊題明王世貞補遺，鍾惺訂正。蓋亦坊間所刻課蒙之本，托名於二人者。其書起自三皇，迄於元順帝，皆節録朱子《綱目》及明商輅等《續綱目》原文。書前序文、凡例，亦皆仍《綱目》之舊，並無干礙。惟於元代體例，踵邱濬謬説，甚乖正理。所引評論，亦間涉偏謬。祇須酌删駁正，應請毋庸銷燬。

歷史綱鑑補

黄虞稷《千頃堂書目・編年類》 袁黄《歷史綱鑑補》三十九卷。

袁王綱鑑會纂

軍機處奏《禁毀書目》 《了凡綱鑑補》一部二十六本。查《了凡綱鑑補》，舊題明袁黄撰，寔係坊間陋刻，托名於黄。大抵出自鈔襲，本不成書。其紀載明末唐桂諸王，多用其年號，且中多觸悖語句，應請銷燬。

綱目舉要

楊士奇等《文淵閣書目・史》 《綱目舉要》。一部，二册。闕。

綱目稽疑

楊士奇等《文淵閣書目・史附》 《綱目稽疑》。一部，九册。闕。

綱目大全

晁瑮《晁氏寶文堂書目》卷上 《綱目大全》。

綱目述史斷要

晁瑮《晁氏寶文堂書目》卷上 《綱目述史斷要》。

通鑑前紀綱目

晁瑮《晁氏寶文堂書目》卷上 《通鑑前紀綱目》。

三家注綱目

晁瑮《晁氏寶文堂書目》卷上 《三家注綱目》。

資治通鑑綱目

晁瑮《晁氏寶文堂書目》卷上 《資治通鑑綱目》。舊刻，五家注。

綱目紀要

徐圖等《行人司重刻書目・正史稗史雜記著類》《綱目紀要》。六本。

綱目集略

徐圖等《行人司重刻書目・正史稗史雜記著類》《綱目集略》。五本。

訂正綱鑑前編

徐圖等《行人司重刻書目・正史稗史雜記著類》《訂正綱鑑前編》。十本。

綱鑑大成

徐㶿《徐氏家藏書目・旁史類》《綱鑑大成》六十卷。

綱鑑論抄

徐㶿《徐氏家藏書目・旁史類》《綱鑑論抄》。

明綱目

軍機處奏《禁毁書目》《明綱目》一部十六本。查《明綱目》，不題撰人姓名。其書始於明太祖，終於熹宗，仿《綱目》之體，編年紀事。蓋崇禎間人所作。中間指斥之詞，甚爲狂悖，應請銷燬。

綱目分注補遺

《四庫總目・編年類》《綱目分注補遺》四卷。浙江巡撫採進本。國朝芮長恤撰。長恤字蒿子，原名城，字巖尹，溧陽人。前明諸生。初，朱子因司馬光《通鑑》作《綱目》，以分注浩繁，屬其事於天台趙師淵。師淵《訥齋集》中載其往來書牘甚詳。蓋分注之屬師淵，猶《通鑑》之佐以劉、范，在朱子原不諱言。因流傳刊版未題師淵之名，後人遂誤以爲分注亦出朱子。間有舛漏，皆委曲强爲之辭。長恤考究本原，知不出朱子之手，故凡分注之删削《通鑑》以至失其本事者，悉列原文某句某字之下，有某句某字於前，而推求事理爲之考辨於後，使證佐分明，具有條理。昔元汪克寬力崇道學，篤信新安，而作《考異》一編，訂譌正舛，至今與《綱目》竝刊。蓋是非者天下之公，苟一間未達，於聖人不能無誤。而大儒之心，廓然無我，亦必不以偶然疎漏，生回護之私。是即真出朱子，亦決不禁後儒之考訂，況門人代擬之本哉。且其説皆引據舊文，原書具在，亦非逞臆私談，憑虛肆辨，如姚江末流所爲者。是亦可爲《綱目》之功臣矣。陳鼎《留溪外傳》列長恤於理學部中，稱其手著《綱目存遺》等書。蓋嫌於朱子尚有所遺，待人之補，故改「補」爲「存」，以諱其事。門户之見，又何其陋歟。

讀史綱

軍機處奏《禁毁書目》《讀史綱》十二本。查《讀史綱》係左昊撰，其書抄撮《綱鑑》而成，乃村塾陋本。所紀明末事迹，凡敘本朝大兵處，多挖空字面，當係觸礙之語。又《崇禎紀》後，另出平覆一係，專紀吴三桂，均屬違礙，應請銷燬。

綱目贅言

吳壽暘《拜經樓藏書題跋記》卷二　《綱目贅言》。鈔本。《綱目贅言》十卷，國朝張如錦撰。前有彭寧求《序》。

綱目訂誤

《四庫總目・編年類》　《綱目訂誤》四卷。江蘇巡撫採進本。國朝陳景雲撰。初，尹起莘作《通鑑綱目發明》，凡有疑義，率委曲以通其說。至周密作《癸辛雜識》，始辨其「中宗、武后竝書年號」一條，然其說不甚確。後作《齊東野語》，又辨「綱中北齊高緯殺其從官六十人」一條，「郭威弑隱帝書殺、弑湘陰王書弑」一條，開元九年冬十一月「罷諸王都督刺史」等四條，貞元二年十一月「皇后不書氏」一條，目中開皇十七年「赦蕭摩訶」一條，貞觀元年「太宗詰杜淹」一條，則頗中其失。後明末張自勳、國朝芮長恤亦遞有訂正。景雲是書，又捃摭諸家所未及，悉引據前史原文，互相考證。其中毛舉細故，雖未免稍涉吹求，然如漢蕭望之誤書下獄；漢中王即位條下，誤載司馬光論；雍闓之叛，誤四郡爲三郡；鍾會過王戎，誤書其祖官；曹志免官，誤作除名；拓拔賀傉誤爲鬱律之子；石虎擒劉岳，誤以爲殺王導；論劉允語，誤脱「布在江州」四字；乞伏步頽之叛，誤在苻堅敗後；孫恩走郁州，誤作陷廣陵；宋高祖誡義符語，誤删「非如兒韶有」五字；始興王濬在西州，誤删朱法瑜事；沈文季爲僕射，誤與蕭坦之竝書；賀拔岳誤書雍州刺史；高洋誤漏還晉陽；西魏洛陽平陽以東地入於齊，誤删「以東」字；陳武帝祔祖於廟，誤作周事；隋文帝斬問事，誤作斬所捶之人；柴紹爲長史，誤連下文作諮議；李吉甫漏書罷相；李行言殺强盜，誤作殺北司；官軍亂焚殺李克恭，誤作自焚；羅紹威表詞，誤以設言爲實事；梁以錢鏐爲吳越國王，誤複上卷；王峻以樞密使同平章事兼領平盧，誤作出鎮，皆指摘精確，足正傳譌。附糾汪克寬《考異》誤讀高密王恢，陳濟《正誤》解太興殿後廳，胡寅《讀史管見》誤指宇文孝伯讒王軌，及誤論安史，劉友益《書法》誤論削高侃名諸條，亦皆允當。其於摭實之學，亦可云愈推愈密矣。

張之洞《書目答問・編年類》　《綱目訂誤》四卷。陳景雲。《文道十書》本。

通鑑綱目釋地糾繆

《四庫總目・編年類存目》　《通鑑綱目釋地糾繆》六卷。浙江巡撫採進本。國朝張庚撰。庚字浦山，秀水人。是書以《通鑑綱目集覽》、《質實》，謬誤不少，惟胡三省《通鑑注》頗屬精當，可以正二書之謬。又校以顧祖禹《讀史方輿紀要》及《輿圖》等書，爲《糾繆》以正其失。又爲《補注》以拾其遺，用力頗爲勤摯。然《集覽》、《質實》之荒陋，本不足與辨。今既與之辨矣，則宜元元本本，詳引諸書，使沿革分合，言言有據，庶幾以有證之文，破無根之論。而所糾所補，乃皆不著出典，則終不能關其口也。

張之洞《書目答問・編年類》　《綱目釋地糾繆》六卷。張庚。原刻本。

通鑑綱目釋地補注

《四庫總目・編年類存目》　《通鑑綱目釋地補注》六卷。張庚撰。

張之洞《書目答問・編年類》　《綱目釋地補注》六卷。張庚。原刻本。

御批通鑑綱目

張之洞《書目答問・編年類》　《御批通鑑綱目》。五十九卷。《首編》十八卷，《外紀》一卷，康熙四十六年殿本。《舉要》三卷，《續編》二十七卷。《綱目凡例》，宋朱子作，餘趙師淵作。《前編》金履祥，《續編》明商輅。

鑑史便讀

軍機處奏《禁毀書目》　《鑑史便讀》一部三本。查《鑑史便讀》，係何敷五撰。乃村塾課蒙之本，原不成書。原《序》刻於康熙四十九年，而廟諱未經闕筆，殊爲悖安。應請銷燬。

御批通鑑輯覽

《四庫總目・編年類》 《御批通鑑輯覽》一百十六卷，附《明唐桂二王本末》三卷。乾隆三十二年奉勅撰。是書排輯歷朝事蹟，起自黄帝，迄於明代。編年紀載，綱目相從。目所不該者，則别爲分注於其下。而音切訓詁，典故事實，有關考證者，亦詳列焉。蓋内府舊藏明正德中李東陽等所撰《通鑑纂要》一書，皇上幾暇披尋，以其褒貶失宜，紀載蕪漏，不足以備乙覽，因命重加編訂。發凡起例，咸稟睿裁。每一卷成，即繕稾進御。指示書法，悉準《麟經》。又親灑丹毫，詳加評斷，微言大義，燦若日星。凡特筆昭垂，皆天理人情之極則，不獨詞臣載筆，不能窺見高深，即涑水、紫陽，亦莫能仰鑽於萬一。所謂原始要終，推見至隱者，文成數萬，其指數千，不可一一縷陳。而尤於系統表年，著筆削之大旨。予奪進退，悉準至公。知景炎祥興之不成爲宋，故大業冠號，則義等於存陳；至正書年，則旨同於在鄆。知泰定天順之相繼爲君，而後乘釁奪宗者，不得以冒干大統。凡向來懷鉛握槧，聚訟不決者，一經燭照，無不得所折衷。用以斥彼偏私，著爲明訓。仰見聖人之心體，如鑑空衡平，聖人之製作，如天施地設。惟循自然之理，而千古定案，遂無復能低昂高下於其間。誠聖訓所謂此非一時之書，而萬世之書也。至明季北都淪覆，大命已傾，福王竊號江東，僅及一載。皇上如天聖度，謂猶有疆域可憑，特命分注其年，從建炎南渡之例。又唐桂二王，蹟同昰昺，雖黜其僞號，猶軫念其遺臣，亦詔别考始終，附綴書後，俾不致湮没無傳。大哉王言，量同天地，尤非臣等所能仰贊一辭矣。

張之洞《書目答問・編年類》 《御批通鑑輯覽》一百二十卷。乾隆三十二年勅撰。殿本，杭州局本，武昌局本，南昌巾箱本。伏羲迄明末。是書兼用《通鑑》及《綱目》義例。

開國方略

《四庫總目・編年類》 《皇清開國方略》三十二卷。乾隆三十八年奉勅撰。洪惟我國家世德綿延，篤承眷顧。白山天作，朱果靈彰。十有五王，聿開周祚。肇基所自，遐哉源遠而流長矣。迨我太祖高皇帝，以軒轅之敦敏，當榆罔之衰微，丕建鴻圖，受天明命，帝出乎震，萬物知春。所以提挈天樞，經綸草昧，亨屯而濟險，保大而定功者，謨烈昭垂，實書契以來所未有。洎我太宗文皇帝，纘承前緒，益擴昄章，日月高衢，焕乎繼照。成湯秉鉞，十一征罔弗奏功；周武臨河，八百國莫不來會。聲靈遐播，製作更新，文德武功，繩先啟後。麟麟炳炳，亦史册之所未聞。然事閱五朝，時逾十紀，舊臣之所誦説，故老之所歌吟，口耳相傳，或不能盡著於竹帛。而實録寶訓，尊藏金匱，自史官載筆以外，非外廷所得而窺。是以特詔館臣，恭録締造規模，勒成《帝典》。冠以《發祥世紀》一篇，猶《商頌》之陳《玄鳥》，《周雅》之詠《公劉》。雖時代綿邈，年月不可盡詳，而事既有徵，理宜傳信。所以明啓佑之自來也。其餘竝編年紀月，列目提綱。自太祖高皇帝癸未年夏五月起兵討尼堪外蘭克圖倫城始，至天命十一年秋七月訓戒羣臣，編爲八卷。自太宗文皇帝御極始，至順治元年世祖章皇帝入關定鼎以前，編爲二十四卷。蓋神功聖德，史不勝書，惟恭述勳業之最顯著，政事之最重大，謨猷之最宏遠者，已累牘連篇，積爲三十二卷矣。唐虞之治，具於典謨，文武之政，布在方策。臣等繕校之餘，循環跪讀，創業之艱難，貽謀之遠大，尚可一一仰窺也。豈非萬世所宜聰聽者哉。

御定通鑑綱目三編

《四庫總目・編年類》 《御定通鑑綱目三編》四十卷。乾隆四十年奉勅撰。初，大學士張廷玉等奉勅採明一代事蹟，撰《通鑑綱目三編》以續朱子及商輅之書。然廷玉等惟以筆削褒貶，求書法之謹嚴，於事蹟多所掛漏。又邊外諸部，於人名地名，多沿襲舊文，無所考正，尤不免於舛譌。夫朱子刱例之初，原以綱仿《春秋》、目仿《左傳》。《春秋》大義數千，炳若日星，然不詳核《左傳》之事蹟，於聖人予奪之旨，尚終不可明。況史籍編年，僅標梗概於大書，而不具始末於細注，其是非得失，又何自而知？即聖諭所指福藩田土一條，其他條之疏略，皆可以例推。至於譯語，原取對音。唐以前書，凡外邦人名地名見於史册者，班班可考。惟兩宋屈於強鄰，日就削弱，一時秉筆之人，既不能決勝於邊圉，又不能運籌於帷幄，遂譯以穢語，洩其怨心，實有乖紀載之體。沿及明代，此習未除。如聖諭所指朶顔青海諸人名，書圖爲兔之類，亦往往而有。鄙倍荒唐，尤不可不亟爲釐正。是編仰禀睿裁，於大書體例，皆遵《欽定通鑑輯覽》，而細注則詳核史傳，補遺糾謬，使端委秩然。復各附發明，以闡衮鉞之義；各增質實，以資考證之功。而譯語之誕妄者，亦皆遵《欽定遼金元國語解》，一一改正，以傳信訂譌。較張廷玉等初編之本，實倍爲精密。聖人制事，以至善爲期，義有未安，不以已成之局而憚於改作。此亦可仰窺萬一矣。

尊王新義

周中孚《鄭堂讀書記・編年類》　《尊王新義》四卷。崔軒刊本。國朝張羽清撰。羽清字□□，秀水人。一名《續春秋》，亦太妄矣。羽清以朱子《綱目》于唐昭宣帝天祐三年丙寅之次年，朱温篡位，即書丁卯以至癸未，曰「梁太祖皇帝」，因謂朱子有續《春秋》之志，時見于言語之間，而稿實未成。乃自唐昭宗天復元年，至莊宗同光元年，采摭《綱目》之文，而略易其數字，以標其惡而賊之。每節繫以評語，末附以《餘論》四則。自謂承朱子之志，以《春秋》之義，使亂臣賊子不復作。其實皆《綱目》所已具，而重爲此屋下架屋之舉，不足以言著述也。前有乾隆丙辰自《序》、《凡例》，及《尊王新義字説》，又有《古字注》，所以釋本書之古字也。末又有《書目》，列其自所著書，凡三十九種，以鋪張揚厲之，亦可謂顔之厚矣。

紀事本末部

論述

《四庫全書總目提要·紀事本末類序》 古之史策，編年而已，周以前無異軌也。司馬遷作《史記》，遂有紀傳一體，唐以前亦無異軌也。至宋袁樞，以《通鑑》舊文，每事爲篇，各排比其次第，而詳敘其始終，命曰「紀事本末」，史遂又有此一體。夫事例相循，其後謂之因，其初皆起於創。其初有所創，其後即不能不因。故未有是體以前，微獨紀事本末創，即紀傳亦創，編年亦創，既有是體以後，微獨編年相因，紀傳相因，即紀事本末亦相因。因者既衆，遂於二體之外，別立一家。今亦以類區分，使自爲門目，凡一書備諸事之本末，與一書具一事之本末者，總彙於此。其不標紀事本末之名，而實爲紀事本末者，亦併著録。若夫偶然記載，篇帙無多，則仍隸諸雜史、傳記，不列於此焉。

耿文光《萬卷精華樓藏書記·紀事本末類序》 此體始於晉袁樞，前此無有也。《四庫總目》別立一類，今謹遵之，所録凡十一家。一書備諸事之本末，如《北盟會編》是也；一書備一事之本末，如《平臺紀略》是也。與編年、紀傳經緯互觀，事詳而明。

雜録

《四庫全書總目提要·紀事本末類》 右紀事本末類二十二部，一千二百四十七卷，皆文淵閣著録。

又《紀事本末類存目》 右紀事本末類四部二十六卷，內一部無卷數，皆附存目。

通代分部

通鑑紀事本末

馬端臨《文獻通考·經籍考·編年》 《通鑑紀事本末》四十二卷。朱子曰：「古史之體，其可見者，《書》、《春秋》而已。《春秋》編年通紀，以見事之先後；《書》則每事別記，以具事之首尾。意者當時史官既以編年紀事，至於事之大者，則又採合而別記之。若二典所紀，上下百有餘年，而《武成》、《金縢》諸篇，其所紀載，或經數月，或歷數年，其間豈無異事？蓋必已具於編年之史，而今不復見矣。故左氏於《春秋》，既依經以作傳，復爲《國語》二十餘篇，國別事殊，或越數十年而遂其意，蓋亦近《書》體，以相錯綜云爾。然自漢以來，爲史者一用太史公紀傳之法，此意固不復講。至司馬温公受詔纂述《資治通鑑》，然後千三百六十二年之事，編年繫日，如指諸掌，雖託始於三晉之侯，而追本其原，始於智伯，上繫《左氏》之卒章，實相授受。偉哉書乎！自漢以來，未始有也！然一事之首尾，或散出於數十百年之間，不相綴屬，讀者病之。今建安袁機仲乃以暇日作爲此書，以便學者。其部居門目，始終離合之間，又皆曲有微意，於以錯綜温公之書，其亦《國語》之流矣。」

楊士奇等《文淵閣書目·史附》 袁樞《通鑑紀事本末》。一部，一百二十四册。闕。

又 袁樞《通鑑紀事本末》。一部，四十二册。闕。

又 袁樞《通鑑紀事本末》。一部，四十三册。闕。

范邦甸等《天一閣書目·紀事本末類》 《通鑑紀事本末》四十二卷。刊本。宋袁樞撰。延祐六年，郡文學掾宣城陳良弼序。

徐𤊹《徐氏家藏書目·旁史類》 《通鑑紀事本末》四十二卷。

錢謙益《絳雲樓書目·編年類》 《通鑑紀事本末》四十二册。四十二卷。袁樞撰，楊萬里序。

于敏中等《天禄琳琅書目·宋版史部》 《通鑑紀事本末》。十六函，八十四册。

宋袁樞編，四十二卷，有楊萬里《序》。《宋史》：袁樞，建之建安人。試禮部，詞賦第一。乾道七年，除太學録，求外補，出爲嚴州教授。嘗以司馬光《資治通鑑》浩博，乃區別其事而貫通之，號《通鑑紀事本末》。參知政事龔良茂得其書奏上，孝宗讀而嘉歎，以賜東宫及分賜江上諸帥。《玉海》載：淳熙三年，詔取袁樞《資治通鑑》與陸贄《奏議》賜皇太子，熟讀以求治道。與《宋史》脗合。是書初刻於嚴陵，淳熙元年，楊萬里出守臨漳，過嚴陵，爲序行之。理宗寶祐時，宗室趙與𥲅以嚴陵版字小且訛，易爲大書，讐校重刊，有與𥲅自序。即此本，而缺其序。御題：「涑水編年著《通鑑》，建安紀事別成書。興亡本末爲金鑑，條理因依若輔車。雖有增前斯數典，便稱續後此開初。淳熙紙墨香天禄，玩味孜孜日警予。乾隆乙未新春御筆。」鈐乾隆雙璽。

又《通鑑紀事本末》。十四函，八十四册。篇目同前。楊萬里《序》後有趙與𥲅《序》。

按：此亦寶祐刊本，而刷印稍後。每卷首末有「禮部官書」朱文長印。考《明史·藝文志》：「永樂四年，命禮部尚書鄭賜訪購遺書。」又朱彝尊《經義考》載：「明永樂間，敕翰林院凡南内所儲書各取一部，於是修撰陳循督舟十艘，載書百櫃送北京。又嘗命禮部尚書鄭賜擇知典籍者，四出購求遺書，不特合宋、金、元之所遺而滙於一，且奉使者復命，必納書於庫，縹緗之富，古未有也。鄭賜當時官禮部，董其事，或所採之書，鈐以禮部官印。是書似亦曾爲所採也。」闕補卷四，八十八。卷八，六十二。卷二十二，九十九。卷三十八，一百。卷四十二，六七。

又《通鑑紀事本末》。六函，四十二册。篇目同前，趙、楊二《序》前有元陳良弼《序》。是書亦寶祐舊版。據良弼《序》稱：版藏趙與𥲅家，東之高閣四十餘年。延祐六年，其孫趙明安售於良弼，置之嘉禾學宫，復爲之序。良弼號公輔，宣城人，時爲嘉禾郡文學掾，出貲購版，以惠後學。蓋亦好古之士也。書中雖間有字畫漫漶及補葉處，然實爲宋槧，未可以元印而少之。闕補卷一，五。卷六，七十六。卷十，十五，十六。卷十一，三十三，三十四。卷十二，八十六。卷十四，十一，十二。卷十五，一，十五，十六。卷十六，一百一。卷十七，五十二。卷十九，十一，十二。卷二十五，四十六。卷二十九，七十七，七十八。卷三十二，三，四。卷三十三，一百十九，一百二十。卷四十一。六十七，六十八。

又《明版史部》《通鑑紀事本末》。四函，二十四册。宋袁樞編。四十二卷。前宋楊萬里、趙與𥲅，元陳良弼三《序》。前宋版中是書有三部，宋印者二，元印者一。寬行大字，精妙出羣。此本槧刻雖亦清朗，然不免相形見絀矣。

《四庫全書總目提要·紀事本末類》《通鑑紀事本末》四十二卷。通行本。

宋袁樞撰。樞字機仲，建安人。孝宗初試禮部詞賦第一，歷官至工部侍郎，以右文殿修撰知江陵府，尋提舉太平興國宫。事蹟具《宋史》本傳。案唐劉知幾作《史通》，敘述史例，首列六家，總歸二體。自漢以來，不過紀傳、編年兩法，乘除互用。然紀傳之法，或一事而複見數篇，賓主莫辨。編年之法，或一事而隔越數卷，首尾難稽。樞乃自出新意，因司馬光《資治通鑑》區別門目，以類排纂。每事各詳起訖，自爲標題；每篇各編年月，自爲首尾。始於「三家之分晉」，終於「周世宗之征淮南」，包括數千年事蹟，經緯明晰，節目詳具，前後始末，一覽了然。遂使紀傳、編年貫通爲一，實前古之所未見也。王應麟《玉海》稱「淳熙三年十一月，參政龔茂良言樞所編《紀事》有益見聞。詔嚴州摹印十部，仍先以繕本上之」。《宋史》樞本傳又稱「孝宗讀而嘉歎，以賜東宫及分賜江上諸帥，曰治道盡在是矣」。朱子亦稱「其書部居門目，始終離合之間，皆曲有微意，於以錯綜温公之書，乃《國語》之流」。蓋樞所綴集，雖不出《通鑑》原文，而去取翦裁，義例極爲精密，非《通鑑總類》諸書割裂捃摭者可比。其後如陳邦瞻、谷應泰等，遞有沿仿，而包括條貫，不漏不冗，則皆出是書下焉。

彭元瑞等《天禄琳琅書目後編·宋版史部》《通鑑紀事本末》。十六函，一百册。宋袁樞撰。樞字機仲，建安人。孝宗初試禮部詞賦第一，官工部侍郎，知江陵府。《宋史》有傳。書四十二卷，始「三卿分晉」，訖「周世宗征淮南」，凡百三十九篇。前有淳熙元年楊萬里《序》，又寶祐丁巳趙與𥲅《序》。萬里字廷秀，號誠齋，吉水人，舉進士，官寶謨閣學士，謚文節。與𥲅字德淵，號節齋，太祖十世孫，嘉定中進士，知平江府，贈少師。《宋史》俱有傳。

按王應麟《玉海》載：「淳熙三年十一月，參知政事龔茂良言樞所編《紀事》有益見聞。詔嚴州摹印十部，仍先以繕本上之」。《宋史》樞本傳載：「孝宗讀而嘉歎，以賜東宫及分賜江上諸帥。」考與𥲅《序》稱：「嚴陵舊本字小且譌，乃易爲大書，精加讎校，以私錢重刊之。」萬里《序》在樞分教嚴陵時，故嚴州有小字刻本。作《序》後二年，已被旨宣索。越八十四年，與𥲅居湖州，有此湖州大字刻本。蓋是書宋時已再刻矣。

又《通鑑紀事本末》。十四函，八十四册。同上。

又《通鑑紀事本末》。六函，四十二册。同上。篇目及楊萬里、趙與𥲅《序》俱同，多元延祐六年陳良弼《序》，《序》稱：「節齋刻版後，束之高閣者四十餘年。其孫明安過嘉禾學宫，出所藏書版見示。因白御史宋公一齋，僉憲鄧公善之，以中統鈔七十五定償之，寘之學宫。因書得版顛末於節齋《序》後」。蓋良弼時爲郡文學掾，據《序》乃宋版元印也。

闕補卷二，九十二之九十四。卷十六，一百一。卷二十四，一百二十五。卷三十三，一百十九、一百二十。卷四十一。十一、十二、六十七、六十八。

《明版史部》《通鑑紀事本末》。五函，五十二册。《通鑑紀事本末》篇目見前《宋版史部》。《宋史紀事本末》十卷，凡百九篇，《元史紀事本末》四卷，凡二十七篇，俱明陳邦瞻撰。邦瞻字德遠，高安人。萬曆戊戌進士，官至兵部侍郎。《明史》有傳。初，馮琦仿《通鑑紀事本末》例，論次宋事，以續袁樞之書，未成。劉曰梧得其遺稿，屬邦瞻增訂成編，本於琦者十之三，出於邦瞻者十之七。故書中標「馮琦原編，邦瞻纂輯」也。琦字琢菴，臨朐人。萬曆丁丑進士。官至禮部尚書，謚文敏。《明史》有傳。《宋史紀事本末》前有萬曆乙巳邦瞻自《序》，又曰梧《序》。《元史紀事本末》前有萬曆丙午徐申《序》，邦瞻自《序》。通部前有萬曆丁未焦竑《序》、魏時應《序》，皆合刻時作。其刻書銜名爲巡按直隸帶管督學鹽法監察御史黄吉士，並淮南府官屬十一人。曰梧字陽生，號斗陽，南昌人，萬曆丙戌進士，官至兵部侍郎。申，長洲人，萬曆丁丑進士，官應天府尹。時應，南昌人，萬曆乙未進士，官南通政使，以忤魏忠賢，冠帶閒住。吉士，内黄人，萬曆己丑進士。

孫星衍《平津館鑒藏書籍記・宋版史部》《通鑑紀事本末》四十二卷，《目録》一卷。題建安袁樞編。前有淳熙元年楊萬里《敘》。此書宋有二刻本，一刻於嚴陵，即萬里《敘》本。一刻於寶祐，趙與簒以嚴陵版小，易爲大字。此即大字本也，而缺與簒《敘》一篇，每葉廿二行，行十九字。

又《明版史部》《通鑑紀事本末》四十二卷，《目録》一卷。題宋建安袁樞編，明巡按湖廣監察御史豐城李栻校刊。前有淳熙元年楊萬里《序》、寶祐丁巳趙與簒《序》、延祐六年陳良弼《序》、萬曆二年李栻《重刻通鑑紀事本末序》。此書楊誠齋所序者，嚴陵小字本。趙節齋重刻，改爲大字。明南京國學所藏即節齋本也。歲多漫漶殘缺，李栻復加校正，因酌損其板而重刻焉。每葉廿四行，行廿八字。

顧廣圻《思適齋書跋・史部》《通鑑紀事本末》四十二卷。宋嚴州刻本。建安袁樞《通鑑紀事本末》，宋槧凡二。其一爲小字本，王伯厚《玉海》所言「淳熙三年詔嚴州摹印一部」者也；其二爲大字本，節齋趙與簒於寶祐丁巳重刊而序之者也。大字本之板，前明尚在南監，故外間印本不少。小字本則僅有宋印耳。此部爲崑山徐尚書所藏，卷端鈐其名號圖記，通帙精善，尤可寶貴矣。道光癸未陽月，程稟初嫺孟出以見示，屬加審定，爰書是而貽之。顧千里記。

張金吾《愛日精廬藏書志・紀事本末類》《通鑑紀事本末》四十二卷。宋寶祐刊本。宋建安袁樞編。初，予與子袁子同爲太學官，子袁子録也，予博士也，志同志，行同行，言同言也。後一年，子袁子分教嚴陵，後一年予出守臨漳，相見於嚴陵，相勞苦，相樂，且相棣以學。子袁子因出書一編，蓋《通鑑》之本末也。予讀之，大抵搴事之成，以後於其萌，提事之微，以先於其明。其情匿而泄，其故悉而約，其作窕而槬，其究遐而邇。其於治亂存亡，蓋病之源、醫之方也。予每讀《通鑑》之書，見事之肇於斯，則惜其事之不竟於斯。蓋事以年隔，年以事析，遭其初莫繹其終，攬其終莫志其初。如山之峩，如海之茫，蓋編年繫日，其體然也。今讀子袁子此書，如生乎其時，親見乎其事，使人喜，使人悲，使人鼓舞，未既而繼之以歎且泣也。嗟乎！由周秦以來曰諸侯，曰大盗，曰女主，曰外戚，曰宦官，曰權臣，曰夷狄，曰藩鎮，國之病亦不一矣，而其源不一哉。蓋安史之亂，則林甫之爲也；藩鎮之亂，則令孜之爲也，其源不一哉。得其病之之源，則得其醫之方矣，此書是也。有國者不可以無此書。前有姦而不察，後有邪而不悟。學者不可以無此書。進有行而無徵，退有蓄而無宗。此書也，其入《通鑑》之户歟？雖然，覿人之病，戚人之病，理人之病，得人之病，而於身之病，不懵焉，不諱焉，不醫之距焉，不醫而繆其醫焉，古亦稀矣。彼闇而此昭，宜也。切於人，紓於身，可哀也夫。淳熙元年三月戊子，廬陵楊萬里敘。

《通鑑》一書，於治道最切實。諸史之精華，百代之龜鏡，古未有也。神宗皇帝深所愛重，錫「資治」之嘉名，且命經筵進讀。歷朝寶之，永以爲訓。近世建安袁公復作《紀事本末》，區别條流，各從其類，豈求加於《通鑑》之外哉？蓋《通鑑》以編年爲宗，《本末》以比事爲體。編年則雖一事而歲月遼隔，比事則雖累載而脈絡貫聯。故讀《通鑑》者，如登高山、泛巨海，未易遽覩其津厓。得《本末》而閱之，則根幹枝葉繩繩相生，不待反覆它卷，而瞭然在目中矣。故《本末》者，《通鑑》之户牖也。袁公之爲是書，其殆司馬文正之疏附先後也歟？與簒淳祐壬子退而里居，四年之間，熟得繙閱。每見世道開泰，君明臣良，百度修舉，四裔賓服，使人忻悦愛慕。至若叔世末造，賢愚倒植，綱頽紐解，外阻内訌，使人感憤歎息。要其指歸：治未始不由於任君子，亂未始不由於親小人，安未始不由於固民心，危未始不由於困民力。志實事上者，未有不昌，姦諛欺君者，未有不亡。公廉宏濟者，奕世流芳，貪刻暴殄者，子孫貽殃。天道人事，其應靡忒，參稽源委，可以昭勸戒於方來，是書之關於世教亦大矣。嚴陵舊本，字小且訛，乃易爲大書，精加讐校，以私錢重刊之，非特便老眼，訓子弟，庶與四方朋友共之云。寶祐丁巳秋七月朔古汴趙與𥲅謹書。

吳壽暘《拜經樓藏書題跋記》《通鑑紀事本末》。宋袁樞《通鑑紀事本末》四十二卷，每葉二十二行，行十九字。前有淳熙元年楊萬里、寶祐五年趙與𥲅、元延祐六年陳良弼三《序》。趙《序》「嚴陵舊本，字小且訛，乃易爲大書，精加讐校，以私錢重刊之」云云。陳《序》謂「節齋患嚴陵本字小且訛，於是精加讐校，易爲大字，刊板而家藏之，凡四千五百面，可謂天下之善本也。頃年，士學陋，藝苑蕪，此版束之高閣者四十餘年，又懼其爲勢家所奪也，秘不示人。一日，節齋孫趙明安者過嘉禾，謁學宫，目擊余所爲若不懈者，乃歎曰：『吾有所託矣。』始出所藏書版示餘。會御史朱公一齋、僉憲鄧公善之按臨是邦，乃出中統鈔七十五定償之，趙亦不計也。因書得版顛末于節齋叙次，後之官于學者，庶幾知所寶焉」云云。蓋是書刻於宋寶祐中，印于元延祐間。此本爲明嘉靖間印行者，中有補刊、缺葉。原本缺筆、避諱之處，悉仍其舊，未改宋刻面目，是可貴也。

張之洞《書目答問·紀事本末類》《通鑑紀事本末》四十二卷。宋袁樞。袁、陳、谷四種合刻通行本。漢陽朝宗書室活字版本。南昌局本未畢工。王延年《補通鑑紀事本末》已進呈，未見傳本。

耿文光《萬卷精華樓藏書記·紀事本末類》《通鑑紀事本末》四十二卷。

宋袁樞撰。

宋本。此宋大字板，元人買得刻之。每葉二十一行，每行十九字。前有淳熙元年楊萬里《序》、寶祐丁巳古汴趙與𥲅《序》、延祐六年郡文學椽宣城陳良弼《序》。

趙氏《序》曰：「嚴陵舊本，字小且訛，乃易爲大書，精加讐校，以私錢重刊之。」

文光案：《玉海》云「淳熙三年十一月，參政龔茂良言樞所編《紀事》有益見聞，詔嚴州摹印十部，仍先以繕本上之」，此即節齋所謂小字本也。

陳氏序曰：「誠齋序之於前，節齋序之於後，發明盡矣。節齋易嚴陵本爲大字，刊板而家藏之，凡四千五百面，可謂天下之善本。此板束之高閣者四十餘年，祕不示人。一日，節齋孫趙明安者，過嘉禾謁學宫，始出所藏書板示余，曰：『昔有雲間好事者，出中統鈔三百定求市，吾不忍售。若寘之嘉禾學宫，償吾半直，亦無憾矣。』適御史宋公一齋、僉憲鄧公善之按臨是邑，余白其事，乃出中統鈔七十五定償之，趙亦不計也。因書得板顛末於節齋《序》後，官於學者，庶幾知所寶焉。」

文光案：此板在宋刻中亦未爲精絶，然較通行本爲勝。白紙印者甚佳，予以四十金得之。明嘉靖癸亥有補板刻者，者不如此本。

《平津館書藉記》：「明南監所藏即節齋本，歲久殘缺。萬曆二年，巡按湖廣監察御史豐城李栻復加校正，因酌損其板而重刊焉。前有楊《序》、趙《序》、陳《序》、李栻《重刊序》。《目録》一卷，題建安袁樞編。」

文光案：此本每葉二十四行，行二十八字，與宋本不同，當是李氏所翻刻。孫氏以爲酌損趙本，蓋未見宋本也。

《提要》曰：「自漢以來，不過紀傳、編年兩法，乘除互用。然紀傳之法，或一事而複見數篇，賓主莫辨；編年之法，或一事而隔越數卷，首尾難稽。樞乃自出新意，因司馬光《資治通鑑》，區別門目，以類排纂，每事各詳起訖，自爲標題，每篇各編年月，自爲首尾。始於三家之分晉，終於周世宗之征淮南，包括數千年事蹟。經緯明晰，節目詳具，前後始末一覽了然，實前古之所未見也。」

文光案：是書於紀傳、編年之外，別爲一體，而又合紀傳、編年，聯爲一節。首刱義例，深合體裁，故《提要》亟稱之。然猶有議之者，亦録於此。

王介眉曰：「袁書不言田制，則度地居民之法忘；不言漕運，則鑿渠引河之利塞；不言府兵，則耕牧戰守之功隳。漢唐治理一也，曷爲貞觀之政要詳，而文景之太平略也。太子，國本也，曷爲楊勇、承乾則詳，而臨江、東海之易則略也。后妃，大分也，曷爲飛燕、武媚則詳，而子夫、麗華之立則略也。不韋以吕易嬴，是秦先周而亡；馮后酖獻幽文，是魏較晉尤傴。清河迷等劉劭，高陽罪浮蓋生。平津外寬内深，一口蜜腹劍也；弘平販物求利，一連穡輕貨也。或隱而不書，或大書特書，譬之於數，是知一不知二也。然此猶以建安論建安也，耶律鵰張遼海，而陳邦瞻不究其終；黨項虎視河涯，而薛應旂不稱其始。紹建安者如此，則建安之緒未終，補編之作其得已哉。」

文光案：此條在舊稿中不記録自何書。凡著書之體，惟大綱難舉，大綱既正，雖小有罅漏，不足爲累。介眉所摘，皆節目也。袁書以紀事爲名，並非作志。水利、兵農乃會要之目，若合數代之兵爲一篇，田爲一篇，是《通鑑》、《通考》之例也，於事何涉？玩其語似撰《通鑑紀事本末補編》，猶記杭大宗序之，而未見其書。前愛其說而存之，今覺其露才揚己，情見乎詞。正如蘇子由著《古史》譏史公爲無識，多見其不知量也。袁書與《史記》、《通鑑》鼎立而三，後有作者，弗可及也已。朱子云：袁書部居門目，始終離合之間，皆曲有微意，錯綜温公書，乃《國語》之流。

潘祖蔭《滂喜齋藏書記》卷一　宋刻《紀事本末》四十二卷。六函，四十二册。

建安袁樞編。宋時有二刻，一爲小字本，淳熙乙未刻於嚴陵，楊萬里《序》。一爲大字本，寶祐五年趙與𥲅所刻，即此本也。前有與𥲅《序》，每半葉十一行，行十九字，板高尺餘，字大於錢，最便老眼。常熟瞿氏亦藏此刻。有延祐六年陳良弼《序》，謂節齋之孫明安置之嘉禾學宮。節齋，即與𥲅字也。此板至明尚存，遞有修改，此本無良弼《序》，尚是延祐以前印本。唐子畏、葉文莊皆有藏印，又有「葉德榮」一印，文莊之子也。卷端題字云「唐寅子畏家藏書籍」。十三卷後云「蘇臺唐寅子畏甫學圃堂珍藏書籍」。二十一卷後云「晉昌唐寅醉中讀」。自南北交兵起，又云「唐子畏夢墨亭藏書」。二十二卷後云「吴郡唐寅桃花庵中夢墨亭書」。其餘各卷之尾題字尚多，大致相同。又每事擇其要語書於上方，皆子畏筆也。

附藏印：

「唐寅私印」。「南京解元」。「唐子畏圖書」。

「葉氏菉竹堂藏書印」。

袁氏通鑑紀事本末撮要

黄丕烈《百宋一廛書録》　《袁氏通鑑紀事本末》有兩宋本，一爲大字，一爲小字，皆非難得之物。惟此《袁氏通鑑紀事本末撮要》。袁氏《通鑑紀事本末撮要》各家書目不載，余以其祕也，故收之。標題分兩行，一云「建安袁樞機仲編」，一云「建安蔡文子行之撮」。則此乃蔡氏所爲也。書凡八卷，字畫古拙。此宋刻之至精者，爲昆陵周九松藏書，蓋向來所珍重矣。

通鑑紀事本末前編

耿文光《萬卷精華樓藏書記・紀事本末類》　《通鑑紀事本末前編》十二卷。明沈朝陽撰。鬱岡山房本。萬曆丁巳常之漢校刊。近所通行者，有《紀事五種》合刊本。袁書有萬曆丁未焦竑《序》，又有楊《序》、趙《序》、陳《序》。蓋從趙氏大字本翻出，而行數字數不同。

通鑑紀事本末摘要

王士禛《漁洋書跋》　《通鑑紀事本末摘要》。司馬文正公作《通鑑》，以繼獲麟之後，朱子又作《綱目》，效《春秋》竊取之義，於是史家體例備矣。建安袁樞又檃括貫穿，創爲「紀事本末」。一事之首尾起訖，開卷瞭然，亦古今必不可無之書也。涇陽雷伯籲以古文名，作《紀事本末摘要》一書。其子毅將謀刻之淮南，郵其稿示予。喜其簡要，可便初學，然此特家塾之書耳，有志史學者，自當取袁氏全書讀之。

繹史

《四庫全書總目提要・紀事本末類》　《繹史》一百六十卷。通行本。國朝馬驌撰。驌有《左傳事緯》，已著録。是編纂録開闢至秦末之事。首爲世系圖、年表，不入卷數。次太古十卷，次三代二十卷，次春秋七十卷，次戰國五十卷，次別録十卷。仿袁樞《紀事本末》之例，每一事各立標題，詳其始末。惟樞書排纂年月，鎔鑄成篇，此書則惟篇末論斷出驌自作。其事蹟皆博引古籍，排比先後，各冠本書之名，其相類之事則隨文附注。或有異同譌舛，以及依託附會者，並於條下疏通辨證。與朱彝尊《日下舊聞》義例相同。其別録則一爲「天官」，二爲「律吕通考」，三爲「月令」，四爲「洪範五行傳」，五爲「地理志」，六爲「詩譜」，七爲「食貨志」，八爲「考工記」，九爲「名物訓詁」，十爲「古今人表」。蓋以當諸史之表志。其九篇亦薈粹諸書之文，惟「古今人表」則全仍《漢書》之舊，以所括時代與《漢書》不相應，而與此書相應也。雖其疎漏牴牾，間亦不免。而蒐羅繁富，詞必有徵，實非羅泌《路史》、胡宏《皇王大紀》所可及。且史例六家，古無此式，與袁樞所撰均可謂卓然特創，自爲一家之體者矣。

張之洞《書目答問・紀事本末類》　《繹史》一百六十卷。馬驌。通行本。

斷代分部

春秋左氏傳事類始末

《四庫全書總目提要・紀事本末類》《春秋左氏傳事類始末》五卷。江蘇巡撫採進本。宋章沖撰。沖字茂深，章惇之孫也。淳熙中嘗知台州，其妻乃葉夢得女。夢得深於《春秋》，故沖亦頗究心於《左傳》。取諸國事蹟，排比年月，各以類從，使節目相承，首尾完具。前有沖自《序》及謝諤《序》。考沖與袁樞俱當孝宗之時。樞排纂《資治通鑑》，創紀事本末之例，使端緒分明，易於循覽。其書刊於淳熙丙申。沖作是書，亦同斯體。據自《序》刊於淳熙乙巳，在樞書之後九年。殆踵樞之義例而作，雖篇帙無多，不及樞書之淹博，其有裨學者則一也。惟《通鑑》本屬史家，樞不過理其端緒。《春秋》一書，經則比事屬詞，義多互發。傳文則或先經以始事，或後經以終義，或依經以辨理，或錯經以合異。絲牽繩貫，脈絡潛通。沖但以事類裒集，遂變經義爲史裁，於筆削之文，渺不相涉。舊列經部，未見其然，今與樞書同隸史類，庶稱其實焉。

皇宋通鑑長編紀事本末

阮元《四庫未收書提要・紀事本末類》《皇宋通鑑長編紀事本末》一百五十卷。宋楊仲良撰。案：李燾取北宋九朝事實，仿司馬光《長編》之體，編年述事，爲《續資治通鑑長編》，成書一百五十卷，卷帙最爲繁重。仲良乃別爲分門編類，以成此書。每類之中，仍以編年紀事，太祖七卷，太宗七卷，真宗十四卷，仁宗二十四卷，英宗四卷，神宗三十四卷，哲宗二十六卷，徽宗二十八卷，欽宗六卷，共一百五十卷。各有事目，目中復有子目。汴京百七十年禮樂兵刑之沿革，制度政令之舉廢，粲然具備，可以案目尋求。李燾而後，陳均之前，煩簡得中，洵可並傳。而今所傳《長編》足本，徽欽兩朝，皆已闕失，藉此得以考見崖略，尤可貴也。仲良之名，不見於書中。卷端有寶祐丁巳廬陵歐陽守道《序》，亦不言著書人姓名，而陳均《九朝編年》，引用書目中有之，云「《長編紀事本末》，楊公仲良」，故知此事出仲良手。然其書不見于《宋史・藝文志》，而趙希弁、陳振孫、馬端臨諸家，亦皆不著録。近代藏書家，惟季振宜、徐乾學兩家有之。徐目云：「闕一百十四卷至一百十九卷。」今此舊鈔本，亦闕此六卷，又闕六七兩卷，而五八兩卷，亦非完袠。較乾學藏本，蓋又多闕佚矣。據守道《序》，此書寶祐元年刻于廬陵郡齋。貢士徐琥重爲校刻，則寶祐五年也。

張金吾《愛日精廬藏書志・紀事本末類》《皇朝通鑑長編紀事本末》一百五十卷。抄本。宋楊仲良撰。仲良之名不見於書中。案《玉海》云：「楊仲良爲《長編紀事本末》一百五十卷」。陳均《皇朝編年備要》引用書目有「楊公仲良《長編紀事本末》」，則此書爲仲良所作無疑。是書以李氏《長編》分類編次，每類中仍以編年紀事。原欽備具，繁簡得中，洵可與《長編》相輔而行。且《長編》徽、欽兩朝皆已闕佚，藉此得考見崖略，尤可寶貴。季滄葦、徐健菴書目俱著録。徐目云：「闕卷一百十四至一百十九」。此本蓋從徐氏藏本傳寫者，除原闕外，又闕五、六、七三卷暨卷八上半卷。

《皇朝紀事本末》，寶祐元年直徽猷閣謝侯守廬陵，始以家藏本刊於郡齋。侯既去，予從郡學見之，借授貢士徐君琥傳録。徐以郡本不可復得，有意轉刊於家。或謂卷帙繁多，宜作節本。予亟止之，曰：「史未易節也。前代史尚難之，況國朝。節史近於筆削，倘不知史法，而容易措手，則去留失宜，首尾不備，使讀者憮然，此與斷編闕帙何異？史館遴選尚不敢苟，而私家新學見史輙節，非予所敢知也。」徐君幸從予言而止。刊既就，以示予，覆讀則頗疑其間多所舛訛。蓋前此郡齋所刊，匆匆未及點對，而侯已去，殊爲可惜。近有得大字蜀本者，予復借與數友參校，乃知郡本固自多誤，蜀本誤亦不免。再質之於《續通鑑長編》，尋其本文初意，而後敢以爲安。所校正不翅千數百字，然亦唯有誤則據本正之，倘無可據，雖一字不敢輒增損也。工告畢，爲議其所自。五年歲在丁巳十月望，廬陵歐陽守道謹書。

皇朝通鑑紀事本末

倪燦《宋史藝文志補・通史類》歐陽守道《皇朝通鑑紀事本末》一百五十

卷。起建隆，迄靖康。

蜀漢本末

陸心源《皕宋樓藏書志・紀事本末類》 《蜀漢本末》二卷。舊鈔本。元趙居信集録。

某氏《序》曰：事固有晦塞於一時，而較著于後世者。時之人以爲貴，後之論者或賤之。私媢者之所毁，大賢君子或尊之。蓋愛惡取舍，出乎恒情者，或汩于流俗之見，或眩于强弱之勢，或以事功成敗爲賢否，是以往往不能合乎大公。及夫時世遠而愛惡銷，大賢君子作而正論起，鄙夫憸人卑陋嵬瑣之説，譬如白日出而魑魅亡，嚴霜降而虫虺蟄，自無所容天地之間，而是非正僞粲然照布于萬世，是豈人爲也哉？斯理之在人心，窮宇宙而不可磨滅者，天之道也。天道必久而後定，固有必然者矣。當東漢之季，曹操以螟蟊之志，陰賊國命而竊其權，默授其子，俾行僭奪，其爲事至穢，其爲跡至暴。當是之時，昭烈、孔明以雄才大義，引既絶之緒而續之，有汛掃海宇，攘除姦凶之心。使漢祚未訖，昭烈優于光武，而孔明之英傑，豈止致主於二漢之隆而已哉？固將紹三代遺統，巍乎軼出百王之表，而未知所止者也。彼陳壽不足以識之，顧扶彼而抑此，義夫志士爲之憤鬱者數百歲。及子朱子出，而筆削《綱目》之書，然後有以合乎天道而當乎人心，正統尊而僭亂詘，有功於人極甚大。近世信都趙氏復因而取自昭烈之生，以至帝禪之亡若干年之事，廣其未備之文，參其志當之論，别爲一書。

至元戊子之秌，亡友嵩東何從政彦達，始示予以《通鑑綱目》。且謂大義數十，炳如日星。如漢繼昭烈，唐斥武后，書楊雄爲莽大夫，謂陶潛曰晉處士。居信從而讀之，不勝服，遂述《蜀漢本末論》，以見欽贊之意。歲辛卯年，集諸儒精義於柏林書院，欲綴鄙論于紙尾，竟以元稿不存而止。延祐甲寅，鄉大夫竹軒先生曹彦謙子和之子琛出是編于厥家，乃其父手書者，蓋求之弗獲，兩紀于斯矣。今且序編摩之始，復得合而成之，似非偶，因記其曲折于卷末云。上元日信都趙居信謹識。

漢始于高帝，中興于光武，終于靈獻，炎祚息矣。昭烈以中山後起西蜀，而得諸葛武侯爲之佐，雖崎嶇一隅，而天下思漢之心，尤有望于斯也。傳及帝禪，將星墜營，大業弗復，庸非天子乎？晉史帝魏寇蜀，悖已甚矣。紫陽朱夫子《通鑑綱目》之作，而大義始正。東溪趙先生《蜀漢本末》之作，而公論愈明。是則《本末》當與《綱目》並于世。歲己丑，先生之嗣子總管趙公來守建郡，出是書以示其學者，可以謂善繼志矣。君復伏讀敬嘆，因請壽諸梓以廣其傳，欲使後之覽者，知正統之有在，其于世道豈小補哉？時至正辛卯二月，建寧路建安書院山長晚學黄君復再拜謹書。

鴻猷録

范邦甸等《天一閣書目・紀事本末類》 《後明鴻猷録》十六卷。刊本。明京山高岱編輯并敘。

徐𤊹《徐氏家藏書目・本朝史類》 《皇明鴻猷録》十六卷。高岱。

錢謙益《絳雲樓書目・本朝國紀》 高岱《鴻猷録》。八卷。岱字伯宗，京山人。嘉靖庚戌進士。由刑部郎出爲景府長史以卒。所著有《樵論》、《楚漢餘談》。

軍機處奏《禁毁書目》 《鴻猷録》一部，四本。查《鴻猷録》係明高岱撰。取列朝故寔，依袁樞《紀事本末》之例，分類詮次。凡爲目六十，始於洪武，迄嘉靖而止。敘述詳明，尚無違礙，應請毋庸銷燬。惟前數卷間有議論偏謬之處，仍應刪節抽燬。

《四庫全書總目提要・紀事本末類存目》 《鴻猷録》十六卷。通行本。明高岱撰。岱字伯宗，京山人。嘉靖庚戌進士。官至景王府長史。是書乃岱官刑部主事時作，仿紀事本末之體，所録凡六十事，每事標四字爲題，前敘後論。起於龍飛淮甸，終於追戮仇鸞，皆事之關於用兵者也。前有自序曰：「歷代實録，祕不可見。惟是諸臣傳志書疏，參質考訂，稍得要領。暇日論次，録而成帙」云。

承天大志

范邦甸等《天一閣書目・紀事本末類》 《承天大志》四十卷。刊本。明嘉靖四十五年，吏部尚書徐階、禮部尚書李春芳上。《進表》云：「紀十有二：曰基命紀，曰符瑞紀，曰龍飛紀，曰聖孝紀，曰大狩紀，曰宫殿紀，曰陵寢紀，曰寶謨紀，曰御製紀，曰恩澤紀，曰禮樂紀，曰苑田紀。」

宋史紀事本末

范邦甸等《天一閣書目・紀事本末類》 《宋史紀事本末》三十卷。明北海馮琦原編，高安陳邦瞻纂輯，句吴徐申、豫章劉曰梧校正，秣陵沈朝陽繙閲。

徐𤊹《徐氏家藏書目・旁史類》 《宋史紀事本末》十卷。馮琦。

錢謙益《絳雲樓書目・編年類》 《宋史紀事本末》十二册。

《明史・藝文志・正史類》 馮琦《宋史紀事本末》二十八卷。

《四庫全書總目提要・紀事本末類》 《宋史紀事本末》二十六卷。兩淮鹽政採進本。明陳邦瞻撰。邦瞻字德遠，高安人。萬曆戊戌進士，官至兵部左侍郎。事蹟具《明史》本傳。初，禮部侍郎臨朐馮琦，欲仿《通鑑紀事本末》例，論次宋事，分類相比，以續袁樞之書。未就而没，御史南昌劉曰梧得其遺稾，因屬邦瞻增訂成編。大抵本於琦者十之三，出於邦瞻者十之七。自太祖代周，迄文謝之死，凡分一百九目。於一代興廢治亂之迹，梗概略具。袁樞義例，最爲賅博，其鎔鑄貫串，亦極精密。邦瞻能墨守不變，故銓敍頗有條理。諸史之中，《宋史》最爲蕪穢，不似《資治通鑑》本有脈絡可尋。此書部列區分，使一一就緒。其書雖稍亞於樞，其尋繹之功，乃視樞爲倍矣。惟是書中紀事既兼及遼、金兩朝，當時南北分疆，未能統一，自當稱「宋、遼、金三史紀事」，方於體例無乖。乃專用《宋史》標名，殊涉偏見。至《元史紀事本末》，邦瞻已别有成書。此内如蒙古諸帝之立，蒙古立國之制諸篇，皆專紀元初事實，即應析歸元紀之中，使其首尾相接。乃以臨安未破，一概列在宋編，尤失於限斷。此外因仍《宋史》之舊，舛謁踈漏，未及訂正者，亦所不免。然於紀載宂雜之内，實有披榛得路之功。讀《通鑑》者不可無袁樞之書，讀《宋史》者亦不可無此一編也。

張之洞《書目答問・紀事本末類》 《宋史紀事本末》二十六卷。明陳邦瞻。袁、陳、谷四種合刻通行本。漢陽朝宗書室活字版本。南昌局本未畢工。

耿文光《萬卷精華樓藏書記・紀事本末類》 《宋史紀事本末》十卷。

明馮琦原編，陳邦瞻纂成。

明本。萬曆乙巳劉曰梧序刊。謹案：《簡明目録》作「二十六卷」。此本十卷，而一百九篇之數實無所缺，不知何故。初，馮琦續袁書未就而卒，劉曰梧得其遺稿，屬邦瞻成之。

元史紀事本末

徐𤊹《徐氏家藏書目・旁史類》 《元史紀事本末》四卷。

錢謙益《絳雲樓書目・編年類》 《元史紀事本末》。

《明史・藝文志・正史類》 陳邦瞻《元史紀事本末》六卷。

又 《元史紀事本末》二十七卷。

《四庫全書總目提要・紀事本末類》 《元史紀事本末》四卷。江蘇巡撫採進本。明陳邦瞻撰。凡列目二十有七。其「律令之定」一條下注一「補」字，則歸安臧懋修所增也。明修《元史》僅八月而成書，潦草殊甚。後商輅等撰《續綱目》，不能旁徵博采，於元事亦多不詳。此書採掇不出二書之外，故未能及《宋史紀事》之賅博。又於元明間事皆以爲應入明國史，遂於徐達破大都，順帝駐應昌諸事，皆略而不書。夫元初草創之迹，邦瞻既列於宋編。又以燕京不守，元帝北徂，爲當入《明史》。是一代興廢之大綱，皆没而不著。揆以史例，未見其然。至至正二十六年，韓林兒之死，乃廖永忠沉之瓜步。洪武中，寧王權作《通鑑博論》，已明著其事。不過以太祖嘗奉其年號，嫌於項羽、義帝之事，歸其獄於永忠耳。邦瞻更諱之書卒，尤爲曲筆。庫庫特穆爾自順帝北遷之後，尚爲元盡力，屢用兵以圖興復。故太祖稱「王保保真男子，以爲勝常遇春」。後秦王棣妃即納其女。邦瞻乃以爲不知所終，亦不免於失實。特是元代推步之法，科舉學校之制，以及漕運河渠諸大政，措置極詳。邦瞻於此數端，紀載頗爲明晰。其他治亂之迹，亦尚能撮舉大槩，攬其指要。固未嘗不可以資考鏡也。

張之洞《書目答問・紀事本末類》 《元史紀事本末》四卷。明陳邦瞻。袁、陳、谷四種合刻通行本。漢陽朝宗書室活字版本。南昌局本未畢工。

耿文光《萬卷精華樓藏書記・紀事本末類》 《元史紀事本末》四卷。

明陳邦瞻撰。

通行本。是書於元代推步之法，科舉學校之制，以及漕運河渠，紀之極詳。故介眉據此議袁書，而不知《元史》潦草。商輅等《續綱目》於元制不詳，藉此可資考鏡。若漢唐大政，自有專書，可不複作也。是書凡二十七目，其「律令之定」一條下注一「補」字，則歸安臧懋修所增也。宋元宜互觀。

宋史紀事本末

《明史・藝文志・正史類》 張溥《宋史紀事本末》一百九卷。

神宗大事紀要

軍機處奏《禁毀書目》 《神宗大事紀要》二本。查《神宗大事紀要》，明許重熙撰。係當時野史，闕陋猥鄙，中間狂悖處尤多，應請銷燬。

戊寅紀事

軍機處奏《禁毀書目》 《戊寅紀事》一本。查《戊寅紀事》係明楊士聰撰。所紀乃崇禎丁丑至己卯三年朝事，大都門户攻擊之語，不足取信，内多悖犯字句，應請銷燬。

甲乙事案

軍機處奏《禁毀書目》 《甲乙事案》一本。查《甲乙事案》係文秉撰。乃紀明福王由崧在南京時事蹟，大抵艸野傳聞，不足徵信。書中以「弘光」紀年，其於莊烈帝亦不用本朝所加謚號，甚爲狂悖，且有指斥字句，應請銷燬。

永陵傳信録

《四庫全書總目提要・紀事本末類》 《永陵傳信録》六卷。江蘇巡撫採進本。明戴笠撰。笠字耘野，吴江人。是書用紀事本末之體。一曰興獻大禮，一曰更定郊祀，一曰欽明大獄，一曰二張之獄，一曰曾夏之獄，一曰經略倭寇。事各爲卷，每卷皆先敘而後斷。其論河套事，謂「爲難效之功，幸觸犯上怒，其事中止。不然，請兵轉餉，工役騷擾，禍患將有大於是者」云云。則自宋以來，儒者因循苟且之見，所以終明之世，無一日無邊患也。

所知録

軍機處奏《禁毀書目》 《所知録》一本。查《所知録》係錢秉鐙撰。秉鐙事明桂王爲翰林院編修。此書乃紀唐、桂二王事蹟，附以南都三疑案及阮大鋮始末。中有違犯指斥之語，應請銷燬。

宋九朝紀事本末

楊士奇等《文淵閣書目・史》 《宋九朝紀事本末》。一部，八十册。闕。

宋太平紀事本末

楊士奇等《文淵閣書目・史》 《宋太平紀事本末》。一部，十五册。闕。

宋中興紀事本末

楊士奇等《文淵閣書目・史》 《宋中興紀事本末》。一部，三十一册。闕。

錢謙益《絳雲樓書目・雜史類》 《宋皇朝中興記事本末》十八册。七十六卷。學士院經進，始建炎元年，迄紹興二十年。

崇禎記略

軍機處奏《禁毀書目》《崇禎記略》一部，二本。查《崇禎記略》不知何人所撰。皆記明莊烈帝一朝事蹟，多《明史》所已載，且往往傳聞失寔，不足爲據。書中空字處多，係悖礙之語，應請銷燬。

殘明紀事

軍機處奏《禁毀書目》《殘明紀事》一本。查《殘明紀事》不知何人所撰。專紀明桂王由榔在廣西稱號及遁入滇黔時事跡。書中以「永曆」紀年，其詞句悖謬之處不一而足，應請銷燬。

明代野史

軍機處奏《禁毀書目》《明代野史》一部，四本。查《明代野史》不著編次人姓名。其中分作三書：一曰「嶺表紀年」，乃耑記桂王由榔事蹟；一曰「蜀難紀略」；一曰「楚事紀略」，皆紀二省兵亂始末。其「嶺表紀年」內用「隆武」、「永曆」年號，語多悖礙，應請銷燬。

高廟紀事本末

《四庫全書總目提要・紀事本末類》《高廟紀事本末》無卷數。浙江汪啟淑家藏本。舊本不著名氏。黃虞稷《千頃堂書目》載有是書，亦云不知撰人。王鴻緒《明史例議》，引《紀事本末》辨太祖葬孝陵之日爲閏五月辛酉，而此編無之。則鴻緒所引又別一書矣。其書仿《通鑑紀事本末》之例，載明祖事蹟爲四十篇，大抵鈔撮《實録》之文。如載韓林兒以太祖與張天祐爲左右副元帥，太祖不受；及懿文太子卒，太祖欲立第四子爲太子，劉三吾對：「何以處秦晉二王？」此皆《實録》之說，永樂諸臣之誣詞，非可以傳信者也。

明季甲乙兩年事蹟彙略

吴壽暘《拜經樓藏書題跋記》《明季甲乙兩年事蹟彙略》。右三卷，不著撰人名氏，惟題「東邨八十一老農隨筆」。前有順治改元沛澤老農自序。其記李國楨事云：「朝廷發三大營，營齊化門外。李國楨坐城樓，無所主張，唯以大監王相堯統領。又有賊執襄城伯李國楨至，初時悍然不跪。賊再以危言恐之曰『當屠一城人』，李乃跪曰：『吾爲闔城求全也。』未數日，發同諸人追銀，夾二次，已聞成國公誅死，即自縊。賊執其夫人」云云，與《甲申傳信録》同。卷一起甲申正月初一至五月三十日，卷二起六月初一至十二月三十日，卷三起乙酉正月初一至五月三十日。

明史紀事本末

《四庫全書總目提要・紀事本末類》《明史紀事本末》八十卷。通行本。國朝谷應泰撰。應泰字賡虞，豐潤人。順治丁亥進士。官至浙江提學僉事。其書仿袁樞《通鑑紀事本末》之例，纂次明代典章事蹟。凡八十卷，每卷爲一目。當應泰成此書時，《明史》尚未刊定，無所折衷。故紀靖難時事，深信《從亡》、《致身》諸録，以惠帝遜國爲實。於滇黔游蹟，載之極詳。又不知懿安皇后死節，而稱其「青衣蒙頭，步入成國公第」。俱不免沿野史傳聞之誤。然其排比纂次，詳略得中，首尾秩然。於一代事實，極爲淹貫。每篇後各附論斷，皆仿《晉書》之體，以駢偶行文。而遺詞抑揚，隸事親切，尤爲曲折詳盡。考邵廷采《思復堂集・明遺民傳》稱「山陰張岱嘗輯明一代遺事爲《石匱藏書》，應泰作《紀事本末》，以五百金購請，岱慨然予之」。又稱「明季稗史雖多，體裁未備，罕見全書。惟談遷《編年》、張岱《列傳》兩家具有本末，應泰並採之以成《紀事》」。據此，則應泰是編取材頗備，集衆長以成完本，其用力亦可謂勤矣。

張之洞《書目答問・紀事本末類》《明史紀事本末》八十卷。谷應泰。袁、陳、谷四種合刻通行本。漢陽朝宗書室活字版本。南昌局本未畢工。

紀事本末備遺

吳壽暘《拜經樓藏書題跋記》《紀事本末備遺》。舊鈔本《紀事本末備遺》二册，不分卷，亦無序目，撰人名氏截去。首册爲「遼左兵端」、「熊王功罪」、「插漢寇邊」，二册爲「毛帥東江」、「錦寧戰守」、「東兵入口」，凡六篇。

左傳紀事本末

《四庫全書總目提要・紀事本末類》《左傳紀事本末》五十三卷。浙江巡撫採進本。國朝高士奇撰。士奇有《春秋地名考略》，已著録。此書因章沖《左傳事類始末》而廣之。以列國事蹟，分門件繫。其例，有曰「補逸」，則雜採諸子史傳與《左氏》相表裏者。曰「考異」，則與《左氏》異詞，可備參訂者。曰「辨誤」，則糾其傳聞失實，踳駁不倫者。曰「考證」，則取其事有依據，可爲典要者。又時附以己見，謂之發明。凡周四卷，魯十一卷，齊十卷，晉十一卷，宋三卷，衛四卷，鄭四卷，楚四卷，吳三卷，秦二卷，列國一卷，目各如其卷之數。大致亦與沖書相類。然沖書以十二公爲記，此則以國爲記，義例略殊。又沖書門目，太傷繁碎，且於《左氏》原文頗多裁損，至有裂句摘字，聯合而成者。士奇則大事必書，而略於其細，部居州次，端緒可尋。與沖書相較，雖謂之後來居上可也。

張之洞《書目答問・紀事本末類》《左傳紀事本末》五十三卷。高士奇。刻本。坊行本乃宋章沖書，與此同名，不如高書。

專題分部

三朝北盟會編

陳振孫《直齋書録解題・雜史》《三朝北盟會編》二百五十卷。直祕閣清江徐夢莘商老撰。輯諸書二百餘家，分上、中、下。上爲政、宣二十五卷，中爲靖康七十五卷，下爲炎、興百五十卷。

范邦甸等《天一閣書目・紀事本末類》《三朝北盟會編》二百五十卷。藍絲闌鈔本。宋紹熙五年，朝散大夫安撫司參議官賜緋魚袋徐夢莘撰并序。

錢謙益《絳雲樓書目・雜史類》《北盟會編》七十五册。二百五十卷。徐夢莘撰。

《四庫全書總目提要・紀事本末類》《三朝北盟會編》二百五十卷。左都御史張若溎家藏本。宋徐夢莘撰。夢莘字商老，臨江人。紹興二十四年進士。爲南安軍教授，改知湘陰縣。官至知賓州，以議鹽法不合罷歸。事蹟具《宋史・儒林傳》。夢莘嗜學博聞，生平多所著述。史稱其「恬於榮進。每念生靖康之亂，思究見顛末，乃網羅舊聞，薈稡同異，爲《三朝北盟會編》。自政和七年海上之盟，讫紹興三十一年，上下四十五年。凡勅制、誥詔、國書、書疏、奏議、記序、碑志，登載靡遺。帝聞而嘉之，擢直祕省」云云。今其書鈔本尚存，凡分上中下三帙。上爲政宣二十五卷，中爲靖康七十五卷，下爲炎興一百五十卷。其起訖年月，與史所言合。所引書一百二種，雜考私書八十四種，金國諸録十種，共一百九十六種，而文集之類尚不數焉。史所言者，殊未盡也。凡宋金通和用兵之事，悉爲詮次本末，年經月緯，案日臚載。惟靖康中帙之末，有諸録雜記五卷，則以無年月可繫者，別加編次，附之於末。其徵引皆全録原文，無所去取，亦無所論斷。蓋是非竝見，同異互存，以備史家之採擇，故以「會編」爲名。然自汴都喪敗，及南渡立國之始，其治亂得失，循文考證，比事推求，已皆可具見其所以然，非徒餖飣瑣碎已也。雖其時説部糅雜，所記金人事蹟，往往傳聞失實，不盡可憑。又當日臣僚劄奏，亦多夸張無據之詞。夢莘概録全文，均未能持擇。要其博贍淹通，南宋諸野史中，自李心傳《繫年要録》以外，未有能過之者，固不以繁蕪病矣。考夢莘成書後，又以前載不盡者五家，續編次於中下二帙，以補其闕。靖康、炎興各爲二十五卷，名曰《北盟集補》。今此本無之，殆當時二本各行，故久而亡佚歟。

張金吾《愛日精廬藏書志・紀事本末類》 《三朝北盟會編》二百五十卷。舊鈔本。宋朝散大夫充荆湖北路安撫司參議官賜緋魚袋臣徐夢莘編集。

嗚呼！靖康之禍，古未有也。夷狄爲中國患久矣。昔在虞周，猶不免有苗玁狁之征。漢唐以來如冒頓之圍平城，佛狸之臨瓜步，頡利之盟渭上，此其盛者。又其甚則屠各陷洛，耶律入汴而已。是皆乘草昧凌遲之時，未聞以全治盛際遭此，其易且酷也。揆厥造端，誤國首惡，罪有在矣，迨至臨難，無不恨焉。當其兩河長驅而來，使有以死捍敵；青城變議之日，使有以死拒命。尚可挫其兇焰而折其姦鋒。惜乎使節死義之士僅有一二，而婾生嗜利之徒，雖近臣名士，俯首承順，唯恐其後；文吏武將，望風降走，比比皆是。使彼公肆凌藉，知無人焉故也，尚忍言之哉。搢紳草茅，傷時感事，忠憤所激，據所聞見，筆而爲記録者無慮數百家。然各説有同異，事有疑信，深懼日月浸久，是非混并，臣子大節，邪正莫辨。一介忠疑，湮没不傳。於是取諸家所撰及詔勑制誥、書疏奏議、記傳行實、碑志文集雜著，事涉北盟者悉取詮次。起政和七年登州航海通好之初，終紹興三十二年逆亮犯淮敗盟之日，繫以日月，以政宣爲上帙，靖康爲中帙，建炎、紹興爲下帙，總名曰《三朝北盟集編》。盡四十有六年，分二百五十卷。其辭則因元本之舊，其事則集諸家之説。不敢私爲去取，不敢妄立褒貶，參考折衷，其實自見。使忠臣義士、亂臣賊子善惡之迹，萬世之下不得而掩。自成一家之書，以補史官之闕，此集編之本志也。若夫事不主此，皆在所略，嗣有所得，續繫於後。如洪内翰邁《國史》、李侍郎燾《長編》并《繫年録》已上太史氏兹不重録云焉。逢攝提格紹熙五年十二月嘉平日朝散大夫荆湖北路安撫司參議官賜緋魚袋臣徐夢莘謹序。

張之洞《書目答問・紀事本末類》 《三朝北盟會編》二百五十卷。宋徐夢莘。傳鈔本，無刻本。

耿文光《萬卷精華樓藏書記・紀事本末類》 《三朝北盟會編》二百五十卷。宋徐夢莘撰。越東本。光緒四年袁祖安校刊。前有《凡例》、《刊書跋》、《目録》。後附《校勘記》二卷，《校勘補遺》一卷。前無序文，謹録《四庫全書提要》一則，《簡明目録》一則，《宋史列傳》一則，《南宋書列傳》一則，《臨江府志》暨《先哲言行録》各一則，弁於卷首，以備參考。引書目在《目録》前。政宣上帙二十五卷，起政和七年，盡宣和七年。靖康中帙七十五卷，起靖康元年，盡靖康二年，末五卷爲諸録雜記，因無年月可繫，別加編次。炎興下帙一百五十卷，起建炎元年，盡紹興三十二年。此排字本，印成後復校，仍多訛謬，另附《校勘記》。《北盟集補》三十卷，未見。

袁氏《跋》曰：是書體裁與《長編》相爲表裏，最爲趙宋別史大觀。商老之生稍後文簡，集政和丁酉至紹興辛巳四十五年間見聞爲是書，向未鋟板，抄本亦甚少。余從方柳橋家假得之，亦既丹黄塗乙，仍多訛謬。爰偕諸同好反復讐校，並仿張金吾用活字板排印《長編》之法，共印五百部，以廣流傳。有志稽古者，或亦先睹爲快也。

袁氏《例》曰：是編會萃羣書，據《提要》，謂所引書若干種，雜攷私書若干種，金國諸録若干種。抄本内有雜攷諸書，似確有是書，故將雜攷私書、金國諸録另行接寫。書目一百二十種，抄本與原數相符。至雜攷私書不止八十四種，金國諸録亦不止十種，殆《提要》所謂文集之類尚不數焉者也。是編有兩王彦，各皆備載本末，截然不淆，較《宋史》詳一略一者，大有分曉。援引極博，約計二百種，現可取証者不過十中一二。間有散見他説，無不廣爲搜羅，參考同異，然未見之書甚多。

徐夢莘《傳》曰：凡勑告、國書、奏議、記序、碑志，登載靡遺。高宗閲而嘉之，擢直祕閣。生平多著述。弟得之、從子天麟，皆進士。《志》云與其弟得之學兼師友，時稱「二徐」。

蜀鑑

楊士奇等《文淵閣書目・史附》 《蜀鑑》。一部，四册。闕。

徐𤊹《徐氏家藏書目・雜史類》 《蜀鑑》十卷。宋邵武李文子編。

錢謙益《絳雲樓書目・雜史類》 《蜀鑒》。十卷。李文子撰。南宋人。

《四庫全書總目提要・紀事本末類》 《蜀鑑》十卷。兩淮鹽政採進本。不著撰人名氏。前有方孝孺《序》，稱「宋端平中，紹武李文子嘗仕於蜀，蒐採史傳，起秦取南鄭，至宋平孟昶，上下千二百年事之繫乎蜀者，爲書十卷」云云。世遂題爲文子作。《考亭淵源録》亦載「李文子字公瑾，光澤人，案：光澤即紹武之屬縣，今尚仍古名。李方子之弟。紹興四年進士。官至知太安軍，綿、閬州、潼川府。著《蜀鑑》十卷」。然考端平三年文子所作《序》中，稱「燕居深念，紬繹前聞，因俾資中郭允蹈緝爲一編」云云。則此書爲資州郭允蹈所撰，文子特總其事耳，世即以爲文子作，亦猶《大易粹言》本曾穜命方聞一作，而《直齋書録解題》遂誤以爲穜作也。其書每事各標總題，如袁樞《通鑑紀事本末》之例，每條有綱、有目、有論，如朱子《通鑑綱目》之例。其兼以考證附目末，則較《綱目》爲詳贍焉。宋自南渡後，以荆、襄爲前障，以興元、漢中爲後戶。天下形勢，恒在楚蜀。故允蹈是書所述，皆戰守勝敗之蹟，於軍事之得失，地形之險易，恒三致意。而於古人用兵故道，必詳其今在某處，其經營壁畫，用意頗深。他如辨荆門之浮橋，引《水經注》以證荆州記之誤；陳倉之馬鳴閣，引《蜀志》以證《寰宇記》之誤；斜谷之遮要，引《興元記》以補裴松之注之闕；諸葛亮之築樂城，引《通鑑》以辨《華陽國志》、《寰宇記》之異同，於地理亦頗精核。又所載羅尚之抗李雄，張羅之據犍爲，亦較《晉書·載記》及《十六國春秋》爲詳，皆足裨史乘之考證。唯所論蜀之地勢，可以北取中原，引漢高祖爲證，則與李舜臣《江東十鑑》同意，姑以勵恢復之氣耳。諸葛亮所不能爲，而謂後人能之乎？末二卷敘西南夷始末。其載犍爲郡之置，始於漢代，不知唐之莊、琬、播、郎等州，即其故地。又所載南詔始末，謂驃信敗於韋皋，而南蠻始衰，不知敗於高駢，而蠻乃不振。所記未免稍略。然其時方慮内訌，無暇外攘。著書之志，主於捍拒秦隴之師，振控巴渝之險。其他邊徼之事，固在所略，亦其時勢爲之矣。

張金吾《愛日精廬藏書志·紀事本末類》 《蜀鑑》十卷。明初刊本。宋郭允蹈撰。蜀在《禹貢》，一梁州爾。文王興於岐西，而從武王牧野之師者，乃庸蜀羌髳微盧彭濮人。說者謂文王化行江漢之所被，信矣。三代以來，秦得蜀以并諸侯，漢高由蜀漢以定三秦。諸葛孔明三分天下僅有其一，而伸大義於季漢。非以其地西接崤函，南連荆吳，扼關河之勝，則爲天府之固；合吳蜀之長，則據上流之重，險要雖控制一隅，而形勝實關於天下歟！中興南渡，首吳尾蜀，有常山之勢；前褒後劍，得金城之險。乃眷西顧，護蜀如頭目，保蜀如元氣。世歷百年，歲經三卯，外有虎噬之虞，内懷頹勢之憂，而蜀之爲蜀，非全盛時比矣。文子久仕於蜀，身履目擊而動心焉。燕居深念，紬繹前聞，因俾資中郭允蹈緝爲一編。起自秦取南鄭，迄於王師平孟昶。凡地形之阨塞，山川之險阻，邇雍而隣荆者，稽之舊史，按之圖志，悉紀於篇。西南夷爲蜀後戶，未形之憂難忽，而已事之鑒可師，則又條其本末而附之，間又論其得失之要者，定爲十卷。凡千三百年蜀事之大凡，亦可以概見於此。噫！蜀在宇内，九之一爾，得之則安，失之則危，竊之則亡。覽是書者，可以鑒焉，因名曰《蜀鑑》云。端平三年十月朔旦，昭武李文子序。

余與資中士友郭允蹈居仁既爲《蜀鑑》一編，使凡仕蜀者知古今成敗、興衰、治亂之蹟以爲龜鑒，其事備矣。復取夫《易·習坎》設險之義，與孟軻氏「天時地利人和」之說，吳起「在德不在險」之對，以附諸編末。蓋山川有自然之險，而仁義不足以維持之，則險非其險矣。夫乾，天下之至健也，德行常易以知險。夫坤，天下之至順也，德行常簡以知阻。易簡之中，險阻伏焉。易簡者何？仁義是也。故至仁有不仁，至義有不義。夫能以仁義治其國者，國必昌；不能以仁義治其國者，國必亡。是道也，推之以保四海，可也。豈特區區一隅之蜀哉？荀卿子曰：「齊之技擊不可以遇魏之武卒，魏之武卒不可以遇秦之鋭士，秦之鋭士不可以當威文之節制，威文之節制不可以敵湯武之仁義。」真知言哉！嘉熙丁酉重五日文子謹跋。

昔蕭何入秦丞相府，獨收秦圖書，備知天下阨塞、戶口多少强弱處，乃用以相漢。益信《周官》訓方形方等官之設，其意爲有在矣。余向帥江陵，郭湛溪仕蜀而出，遂爲江陵寓公，每語余以蜀寧，而不知其著此書也。後十餘年，蜀道洶洶，余自邇列出鎮長沙，名爲托裏，而其子涉出示此書，於是湛溪即世亦幾十年矣。嗟乎！楊雄既没，而《法言》乃行。今蜀事如許，此書之出，豈不足爲經理恢拓者之助乎！淳祐五年八月某日，古郢別口跋。

北盟集補

陳振孫《直齋書録解題·雜史》 《北盟集補》五十卷。夢莘以前書詮載不盡者五家，續編次於中、下二帙，以補其闕。靖康、炎興各爲二十五卷。

炎徼紀聞

范邦甸等《天一閣書目·紀事本末類》 《炎徼紀聞》四卷。刊本卷首有「天一閣」、「古司馬氏」二印。明豫陽田汝成撰。

《四庫全書總目提要·紀事本末類》 《炎徼紀聞》四卷。浙江巡撫採進本。明田汝成撰。汝成字叔禾，錢塘人。嘉靖丙戌進士，官至廣西布政司右參議。事蹟具《明史·文苑傳》。史稱其「博學工古文，尤善敘述。歷官西南，諳曉先朝遺事，撰《炎徼紀聞》」，即此編也。書凡十四篇，首紀王守仁征岑猛事，次紀岑璋助擒岑猛事，次紀趙楷、李寰事，次紀黄玹請立東宫事，次紀征大藤峽事，次紀奢香事，次紀安貴榮事，次紀田琛事，次紀楊輝事，次紀阿溪事，次紀阿向事，次紀雲南諸夷，次紀猛密、孟養，次雜紀諸蠻夷。每篇各繫以論，所載較史爲詳。前有汝成自序稱「自涉炎徼，所聞諸事，皆起於撫綏闕狀，賞罰無章」，切中明代之弊。其論田州之事，歸咎於王守仁之姑息。論黄竑之事，歸咎於于謙之隱忍。亦持平之議，不蹈門户之見。史稱「汝成分守右江時，龍州土酋趙楷、憑祥州土酋李寰各弑主自立，與副使翁萬達密討誅之。努灘賊侯公丁爲亂，斷藤峽羣賊與相應。汝成復偕萬達設策誘擒公丁，而進兵討峽賊，大破之。又與萬達建善後七事，一方遂靖」云云。則汝成於邊地情形，得諸身歷。是書據所見聞而記之，固與講學迂儒貿貿而談兵事者，迥乎殊矣。

行邊紀聞

范邦甸等《天一閣書目・紀事本末類》《行邊紀聞》刊本。明嘉靖武林田汝成著。雲間顧名儒校并序云：古杭田先生汝成由進士出官廣右，受寄雄藩。適當思田之變，馳驅兵間，周旋贊畫，凡兩閱歲而後定。迺以耳目之所親，經畫之所具者，以次録之，命曰《行邊紀聞》，是足以宜今而善後矣。夫紀地利則負險者失其馮，紀宗系則考世者得其據，紀狡僞則羈靮之防宜慎，紀禍亂則彊圉之守當嚴，紀撫臣之建立則勸懲備，紀羣公之贊議則衆策舉，紀將士之勘定則示威遠，紀幅員之寧謐則爲慮大觀者。不待考圖按籍，而制變防微之策，固已了了於目中矣。

明倫大典

丁立中《八千卷樓書目・紀事本末類》《明倫大典》二十四卷。明嘉靖中，楊一清、張孚敬、翟鑾等奉勅撰。明刊本。

經略復國要編

丁立中《八千卷樓書目・紀事本末類》《經略復國要編》十四卷。明宋應昌撰。明刊本。

宋西事案

軍機處奏《禁毀書目》《宋西事案》一部，二本。查《宋西事案》係明祁爾光撰。序文中狂悖之語甚多，應請銷燬。

許襄毅公平番始末

高儒《百川書志・雜史》《許襄毅公平番始末》一卷。皇朝户部侍郎東崖道人靈寶許進，述其經略西鄙成功之事也。

甲申大事紀

軍機處奏《禁毀書目》《甲申大事紀》二本。查《甲申大事紀》，明沈國元撰。係記崇禎十七年闖賊入京，及福王稱號南京之事，俱採邸抄塘報湊集成書。其中事蹟除已見正史者，餘皆傳聞失實，且多悖犯字句，應請銷燬。

太和縣禦寇始末

丁立中《八千卷樓書目・紀事本末類》《太和縣禦寇始末》二卷。明吴世濟撰。吴箎重輯本。

袁督師斬毛文龍始末

丁立中《八千卷樓書目・紀事本末類》《袁督師斬毛文龍始末》一卷。國朝李清撰。《荆駝逸史》本。

邊事小紀

軍機處奏《禁毀書目》 《邊事小紀》三本。查《邊事小紀》係明副將周郁撰。所紀乃天啓、崇禎中遼東用兵事蹟，詞多夸誕失寔，悖犯字句尤多，應請銷燬。

北征紀略

軍機處奏《禁毀書目》 《北征紀略》一本。查《北征紀略》係明張煌言撰。煌言事明魯王爲兵部尚書，遁迹海中，爲大兵所執，被戮。此書乃紀其在順治己亥年，同鄭成功入犯江寧之事，其詞寔多屬背安夸誕，應請銷燬。

江變紀略

軍機處奏《禁毀書目》 《江變紀略》一本。查《江變紀略》徐世溥撰。世溥字巨源，新建人，係明末諸生。其書乃記順治初金聲桓在江西既降復叛之事，語多謬妄，應請銷燬。

安南棄守始末

陸心源《皕宋樓藏書志·紀事本末類》 《安南棄守始末》一卷。舊抄本。不著撰人名氏。吴氏手跋曰：是書僅見於《絳雲樓書目》。己亥春日，借甫里嚴蔚本，命館童抄録。惜未得《安南國志》一證之也。五月十又二日枚菴識。又曰：是歲十月二日雨，閲一過，改正錯簡一葉。枚菴。

行間紀略

軍機處奏《禁毀書目》 《行間紀略》二本。查《行間紀略》不著撰者姓名。所紀皆崇禎中征剿流寇之事，大抵全録塘報之文，瑣碎無關考據。其首頁内即有觸犯語，應請銷燬。

北都序略

軍機處奏《禁毀書目》 《北都序略》一部一本。查《北都序略》一名《國變記寔》，不著撰人名氏。記李自成破京事，有指斥，應請銷燬。

平閩紀

丁立中《八千卷樓書目·紀事本末類》 《平閩紀》十三卷。國朝楊捷撰。刊本。

綏寇紀略

軍機處奏《禁毀書目》 《綏寇紀略》一部八本。查《綏寇紀略》係國子監祭酒吴偉業撰。其書耑記明代流冦始末，仿蘇鶚《杜陽雜編》之例，以三字標目，凡十二篇，爲一卷。敘述詳贍，頗有裨於史學，業經抄入《四庫全書》。外省因將偉業詩集銷燬，遂併此書一概送銷。今查明並無違礙，應請毋庸銷燬。

《四庫全書總目提要·紀事本末類》 《綏寇紀略》十二卷。浙江巡撫採進本。國朝吴偉業撰。偉業字駿公，號梅村，太倉人。崇禎辛未進士，授翰林院編修。入國朝，官至國子監祭酒。是編專紀崇禎時流寇，迄於明亡。分爲十二篇：曰《澠池渡》、曰《車箱困》、曰《真寧恨》、曰《朱陽潰》、曰《黑水擒》、曰《穀城變》、曰《開縣敗》、曰《汴渠墊》、曰《通城擊》、曰《鹽亭誅》、曰《九江哀》、曰《虞淵沉》，每篇後加以論斷。其《虞淵沉》一篇，皆記明末災異，與篇名不相應。考朱彝尊《曝書亭集》有此書《跋》云：「梅村以順治壬辰舍館嘉興之萬壽宮，輯《綏寇紀略》。久之，其鄉人發雕，是編僅十二卷而止，《虞淵沉》中下二卷未付棗木傳刻。《明史》開局，求天下野史，盡上史館，於是先生是本出。予鈔入《百六叢書》。歸田之後，爲友人借失」云云。意者明末降闖勸進諸臣，子孫尚存，故當時諱而不出歟？此本爲康熙甲寅鄒式金所刻，在未開史局之前。故亦闕《虞淵沉》中下二卷。而彝尊所輯《百六叢書》爲人借失者，雖稱後十八年從吳興書賈購得，今亦不可復見。此二卷遂佚之矣。彝尊又稱「其書以三字標題，仿蘇鶚《杜陽雜編》、何光遠《鑑戒録》之例」。考文章全以三字標題，始於繆襲《魏鐃歌詞》，鶚、光遠遂沿以著書。偉業敘述時事，乃用此例，頗不免小説纖仄之體。其回護楊嗣昌、左良玉，亦涉恩怨之私，未爲公論。然記事尚頗近實，彝尊所謂「聞之於朝，雖不及見者之確切，而終勝草野傳聞，可資國史之采輯」，亦公論也。

吳壽暘《拜經樓藏書題跋記》　《綏寇紀略》三卷，係未經刊刻者。先君子云：「以上三卷俱未有刊本。」《綏寇紀略》原十五卷，又名《鹿樵紀聞》，予有舊鈔本十五卷，俱全。太倉唐孫華有《讀梅邨先生〈鹿樵紀聞〉七律六首》，見《東江集》。乙丑六月志。

鹿樵紀聞

吳壽暘《拜經樓藏書題跋記》　《鹿樵紀聞》。右十五卷，舊鈔本。始《鶉首火》，迄《虞淵沉》。下末一卷爲《附紀》，起漳泉海寇，訖湖南各賊。

柳邊紀略

吳壽暘《拜經樓藏書題跋記》　《柳邊紀略》。《柳邊紀略》五卷。楊賓著。後一卷爲詩。鈔本，尚有缺字。前有賓自序及費密、潘耒、林佶、黄中堅、王源諸公《跋》。自序比於《松漠紀聞》、《南燼紀聞》、《北狩革書》之類。

滇考

《四庫全書總目提要·紀事本末類》　《滇考》二卷。浙江巡撫採進本。國朝馮甦撰。甦字再來，臨海人。順治戊戌進士，官至刑部侍郎。是書乃康熙元年甦爲永昌府推官時作。凡一切山川人物物産，皆削不載。惟自莊蹻通滇，至明末國初，撮其沿革之舊蹟，治亂之大端，標題記述，爲三十七篇。每事皆首尾完具，端緒分明。非採綴瑣聞，條理不相統貫者比。其名似乎輿記，其實則紀事本末之體也。其中《建文遯蹟》一篇，雖不免沿《致身録》之説。至其《征麓川三宣六慰》、《鎮守太監議開金沙江》諸篇，皆視史傳爲詳。且著書之時，距今僅百餘年，所言形勢，往往足以資考證。愈於標題名勝，徒供登臨吟詠者多矣。

平定三逆方略

《四庫全書總目提要·紀事本末類》　《平定三逆方略》六十卷。

康熙二十一年，大學士勒德洪等奉敕撰。紀平定逆藩吳三桂、尚之信、耿精忠事。初，孔有德、尚可喜、耿仲明均以故明將佐，於太祖時率衆來歸。隨八旗征討，多立戰功。有德封定南王，可喜封平南王，仲明封靖南王。吳三桂本明總兵，世祖驅除流寇，定鼎燕京，亦以效命執殳，得邀榮錫封平西王。後有德死殉孤城，至今廟食。惟仲明分藩於福建，可喜分藩於廣東，三桂亦分藩於雲南，膺股肱心膂之寄，恩最洪深。後仲明先歿，以其子精忠嗣封。可喜年老乞閒，以其子之信攝軍事。吳三桂遂獨稱宿將，列重鎮於西南。乃弛毒潛吹，狼心叵測，於康熙十二年十一月，稱戈抗命，進薄衡湘，與官軍相距於常德。之信、精忠亦乘機蠢動。聖祖仁皇帝特簡八旗勁旅，迅掃欃槍。相度機宜，指授方略，勦撫竝用，以次戡平。三桂勢蹙憂怖，旋伏冥誅。僅孽孫世璠游魂釜底。既而之信、精忠窮迫歸正，均正刑章。至康熙二十年十月，世璠惶懼自戕，三逆竝滅。蓋開國之初，殷頑未靖，其勢易於煽惑。其地皆襟帶山海，勢逾於唐之藩鎮。其黨羽皆百戰之餘，嫻習攻守，力逾於漢之七國。故一時蠭起，敢肆披猖。我聖祖時在沖齡，乃從容鎮定而掃蕩之。

自茲以後，大定永清，豈非亘古所未有歟？伏讀實録，載康熙二十五年十一月，大學士勒德洪以此書進呈。蒙諭其中舛錯，如王輔臣由雲南援勦總兵官授爲陝西提督，今謂由陝西總兵官陞任。至論贊中援宋太祖杯酒釋兵權事，吴三桂非宋功臣可比，乃唐藩鎮之流。飭酌改之。仰見深籌遠慮，事事皆經聖心，即一二小節，亦毫髮無遺。益徵神謀獨斷，非廷臣所能參贊者矣。當時尚未奉刊布，僅有寫本，尊藏大内。今蒙皇上宣示，特命繕録，編入《四庫》。臣等校録之餘，既欣睹聖祖仁皇帝實兼守成創業之隆，亦彌仰我皇上覲揚光烈之盛云。

親征朔漠方略

《四庫全書總目提要・紀事本末類》《親征朔漠方略》四十卷。康熙四十七年，大學士温達等撰進。聖祖仁皇帝御製序文，深著不得已而用兵之意。蓋噶爾丹凶頑爽誓，寖爲邊患。因於康熙三十五年二月，親統六師往征。鋒蝟斧螳，慴慄遠遁。噶爾丹僅以身免，大軍凱旋。是年九月，再幸塞北，諭噶爾丹以束身歸罪，竝納其所屬之歸降者。迨明年二月，復統大軍親征。刑天之技既窮，貳負之尸遂梏。於是廓清沙漠，輯定邊陲，爲萬古無前之偉績。書中所紀，始於康熙十六年六月，厄魯特噶爾丹奉表入貢，及賜勑諭，令與喀爾喀修好，以爲緣起。訖於三十七年十月，策妄阿拉布坦獻噶爾丹之尸而止。其間簡鍊將卒，經畫糧餉，翦除黨惡，曲赦脅從，以及設奇制勝之方，師行緩急之度，凡禀之睿算者，咸據事直書，語無增飾。首載《御製紀略》一篇。後載告成太學及勒銘察罕七羅拖諾、昭木多、狼居胥山諸碑文。恭誦之餘，仰見大聖人不恃崇高，不懷燕逸，櫛風沐雨，與士卒同甘苦。用能於浹歲之中，建非常之業。竹册昭垂，非獨比隆訓誓矣。

三藩紀事本末

《四庫全書總目提要・紀事本末類存目》《三藩紀事本末》四卷。浙江巡撫採進本。國朝楊陸榮撰。陸榮有《易互》，已著録。是編成於康熙丁酉。首紀福王、唐王、桂王始末，及四鎮、兩案，馬、阮之姦。次紀順治初年平浙、平閩、平粤、平江右事蹟，及魯王、益王之亂，饒州死難諸人，金聲桓之亂，及大兵南征，何騰蛟、瞿式耜之死，孫可望、李延齡之變。次爲桂王入緬，蜀亂，閩亂及雜亂。其凡例自云：「搜羅未廣，頗有疎漏，又間有傳聞異詞者」。如《明史・文苑傳》載艾南英以病死，而此載其自縊殉節，亦僅據其耳目所及，未一一詳核也。

張之洞《書目答問・紀事本末類》《三藩紀事本末》四卷。楊陸榮。借月山房本。

平定兩金川方略

《四庫全書總目提要・紀事本末類》《欽定平定兩金川方略》一百五十二卷。乾隆四十六年，大學士阿桂等恭撰奏進。凡《御製序文紀略》一卷，《天章》八卷，冠於前。臣工詩文八卷，附於末。所紀平定兩金川事，自乾隆二十年六月癸亥起，至乾隆四十四年十一月壬午止。金川自郎卡歸命之後，威棱所憺，已不敢復逞凶鋒。而狼更生貙，野心不改。其子索諾木與其頭人丹巴沃雜爾煽惑小金川酋僧格桑，鯨吞九姓，無故稱戈。諭之不從，彌滋狂悖。蓋十稔之將盈，故兩階之弗格也。且夫貪殘無厭，谿壑難盈，密邇維州，將生窺伺。與其後來貽患，待之於邊陲，不如先發制人，蹙之於巢穴。是以力排浮議，天斷獨行，再舉六師，重申九伐。雖逆酋恃其地險，暫肆披猖，而震我雷硠，終歸魚爛。僧格桑專車之骨，先獻旌門，既而轉鬭千盤，剷平三窟。索諾木力窮勢蹙，亦泥首而就俘焉。蓋自三古以來，中國之兵力未有能至其地者。惟我皇上睿算精詳，天聲震疊，始開闢化外之草昧。是以語其道里，視河源萬里爲近；考其疆界，視天山兩道爲狹。計其生齒，不能敵三十六國之一。而頌聖武者，乃覺與乙亥西征，擴地二萬餘里，後先同軌。豈非以涉歷之遠，至伊犁而極；山川之險，至兩金川而極。均爲克千古之所不能克哉。恭讀是編，具詳決機制勝之始末。益知戊辰之役，爲天心仁愛，不欲窮兵，非力有所不能至也。

蘭州紀略

《四庫全書總目提要・紀事本末類》《欽定蘭州紀略》二十卷。乾隆四十六年奉勑撰。考回人散處中國，介在西北邊者尤獷悍。然其教法，則無異劉智《天方典禮擇要解》，即彼相沿之規制也。其祖國稱默德那，其種類則居天山之南北。後準噶爾據有山北，乃悉避處於山南。今自哈密、吐魯蕃以外，西暨和闐、葉爾羌，皆所居也。迨我皇上星弧遥指，月窟咸歸，諸回部竝隸版圖，爲我臣僕。中國回人，亦時時貿遷服賈，來往其間。姦黠之徒遂詭稱傳法於祖國，别立新教，與舊教搆爭。守臣狃於晏安，不早爲防微杜漸。互相讐殺，乃馴至嘯聚稱戈。辛丑四月，循化廳逆回蘇四十三等突陷河州，復擁衆犯蘭州。會援師既集，斷其歸路。而羽林勍卒，益部蕃兵，亦皆奉詔遄征，剋期竝赴。逆回飛走路絶，乃退據城南十里龍尾山，扼險死守。然釜魚暫活，褌蝨終殲。填塹焚巢，百道俱進，殪之於華林寺。或俘或馘，無一人倖漏網焉。蓋是役也，平日釀釁之漸，在大吏之積薪厝火，故猝發而不及防。臨時制勝之方，在聖主之省括張機，故一奉而無不克。是編所録，始末釐然。至於規畫兵制，慎固邊防，一切敷陳批答，亦皆備書。併足見長駕遠馭之謀，杜漸防微之略，所以貽萬世之安者，睿慮尤深且遠也。

平臺紀略　附東征集

《四庫全書總目提要・紀事本末類》《平臺紀略》一卷，附《東征集》六卷。江西巡撫採進本。國朝藍鼎元撰。鼎元字玉霖，號鹿洲，漳浦人。由貢生官至廣州府知府。是編紀康熙辛丑平定臺灣逆寇朱一貴始末。始於是年四月，迄於雍正元年四月，凡二年之事。前有自序，稱「有市《靖臺實録》者，惜其未經身歷目睹，得之傳聞。其地其人，其時其事，多謬誤舛錯。乃詳述其實爲此編」。蓋鼎元之兄廷珍，時爲南澳總兵官，與福建水師提督施世驃合兵進討。七日而恢復臺灣，旋擒一貴。俄世驃卒於軍。其後餘孽數起，廷珍悉勦撫平之。事後經畫，亦多出廷珍之議。鼎元在廷珍軍中，一一親見，故記載最悉。其敘述功罪，亦無所避忌，頗稱直筆。所論半線一路，地險兵寡，難於鎮壓。後分立彰化一縣，竟從其説。至今資控制之力，亦可謂有用之書，非紙上談兵者矣。《東征集》六卷，皆進討時公牘書檄，雖廷珍署名，而其文則皆鼎元作。舊本别行，今附載是書之後，俾事之原委相證益明。其第六卷中紀地形七篇，於山川險要，尤言之井井，可資考證。雍正壬子，鼎元旅寓廣州，始鋟版。天長王者輔序之。又有廷珍舊序一篇，作於康熙壬寅，稱擇可存者百篇。而此刻之文止六十篇。蓋鼎元又加删削，存其精要也。

平定金川方略

《四庫全書總目提要・紀事本末類》《欽定平定金川方略》三十二卷。乾隆十三年，大學士來保等恭撰奏進。凡二十六卷。後恭録御製詩文一卷。又附載諸臣紀功詩文五卷。金川土司，在四川徼外，本吐蕃之遺種，即《明史》所謂金川寺者是也。國朝康熙中，其土舍色勒奔初慕化歸誠，奉職惟謹。雍正中，頒給印信號紙，俾世守故疆。其子郎卡襲職，漸肆鴟張，稍搏噬其族類。守臣請加征討，以寧九姓之宗。我皇上以荒憬蠻陬，自相蠶食，不足以勞我六師。惟勑慎固邊圉，以防其變。而沙羅奔狼性原貪，鴞音弗改，不思緩行九伐，爲寛以悔過之途，仍肆凶殘，自干天討。乃於乾隆十三年冬，特簡大學士傅恒爲經略，董率熊羆，翦除蛇豕。靈夔聲震，山鬼伎窮，掃穴焚巢，在於指顧。始知螳螂之臂不足抗拒雷霆，窮蹙乞降，籲呼請命。於是桓桓七萃，猶思直斬樓蘭。而我皇上聖度符天，宏開湯網，閔其知罪，許以自新。特詔班師，貸存餘息。計自禡牙以迄飲至，往返一二萬里，爲期不及兩年。蓋終沙羅奔之身，跧伏荒巖，莫敢吹虺毒，厲貙牙焉。雖文王因壘而崇降，舜帝舞干而苗格，豐功盛德，何以加於兹乎。其間決機制勝，悉禀睿謨。是編所載詔諭之指授，章奏之批答，隨在可見神武不殺之至意。併以見厥後索諾木夜郎自大，終戮藁街，實辠德逞凶，禍由自取。於理於勢皆不可姑容，非聖人之有意於用兵也。

臨清寇略

丁立中《八千卷樓書目・紀事本末類》《臨清寇略》一卷。國朝俞蛟撰。抄本。《昭代叢書》本。

平定準噶爾方略前編　正編　續編

《四庫全書總目提要・紀事本末類》《御定平定準噶爾方略前編》五十四

卷,《正編》八十五卷,《續編》三十三卷。乾隆三十七年,大學士傅恒等恭撰奏進。凡分三編。考準噶爾部落,系出元阿魯台。譯語轉音,故稱厄魯特。太祖高皇帝時,嘗遣使入貢。世祖章皇帝時,錫以封爵,俾自領其衆。迨噶爾丹肆其豕心,侵擾喀爾喀諸部。聖祖仁皇帝親討平之,北邊於以敉寧。其姪策妄阿拉布坦,先與噶爾丹搆釁,跳而西遁,跧伏伊犁。後生息漸蕃,稍爲邊患。由我聖祖仁皇帝、世宗憲皇帝屢申撻伐,折其逆萌。澤旺阿拉布坦之子噶爾丹策凌,震我天聲,始戢鋒受命。我皇上化周六幕,威惠交孚,示以綏柔,許通貢市,用廣幬載之仁。後達瓦齊戕噶爾丹策凌之子喇嘛達爾札屬,擁衆自立。部曲不附,紛紛然內向款關,準噶爾遂大亂。是書《前編》五十四卷,所紀自康熙三十九年七月乙未至乾隆十七年九月壬申,即詳述其緣起也。嗣杜爾伯特台吉策凌、策凌烏巴什、輝特台吉阿睦爾撒納等,先後來歸,籲請天討。以人心之大順,如帝命之式臨。特詔六師,分行兩道。降蕃負弩,忭舞前驅。餘黨倒戈,駢羅膜拜。兵不血刃,五月而定伊犁,俘達瓦齊於圖爾滿。既而阿睦爾撒納豺狼反噬,旋見函馘。波羅尼都、霍集占梟獍齊鳴,亦隨獻馘。天山南北,桴鼓不鳴,展拓黄圖凡二萬餘里。是書《正編》八十五卷,所紀自乾隆十八年十一月甲戌至二十五年三月戊申,即備録其始末也。至《續編》三十三卷,則乾隆二十五年三月庚戌以後至三十年八月乙亥,凡一切列戍開屯,設官定賦,規畫久遠之制,與討定烏什及絶域諸蕃,占風納賮者咸載焉。自有書契以來,未有威弧之所震如是其遠,皇輿之所拓如是其廓者。亦未有龍沙蔥雪之間,控制撫綏,一如中冀,如是之制度周詳者。而運籌策於幾先,計久長於事後,一一出睿謨之獨斷。豈非天錫勇知,以光列聖之緒,而貽奕世之謨哉。伏讀是編,知舜德之賓王母,禹迹之被流沙,均不足與聖功比也。

臨清紀略

《四庫全書總目提要·紀事本末類》《欽定臨清紀略》十六卷。乾隆四十二年,大學士于敏中等恭撰奏進。乾隆三十九年九月,山東壽張逆寇王倫反,突掠陽穀,趨臨清。直隸、山東合兵蹙之,而大學士舒赫德奉詔統八旗勁旅亦至,王倫窮迫自焚死,盡俘其黨,械送京師,磔於市。因命述戡定始末爲此編。我朝自列聖以來,醲化懿綱,重熙累洽。普天率土,含識知歸。我皇上念切痌瘝,德符幬載。求寧求瘼,宵旰憂勞,恒恐一夫之不獲。深仁厚澤,縷數難窮。即田賦之蠲除,動千百萬。漕粟之寬貸,亦動千百萬。水旱偶沴,賑卹頻仍,更不知其幾千百萬。數十年來,述聖政者亦不勝其紀載。四瀛之内,徧沃衢尊,蓋莫不食福飲和,熙春泳化。無論圓顱方趾,具有彝良。即悍戾鷙忍之徒,亦皆當革彼鴞音,化其鷹眼。王倫等乃肆萌逆節,敢亂天常。遂煩鄭澤之攻,自取貝州之戮。蓋天地之大,無所不生。狼貪實出於性成,虺毒自爲其種類。初則事魔喫菜,託以斂財。繼乃聚衆焚香,因而成黨。自知妖言左道,聖世不容。遂僥倖苟延,鋌而走險。變生意外,蓋以此也。然而運策九重,指揮七萃,不旋踵而斧螳鋒蜎殘滅無遺。奏功之速,未有過於是役者。豈非人心之所共憤,即天道之所必誅乎。是編所録,詳述制勝之機宜,竝明倡亂之緣起,所以爲天下萬世自外生成之炯戒也。至於安輯流亡,撫綏困乏,兵燹之餘,所以善籌其後者,謀畫無所不周,惠養無所不至。益足見聖德如天,而王倫等之辜恩謀逆,爲罪深於梟獍矣。

石峰堡紀略

《四庫全書總目提要·紀事本末類》《欽定石峯堡紀略》二十卷。乾隆四十九年奉勅撰。初,撒拉爾逆回之變,渠魁蘇四十三等雖全就殲戮,而馬明心餘孽猶多。我皇上天地爲心,兼包並育,不欲盡翦其族類。特命陝甘總督李侍堯密爲經理,以杜亂萌,務曲導其自新,而陰鋤其怙惡。乃李侍堯籌畫未周,疎於防制,致逆回田五噓馬見心已燼之焰,詭稱官軍將盡剿新教,恐脅回衆。轉相煽惑,醜黨遂繁。因而據險營巢,伏戎于莽。以乾隆四十九年四月十五日,猝起變於小山。迨田五爲提督剛塔所敗,勢蹙自戕。餘黨張文慶、馬四娃等,復乘機嘯聚,與剛塔相拒於馬家堡。剛塔不能仰承指示,預斷其飛走之路,致翻山宵遁,遂蔓延四出,肆其猖獗。賴我皇上魁柄親操,威弧遐指,赫然天斷,易將臨戎。特命兵部尚書福康安爲陝甘總督,統兵進討,復詔大學士阿桂督師策應。摧鋒轉戰,捷書旅來。逆回無路可逃,釜底游魂,羣聚守於石峯堡。石峯堡者,通渭之所屬也。萬山環抱,孤峯雲舉,羊腸鳥道,詰屈僅通,自前代號天險。阿桂、福康安等恭承方略,先列柵樹砦,使聲勢相連,以防衝突。復斷其水道,使困暍難存。生路既窮,迫而宵潰。是歲七月初五日,焚巢掃穴,竝俘致行殿,明正典刑。鯨鯢梟獍,所殲戮幾及萬人,而後浄盡根株，西陲大定。館臣因恭録諭旨奏章，編次月日，勒爲一編，以昭睿謨之廣遠。臣等鞠跽恭讀，而深繹戡定之聖算。蓋秦隴左右，跬步皆山，深巖巨谷，繚繞潛通，雖土著或不得其端緒。而逆回陰鷙狡黠，又其天性，故力足抗則鴟張，勢不敵則鼠竄。藉幽蹊曲徑爲蔽藏，得以出入無常，聚散不定。或方在於此，忽移而在彼；方在於前，忽轉而在後。諸臣用兵之始，但躡其蹤而尾追之，是以左右周章，卒莫得其要領。我皇上坐照如神，通籌全局。先命斷其去路，然後合圍而殲之。故賊之險阻不足據，賊之詭譎無所施。本欲求爲流寇以牽制官軍，至是乃窮而負嵎，苟延殘喘，遂一鼓而無噍類。仰見睿鑒無遺，超乎萬古。凡聖諭所預籌，一一炳燭先幾，驗如操券。益信前此之囊括濛汜，底定冉駹，皆早握萬全之略，非一時偶致也。勒諸册府，洵足垂範千古矣。

臺灣紀略

《四庫全書總目提要・紀事本末類》《欽定臺灣紀略》七十卷。乾隆五十三年奉勅撰。臺灣孤懸海外，自古不入版圖，然實閩粵兩省之屏障。明代爲紅毛所據，故外無防禦。倭患蔓延後，鄭芝龍據之，亦負嵎猖獗。誠重地也。聖祖仁皇帝七德昭宣，削平鯨窟。命靖海侯施琅等俘鄭克塽而郡縣其地，設官置戍，屹爲海上金城。徒以山箐叢深，百産豐溢，廣東及漳州、泉州之民争趨其地。雖繁富日增，而姦宄亦因以竄跡。故自朱一桂以後，針蝟斧螳，偶或竊發，然旋亦撲滅。惟林爽文、莊大田等逆惡鴟張，凶徒蟻附，致稽藁街之誅。仰賴神謨，指揮駕馭，乃渠首就檻，炎海永清。蓋始由官吏之貪黷，司封疆者未察巢穴。而其所以蕩平者，則仰藉皇上坐照幾先，於鮫室鯨波，視如指掌。事事皆預爲策及，早設周防。又睿鑒精詳，物無匿狀。申明賞罰，百度肅清。弛者改而奮，怯者改而勇。竝凛凛天威，近猶咫尺。而重臣宿將乃得以致力其間，生縛猰貐，以申國憲。威棱所慴，併内臺生番亘古未通中國者，亦先驅效命，助翦元凶。稽首闕廷，虔修職貢。中外臣民，跽讀《御製紀事詩》二篇，以手加額，謂軒轅之戮蚩尤，猶親在行間；武丁之克鬼方，非路經海外。今皇上運籌九天之上，而坐照萬里之外。亘古聖帝明王，更無倫比。至江漢、常武諸什，僅在近地者，更無足道矣。奏凱之後，廷臣敬輯諭旨批答奏章，分析月日，編排始末，勒成是編，以垂示萬古。臣等回環跽讀，仰見聖神文武，經緯萬端。雖地止偏隅，而險阻重深。委曲籌畫，實與伊部、回部、金川三大事功烈相等。載筆之下，彌覺歌頌之難罄也。

廣陵通典

周中孚《鄭堂讀書記補逸・紀事本末類》《廣陵通典》十卷。道光癸未刊本。國朝汪中撰。中字容甫，江縣人。乾隆丁酉拔貢生。是編取史籍中所載事迹，凡有涉於廣陵者，會萃條流，編次年月。自漢高帝六年吴濞開國，迄於唐昭宗乾寧二年楊行密事。其書未竟，而容甫没。後三十載，其子孟慈喜孫以遺稿付梓。顧澗薲廣圻序之，稱其書「上下各代，排比列城，沿革、道里、户口、貢賦，鉅靡不包，細亦無漏，故謂之通。進節義，退草竊，貴賢能，賤奢踰。刊棄神怪，擯落嘲咏。惟録有用之事，弗爲無益之談。事求其實，言歸於正，故謂之典」。今觀其書，所敘故實，端末悉具，雖曰釋地之篇，實亦紀事本末之流。而其取材之富，立例之當，考覈之精，鎔裁之妙，皆可取法。後之人循其體例，補完唐末之事，而續以楊吴、南唐、宋、元、明事，合成廣陵一郡全書，以終容甫之志，斯亦善矣。

聖武記

張之洞《書目答問・紀事本末類》《聖武記》十四卷。魏源。通行大字、小字兩本。《平定粵匪紀略》廿二卷，同治四年湖北省官撰。通行刻本。亦可備考。

熙朝政紀

劉錦藻《清續文獻通考・經籍考・紀事》《熙朝政紀》八卷。王慶雲撰。慶雲字雁汀，福建閩縣人。道光己丑進士，官至工部尚書，謚文勤。

湘軍水陸戰紀

丁立中《八千卷樓書目·紀事本末類》《湘軍水陸戰紀》十六卷。國朝曾國藩撰。活字板本。原刊本。

包村殉難始末

丁立中《八千卷樓書目·紀事本末類》《包村殉難始末》一卷。國朝許瑶光撰。刊本。

談　浙

劉錦藻《清續文獻通考·經籍考·紀事》《談浙》四卷。許瑶光撰。瑶光字雪門，湖南善化人。道光己酉拔貢，官至浙江嘉興府知府。

龍邱戢匪紀略

丁立中《八千卷樓書目·紀事本末類》《龍邱戢匪紀略》一卷。國朝楊葆光撰。刊本。

各國立約始末記

劉錦藻《清續文獻通考·經籍考·紀事》《各國立約始末記》三十卷。陸元鼎撰。

記嘆咭利求澳始末

丁立中《八千卷樓書目·紀事本末類》《記嘆咭唎求澳始末》一卷。國朝蕭枚生撰。刊本。

前守寶録　後守寶録

丁立中《八千卷樓書目·紀事本末類》《前守寶録》五卷，《後守寶録》二十卷。國朝魁聯撰。刊本。

兩浙庚辛紀略

丁立中《八千卷樓書目·紀事本末類》《兩浙庚辛紀略》一卷。國朝陳學繩撰。抄本。

大破明師於松山之戰書事文

丁立中《八千卷樓書目·紀事本末類》《大破明師於松山之戰書事文》一卷。不著撰人名氏。刊滿字本。

海寧倭寇始末

吴壽暘《拜經樓藏書題跋記》《海寧倭寇始末》。右一册，不著作者名氏。先君子校，並有按語。

雜史部

瑣語

姚振宗《漢書藝文志拾補・春秋》 《瑣語》十一篇。汲冢竹書。束皙《竹書叙目》曰：「《瑣語》十一篇。諸國卜夢妖怪相書也。」

唐劉知幾《史通・六家篇》曰：「汲冢《瑣語》記太丁時事，目爲《夏殷春秋》。《瑣語》又有《晉春秋》，記獻公十七年事。」又《惑經篇》云：「《瑣語》、《春秋》載魯國閔公時事，言之甚詳。」又《申左篇》云：「汲冢所得書，尋亦亡逸，今惟《紀年》、《瑣語》、《師春》在焉。」又自注云：「《紀年》、《瑣語》載春秋時事，多與《左氏》同，故束皙云：若使此書出於漢世，劉歆不作五原太守矣。」按其事見《漢書》本傳及《儒林傳》。又《藝文類聚》二十七引劉歆《遂初賦序》云：「歆好《左氏春秋》，欲立於學官，時諸儒不聽。歆乃移書太常，責讓深切，爲朝廷大臣所非。求出補吏，後徙五原太守。志意不得，經歷故晉之域，感今思古，遂作此賦」云云。

《隋志》史部雜史篇：「《古文瑣語》四卷。汲冢書。」《唐・經籍志》：「《古文瑣語》四卷。」《藝文志》同。

烏程嚴可均輯本《序》曰：「汲冢《瑣語》，《隋志》四卷。舊、新《唐志》同。宋以後不著録。今輯羣書引見，省併複重，得二十五事，彙爲一篇。」

馬國翰輯本《序》曰：「《古文瑣語》見《晉書・束皙傳》，其書久佚，搜緝爲卷。書中記周、晉、齊、宋佚事，有足備史考者。」

逸周書

王世貞《讀書後》 讀《逸周書》。

余讀《逸周書》七十一篇，未嘗不奇深其文辭，而怪其誖也。其言甚仁湯，而武武。曰桀與其屬五百人止不齊，民棄之往奔湯。凡數徙，輒棄。湯放桀而復薄，三

千諸侯大會。湯退，再拜，從諸侯之位，諸侯莫敢即。又曰：武王征西方，憝國九十有九，馘魔億有十萬七千七百七十有九，俘人三億萬有二百三十。是武王者，秦始漢武之靡也。王子晉曰：「吾復三年，上賓于帝」，所以至今稱晉仙去。王會叙事固典有法，然所紀奇民、淫珤、怪鳥獸，抑又何誕也，奈何不使人主津津好大哉。第書名「汲冢」者，非按汲冢書。晉太康二年，汲郡人不準發安釐王，出冢書凡七十五篇，如《紀年》、《瑣語》、《梁丘藏》、《徽書》，易《國語》、《論語》篇目。杜預序稱太甲殺伊尹事，今本皆無之。書所載武王斬紂，妲己懸頭二太白旗，及周公謚法，已收之太史公《史記》中，寧至魏始出哉？雖然余未獲見《汲冢書》以爲恨，而孟子於《武成》乃僅取二三策，何也？

梁丘藏

文廷式《補晉書藝文志・雜史類》 汲冢書《梁丘藏》一篇。先叙魏之世次，言丘藏金玉事。《生封》一篇。帝王所封。

事詳《束皙傳》。

左逸

《四庫全書總目提要・雜史類存目一》 《左逸》一卷。兩江總督采進本。是書凡《左傳》逸文三則。有《小引》。稱嶧陽樵者獲石篋，得竹簡漆書古文《左傳》，讀之，中有小牴牾三，餘得而録之。或謂秦、漢人所傳而託也，餘不能辨。題延陵蔣謹手次，及子世枋重訂。又冠以世枋《序》，稱二帙爲其先人手録，貯篋中者四十年。未詳作者誰氏，並所序嶧陽、齊野二説，亦不知何人。惟是紀事用意，筆法遒古，非秦、漢以下所能道隻字云云。漆書竹簡，豈能閲二千年而不毁，其僞殊不足辨也。

短長

《四庫全書總目提要・雜史類存目一》 《短長》一卷。兩江總督采進本。是書凡《戰國策》逸文三則。有《小引》。稱耕於齊野者地墳，得大篆竹策一帙，曰《短長》。劉向叙《戰國策》，一名《短長》。所謂《短長》者，豈戰國逸策歟？然多載秦及漢初事。意文、景之世，好奇之士僞託以撰。漆書竹簡，豈能閲二千年而不毁，其僞殊不足辨也。

國語

《漢書・藝文志・春秋》 《國語》二十一篇。左丘明著。

陳振孫《直齋書録解題・春秋類》 《國語》二十一卷。自班固志《藝文》，有《國語》二十一篇，左丘明所著，至今與《春秋傳》並行，號爲《外傳》。今攷二書，雖相出入，而事辭或多異同，文體亦不類，意必非出一人之手也。司馬子長云：「左丘失明，厥有《國語》。」又似不知所謂。唐啖助亦嘗辨之。案：晁公武《讀書志》云：「班固《藝文志》《國語》二十一篇」，《隋志》二十二卷，《唐志》二十一卷。今書篇次與《漢志》同。蓋歷代儒者析簡併篇，互有損益，不足疑也。

都穆《南濠居士文跋》 古本《國語》。《國語》惟南京國子監有板。惜乎歲久，字多漫滅，雖時或刊補，而猶非完書也。此蓋藏于宋岳武穆之孫珂。近予友御史王君得之，出以相示。觀其刻畫端勁，楮墨精美，真古書也。余嘗訪御史君，每一披誦，則心目爲之開明，竊因是而有所感：古書自五經外，若《左氏傳》、《戰國策》等，以及是書，皆學者所當究心，而往往奪于舉子之業。好古之士雖未嘗無，而坊肆所市率皆時文小説，求如此本豈可得哉。嗚呼！宜乎今人之不如古也。

徐𤊹《徐氏家藏書目・旁史類》 《國語》二十一卷。

黄丕烈《蕘圃藏書題識・卷二史類一》 《國語》二十一卷。校宋本。吾家所藏《國語》有二：一從明道二年刻本影鈔，一是宋公序補音，南宋槧本。間以二本參閲，明道本《周語》云：「昔我先王世后稷。」注云：「后，君也；稷，官也。」則是昔我先王世君此稷之官也。考之《史記・周本紀》亦然。而公序本直云：「昔我先世后稷」，讀者習焉不察，幾謂周家之后稷矣。「僖二十四年，秦師將襲鄭，過周國門，左右皆免胄而下拜」，注云：「言免胄，則不解甲而拜。」蓋介胄之士不拜，秦師反是，所謂無禮則脱也。公序本又失去「拜」字，與注文大相違背。微明道本，於何正之。今世所行《國語》皆從公序本翻雕，知二字之亡來久矣。也是翁錢遵王識。在卷首。

宋板《國語》二本，一摹吾家明道二年刻本，比真本不差毫髮；一是宋公序補音刻本，段節分明，注解詳備，合而觀之，此書遂無遺憾。嘉靖中吴門翻刻宋本，闕誤多矣。錢士興記。

明道本《周語》：「單襄公曰：『驩，此其孫也。』」注曰：「此周子者，晉襄公之孫也。」「襄」字上應無「單」字，以公序本爲正。《楚語》「王孫圉」，明道本作「王孫圍」，衆皆作「圉」，未審孰是。士興又記。均在卷首叙後。

戴剡源先生讀《國語》曰：「先儒奇太史公變編年爲雜體，有作古之材，以余觀之，殆倣於《國語》而爲之也。」此真讀書好古之識。世無識書人，但知蘇、歐，通套評論之而已。洞庭葉石君識，時年六十有七，三月十一日。在卷末。

錢遵王印寫，錢宗伯家藏宋刻本，與今本大異。今歸於葉林宗，借勘一過。戊戌夏五月六日，常熟陸貽典校畢識。

六月十二日鐙下覆校畢。敕先。在卷末。

宋本《國語》從來罕有，義門先生以不得購見爲恨事，此書晚出，可謂唐臨晉帖矣。末册有跋語，原尾可證。在卷首。楊紹和案：此段係墨筆，無款。以蕘翁辛亥跋語證之，當從陸校本過録，故附於敕先諸跋之後。

乾隆丁卯照影宋本校，頗有俗字，不及新本之古。

十月從錢氏本再校，松崖棟記。

壬申正月上元再閲一過。

二月七日又閲一過。均在卷末。

朱墨校宋本《國語》，墨筆得之友人；朱筆得之沈寶硯，云陸敕先校本也。敕先本寶硯祕不示人，此特其臨本耳。壬申八月廿八日記，松崖。

墨筆所校與寶硯本略同，惟未校注耳。又記。均在卷首。

壬申九月又從陸敕先本校對一過。

十月從錢氏本再校。

宋公序本改從古字，頗失舊觀，當略從十之四五，餘當仍明道本刻刊也。壬申十月望後再記。松崖。

乾隆庚戌長至日，小門生朱邦衡臨校。

乾隆庚戌臘月，借同郡滋蘭堂朱秋崖臨校惠松崖校本，參校一過。平江黄丕烈識。

庚戌秋於文瑞書肆得校本《國語》六册，係明翻宋刊本，而爲陸敕先校。敕先之跋，朱書燦然，大抵後人臨本。其校本之善否，猶未敢必也。適便訪余友朱秋崖，譚及是書，云有臨校惠校本，取而讀之，始知敕先果有《國語》校本。校《國語》者不止敕先，余所得者，特敕先校本耳，不若惠校之從二本也。爰假録此。蕘圃烈書。是書爲山東孔氏校刊本，書中確有改正處，特校未盡耳。余因得敕先校本，從同年賓嵎蔣君借閲一過，繼又借得秋崖藏本，思傳録一册，苦無他本，乃從賓嵎易得此書，喜之不勝，竭數晝夜之力而竣事。間以陸校本參互疑似，然猶未盡其同異，殘臘不及覆校，當俟諸來歲也。庚戌臘月望前蕘翁丕烈又書。

辛亥春季，校竣《説文》。後適五柳居主人陶蘊輝思以《唐六典》易余所藏臨陸敕先校本《國語》，爰復以陸校覆勘一過。卷中墨筆，皆從陸校參攷而書之者也。彼此互校，尚多疑似，或更博攷諸書，以冀一得，乃云備耳。時三月下澣一日鐙下，蕘圃校畢書。

此本爲浙人戴公名經所臨，乃西船廠毛氏師也，相傳陸校真本藏於其家。均在卷末。

此書首借朱秋崖所臨惠松崖校閲本對勘，而參以傳録陸敕先校本，亦可自信爲善本矣。繼得影寫明道本，屬余友顧澗蘋正之。宋本之妙，前賢所校實多闕遺，遂一一考訂如左。書中稱影宋本者，皆盡美盡善處也，而今而後，《國語》本當以此爲最，勿以尋常校本視之。乾隆乙卯八月，棘人黄丕烈識。在卷首。

乙卯夏日用影宋本覆校一過，澗薲顧廣圻。在卷末。

又《蕘圃藏書題識續録・卷一史類》 《國語》二十一卷。校宋本。

明道二年所刊《國語》印本不可得見。此影寫者。時章獻明肅劉后臨政，諱其父名，「通」字每缺一筆，今所寫尚然，精審可知矣。傳校本外間多有，余亦屢見之，錯誤脱落均所不免。近陳氏樹華曾著《外傳考證》，所據亦傳校本，故終不得其要領。如《周語》：「欲城周」，注：「欲城周者，欲城成周也。」今本正文衍「成」字，并添注，爲甚蕪累之語。《魯語》：「魯人辭而復之。」今本「夫人」作「大夫」，若是，則敬姜何以爲別於男子之禮乎！又「笑吾子之大也」，注謂「驕，滿也」。蓋「大」即「驕泰」字。今本於正文加「滿」字，遂改注謂爲「滿」以就之。此類往往未經改正。往者惠松崖先生假陸敕先所校於沈寶研，寶研祕不肯出。今蕘圃黄君乃以真本見借，所獲抑何奢歟。悉心讎勘兩踰月，始克歸之。自今而後，宋公序以下本皆可覆瓿矣。乾隆乙卯六月四日，澗薲顧廣圻書。

顧廣圻《思適齋書跋》 《國語》二十一卷。校宋本。宋槧《通鑑外紀》詳節魯夫人辭而復之，與明道本合。明板改「大夫」，失道原之舊矣。辛未十月。

《國語》二十一卷。校宋本。乙卯夏日用景宋本覆校一過。澗薲顧廣圻記。

《國語》八卷。景宋鈔殘本。此蕘圃所收景鈔本即據之重雕者。余別得首三卷，較之寫手尤精，故用以上板，而仍留此。他時儻別得之本以下復出，遂可轉爲補全。竹頭木屑正未必無用也。已未冬至前一日澗薲書。

第六、第十、第十九、廿、廿一共五卷，此類余以爲寫手不佳，故重摹付刊，而此遂剩合釘爲一本存之，俾他日有考焉。澗薲書。

又《思適齋集外書跋輯存・史類》 《國語》殘本八卷。影宋鈔本。

范邦甸等《天一閣書目・雜史類》 《國語》二十一卷。刊本卷面有「天一閣」、「古司馬氏」二圖章。吴高陵亭侯韋昭解，宋鄭國公宋庠補音，明侍御蜀張一鯤、楚李時成閲，虞部郎豫章郭子章選，東粤周光鎬校，一鯤有序。

《國語》二十一卷。韋昭解，明閩中葉邦榮刊。

于敏中等《天禄琳琅書目・明版史部》 《國語》。二函十二册。吴韋昭解，宋宋庠補音，明張一鯤輯，二十一卷，前一鯤序、昭序二序。

又 《國語》。一函四册。篇目同前。

又 《國語》。二函十六册。吴韋昭解。二十一卷。前昭序、宋宋庠《補音序》并《注解諸家名氏》、《諸國世系説》。

姚振宗《漢書藝文志條理・春秋》 《國語》二十一篇。左邱明著。本書《司馬遷傳・贊》曰：「及孔子因魯史記而作《春秋》，而左邱明論輯其本事以爲之傳，又籑異同爲《國語》。故司馬遷據《左氏》、《國語》。」

吴韋曜《國語解・序》曰：「昔孔子發憤于舊史，垂法于素王；左邱明因聖言以攄意，託王義以流藻，其淵源深大，沉懿雅麗，可謂命世之才，博物善作者也。其明識高遠，雅思未盡，故復采録前世穆王以來，下訖魯悼智伯之誅，邦國成敗、嘉言善謀、陰陽律吕、天時人事、逆順之數，以爲《國語》。其文不主于經，故號曰《外傳》，所以包羅天地，探測禍福，發起幽微，章表善惡者，昭然甚明。實與經藝並陳，非特諸子之倫也。遭秦之亂，幽而復光，賈生、史遷頗綜述焉。及劉光禄于漢成世，始更考校，是正疑謬。至于章帝，鄭大司農爲之訓注，侍中賈君、故侍御史會稽虞君、尚書僕射丹陽唐君，因賈爲主而損益之。竊不自料，復爲之解。」云云。

《史通・六家篇》：「《國語》家者，其先亦出于左邱明。既爲《春秋内傳》，又稽其佚文，纂其別説，分周、魯、齊、晉、鄭、楚、吴、越八國事，起自周穆王，終于魯悼公，别爲《春秋外傳國語》，合爲二十一篇。其文以方《内傳》，或重出而小異。然自古名儒賈逵、王肅、虞翻、韋曜之徒，並申以注釋，治其章句，此亦六經之流，三傳之亞也。」

宋宋庠《國語補音序》曰：「當漢出《左傳》，祕而未行，又不立學官，故此書亦勿顯。惟上賢達識之士好而尊之，俗儒勿識也。逮東漢，《左傳》漸布，《國語》亦從而大行。自鄭衆、賈逵、王肅、虞翻、唐固、韋昭之徒，並治其章句，申之注釋，爲六經流亞，非復諸子之倫。自餘名儒碩士好是學者，不可勝紀。今惟韋氏所解傳于世，諸家章句遂無存焉。」

《四庫全書總目提要》曰：「《國語》出自何人，説者不一。然終以漢人所説爲近古。所記之事，與《左傳》俱迄智伯之亡，時代亦復相合。中有與《左傳》未符者，猶《新序》、《説苑》同出劉向，而時復牴牾。蓋古人著書，各據所見之舊文，疑以存疑，不似後人輕改也。」又曰：「《國語》二十一篇，《漢志》雖載《春秋》後，然無《春秋外傳》之名也。《漢書・律曆志》始稱《春秋外傳》。王充《論衡》云：《國語》，《左氏》之外傳也。《左氏》傳經，詞語尚略，故復選録《國語》之詞以實之。《史通》六家，《國語》居一，實古左史之遺。」云。

楚漢春秋

《漢書・藝文志・春秋》《楚漢春秋》九篇。陸賈所記。

《隋書・經籍志・雜史》《楚漢春秋》九卷。陸賈撰。

《舊唐書・經籍志・雜史》《楚漢春秋》二十卷。陸賈撰。

《新唐書・藝文志・雜史類》陸賈《楚漢春秋》九卷。

鄭樵《通志・藝文略・雜史》《楚漢春秋》九卷。陸賈撰。

張之洞《書目答問・雜史類》《楚漢春秋》一卷。漢陸賈。茆氏輯《十種古書》本。

姚振宗《漢書藝文志條理・春秋》《楚漢春秋》九篇。陸賈所記。本書《列傳》：「陸賈，楚人也，以客從高祖定天下，名有口辨，居左右，常使諸侯。中國初定，尉佗平南越，因王之。高祖使賈賜佗印爲越南王。賈卒，拜佗爲王，令稱臣奉漢約。歸報，高帝大説，拜賈爲太中大夫。孝惠時，吕太后用事，欲王諸吕，畏大臣及有口者。賈自度不能争之，迺病免，以好畤田地善，往家焉。吕太后時，爲陳平畫吕氏數事。游漢廷公卿間，名聲藉甚。及誅吕氏，立孝文，賈頗有力。孝文即位，欲使人之南越，丞相平乃言賈爲太中大夫，往使尉佗，去黄屋稱制，令比諸侯，皆如意指。陸生竟以壽終。」又《傳》贊曰：「陸賈位止大夫，致仕諸吕，不受憂責，從容平、勃之間，附會將相以彊社稷，身名俱榮，其最優乎！」

《司馬遷傳》贊曰：「漢興，代秦定天下，有《楚漢春秋》。故司馬遷據《左氏》、《國語》，采《世本》、《戰國策》，述《楚漢春秋》，接其後事，迄于大漢。按：裴駰《史記集解・序》引班固此文作「天漢」，此「大漢」蓋誤寫也。

《後漢書・班彪傳》彪論前史得失曰：「漢興定天下，太史大夫陸賈記録時功，作《楚漢春秋》九篇。」

《史記集解・序・索隱》曰：「《楚漢春秋》，漢太中大夫楚人陸賈所撰。記項氏與漢高祖初起及説惠文間事。」

《隋志・史部・雜史篇》：「《楚漢春秋》九卷。陸賈撰。」又曰：「陸賈作《楚漢春秋》以述誅鋤秦項之事。」《唐・經籍志》：「《楚漢春秋》九卷。陸賈撰。」《唐・藝文志》：「陸賈《楚漢春秋》九卷。」

《史通・六家篇》：「晏子、虞卿、吕氏、陸賈其書篇第本無年月，而亦謂之『春秋』。」又《題目篇》云：「案吕陸二氏各著一書，唯次篇章，不繫時月，此乃子書雜記，而皆號曰『春秋』，考名責實，奚其爽歟！」又《雜述篇》云：「史氏流别，殊途並鶩。榷而爲論，其流有十。一曰偏記。夫皇王受命，有始有卒，作者著述，詳略難均。有權記當時，不終一代，若陸賈《楚漢春秋》，此之謂偏記者也。」又《雜説篇》云：「案劉氏初興，書唯陸賈而已。子長述楚漢之事，專據此書。然觀遷之所載，往往與舊不同。如酈生之初謁沛公，高祖之長歌鴻鵠，非唯文句有别，遂乃事理皆殊。」

王氏考證洪氏曰：「陸賈書記當時事，而所言多與史不合，顔師古屢辨之。若高祖之臣，别有絳、灌，南宫侯張耳，淮陰舍人謝公。」

《經義考》曰：「案《楚漢春秋》，顔師古《漢書注》、李善《文選注》皆引之，則唐時尚存。又《太平御覽》亦引之，則宋初猶未亡也。」

高郵茆泮林輯本序曰：「《楚漢春秋》今散佚不可復得，彙刻叢書中亦未見輯本。泮林因其書與《左傳》、《國語》、《世本》、《國策》，均爲龍門作史，屬稿所據，惟《世本》及陸書無傳，故既輯《世本》成帙，復于此書留意焉。」

漢武故事

錢東垣等輯《崇文總目輯釋・雜史類》 《漢武故事》五卷。［原釋］班固撰。本題二篇，今世誤析爲五篇。見《玉海・藝文類》。

東觀漢記

尤袤《遂初堂書目・雜史類》 《東觀漢紀》。

馬端臨《文獻通考・經籍考・雜史》 《東觀漢記》十卷。

陳氏曰：漢謁者僕射劉珍、校書郎劉騊駼等撰。初，班固在顯宗朝嘗撰《世祖本紀》、《功臣列傳》、《載記》二十八篇。至永初中，珍、騊駼等著作東觀，撰集《漢記》。其後盧植、蔡邕、馬日磾等，皆嘗補續。《唐藝文志》著録者一百二十卷。今所存者，惟吳漢、賈復、耿弇、寇恂、馮異、祭遵及景丹、蓋延八人列傳而已。其卷第凡十，而闕第七、八二卷，未知果當時之遺否也。

羅鄂州序曰：顧聞之上蔡任洸文源曰：「洸家舊有《東觀漢記》四十三卷，丙子渡江，亡去。後得蜀本，錯誤殆不可讀，用祕閣本讐校，删著爲八篇。洎見唐諸儒所引，參之以袁宏《後漢紀》、范曄《后漢書》，粗爲全具，其疑以待博洽君子。」按顯宗命班固爲蘭臺令史，遷爲郎，撰光武功臣、平林新市、公孫述事，作列傳、載記二十八篇。永寧元年，太后又詔劉珍與劉騊駼作建武以來名臣傳。今此記所存，皆建武事，豈固及珍、騊駼所述邪？其文間類《前漢書》，又傳後所題有「太史官曰」，有序目者，此班、劉之所爲分也。然固與珍傳不載成書卷目，《隋書・經籍志》稱劉珍所撰《漢記》百四十三卷，《新舊唐書》《經籍》、《藝文志》皆百二十七卷，吳兢所藏與官書卷同，劉知幾所有僅百十四篇。本朝歐陽公嘗欲求於海外，後復散亡，今所存纔此耳，豈不惜哉！然《後漢》成書，自劉珍、謝承、薛瑩、司馬彪、華嶠、謝忱、袁崧、劉義慶、蕭子顯，凡九家，唯華嶠專述《漢記》。逮范曄總載諸家而成書，亦以華嶠爲主。後之欲考《漢記》者，於范氏之書，猶有取焉。文源之言既然，顧以爲此書乃漢世史臣親記見聞。而袁、范出魏、晉後，以世撰之，不得爲此。觀《高密侯》一傳，而綱領見矣。書雖不全，當共存録。因刻板於江夏郡，篇中往往有唐武后時字，不欲輒改。

《宋史・藝文志・別史》 劉珍等《東觀漢紀》八卷。

《四庫全書總目提要・別史類》 《東觀漢記》二十四卷。《永樂大典》本。案《東觀漢記》，《隋書・經籍志》稱長水校尉劉珍等撰。今考之范書，珍未嘗爲長水校尉。且此書刱始在明帝時，不可題珍等居首。案《范書・班固傳》云：明帝始詔班固與睢陽令陳宗、長陵令尹敏、司隸從事孟異共成《世祖本紀》。固又撰功臣、平林新市、公孫述事，作《列傳》、《載紀》二十八篇。此《漢記》之初創也。劉知幾《史通・古今正史篇》云：安帝詔史官謁者僕射劉珍、諫議大夫李尤，雜作紀表，名臣、節士、儒林、外戚諸傳，起建武，訖永初。《范書・劉珍傳》亦稱鄧太后詔珍與劉騊駼作《建武以來名臣傳》。此《漢記》之初續也。

春秋外傳國語章句

姚振宗《後漢藝文志・雜史類》 鄭衆《春秋外傳國語章句》。衆始末見《經部・易類》。韋昭《國語解・序》曰：「及劉光禄于漢成世，始更考校。至于章帝，鄭大司農爲之訓注，解釋疑滯，昭晰可觀，至于細碎，有所闕略。」

宋庠《國語補音・序》曰：「後漢大司農鄭衆作《國語章句》，亡其篇數。」

馬國翰輯本《序》曰：「鄭大司農《章句》久亡。《詩・周頌・昊天有成命》、《正義》引之。今合以韋《解》中所引，輯録《周語》三節，《魯語》、《楚語》各一節。」

春秋外傳國語解詁

姚振宗《後漢藝文志・雜史類》 賈逵《春秋外傳國語解詁》二十一卷。逵始末見《經部・書類》。

范書本傳：「逵父徽，從劉歆受《左氏春秋》，兼習《國語》。逵悉傳父業，尤明《左氏傳》、《國語》，爲之《解詁》五十一篇，永平中上疏獻之。顯宗重其書，寫藏祕館。」章懷《注》云：「《左氏》三十篇，《國語》二十一篇也。」韋昭《國語解・序》曰：「鄭大司農爲之訓注，至于細碎，有所闕略。侍中賈君敷而衍之，其所發明，大義略舉，爲已瞭矣。然于文間，時有遺亡。」

《隋志・經部・春秋篇》：「《春秋外傳國語》二十卷，賈逵撰。」

宋庠《國語補音・序》曰：「賈景伯《國語解詁》二十一篇，唐已亡。」

《四庫全書總目提要》曰：「韋昭《自序》稱：『兼采鄭衆、賈逵。』今考所引，鄭説寥寥數條，惟賈援據駮正爲多。又曰：『《國語》二十一篇，《漢志》雖載《春秋》後，然無《春秋外傳》之名。《漢書・律曆志》始稱《春秋外傳》。』又曰：『考《國語》上包周穆王，下暨魯悼公，與《春秋》時代首尾皆不相應，其事亦多與《春秋》無關，係之《春秋》殊爲不類。附之于經，于義未允。《史通・六家》，《國語》居一，實古左史之遺。今改隸雜史類焉。」

王謨輯本《序録》曰：「今從韋《解》内鈔出八十一條，又《文選注》九十條，《史記集解》十二條，《後漢書注》三條，《經典釋文》三條，《類聚》一條，《書鈔》七條，《初學記》二條。」又云：「附唐固注三十餘條。」馬氏玉函山房亦輯存二卷。又汪氏振綺堂三君注輯存四卷。今日本國傳出《大藏音義》百卷，《續音義》十卷，唐本《玉篇》三卷半，此三書引賈氏《國語注》至多，輯之猶可成卷。

春秋外傳

姚振宗《後漢藝文志・雜史類》 楊終《春秋外傳》十二篇。終始末見《正史類》。

范書本傳：「年十三，爲郡小吏，太守奇其才，遣詣京師受業，習《春秋》。建初中，詔諸儒于白虎觀論考同異，會終坐事繫獄。博士趙博、校書郎班固、賈逵等以終深曉《春秋》，學多異聞，表請之，即日貫出。後坐徙北地，貫還故郡。著《春秋外傳》十二篇，改定《章句》十五萬言。」

按《本傳》，是書成于還蜀後，中廢十五年。中先嘗承詔删《太史公書》爲十餘萬言矣，此又以删《外傳國語》二十一篇者爲十二篇。《漢志》又有劉向分《新國語》五十四篇，不知子山所删爲何本。時鄭、賈《解詁》已行世二十餘年，終既删本文，故又改定其《章句》爲十五萬言，以爲一家之學歟。又按史不曰「删」，而曰「著」，或如孔衍《春秋時國語》之類。若是，則「改定《章句》十五萬言」，別爲一書。考終爲公羊家學，此所改定豈《公羊章句》歟？然史文合《外傳》而言，自以改定《外傳章句》爲近。

戰國策論

姚振宗《後漢藝文志・雜史類》 延篤《戰國策論》一卷。篤始末見《經部・春秋類》。

《隋書・經籍志》：「《戰國策論》一卷。漢京兆尹延篤撰。」《唐・經籍志》：「《戰國策論》一卷。延篤撰。」《藝文志》：「延篤《戰國策論》一卷。」

章宗源《隋志考證》曰：「《史記・高祖紀》，又《魯鄒列傳》、《蘇秦列傳》、《匈奴傳》索隱，《文選・求立太宰碑》注，曹公《與孫權書》注，《檄吴將校部曲》注，阮籍《詠懷詩》注，並引延篤《戰國策注》。《顔氏家訓・書證篇》引稱延篤《戰國策音義》。」

侯《志》曰：「據諸書所引，全非論體。顔黄門稱《戰國策音義》，其名似勝隋唐《志》。」

按其書卷首或有論，隋唐《志》遂以「論」名之，此亦鄭漁仲所謂「見前不見後」之類歟。延叔堅有《史記音義》，自以顔黄門所稱爲得其實。

撰集漢事

姚振宗《後漢藝文志・雜史類》 蔡邕《撰集漢事》。邕始末見《經部・禮類》。

范書本傳：「司徒王允收邕，付廷尉治罪。邕陳辭謝，乞黥首刖足，繼成漢史。士大夫多矜救之，不能得。太尉馬日磾馳往謂允曰：『伯喈曠世逸才，多識漢事，當續成後史，爲一代大典。』及邕死獄中，北海鄭玄聞而歎曰：『漢世之事，誰與正之！』其《撰集漢事》未見録以繼後史。」

按此乃所集修史雜槀也。《傳》注引《邕別傳》：邕上書自陳，有曰：「臣所事師故太傅胡廣，知臣頗識其門户，略以所有舊事與臣，雖未備悉，粗見首尾。」則其中有胡廣撰集者在焉。

狀人紀

姚振宗《後漢藝文志・雜史類》 應劭《狀人紀》。劭始末見《正史類》。

范書本傳：「初，父奉爲司隸時，並下諸官府郡國，各上前人像贊，劭乃連綴其名，録爲《狀人紀》。」《續漢・郡國志》注引應劭《漢官》曰：「郡府聽事壁諸尹畫贊，肇自建武，迄于陽嘉，注其清俗進退，所謂不隱過、不虛譽，甚得述事之實。後人是瞻，足以勸懼，雖《春秋》采毫毛之善，貶纖介之惡，不避王公，無以過此，尤著明也。」

中漢輯序

姚振宗《後漢藝文志・雜史類》 應劭《中漢輯序》。

范書本傳：「又論當時行事，著《中漢輯序》。」

戰國策高誘注

《隋書・經籍志・雜史》 《戰國策》二十一卷。高誘撰注。

《舊唐書・經籍志・雜史》 《戰國策》三十二卷。高誘注。

《新唐書・藝文志・雜史類》 高誘注《戰國策》三十二卷。

鄭樵《通志・藝文略・雜史》 《戰國策》二十一卷。高誘撰注。

陳振孫《直齋書録解題・别史類》 《戰國策》三十卷。

司馬遷《史記》所本，劉向所校者也。但無撰人名氏。後漢高誘注。自東周至中山十二國，凡三十三篇。

尤袤《遂初堂書目・雜史類》 姚氏本《戰國策》。

錢謙益等《絳雲樓書目・雜史類》 《戰國策》。高誘注。三十二卷。後漢人。吳正傳本佳，有吳立夫序文，遠勝鮑彪本。正傳名師道，立夫族人，至正初爲國子博士，校注《國策》，考核甚精，其詳見自序。時泰定二年也。

《四庫全書總目提要・雜史類》 《戰國策注》三十三卷。衍聖公孔昭焕家藏本。

舊本題漢高誘注。今考其書，實宋姚宏校本也。《文獻通考》引《崇文總目》曰：《戰國策》篇卷亡闕，第二至第十、第三十一至第三十三闕。又有後漢高誘注本二十卷，今闕第一、第五、第十一至二十，止存八卷。曾鞏校定序曰：此書有高誘注者二十一篇，或曰三十二篇。《崇文總目》存者八篇，今存者十篇。此爲毛晉汲古閣影宋鈔本。雖三十三卷皆題曰高誘注，而有誘注者僅二卷至四卷、六卷至十卷，與《崇文總目》八篇數合。又最末三十二、三十三兩卷合前八卷，與曾巩序十篇數合。

黄丕烈《蕘圃藏書題識》 《高注戰國策》三十三卷。影宋梁溪高氏本。

吳師道云：「剡川姚宏續校注，最後出。予見姚注凡二本，其一冠以目録、劉序，而置曾序於卷末；其一冠以曾序，而劉序次之。」云云。此即所謂「冠以曾序」之本也。宋槧原出梁溪安氏，陸敕先亦據以鈔校，刻入盧氏雅雨堂，但失其真矣。其冠以目録、劉序本，出梁溪高氏。宋槧之極精好者，今在黄蕘圃家，近將重爲刊行，與此有異同。此本世鮮蓄之者，自是《戰國策》一重公案，後人勿因其一刻再刻而漫視之也。嘉慶癸亥五月書此，留示阿和、阿道。回數家兄下世已閲七年，爲之泫然。潤蕢居士廣圻記。在卷首。

此册影宋鈔本高注《戰國策》，東城顧氏藏書，由蔣春皋以歸於小讀書堆者也。抱沖故後，借其遺書，屬伊從弟潤蕢校雅雨本，多所正誤。未及還而余適得桐鄉金氏所藏宋刊本，又爲校勘，又可正影鈔本之誤。書以最先者爲佳，信不誣矣。且高注宋刻向有兩本，此本非即從余所得宋本鈔出，故行款不同，字句間有互異。聊誌數語，以著源流，俟與後之能讀者證之。嘉慶歲在己未二月花朝後一日，黄丕烈識。在卷末。

顧廣圻《思適齋書跋》 高注《戰國策》三十三卷。景宋鈔本。

張金吾《愛日精廬藏書志・雜史類》 《戰國策》三十三卷。影寫宋剡川姚氏本，陸氏敕先手校。

漢高誘注。曾鞏序。劉向序。李文叔書後。王覺題後。孫元忠書後，記劉原父語。姚宏序。紹興丙寅。

《戰國策》經鮑彪殽亂，非復高誘元本。而剡川姚宏較正本，博采《春秋後語》

諸書，吳正傳駁正鮑注，最後得此本，嘆其絶佳，且謂於時蓄之者鮮矣。此本乃伯聲較本，又經前輩勘對疑誤，採正傳補注標舉行間。天啓中以二十千購之梁溪安氏，不啻獲一珍珠船也。無何，又得善本於梁溪高氏，楮墨精好，此本遂次而居乙。每一摩桫，不免以積薪自哂。要之，此兩本實爲雙璧，闕一固不可也。崇禎庚午七月曝書於榮木樓，牧翁謹識。

張之洞《書目答問．古史第四》《戰國策高誘注》三十三卷。《札記》三卷。宋姚宏校正續注。顧廣圻校。士禮居仿宋刻本。武昌局繙黄本。

《戰國策高誘注》三十三卷。宋姚宏校正續注。雅雨堂校本。鮑彪注本多竄改，不如此兩本。

姚振宗《後漢藝文志．雜史》《高誘戰國策注》三十三卷。誘始末見《經部．禮類》。

三五曆記

《舊唐書．經籍志．雜史》《三五曆記》二卷。徐整撰。

《新唐書．藝文志．雜史類》徐整《三五曆紀》二卷。

通　曆

《舊唐書．經籍志．雜史》《通曆》二卷。徐整撰。

《新唐書．藝文志．雜史類》徐整《通曆》二卷。

雜　曆

《舊唐書．經籍志．雜史》《雜曆》五卷。徐整撰。

《新唐書．藝文志．雜史類》《雜曆》五卷。

合　史

《新唐書．藝文志．雜史類》蕭肅《合史》二十卷。

録

《新唐書．藝文志．雜史類》蕭肅《録》一卷。

帝　録

《舊唐書．經籍志．雜史》《帝録》十卷。諸葛忱撰。

《新唐書．藝文志．雜史類》諸葛耽《帝録》十卷。

春秋外傳章句

姚振宗《三國藝文志．雜史類》王肅《春秋外傳章句》二十一卷。肅始末具《經部．易類》。

《隋書．經籍志．春秋類》：「《春秋外傳章句》一卷。王肅撰。梁二十一卷。」《唐．經籍志》：「《春秋外傳國語章句》二十二卷。王肅注。」《藝文志》：「王肅注《國語章句》二十二卷。」

宋庠《國語補音．序》曰：「王肅《國語章句》，梁有二十二卷。《唐志》亦云。」

春秋外傳國語注

姚振宗《三國藝文志．雜史類》孫炎《春秋外傳國語注》。炎始末具《經部．

易類》。

《魏志・王肅附傳》：「樂安孫叔然作《春秋》三傳、《國語》、《爾雅》諸注。」

案：韋弘嗣注書，但述鄭、賈、虞、唐四家，則當時王子雍、孫叔然二家之注不行于江表。

春秋外傳國語注

姚振宗《三國藝文志・雜史類》 虞翻《春秋外傳國語注》二十一卷。翻始末具《經部・易類》。

《隋書・經籍志》：「《春秋外傳國語》二十一卷。虞翻注。」

《唐・經籍志》：「《春秋外傳國語》二十一卷。虞翻撰。」案：「撰」當爲「注」。

《藝文志》：「虞翻注《國語》二十一卷。」

侯《志》曰：「按：韋昭解内時，稱賈唐二君，或稱三君，則兼虞仲翔也。」

案：錢塘汪遠孫有《國語三君注輯存》四卷。馬氏玉函山房輯《虞氏注》一卷。

春秋外傳國語注

姚振宗《三國藝文志・雜史類》 唐固《春秋外傳國語注》二十一卷。固始末具《經部・春秋類》。

《隋書・經籍志》：「《春秋外傳國語》二十一卷。唐固注。」

《唐・經籍志》同《藝文志》：「唐固注《國語》二十一卷。」

韋昭《國語注・序》曰：「建安黄武之間，故侍御史會稽虞君、尚書僕射丹陽唐君，皆英才碩儒，洽聞之士也，采摭所見，因賈爲主而損益之。觀其辭義，信多善者，然所理釋，猶有異同。」

《經義考》曰：「固注《國語》，《初學記》引之。餘見韋《注》者多。」

侯《志》曰：「《史記集解》亦屢引唐《注》。」

王謨《賈氏解詁輯本・序録》曰：「内附唐《注》三十餘條。」又馬氏玉函山房輯存唐氏《注》一卷。

國語注

陳振孫《直齋書録解題・春秋類》 《國語注》二十一卷。吴尚書僕射侍中吴郡韋昭撰。采鄭衆、賈逵、虞翻、唐固，合五家爲之注。昭字子正，事孫皓，以忤旨誅死。《吴志》避晉諱，作韋曜。

于敏中等《天禄琳琅書目・明版史部》 《國語》。一函，八册。吴韋昭解。二十一卷。前昭序。

此書專載韋注，槧刻精良，其版在一鯤所刊上。如定窩中人收藏印記，未知誰氏。

《四庫全書總目提要・雜史類》 《國語》二十一卷。户部員外郎章銓家藏本。

吴韋昭注。昭字宏嗣，雲陽人。官至中書僕射。《三國志》作韋曜，裴松之注謂「爲司馬昭諱也」。《國語》出自何人，説者不一，然終以漢人所説爲近古。所記之事，與《左傳》俱迄智伯之亡，時代亦復相合。中有與《左傳》未符者，猶《新序》、《説苑》同出劉向，而時復牴牾。蓋古人著書，各據所見之舊文，疑以存疑，不似後人輕改也。《漢志》作二十一篇。其諸家所注，《隋志》虞翻、唐固本皆二十一卷，王肅本二十二卷，賈逵本二十卷，互有增減。蓋偶然分併，非有異同。惟昭所注本，《隋志》作二十二卷，《唐志》作二十卷。而此本首尾完具，實二十一卷。諸家所傳南北宋版，無不相同。知《隋志》誤一字，《唐志》脱一字也。前有昭自序，稱「兼采鄭衆、賈逵、虞翻、唐固之注」。今考所引鄭説、虞説寥寥數條，惟賈、唐二家援據駁正爲多。

顧廣圻《思適齋書跋・卷二・史部》 《國語》二十一卷。明刻本。

《國語韋昭注》，宋明道二年刻本。校癸丑五月從段懋堂先生借得傳録宋本，譌字反較此本爲多，悉仍其舊，存之，異日尚當參稽他書審定去取也。初九日鐙下校畢因記。顧廣圻。

懋堂先生校語録上方，爲別又記。

凡筆乙去處，皆不用宋本。十一月圻重閲又記。

乙卯六月，景宋本重勘，凡補段君校所遺又如干字，多記於上方。向謂宋本多譌，乃惑於宋公序補音耳。二十一日記。

姚振宗《三國藝文志・雜史類》 韋昭《春秋外傳國語注》二十二卷。昭始末具《經部・詩類》。

《隋書・經籍志》：「《春秋外傳國語》二十二卷。韋昭注。」

《唐・經籍志》：「二十一卷。」《藝文志》：「韋昭《注》二十一卷。」

《崇文總目》：「《春秋外傳國語》二十一卷。吳侍中領左國史亭陵侯韋昭解。昭參引鄭衆、賈逵、虞翻、唐固，合凡五家爲注，自所發正者三百十事。」案：自序云三百七事。

宋庠《國語補音・序》曰：「先儒自鄭衆、賈逵、王肅、虞翻、唐固、韋昭之徒，並治其章句，申之以注釋，今惟韋氏所解傳于世。韋氏以鄭、賈、虞、唐爲主，而增損之，故其注備而有體，可謂一家之名學。」

黄震《日鈔》曰：「《國語》文宏衍精潔，韋昭注文亦簡切稱之。」

家傳

姚振宗《三國藝文志・雜史類》 魏武自作《家傳》。

《魏志・蔣濟傳・注》：「臣松之案：魏武作《家傳》，自云曹叔振鐸之後。」

《廣韻・六豪》「曹」字注：「魏武作《家傳》，自云曹叔振鐸之後。周武王封母弟振鐸于曹，後以國爲氏，出譙國、彭城、高平、鉅鹿四望。」

案：《家傳》非記一人一事，故入之此類。

曹瞞傳

姚振宗《三國藝文志・雜史類》 被山《曹瞞傳》一卷。

裴松之《魏志・武紀注》曰：「太祖一名吉利，小字阿瞞。」又曰：「吳人作《曹瞞傳》。」

《唐書・經籍志・雜傳類》：「《曹瞞傳》一卷。吳人作。」《藝文志・雜傳記類》：「《曹瞞傳》一卷。」

章宗源《隋志考證》曰：「案：傳名『曹瞞』，又係吳人所作，其言操少好飛鷹走狗，游蕩無度，又佻易無威重，好音樂，及遣華歆入宮收伏后事，語皆質直，不爲魏諱。故《世説注》、《文選注》所引皆稱操名，《類聚》、《御覽》所引亦或稱操。惟《魏志注》多稱太祖，自係裴松之所改，非吳人原本。他書亦有稱曹公、稱太祖，不盡改其舊。」

侯《志》曰：「《魏志・武帝紀》注，袁紹、吕布、荀彧傳注，俱引之。」《世説・假譎篇》注，《水經・渭水》注，《後漢書・獻紀》，袁紹、吕布傳注亦引之，不出裴注之外。書出敵人之口，故于曹操奸惡備載無遺。世所傳操爲夏侯氏子及破壁收伏后等事，皆出此書。其中築沙城以渡渭一事，司馬建公舉操爲北部尉一事，裴松之頗有疑辭而終不敢斥爲非，蓋其書紀事多實也。《藝文》、《御覽》又屢引《曹操別傳》所稱「人中有吕布，馬中有赤兔」一條，《御覽》卷四百九十六與此書合。發梁孝王冢一條《藝文》卷八十三，《文選・檄豫州注》正作《曹瞞傳》，則一書而異名耳。《御覽》又引《魏武別傳》卷四百三十一，稱操爲「武皇帝」，并載操子中山王衮事，或亦本一書而後人易其稱乎。

案《藝文類聚・百穀部》引被山《曹瞞傳》則作：「是傳者，姓被名山，吳人也。」邵思《姓解》云：「《古今人表》有『被衣爲堯師』。『被』音『披』。又有『被雍』。《左傳》有鄭大夫被雍，漢有牂牁太守被條，吳有被離，此被山之所自出歟。」書雖名傳，實與魏人所作《魏武本紀》相類。書中亦兼及衆人事，與《別傳》記一人事蹟者不同，故與《家傳》並入雜史。

孫破虜將軍紀頌

姚振宗《三國藝文志・雜史類》 張紘《孫破虜將軍紀頌》。

《吳志・張紘傳》注：「《吳書》曰：紘以破虜有破走董卓，扶持漢室之勳；討逆平定江外，建立大業，宜有紀頌以昭公義。既成，呈權。權省讀悲感曰：『君真識孤家門閥閲也。』」

案：「紀頌」者，紀其事而系以頌。破虜將軍者，堅也。討逆將軍者，策也。《吳書》即韋昭等所作。此所引稱「權」，似非其舊。

江表傳

《舊唐書・經籍志・雜史》《江表傳》五卷。虞溥撰。

《新唐書・藝文志・雜史類》 虞溥《江表傳》五卷。

吴　曆

《舊唐書・經籍志・雜史》《吴曆》六卷。胡沖撰。

《新唐書・藝文志・雜史類》 胡沖《吴曆》六卷。

九州春秋

文廷式《補晉書藝文志・雜史類》 司馬彪《九州春秋》十卷。記漢末事。《史通・六家篇》曰：「當漢氏失馭，英雄角力，司馬彪録其行事，因爲《九州春秋》。州爲一篇，合爲九卷。尋其體統，亦近代之《國語》也。」《唐志》九卷。《宋志・霸史類》九卷，《別史類》十卷。《書録解題》卷五云：「《九州春秋》九卷。司馬彪撰。漢末州郡之亂，司、冀、徐、兖、青、荆、揚、梁、幽，凡盜賊僭叛，皆紀之。」《世善堂書目》尚箸録，是此書明時尚存。

春秋後傳

文廷式《補晉書藝文志・雜史類》 樂資《春秋後傳》三十一卷。著作郎。《史通・六家篇》：「晉著作郎魯國樂資追採《左傳》、《太史公書》二史，撰爲《春秋後傳》。其書始以周貞王續前傳魯哀公後，至赧王入秦；又以秦文王之繼周，終於二世之滅，合成三十卷。《初學記》卷五引樂資《春秋傳記》鄭容見華山使事。

蜀後志

文廷式《補晉書藝文志・雜史類》 杜龔《蜀後志》。《華陽國志・常寬傳》云：「杜龔亦著《蜀後志》，及志趙廞、李特叛亂之事。」

春秋後語

錢東垣等輯《崇文總目輯釋・雜史類》《春秋後語》十卷。孔衍撰。

《新唐書・藝文志・雜史類》 孔衍《春秋後國語》十卷。

鄭樵《通志・藝文略・雜史》《春秋後國語》十卷。孔衍撰。

漢尚書

《舊唐書・經籍志・雜史》《漢尚書》十卷。孔衍撰。

《新唐書・藝文志・雜史類》 孔衍《漢尚書》十卷。

文廷式《補晉書藝文志・雜史類》 孔衍《漢尚書》十卷。《舊唐志》「尚書」皆作「春秋」。《史通・六家篇》曰：「晉廣陵相魯國孔衍，以爲國史所以表言行，昭法式，至於人理常事，不足備列。乃删漢、魏諸事，取其美詞典言，足爲龜鏡者，定以篇第，纂成一家。由是有《漢尚書》、《後漢尚書》、《魏尚書》，凡爲二十六卷。」

後漢尚書

《舊唐書・經籍志・雜史》《後漢尚書》六卷。孔衍撰。

《新唐書・藝文志・雜史類》《後漢尚書》六卷。

文廷式《補晉書藝文志·雜史類》 孔衍《後漢尚書》六卷。《舊唐志》「尚書」皆作「春秋」。《史通·六家篇》曰：「晉廣陵相魯國孔衍，以爲國史所以表言行，昭法式，至於人理常事，不足備列。乃删漢、魏諸事，取其美詞典言，足爲龜鏡者，定以篇第，纂成一家。由是有《漢尚書》、《後漢尚書》、《魏尚書》，凡爲二十六卷。」

魏尚書

文廷式《補晉書藝文志·雜史類》 孔衍《魏尚書》十卷。《舊唐志》「尚書」皆作「春秋」。《史通·六家篇》曰：「晉廣陵相魯國孔衍，以爲國史所以表言行，昭法式，至於人理常事，不足備列。乃删漢、魏諸事，取其美詞典言，足爲龜鏡者，定以篇第，纂成一家。由是有《漢尚書》、《後漢尚書》、《魏尚書》，凡爲二十六卷。」

漢春秋

《舊唐書·經籍志·雜史》 《漢春秋》十卷。孔衍撰。

《新唐書·藝文志·雜史類》 《漢春秋》十卷。

後漢春秋

《舊唐書·經籍志·雜史》 《後漢春秋》六卷。孔衍撰。

《新唐書·藝文志·雜史類》 《後漢春秋》六卷。

後漢尚書

《舊唐書·經籍志·雜史》 《後漢尚書》十四卷。孔衍撰。

後魏春秋

《舊唐書·經籍志·雜史》 《後魏春秋》九卷。孔衍撰。

《新唐書·藝文志·雜史類》 《後魏春秋》九卷。

國志曆

《舊唐書·經籍志·雜史》 《國志曆》五卷。孔衍撰。

《新唐書·藝文志·雜史類》 孔衍《國志曆》五卷。

春秋國語

《舊唐書·經籍志·雜史》 《春秋國語》十卷。孔衍撰。

《新唐書·藝文志·雜史類》 孔衍《春秋時國語》十卷。

鄭樵《通志·藝文略·雜史》 《春秋時國語》十卷。孔衍撰。

文廷式《補晉書藝文志·雜史類》 孔衍《春秋時國語》十卷，《春秋後國語》十卷，並見《新唐志》。《史通·六家篇》曰：「孔衍以《戰國策》所書未爲盡善，乃引太史公所記，參其異同，删彼二家，聚爲一録，號爲《春秋後語》。除二周及宋、衛、中山，其所留者，七國而已。始自秦孝公，終於楚漢之際，比於《春秋》，亦盡二百三十餘年行事。始衍撰《春秋時國語》，復撰《春秋後語》，勒成二書，各爲十卷。今行於世者，惟《後語》存焉。案：其書序云：「雖左氏莫能加。」世人皆尤其不量力，不度德。尋衍之此義，自比於邱明者，當謂《國語》，非《春秋傳》也。必方以類聚，豈多嗤乎！」慧琳《一切經音義》傳九十五。《春秋後語》：「杜郵在咸陽西十里，白起死於此。」《御覽》三百二十五引《春秋後·齊語》，又《韓語》；三百五引《春秋後·秦語》

魏晉世語

文廷式《補晉書藝文志・雜史類》 郭頒《魏晉世語》十卷。襄陽令。《三國志》卷注一引作「郭班」。

晉諸公讚

文廷式《補晉書藝文志・雜史類》 傅暢《晉諸公讚》二十一卷。祕書監。本傳：「暢作《晉諸公叙讚》。」《水經・穀水注》引「都水使者陳狼鑿運渠」事，題「傅暢《晉書》」。

帝王世紀

尤袤《遂初堂書目・雜史類》 《帝王世紀》。

文廷式《補晉書藝文志・雜史類》 皇甫謐《帝王世紀》十卷。起三皇，盡漢魏。孔穎達《尚書・堯典・正義》曰：「《晉書・皇甫謐傳》云廷式案：此當是王隱《晉書》。：「姑子外弟梁柳得《古文尚書》，故作《帝王世紀》，往往載孔傳五十八篇之書。」《日本見在書目》有皇甫謐《陳帝紀》六卷，必有誤，今不録。近時有宋翔鳳輯本十卷。《史通・採撰篇》云：「元晏《帝王紀》多採六經圖讖。」《宋志》九卷，入編年類。

年　曆

《舊唐書・經籍志・雜史》 《年曆》六卷。皇甫謐撰。

《新唐書・藝文志・雜史類》 皇甫謐《年曆》六卷。

文廷式《補晉書藝文志・雜史類》 皇甫謐《年曆》六卷。見《唐志》。《玉海・書目》曰：「晉正始初，安定皇甫謐以《漢紀》殘缺，博案經傳，旁觀百家，著《帝王世紀》並《年曆》，合十二篇，起太昊帝，訖漢獻帝。」《北堂書鈔》一百五十。皇甫謐《年曆》曰：「月稟陰之宗光，内日影以宵曜，名曰夜光。」

戰國策春秋

文廷式《補晉書藝文志・雜史類》 木概《戰國策春秋》三十卷。《元和姓纂》：「晉有木概，著《戰國策春秋》三十卷。見《七録》。」

古國志

文廷式《補晉書藝文志・雜史類》 陳壽《古國志》五十篇。見本傳。《華陽國志》云：「壽又著《古國志》五十篇，品藻典雅，中書監荀勗、令張華深愛之，以班固、史遷不足方也。」

帝王要略

文廷式《補晉書藝文志・雜史類》 環濟《帝王要略》十二卷。紀帝王及天官、地理、喪服。案：《禮記》、《左傳正義》及各類書引此皆作環濟《要略》，無「帝王」二字。

周　載

文廷式《補晉書藝文志・雜史類》 孟儀《周載》三十卷。臨賀太守。略前代下至秦。陸游《南唐書》曰：「後主嘗得《周載》，江東初無此書，人無知者，以訪徐鍇，一一條對，無所遺忘。」案：《太平御覽》尚引此書，《崇文書目》始佚之。

周書孔晁注

錢東垣等輯《崇文總目輯釋・雜史類》 《周書》十卷。孔晁注。

《舊唐書・經籍志・雜史》 《周書》八卷。孔晁注。

《新唐書・藝文志・雜史類》 孔晁注《周書》。八卷。

晁公武《郡齋讀書志・雜史類》 《汲冢書》十卷。

右晉太康中汲郡與《穆天子傳》同得，晉孔晁注。蓋孔子删采之餘，凡七十篇。

彭元瑞等《天禄琳琅書目後編・明版史部》 《逸周書》一函二册。晉孔晁註。書十卷。凡解七十篇。曰：度訓、命訓、常訓、文酌、糴匡、武稱、允文、大武、大明武、小明武、大匡、程典、程寤、以下俱佚。秦陰、九政、九開、劉法、文開、保開、八繁、以上俱佚。酆保、大開、小開、文儆、文傳、柔武、大開武、小開武、寶典、酆謀、寤儆、武順、武穆、和寤、武寤、克殷、大匡、文政、大聚、世俘、箕子、耆德、二篇佚。商誓、度邑、武儆、五權、成開、作雒、皇門、大戒、周月、時訓、月令、佚。謚法、明堂、嘗麥、本典、官人、王會、祭公、史記、職方、芮良夫、王子晉、王佩、殷祝、周祝、武紀、銓法、器服。其末序一篇，如《尚書》序。前有楊慎序，後有晁公武志，李燾、丁黼二跋。其姜士昌序，則校刻時所作，考《汲冢周書》，古今聚訟，然許慎《説文》、馬融《論語注》、鄭康成《周禮注》皆引《周書》；郭璞《爾雅注》、李善《文選注》皆引《逸周書》。是漢晉唐初不稱《汲冢》。士昌序云：「此書當仍舊名，不得繫之汲冢。」其稱名當矣。士昌，字仲文，丹陽人，萬曆戊辰進士，官至陝西參政，有《雪柏堂集》。闕補楊序。

張金吾《愛日精廬藏書志・別史類》 《汲冢周書》十卷。元至正刊本。晉孔晁注。卷首有「吴元恭氏」、「吴與沈瀹」兩印。黄玠刊板序。至正甲午。丁黼序。嘉定十五年。

張之洞《書目答問・古史第四》 《逸周書》孔晁注十卷。盧文弨校。抱經堂本。

潘祖蔭《滂喜齋藏書記・史部》 元刻《逸周書》十卷。一函四册。晉孔晁注。後有李燾巽巖序。每半葉十行，行二十字，注同。「匡」字有缺筆，蓋從宋本出也。逸篇脱字與抱經堂刻同。卷端有曠翁銘朱文方印，明澹生堂祁氏藏書。

文廷式《補晉書藝文志・雜史類》 孔晁《周書注》八卷。見《舊唐志》。

今存。

魏陽秋異同

《舊唐書・經籍志・雜史》 《魏陽秋異同》八卷。孫壽撰。

《新唐書・藝文志・雜史類》 孫壽《魏陽秋異同》八卷。

文廷式《補晉書藝文志・雜史類》 孫盛《魏陽秋異同》八卷。見《唐志》，作「孫壽」。章宗源曰：「按《魏志・武紀注》「太祖私入中常侍張讓宅」一事，題「孫盛《異同雜語》」。」《北堂書鈔・武功部》亦作「孫盛」。《夏侯玄傳・注》、《呂虔傳・注》、《蜀志・姜維傳・注》、《世説・識鑒篇・注》、《假譎篇・注》並題「孫盛《雜語》」。省「異同」二字，然《世説・注》「入張讓宅」事與《武紀・注》同，自是一書。又《武紀・注》引「寧我負人，無人負我」語，作「孫盛《雜記》」，「記」字訛。《史通・題目篇》云：「孫盛有《魏氏春秋》。」《摹擬篇》曰：「孫盛《魏晉二陽秋》。」每書年首必云「某年春帝正月」。又《魏志・武紀》注引孫盛《異同》，評又引孫盛評《太平寰宇記・河北道》亦引孫盛《雜語》，《御覽・兵部》又稱《三國異同》。《唐志》「孫壽」當是「孫盛」之訛。《通志略》入「編年類」。廷式按：《蜀志・諸葛瞻傳・注》引作「《異同記》」。

雜記

文廷式《補晉書藝文志・雜史類》 孫盛《雜記》。案《魏志・武紀・注》、《蜀志・姜維傳・注》皆引此書，恐非「雜語」之譌。《續談助録》、《殷芸小説》引「宣帝問真長」事及「宋岱爲青州刺史」事，並題「孫盛《雜記》」。《北堂書鈔》卷二十引《新語》「寧我負人，無人負我」，《魏志・武紀・注》引《雜記》文同，當是一書二名。

删補蜀記

《新唐書・藝文志・雜史類》 王隱《删補蜀記》七卷。

文廷式《補晉書藝文志・雜史類》 王隱《删補蜀記》七卷。見《唐志》。章宗源曰：「《魏志》注《龐德傳》、《蜀志》注《後主傳》、《諸葛亮傳》、《關羽傳》、《許靖傳》、《秦宓傳》、《譙周傳》、《黄權傳》、《姜維傳》、《楊戲傳》並引王隱《晉記》。郭沖五事即此書所載。」廷式案：「《通鑑》：安樂思公劉禪卒。《考異》云：《晉春秋》云『禪謚惠公』，今從王隱《蜀記》。」是此書宋時尚存。

拾遺録

文廷式《補晉書藝文志・雜史類》 王嘉《拾遺録》三卷。《拾遺記》十卷。蕭綺序。本傳：「撰《拾遺録》十卷。」《玉海》引《書目》：「晉王嘉著《拾遺記》十卷，事多詭譎，今行於世。」梁蕭綺《序》云：「本十九卷，書後殘缺，綺因删集爲十卷。」《續談助》卷一云：「虞羲造王子年《拾遺録》。」《郡齋讀書志》曰：「晉王嘉，字子年，嘗著書百二十篇。載伏羲以來異事，前世奇詭之説。書逸不完，梁蕭綺拾綴殘闕，輯而叙之。」

拾遺記

文廷式《補晉書藝文志・雜史類》 王嘉《拾遺録》三卷。《拾遺記》十卷。蕭綺序。本傳：「撰《拾遺録》十卷。」《玉海》引《書目》：「晉王嘉著《拾遺記》十卷，事多詭譎，今行於世。」梁蕭綺《序》云：「本十九卷，書後殘缺，綺因删集爲十卷。」《續談助》卷一云：「虞羲造王子年《拾遺録》。」《郡齋讀書志》曰：「晉王嘉，字子年，嘗著書百二十篇。載伏羲以來異事，前世奇詭之説。書逸不完，梁蕭綺拾綴殘闕，輯而叙之。」

古史考

《新唐書・藝文志・雜史類》 譙周《古史考》二十五卷。

張之洞《書目答問・雜史類》 《古史考》一卷。漢譙周。平津館輯本。

蜀王本紀

文廷式《補晉書藝文志・雜史類》 譙周《蜀王本紀》。《北堂書鈔》卷一百四引之。

條列吴事

文廷式《補晉書藝文志・雜史類》 嶭瑩《條列吴事》。《初學記》十一、《北堂書鈔》五十七並引之。《吴志・孫綝傳》注引《吴録》曰：「晉武帝問嶭瑩吴之名臣，瑩對稱：『桓彝有忠貞之節』。」陳壽《吴志》王蕃等傳論曰：「嶭瑩稱王蕃器量綽異，宏博多通；樓玄清白節操，才理條貫；賀邵厲志高絜，機理清要；韋曜篤學好古，博見羣籍，有記述之才。」

周　紀

文廷式《補晉書藝文志・雜史類》 王倫《周紀》。見《世説・排調門》注引《王氏家譜》。

三國評

《新唐書・藝文志・雜史類》 徐衆《三國評》三卷。

後魏尚書

《新唐書・藝文志・雜史類》 《後魏尚書》十四卷。

吳録

《舊唐書・經籍志・雜史》《吳録》三十卷。張勃撰。

《新唐書・藝文志・雜史類》張勃《吳録》三十卷。

後漢書纘

《新唐書・藝文志・雜史類》范曄《後漢書纘》十三卷。

要　記

徐崇《補南北史藝文志・南史・雜史》宋《要記》五卷。江夏王劉義恭撰，見本傳。《宋書》同。《隋・經籍志》未收。按《南史・義恭傳》：「撰《要記》五卷，起前漢迄晉太元，表上之，詔付祕閣。」

平定漢中本末

徐崇《補南北史藝文志・南史・雜史》《平定漢中本末》。蕭思話撰，見本傳。《宋書》同。《隋・經籍志》未收。按《南史・思話傳》：「文帝使思話上《平定漢中本末》，下之史官。」

前傳雜語

徐崇《補南北史藝文志・南史・雜史》《前傳雜語》。何承天撰，見本傳。《宋書》同。《隋・經籍志》：「《春秋前雜傳》九卷，何承天撰。」

南越志

鄭樵《通志・藝文略・雜史》《南越志》八卷。沈氏撰。

徐崇《補南北史藝文志・南史・雜史》《南越志》。沈懷遠撰，見《沈懷文傳》。《宋書》同。《隋・經籍志》：「《南越志》八卷，沈氏撰，有姓無名。」

晉　史

徐崇《補南北史藝文志・南史・别史》［宋］《晉史》四十二卷。徐廣撰，見本傳。《宋書・廣傳》：「《晉紀》四十六卷。」《隋・經籍志》：「《晉紀》四十五卷，徐廣撰。」按《南史・廣傳》：「宋武帝二年，尚書奏廣撰成《晉史》。廣所撰《晉紀》四十二卷。」又《荀伯子傳》：「徐廣重其才學，舉伯子及王韶之並爲佐郎，同修《晉史》。」韶之《傳》未載。

史漢漏事

徐崇《補南北史藝文志・南史・雜史》［齊］《史漢漏事》。崔慰祖撰，見本傳。《齊書》同。《隋・經籍志》未收。按《南史・慰祖傳》：「臨卒，與從弟緯書云：欲更注遷、固二史，採史漢所漏二百餘事，在厨籠中，可檢寫之，以存大意。」

蕭太尉記

徐崇《補南北史藝文志・南史・雜史》《蕭太尉記》。蘇偘撰，見本傳。《齊書》同。《隋・經籍志》未收。按《南史・侃傳》：「侃爲帝太尉諮議，事高帝既久，備悉起居，乃與丘巨源撰《蕭太尉記》，載帝征伐之功。」

大駕南討記

徐崇《補南北史藝文志・南史・雜史》《大駕南討記》。丘靈鞠撰，見本傳。《齊書》同。《隋・經籍志》未收。按《南史・靈鞠傳》：「泰始中，明帝使著《大駕南討記》。」

十代記

《舊唐書・經籍志・雜史》《十代記》十卷。熊襄撰。

《新唐書・藝文志・雜史類》 熊襄《十代記》十卷。

帝王年曆

《舊唐書・經籍志・雜史》《帝王年曆》五卷。陶弘景撰。

《新唐書・藝文志・雜史類》 陶弘景《帝王年曆》五卷。

乘輿飛龍記

《新唐書・藝文志・雜史類》 鮑衡卿《乘輿飛龍記》二卷。

鄭樵《通志・藝文略・雜史》《乘輿龍飛記》二卷。鮑衡卿撰。

太清記

馬端臨《文獻通考・經籍考・雜史》《太清記》十卷。

《崇文總目》：梁王韶撰。起太清元年，盡六年。初，侯景破建鄴，韶西奔江陵，士人多問城内事，韶不能人人爲説，乃疏爲一篇，問者即示之。元帝聞而取讀，曰：「昔王韶之爲《隆安記》，言晉末之亂離，今亦可以爲《太清記》矣。」韶因爲之，然其議論皆謝之矣。又韶希帝旨，撰述多非實録。

皇德記

徐崇《補南北史藝文志・南史・雜史》［梁］《皇德記》。周興嗣撰，見本傳。《梁書》同。《隋・經籍志》未收。

先聖本記

徐崇《補南北史藝文志・南史・雜史》［梁］《先聖本記》十卷。劉縚撰，見本傳。《梁書》同。《隋・經籍志》同。

宋齊語録

《舊唐書・經籍志・雜史》《宋齊語録》十卷。孔思尚撰。

《新唐書・藝文志・雜史類》 孔思尚《宋齊語録》十卷。

鄭樵《通志・藝文略・雜史》《宋齊語録》十卷。孔思尚撰。

齊書

張鵬一《隋書經籍志補・正雜史》《齊書》五十卷。梁高陽許亭。《隋書・許善心傳》云：「父亭，昔在前代，早懷述作，凡撰《齊書》五十卷。」

梁撮要

《新唐書・藝文志・雜史類》 陰僧仁《梁撮要》三十卷。

崇安記

《新唐書・藝文志・雜史類》 周祇《崇安記》二卷。

崇安記

《新唐書・藝文志・雜史類》 王韶之《崇安記》十卷。

六朝採要

鄭樵《通志・藝文略・雜史》《六朝採要》十卷。

齊梁相繼事迹

鄭樵《通志・藝文略・雜史》《齊梁相繼事迹》一卷。

三國春秋

《新唐書・藝文志・雜史類》 員半千《三國春秋》二十卷。

韋昭所注國語音

徐崇《補南北史藝文志・北史・雜史》《韋昭所注國語音》一卷。劉芳撰，見本傳。《魏書》同。《隋・經籍志》未收。

李正奮《補後魏書藝文志・雜史類》《韋昭注國語音》一卷。劉芳撰。見《魏書》芳本傳。《北史》同。

隋、唐《志》均不著録。

佚已久。

國　典

李正奮《補後魏書藝文志・雜史類》《國典》十八篇。王慧龍撰。見《魏書》慧龍本傳。《北史》同。

隋、唐《志》均不著録。

佚已久。

帝王世紀注

張鵬一《隋書經籍志補・正雜史》《帝王世紀注》。後魏元延明。

徐崇《補南北史藝文志・北史・雜史》［魏］《帝王世紀注》。元延明撰。見《安豐王猛傳》。《魏書・延明傳》同。《隋・經籍志》未收。

李正奮《補後魏書藝文志・雜史類》《帝王世紀注》。元延明撰。見《魏書・安豐王傳》。《北史・魏宗室傳》同。

隋、唐《志》均不著録。

佚已久。

帝録

張鵬一《隋書經籍志補・正雜史》《帝録》二十卷。後魏任城王順。

徐崇《補南北史藝文志・北史・雜史》《帝録》二十卷。元順撰，見《任城王雲》傳。《魏書・順傳》同。《隋・經籍志》未收。

李正奮《補後魏書藝文志・雜史類》《帝録》二十卷。元順撰。見《魏書・任城王傳》。《北史》同。

隋、唐《志》均不著録。

佚已久。

要略

徐崇《補南北史藝文志・北史・雜史》《要略》三十卷。彭城王勰撰，見本傳。《魏書》同。《隋・經籍志》未收。按《北史・勰傳》：「勰撰自古帝王賢達，至於後世子孫族從，三十卷，名曰《要略》。」

帝王略注

張鵬一《隋書經籍志補・正雜史》《帝王略注》百篇。燕國平恒。本傳：「自周以降，暨于魏世，帝王傳代之由，貴臣升降之緒，皆撰録品第，商略是非，號曰《略注》，合百餘篇。好事者覽之，咸以爲善。」《北史》同。

徐崇《補南北史藝文志・北史・雜史》《略注》。平恒撰，見本傳。《魏書》同。《隋・經籍志》未收。

按《北史・恒傳》：「自周以降，暨於魏世，帝王傳代之由，貴臣升降之緒，皆撰品第，商略是非，號曰《略注》，合百餘篇。」

科録

張鵬一《隋書經籍志補・正雜史》《科録》二百七十卷。後魏元暉。《魏書・昭成子孫傳》：「元暉愛文學，招集儒士崔鴻等撰録百家要事，以類相從，名爲《科録》，凡二百七十卷。上起伏羲，迄于晉宋，凡十九代。暉疾篤，表上之。神龜元年卒。」

歷帝圖

張鵬一《隋書經籍志補・正雜史》《歷帝圖》五卷。後魏清河張彝。本傳云：「起庖犧，終于晉末，凡十六代，百二十八帝，歷三千二百七十年，雜事五百八十九，合成五卷，名曰《歷帝圖》。亦謗木諫鼓，虞人盤盂之類，宣武善之。」《北史》同。

前漢功臣序贊

張鵬一《隋書經籍志補・正雜史》《前漢功臣序贊》。後魏李師尚。《北史》作「李仲尚」。年二十著《前漢功臣序贊》及季父《司空冲誄》。

魏志

張鵬一《隋書經籍志補・正雜史》《魏志》三十卷。後魏清河張始均。《張彝傳》云：「改陳壽《魏志》爲編年之體，廣益異聞，爲三十卷。又著《冠帶録》、諸詩賦數十篇，並亡矣。」《北史》同。

晉書注

張鵬一《隋書經籍志補・正雜史》　《王隱晉書注》。隋敦煌宋繪。見《宋顯傳》，云：「魏時張緬《晉書》未入國。繪依準裴松之注《國志》體，注王隱《晉事》及《中興書》，又撰《中朝多士傳》十卷、《姓系譜》五十篇。以諸家年曆不同，多有紕繆，乃刊正異同，撰《年譜録》，未成，河清五年並遭水濕。」

燕　記

張鵬一《隋書經籍志補・正雜史》　《燕記》。後魏崔逞。本傳云：「慕容暐時，郡舉上計掾，補著作郎，撰《燕記》。」

燕　書

張鵬一《隋書經籍志補・正雜史》　《燕書》。後魏勃海封懿。

國　統

張鵬一《隋書經籍志補・正雜史》　《國統》。後魏北地梁祚。本傳云：「撰并陳壽《三國志》，名曰《國統》。」

徐崇《補南北史藝文志・北史・雜史》　《國統》。梁祚撰，見《本傳》。《魏書》同。《隋・經籍志》：「《國統》二十卷，梁祚撰。」按《北史・祚傳》：「撰并陳壽《三國志》，名曰《國統》。」

國　書

張鵬一《隋書經籍志補・正雜史》　《國書》三十卷。崔浩等。本傳云：「初，太祖詔鄧淵撰《國記》十餘卷，《淵傳》云：「惟次年月起居行事而已，未有體例。」逮于太宗，廢而不述。神䴥二年，詔諸文人撰録《國書》，浩及弟覽、高讜、鄧穎、晁繼、范耳、黄輔等共參著作，叙成《國書》三十卷。」又云：「真君十一年誅浩。初，郄標等立石銘刊《國記》，浩盡述國事，備而不典。石銘顯在衢路，往來行者咸以爲言，事遂聞發。有司按驗浩，取祕書郎吏及長歷生數百人意狀。浩伏受賕，其祕書郎吏已下盡死。」

略　記

徐崇《補南北史藝文志・北史・雜史》　《略記》八十四卷。劉延明撰，見本傳。《魏書・劉昞傳》同。《隋・經籍志》未收。按《北史・延明傳》：「以三史文繁，著《略記》百三十篇，八十四卷。」又按：延明，劉昞字。

史　宗

徐崇《補南北史藝文志・北史・雜史》　《史宗》。信都芳撰，見本傳。《魏書》同。《齊書・芳傳》未載。《隋・經籍志》未收。按《北史・芳傳》：「注重差句股，復撰《史宗》。」又按：《魏書》、《齊書》芳俱有傳。

平西策

徐崇《補南北史藝文志・北史・雜史》　［北齊］《平西策》一卷。盧叔彪撰，見本傳。《齊書・盧叔武傳》同。《隋・經籍志》未收。按：叔彪即叔武。

關東風俗傳

《舊唐書・經籍志・雜史》《關東風俗傳》六十三卷。宋孝王撰。

《新唐書・藝文志・雜史類》宋孝王《關東風俗傳》六十三卷。

淮海亂離志

《新唐書・藝文志・雜史類》蕭大圜《淮海亂離志》四卷。

鄭樵《通志・藝文略・雜史》《淮海亂離志》四卷。蕭世怡撰，敘梁末侯景之亂。

代　譜

《舊唐書・經籍志・雜史》《代譜》四百八十卷。周武帝敕撰。

《新唐書・藝文志・雜史類》《代譜》四十八卷。周武帝敕撰。

晉武平吴記

鄭樵《通志・藝文略・雜史》《晉武平吴記》二卷。周世宗將討江南，張昭撰。

陳振孫《直齋書録解題・雜史類》《晉太康平吴記》二卷。周兵部尚書張昭撰。世宗將討江南，昭采晉武平孫皓事迹，爲書上之。

隋開業平陳記

《舊唐書・經籍志・雜史》《隋開業平陳記》十二卷。裴矩撰。

《新唐書・藝文志・雜史類》裴矩《隋開業平陳記》十二卷。

鄭樵《通志・藝文略・雜史》《隋開業平陳記》十二卷。裴矩撰。

吴越春秋傳

《新唐書・藝文志・雜史類》皇甫遵《吴越春秋傳》十卷。

鄭樵《通志・藝文略・雜史》《吴越春秋傳》十卷。皇甫遵撰。

梁　史

張鵬一《隋書經籍志補・正雜史》《梁史》百卷。後周蘭陵蕭欣。

十二國史

鄭樵《通志・藝文略・雜史》《十二國史》四卷。

齊　記

張鵬一《隋書經籍志補・正雜史》《齊記》二十卷。隋博陵杜臺卿。本傳云：「有集十五卷，《齊記》二十卷行於世。」

北齊未修書

張鵬一《隋書經籍志補・正雜史》《北齊未修書》二十四卷。隋博陵李德林。

承聖實録

徐崇《補南北史藝文志・北史・雜史》［隋］《承聖實録》十卷。裴政撰，見本傳。《隋書》同。《隋・經籍志》未收。

古今帝代記

徐崇《補南北史藝文志・北史・雜史》《古今帝代記》一卷。明克讓撰，見本傳。《隋書》同。《隋・經籍志》未收。

漢書删繁

徐崇《補南北史藝文志・北史・雜史》《漢書删繁》三十卷。于仲文撰，見本傳。《隋書》同。《隋・經籍志》未收。

略覽

徐崇《補南北史藝文志・北史・雜史》《略覽》三十卷。于仲文撰，見本傳。《隋書》同。《隋・經籍志》未收。

隋書

徐崇《補南北史藝文志・北史・雜史》《隋書》八十卷。王劭撰，見本傳。《隋書》同。《隋・經籍志》：「《隋書》八十卷，王劭撰。未成。」

平賊記

徐崇《補南北史藝文志・北史・雜史》《平賊記》。王劭撰，見本傳。《隋書》同。《隋・經籍志》未收。

東殿新書

《舊唐書・經籍志・雜史》《東殿新書》二百卷。高宗大帝撰。

後漢雜事

《舊唐書・經籍志・雜史》《後漢雜事》十卷。

《新唐書・藝文志・雜史類》《後漢雜事》十卷。

鄭樵《通志・藝文略・雜史》《後漢雜事》十卷。

帝王略論

《舊唐書・經籍志・雜史》《帝王略論》五卷。虞世南撰。

十世興王論

《舊唐書・經籍志・雜史》《十世興王論》十卷。朱敬則撰。

建康實録

錢東垣等輯《崇文總目輯釋·雜史類》《建康實録》二十卷。許嵩撰。

《新唐書·藝文志·雜史類》許嵩《建康實録》二十卷。

晁公武《郡齋讀書志·實録類》《建康實録》二十卷。右唐許嵩撰。始自吴，起漢興平元年，終於陳末禎明三年，南朝六代四十帝四百年間，君臣行事及土地山川、城池宫苑、制置興壞，用存古跡。其有異事則注之，以益見聞。按南朝四百年，除西晉平吴之年并吴首事之年，三百三十一年而已。吴大帝在武昌七年，梁元帝都江陵三年，其實在建康宫三百二十一年也。十父按：「嵩自叙此書云『使周覽而不繁，約而無失』，然自順帝已後，復爲紀傳，而廢編年，其間重複一事相牴牾者甚衆。至於名號稱謂，又絶無法。蓋亦煩而多失矣」。

陳振孫《直齋書録解題·雜史類》《建康實録》二十卷。唐許嵩撰。載吴、晉、宋、齊、梁、陳六朝都建康者，編年附傳，大略用實録體。

馬端臨《文獻通考·經籍考·起居注》《建康實録》二十卷。

《宋史·藝文志·别史》許嵩《建康實録》二十卷。

楊士奇等《文淵閣書目·宙字號第二櫥書目·史附》《建康實録》。一部，十五册。闕。

錢曾《讀書敏求記·地理輿圖》《建康實録》二十卷。建康，楚金陵邑，秦改秣陵，吴改建業。晉愍帝諱業，又改爲建康。元帝即位稱建康宫，五代仍之。許嵩舉吴首事之年，通西晉革吴以迄南朝事，勒成一書，名曰《建康實録》。黄子羽藏嘉祐年間鏤本，吾猶及見之。此則子羽家小胥所鈔也。

《四庫全書總目提要·别史類》《建康實録》二十卷。江蘇巡撫採進本。唐許嵩撰。嵩自署曰「高陽」，蓋其郡望。其始末則不可考。書中備記六朝事迹，起吴大帝迄陳後主，凡四百年，而以後梁附之。六朝皆都建康，故以爲名。其積算年數，迄唐至德元年丙申而止，則肅宗時人也。前有自序，謂：「今質正傳，旁採遺文，具君臣行事。事有詳簡，文有機要，不必備舉。若土地山川、城池宫苑，各明處所，用存古蹟。其異事别聞，辭不相屬，則皆註記以益見知，使周覽而不煩，約而無失」云云。蓋其義例主於類叙興廢大端，編年紀事，而尤加意於古蹟。

黄丕烈《蕘圃藏書題識續録·卷一史類》《建康實録》二十卷。舊鈔本。此舊鈔本《建康實録》，吾友顧潤蕢所藏書也。初，余於小讀書堆見抱沖用此本倩人影寫，詢是潤蕢物，心欲之而未敢直陳也。既余於周香嚴家見有宋本，潤蕢屬余借校。潤蕢謂余曰：「此書即從宋本寫出，特非影寫，故行款不同，復多脱誤爾。今得校勘，益臻美善矣。知君欲之已久，曷歸插架。」遂以遺余。其時適有友需余鈔本《咸淳臨安志》者，余獲直三十金。潤蕢戲曰：「此書余亦欲獲半直。」余重其割愛意，即易之。昔抱沖及袁君綬階皆不過借鈔，而今竟歸之，且視鈔本更多校語。潤蕢之厚，余可謂至矣。因記其實。别有唱和詩，俟附録備考。時嘉慶己未莫春九日棘人黄丕烈識。

顧廣圻《思適齋書跋·卷二史部》《建康實録》二十卷。鈔本。此鈔本《建康實録》，得之滋蘭堂朱氏者也。所校改，據周漪塘家汲古閣所藏宋刊本。宋本紙有破損，印有模糊處，此悉空其字，即從之鈔故也。首序一通，宋本有，而此脱，胥鈔亦多誤落，今並補正。唯元失之葉則闕如也。其模糊而存痕蹟，求之陳壽、沈約、李延壽諸家之書，審視熟揣，補其合者，未必不於宋本，轉有補也。小讀書堆及袁氏貞節居皆嘗倩手從此寫一部，然惜其時未經較也。得之以乾隆戊申，今歸讀未見書齋，則爲嘉慶己未歲也。顧廣圻記。

顧廣圻《思適齋集外書跋輯存·史類》《建康實録》二十卷。鈔本。

張之洞《書目答問·雜史類》《建康實録》二十卷。唐許嵩。張海鵬刻本。

金陵樞要

錢東垣等輯《崇文總目輯釋·雜史類》《金陵樞要》一卷。王豹撰。

鄭樵《通志·藝文略·雜史》《金陵樞要》一卷。王豹撰，記六朝事。

《宋史·藝文志·别史》王豹《金陵樞要》一卷。

吴書實録

錢東垣等輯《崇文總目輯釋·雜史類》《吴書實録》三卷。李清臣撰。【原釋】闕。見天一閣鈔本。

隋平陳記

錢東垣等輯《崇文總目輯釋・雜史類》《隋平陳記》一卷。稱臣悦撰。姓闕。

鄭樵《通志・藝文略・雜史》《隋平陳記》一卷。稱臣悦，亡其姓。

尤袤《遂初堂書目・雜史》《平陳記》。

大業拾遺

錢東垣等輯《崇文總目輯釋・雜史類》《大業拾遺》十卷。杜寶撰。

鄭樵《通志・藝文略・雜史》《大業拾遺》一卷。唐杜寶撰。

大業略記

錢東垣等輯《崇文總目輯釋・雜史類》《大業略記》三卷。趙毅撰。

鄭樵《通志・藝文略・雜史》《大業略記》三卷。唐趙毅撰。

大業拾遺

錢東垣等輯《崇文總目輯釋・雜史類》《大業拾遺》一卷。顔師古撰。

鄭樵《通志・藝文略・雜史》《大業拾遺録》一卷。記煬帝幸江都。

晁公武《郡齋讀書志・雜史類》《南部煙花録》一卷。右唐顔師古撰。載隋煬帝時宫中秘事。僧志徹得之瓦官閣筍筆中。一名《大業拾遺記》。

尤袤《遂初堂書目・雜史類》《大業拾遺記》。

馬端臨《文獻通考・經籍考・雜史類》《南部煙花録》一卷。

楊士奇等《文淵閣書目・宙字號第二櫥書目・史雜》《南部煙花録》。一部，一冊。闕。

隋季革命記

錢東垣等輯《崇文總目輯釋・雜史類》《隋季革命記》五卷。杜儒童撰。

《新唐書・藝文志・雜史類》杜儒童《隋季革命記》五卷。武后時人。

鄭樵《通志・藝文略・雜史》《隋季革命記》五卷。唐杜儒童撰，記大業之亂。

尤袤《遂初堂書目・雜史》《隋季革命記》。

劉氏行年記

錢東垣等輯《崇文總目輯釋・雜史類》《劉氏行年記》十卷。劉仁軌撰。

《新唐書・藝文志・雜史類》《劉氏行年記》二十卷。劉仁軌。

鄭樵《通志・藝文略・雜史》《劉氏行年記》十卷。唐劉仁軌撰，起大業十三年，盡武德三年，紀河洛寇攘事。

陳振孫《直齋書録解題・雜史類》《行在河洛記》十卷。唐宰相尉氏劉仁軌正則撰。記李密、王世充事。末二卷記隋都城、宫殿、池苑。按：《唐志》作《行年記》二十卷。

唐太宗勳史

錢東垣等輯《崇文總目輯釋・雜史類》《唐太宗勳史》一卷。吴兢撰。【原釋】闕。見天一閣鈔本。

《新唐書・藝文志・雜史類》吴兢《太宗勳史》一卷。

鄭樵《通志・藝文略・雜史》《唐太宗勳史》一卷。吴兢撰。

《宋史・藝文志・别史》吴兢《唐太宗勳史》一卷。

貞觀政要

錢東垣等輯《崇文總目輯釋・雜史類》《貞觀政要》十卷。吴兢撰。

《新唐書・藝文志・雜史類》吴兢《貞觀政要》十卷。

鄭樵《通志・藝文略・雜史》《貞觀政要》十卷。吴兢撰。

晁公武《郡齋讀書志・雜史類》《貞觀政要》十卷。右唐吴兢撰。兢以唐之極治，貞觀爲最，故采時政之可備勸戒者，上之於朝。凡四十篇。

尤袤《遂初堂書目・雜史》《貞觀政要》。

楊士奇等《文淵閣書目・宇字號第一櫥書目・史》《貞觀政要》。一部，四册。闕。

又《貞觀政要》。一部，一册。闕。

又《貞觀政要》。一部，四册。闕。

又《貞觀政要》。一部，六册。完全。

又《貞觀政要》。一部，二册。闕。

又《貞觀政要》。一部，三册。闕。

范邦甸等《天一閣書目・雜史類》《貞觀政要》十卷。刊本。唐衛尉少卿兼脩國史脩文館學士吴兢著并序，庶士戈直集論并叙前，翰林學士資善大夫知制誥同脩國史吴澄題辭，至順四年中奉大夫奎章閣大學士郭思貞序。

又《貞觀政要》十卷。刊本。唐吴兢撰，明成化御製序。

徐𤊹《徐氏家藏書目・旁史類》《貞觀政要》十卷。吴兢。

劉若愚《内板經書紀略》《貞觀政要》。八本，三百七十葉。

于敏中等《天禄琳琅書目・金版史部》《貞觀政要》。一函，六册。唐吴兢撰，十卷。前金唐公弼《序》、兢《上貞觀政要表》。考《唐書》：「兢，汴州浚儀人。少厲志，貫知經史。當路薦其才堪論譔，詔直史館，修國史。」此書當即其時所進。書前有大定己丑八月進士唐公弼《序》，稱南京路都轉運使梁公出公府之資，命工鏤板。按大定爲金世宗年號，己丑爲世宗九年，在南宋爲孝宗乾道五年，公弼無考，所稱梁公未詳何人。考《金史》，梁肅奉，聖州人，天眷二年擢進士第，大定初爲中都轉運副使，繼除河北東路遷中都轉運使。是肅生平屢任是官，又適在大定之時，似即其人，但史未載其爲南京都轉運使。或肅曾歇歷，未久於任，而史略之耳。此本字宗顔體，刻印精良，與宋版之佳者無異。藏書家知崇宋本，而金版多未之及。蓋緣流傳實尠，耳目罕經，似此吉光片羽，真爲希世之寶也。

又《明版史部》《貞觀政要》一函，五册。唐吴兢撰。元戈直《集論》十卷。前明憲宗序，次元吴澄序，次郭思貞、戈直二序，次吴兢原序，次集論諸儒姓氏。憲宗序稱：「《貞觀政要》，有元儒士臨川戈直復加考訂註釋，附載諸儒論説以暢其義。顧傳刻歲久，字多譌謬，因命儒臣重訂刻梓。」云云。是此書之凡有集論者，皆爲元後所刊。此本係奉敕重梓，紙墨亦精，然較前金版之書，則遠遜其古香古色矣。明内府藏本，有「廣運之寶」。

又《明版史部》《貞觀政要》。一函，五册。篇目同前。此書槧印在後，乃坊間鬻市之本。闕補憲宗序。三。吴澄題辭，郭思貞、戈直二序。全。卷四。十七、十八、二十三、二十四、二十五。卷五。三十九。卷七。三。卷九。二十五、二十六。

《四庫全書總目提要・雜史類》《貞觀政要》十卷。内府藏本。唐吴兢撰。兢，汴州浚儀人。以魏元忠薦，直史館。累官太子左庶子，貶荆州司馬，歷洪、舒二州刺史，入爲恒王傅。天寶初，年八十卒。事蹟具《唐書》本傳。宋《中興書目》稱兢於《太宗實録》外，采其與羣臣問答之語，作爲此書，用備觀戒，總四十篇。《新唐書》著録十卷，均與今本合。

彭元瑞等《天禄琳琅書目後編・元版史部》《貞觀政要》。二函，十册。唐吴兢撰。元戈直集論。兢，汴州浚儀人，以薦直史館，累官太子左庶子，貶荆州司馬，歷洪、舒二州刺史，入爲恒王傅。事具《唐書》本傳。書十卷，凡四十篇。《中興書目》稱兢於《太宗實録》外，采其與羣臣問答之語以爲此書者也。

又《明版史部》《貞觀政要》。一函，十册。篇目見前《宋版史部》。明成化元年奉敕重刊，有憲宗御製序。

又《明版史部》《貞觀政要》。二函，十册。同上。明成化元年官刊本，坊賈割補序後年月，以贋宋本。

張之洞《書目答問・雜史類》《貞觀政要》十卷。唐吴兢。明經廠本。朱載震刻大字本。

唐書備闕記

錢東垣等輯《崇文總目輯釋・雜史類》《唐書備闕記》十卷。吴兢撰。

《新唐書・藝文志・雜史類》吴兢《唐書備闕記》十卷。

鄭樵《通志・藝文略・雜史》《唐書備闕記》十卷。吴兢撰，起太宗，至明皇。

尤袤《遂初堂書目・雜史》吴兢《唐書備闕記》。

《宋史・藝文志・別史》吴兢《唐書備闕記》十卷。

開元升平源記

晁公武《郡齋讀書志・雜史類》《開元升平源記》一卷。右唐吴兢載姚崇以十事要明皇。

陳振孫《直齋書録解題・雜史類》《開元昇平源》一卷。唐史官吴兢撰。叙姚崇十事。

馬端臨《文獻通考・經籍考・雜史》《開元昇平源記》一卷。

明皇政録

錢東垣等輯《崇文總目輯釋・雜史類》《明皇政録》十卷。李康撰。【原釋】闕。見天一閣鈔本。

《新唐書・藝文志・雜史類》李康《明皇政録》十卷。

鄭樵《通志・藝文略・雜史》《明皇政録》十卷。李康撰。

《宋史・藝文志・別史》李康《唐明皇政録》十卷。

太和辨謗録

錢東垣等輯《崇文總目輯釋・雜史類》《太和辨謗録》三卷。【原釋】李德裕等撰。憲宗時命傅師楚等撰《元和辨謗録》十卷。太和中德裕以其文繁，删爲三卷。見《玉海・藝文類》。

鄭樵《通志・藝文略・雜史》《太和辨謗録》三卷。李德裕撰。

晁公武《郡齋讀書志・雜史類》《大和辨謗略》三卷。右唐李德裕撰。先是，唐次録周、秦迄隋忠賢罹讒謗事，德宗覽之不悦。後，憲宗以爲善，命令狐楚等廣之，成十卷。至大和中，文成上之。

尤袤《遂初堂書目・雜史》《太和辨謗録》。

《宋史・藝文志・別史》裴潾《大和新修辨謗略》三卷。

文武兩朝獻替記

錢東垣等輯《崇文總目輯釋・雜史類》《文武兩朝獻替記》三卷。李德裕撰。

《新唐書・藝文志・雜史類》李德裕《文武兩朝獻替記》三卷。

鄭樵《通志・藝文略・雜史》《文武兩朝獻替記》三卷。李德裕撰，記太和、會昌間事。

晁公武《郡齋讀書志・雜史類》《兩朝獻替記》三卷。右唐李德裕撰。德裕相文宗、武宗，録當時奏對議論。

陳振孫《直齋書録解題・雜史類》《兩朝獻替記》三卷。唐宰相李德裕文堯撰。叙文、武兩朝相位奏對事迹。

會昌伐叛記

錢東垣等輯《崇文總目輯釋・雜史類》《會昌伐叛記》一卷。李德裕撰。

《新唐書·藝文志·雜史類》《會昌伐叛記》一卷。

鄭樵《通志·藝文略·雜史》《會昌伐叛記》一卷。記李德裕相武宗，破回鶻，平劉稹。

尤袤《遂初堂書目·雜史》《會昌伐叛記》。

陳振孫《直齋書録解題·雜史類》《會昌伐叛記》一卷。李德裕撰。記平澤潞事。

乙卯記

錢東垣等輯《崇文總目輯釋·雜史類》《乙卯記》一卷。李潛用撰。

《新唐書·藝文志·雜史類》李潛用《乙卯記》一卷。李訓、鄭注事。

鄭樵《通志·藝文略·雜史》《乙卯記》。李潛用撰，記太和乙卯歲李訓等甘露事。

尤袤《遂初堂書目·雜史》《乙卯記》。

陳振孫《直齋書録解題·雜史類》《乙卯記》一卷。唐布衣李潛用撰。末又有吴郡李趸者，述訓、注本謀附益之。乙卯者，太和九年也。

開成承詔録

錢東垣等輯《崇文總目輯釋·雜史類》《開成承詔録》二卷。李石撰。

《新唐書·藝文志·雜史類》李石《開成承詔録》二卷。

鄭樵《通志·藝文略·雜史》《開成承詔録》二卷。李石纂記文宗朝與鄭覃等奏對事。

晁公武《郡齋讀書志·雜史類》《開成承詔録》二卷。右唐李石撰。石與鄭覃、李固言相文宗，録當時延英奏對事。開成，乃其時年號。

尤袤《遂初堂書目·雜史》《開成承詔録》。

唐録備闕

錢東垣等輯《崇文總目輯釋·雜史類》《唐録備闕》十五卷。歐陽炳撰。

鄭樵《通志·藝文略·雜史》《唐録備闕》十五卷。僞蜀歐陽炯撰，記武宗、僖宗中和初事。

《宋史·藝文志·別史》歐陽迥一作「炳」《唐録備闕》十五卷。

貞陵遺事

錢東垣等輯《崇文總目輯釋·雜史類》《正陵遺事》二卷。令狐澄撰。

《新唐書·藝文志·雜史類》令狐澄《貞陵遺事》二卷。綯子也。乾符中書舍人。

鄭樵《通志·藝文略·雜史》《貞陵遺事》二卷。唐令狐澄撰。

尤袤《遂初堂書目·雜史》《貞陵遺事》。

陳振孫《直齋書録解題·雜史類》《貞陵遺事》二卷，續一卷。唐中書舍人令狐澄撰，吏部侍郎柳玭續之。澄所記十七事，玭所續十四事。

楊士奇等《文淵閣書目·宙字號第二橱書目·史雜》令狐澄《貞陵遺事》。一部，一册。闕。

續貞陵遺事

錢東垣等輯《崇文總目輯釋·雜史類》《續正陵遺事》一卷。柳玭撰。

《新唐書·藝文志·雜史類》柳玭《續貞陵遺事》一卷。

鄭樵《通志·藝文略·雜史》《續貞陵遺事》一卷。唐柳玭撰。

平剡録

錢東垣等輯《崇文總目輯釋·雜史類》《平剡録》一卷。鄭言撰。【原釋】闕。見天一閣鈔本。

《新唐書·藝文志·雜史類》鄭言《平剡録》一卷。裘甫事。言，字垂之，浙西觀察使王式從事，咸通翰林學士、户部侍郎。

鄭樵《通志・藝文略・雜史》《平剡録》一卷。唐鄭言撰，記太和末禽越盜裘甫，平剡縣。

東觀奏記

錢東垣等輯《崇文總目輯釋・雜史類》《東觀奏記》三卷。裴庭裕撰。

《新唐書・藝文志・雜史類》裴廷裕《東觀奏記》三卷。大順中，詔脩宣、懿、僖實録，以日曆注記亡缺，因摭宣宗政事奏記於監脩國史杜讓能。廷裕，字膺餘，昭宗時翰林學士、左散騎常侍，貶湖南，卒。

鄭樵《通志・藝文略・雜史》《東觀奏記》三卷。唐裴廷裕撰，記宣、懿、僖三宗事。

晁公武《郡齋讀書志・雜史類》《東觀奏記》三卷。右唐裴廷裕撰。昭宗時，長安寇亂相仍，自武宗以後，日曆、起居注散軼不存，詔史臣撰宣、懿、僖三朝《實録》。廷裕次《宣宗録》，特采大中以來耳目聞見，撰次此書，奏記於監修杜讓能，以備史閣討論云。

尤袤《遂初堂書目・雜史》《東觀奏記》。

陳振孫《直齋書録解題・雜史類》《東觀奏記》三卷。唐右補闕裴廷裕膺餘撰。記宣宗朝事，凡八十九條。

《宋史・藝文志・別史》裴庭裕《東觀奏記》三卷。

楊士奇等《文淵閣書目・宙字號第二櫥書目・史雜》裴庭裕《東觀奏記》。一部，一册。闕。

《四庫全書總目提要・雜史類》《東觀奏記》三卷。浙江范懋柱家天一閣藏本。唐裴庭裕撰。庭裕，一作廷裕，字膺餘，聞喜人。官右補闕。其名見《新書・宰相世系表》，所謂裴氏東眷者也。王定保《摭言》稱其乾寧中在内廷，文書敏捷，號「下水船」。其事蹟則無可考焉。其書專記宣宗一朝之事。

張金吾《愛日精廬藏書志・別史類》《東觀奏記》三卷。先君子手抄本。唐史官右補闕裴庭裕撰。自序。

張之洞《書目答問・別史類》《東觀奏記》三卷。唐裴庭裕。《續百川學海》本。《唐宋叢書》本。《稗海》本。

唐録政要

錢東垣等輯《崇文總目輯釋・雜史類》《唐録政要》十二卷。林璠撰。

《新唐書・藝文志・雜史類》凌璠《唐録政要》十二卷。昭宗時江都尉。

補國史

錢東垣等輯《崇文總目輯釋・雜史類》《補國史》六卷。林恩撰。【原釋】闕。見天一閣鈔本。

《新唐書・藝文志・雜史類》林恩《補國史》十卷。僖宗時進士。

鄭樵《通志・藝文略・雜史》《補國史》六卷。唐林慎思撰。

唐朝綱領圖

錢東垣等輯《崇文總目輯釋・雜史類》《唐朝綱領圖》一卷。南卓撰。

《新唐書・藝文志・雜史類》南卓《唐朝綱領圖》一卷。字昭嗣，大中黔南觀察使。

鄭樵《通志・藝文略・雜史》《唐朝綱領圖》一卷。唐南卓撰，載唐事之綱目。

《宋史・藝文志・別史》南卓《唐朝綱領圖》五卷。

唐聖運圖

錢東垣等輯《崇文總目輯釋・雜史類》《唐聖運圖》二卷。薛璫撰。

《新唐書・藝文志・雜史類》薛璫《唐聖運圖》二卷。

後漢文武釋論

《新唐書・藝文志・雜史類》 王越客《後漢文武釋論》二十卷。

鄭樵《通志・藝文略・雜史》 《後漢文武釋論》二十卷。王越客撰。

今上王業記

《新唐書・藝文志・雜史類》 温大雅《今上王業記》六卷。

鄭樵《通志・藝文略・雜史》 《今上王業記》六卷。温大雅撰。

六代略

《新唐書・藝文志・雜史類》 李吉甫《六代略》三十卷。

柳氏自備

《新唐書・藝文志・雜史類》 《柳氏自備》三十卷。柳仲郢。

大業雜記

《新唐書・藝文志・雜史類》 杜寶《大業雜記》十卷。

鄭樵《通志・藝文略・雜史》 《大業雜記》十卷。杜寶撰。

晁公武《郡齋讀書志・雜史類》 《大業雜記》十卷。右唐杜寶撰。起隋仁壽四年煬帝嗣位，止越王侗皇泰三年王世充降唐事。

尤袤《遂初堂書目・雜史類》 《大業雜記》。

陳振孫《直齋書録解題・雜史類》 《大業雜記》十卷。唐著作郎杜寶撰。紀煬帝一代事。序言「貞觀修史未盡實録，故爲此書，以彌縫闕漏」。

馬端臨《文獻通考・經籍考・雜史》 《大業雜記》十卷。

錢謙益《絳雲樓書目・雜史類》 《大業雜記》一册。十卷。唐杜寶撰。杜寶，唐著作郎也。又宋揚州刻《大業幸江都記》十二卷，卷數與《唐史・藝文志》不同。晁氏云「顔師古撰」。又有《大業拾遺記》，即《南部煙花録》也。王仲言極譏其文辭之惡，以爲可疑。

張之洞《書目答問・雜史類》 《大業雜記》一卷。唐杜寶。指海本。《唐宋叢書》本。

王政記

《新唐書・藝文志・雜史類》 裴遵度《王政記》。

皇王寶運録

《新唐書・藝文志・雜史類》 楊岑《皇王寶運録》。並卷亡。岑，憲宗時人。

《宋史・藝文志・别史》 楊岑《皇王寶運録》三十卷。

稽　典

《新唐書・藝文志・雜史類》 唐潁《稽典》一百三十卷。開元中，潁罷臨汾尉，上之。張説奏留史館脩史，兼集賢待制。

唐　典

《新唐書・藝文志・雜史類》 王彦威《唐典》七十卷。

太宗政典

《新唐書・藝文志・雜史類》 李延壽《太宗政典》三十卷。

鄭樵《通志・藝文略・雜史》 《太宗政典》三十卷。李延壽撰。

史　略

《新唐書・藝文志・雜史類》 杜信《史略》三十卷。

太宗建元實迹

鄭樵《通志・藝文略・雜史》 《太宗建元實迹》一卷。

尤袤《遂初堂書目・雜史類》 《太宗建元事跡》。

楊士奇等《文淵閣書目・宙字號第二櫥書目・史附》 《唐太宗建元實跡》。一部，一册。闕。

文宗朝備問

鄭樵《通志・藝文略・雜史》 《文宗朝備問》一卷。

唐末見聞

鄭樵《通志・藝文略・雜史》 《唐末見聞》八卷。紀僖、昭兩朝事。

唐中興新書紀年

尤袤《遂初堂書目・雜史類》 《唐中興新書紀年》。

梁太祖編遺録

錢東垣等輯《崇文總目輯釋・雜史類》 《梁太祖編遺録》三十卷。敬翔撰。

鄭樵《通志・藝文略・雜史》 《梁太祖編遺録》三十卷。梁敬翔撰。

陳振孫《直齋書録解題・雜史類》 《朱梁興創遺編》二十卷。梁宰相馮翊敬翔子振撰。自廣明巢賊之亂、朱温事迹，迄於天祐弑逆，大書特書，不以爲愧也。其辭亦鄙俚。

顧櫰三《補五代史藝文志・雜史類》 《朱梁興創遺編》二十卷。敬翔撰。

桑維翰傳

顧櫰三《補五代史藝文志・雜史類》 《桑維翰傳》一卷。范質撰。

天禄閣外史

范邦甸等《天一閣書目・別史類》 《天禄閣外史》八卷。藍絲闌鈔本。後漢汝南黄憲撰。唐陸贄曰：「《外史》一書，世所罕有。其議論皆經濟之學、王佐之才。或以爲晉初竹林諸賢所作，未可攷也。」宋後學韓洎校正。

後史補

錢東垣等輯《崇文總目輯釋・雜史類》 《後史補》三卷。【原釋】高若拙。見

《玉海・藝文類》。

鄭樵《通志・藝文略・雜史》《後史補》三卷。周高若拙，雜記唐及五代史。

顧櫰三《補五代史藝文志・雜史類》《後史補》三卷。高若拙撰。

大唐實録撰聖記

顧櫰三《補五代史藝文志・雜史類》《大唐實録撰聖記》二百二十卷。陳岳撰。

續劉軻帝王照略

顧櫰三《補五代史藝文志・雜史類》《續劉軻帝王照略》三卷。蜀馮鑑撰。

正史雜編

顧櫰三《補五代史藝文志・雜史類》《正史雜編》十卷。蜀楊九齡撰。

五運録

顧櫰三《補五代史藝文志・雜史類》《五運録》十二卷。蜀楊九齡撰。

正史雜論

《宋史・藝文志・別史》楊九齡《正史雜論》十卷。

歷代年譜

顧櫰三《補五代史藝文志・雜史類》《歷代年譜》一卷。曹圭撰。

五代史初要

鄭樵《通志・藝文略・雜史》《五代史初要》十卷。歐陽顗撰。

顧櫰三《補五代史藝文志・雜史類》《五代史初要》十卷。歐陽顗撰。

續皇王寶運録

錢東垣等輯《崇文總目輯釋・雜史類》《續皇王寶運録》十卷。韋昭度撰。

《新唐書・藝文志・雜史類》《續皇王寶運録》十卷。韋昭度、楊涉撰。

鄭樵《通志・藝文略・雜史》《續皇王寶運録》十卷。唐韋昭度等撰。楊岑作《皇王寶運録》，止于憲宗，而昭度續其後，記唐末亂世事。楊岑《録》已亡。

顧櫰三《補五代史藝文志・雜史類》《續皇王寶運録》十卷。韋昭度撰。

唐春秋

顧櫰三《補五代史藝文志・雜史類》《唐春秋》三十卷。郭昭慶撰。

備　史

錢東垣等輯《崇文總目輯釋・雜史類》賈緯《備史》六卷。【原釋】闕。見天一閣鈔本。

鄭樵《通志・藝文略・雜史》《備史》六卷。賈緯撰，記晉末之亂，每一事作一詩以系之。

陳振孫《直齋書録解題・雜史類》《賈氏備史》六卷。漢諫議大夫賈緯撰。叙石晉禍亂，每一事爲一詩系之。

《宋史・藝文志・別史》賈緯《備史》六卷。

文行史

錢東垣等輯《崇文總目輯釋・雜史類》《文行史》五十卷。韓保升撰。【原釋】闕。見天一閣鈔本。

續通曆

顧櫰三《補五代史藝文志・雜史類》《續通曆》十卷。孫光憲撰。

運曆圖

顧櫰三《補五代史藝文志・雜史類》《運曆圖》三卷。龔穎撰。

帝王年代州郡長曆

《宋史・藝文志・別史》杜光庭《帝王年代州郡長曆》二卷。

顧櫰三《補五代史藝文志・雜史類》《帝王年代州郡長曆》二卷。杜光庭撰。

梁列傳

錢東垣等輯《崇文總目輯釋・雜史類》《梁列傳》十五卷。張昭撰。【原釋】闕。見天一閣鈔本。

鄭樵《通志・藝文略・雜史》《梁列傳》十五卷。周張昭遠撰。

後唐列傳

錢東垣等輯《崇文總目輯釋・雜史類》《後唐列傳》三十卷。張昭撰。【原釋】闕。見天一閣鈔本。

鄭樵《通志・藝文略・雜史》《後唐列傳》三十卷。周張昭遠撰。

五代遺録

尤袤《遂初堂書目・雜史類》《五代遺録》。

五代史闕文

鄭樵《通志・藝文略・雜史》《五代史闕文》一卷。王禹偁撰。

晁公武《郡齋讀書志・雜史類》《五代史闕文》一卷。右皇朝王禹偁撰。録《五代史》筆避嫌漏略者，以備闕文，凡一十七事。

尤袤《遂初堂書目・雜史類》《五代史闕文》。

陳振孫《直齋書録解題・雜史類》《五代史闕文》一卷。翰林學士鉅野王禹偁元之撰。

《宋史・藝文志・別史》王禹偁《五代史闕文》二卷。

范邦甸等《天一閣書目・雜史類》《五代史闕文》。藍絲闌鈔本。○宋翰林學士王禹偁撰。所紀梁三篇、後唐七篇、漢二篇、周四篇，凡十六篇。

《四庫全書總目提要・雜史類》《五代史闕文》一卷。浙江巡撫採進本。宋王禹偁撰。禹偁字元之，鉅野人。太平興國八年進士。官至知黄州，事蹟具《宋史》本傳。是書前有自序，不著年月。

五代史補

鄭樵《通志・藝文略・雜史》《五代史補》五卷。陶岳撰。

晁公武《郡齋讀書志・雜史類》《五代補録》五卷。右皇朝陶岳撰。祥符壬子，岳以《五季史》書闕略，因書所聞，得一百七事。

尤袤《遂初堂書目・雜史類》《五代史補》。

陳振孫《直齋書録解題・雜史類》《五代補録》五卷。尋陽陶岳撰。每代爲一卷，凡一百七條。岳，雍熙二年進士。

《宋史・藝文志・别史》陶岳《五代史補》五卷。

范邦甸等《天一閣書目・雜史類》《五代史補》一卷。藍絲闌鈔本。○宋潯陽陶岳撰。所録梁二十一條、後唐二十條、晉二十一條、漢二十條、周二十三條，凡一百五條。

《四庫全書總目提要・雜史類》《五代史補》五卷。浙江朱彝尊家曝書亭藏本。宋陶岳撰。岳字介立，潯陽人。宋初薛居正等《五代史》成，岳嫌其尚多闕略，因取諸國竊據，累朝創業事蹟，編次成書，以補所未及。

黄丕烈《蕘圃藏書題識卷二・史類一》《五代史補》五卷。校本。甲戌冬孟，以舊鈔本校。每葉十八行，每行二十二字。末有徐駿跋，系手迹，謂之徐本云。老蕘。

三朝聖政録

鄭樵《通志・藝文略・雜史》《三朝聖政録》三卷。石介撰。

宋朝政録

鄭樵《通志・藝文略・雜史》《宋朝政録》十二卷。

三朝訓鑒圖

鄭樵《通志・藝文略・雜史》《三朝訓鑒圖》十卷。李淑等撰。

《宋史・藝文志・别史》李淑《三朝訓覽圖》十卷。

三朝聖政略

鄭樵《通志・藝文略・雜史》《三朝聖政略》十四卷。

三朝寶訓

鄭樵《通志・藝文略・雜史》《三朝寶訓》三十卷。吕夷簡撰。

尤袤《遂初堂書目・國史類》《三朝寶訓》。

《宋史・藝文志・别史》吕夷簡《三朝寶訓》三十卷。

兩朝寶訓

鄭樵《通志・藝文略・雜史》《兩朝寶訓》二十卷。林希編。

尤袤《遂初堂書目・國史類》《兩朝寶訓》。

《宋史・藝文志・别史》林希《兩朝寶訓》二十一卷。

仁宗政要

鄭樵《通志・藝文略・雜史》《仁宗政要》四十卷。

晁公武《郡齋讀書志・雜史類》《仁宗政要》四十卷。右皇朝張唐英撰。

嘉祐名臣傳

鄭樵《通志・藝文略・雜史》《嘉祐名臣傳》五卷。張唐英撰。

宋朝事實

鄭樵《通志・藝文略・雜史》《宋朝事實》三十卷。沈攸編。

尤袤《遂初堂書目・國史類》《國朝事實》。

熙寧奏對日録

鄭樵《通志・藝文略・雜史》《熙寧奏對日録》一百卷。王安石撰。

熙豐政事

鄭樵《通志・藝文略・雜史》《熙豐政事》十五卷。

三朝經武聖略

鄭樵《通志・藝文略・雜史》《三朝經武聖略》十五卷。王洙編。

治平經費節要

鄭樵《通志・藝文略・雜史》《治平經費節要》三卷。

皇猷録

鄭樵《通志・藝文略・雜史》《皇猷録》一卷。錢信撰，記太平興國以後事。

《宋史・藝文志・别史》錢信《皇猷録》一卷。

仁英兩朝列傳

鄭樵《通志・藝文略・雜史》《仁英兩朝列傳》二十卷。

元祐分疆語録

鄭樵《通志・藝文略・雜史》《元祐分疆語録》一卷。游師雄撰。

本朝要録

鄭樵《通志・藝文略・雜史》《本朝要録》一卷。

唐宋遺史

《宋史・藝文志・別史》　詹玠《唐宋遺史》四卷。

唐餘録

晁公武《郡齋讀書志・雜史類》　《唐餘録》六十卷。右皇朝王皞奉詔撰。皞芟《五代舊史》繁雜之文，采諸家之説，倣裴松之體附注之。以本朝當承漢、唐之盛，五代，則閏也，故名之曰《唐餘録》。寶元二年上之。温公修《通鑑》，間亦采之。

陳振孫《直齋書録解題・別史類》　《唐餘録史》三十卷。直集賢院益都王皞子融撰。寶元二年上。是時惟有薛居正《五代舊史》，歐陽修書未出。此書有紀，有志，有傳，又博采諸家小説，倣裴松之《三國志注》，附其下方，蓋五代別史也。其書列韓通於《忠義傳》，且表出本朝褒贈之典，《新》、《舊史》皆不及此。《館閣書目》以入雜傳類，非是。皞，曾之弟，後以元昊反，乞以字爲名，仕至集賢院學士。

《宋史・藝文志・別史》　王皞《唐餘録》六十卷。

筆録

晁公武《郡齋讀書志・雜史類》　《筆録》一卷。右皇朝王曾撰。皆國朝雜事。

嘉祐時政記

晁公武《郡齋讀書志・雜史類》　《嘉祐時政記》一卷。右皇朝吴奎、趙槩、歐陽修記立英宗事，并賈易《論韓琦定策疏》附於後。

隆平集

晁公武《郡齋讀書志・雜史類》　《隆平集》二十卷。右皇朝曾鞏撰。記五朝君臣事蹟。其間記事多誤，如以《太平御覽》與《總類》爲兩書之類。或疑非鞏書。

楊士奇等《文淵閣書目・宙字號第二櫥書目・史附》　《宋隆平集》。一部，四册。闕。

范邦甸等《天一閣書目・別史類》　《隆平集》二十卷。刊本。卷首有「董氏萬卷堂」印。宋曾鞏撰。紹興十二年淄國趙伯衛序云：「南豐曾鞏子固爲左史日，嘗撰《隆平集》以進。自太祖至於英宗五朝，分門列傳，凡一百有六年，爲書二十卷。當時號爲審訂，頒付史館，副存於家。雖非正史，亦草創記注之流也。」

錢謙益等《絳雲樓書目・雜史類》　曾鞏《隆平集》。二十卷。紀五朝君臣事蹟。

王士禛《漁洋書跋》　《隆平集》。《隆平集》二十卷。曾子固撰。紹興十二年淄國趙伯衛序云：「子固爲左史日，嘗撰《隆平集》以進。自太祖至於英宗，凡一百六年，爲書二十卷。當時號爲審訂，頒付史館，副存于家。」卷首有「大德少陽印」、「楊士奇印」、「梅花閣書印」。蓋楊文貞公故書也。

張之洞《書目答問・別史類》　《隆平集》二十卷。舊題宋曾鞏。康熙四十年彭期校刻本。

《四庫全書總目提要・別史類》　《隆平集》二十卷。兩江總督採進本。舊本題宋曾鞏撰。鞏字子固，南豐人。嘉祐二年進士。調太平州司法參軍，召爲集賢校理，出知福明諸州，神宗時官至中書舍人。事蹟具《宋史》本傳。是書紀太祖至英宗五朝之事，凡分目二十有六，體似會要。又立傳二百八十四，各以其官爲類。前有紹興十二年趙伯衛序。其記載簡略瑣碎，頗不合史法。

彭元瑞等《天禄琳琅書目後編・宋版史部》　《隆平集》一函十册。宋曾鞏撰。書二十卷，述太祖至英宗五朝君臣事蹟。

曾相手記

晁公武《郡齋讀書志・雜史類》　《曾相手記》三卷。右紹聖初，元祐黨禍起，曾布知公論所在，故對上之語多持兩端，又輒增損，以著此書云。

尤袤《遂初堂書目・本朝雜史》《曾子宣手記節略》。

王氏日録

晁公武《郡齋讀書志・雜史類》《王氏日録》八十卷。右皇朝王安石撰。紹聖間，蔡卞合曾布獻於朝，添入《神宗實録》。陳瑩中謂安石既罷相，悔其執政日無善狀，乃撰此書，歸過於上，掠美於己，且歷詆平生所不悦者，欲以欺後世，於是著《尊堯集》及《日録不合神道論》等十數書。此書起熙寧元年四月，終七年三月；再起於八年三月，終於九年六月；安石兩執國柄日也。然無八年九月以後至九年四月事，蓋安石攻吕惠卿時。瑩中謂蔡卞除去安石怒駡惠卿之語，其事當在此際也。

邵氏聞見録

晁公武《郡齋讀書志・雜史類》《邵氏聞見録》二十卷。右皇朝邵伯温子文撰。記國朝雜事，迄紹興之初。序言早以其父之故，親接前輩，得前言往行爲多，類之成書。其父雍也。

陳振孫《直齋書録解題・雜史類》《邵氏聞見録》二十卷。邵伯温撰。多記國朝事。又有《後録》三十卷，其子溥所作，不專紀事，在子録小説類。康節兩孫溥、博。嘗見川本《邵氏聞見後録》，名博。今作溥，未知直齋何所據？恐「博」是。蓋刊本不應誤也。

楊士奇等《文淵閣書目・宙字號第二櫥書目・史雜》《邵伯温聞見録》。一部，八册。闕。

錢謙益等《絳雲樓書目・雜史類》《邵氏聞見録》。二十卷。《後録》三十卷。伯温子博，字公濟。紹興末，南宋葉靖遠、羅伯春皆著《聞見録》，仿邵氏也。

靖康傳信録

趙希弁《讀書附志・雜史類》《靖康傳信録》三卷。右李忠定公綱爲尚書右丞充親征行營使及以知樞密院事爲河北、河東路宣撫使時事也。

陳振孫《直齋書録解題・雜史類》《靖康傳信録》一卷。丞相李綱伯紀撰。丁未二月。

徐𤊹《徐氏家藏書目・旁史類》《靖康傳信録》三卷。宋李綱。

張之洞《書目答問・雜史類》《靖康傳信録》三卷。宋李綱。海山仙館本。李調元刻函海本。

建炎進退志

趙希弁《讀書附志・雜史類》《建炎進退志》總叙四卷。右李忠定公綱爲正議大夫、尚書右僕射兼中書侍郎，至於罷爲觀文殿大學士、提舉杭州洞霄宫時事也。

徐𤊹《徐氏家藏書目・旁史類》《建炎進退志》四卷。宋李綱。

錢謙益等《絳雲樓書目・雜史類》《建炎進退志》一册。四卷。李綱。

建炎時政記

趙希弁《讀書附志・雜史類》《建炎時政記》三卷。右李忠定公綱所編也。自建炎元年五月一日以後，至於八月十八日。

徐𤊹《徐氏家藏書目・旁史類》《建炎時政記》三卷。宋李綱。

《四庫全書總目提要・雜史類存目一》《建炎時政記》三卷。浙江范懋柱家天一閣藏本。宋李綱撰。綱字伯紀，邵武人。政和二年進士。積官至太常少卿。欽宗時授兵部侍郎、尚書右丞。南渡後拜尚書右僕射兼中書侍郎。爲御史所劾，罷爲觀文殿大學士。事蹟具《宋史》本傳。是編乃綱奉詔所編，前有奏書原序。起建炎元年六月，終八月，即其奏議附録中之一種。

楊士奇等《文淵閣書目・宙字號第二櫥書目・史附》《建炎時政記》。一部，一册。闕。

錢謙益等《絳雲樓書目・雜史類》《建炎時政記》。一册。三卷。李綱。

黄丕烈《蕘圃藏書題識・卷二史類一》《建炎時政記》三卷。校舊鈔本。

嘉慶乙亥夏日，惕甫借讀一過。在卷首。

朝野雜記

趙希弁《讀書附志・雜史類》《朝野雜記》甲集二十卷、乙集二十卷。右李心傳微之所編中興以來之事也。《繫年録》蓋倣於此。

楊士奇等《文淵閣書目・宙字號第二櫥書目・史雜》《朝野雜記》。一部，二十册。闕。

又《朝野雜記》。一部，八册。闕。

内傳國語

趙希弁《讀書附志拾遺》《内傳國語》十卷。右劉敓贛父所作也。以其異於《外傳國語》，故曰「内傳」云。其兄敞原父題辭。

古史

尤袤《遂初堂書目・雜史類》《古史》。

陳振孫《直齋書録解題・别史類》《古史》六十卷。門下侍郎眉山蘇轍子由撰。因馬遷之舊，上觀《詩》、《書》，下考《春秋》及秦、漢雜録，爲七本紀，十六世家，三十七列傳。蓋漢世古文經未出，戰國諸子各自著書，或增損古事以自信其説，遷一切信之，甚者或采世俗相傳之語，以易古文舊説，故爲此史以正之。然其稱遷淺近而不學，疎略而多信。遷誠有可議者，而以爲不學淺近，則過矣。

《宋史・藝文志・别史》蘇轍《古史》六十卷。

楊士奇等《文淵閣書目・宙字號第一櫥書目・史》蘇子由《古史》。一部，六册。闕。

又蘇子由《古史》。一部，七册。闕。塾本五册。

范邦甸等《天一閣書目・别史類》《古史》七卷。刊本。宋蘇轍撰。明陳子龍閲。吴宏基、吴思穆同訂。汪定國序。

徐𤊹《徐氏家藏書目・旁史類》蘇子由《古史》六十卷。

《四庫全書總目提要・别史類》《古史》六十卷。副都御史黄登賢家藏本。宋蘇轍撰。轍有《詩傳》，已著録。轍以司馬遷《史記》多不得聖人之意，乃因遷之舊，上自伏羲、神農，下訖秦始皇，爲本紀七、世家十六、列傳三十七。自謂「追録聖賢之遺意，以明示來世。至於得失成敗之際，亦備論其故」。

鮑氏校定戰國策

尤袤《遂初堂書目・雜史》《鮑氏注戰國策》。

陳振孫《直齋書録解題・雜史類》《鮑氏校定戰國策》十卷。尚書郎括蒼鮑彪注。以西周正統所在，易爲卷首。其注凡四易藁乃定。

彭元瑞等《天禄琳琅書目後編・宋版史部》《戰國策》。二函十二册。宋鮑彪注。彪，字文虎，縉雲人。官尚書郎。書十卷。

《四庫全書總目提要・雜史類》《鮑氏戰國策注》十卷。内府藏本。宋鮑彪撰。案黄鶴《杜詩補》注、郭知達《集注九家杜詩》引彪之語，皆稱爲鮑文虎説，則其字爲文虎也。縉雲人，官尚書郎。《戰國策》一書，編自劉向，注自高誘。至宋而誘注殘闕，曾鞏始合諸家之本校之，而於注文無所增損。姚宏始稍補誘注之闕，而校正者多，訓釋者少。

彭元瑞等《天禄琳琅書目後編・宋版史部》《鮑氏國策》。二函八册。見前。按：前書小字本，此改爲大字本。彪序、兩志及曾、劉二序，俱同，但注例僅兩行，餘脱佚。書末多李文叔書後一首。又王覺題云：治平初，得錢塘顔氏印本，脱誤失真。丁未歲，在京師，借館閣諸公家藏數本參校，十正其六七。會有求予本以開版者，因以授之。是此書宋原有兩刻也。末有「吴郡杜詩梓」字。

黄丕烈《蕘圃藏書題識・卷二・史類一》宋板《戰國策》。昔余赴禮部試入都，於收舊攤買得宋板《戰國策》牙籤二，未知誰氏物。書去而籤存，殊令人繫思也。攜歸棄置篋中久矣，今得此書，不啻籤爲之兆。爰屬潤賓影摹於册，俾得附麗長存云。蕘圃。

黄丕烈《蕘圃藏書題識·卷二·史類一》 新雕重校《戰國策》三十三卷。宋本。

高注《戰國策》行世者，惟雅雨堂本，此外曾見小讀書堆所藏影宋鈔本。若宋刻，僅載諸《讀書敏求記》中，云是購於絳雲樓者，然絳雲所藏有梁溪安氏本、梁溪高氏本，未知所購果何本也。既聞海内藏書家尚有兩宋本，一在桐鄉金雲莊家，一在歙汪秀峰家。余渴欲一見爲幸。去冬鮑渌飲來蘇，以金本介袁綬堦示余，訂觀於鈕非石寓樓，遂議交易，以白鏹八十金得之。此本楮墨精好，殆所謂梁溪高氏本歟。屬潤賓取影宋鈔本參校，識是勝於鈔本，潤賓已詳跋之矣。余謂古書流傳，不可不詳其原委，姚宏所注補者非一本，見於吴正傳之言。正傳云：予見姚注凡二本，其一冠以目録、劉序，而置曾序于卷末；其一冠以曾序，而劉序次之，蓋先劉序者原本也，先曾序者重校本也。今觀此本字畫，定爲紹興初刻。影鈔者當是重刻本，故行款略爲改竄，宋刻本每葉廿二行，行廿字；影宋鈔本每葉廿行，行廿字。而字句亦微有不同。序録一篇，此本在卷末李文叔等書後四條之前，姚宏題語又隔一行，而附於後；影鈔本則曾序居卷首，而李跋等仍在後，姚宏題語不隔一行，其非一本可知。蓋影鈔之本，或即梁溪安氏本，遜而居乙者耶。至於此本之疑爲絳雲所藏，别無確證，惟首册缺目録四葉、一卷一至六葉、末册序後五六葉，當是藏書者圖章題識，淺人撕去之故，豈不可歎。特未識汪本又何如耳，俟徐訪之。汪秀峰與錢聽默最友善，嘗謂錢曰：「吾有宋刻高注《戰國策》，有人需此，當以美妾易之。」今聞作古，未知書在何處。嘉慶歲在己未二月望日，檢書至此，爰題數語，以誌顛末。迴憶去冬得書之時，在臘月望日，雨雪載塗，肩輿出金閶門，與渌飲、綬堦、非石盤桓茶話以爲消寒計者，已兩閲月矣。非石有詩贈余，當倩渠録於此册，以誌一時韻事云。棘人黄丕烈識。

雨雪廉纖至，同心聚一樓。不嫌疏食薄，忘卻旅人愁。宋本今纔見，牙籤昔已收。延津欣會合，歲暮足優游。爲蕘圃二兄志題新得宋本《戰國策》跋尾後，洞庭山人鈕樹玉拜藁。

顧廣圻《思適齋書跋·卷二·史部》 《戰國策》三十三卷。景宋鈔本。 高氏《戰國策》，姚伯聲校。宋槧本有二，皆見蒙叟之跋，一得於梁溪安氏，再得於梁溪高氏。迨後高氏本曾在長塘鮑丈渌飲以翁處，有嘉慶癸亥翻刻者是也。

顧廣圻《思適齋書跋·卷二·史部》 新雕重校《戰國策》三十三卷。宋刻本。 是書雅雨堂刊行者，頗爲改易，賴此始見其真，不僅古香馣馤爲可寶也。惟剜修處未能盡善。如第六卷第四葉首三行，與小讀書堆所藏鈔本不同，鄙意以爲初槧當如鈔本。附録於後，以俟蕘圃論定之。己未二月顧廣圻書。

嫗吴春秋書

尤袤《遂初堂書目·雜史類》 《嫗吴春秋書》。

北齊史略

尤袤《遂初堂書目·雜史類》 《北齊史略》。

國紀

尤袤《遂初堂書目·國史類》 《國紀》。

東朝事略

尤袤《遂初堂書目·國史類》 《東朝事略》。

九朝通略

尤袤《遂初堂書目·國史類》 《九朝通略》。

君臣政要

尤袤《遂初堂書目・國史類》《君臣政要》。

高宗聖政

尤袤《遂初堂書目・國史類》《高宗聖政》。

孝宗聖政

尤袤《遂初堂書目・國史類》《孝宗聖政》。

紹興聖政寶鑒

尤袤《遂初堂書目・國史類》徐巘《紹興聖政寶鑑》。

孝宗政要贊

尤袤《遂初堂書目・國史類》趙善防《孝宗政要贊》。

五朝隆平集

尤袤《遂初堂書目・國史類》《五朝隆平集》。

國朝撮要

尤袤《遂初堂書目・國史類》《國朝撮要》。

分門要覽

尤袤《遂初堂書目・國史類》《分門要覽》。

中書時政記

尤袤《遂初堂書目・國史類》裕陵《中書時政記》。

密院時政記

尤袤《遂初堂書目・國史類》裕陵《密院時政記》。

神宗學士院御批

尤袤《遂初堂書目・國史類》《神宗學士院御批》。

元符時政記

尤袤《遂初堂書目・國史類》《元符時政記》。

紹聖指揮

尤袤《遂初堂書目・國史類》《紹聖指揮》。

元符紹聖間筆録

尤袤《遂初堂書目・國史類》《元符紹聖間筆録》。

元祐建中宫録

尤袤《遂初堂書目・國史類》《元祐建中宫録》。

瑶華廢復記

尤袤《遂初堂書目・國史類》《瑶華廢復記》。

元符行遺節目

尤袤《遂初堂書目・國史類》《元符行遺節目》。

宣仁事實

尤袤《遂初堂書目・國史類》《宣仁事實》。

紹聖録

尤袤《遂初堂書目・國史類》《紹聖録》。

符建録

尤袤《遂初堂書目・國史類》《符建録》。

崇寧録

尤袤《遂初堂書目・國史類》《崇寧録》。

靖康雜録

尤袤《遂初堂書目・國史類》《靖康雜録》。

甘陵誅叛録

尤袤《遂初堂書目・國史類》《甘陵誅叛録》。

平蜀録

尤袤《遂初堂書目・國史類》《平蜀録》。

邇英記註

尤袤《遂初堂書目・國史類》《邇英記註》。

北征紀實

尤袤《遂初堂書目・國史類》《北征紀實》。

陳振孫《直齋書録解題・雜史類》《北征紀實》二卷。蔡絛撰。叙伐燕本末。歸罪童貫、蔡攸，亦欲爲京文飾，然京之罪不可掩也。

中興記

尤袤《遂初堂書目・國史類》《中興記》。

崇寧行遣上書人指揮

尤袤《遂初堂書目・國史類》《崇寧行遣上書人指揮》。

建炎龍飛記

尤袤《遂初堂書目・國史類》《建炎龍飛記》。

趙丞相扈從録

尤袤《遂初堂書目・國史類》《趙丞相扈從録》。

元帥府事實

尤袤《遂初堂書目・國史類》《元帥府事實》。

政省記

尤袤《遂初堂書目・國史類》《張參政省記》。

建炎時政并元帥府事跡

尤袤《遂初堂書目・國史類》《建炎時政并元帥府事跡》。

省記時政

尤袤《遂初堂書目・國史類》張浚王陶等《省記時政》。

祈請語録

尤袤《遂初堂書目・國史類》《祈請語録》。

回鑾事實

尤袤《遂初堂書目·國史類》《回鑾事實》。

《四庫全書總目提要·雜史類存目一》《回鑾事實》一卷。編修程晉芳家藏本。

宋万俟卨撰。卨事蹟具《宋史》本傳。紹興十二年，宣和太后至自金，卨新爲參知政事，紀事獻頌，稱爲千載一時之榮遇。蓋貢諛之詞，非其事實也。

紹興雜録

尤袤《遂初堂書目·國史類》《紹興雜録》。

通好事節

尤袤《遂初堂書目·國史類》錢處和《通好事節》。

淮東宣諭録

尤袤《遂初堂書目·國史類》錢處和《淮東宣諭録》。

丙午録

尤袤《遂初堂書目·國史類》《丙午録》。

温公朔記

尤袤《遂初堂書目·本朝雜史》《温公朔記》。

儒林公議

尤袤《遂初堂書目·本朝雜史》《儒林公議》。

王文公日録

尤袤《遂初堂書目·本朝雜史》《王文公日録》。

曾子宣日録

尤袤《遂初堂書目·本朝雜史》《曾子宣日録》。

續逸史

尤袤《遂初堂書目·本朝雜史》《續逸史》。

國史後補

尤袤《遂初堂書目·本朝雜史》蔡絛《國史後補》。

陳振孫《直齋書録解題・雜史類》《國史後補》五卷。蔡絛撰。絛，京之愛子。京末年事皆出絛。絛兄攸既叛父，亦與絛不咸。此書大略爲其父自解，而滔天之惡，終有不能隱蓋者。其間所載宫闈禁密，非臣庶所得知，亦非臣庶所宜言，既出絛筆，事遂傳世，殆非人力也。

逸　史

尤袤《遂初堂書目・本朝雜史》　蔣穎叔《逸史》。

野　史

尤袤《遂初堂書目・本朝雜史》　林子中《野史》。

陳振孫《直齋書録解題・雜史類》《林氏野史》八卷。同知樞密院長樂林希子中撰。希不得志於元祐，起從章惇，甘心下遷西掖，草諸賢謫詞者也。而此書記熙寧、元豐以來事，頗平直，不類其所爲。或言此書作於元祐之前，其後時事既變，希亦隨之，書藏不毁。久而時事復變，其孫懋於紹興中始序而行之耳。

蔣穎叔日録

尤袤《遂初堂書目・本朝雜史》《蔣穎叔日録》。

續温公齊記

尤袤《遂初堂書目・本朝雜史》《續温公齊記》。

正　論

尤袤《遂初堂書目・本朝雜史》　曾子宣《正論》。

繫年録

尤袤《遂初堂書目・本朝雜史》　王巖叟《繫年録》。

筆　録

尤袤《遂初堂書目・本朝雜史》　錢文僖《筆録》。

逢辰録

尤袤《遂初堂書目・本朝雜史》　錢文僖《逢辰録》。

趙康靖日録

尤袤《遂初堂書目・本朝雜史》《趙康靖日録》。

朝論偉論

尤袤《遂初堂書目・本朝雜史》　王巖叟《朝論偉論》。

温公日録

尤袤《遂初堂書目・本朝雜史》《温公日録》。

呂正獻手記

尤袤《遂初堂書目・本朝雜史》《呂正獻手記》。

歐公日記

尤袤《遂初堂書目・本朝雜史》《歐公日記》。

唐補史

尤袤《遂初堂書目・雜史類》《唐補史》。

范太史史院問目

尤袤《遂初堂書目・本朝雜史》《范太史史院問目》。

建炎揚遺録

錢謙益等《絳雲樓書目・編年類》《建炎揚遺録》一册。李正民方叔撰。《乘桴記》備載建炎庚戌車駕航海之事。

采石斃亮記

錢謙益等《絳雲樓書目・編年類》《采石斃亮記》一册。蹇駒，蜀人，虞允文門下士。

中興禦侮録

錢謙益等《絳雲樓書目・編年類》《中興禦侮録》一册。

張金吾《愛日精廬藏書志・雜史類》《中興禦侮録》二卷。舊抄本。不著撰人名氏。

襄陽守城録

錢謙益等《絳雲樓書目・編年類》《襄陽守城録》一册。

張金吾《愛日精廬藏書志・雜史類》《襄陽守城録》一卷。舊抄本。［宋］門生忠訓郎鄂州都統司同副將特差兼京西北路招撫使司準備差遣趙萬年編。

治平使遼録

錢謙益等《絳雲樓書目・編年類》《治平使遼録》一册。陸農師亦有《使遼録》一卷。

蒙韃備録

錢謙益等《絳雲樓書目・編年類》《蒙韃備録》二册。宋孟珙。

國語補音

陳振孫《直齋書録解題・春秋類》《國語補音》三卷。丞相安陸宋庠公序撰。

以先儒未有爲《國語》音者，近世傳舊《音》一卷，不著撰人名氏，蓋唐人也。簡陋不足名書，因而廣之。悉以陸德明《釋文》爲主，陸所不載，則附益之。

胡師安等《元西湖書院重整書目》 《國語注補音》。

《四庫全書總目提要・雜史類》 《國語補音》三卷。衍聖公孔昭焕家藏本。唐人舊本，宋宋庠補葺。庠字公序，安陸人，徙居雍邱。天聖二年進士第一，歷官檢校太尉、平章事、樞密使，封莒國公，以司空致仕，謚文憲，事蹟具《宋史》本傳。自漢以來注《國語》者，凡賈逵、王肅、虞翻、唐固、韋昭、孔晁六家，然皆無音。宋時相傳有《音》一卷，不著名氏，庠以其中「鄗州」字推之，知出唐人。然簡略殊甚，乃采《經典釋文》及《説文》、《集韻》等書，補成此編。

彭元瑞等《天禄琳琅書目後編・元版史部》 《國語解》。二函十二册。吴韋昭注。昭，字宏嗣，雲陽人，官至中書僕射。《三國志》作韋曜，裴松之注謂爲司馬昭諱也。書二十一卷，前有昭自序，後附《國語補音》三卷，唐人舊本，宋宋庠補。庠，字公序，安陸人，天聖二年進士第一，官至檢校太尉、平章事、樞密使，封莒國公，謚文憲。《宋史》有傳。兩書末俱有「地泉徐氏」墨記。

彭元瑞等《天禄琳琅書目後編・明版史部》 《國語解》。二函十六册。篇目見前元版史部。宋庠《補音序》後刻識云：「按，宋氏《補音》三卷，音釋最詳，意義頗繁，附書則篇章不屬，别籍則考閲亦艱，均匪良圖，姑爾省刻，獨存其序，志有此書云。」琴川許宗魯志附《國語古文音釋》一卷，有王鎜識略云：「子許子刻《國語》成，授鎜復校，因隨筆以備遺忘，得字凡五百有奇，命曰《國語古文音釋》。是書宗魯所栞，多用古字，然舍宋儒之補音，而取門人之釋古，明人武斷標榜之習往往如此。」宗魯，字伯誠，咸寧人，正德丁丑進士，累官副都御史，巡撫遼東。

彭元瑞等《天禄琳琅書目後編・明版史部》 《國語解》。二函二十册。同上。係一版摹印。

黄丕烈《蕘圃藏書題識・卷二・史類一》 《國語補音》三卷。校宋本。此何小山校本，收於朱文游家。黄丕烈識。

黄丕烈《蕘圃藏書題識》 校刊明道本韋氏解《國語》札記識語：《國語》自宋公序取官私十五六本校定爲補音，世盛行之，後來重刻，無不用以爲祖。有未經其手，如此明道二年本者，乃不絶如綫而已。前輩取勘公序本，皆謂爲勝。然省覽，每病不盡，傳臨又屢失真，終未有得其要領者。丕烈深懼此本之遂亡，用所收影鈔者，開雕以餉世。其中字體前後有歧，不改畫一，闕文壞字亦均仍舊，無所添足以懲妄也。讐字之餘，頗涉補音。及重刻公序本，綜其得失之凡而札記之。

張金吾《愛日精廬藏書續志・雜史類》 《國語》二十一卷，《補音》三卷。元刊本。［吴］韋氏解，補音［宋］宋庠撰。韋昭《國語解》序。

張金吾《愛日精廬藏書續志・雜史類》 《國語補音》三卷。舊抄本。宋宋庠撰。叙録。

潘祖蔭《滂喜齋藏書記・史部》 宋刻《國語補音》三卷。一函三册。《國語》宋公序補音，明人刻本散見各條之下，非原書面目矣。此本三卷，尚是公序舊第，後有治平元年中書省劄一道云：「《國語》并《補音》共一十三册，國子監開板印造。」末有一行云：「右從政郎嚴州司理參軍薛鋭校勘。」遇宋諱玄、懸、殷、匡、恒、徵、敬、竟、樹、頊、桓、完，皆缺筆。頊，神宗名，桓，欽宗名，皆在治平後，當是南宋時嚴州覆刻；「犬戎樹惇」，惇字犯孝宗諱，不缺，是孝宗以前本也。每半葉十行，行二十字，字畫方勁，與北宋槧無異。卷首面葉有「經部春秋類」五字，「春秋」二字朱文，又一葫蘆印曰「適安」，又二方印曰「相臺岳氏」、曰「經遠堂藏書印」，蓋岳倦翁舊藏也。

東都事略

陳振孫《直齋書録解題・别史類》 《東都事略》一百五十卷。承議郎知龍州眉山王偁季平撰。其書紀、傳，附録略具體，但無志耳。附録用《五代史》例也。淳熙中上其書，得直祕閣。其所紀太簡略，未得爲全善。

楊士奇等《文淵閣書目・宇字號第六橱書目・史》 宋《東都事略》。一部，十二册。闕。

又 宋《東都事略》。一部，十五册。闕。

范邦甸等《天一閣書目・别史類》 《東都事略》一百三十卷。藍絲闌鈔本。○宋王偁撰。卷首載偁《進東都事略劄子》云：「自建隆至於靖康一百六十八年，輒擬信史爲本紀、爲世家、爲列傳、爲附録、爲贊論，以發揚之。」蓋國都大梁以前故事與。

錢謙益等《絳雲樓書目・編年類》 王偁《東都事略》。一百五十卷。字季平，眉山人，偁父嘗深於經學，著《春秋外國諸臣傳》，先儒稱之。

錢曾《讀書敏求記・史》 王偁《東都事略》一百三十卷。《東都事略》，宋刻僅見此本先君最所寶愛。榮木樓牙籤萬軸，獨闕此書，牧翁屢求不獲，心頗嗛焉。先君家道中落，要索頻煩，始終不忍捐棄，吾子孫其慎守之勿失。

王士禛《漁洋書跋》 《東都事略》。王偁《東都事略》，淹貫有良史才，與曾子固《隆平集》頡頏上下。然《蜀志》載偁父禮部侍郎賞著《玉臺集》、《東都事略》一百二十卷，則此書亦如遷、固之《史記》、《漢書》，本於談、彪耶？但未得此書全本，不知果百二十卷否。偁于父書之外有所增益否，偁亦不當沒其父之名，掩爲己有也。俟更考之。

《四庫全書總目提要・別史類》 《東都事略》一百三十卷。浙江孫仰曾家藏本。宋王偁撰。偁字季平，眉州人。父賞，紹興中爲實録修撰。偁承其家學，旁搜九朝事蹟，採輯成編。洪邁修四朝國史，奏進其書。以承議郎知龍州，特授直祕閣。其書爲本紀十二、世家五、列傳一百五、附録八。叙事約而該，議論亦皆持平。

張金吾《愛日精廬藏書志・別史類》 《東都事略》殘本六十卷。宋刊本。宋王偁撰。存卷三十一至四十、四十六至四十八、五十一至六十、八十四至一百五、一百十六至一百三十九，六十卷，每葉二十四行，行二十四字。

新唐書略

陳振孫《直齋書録解題・別史類》 《新唐書略》三十五卷。呂祖謙授徒，患《新史》難閲，摘要抹出，而門人鈔之。蓋節本之有倫理者也。

裔夷謀夏録

陳振孫《直齋書録解題・雜史類》 《裔夷謀夏録》七卷。翰林學士新安汪藻彦章撰。

楊士奇等《文淵閣書目・宙字號第二橱書目・史雜》 《謀夏録》。一部，一册。闕。

錢謙益等《絳雲樓書目・雜史類》 《裔夷謀夏録》一册。七卷。汪藻撰。

建炎中興日曆

陳振孫《直齋書録解題・雜史類》 《建炎中興日曆》五卷。宰相新安汪伯彦廷俊撰。叙元帥開府至南都踐極。

呂忠穆答客問

陳振孫《直齋書録解題・雜史類》 《呂忠穆答客問》一卷。宰相濟南呂頤浩元直撰。

呂忠穆勤王記

陳振孫《直齋書録解題・雜史類》 《呂忠穆勤王記》一卷。左宣教郎臧梓撰。記建炎復辟事。

錢謙益等《絳雲樓書目・編年類》 《呂忠穆勤王記》一册。《勤王記》乃左宣教郎臧梓撰，記復辟事也。然不如同時王廷秀《閲世録》中記「明受之變」一條爲備。

史記牴牾論

《宋史・藝文志・別史》 趙瞻《史記牴牾論》五卷。

漢書問答

《宋史・藝文志・別史》《漢書問答》五卷。

金陵六朝記

《宋史・藝文志・別史》《金陵六朝記》一卷。

漢後隋前瞬貫圖

《宋史・藝文志・別史》李匡文《漢後隋前瞬貫圖》一卷。

兩漢至唐年紀

《宋史・藝文志・別史》李匡文《兩漢至唐年紀》一卷。

唐倌宗日曆

《宋史・藝文志・別史》《唐倌宗日曆》一卷。

唐總記

《宋史・藝文志・別史》《唐總記》三卷。

唐廣德神異録

《宋史・藝文志・別史》渤海填《唐廣德神異録》四十五卷。

唐列聖統載圖

《宋史・藝文志・別史》曹玄圭《唐列聖統載圖》十卷。

五運圖

《宋史・藝文志・別史》曹玄圭《五運圖一作「録」》十二卷。

唐年紀録

《宋史・藝文志・別史》郭脩《唐年紀録》一卷。

唐紀年記

《宋史・藝文志・別史》《唐紀年記》二卷。

唐年曆

《宋史・藝文志・別史》劉軻《唐年曆》一卷。

唐編記

《宋史·藝文志·別史》張傳靖《唐編記一作「紀」》十卷。

唐乘

《宋史·藝文志·別史》胡旦《唐乘一作「策」》七十卷。

唐志

《宋史·藝文志·別史》王沿《唐志》二十一卷。

唐史記

《宋史·藝文志·別史》孫甫《唐史記》七十五卷。

五代紀

《宋史·藝文志·別史》孫沖《五代紀》七十七卷。

五朝春秋

《宋史·藝文志·別史》王軫《五朝春秋》二十五卷。

五代春秋

《宋史·藝文志·別史》劉攽《五代春秋》一部。卷亡。

十國紀年

《宋史·藝文志·別史》劉恕《十國紀年》四十二卷。

真宗聖政紀

《宋史·藝文志·別史》《真宗聖政紀》一百五十卷。

真宗政要

《宋史·藝文志·別史》《政要》十卷。

仁宗觀文覽古圖記

《宋史·藝文志·別史》《仁宗觀文覽古圖記》十卷。

大中祥符奉祀記

《宋史·藝文志·別史》丁謂《大中祥符奉祀記》五十卷，目二卷。

大中祥符迎奉聖像記

《宋史・藝文志・别史》 丁謂《大中祥符迎奉聖像記》二十卷，目二卷。

大中祥符降聖記

《宋史・藝文志・别史》 李維《大中祥符降聖記》五十卷，目三卷。

天禧大禮記

《宋史・藝文志・别史》 王欽若《天禧大禮記》五十卷，目二卷。

咸平聖政録

《宋史・藝文志・别史》 錢惟演《咸平聖政録》三卷。

永熙政範

《宋史・藝文志・别史》 李昭遘《永熙政範》二卷。

神宗正典

《宋史・藝文志・别史》 張商英《神宗正典》六卷。

元豐聖訓

《宋史・藝文志・别史》 舒亶《元豐聖訓》三卷。

六朝寶訓

《宋史・藝文志・别史》 舒亶《六朝寶訓》一部。卷亡。

崇寧聖政

《宋史・藝文志・别史》 鄭居中《崇寧聖政》二百五十五册。

聖政録

《宋史・藝文志・别史》 鄭居中《聖政録》三百二十三册。

歷代善惡春秋

《宋史・藝文志・别史》 《歷代善惡春秋》二十卷。

帝　照

《宋史・藝文志・别史》 薛韜玉《帝照》一卷。

元類

《宋史·藝文志·别史》沈汾《元類》一卷。

帝王受命編年録

《宋史·藝文志·别史》瞿一作「翟」驤《帝王受命編年録》三十卷。

歷代鴻名録

《宋史·藝文志·别史》《歷代鴻名録》八卷。

嘉號録

《宋史·藝文志·别史》韋光美《嘉號録》一卷。

帝王授受圖

《宋史·藝文志·别史》崔倜《帝王授受圖》一卷。

帝王事跡相承圖

《宋史·藝文志·别史》牛檢《帝王事跡相承圖》三卷。

歷代君王圖

《宋史·藝文志·别史》《歷代君臣圖》二卷。

年曆圖

《宋史·藝文志·别史》龔穎《年一作「運」曆圖》八卷。

古今年代曆

《宋史·藝文志·别史》賈欽文《古今年代曆》一卷。

通記建元曆

《宋史·藝文志·别史》張敦素《通記一作「紀」建元曆》二卷。

補注正閏位曆

《宋史·藝文志·别史》柳璨《補注正閏位曆》三卷。

王起五運圖

《宋史·藝文志·别史》王起《五運圖》一卷。

五運元紀

《宋史・藝文志・别史》　張洽《五運元紀》一卷。

古今帝王記

《宋史・藝文志・别史》　《古今帝王記》十卷。

帝王真僞記

《宋史・藝文志・别史》　衛牧《帝王真僞記》七卷。

紀年志

《宋史・藝文志・别史》　《紀年志》一卷。

帝王年代録

《宋史・藝文志・别史》　武密《帝王年代録》三十卷。

帝王年代圖

《宋史・藝文志・别史》　鄭伯邕《帝王年代圖》一卷。

帝王年代記

《宋史・藝文志・别史》　鄭伯邕《帝王年代記》三卷。

聖朝年代記

《宋史・藝文志・别史》　焦璐《聖朝年代記一作「紀」》十卷。

帝王年號圖

《宋史・藝文志・别史》　韋光美《帝王年號圖》一卷。

古今帝王年號録

《宋史・藝文志・别史》　汪奇《古今帝王年號録》一卷。

歷代年號

《宋史・藝文志・别史》　李昉《歷代年號》一卷。

重編史雋

《宋史・藝文志・别史》　蓋君平《重編史雋》三十卷。

十二國史

《宋史・藝文志・別史》 孫昱《十二國史》十二卷。

西京史略

《宋史・藝文志・別史》 《西京史略》二卷。

史記掇英

《宋史・藝文志・別史》 《史記掇英》五卷。並不知作者。

通　志

《宋史・藝文志・別史》 鄭樵《通志》二百卷。

《四庫全書總目提要・別史類》 《通志》二百卷。內府刊本。宋鄭樵撰。樵有《爾雅註》，已著録。通史之例，肇於司馬遷。故劉知幾《史通》述二體，則以《史記》、《漢書》共爲一體。述六家，則以《史記》、《漢書》別爲兩家。以一述一代之事，一總歷代之事也。其例綜括千古，歸一家言。非學問足以該通，文章足以鎔鑄，則難以成書。梁武帝作《通史》六百二十卷，不久即已散佚。故後有作者，率莫敢措意於斯。樵負其淹博，乃網羅舊籍，參以新意，撰爲是編。凡帝紀十八卷，皇后列傳二卷，年譜四卷，略五十一卷，列傳一百二十五卷。其紀傳删録諸史，稍有移掇。大抵因仍舊目，爲例不純。其年譜仿《史記》諸表之例，惟間以大封拜、大政事錯書其中，或繁或漏，亦復多歧，均非其注意所在。其平生之精力，全帙之菁華，惟在二十略而已。

續後漢書

《宋史・藝文志・別史》 蕭常《續後漢書》四十二卷。

張之洞《書目答問・別史類》 《續後漢書》四十七卷。宋蕭常。郁松年刻宜稼堂叢書本。又有郝經《續後漢書》、謝陛《季漢書》，陳陳相因，不録。以下二書，爲訂正《三國志》、《五代史》體例而作。

《四庫全書總目提要・別史類》 《續後漢書》四十七卷。編修莊承籛家藏本。宋蕭常撰。常，廬陵人。鄉貢進士。初，常父壽朋病陳壽《三國志》帝魏黜蜀，欲爲更定，未及成書而卒。常因述父志爲此書。

改修三國志

《宋史・藝文志・別史》 李杞《改修三國志》六十七卷。

建隆編

《宋史・藝文志・別史》 陳傅良《建隆編》一卷。一名《開基事要》。

宋編年政要

《宋史・藝文志・別史》 蔡幼學《宋編年政要》四十卷。

宋實録列傳舉要

《宋史・藝文志・別史》 蔡幼學《宋實録列傳舉要》十二卷。

五朝史述論

《宋史·藝文志·别史》 洪偃《五朝史述論》八卷。洪邁孫。

中興小傳

《宋史·藝文志·别史》 樓昉《中興小傳》一百篇。

宋九朝通略

楊士奇等《文淵閣書目·宇字號第六櫥書目·史》 《宋九朝通略》。一部，二十册。闕。

宋朝要録

楊士奇等《文淵閣書目·宇字號第六櫥書目·史》 《宋朝要録》。一部，四十册。闕。

宋朝事實

楊士奇等《文淵閣書目·宇字號第六櫥書目·史》 《宋朝事實》。一部，五册。闕。

宋丁未録

楊士奇等《文淵閣書目·宇字號第六櫥書目·史》 《宋丁未録》。一部，二十九册。闕。

又 《宋丁未録》。一部，三十册。闕。

宋十朝綱要

楊士奇等《文淵閣書目·宇字號第六櫥書目·史》 《宋十朝綱要》。一部，六册。闕。

契丹國志

楊士奇等《文淵閣書目·宇字號第六櫥書目·史》 《契丹國志》。一部，二册。闕。

范邦甸等《天一閣書目·别史類》 《契丹國志》二十七卷。棉紙鈔本。不著撰人名氏。

錢謙益等《絳雲樓書目·編年類》 《契丹國志》二册。葉隆禮撰。一名《遼史》。

黄虞稷《千頃堂書目·别史類·補遼》 葉隆禮《契丹國志》二十七卷。元人。

倪燦等《補遼金元藝文志·雜史類》 葉隆禮《契丹國志》二十七卷。

錢曾《讀書敏求記·史》 葉隆禮《契丹國志》二十七卷。隆禮書法謹嚴，筆力詳贍，洵有良史之風。具載兩國《誓書》及南北通使禮物。蓋深有慨于海上之盟，使讀者尋其意于言外耳。棄祖宗之宿好，結虎狼之新歡，自撤籬樊，孰當扞蔽，青城之禍，詳其流毒，寔有隱痛焉。存遼以障金，此則隆禮之志也。至夷契丹爲國，不史而志之，其尊本朝也至矣。予特表而出之。

《四庫全書總目提要·别史類》 《契丹國志》二十七卷。浙江鮑士恭家藏本。

宋葉隆禮撰。隆禮號漁林，嘉興人。淳祐七年進士。由建康府通判歷官祕書丞。奉詔撰次遼事爲此書。凡帝紀十二卷、列傳七卷、晉降表、宋遼誓書、議書一卷、南北朝及諸國饋貢禮物數一卷、雜載地理及典章制度二卷、行程録及諸雜記四卷。

黃丕烈《蕘圃藏書題識・卷二・史類一》《契丹國志》十七卷。元刻本。《契丹國志》，余向臧鈔本，其上方有小字，標明書中眼目，衆皆以爲此必有所據。及觀書華陽顧氏，見元刻本，方信鈔本所自出果元本也。昨歲春間，鮑淥飲以元刻見歸，末尾卷多缺，急向顧氏借録，孰知顧本自十五卷以下皆缺矣，遂就其見存三卷校補缺字而還之。至於鈔本與元刻又多不同，未必影寫，擬補缺字，未敢深信也。丁卯正月十九日，復翁。

張金吾《愛日精廬藏書志・雜史類》《契丹國志》二十七卷。元刊本。宋葉隆禮撰。闕卷十六至末，抄補。葉隆禮進表。淳熙七年。

張之洞《書目答問・別史類》《契丹國志》十七卷。宋葉隆禮。掃葉山房本。

北盟録

楊士奇等《文淵閣書目・宇字號第六櫥書目・史》《北盟録》。一部，五十一册。闕。

路　史

楊士奇等《文淵閣書目・宙字號第一櫥書目・史附》《路史》。一部，十七册。闕。

范邦甸等《天一閣書目・別史類》《路史》四十七卷。刊本。宋盧陵羅泌編，男苹承命註，篇首自序。

徐𤊹《徐氏家藏書目・旁史類》《路史》。前紀六卷，後紀十三卷，發揮六卷，餘論十卷，國名志十卷。

張萱等《內閣藏書目録・史部》《路史》八册。不全。宋盧陵羅泌著。前後二紀，自開闢至三代，皆以補諸史之未詳者。次國名，皆三代及春秋郡邑變置之名次。餘論則發揮古今疑誤者。

錢謙益等《絳雲樓書目・雜史類》《路史》十六册。四十五卷。羅泌撰。田叔禾家有翻宋刻本。

黃虞稷《千頃堂書目・別史類・補宋》 羅泌《路史》五十卷。前編九卷，後紀十四卷，國名紀八卷，發揮六卷，餘論十卷。

倪燦等《宋史藝文志補・雜史類》 羅泌《路史》四十七卷。前紀九卷，後紀十四卷，國名紀八卷，發揮六卷，餘論十卷。泌字長源，盧陵人。其子苹作注。

于敏中等《天祿琳琅書目・明版史部》《路史》二函十六册。宋羅泌撰。泌子苹註。《前紀》九卷、《後紀》十三卷、《餘論》一卷、《國名記》六卷、《歸愚子太衍數》一卷、《國姓衍慶紀原》一卷、《國名紀信》一卷、《路史發揮》六卷，共三十八卷。前泌自序，《餘論》前有宋費煇序，《發揮》後有宋曾大鼎序。

《四庫全書總目提要・別史類》《路史》四十七卷。兩江總督採進本。宋羅泌撰。泌字長源，盧陵人。是書成於乾道庚寅。凡前紀九卷，述初三皇至陰康無懷之事；後紀十四卷，述太昊至夏履癸之事；國名紀八卷，述上古至三代諸國姓氏地理，下逮兩漢之末。

黃丕烈《百宋一廛書録》《路史》。羅長源《路史》，世行本以細字者爲勝，近始得一宋本，知細字本卻從此出，然已失其真矣。今宋刻之存者，《前紀》一至五，《後紀》一至十三，此卷分上下，《發揮》一至六，《餘論》一至十，《國史記》甲至己，不分卷，其餘《封建後論》一篇、《究言》一篇、《必正劄子》一篇、《國姓衍慶紀原》一篇，《歸愚子大衍數》一篇，《大衍説》一篇，《四象説》一篇，統計之，似前紀稍缺，餘皆完善。閒取細字本勘對，遇宋刻模糊處，已盡去之，世人猶奉爲枕祕，不大可笑乎。此本從河南宋商丘家來，信稱善本，卷耑有「臣筠」一印，「三晉提刑」一印。

張之洞《書目答問・雜史》《路史》四十七卷。宋羅泌。通行本。

小　史

楊士奇等《文淵閣書目・宙字號第一櫥書目・史附》 陳思書《小史》。一部，二册。闕。

唐元和録

楊士奇等《文淵閣書目・宙字號第二櫥書目・史附》　《唐元和録》。一部，一册。闕。

宋太平治跡

楊士奇等《文淵閣書目・宙字號第二櫥書目・史附》　《宋太平治跡》。一部，四册。闕。

王士禛《漁洋書跋》　《太平治跡統類》七十三卷。宋眉山彭伯川叔融撰。略用袁樞《通鑑本末》例。《前集》四十卷、《中興後集》三十三卷。見陳振孫《書録解題》、趙希弁《讀書附志》。此前集，尚有譌闕。秣陵焦氏本也。

《四庫全書總目提要・雜史類》　《太平治跡統類》前集三十卷。江蘇巡撫採進本。宋彭百川撰。百川字叔融，眉山人。是書凡八十八門，皆宋代典故。《文獻通考》載前集四十卷，又後集三十三卷，載中興以後事。此本乃朱彝尊從焦竑家藏本鈔傳，但有前集，不分卷數。又中間譌不勝乙。

宣政雜録

楊士奇等《文淵閣書目・宙字號第二櫥書目・史附》　《宣政雜録》。一部，一册。闕。

宋中興目録

楊士奇等《文淵閣書目・宙字號第二櫥書目・史附》　《宋中興目録》。一部，一册。闕。

分修宋史

楊士奇等《文淵閣書目・宙字號第二櫥書目・史附》　《分修宋史》。一部，十册。闕。

中興聖政

楊士奇等《文淵閣書目・宙字號第二櫥書目・史附》　《中興聖政》。一部，二十一册。闕。

三國六朝事實

楊士奇等《文淵閣書目・宙字號第二櫥書目・史雜》　《三國六朝事實》。一部，三册。闕。

松漠紀聞

楊士奇等《文淵閣書目・宙字號第二櫥書目・史雜》　《松漠紀聞》。一部，一册。闕。

錢謙益等《絳雲樓書目・編年類》　《松漠紀聞》。二卷。洪皓撰。

《四庫全書總目提要・雜史類》　《松漠紀聞》一卷，續一卷。兩淮鹽政採進本。宋洪皓撰。皓字光弼，鄱陽人。政和五年進士。建炎三年，以徽猷閣待制假禮部尚書，爲大金通問使。既至金，金人迫使仕劉豫。皓不從，流遞冷山，復徙燕京。凡留金十五年方得歸。以忤秦檜貶官，安置英州而卒。久之始復徽猷閣學士,謚忠宣。事蹟具《宋史》本傳。此書乃其所紀金國雜事,始於留金時,隨筆纂録,及歸,懼爲金人搜獲,悉付諸火,既被譴謫,乃復追述一二,名曰《松漠紀聞》。尋有私史之禁,亦祕不傳。紹興末,其長子適始校刊爲正續二卷。乾道中,仲子遵又增補所遺十一事。明代吴琯嘗刻入《古今逸史》中,與此本字句間有異同,而大略相合。

黄丕烈《蕘圃藏書題識續録・卷一史類》 《松漠紀聞》二卷,《補遺》一卷。明刻本。

《松漠紀聞》本,所見以此刻爲最古。吴琯《逸史》中本,較此爲遜。余與他種得諸冷攤,皆陽山顧氏文房本,因别置全者,而此殘零各種,取可珍者裝之,以備流覽。是書較爲有用,俾登諸雜史部云。丙子季夏裝成。復翁記。

張之洞《書目答問・雜史類》 《松漠紀聞》一卷,《續》一卷。宋洪皓。學津本,又《古今逸史》本。

史　拾

范邦甸等《天一閣書目・别史類》 《史拾》六十卷。刊本。宋紹興眉山蘇轍撰并序。云:「予少好讀《詩》、《春秋》,皆爲集傳。讀《太史公書》,欲正之而未暇也。元豐中,終輯二集,刊正古史,得七本紀、十六世家、三十七列傳,功未及究。元祐九年,以少府監分司南京,得續古史之闕。明年三月成,凡六十卷。季子遜侍予紬繹往牒,知予去取之意,舉爲之注,後世可考焉。」明陳子龍鑒,仁和吴宏基箋,鍾禾士校。

古史本紀

范邦甸等《天一閣書目・别史類》 《古史本紀》三十五卷。刊本。宋蘇轍撰。其自序與前不同。

錢謙益等《絳雲樓書目・雜史類》 《古史本紀》。

通志略

范邦甸等《天一閣書目・别史類》 《通志略》五十一卷。刊本。宋右迪功郎夾漈鄭樵著。其書通黄帝、堯、舜,至于秦漢之世,分爲五體,凡二十略。序云:「自《氏族略》至《昆虫草木略》,凡十五略,出自胸臆,不涉漢唐諸儒議論。其禮與職官、選舉、刑法、食貨五略,雖本前人之典,亦非諸史之文。」明御史少岳陳宗夔校,吴繹刊。

南史補帝紀贊

黄虞稷《千頃堂書目・别史類・補宋》 謝翱《南史補帝紀贊》一卷。

倪燦等《宋史藝文志補・雜史類》 謝翱《南史補帝紀贊》一卷。

唐書補傳

黄虞稷《千頃堂書目・别史類・補宋》 謝翱《唐書補傳》一卷。

倪燦等《宋史藝文志補・雜史類》 謝翱《唐書補傳》一卷。

續宋書

黄虞稷《千頃堂書目・别史類・補宋》 鄧光薦《續宋書》。

倪燦等《宋史藝文志補・雜史類》 鄧光薦《續宋書》。

錢大昕《補元史藝文志・雜史類》 鄧光薦《續宋書》。

德祐日記

黄虞稷《千頃堂書目・别史類・補宋》 鄧光薦《德祐日記》。

倪燦等《宋史藝文志補・雜史類》 鄧光薦《德祐日記》。

錢大昕《補元史藝文志・雜史類》 鄧光薦《德祐日記》。

填海録

錢大昕《補元史藝文志・雜史類》 鄧光薦《填海録》。

兩漢筆記

黄虞稷《千頃堂書目・别史類・補宋》 錢時《兩漢筆記》十二卷。

倪燦等《宋史藝文志補・雜史類》 錢時《兩漢筆記》十二卷。

古今紀要

《四庫全書總目提要・别史類》 《古今紀要》十九卷。安徽巡撫採進本。宋黄震撰。震字東發，慈谿人。官至浙東提舉，事蹟具《宋史・儒林傳》。是書撮舉諸史，括其綱要。上自三皇，下迄哲宗元符。每載一帝之事，則以一帝之臣附之。其僭竊割據，亦隨時附見。詞約事該，頗有條貫，非曾先之《十八史略》之類粗具梗槩，傷於疎陋者比。所叙前代諸臣，各分品目，惟北宋諸臣事迹較歷代稍詳，而無忠佞標題，蓋不敢論定之意也。朱子作《通鑑綱目》，始遵習鑿齒《漢晉春秋》之例，黜魏帝蜀，同時張栻作《經世紀年》，蕭常作《續後漢書》，持論竝同。震傳朱子之學，故是書亦用《綱目》之例。其謂論昭烈者，每以族屬疎遠爲疑，使昭烈果非漢子孫，曹操蓋世姦豪，豈不能聲其罪而誅其僞。今反去之千百載下，而創疑其譜牒耶，其所發明可謂簡而盡矣。

彭元瑞等《天禄琳琅書目後編・宋版史部》 《古今紀要》二函十二册。宋黄震撰。震，字東發，慈谿人，寶祐中進士，官史館檢閱，出判廣德軍，《宋史》有傳。書十九卷，起自三皇，訖於宋哲宗，摘紀事蹟、人物，間附論斷，略仿《稽古録》、《大事紀》、《會要》之例。雖首標《黄氏日鈔》，而今本《日鈔》全部九十七卷，不入此書。

歷代帝王纂要譜括

《四庫全書總目提要・别史類存目》 《歷代帝王纂要譜括》一卷。永樂大典本。不著撰人名氏。其書叙歷代帝王世系年號歲數，亦略及賢否。各以數語括之，簡陋殊甚，蓋村塾俗書也。《永樂大典》載之，亦可云漫無採擇矣。以其爲宋人舊帙，姑附存其目焉。

朝野類要

孫星衍《平津館鑒藏書籍記・舊影寫本》 《朝野類要》五卷。題文昌趙昇集録。自班朝至餘紀，凡廿類，每類又分小目。書作於理宗端平三年。收藏有「開萬樓藏書印」朱文長方印。

張之洞《書目答問・雜史類》 《朝野類要》五卷。宋趙昇。知不足齋本。

鑒誡録

張之洞《書目答問・雜史類》 《鑒誡録》十卷。宋何光遠。知不足齋本。學津本。

慶元黨禁

張之洞《書目答問・雜史類》 《慶元黨禁》一卷。宋闕名。知不足齋本。

宋季三朝政要

張之洞《書目答問・雜史類》 《宋季三朝政要》五卷。宋闕名。《附録》一卷。宋陳仲微。守山閣本。粵雅堂本。學津本。

北轅録

錢謙益等《絳雲樓書目・編年類》 《北轅録》、《西使録》共一册。《北轅録》，周輝撰，南宋人。

西戎聚米圖經

王仁俊《西夏藝文志・附宋人談西夏事書目》 《西戎聚米圖經》。見尤《目》。

西夏雜記

王仁俊《西夏藝文志・附宋人談西夏事書目》 《西夏雜記》。見尤《目》。

蜀漢本末

楊士奇等《文淵閣書目・宇字號第一橱書目・史》 趙居信《蜀漢本末》。一部，三册。闕。

錢謙益等《絳雲樓書目・雜史類》 《蜀漢本末》三册。三卷。趙居信。

《四庫全書總目提要・別史類存目》 《蜀漢本末》三卷。浙江范懋柱家天一閣藏本。元趙居信撰。居信字季明，許州人。至治中官至翰林學士承旨。是書宗《資治通鑑綱目》之説，以蜀爲正統。起桓帝延熹四年昭烈之生，終晉泰始七年後主之亡。末有《總論》一篇，稱至元九年戊子所作。其成書則至元十二年辛卯也。前序一篇，不知誰作，稱：「朱子出而筆削《綱目》，有以合乎天道，而當乎人心。信都趙氏復因之，廣其未備之文，參其至當之論。」然是書所取議論，不出胡寅、尹起莘諸人之內。所取事蹟則載於《三國志》者尚十不及五。特於《資治通鑑綱目》中斷取數卷，略爲點竄字句耳。不足當著書之目也。

錢大昕《補元史藝文志・古史類》 趙居信《蜀漢本末》三卷。字季明，許州人，翰林學士，追封梁國公。

大金國志

楊士奇等《文淵閣書目・宇字號第六橱書目・史》 《大金國志》。一部，五册。闕。

范邦甸等《天一閣書目・別史類》 《大金國志》四册。棉紙鈔本。不著撰人名氏。

錢謙益等《絳雲樓書目・編年類》 《大金國志》。宇文懋昭。

黃虞稷《千頃堂書目・別史類・補金》 宇文懋昭《大金國志》四十卷。

倪燦等《補遼金元藝文志・雜史類》 宇文懋昭《大金國志》四十卷。

錢曾《讀書敏求記・史》 宇文懋昭《大金國志》四十卷。宇文懋昭于端平元年，表上所輯《大金國志》。懋昭竊禄金朝，爲淮西歸正人。宋改授承事郎工部架閣。其所載《誓書》下，直書差康王出質，且詳列北遷宗族等于獻俘，可謂無禮于其君至矣。敢于表上其書，而端平君臣竟漫置不省，何也？

《四庫全書總目提要・别史類》　《大金國志》四十卷。兩江總督採進本。

舊本題宋宇文懋昭撰。前有端平元年《進書表》一通，自署淮西歸正人改授承事郎工部架閣，而不詳其里貫。表中有「媮生淮浦」、「少讀父書」等語，亦不知其父何人也。書中取金太祖至哀宗九主一百十七年事迹，裒集彙次，凡《紀》二十六卷、《開國功臣傳》一卷、《文學翰苑傳》二卷、《雜録》三卷、《雜載制度》七卷、《許亢宗奉使行程録》一卷。似是雜採諸書，排比而成。所稱義宗即哀宗。《金史》謂息州行省所上謚，而此則云金遺臣所上，與史頗不合。又懋昭既降宋，即當以宋爲内詞。乃書中分註宋年，又直書康王出質，及列北遷宗族於獻俘，殊爲失體。故錢曾《讀書敏求記》嘗稱爲無禮於君之甚者。然其可疑之處，尚不止此。詳悉檢勘，紕漏甚多。如《進書表》題端平元年正月十五日，而金亡即在是月十日，相距僅五日，豈遽能成書進獻。又紀録蔡州破事如是之詳，於情理頗不可信。又端平正當理宗時，而此書大書宋寧宗太子不得立，立其姪爲理宗，於濟邸廢立，略無忌諱。又生而稱謚，舛謬顯然。又懋昭以金人歸宋，乃於兩國俱直斥其號，而獨稱元兵爲大軍，又稱元爲大朝，轉似出自元人之辭，尤不可解。又《開國功臣傳》僅寥寥數語，而《文學翰苑傳》多至三十二人。驗其文，皆全録元好問《中州集》。

顧廣圻《思適齋書跋・卷二》　《大金國志》四十卷。葉石君鈔本。

右葉氏石君手鈔《大金國志》，不獨楮墨間饒有逸趣，即開卷《世系圖》一葉，他本盡脱，此特具存，已可寶矣。内如廿六卷「國中遂遣乙辣副樞正大七年」云云之間，他本錯入十九卷文三行在承安二年；卅八卷「散府八處」之興中府，他本譌爲興平府，雖余舊得常熟曹彬侯鈔本亦然，而此則不誤也。其卅六卷第二葉十行之下失去五百餘字科條尾敕宥屯田首，四十卷末後未竟，蓋是所據本如是，當悉依舊，無容添足也。是書余十年前見之養拙齋，即朱竹垞所謂齊女門顧氏者，擬歸之而未能。今屬蕘圃。遂得讀一過於士禮居，而識其佳如此。蕘圃其善藏之。嘉慶戊午九月顧廣圻記。

張之洞《書目答問・别史類》　《大金國志》四十卷。舊題金宇文懋昭。掃葉山房本。《古今逸史》、《説海》中《遼志》、《金志》，即此兩書摘本。

孫德謙《金史藝文略・雜史》　《大金國志》四十卷。宇文懋昭撰。錢曾《讀書敏求記》：「宇文懋昭于端平元年表上所輯《大金國志》。懋昭竊禄金朝，爲淮西歸正人，宋改授永事郎工部架閣。其所載《誓書》下直書差康王出質，且詳列北遷宗族等于獻俘，可謂無禮于其君者矣。敢于表上其書，而端平君臣竟漫置不省，何也？」案此書今有刊本，以錢氏「竊禄金朝」諸語，則其書固在金時作也，故目録家皆題爲金。

遼　志

錢謙益等《絳雲樓書目・編年類》　《遼志》六册。

金南遷録

錢謙益等《絳雲樓書目・編年類》　《金南遷録》一册。一卷。張師顔撰，金末人。

《四庫全書總目提要・雜史類存目一》　《南遷録》一卷。浙江范懋柱家天一閣藏本。

舊題金通直郎秘書省著作郎騎都尉張師顔撰。紀金愛王大辨叛據五國城，及元兵圍燕，貞祐遷都汴京之事。按《金史》，世宗太子允恭生章宗，而夔王允升最幼，今此書乃作長子允升，次允猷，次允植，允升、允猷以謀害允植被誅，而允植子得立爲章宗，世次俱不合。又稱章宗被弑，磁王允明立爲昭王，磁王又被弑，立濰王允文爲德宗，德宗殂，乃立淄王允德爲宣宗，與史較，多一代，尤不可信。至《金史》鄭王允蹈誅死絶後，不聞有愛王大辨其人，所稱天統、興慶等號，《金史》亦無此紀年，舛錯謬妄，不可勝舉。故趙與旹《賓退録》、陳振孫《書録解題》皆斷其僞。振孫又謂「或云華岳所作」，岳即宋殿前司軍官，嘗作《翠微南征録》者。今觀其書所言，亂金國者章宗、大辨，皆趙氏所自出。又謂「大辨初生，其母夢一人乘馬持刀，稱南紹興主遣來」云云。蓋必由於宋人雪憤之詞，而又假造事實以證佐之。故其牴牾不合如此，或果出岳手，未可知也。羅大經《鶴林玉露》以遺秦檜南還事，見此書所載張大鼎疏而證其可信，未免好異。然《金史》所載宣宗見浮碧池有狐相逐而行，遂決南遷之計，其事實本此書，不知元時修史者又何所見而採用之也。

錢大昕《補元史藝文志・雜史類》　張師顔《南遷録》一卷。金祕書省著作郎。

龔顯曾《金藝文志補録・雜史類》《金人南遷録》一卷。題張師顔撰。《直齋書録解題》謂其歲月牴牾不合。《十駕齋養新録》疑爲南宋好事者妄作。《四庫附存目》作《南遷録》。

燉煌新録

錢謙益等《絳雲樓書目・編年類》《燉煌新録》一册。一卷。序稱天成四年沙州傳舍集，而不著名氏，蓋當時奉使者。叙張義潮本末，及彼土風物甚詳。

迷樓記

錢謙益等《絳雲樓書目・雜史類》《迷樓記》、《開河記》共一册。文章極猥惡。

金鑒録

錢謙益等《絳雲樓書目・雜史類》《金鑒録》一册。

道命録

錢謙益等《絳雲樓書目・雜史類》《道命録》二册。

僞齊録

錢謙益等《絳雲樓書目・雜史類》《僞齊録》一册。二卷，亡名氏。

元朝秘史

楊士奇等《文淵閣書目・宇字號第六橱書目・史》《元朝祕史》。一部，五册。闕。

黄虞稷《千頃堂書目・國史類・補元》《元朝祕史》十二卷。《秘史》十卷，《續》二卷，共十二卷。前卷載沙漠之事，續卷紀滅金之事。蓋其國人所紀録也。其紀年稱鼠兒、羊兒，不以干支。

倪燦等《補遼金元藝文志・國史類》無名氏《元朝秘史》十二卷。其紀年稱鼠兒、羊兒等，不以干支。蓋其國人所録。

錢大昕《補元史藝文志・雜史類》《元祕史》十卷。

張金吾《愛日精廬藏書志・别史類》《元秘史》十五卷。鈔本。不著撰人名氏。《文淵閣書目》著録。文詞鄙俚，未經譯潤，故傳本絶稀。然《元史》叙次太祖、太宗兩朝事迹顛倒複沓，誠有如錢氏所云者，此書論次頗詳，且得其實實，可羽翼正史，是亦讀《元史》者所不廢也。

元太祖，刱業之主也，而史述其事迹最疏舛，惟《秘史》叙次頗得其實，而其文俚鄙，未經詞人譯潤，故知之者尠，良可惜也。元之先世譜系，史亦缺略，據《秘史》乃知太祖之大父葛不律始自稱「合罕」，史稱「葛不律寒」，寒當爲罕，方與它文一例。葛不律没，遺言以叔父之子俺巴孩代領其衆，是爲泰赤烏氏，即史所稱「咸補海罕」也。俺巴孩爲金人所殺，諸部又立葛不律之子忽都剌爲合罕，此皆《元史》所未詳也。

張之洞《書目答問・雜史第六》《元朝祕史》十五卷。闕名。連筠簃本。

阮元《四庫未收書目提要・雜史類》《元祕史》十五卷。《連筠簃叢書》本。

不著撰人名氏。其紀年以鼠兒、兔兒、羊兒等，不以支干，蓋即國人所録。明黄虞稷《千頃堂書目》著録十二卷。明《文淵閣書目》宇字號云：「《元祕史》一部，五册。又一部同。」又云：「《祕史續稿》一部。一册。又一部同。並闕佚之本。此依舊鈔影寫。」《國語旁譯》記元太祖、太宗兩朝事迹，最爲詳備。案明初宋濂等修撰《元史》，急于蕆事，載籍雖存，無暇稽求，如是編所載元初世系，孛端叉兒之前，尚有一十一世。《太祖本紀》述其先世，僅從孛端叉兒始，諸如此類，并足補正史之紕漏。雖詞語俚鄙，未經修飾，然有資考證，亦讀史者所不廢也。

顧廣圻《思適齋書跋・卷二史部》 《元朝祕史》十卷 續集二卷。景元鈔本。後少詹聞桐鄉金主事德輿有殘元槧本，分卷不同，屬彼記出，據以著録於《元史・藝文志》者是也。殘本主事嘗攜至吴門，余首見之，卒卒未得寫就，近不知歸何處，頗用爲憾。去年授徒廬州府，晉江張太守許見所收景元槧舊鈔本，通體完善。今年至揚州，遂慫恿古餘先生借來覆景此部，仍見命校勘，乃知異於錢少詹本者，不特分《元朝祕史》十卷、《續集》二卷一事也。即如首卷標題下分注二行，右忙豁侖紐察五字，左脱察安三字，必是所署撰書人名銜，而少詹本無之，當依此補正，其餘字句行段亦往往較勝，可稱佳本矣。校勘畢，記其顛末如此。若夫所以訂明修《元史》之疏略，少詹題跋洎考異中見其大概，引而伸之，唯善讀之君子，兹不及詳論云。嘉慶乙丑七月書於郡署六一堂。

元朝祕史續集

楊士奇等《文淵閣書目・宇字號第六橱書目・史》 《元朝祕史續集》。一部，一册。闕。

錢大昕《補元史藝文志・雜史類》 《續祕史》二卷。不著撰人。記太祖初起及太宗滅金事，皆《國語旁譯》，疑即脱必赤顏也。

西使録

錢謙益等《絳雲樓書目・編年類》 《西使録》。劉郁撰，元人。

征南録

楊士奇等《文淵閣書目・宙字號第二橱書目・史雜》 《征南録》。一部，一册。闕。

范邦甸等《天一閣書目・雜史類》 《征南録》一卷。鈔本。卷首有「方山」、「吴岫」二圖章，卷末有「姑蘇方山」圖章。元至正四年滕元發撰，張雯識。元發，初名甫，字元發，以避高魯王諱改字爲名，而字達道，東陽人，謚章敏。

錢謙益《絳雲樓書目・雜史類》 《征南録》一册。

完顏亮史記

楊士奇等《文淵閣書目・宙字號第二橱書目・史雜》 完顏亮《史記》。一部，一册。闕。

汝南遺事

楊士奇等《文淵閣書目・宙字號第二橱書目・史雜》 《汝南遺事》。一部，一册。闕。

《四庫全書總目提要・雜史類》 《汝南遺事》四卷。《永樂大典》本。元王鶚撰。鶚字伯翼，東明人。金正大元年登進士第一。哀宗時爲左右司員外郎。金亡降元，官至翰林學士承旨。事蹟具《元史》本傳。是編即隨哀宗在蔡州圍城所作，故以「汝南」命名。所記始天興二年六月，迄三年正月。隨日編載，有綱有目，共一百有七條，皆所身親目擊之事，故紀載最爲詳確。其稱哀宗爲義宗，則用息州行省所上謚也。《金史・哀宗本紀》及烏庫哩鎬，《金史》作「烏古論鎬」，今改正。完顏仲德、張天綱等傳，皆全采用之，足徵其言皆實録矣。鶚身事兩朝，不能抗西山之節。然本傳載其祭哀宗一事，猶有惓惓故主之心。其作是書，於喪亂流離，亦但有痛悼而無怨謗，較作《南燼録》者猶未減焉。自序云四卷，《元史》本傳作二卷，蓋傳刻之譌。今仍從自序所言，編爲四卷。

錢大昕《補元史藝文志・雜史類》 王鶚《汝南遺事》四卷。起天興二年六月訖三年正月。

張金吾《愛日精廬藏書志・雜史類》 《汝南遺事》四卷。文淵閣傳鈔本。

元王鶚撰。

張之洞《書目答問・史部・雜史第六》《汝南遺事》四卷。元王鶚。指海本。借月山房本。

龔顯曾《金藝文志補録・雜史類》《汝南遺事》。王鶚。《十駕齋養新録》云：「王鶚《汝南遺事》，雜史也。而倪《志》列于地理。」

歸潛志

楊士奇等《文淵閣書目・宙字號第二櫥書目・史雜》《歸潛志》。一部，一册。闕。

錢謙益等《絳雲樓書目・雜史類》劉祁《歸潛志》。十四卷。金末人，字京叔。

黄虞稷《千頃堂書目・别史類・補金》劉祁《歸潛志》十四卷。一本八卷。

倪燦等《補遼金元藝文志・雜史類》劉祁《歸潛志》十四卷。

錢曾《讀書敏求記・史》劉祁《歸潛志》十四卷。序文及首卷乃陸孟鳧先生手録。先生曩日視予爲忘年小友，居去予舍一牛鳴地。奇書轉假，未嘗三日不相見也。此爲先生所贈，金渾源劉祁京叔著。京叔以布衣遨遊士大夫間，文章驚暴一時，爲遺山諸公所推挹。築堂曰「歸潛」，因以名其書。所記多金源逸事，後之脩史者足徵焉。周雪客黄俞邰《徵刻書目》曰八卷，殆未見全書歟？

錢大昕《補元史藝文志・雜史類》劉祁《歸潛志》十四卷。

張之洞《書目答問・史部・雜史第六》《歸潛志》十四卷。元劉祁。聚珍本。福本。知不足齋本。

元聖武開天記

楊士奇等《文淵閣書目・宙字號第二櫥書目・史雜》《元聖武開天記》。一部，一册。闕。

黄虞稷《千頃堂書目・别史類・補元》《皇元太祖聖武開天記》一卷。

倪燦等《補遼金元藝文志・雜史類》《元太祖聖武開天記》一卷。失名。

錢大昕《補元史藝文志・雜史類》《聖武開天記》。中書平章政事察罕譯，脱必赤顔成書。

弔伐録

楊士奇等《文淵閣書目・宙字號第二櫥書目・史雜》《弔伐録》。一部，二册。闕。

錢謙益等《絳雲樓書目・雜史類》《弔伐録》一册。

黄虞稷《千頃堂書目・别史類・補金》《金人弔伐録》二卷。記金人伐宋往來文檄盟誓書。

倪燦等《補遼金元藝文志・雜史類》《金人弔伐録》二卷。記伐宋往來文檄盟誓書。

《四庫全書總目提要・雜史類》《大金弔伐録》四卷。《永樂大典》本。不著撰人名氏。其書紀金太祖、太宗用兵克宋之事，故以「弔伐」命名。蓋薈萃故府之案籍，編次成帙者也。金、宋自海上之盟已通聘問，以天輔六年以前舊牘不存，故僅於卷首一條，略存起事梗概。自天輔七年交割燕雲，及天會三年四月再舉伐宋，五年廢宋立楚，所有國書、誓詔、册表、文狀、指揮、牒檄之類，皆排比年月，具録原文，迄康王南渡而止，首尾最爲該貫。後復附以降封昏德公、重昏侯海濱詔書及所上各表，而終於劉豫建國之始末。所録與徐夢莘《三朝北盟會編》詳略互見，不識夢莘何以得之。考張端義《貴耳集》曰：「道君北狩，凡有小小吉凶，喪祭節序，金主必有賜賚，一賜必要一謝表，集成一帙，刊在榷場中博易。四五十年，士大夫皆有之，余曾見一本」云云。此書殆亦是類歟。然夢莘意存忌諱，未免多所刊削。獨此書全據舊文，不加增損，可以互校闕譌，補正史之所不逮，亦考古者所當參證也。《永樂大典》所載，未分篇目，不知原本凡幾卷。今詳加釐訂，析爲四卷，著於録。

錢大昕《補元史藝文志・雜史類》《大金弔伐録》四卷。

張之洞《書目答問・雜史類》《大金弔伐録》四卷。金闕名。守山閣本。金壺本。

龔顯曾《金藝文志補録・雜史類》《大金弔伐録》四卷。倪氏《補志》題《金人弔伐録》二卷。云：「記伐宋往來文檄盟誓書。」不知撰人。

孫德謙《金史藝文略・雜史》《大金弔伐録》四卷。無撰人。見《續文獻通考》。所記爲伐宋往來文檄盟誓書。嘗見《守山閣叢書》有刻本，《菉竹堂書目》作二册。

元平宋録

楊士奇等《文淵閣書目・宙字號第二櫥書目・史雜》《元平宋録》。一部，一册。闕。

錢謙益等《絳雲樓書目・編年類》伯顔《平宋録》。十卷。

黄虞稷《千頃堂書目・別史類・補元》劉敏中、伯顔《平宋録》二卷。一作十卷。

倪燦等《補遼金元藝文志・雜史類》劉敏中、伯顔《平宋録》二卷。

《四庫全書總目提要・雜史類》《平宋録》三卷。浙江鮑士恭家藏本。

舊題杭州路司獄燕山平慶安撰。一名《大元混一平宋實録》，又名《丙子平宋録》。前有大德甲辰鄧錡、方回、周明三序。紀至元十三年巴顔下臨安及宋幼主北遷之事，與史文無大異同。惟元世祖《封瀛國公詔》、巴顔《賀表》諸篇，及追贈河南路統軍鄭江事，爲史所未備，頗足以資參考。此書黄虞稷《千頃堂書目》以爲劉敏中作。今按周明序，稱平慶安請於行省，奏加巴顔封謚，建祠於武學故基，武成王廟之東。且鋟梓王行實行於世。後又有「大德八年甲戌月（案：大德元年爲甲辰，九月當建甲戌，此蓋當時習俗之文，不合古例。謹附識於此。）燕山平慶安開版印造《平宋録》」一行。俱不言新著此書。是此書實劉敏中所撰，慶安特梓刻以傳。後人以其書首不題敏中姓名，未加深考，遂舉而歸之慶安耳。今改題敏中名，從其實焉。敏中字端甫，章邱人。由中書掾歷官至翰林學士承旨，卒，追封齊國公。事蹟具《元史》本傳。

錢大昕《補元史藝文志・雜史類》《平宋録》十卷。至元十三年，劉敏中奉詔修。

錢大昕《補元史藝文志・雜史類》伯顔《平宋録》二卷。不知撰人，或云平慶安作。

辜君政績記

楊士奇等《文淵閣書目・宙字號第二櫥書目・史雜》《辜君政績記》。一部，一册。完全。

壬辰雜編

楊士奇等《文淵閣書目・宙字號第二櫥書目・史雜》《壬辰雜編》。六部，三册。闕。

黄虞稷《千頃堂書目・別史類・補金》元好問《壬辰雜編》。

倪燦等《補遼金元藝文志・雜史類》元好問《壬辰雜編》。

錢大昕《補元史藝文志・雜史類》元好問《壬辰雜編》。

龔顯曾《金藝文志補録・雜史類》《壬辰雜編》，元好問。

孫德謙《金史藝文略・雜史》《壬辰雜編》三卷。左司員外郎秀容元好問裕之撰。好問別字遺山，興定五年進士。金亡不仕。晚年尤以著作自任。以金有天下，典章法度，幾及漢唐，國亡史作，己所當任，構亭於家，著述其上，名曰野史。凡金源君臣遺言往行，采摭所聞，有所得，輒以寸紙細字爲記録，至百餘萬言。惟《金史藝傳》此書止言若干卷，今據葉盛《菉竹堂書目》著録。攷歐陽玄《圭齋集・送振先宗丈歸祖庭詩序》云：「近年奉詔修三史，一日于翰林故府攟金人遺書，得元遺山裕之手寫《壬辰雜編》一帙。」然則修《金史》者必取之是書矣。故本傳言纂修《金史》多本其所著。

東平王世家

楊士奇等《文淵閣書目・宙字號第二櫥書目・史雜》《東平王世家》。一部，一册。闕。

焚椒録

毛晉《汲古閣書跋》 《焚椒録》。讀《焚椒》者，輒酸鼻切齒爲蕭氏惜。予竊爲蕭氏幸。凡古來才貌女子，多不克令終，倘蕭氏不有乙辛、單登輩奸搆《十香》淫案詞，則《回心》、《懷古》諸篇，亦泯没無傳。而絶命二十餘言，又何自發詠耶。此不過終身受幸，而史臣筆之曰「懿德皇后」云爾。何以使後之騷人韻士，欽其德，美其才，悲其遇，嘖嘖不去口哉。人曰乙辛、單登，后之罪人，予曰乙辛、單登，后之功臣也。

錢謙益等《絳雲樓書目・編年類》 《焚椒録》一册。一卷。遼學士王鼎記懿德蕭后之變。

黄虞稷《千頃堂書目・別史類》 王鼎《焚椒録》一卷。

倪燦等《補遼金元藝文志・雜史類》 ［遼］王鼎《焚椒録》一卷。

王士禎《漁洋書跋》 《焚椒録》。《契丹國志・后妃傳・道宗蕭皇后》本傳云：「性恬寡欲。魯王宗元之亂，道宗同獵，未知音耗。后勒兵鎮帖中外，甚有聲稱。崩葬祖州。」云云而已。《焚椒録》所紀耶律乙辛、張孝傑輩譖搆賜死之事，《紀》無一字及之。《志》言勒兵，似嫻武略者，而《録》言幼能誦詩，旁及經、子，《録》中所載《射虎》、《應制》諸詩及《迴心院詞》皆極工，而無一語及武事。且《本紀》道宗在位四十七年，改元者三：清寧、咸雍、壽昌，初無太康之號。而《録》載乙辛密奏，太康元年十月據宫婢單登及教坊朱頂鶴陳首云云。已上皆牴牾不合，不可解也。按《遼史・宣懿皇后傳》雖略，而與《焚椒録》所紀同，蓋《契丹志》之疏耳。《志》惟載天祚文妃善歌詩，其詠史云：「丞相朝來劍佩鳴，千官側目寂無聲。」云云。按史亦載此詩，是騷體，非律也。

《四庫全書總目提要・雜史類存目一》 《焚椒録》一卷。内府藏本。遼王鼎撰。鼎字虚中，涿州人。清寧五年進士，官至觀書殿學士，事蹟具《遼史・文學傳》。是書紀道宗懿德皇后蕭氏爲宫婢單登搆陷事。前有大安五年自序，稱待罪可敦城，蓋謫居鎮州時也。王士禎《居易録》曰：「《契丹國志・后妃傳・道宗蕭皇后》本傳云：『性恬寡欲。魯王宗元之亂，道宗同獵，未知音耗。后勒兵鎮帖中外，甚有聲稱，崩葬祖州。』云云而已。《焚椒録》所紀，絶無一字及之。又《録》稱后爲南院樞密使惠之少女，而《志》云贈同平章事顯烈之女。《志》云勒兵，似嫻武略，而《録》言幼能誦詩，旁及經、子，所載《射虎》、《應制》諸詩，及《回心院詞》，皆極工，而無一語及武事。且《本紀》道宗在位四十七年，改元者三：清寧、咸雍、壽昌，初無太康之號。而耶律乙辛密奏，太康元年十月云云，皆牴牾不合。按《遼史・宣懿皇后傳》雖略，而與《焚椒録》所紀同，蓋《契丹志》之疏耳。」今考葉隆禮《契丹國志》，皆雜採宋人史傳而作。故蘇天爵《三史質疑》譏其未見國史，傳聞失實。又沈括《夢溪筆談》，稱「遼人書禁甚嚴，傳至中國者，法皆死」。是書事涉宫闈，在當日益不敢宣布，宋人自無由而知。士禎以史證隆禮之疏，誠爲確論。或執《契丹國志》以疑此書，則誤矣。

黄任恒《補遼史藝文志・雜史類》 王鼎《焚椒録》一卷。姚士粦《書焚椒録後》曰：「鼎作此録，在謫居鎮州時，時乙辛已囚萊州，孝傑亦死，故敢實録其事。但天祚時鼎尚在，趙國公主匡救，天祚竟誅乙辛、孝傑，剖棺戮屍事，並不補録，一快觀者，亦一不了公案。」原書卷末。

周中孚《鄭堂讀書記》十九曰：「虚中謂懿德后所以取禍者有三：曰好音樂與能詩，善書。論雖正而卻非是，蓋君子論人當於有過中求無過，不當於無過中求有過，況婦女不可好音樂能詩善書，此爲臣庶説法則可耳，非所以論帝王之家也。使虚中取乙辛伏誅，及孝傑剖棺戮屍，以家屬分賜羣臣事結之，豈不彰國典而快人心乎！惜乎其見不及此。書後附《國語解》即從《遼史》采入也。」

張金鏞書後自記曰：「此書仿王元美僞撰《雜事秘辛》，又祖世所傳《飛燕外傳》，語又穢褻，實不足據。」

遼志

錢謙益等《絳雲樓書目・編年類》 《遼志》、《金志》共一册。各一卷。《遼志》，元葉隆禮撰。《金志》，元宇文懋昭撰。按此恐另是《遼金志》。

大遼事蹟

黄虞稷《千頃堂書目·别史類·補遼》　《大遼事蹟》。金時高麗所進。

倪燦等《補遼金元藝文志·雜史類》　《大遼事迹》。金時高麗所進。不知撰人。

《大遼事蹟》，金時高麗所進。

《大遼事蹟》。金時高麗所進。

王仁俊《遼史藝文志補證·雜史類》　《大遼事跡》。倪、錢、繆有。按金時高麗所進《曆象志》下曰：「高麗所進《事跡》，載諸王册文，頗見月朔，因附入《兵衛志》下」。引《大遼事跡》載東境戍兵，以備高麗、女直等國，見其守國規模，布置簡要，舉一可知三反矣。是此書之作爲文章典制而設，與《先朝事跡》、《契丹事跡》，碻非一書。

《大遼事跡》《兵衛志》下曰：得高麗《大遼事跡》載東境戍兵，以備高麗、女真等國，見其守國規模，布置簡要。

《曆象志》下曰：高麗所進《大遼事跡》，載諸王册文，頗見月朔。

黄虞稷《千頃堂書目》五曰：《大遼事跡》，金時高麗所進。任恒案：高麗進書，雖在金時，而稱遼曰大，必撰在遼時，故採録之。

孫德謙《金史藝文略·雜史》　《大遼事蹟》。無撰人。案此與《古今録》二書，《補元史藝文志》云：「皆金時高麗所進。」

大定治績

黄虞稷《千頃堂書目·别史類·補金》　《大定治績》二卷。元王磐、徐世隆至正二年進呈，凡一百八十餘事。

倪燦等《補遼金元藝文志·雜史類》　《大定治績》二卷。王元磐、徐世隆至元年二年進呈。凡一百八十餘事。

北風揚沙録

黄虞稷《千頃堂書目·别史類·補金》　《北風揚沙録》一卷。記金國始末。

倪燦等《補遼金元藝文志·雜史類》　《北風揚沙録》一卷。記金國始末。不知撰人。

錢大昕《補元史藝文志·古史類》　《北風揚沙録》。記金國始末。

龔顯曾《金藝文志補録·雜史類》　《北風揚沙録》一卷。記金國始末。不知撰人。

孫德謙《金史藝文略·雜史》　《北風揚沙録》。無撰人。《補遼金元藝文志》云：「記金國始末。」案此書世無傳本，嘗見《遼史拾遺》載其文，未知是全書與否。顧其末言：「本朝建隆二年，始遣使來貢方物，名馬貂皮。」攷建隆爲宋太祖年號，而又稱爲本朝，則似係宋人作。然《補遼金元藝文志》則附金末，今從之。

天興墨淚

黄虞稷《千頃堂書目·别史類·補金》　《天興墨淚》。記金亡事。不知何人作。

倪燦等《補遼金元藝文志·雜史類》　《天興墨淚》。記金亡事。不知撰人。

錢大昕《補元史藝文志·古史類》　《天興墨淚》。記金亡事，不著撰人。

龔顯曾《金史藝文志補録·雜史類》　《天興墨淚》。記金亡事。不知撰人。

孫德謙《金史藝文略·雜史》　《天興墨淚》。無撰人。見《補遼金元藝文志》，謂「記金亡事」。《補元史藝文志》入元代。案此名爲「墨淚」，當是金末遺民，有感于天興之亡也。

天興近鑒

黄虞稷《千頃堂書目·别史類·補金》　《天興近鑒》三卷。元楊奂編。

倪燦等《補遼金元藝文志・雜史類》 楊奂《天興近鑒》三卷。

錢大昕《補元史藝文志・雜史類》 楊奂《天興近鑑》三卷。

宋季逸事

黃虞稷《千頃堂書目・別史類・補元》 張樞《宋季逸事》。

倪燦等《補遼金元藝文志・雜史類》 張樞《宋季逸事》。

錢大昕《補元史藝文志・雜史類》 張樞《宋季逸事》。

宋三朝摘要

黃虞稷《千頃堂書目・別史類・補元》 秦玉《宋三朝摘要》。

倪燦等《補遼金元藝文志・雜史類》 秦玉《宋三朝摘要》。

錢大昕《補元史藝文志・雜史類》 秦玉《宋三朝摘要》。

墨記

黃虞稷《千頃堂書目・別史類・補元》 張雯《墨記》。記宋末遺文逸事，可補野史之缺者。

倪燦等《補遼金元藝文志・雜史類》 張雯《墨記》。記宋末遺文逸事，可補野史之缺者。

晉書

黃虞稷《千頃堂書目・別史類・補元》 張延東《晉書》二卷。藁城人。真定路教授。

倪燦等《補遼金元藝文志・雜史類》 張延東《晉書》二卷。藁城人。真定路教授。

錢大昕《補元史藝文志・古史類》 張延東《晉書》二卷。槀城人。真定路教授。

晉史乘

黃虞稷《千頃堂書目・別史類・補元》 吾衍《晉史乘》一卷。

倪燦等《補遼金元藝文志・雜史類》 吾衍《晉史乘》一卷。

楚史檮杌

黃虞稷《千頃堂書目・別史類・補元》 吾衍《楚史檮杌》一卷。

倪燦等《補遼金元藝文志・雜史類》 吾衍《楚史檮杌》一卷。

稗史

黃虞稷《千頃堂書目・別史類・補元》 仇遠《稗史》一卷。

稗史集傳

黃虞稷《千頃堂書目・別史類・補元》 徐顯《稗史集傳》一卷。

倪燦等《補遼金元藝文志・雜史類》 徐顯《稗史集傳》一卷。

草莽私乘

黄虞稷《千頃堂書目·别史類·補元》 陶九成《草莽私乘》。

倪燦等《補遼金元藝文志·雜史類》 陶九成《草莽私乘》。

錢大昕《補元史藝文志·雜史類》 陶宗儀《草莽私乘》。

平江紀事

黄虞稷《千頃堂書目·别史類·補元》 高德基《平江紀事》一卷。常爲建德路總管。不知何處人。

倪燦等《補遼金元藝文志·雜史類》 高德基《平江紀事》一卷。嘗爲建德路總管。不知何處人。

親征録

黄虞稷《千頃堂書目·别史類·補元》 《親征録》一卷。記世祖征伐事。不知撰人。

倪燦等《補遼金元藝文志·雜史類》 《親征録》一卷。記世祖征伐事。失名。

至正遺編

黄虞稷《千頃堂書目·别史類·補元》 史□□《至正遺編》四卷。溧陽人。

倪燦等《補遼金元藝文志·雜史類》 史失名《至正遺編》四卷。溧陽州人。

錢大昕《補元史藝文志·雜史類》 史□《至正遺編》四卷。

太平經國

倪燦等《補遼金元藝文志·國史類》 歐陽玄等脩《太平經國》二百十二卷。

續後漢書

《四庫全書總目提要·别史類》 《續後漢書》九十卷。《永樂大典》本。元郝經撰。經字伯常，陵川人。官至翰林侍讀學士，贈昭文館大學士、榮禄大夫，追封冀國公，謚文忠。事迹具《元史》本傳。經以中統元年使宋，爲賈似道所拘，留居儀真者十六年。於使館著書七種，此即七種之一也。時蕭常《續後漢書》尚未行於北方，故經未見其本，特著此書，正陳壽帝魏之謬。即《三國志》舊文重爲改編，而以裴註之異同，《通鑑》之去取，參校刊定。原本九十卷，中間各分子卷，實一百三十卷。升昭烈爲本紀，黜吴、魏爲列傳。其諸臣則以漢、魏、吴别之。又别爲儒學、文藝、行人、義士、高士、死國、死虐、技術、狂士、叛臣、簒臣，取漢平吴、列女、四夷諸傳，復以壽書無志，作八録以補其闕。各冠以序，而終以議贊。别有義例，以申明大旨。持論頗爲不苟，而亦不能無所出入。如士燮、太史慈皆委質吴廷，而入之漢臣。李密初仕漢，終仕晉，《晉書》以《陳情》一表列之孝友，而入之高士。則於名實爲乖。又黄憲卒於漢安之世，葛洪顯於晉元之朝，而皆入此書。則時代竝爽。其他漢、晉諸臣以行事間涉三國而收入列傳者不一而足。又八録之中，往往雜採《史記》、前後《漢書》、《晉書》之文。紀載冗沓，亦皆失於限斷。揆諸義例，均屬未安。然經敦尚氣節，學有本原，故所論説，多有裨於世教。且經以行人被執，困苦艱辛，不肯少屈其志。故於氣節之士，低徊往復，致意尤深。讀其書者，可以想見其爲人。又非蕭常、謝陛諸家徒推衍紫陽緒論者比也。是書與經所撰《陵川集》，皆延祐戊午官爲刊行。然明以來絶少傳本，惟《永樂大典》所載尚多。核以原目，惟《年表》一卷、《刑法録》一卷，全佚不傳。其全篇完好者猶十之六七。其序文議贊，存者亦十之八九。今各據原目，編輯校正。所分子卷，悉仍其舊。間有殘闕，其文皆已具於陳《志》，均不復採補，以省繁複。又經所見乃陳《志》舊本，其中字句，與今本往往異同。謹各加案語標明，以資考證。書中原註，乃書狀官河陽苟宗道所作。經集載壽正甫詩，有「新書總付徐無黨，半臂誰添宋子京」句。正甫即宗道之字，《元史》所謂「經留宋久，書佐皆通於學」，苟宗道後至國子祭酒者是也。宗道序中有「繾綣患難十有三年」之語。考經以庚申使宋，則是序當作於壬申歲，而書中不書至元九年。蓋時南北隔絶，尚不知中統之改爲至元也。其註於去取義例，頗有發明，而列傳中或有全篇無註者，殆傳寫有所佚脱歟。

十八史略

《四庫全書總目提要・别史類存目》《十八史略》二卷。浙江巡撫採進本。元曾先之撰。先之字從野，廬陵人。自稱曰「前進士」，而《西江通志・選舉》中不載其名。蓋前明之制，會試中式稱進士，鄉試中式者稱舉人，皆得銓注授官。自唐、宋至元，則貢於鄉者皆稱進士。試禮部中選，始謂之登第。不中選者，次舉仍由本貫取解。南宋之季，始以三舉不中選者一體徑試於禮部，謂之免解進士。先之所謂進士，蓋鄉舉而試不入選者，故志乘無名也。然李肇《國史補》稱唐時進士登第者，遇舊題名處增「前」字。今先之自稱「前進士」，則又相沿失考矣。其書鈔節史文，簡略殊甚。卷前冠以《歌括》，尤爲弇陋。蓋鄉塾課蒙之本，視同時胡一桂《古今通略》，遜之遠矣。

戰國策校注

《四庫全書總目提要・雜史類》《戰國策校注》十卷。兵部侍郎紀昀家藏本。元吴師道撰。師道字正傳，蘭谿人。至治元年進士。仕至國子博士，致仕。後授禮部郎中。事蹟具《元史・儒學傳》。師道以鮑彪注《戰國策》，雖云糾高誘之譌漏，然仍多未善。乃取姚宏續注與彪注參校，而雜引諸書考正之。其篇第注文，一仍鮑氏之舊。每條之下，凡增其所闕者，謂之補。凡糾其所失者，謂之正。各以補曰、正曰别之。復取劉向、曾鞏所校三十三篇四百八十六首舊第爲彪所改竄者，别存於首。蓋既用彪注爲槀本，如更其次第則端緒益棼，節目皆不相應。如泯其變亂之迹，置之不論，又恐古本遂亡，故附録原次以存其舊。孔穎達《禮記正義》每篇之下，附著别録第幾。林億等新校《素問》，亦每篇之下，附著全元起本第幾，即其例也。前有師道自序，撮舉彪注之大紕繆者凡十九條，議論皆極精審。其他隨文駁正，亦具有條理。古來注是書者，固當以師道爲最善矣。舊有曲阜孔氏刊本，頗未是正。此本猶元時舊刻，較孔本多爲可據云。

彭元瑞等《天禄琳琅書目後編・元版史部》《戰國策》二函八册。鮑彪注，吴師道校。篇目見前《宋版史部》。卷四、卷五、卷六末俱刻「至正乙巳前藍山書院山長劉鏞校勘」。卷八、卷十俱刻「平江路儒學正徐昭文校勘」。長洲文氏藏本書中墨蹟三處：凡例後楷書「萬曆戊子七月望日手裝於願賢堂定之筆」，鈐印一「定之」；卷五後八分書「戊子八月一閱於心遠閣」，鈐印二「文從鼎」、「定之」；卷十後八分書「戊子十月惜陰齋漫閱」，鈐印一「文從鼎」，又楷書「庚戌三月十八日悟言室閱過」。從鼎，字定之，萬曆甲午舉人，徵明曾孫嘉之孫也。

彭元瑞等《天禄琳琅書目後編・元版史部》《戰國策》四函二十四册。鮑彪注，吴師道校。篇目見前《宋版史部》。

錢大昕《補元史藝文志・古史類》吴師道《戰國策校注》十卷。

張金吾《愛日精廬藏書續志・雜史類》《戰國策》十卷。元至正刊本，陸敕先藏書。宋縉雲鮑彪校注。元東陽吴師道重校。四五卷末有「至正乙巳前藍山書院山長劉鏞重校勘」一條。蓋至正二十五年刊本也。卷首牒文銜名及劉氏、曾氏序抄補。末頁有陸敕先題識云：「乙未三月借顧僧虔本録全」。

皇帝聖旨裏江南浙西道肅政廉訪司平江路守鎮分司准司官僉事伯顔帖木兒嘉議牒嘗謂：「著書立言乃儒者之能事，闡幽顯善實風憲之良規；事有干於斯文，述宜永於來世。切覩《戰國策》乃先秦故書，羣經之亞，記事之首，辭極高古，字多舛訛。在漢則劉向校定，高誘爲註，已病其錯亂相糅；宋則曾鞏、鮑彪再校重注，用意益勤。爲説各異，讀者病焉。故禮部郎中吴君師道憫是書之靡定，懼絶學之無間，參考諸書，折衷衆設，存其是而正其非，闕其疑而補其略，使當時之事蹟文義顯然明白如指諸掌，其有益於來學也，功亦大矣。然而簡帙既繁，抄録莫便，匪鋟諸梓，曷傳於時。煩爲移牒平江路，於本路儒學贍學錢糧內，命工刊行，以廣其傳。爲此牒，請照驗施行，准此。憲司今將校注《戰國策》隨此發去，合行故牒可照驗，委自本路儒學教授徐震、學正徐昭文、學録鄭經，不妨學務提調校勘，命工刊鋟，合用工價通行除破。開牒稽考先具，不致違悮。依准牒來，須至牒者。

牒件今牒平江路總管府照驗故牒。

至正十五年六月二十一日牒。

劉向序。

鮑彪序。

吴師道序。泰定二年。

陳祖仁序。至正十五年。

李文叔書後。

王覺題後。

孫元忠書後。

姚宏序。紹興丙寅。

吴師道、姚宏國策注序。至順四年。

姚寛序。

耿延禧序。紹興四年。

吴壽暘《拜經樓藏書題跋記》　《戰國策》。右三十卷。鮑彪注，元吴師道本。刻於至正十五年，每葉二十行，行二十一字，即吴門黄氏新刻剡川姚氏高注本所稱「至正乙巳吴氏本」者是也。首列劉序，乃自「孔子曰」以上誤冠鮑彪序四百餘字於前，而鮑序「故興亡亦有補於世」句及作序年月誤綴於劉序後。姚氏本不誤。卷二「秦假道於周以伐韓」下别爲一章，姚氏本合前爲一。餘並詳蕘圃先生札記中。

錢塘遺事

《四庫全書總目提要·雜史類》　《錢塘遺事》十卷。浙江汪啟淑家藏本。元劉一清撰。一清，臨安人。始末無可考。其書雖以錢塘爲名，而實紀南宋一代之事。高、孝、光、寧四朝，所載頗略。理、度以後，叙録最詳。大抵雜采宋人説部而成，故頗與《鶴林玉露》、《齊東野語》、《古杭雜記》諸書互相出入。雖時有詳略同異，亦往往録其原文。如一卷「十里荷花」一條、二卷「辛幼安詞」一條、「韓平原」一條、「大字成犬」一條，皆采自《鶴林玉露》。既不著其書名，其中所載「余謂」、「愚聞」及「余亦作一篇」云云，皆因羅大經之自稱，不加刊削。遂使相隔七八十年，語如目睹，殊類於不去葛龔。又書中稱「北兵」、稱「北朝憲宗皇帝」，稱帝㬎曰「嗣君」，稱謝后曰「太皇太后」，似屬宋人之詞。而復稱元曰「大元」，稱元兵曰「大兵」，曰「大元國兵」，稱元世宗曰「皇帝」，乃全作元人之語。蓋雜采舊文，合爲一帙，故内外之詞，不能畫一，亦皆失於改正。然於宋末軍國大政以及賢姦進退，條分縷析，多有正史所不及者。蓋革代之際，目擊僨敗，較傳聞者爲悉。故書中大旨，刺賈似道居多。第九卷全録嚴光大所紀德祐丙子祈請使行程，第十卷全載南宋科目條格故事，而是書終焉。殆以宋之養士如此周詳，而諸臣自祈請以外，一籌莫効，寓刺士大夫歟。孔齊《至正直記》所列元朝典文可爲史館之用者，一清是書居其一。世無刊本，傳寫頗稀。陶宗儀《説郛》僅載數條，此乃舊鈔足本。前後無序跋，惟卷端題識數行：「惜高宗不都建康而都於杭，士大夫湖山歌舞，視天下事於度外，卒至納土賣國。」不署名氏，詳其詞意，殆亦宋之遺民也。

錢大昕《補元史藝文志·雜史類》　劉一清《錢塘遺事》十卷。記南宋事。

吴壽暘《拜經樓藏書題跋記》　《錢塘遺事》。右鈔本，十卷。吴門家枚菴先生手校，先君子跋云：「《錢塘遺事》十卷。昨歲從溆水吴子應和借得，倩族姪禹敷傳録。今年春，偶攜姑胥以示宗人伊仲，伊仲適有藏本，因爲余校正，凡硃筆皆是也。此書展轉不出吴氏，亦奇。伊仲，名翌鳳，博學彊記，遇異書輒手自鈔校，蓋今日之方山也。乾隆丁未重陽後四日誌。」簡莊徵君又從文淵閣本校補數處，跋云：「有宋遺民臨安劉一清譔《錢唐遺事》十卷，世無刻本，陶南邨《説郛》載之，僅得數條。今夏寓吴門，購得是書，蓋從文淵閣鈔出，猶是足本。但書經三寫，誤脱甚多。既歸，訪兔牀明經于小桐溪，明經出舊鈔本見示，曾經吴中吴伊仲手校者，頗爲精詳。遂借至津逮舫中，互相勘正，并録明經跋語。時方秋半，爽氣迎人，適偕明經遊杭，連舫共泊，對酌論文，連日登山臨水，閲市訪舊，殊多樂事。一夕徐步玩月，坐橫河橋，共讀《錢唐遺事》，娓娓忘倦。明經復誦岳倦翁《玉楮集》詩數首，不禁感慨係之。歸途校畢，備載于此。嘉慶十年秋八月既望陳鱣記。」

廣王衛王本末

《四庫全書總目提要·雜史類存目一》　《廣王衛王本末》一卷。浙江汪啟淑家藏本。宋陳仲微撰。仲微字致廣，高安人。嘉泰二年舉進士，調莆田尉，咸淳中爲兵部侍郎。丙子宋亡，從二王入廣，目擊時事，逐日鈔録。厓山敗，仲微遁入安南而殁，事蹟具《宋史》本傳。其後安南國使攜此書入覲，因傳於世。文多簡略，不甚賅備，其書載入《宋季三朝政要》中，後人鈔出別行，而卷末跋語猶《政要》原文，則其失於刊削也。

錢大昕《補元史藝文志・雜史類》 陳仲微《廣益二王本末》一卷。宋兵部侍郎，國亡避地，卒於安南。

皇元聖武親征録

《四庫全書總目提要・雜史類存目一》 《皇元聖武親征録》一卷。兩淮鹽政採進本。不著撰人名氏。首載元太祖初起及太宗時事。自金章宗泰和三年壬戌始紀甲子，迄於辛丑，凡四十年。史載元世祖中統四年，參知政事、修國史王鶚請延訪太祖事蹟，付史館。此卷疑即當時人所撰上者。其書序述無法，詞頗蹇拙。又譯語譌異，往往失真，遂有不可盡解者。然以《元史》較之，所紀元初諸事實，大概本此書也。史言太祖滅國四十，而其名不具，是書亦不能悉載。知太祖時事，世祖時已不能詳，非盡宋濂、王禕之挂漏矣。

平猺記

《四庫全書總目提要・雜史類存目一》 《平猺記》一卷。浙江吴玉墀家藏本。元虞集撰。集字伯生，號道園，崇仁人。仕至翰林直學士，兼國子祭酒。事蹟具《元史》本傳。元統二年冬，猺寇賀州、富州。至元元年，廣西宣尉使章巴顔案：巴顔原本作伯顔，今改正。討平之，集爲記其始末。後有舊跋云：「此紀章巴顔平粤西猺洞事蹟，備國史之採也。」而同事出師之人，不記其姓名。及上功於朝之諸臣名以某某概之，失史家法矣。今核其文體，乃勒石紀功之作，非勒爲一書上之於史館者。故所存之藁皆闕其名姓以待填。猶之唐宋文集，書首稱年月日某再拜，墓志之末稱某年月日葬公於某原例耳。遽以有乖史法詆之，非也。

東周四王譜

錢大昕《補元史藝文志・古史類》 王逦《東周四王譜》。

兩漢通紀

錢大昕《補元史藝文志・古史類》 吕思誠《兩漢通紀》。

續漢春秋

錢大昕《補元史藝文志・古史類》 王希聖《續漢春秋》。

遼遥輦可汗至重熙以來事迹

錢大昕《補元史藝文志・雜史類》 《遼遥輦可汗至重熙以來事迹》二十卷。蕭韓家奴耶律庶成撰。

黄任恒《補遼史藝文志・雜史類》 《遥輦可汗至重熙以來事跡》二十卷。《興宗紀》二曰：「重熙十三年六月詔：前南院大王耶律谷欲、翰林都林牙耶律庶成等，編集國朝上世以來事跡。」《文學傳》曰：「詔蕭韓家奴與耶律庶成録《遥輦可汗至重熙以來事跡》，集爲二十卷，進之。」

又曰：「耶律谷欲奉詔舉耶律庶成、蕭韓家奴編遼國上世事跡及諸帝實録，未成而卒。」

大遼古今録

錢大昕《補元史藝文志・雜史類》《大遼古今録》。金時高麗所進。

龔顯曾《金藝文志補録・雜史類》《大遼古今録》。金時高麗所進。

王仁俊《遼史藝文志補證・雜史類》《大遼古今録》。錢、繆有。按金時高麗所進。《曆象志》上:「高麗所志《大遼古今録》,稱統和十二年始頒正朔。」

黄任恒《補遼史藝文志・雜史類》《大遼古今録》。《曆象志》上曰:「高麗所志《大遼古今録》,稱統和十二年始頒正朔,改曆驗矣。」

孫德謙《金史藝文略・雜史》《大遼古今録》。無撰人。

金哀宗紀

錢大昕《補元史藝文志・雜史類》贍思《金哀宗紀》。

正大諸臣列傳

錢大昕《補元史藝文志・雜史類》贍思《正大諸臣列傳》。

桑海遺録

錢大昕《補元史藝文志・雜史類》吴萊《桑海遺録》。

繼潛録

錢大昕《補元史藝文志・雜史類》張雯《繼潛録》。字子昭,吴人。記宋末遺事。

宋史略

錢大昕《補元史藝文志・雜史類》周才《宋史略》十六卷。字仲美,浦城人。

宋史稿

錢大昕《補元史藝文志・雜史類》危素《宋史稿》五十卷。

太宗平金始末

錢大昕《補元史藝文志・雜史類》《太宗平金始末》。

和林廣記

錢大昕《補元史藝文志・雜史類》《和林廣記》。《至正直記》所載有《和林志》。

平金録

錢大昕《補元史藝文志・雜史類》《平金録》。至元十三年詔修。

諸國臣服傳

錢大昕《補元史藝文志・雜史類》《諸國臣服傳》。至元十三年詔修。

皇元征緬録

阮元《四庫未收書提要・卷二史部》 《皇元征緬録》一卷。傳望樓金帚編本。《守山閣叢書》本。不著撰人名氏。卷首撮舉大綱，有「臣作政典」云云。蓋即撰元聖（原本闕「聖」字，據《元聖政典章》補。）政典章者。政典中稱英宗爲今上皇帝，是編似亦成于至治之初。體例謹嚴，非若政典之漫無端緒，不足以資考證。所載征緬事，多與《元史・緬國傳》相同。自大德二年以下，更足補正史所未備，蓋明時修史，即用此爲藍本。録而存之，以備參考焉。

招捕總録

阮元《四庫未收書提要・卷二史部》 《招捕總録》一卷。《守山閣叢書》本。不著撰人名氏。是編藏書家未著録，蓋佚已久矣。此從舊鈔依樣影寫。所記元代招捕事宜，起于世祖至元，迄于英宗至治。案卷末云：「招捕不止此，是惟取其人名地名，及事與序相干者，入注中，分二十九種。其事多不見於正史，而實有關於正史。雖篇帙無多，而叙述典核，彌足爲信。是亦罕覯之祕笈矣。」

思陵録

黄丕烈《蕘圃藏書題識・卷二・史類一》 《思陵録》二卷。舊鈔本。校《周益公全集》及此種，因憶藏書有鈔本，無「周某集卷第」幾字樣，或出于專本。遂取此本讎於所校本上，用朱筆，故此本間有朱筆抹者，皆因彼以知此之誤也。用「乀」者，據彼所有以知此所脱也。不盡據彼校此者，留此本面目爾。壬申四月朔復翁識。

黑韃事略

黄丕烈《蕘圃藏書題識續録・卷一・史類》 《黑韃事略》一卷，《籌邊一得》一卷，《渤泥入貢記》一卷，《渤泥表文附慧山記》一卷。舊鈔本。

郡城閶門外上津橋有骨董鋪，目不識書者也。其附近有故家，書散出多歸之，惜無舊刻名鈔，惟此尚是姚舜咨藏本。書共四種，《黑韃事略》、《籌邊一得》乃其手跡，有跋語可證。余舊藏其鈔本甚多，此可竝儲矣。戊辰閏五月復翁。

金國南遷録

黄丕烈《蕘圃藏書題識再續録・卷一》 《金國南遷録》一卷。校鈔本。右葉石君校藏本，海寧陳仲魚藉以示余。余昨歲購一本，與此正同，前題後跋， 如是，謂勝于顧肇聲家鈔本。今得葉本，思一勘之，不知歲除收拾置於何所。因山顧本，手校如右，通注黄筆者，皆葉石君手跡也。葉跋無。所考證本子處，文繁未及録。惟據趙與旹《賓退録》，以爲其僞有三，當可信。余蓄書必講本子，此與顧本異，故校之。他日重尋得昨歲所得本對之，未知尚有異同否。辛未三月十九日燈下校畢識。復翁。

玉堂嘉話

張之洞《書目答問・雜史第六》 《玉堂嘉話》八卷。元王惲。守山閣本。金壺本。

金國志

龔顯曾《金藝文志補録・雜史類》 《金國志》二卷。張棣。《世善堂書目》作《金源記》。

金國志

龔顯曾《金藝文志補録・雜史類》《金國志》一卷。無名氏。

金圖經

龔顯曾《金藝文志補録・雜史類》《金圖經》一卷。無名氏。《四庫附存目》云：「一名《金國志》。」

金國節要

龔顯曾《金藝文志補録・雜史類》《金國節要》三卷。張匯。《世善堂書目》作《金人節要圖》。

蒙古備録

龔顯曾《金藝文志補録・雜史類》《蒙古備録》二卷。無名氏。

征蒙記

龔顯曾《金藝文志補録・雜史類》《征蒙記》一卷。李大諒。《世善堂》作《征蒙古記》。

孫德謙《金史藝文略・雜史》《征蒙記》一卷。明威將軍、登州刺史李大諒撰。陳振孫《直齋書録解題》：「建炎鉅寇之子，隨其父成降金者也。所記家人跳梁，自其全盛時已不能制矣。」《世善堂書目》作《征蒙古記》。

野　史

龔顯曾《金藝文志補録・雜史類》《野史》。元好問。金氏《補志》題《金源野史》。

孫德謙《金史藝文略・雜史》《金源野史》。元好問撰。案本傳所謂：「構亭于家，著述其上，因名曰『野史』。」蓋言亭以野史爲名耳。《補三史藝文志》列此目，今據以著録，而附辨之。

北遷録

龔顯曾《金藝文志補録・雜史類》《北遷録》。王寂。

孫德謙《金史藝文略・雜史》《北遷録》。中都路轉運使玉田王寂元老撰。寂，《金史》無傳。《中州集》：「元老，天德三年進士，興陵朝以文章政事顯，終于中都路轉運使。壽六十六，謚文肅。有《拙軒集》、《北遷録》傳於世。」

煬王江上録

龔顯曾《金藝文志補録・雜史類》《煬王江上録》一卷。見《四庫附存目》。云：「觀其煬王之稱，當爲金人所撰。」

孫德謙《金史藝文略・雜史》《煬王江上録》一卷。無撰人。《續文獻通攷》云：「是書所載皆金事，蓋金人所撰也。」余見湯運泰《金源紀事詩》引《江上録》云：「岐王亮弑主自立，改元天德。內使梁漢臣本宋內侍，進曰：『燕京自古霸國，虎視中原，爲萬世之基。陛下宜修燕京。』時復巡幸，遂納其言，差漢臣充修燕京大內正使，孔彥舟爲副使。自天德四年起，至貞元元年畢工，以燕京爲中都，擇日遷燕山府。」今以其書傳世絶稀，爰録此節，以存其槩云。

先朝事跡

王仁俊《遼史藝文志補證・雜史類》　《先朝事跡》二十卷。耶律庶成、蕭韓家奴同撰。倪、錢、金、繆有。按見黄目。《興宗紀》：「重熙十三年六月，詔耶律古雲、耶律庶成等編輯國朝上世以來事蹟。」《蕭韓家奴傳》：「詔與耶律庶成録約尼汗至重熙以來事跡爲二十卷進之。」據此，是同撰者尚有耶律古雲也。太宗會同元年，詔有司編始祖奇善可汗事跡，然《遼史》止載其生於都菴山，徙於潢河之濱，則此事跡已佚久矣。

唐三紀行事録

黄任恒《補遼史藝文志・雜史類》　馬得臣《唐三紀行事録》。《馬得臣傳》曰：「得臣，南京人。乾亨初拜翰林學士承旨。聖宗即位，兼侍讀學士。上閱唐高祖、太宗、玄宗三紀，得臣乃録其行事可法者進之。」

奇首可汗事跡

黄任恒《補遼史藝文志・雜史類》　《奇首可汗事跡》。《太宗紀》下曰：「會同四年二月，詔有司編始祖奇首可汗事跡。」

南遷録

孫德謙《金史藝文略・雜史》　《南遷録》一卷。著作郎張師顔撰。《書録解題》云：「頃初見此書，疑非北人語，其間有『曉然傅會』者，或曰華岳所爲也。近叩之汴人張總管翼，則云歲月皆牴牾不合，益證其妄。」錢謙益《絳雲樓書目》入編年類，錢曾《述古堂書目》亦著録。

甲寅通和録

孫德謙《金史藝文略・雜史》　《甲寅通和録》。太常卿濟南王繪質夫撰。天會二年進士。《中州集》有傳，此書不載。《提要》著録一卷，于「甲寅」上有「紹興」二字，稱宋王繪撰。然施國祁《史論五答》、王繪《甲寅通和録》載李聿興言：「本朝制度，多是宇文相公所定，真所喜歡，時復支賜，宅舍都滿。」宇文相公者，當謂宇文虚中也。則觀其所言，似非宋人矣。

君臣政要

孫德謙《金史藝文略・雜史》　《君臣政要》。楊雲翼、趙秉文撰。《歸潛志》：「楊公又與趙學士秉文共集自古治術，分門類號，《君臣政要》爲一編進之。」

貞觀政要申鑒

孫德謙《金史藝文略・雜史》　《貞觀政要申鑒》。趙秉文撰。《滏水集》有自序一篇，録之于此。序曰：「《書》曰：與治同道，罔不興。孫卿子曰：欲知上世，審周道法，後王是也。近世帝王之明者，莫如唐文皇，天縱聖德，文謀武略，高出近古，而又得房元齡、杜如晦、魏徵、王珪、馬周、虞世南、褚遂良、劉垍爲之輔佐，朝夕論思，日月獻納，無非以畏天愛民，求賢納諫，安不忘危爲戒，故能功業若此巍巍也。其後明皇初鋭于治，用姚元崇、宋廣平、韓休之徒，致開元三十年之太平。末年罷張九齡，用牛仙客、李林甫、楊國忠，旋至天寶之亂。憲皇剛斷，初用杜黄裳、韋貫之、裴度削平僭亂，末年用皇甫鎛，而不克其終。治亂之效，于斯可見。史臣吴兢，纂集《貞觀政要》十卷，凡四十篇，爲之鑒戒。起自君道，訖于慎終，豈無意哉？欽惟聖上聰明仁孝，超皇軼帝，而猶孜孜治道，俯稽前訓，然一日萬幾，豈能徧覽？謹撮其樞要，附以愚見，目之曰《貞觀政要申鑒》。文理鄙拙，無所發明，特于鑒戒申重而已。昔張九齡因明皇千秋節進《金鏡録》，以申諷諭。臣竊慕之，謹以聖壽萬年節，繕寫獻上。雖爝火之末，不足裨日月之光，區區之忱，獻芹而已。伏望略行聖覽，不勝幸甚，謹言。」

資暇録

孫德謙《金史藝文略・雜史》《資暇録》十五卷。趙秉文撰。見《遺山集》墓銘。此書《世善堂書目》載之，入野史稗史雜史類。

初政録

孫德謙《金史藝文略・雜史》《初政録》十五篇。太常卿濟南范拱青叔撰。《金史》有傳。拱深于《易》學，此書在廢齊時作，凡十五篇：一曰《得民》，二曰《命將》，三曰《簡禮》，四曰《納諫》，五曰《遠圖》，六曰《治亂》，七曰《舉賢》，八曰《守令》，九曰《延問》，十曰《畏慎》，十一曰《節祥瑞》，十二曰《戒雷同》，十三曰《用人》，十四曰《御將》，十五曰《御軍》。時劉豫鎮東，納其説而不能盡用。

中興事迹

孫德謙《金史藝文略・雜史》《中興事迹》。韓林學士完顔孛迭撰。《補遼金元藝文志》入正史類。

金國文具録

孫德謙《金史藝文略・雜史》《金國文具録》。無撰人。見尤袤《遂初堂書目》雜史類。

洪武聖政記

楊士奇等《文淵閣書目・天字號第一櫥書目・國朝》《洪武聖政記》。一部，一册。闕。

又《洪武聖政記》。一部，一册。闕。

范邦甸等《天一閣書目・雜史類》《洪武聖政記》二卷。明宋濂撰并序。

錢謙益等《絳雲樓書目・本朝國紀》《洪武聖政記》。一卷。宋濂。

又 宋濂《洪武聖政記》。

黄虞稷《千頃堂書目・國史類》《洪武聖政記》二卷。翰林院侍講學士兼太子賓客宋濂。凡七類。

《明史・藝文志・正史類》《洪武聖政記》二卷。

聖政記

楊士奇等《文淵閣書目・天字號第一櫥書目・國朝》《聖政記》。一部，一册。闕。

文華進講録

楊士奇等《文淵閣書目・天字號第一櫥書目・國朝》《文華進講録》。一部，一册。殘缺。

孝慈録

楊士奇等《文淵閣書目・天字號第一櫥書目・國朝》《孝慈録》。一部，一冊。闕。

爲善陰隲

楊士奇等《文淵閣書目・天字號第一橱書目・國朝》《爲善陰隲》。一部，一冊。完全。

又《爲善陰隲》。一部，一冊。完全。

孝順事實

楊士奇等《文淵閣書目・天字號第一橱書目・國朝》《孝順事實》。一部，一冊。闕。

歷代臣鑒

楊士奇等《文淵閣書目・天字號第一橱書目・國朝》《歷代臣鑒》。一部，十冊。殘缺。

庚申外史

高儒《百川書志・雜史》《庚申外史》二卷。國朝葛溪隱者吉安權衡以制，編輯元庚申帝三十六年史事也。

徐𤊹《徐氏家藏書目・本朝史類》《庚申外史》二卷。吉安權衡。

錢謙益等《絳雲樓書目・編年類》葛祿權衡《庚申外史》。二卷。衡字以制。

黄虞稷《千頃堂書目・別史類》權衡《庚申外史》二卷。字以制，吉安人。至正中隱居太行黄華山中。李察罕聘之，不應。

《明史・藝文志・雜史類》權衡《庚申外史》二卷。

錢曾《讀書敏求記・史》《庚申帝史外聞見録》二卷。權衡，字以制，吉安人。編緝元順帝三十六年事，筆之于書，曰《庚申帝史外聞見録》。所記瀛國公生男，明宗求之爲子事甚悉。其繫帝于庚申者，蓋以制之微詞也。先君廣覓是書，僅見之《眉公秘笈》中，脱落舛誤，十亡其五。予後得完本，繕寫藏弆，惜先君之不及見，每撿此書，即爲泣下如雨。

《四庫全書總目提要・雜史類存目一》《庚申外史》二卷。編修汪如藻家藏本。明權衡撰。衡字以制，號葛溪，吉安人。元末兵亂，避居彰德黄華山。明初歸江西，寓居臨川以終。是書見於《明史・藝文志》者，卷目與此相合。陳繼儒嘗刻入《秘笈》，佚脱譌舛，殆不可讀。此乃別行鈔本，猶當日原帙也。所紀皆元順帝即位以後二十八年治亂大綱。時順帝猶未追謚，以其庚申年生，故稱之曰「庚申帝」。又《元史》亦尚未修，故別名曰《史外見聞録》。所言多與《元史》相合，於宫庭搆煽，盜賊縱横之事，皆能剖析端委。至於順帝誅博囉原作孛羅，今改正，與秀才徐思忝謀之，博囉誅，思忝不受賞，逃去。及危素爲權臣草詔諸事，皆他書所不載。惟其中稱「順帝爲瀛國公子」一條，最爲無稽。厥後袁忠徹著之於《文集》，寧王權載之於《史略》，程敏政又選忠徹之文入《明文衡》，錢謙益又引余應之詩證實寧王權之説，其端實自此書發之。蓋元之中葉，宋遺民猶有存者，因虞集草詔，有「託歡特穆爾非明宗之子」一語，遂造此言以洩其怨。明人又讎視元人，遂附合而盛傳之。核以事實，渺無可據，實爲荒誕之尤，非信史也。書前別附一序，稱「洪武二年迪簡受命訪庚申帝史事」云云，不著其姓。詳其文，乃《庚申帝大事紀》序，非此書之序，後人移綴此書中耳。考王禕《造邦勳賢録》，稱劉迪簡，宜春人，國初徵授尚賓副使，則迪簡當爲劉姓。又考黄溥《閒中今古録》，稱劉尚賓集《庚申帝大事紀》，則此序爲劉迪簡《大事紀》序明矣。

錢大昕《補元史藝文志・雜史類》權衡《庚申外史》二卷。一云《庚申大事記》。字以制，吉安人。隱於彰德黄華山。察罕帖木兒聘之，不應。

張之洞《書目答問・雜史類》《庚申外史》二卷。宋葛祿權衡。海山仙館本。又學津本。

宋史新編

范邦甸等《天一閣書目・別史類》　《宋史新編》二百卷。刊本。明莆田柯維騏編。泰泉黄佐序云：「宋舊史成於元至正己酉，丞相托克托是非不公。景泰間，翰林學士吉水周公嘗疏於朝，自任筆削，羈於職務，書竟弗成。吾友柯子以癸未進士，筮仕户曹，輒謝病歸養高林壑，覃思博考，乃能會通三史，以宋爲正，删繁補闕，歷二十寒暑始成，命曰《宋史新編》，示不沿舊也。本紀則正大綱而存孤危，志表則略細務而舉要領，列傳則崇勳德而誅亂賊，先道學而後吏治，遼金與夏皆列外國傳，於是春秋大義始昭著于萬世。」同邑康太和作後序。

《明史・藝文志・雜史類》　柯維騏《宋史新編》二百卷。

《四庫全書總目提要・別史類存目》　《宋史新編》二百卷。浙江孫仰曾家藏本。明柯維騏撰。維騏字奇純，莆田人。嘉靖癸未進士，授南京户部主事，未任事而歸。事蹟具《明史・文苑傳》。史稱其家居三十載，乃成是書。沈德符《敝帚軒剩語》稱其作是書時，至於發憤自宫，以專思慮。可謂精勤之至。凡成本紀十四卷，志四十卷，表四卷，列傳一百四十二卷，糾謬補遺，亦頗有所考訂。然托克托等作《宋史》，其最無理者莫過於道學、儒林之分傳，其最有理者莫過於本紀終瀛國公而不録二王，及遼、金兩朝各自爲史而不用島夷、索虜互相附録之例。蓋古之聖賢，亦不過儒者而已，無所謂道學者也。如以爲儒者有悖於道，則悖道之人何必爲之立傳。如以爲儒者雖不悖道，而儒之名不足以盡道，則孔子之詔子夏，其誤示以取法乎下耶。安生分别，徒滋門户。且《太平御覽》五百十卷中嘗引《道學傳》二條，一爲欒鉅，一爲孔總，乃清浄棲逸之士。襲其舊目，亦屬未安，此必宜改者也，而維騏仍之。至於元破臨安，宋統已絶，二王崎嶇海島，建號於斷檣壞艣之間，偷息於魚鼈黿鼉之窟，此而以帝統歸之，則淳維遠遁以後，武庚構亂之初，彼獨非夏、商嫡家，神明之胄乎？何以三代以來，序正統者不及也。他如遼起滑鹽，金興肅慎，竝受天明命，跨有中原。必似元經帝魏，盡黜南朝，固屬一偏。若夫南北分史，則李延壽之例，雖朱子生於南宋，其作《通鑑綱目》，亦沿其舊軌，未以爲非。元人三史竝修，誠定論也。而維騏强援蜀漢，增以景炎、祥興，又以遼、金二朝置之外國，與西夏、高麗同列，又豈公論乎？大綱之謬如是，則區區補苴之功，其亦不足道也已。

張之洞《書目答問・別史類》　《宋史新編》二百卷。明柯維騏。明刻本。陳黄中《宋史稾》二百十九卷，未刊。以下三書，皆爲删繁就簡。

讀史備忘

范邦甸等《天一閣書目・別史類》　《讀史備忘》八卷。刊本四本，缺二本。明天台范理道濟編集。

《四庫全書總目提要・別史類存目》　《讀史備忘》八卷。浙江范懋柱家天一閣藏本。明范理撰。理字道濟，天台人。宣德庚戌進士，官至南京吏部右侍郎。其書自西漢迄唐代，先列諸帝於前，而以諸臣事實摘叙於後。大略皆因正史而參以《綱目》。其所分謀臣、丞相、名將、名臣等目，剗裂煩碎，殊無體要。如季布入名臣，而曹參入名將之類，義例尤不可解。蓋隨筆記録，而於史學殊無當也。

續藏書

范邦甸等《天一閣書目・別史類》　《續藏書》二十七卷。刊本。明李贄撰，陳仁錫評。新都江紹前校。

《四庫全書總目提要・別史類存目》　《續藏書》二十七卷。浙江總督採進本。明李贄撰。贄所著《藏書》，爲小人無忌憚之尤。是編又輯明初以來事業較著者若干人，以續前書之未備。其書分開國名臣、開國功臣、遜國名臣、靖難功臣、内閣輔臣、勳封名臣、經濟名臣、理學名臣、忠節名臣、孝義名臣、文學名臣、郡縣名臣諸目。因自記其本朝之事，故議論背誕之處比《藏書》爲略少。然冗雜顛倒，不可勝舉。如一劉基也，既列之開國名臣，又列之開國功臣；一方孝孺也，既列之遜國名臣，又列之文學名臣。經濟本無大小，安見守令設施不足以當經濟，乃於經濟名臣外別立郡縣名臣。又王禕殉節滇南，不入之忠義傳中，而列之開國名臣内。種種踳駮，毫無義例，總無一長之可取也。

函史

范邦甸等《天一閣書目・别史類》 《函史》上編八十二卷，下編二十二卷。刊本。明鄧元錫撰。

黄虞稷《千頃堂書目・别史類》 鄧元錫《函史》上編九十五卷，《函史》下編二十卷。

《明史・藝文志・雜史類》 鄧元錫《函史》上編九十五卷、下編二十卷。

《四庫全書總目提要・别史類存目》 《函史》上編八十一卷，下編二十一卷。江西巡撫採進本。明鄧元錫撰。元錫有《三禮繹》，已著録。是編蓋仿鄭樵《通志》而作，上編即其紀傳，下編即其二十略也。然樵之紀傳病於因，故體例各隨舊史，不能畫一。其二十略病於刱，故多夸大不根之論。元錫是編則又紀傳病於太刱，諸志病於太因。如紀傳分立多名，以古初至商爲表，自周以下正統謂之紀，偏霸列國謂之志，后妃謂之内紀，宰相謂之謨，儒者謂之述，大儒謂之訓。尊如孔子，則别名曰表。次則西漢經學及王通則竝稱訓，餘則總名曰列傳。列傳之中，又分大臣、貞臣、良臣、争臣、忠節、名將、循吏、獨行諸子目。又以經學、行義、文學、篤行、道學、儒學、循良各别立一傳，分附歷代之末。以隱逸、方技、貨殖、列女各合立一傳，總附全編之末，已爲糅雜。至物性一志，或歸之下編之中，尚爲有例。而綴於上編，與人竝列，更屬不倫。其尤誕者，南北史中，南朝全載吴、晉、宋、齊、梁、陳，而北朝但有北魏，其北齊、周，隋俱削其君臣不録，惟隋録王通一人。宋、金、遼、元四史中，惟録宋、元，亦不涉遼、金一字，而十六國，乃得立志。舛謬顛倒，殆難僕數。下編凡天官、方域、人官、時令、曆數、災祥、土田、賦役、漕河、封建、任官、學校、經籍、禮儀、樂律、財賄、刑法、兵制、邊防、戎狄、異教二十一門，而名書者三，名考者八，名志者八，名記者二，亦蕪雜可厭。其所敘述，亦僅類書策略之陳言，毫無所發明考訂，與所作《五經繹》，均無可取也。

皇明帝后紀略

范邦甸等《天一閣書目・别史類》 《皇明帝后紀略》一卷。刊本。明禮部儀制郎中鄭汝璧恭紀，萬曆己卯推官丁次臣識後。

《四庫全書總目提要・别史類存目》 《明帝后紀略》一卷。内府藏本。明鄭汝璧撰。汝璧，縉雲人。隆慶戊辰進士，官至兵部侍郎，兼僉都御史，總督宣大。是編專紀明代帝后即位、册立年月及生辰、壽數、謚號、山陵之類，而不載其事蹟，故云「紀略」。上自德祖、懿祖、熙祖、仁祖四代，下迄穆宗而止。首冠以帝系圖，末以藩封附焉。諸王惟録其有國者，餘則一見其名於帝系而已。

大狩龍飛録

范邦甸等《天一閣書目・雜史類》 《御著大狩龍飛録》一卷。刊本。明嘉靖十八年趙王厚煜恭刊。

錢謙益等《絳雲樓書目・本朝國紀》 《大狩龍飛録》。

黄虞稷《千頃堂書目・别史類》 世宗《大狩龍飛録》二卷。

《明史・藝文志・雜史類》 世宗《大狩龍飛録》二卷。

《四庫全書總目提要・雜史類存目一》 《大狩龍飛録》二卷。左都御史張若溎家藏本。明世宗肅皇帝御撰。嘉靖十八年二月，帝幸湖廣承天府，相度顯陵。三月，享上帝於龍飛殿，奉睿宗配。四月，還京。是編皆紀其事。上卷乃自啟行以迄回蹕，祭告郊社宗廟及所過山川羣祀之文。下卷爲前後所降勑諭，末附以龍飛殿奏告上帝樂章，及途中御製賦一首，詩十六首，詩餘二首。

永樂聖政記

范邦甸等《天一閣書目・雜史類》 《永樂聖政記》三卷。藍絲闌鈔本。明宣德五年光禄大夫左柱國太師英國公張輔表進。

錢謙益等《絳雲樓書目・本朝國紀》 《永樂聖政記》。三卷。

黄虞稷《千頃堂書目・别史類》 《永樂聖政記》三卷。起洪武三年封國，至永樂元年政典。

《明史・藝文志・正史類》 《永樂聖政記》三卷。

宣宗聖政紀

范邦甸等《天一閣書目・雜史類》　《宣宗聖政紀》。鈔本。不著編纂人名氏。

國初事跡

錢謙益等《絳雲樓書目・本朝國紀》　劉辰《國初事跡》。一卷。辰字伯静。明太祖下婺州，即入幕府，永樂中歷官侍郎。

黄虞稷《千頃堂書目・別史類》　劉宸《國初事蹟》一卷。金華人，北京刑部侍郎。

《四庫全書總目提要・雜史類存目一》　《國初事蹟》一卷。浙江范懋柱家天一閣藏本。明劉辰撰。辰字伯静，金華人。太祖起兵之初，署吴王典簽，又入李文忠幕府，建文中擢監察御史。永樂初，李景隆薦修《太祖實録》，後官至北京刑部左侍郎，事蹟具《明史》本傳。此書卷首，有「臣劉辰今將太祖高皇帝國初事蹟開寫」一行，後俱分條件繫，頗似案牘之詞。蓋即修實録時所進事略草本也。辰於明初，嘗使方國珍，又嘗在李文忠幕下，所見舊事皆真確，而其文質直，無所隱諱，明代史乘多採用之。故其文竝散見於他書，轉無異聞之可取焉。

國初禮賢録

錢謙益等《絳雲樓書目・本朝國紀》　《國初禮賢録》。一卷。劉基。

黄虞稷《千頃堂書目・別史類》　劉基《禮賢録》一卷。

《四庫全書總目提要・雜史類存目一》　《國初禮賢録》一卷。浙江范懋柱家天一閣藏本。舊本題明劉基撰。基字伯温，青田人。元至順中舉進士。除高安丞，罷去。旋起爲江浙儒學副提舉，再投劾歸。復闢爲元帥府都事，爲方國珍所搆，羈管紹興。後從石抹宜孫勦捕山寇，執政者抑其功，僅授總管府判，遂棄官還里。明初聘入禮賢館，參預機密，拜御史中丞，兼太史令，又授弘文館學士，叙功封誠意伯。正德九年，追謚文成。事蹟具《明史》本傳。此書《藝文志》、《千頃堂書目》皆作基撰。然《録》中所載，即明太祖任用基及葉琛、章溢、宋濂四人事，且有「基馳驛歸里，居家一月而薨」之文，則非基所作審矣。其中紀述，多與史傳相合，無他異同。又基、溢皆載其卒時事，而宋濂得罪徙蜀事則無之，葉琛事蹟亦甚寥寥。蓋後人雜採成書，故詳略不同如此也。

國初事蹟

范邦甸等《天一閣書目・雜史類》　《國初事蹟》四卷，附《國初禮賢録》上下二卷。卷首題「北京刑部左侍郎臣劉辰今將太祖高皇帝國初事蹟開寫進呈」一行。不載撰人名氏。

《明史・藝文志・雜史類》　劉辰《國初事蹟》一卷。

龍飛紀略

范邦甸等《天一閣書目・雜史類》　《龍飛紀略》八卷。刊本。明詔安吴樸撰。嘉靖甲辰武夷林希元序云：「是書吴子華甫紀太祖、成祖創業垂統之事，初名《聖朝征伐禮樂書》，予易今名。所著有《醫齒問難》、《書樂器》、《渡海方程》、《九邊圖本》諸書，又《校補三國志》。」

徐𤊹《徐氏家藏書目・本朝史類》　《龍飛紀略》八卷。嘉靖中，詔安李樸著。樸字華甫。布衣。

建文遜國之際月表

范邦甸等《天一閣書目・雜史類》　《建文遜國之際月表》二卷。刊本。不著撰人名氏。

黃虞稷《千頃堂書目・別史類》 劉廷鸞《建文遜國月表》二卷。

革除遺事

范邦甸等《天一閣書目・雜史類》 《革除遺事》上下二卷，附録一卷。刊本。明嶺南黃佐編并序，云：「《革除遺事》何以録？懼史之逸之也。楊文懿公嘗請輯建文中事，謂不可滅，則是史既逸之矣。故莆田宋公端儀有《革除録》、清江張公芹有《備遺録》，而散見于諸家傳記者尤多。兹吾懼其散逸，故録之。」

徐𤊹《徐氏家藏書目・本朝史類》 《革除遺事》六卷。

錢謙益等《絳雲樓書目・本朝國紀》 《革除遺事》。六卷。黃佐。

黃虞稷《千頃堂書目・別史類》 黃佐《革除遺事》六卷。

《明史・藝文志・雜史類》 黃佐《革除遺事》六卷。

《四庫全書總目提要・雜史類存目二》 《革除遺事》十六卷。浙江范懋柱家天一閣藏本。明符驗撰。驗字大充，號松巖，黃巖人。嘉靖戊戌進士。官至廣西按察司僉事。此書卷首有驗序，稱：「泰泉欲修國史之闕，出擕李郁氏本，俾覈訂爲十六卷，以復於泰泉。」泰泉者，黃佐之別號。蓋驗此書，實因嘉興郁袞舊本而修緝之，肇其議者則黃佐也。又有一序，舊本題爲郁袞作，其文與黃佐集中所載此書之序正同。蓋傳寫者誤題袞名。袞書有傳無紀，此書則列傳十卷、外傳一卷，冠以本紀五卷。截然兩書，不容移甲爲乙。別本或兼題佐名。考「中書徐妙錦」一條，佐集載之題曰《徐妙錦傳》，然則佐亦潤色其間矣。朱彝尊嘗謂，黃佐《革除遺事》與當時紀建文事諸書，皆不免惑於《从亡》、《致身》二録。蓋於虛傳妄語，猶未能盡加芟削云。

革朝忠遺録

范邦甸等《天一閣書目・雜史類》 《革朝忠遺録》二卷。棉紙藍絲闌鈔本。擕李郁袞編輯，高廪校正。

漢唐秘史

范邦甸等《天一閣書目・雜史類》 《漢唐秘史》二卷。刊本。明寧王權奉勑編并序。

錢謙益等《絳雲樓書目・雜史類》 《漢唐秘史》。二卷。寧獻王撰。

黃虞稷《千頃堂書目・別史類》 寧獻王權《漢唐秘史》二卷。洪武中，奉勑編次。下斷語，太祖筆也。

《明史・藝文志・雜史類》 寧獻王權《漢唐秘史》二卷。洪武中，奉敕編次。

《四庫全書總目提要・雜史類存目一》 《漢唐秘史》二卷。兩淮鹽政採進本。明寧王權撰。權自號臞仙，太祖第十七子。洪武二十四年封。逾二年，就藩大寧。燕王謀反，挾之同行。爲燕王草檄，約中分天下。永樂元年秋，封南昌而仍其故號。正統十三年始薨。事蹟具《明史》本傳。傳載此書作二卷，與今本合。權自序云：「洪武二十九年，奉命纂輯，成於辛巳六月。」考是年爲建文三年，權已爲燕軍所劫，故不書建文年號。而其弟安王楹跋，亦第書歲在壬午也。其書以劉三吾等洪武間進講漢唐事實類次成編，故詞多通俗。其諸帝論贊，皆太祖御撰。唐末繫司馬光論，亦奉勅載入，故特題曰「欽取」。其大旨以後世之亂亡，皆推本於貽謀之不善。所論不爲無理，而擇焉弗精，多取委巷之談。如高帝斬蛇，蛇後轉生王莽之類，皆僞妄不足辨也。

北征録　後北征録

范邦甸等《天一閣書目・雜史類》 金文靖《前後北征録》二卷。鈔本。明金幼孜撰。前録秦民悦序，後録桑悦序云：「太宗皇帝親征北虜，出師者二。臨江金文靖公實當帷幄之寄，作《北征前後録》。江右大參儆菴舒城秦公既自爲之序，以引其端，復命予申之以言，俾龍泉令嘉興姜君一臣壽梓。」

徐𤊹《徐氏家藏書目・本朝史類》 《北征先後録》二卷。金幼孜。記成祖征虜。

錢謙益等《絳雲樓書目・本朝國紀》 金幼孜《北征前後録》。共一卷。

黄虞稷《千頃堂書目・别史類》 金幼孜《北征前録》一卷。又《後録》一卷。

《明史・藝文志・雜史類》 金幼孜《北征前録》一卷、《後録》一卷。

《四庫全書總目提要・雜史類存目一》 《北征録》一卷、《後北征録》一卷。户部尚書王際華家藏本。 明金幼孜撰。幼孜本名善，以字行，新淦人。建文己卯舉人，授户科給事中。燕王篡位後，改翰林檢討，歷官禮部尚書，兼武英殿大學士，卒謚文靖。事蹟具《明史》本傳。幼孜在永樂中，參預機務，因北征阿嚕台時扈從出塞，紀所歷山川古蹟及行營之所見聞，以成前録。本傳稱「成祖重幼孜文學，所過山川要害，輒命記之，幼孜據鞍起草立就」，又稱所撰有《北征》前後二録，即此本也。前録自永樂八年二月至七月，後録自永樂十二年三月至八月，竝按日記載。其往返大綱，均與史傳相合；其瑣語雜事，則史所不録者也。

永樂征番兵令

范邦甸等《天一閣書目・雜史類》 《永樂征番兵令》一卷。紅絲闌鈔本。

三朝聖諭

范邦甸等《天一閣書目・雜史類》 《三朝聖諭》一卷。刊本。 正統壬戌楊士奇序。

錢謙益等《絳雲樓書目・本朝國紀》 《三朝聖諭録》。楊士奇編。

黄虞稷《千頃堂書目・别史類》 楊士奇《三朝聖諭録》三卷。永樂、洪熙、宣德三朝。

《明史・藝文志・雜史類》 楊士奇《三朝聖諭録》三卷。

《四庫全書總目提要・雜史類存目二》 《三朝聖諭録》三卷。左都御史張若溎家藏本。 明楊士奇撰。士奇名寓，以字行，泰和人。建文中充翰林編修官。燕王篡位，入内閣典機務，官至華蓋殿大學士。謚文貞。事蹟具《明史》本傳。士奇自降附燕王以後，歷事仁宗、宣宗、英宗，以功名終始。是編乃自録其永樂、洪熙、宣德三朝面承詔旨，及奏對之語。蓋仿歐陽脩《奏事録》、司馬光《手録》之例。《明史》士奇本傳多採用之。序題壬戌十二月，爲正統七年，乃士奇未卒之前二年也。

正統北狩事蹟

范邦甸等《天一閣書目・雜史類》 《正統北狩事蹟》一卷。刊本。 楊銘自序。

《明史・藝文志・雜史類》 楊銘《北狩事蹟》一卷。

否泰録

范邦甸等《天一閣書目・雜史類》 《否泰録》六册。藍絲闌鈔本。 保齋劉定之編，紀正統北狩及廻鑾時事。《否泰附録》内有李賢《天順目録》、《少保于公奏議》十卷，及正統季年，景泰初年《奏報》二録，彙爲一書。蓋史館所輯，以備纂脩實録之用者。

黄虞稷《千頃堂書目・别史類》 劉定之《否泰録》一卷。

《明史・藝文志・雜史類》 劉定之《否泰録》一卷。

《四庫全書總目提要・雜史類存目二》 《否泰録》一卷。浙江范懋柱家天一閣藏本。 明劉定之撰。定之有《易經圖釋》，已著録。初英宗北狩，額森案額森原作也先，今改正。 乞遣報使，景帝不許。定之疏引故事以請帝下廷議，竟不果遣。天順改元，定之由右庶子調通政使，歷官翰林學士，入直文淵閣。蓋以是疏蒙遇也。此書所紀，即英宗北狩之事。自言參用楊善《奉使録》，暨錢博所述《袁彬傳》。其曰：「出征之月爲否卦用事之月，回鑾之年當景泰紀元之年。先以否，繼以泰，雖世運而關天數焉。」蓋所記訖於英宗初歸之時，未叙及後來丁丑復辟之事，故其立言如此。其曰：「身備史官者，正其遷右庶子時。」他書引此，或作閣老劉定之撰者，據其所終之官言之耳。

復辟録

范邦甸等《天一閣書目·雜史類》 《復辟録》一卷。藍絲闌鈔本。

徐𤊹《徐氏家藏書目·本朝史類》 《復辟録》一卷。記英宗。

錢謙益等《絳雲樓書目·本朝國紀》 《復辟録》。一卷。楊瑄。

黄虞稷《千頃堂書目·别史類》 《復辟録》一卷。不知撰人。一作豐城楊瑄。

《四庫全書總目提要·雜史類存目二》 《復辟録》一卷。浙江吴玉墀家藏本。明楊瑄撰。瑄字廷獻,豐城人。景泰甲戌進士,官至浙江按察使。當徐有貞等奪門時,瑄官御史,事皆目覩。又嘗劾曹吉祥、石亨,坐譴論戍,於二人事蹟知之尤悉,故其辨于謙、王文之被誣,石亨、曹吉祥之恣肆,皆與史合。後附李賢《天順日録》、祝允明《蘇材小纂》、陳循《辨冤疏》、葉盛《水東日記》、王瓊《雙溪雜記》數條,蓋皆同時親與其事者,故引以爲據,明所述之不誣云。

虚庵奉使録

范邦甸等《天一閣書目·雜史類》 《虚庵奉使録》一卷。明李實著。成化丁未古渝江朝宗序:「蓋英宗北狩時,先生往復於風塵沙漠中,紀行之作也。」

燕對録

范邦甸等《天一閣書目·雜史類》 《燕對録》一册。刊本。不著撰人名氏。

錢謙益等《絳雲樓書目·本朝國紀》 李東陽《燕對録》。

黄虞稷《千頃堂書目·别史類》 李東陽《燕對録》二卷。

徐𤊹《徐氏家藏書目·本朝史類》 《燕對録》一卷。李東陽。

《明史·藝文志·雜史類》 李東陽《燕對録》二卷。

《四庫全書總目提要·雜史類存目二》 《燕對録》一卷。浙江巡撫採進本。明李東陽撰。東陽字賓之,號西涯,茶陵人。天順甲申進士,官至謹身殿大學士,謚文正。事蹟具《明史》本傳。是書自弘治十年三月至正德六年八月,凡召見奏對之詞,悉著於編。其中所載有數大事。若明《本紀》弘治十七年三月癸未定太廟各室一帝一后之制,此書載定制端末甚悉。蓋《禮志》中所未及詳。又考《本紀》弘治十一年二月己巳小王子遣使求貢,夏五月戊申甘肅參將楊翥敗小王子於黑山。此書則載六月小王子求貢甚急,大同守臣以聞。已許二千人入貢,既而不來。六月間走回男子報小王子有異謀,内閣具揭帖以聞。證之《本紀》,繫求貢於二月,先後差五月。又《本紀》載楊翥敗小王子在五月,則小王子之叛已在五月前矣,而此書載六月間始報小王子有異謀,頗爲不合。考《本紀》載小王子之敗在五月戊申,而六月首標己酉,次標癸亥。戊申距己酉止一日,則五月之戊申乃五月盡日,當六月間内閣揭帖時,或猶不及聞耳。書末載正德六年四月命閱《會試録》一條,八月召對禦流賊劉七、齊彦明等一條,與楊廷和所著《視草餘録》全符,似足徵信。又考謝遷、劉健於正德九年十月致仕,楊廷和於二年十月入閣,梁儲於五年九月入閣,故是書於弘治十八年以後皆止書遷、健,至正德六年則書廷和及儲也。

皇朝平吴録

范邦甸等《天一閣書目·雜史類》 《皇朝平吴録》三卷。刊本。不著撰人名氏。

徐𤊹《徐氏家藏書目·本朝史類》 《平吴録》一卷。無名氏。

錢謙益等《絳雲樓書目·本朝國紀》 《平吴録》。吴寬撰。

黄虞稷《千頃堂書目·别史類》 《平吴録》一卷。

《四庫全書總目提要·雜史類存目二》 《平吴録》一卷。户部尚書王際華家藏本。不著撰人名氏。末有袁褧跋,稱此書相傳爲吴文定公所撰。案吴寬字原博,號匏庵,長洲人。成化壬辰進士第一,官至禮部尚書,謚文定。《明史》載入《文苑傳》。則所謂吴文定者,乃寬也。《千頃堂書目》别載有黄標《平吴録》一卷,與此書同名。其書見陸楫《古今説海》中,與此本詳略不同,截然二書。則謂此書爲寬作,或亦有所傳歟。所記皆張士誠據吴始末,起元順帝至正十三年,迄明太祖吴元年,敘述頗有條理,然亦多史所已具者。惟明初書檄之文皆全載之，則他書所未及耳。

皇明政要

范邦甸等《天一閣書目・雜史類》 《皇明政要》三十卷。刊本。嘉靖五年漢陽戴金序。

錢謙益等《絳雲樓書目・本朝國紀》 婁性《皇明政要》。嘉靖中，新樂王載璽撰《皇明政要》。新樂，衡恭王之孫。

黄虞稷《千頃堂書目・別史類》 婁諒《皇明政要》二十卷。弘治十六年十月前南京兵部武庫司郎中婁性編輯，令義男婁俊才捧齎進呈。仿唐《貞觀政要》，凡四十一類。儲巏校，嘉靖五年巡按兩淮監察御史漢陽戴金序。

《四庫全書總目提要・雜史類存目二》 《明政要》二十卷。浙江汪啟淑家藏本。明婁性撰。性，上饒人，成化辛丑進士，官至南京兵部武庫司郎中，《明史・馬中錫傳》所謂兵部郎中婁性與守備太監蔣琮相訐坐除名者，即其人也。是書仿《貞觀政要》之體，編載明太祖、太宗、仁宗、宣宗、英宗五朝之事。凡四百五十二條，分類四十。弘治十六年表進於朝。自稱篇目皆其父諒所定，凡歷十餘年始纂成書。所録英宗之事，大抵在天順以後，則以正統初政之不綱也。諒字克貞，吴與弼之門人。王守仁亦嘗從之受業。事蹟具《明史・儒林傳》。

皇明政要録

范邦甸等《天一閣書目・雜史類》 《皇明政要録》二十卷。刊本。明儲巏編。

《明史・藝文志・雜史類》 儲巏《皇明政要》二十卷。

東吴逸史國朝謨烈輯遺

范邦甸等《天一閣書目・雜史類》 《國朝謨烈輯遺》。刊本。嘉靖癸丑東吴逸史撰并序。其書取典籍之所載記，耆碩之所傳聞，自洪武以至正德，共十朝，類而編之。

國朝謨烈輯遺

范邦甸等《天一閣書目・雜史類》 《國朝謨烈輯遺》二十卷。刊本。無著録名氏。

《明史・藝文志・雜史類》 《國朝謨烈輯遺》二十卷。

宸章録

范邦甸等《天一閣書目・雜史類》 《宸章録》一卷。刊本。明嘉靖五年御製并序，巡按江西監察御史臣儲良材序後。

宸翰録

范邦甸等《天一閣書目・雜史類》 《宸翰録》三卷。刊本。明吏部尚書楊一清謹録。

宸章集録

范邦甸等《天一閣書目・雜史類》 《宸章集録》一卷。黄絲闌鈔本。明嘉靖御製，費宏、石珤、賈詠、楊一清等恭和。

黄虞稷《千頃堂書目・別史類》 費宏《宸章集録》一卷。

《明史・藝文志・雜史類》 費宏《宸章集録》一卷。

詠春同德詩

范邦甸等《天一閣書目・雜史類》《詠春同德詩》一卷。刊本。明嘉靖御製，費宏、石珤、賈詠等恭和。

皇明本紀

范邦甸等《天一閣書目・雜史類》《皇明本紀》二卷。藍絲闌鈔本。不著撰人名氏。

黄虞稷《千頃堂書目・別史類》《皇明本紀》一卷。

明同姓諸王表

范邦甸等《天一閣書目・雜史類》《明同姓諸王表》四册。刊本。不著撰人名氏。

明功臣封爵表

范邦甸等《天一閣書目・雜史類》《明功臣封爵表》八卷。刊本。明鄭汝璧編。

天潢玉牒

范邦甸等《天一閣書目・雜史類》《天潢玉牒》一卷。藍絲闌鈔本。不著撰人名氏。

《四庫全書總目提要・別史類存目》《天潢玉牒》一卷。户部尚書王際華家藏本。不著撰人名氏。載明太祖歷代世系，及其自微時以至即位後事。略以編年爲次，凡皇后、太子、諸王謚號封爵，皆詳列之。書中稱成祖爲今上，則永樂時編也。其紀懿文太子爲諸妃所生，而高皇后所生者祇成祖及周王二人，與史不合。蓋當時諛妄之詞，不足據爲實録者矣。

天枝旌孝編

范邦甸等《天一閣書目・雜史類》《天枝旌孝編》一册。刊本。明成皐王朱載堒編。

楚昭王行實

范邦甸等《天一閣書目・雜史類》《楚昭王行實》一卷。刊本。正統八年弟寧王權序。

明良集

范邦甸等《天一閣書目・雜史類》《明良集》一册。刊本。明嘉靖十二年癸巳霍韜後序。

黄虞稷《千頃堂書目・別史類》尹直《明良交泰録》。

《四庫全書總目提要・雜史類存目二》《明良集》十二卷。浙江范懋柱家天一閣藏本。明霍韜編。韜字渭先，南海人。正德甲戌進士，官至太子少保，禮部尚書，謚文敏。事蹟具《明史》本傳。是書所録，凡宋濂《洪武聖政記》一卷，金幼孜《北征前録》一卷，《後録》一卷，楊士奇《三朝聖諭録》三卷，楊榮《北征記》一卷，李賢《天順日録》一卷，李東陽《燕對録》一卷。韜後序但稱若宋濂、金幼孜、楊士奇、李賢、李東陽等，而不及楊榮。又序云：「赴召過詔，以貽詔守臣鄭騮等。」或騮等付梓時增入《北征記》歟。

交泰録

范邦甸等《天一閣書目・雜史類》 《交泰録》二卷。刊本。明楊士奇輯并序龍大有重刊。

後鑒録

范邦甸等《天一閣書目・雜史類》 《後鑒録》三卷。刊本。明嘉靖三山謝蕡序。

徐㶿《徐氏家藏書目・本朝史類》 《後鑒録》一卷。謝蕡。

錢謙益等《絳雲樓書目・本朝國紀》 《後鑒録》。謝蕡。

黄虞稷《千頃堂書目・別史類》 謝蕡《後鑒録》三卷。閩縣人。正德辛巳進士，官禮科給事中，以争大禮劾張桂，出知直隸太平府。録皆正德時諸叛逆爰書也。

《明史・藝文志・雜史類》 謝蕡《後鑒録》三卷。

孫星衍《平津館鑒藏書籍記・明版》 《後鑒録》三卷。題京本。前有嘉靖二年謝蕡序，有「三山之英」、「惟成」、「嘉靖龍飛首策進士」三木印，後有嘉靖二年陶麟跋。書紀趙風子、張偉、何錦、劉瑾、劉吉等定罪籍没始末，皆録京本檔册，不加論斷，蕡所撰也。每葉廿行，行廿字。收藏有「幼貞吴氏家藏」白文長印。

今言

范邦甸等《天一閣書目・雜史類》 《今言》四卷。明海鹽鄭曉撰并序。

錢謙益等《絳雲樓書目・本朝國紀》 《今言》。鄭曉。

黄虞稷《千頃堂書目・別史類》 鄭曉《今言》四卷。

《明史・藝文志・雜史類》 鄭曉《今言》四卷。

《四庫全書總目提要・雜史類存目二》 《今言》四卷。兩江總督採進本。明鄭曉撰。曉有《禹貢圖説》，已著録。此書補《吾學編》所未備。首有薛三省序，稱此書之輔《吾學編》而行，猶漢史之外有《西京雜記》與《東觀漢記》。凡三百四十四條，其中爲憲言者十之四，爲世言者十之二，爲事言、品言者十之三，爲證言、術言者十之一。蓋據所見聞隨筆記録，古雜史之支流也。

徵吾録

錢謙益等《絳雲樓書目・本朝國紀》 《徵吾録》。二卷。鄭曉。

黄虞稷《千頃堂書目・別史類》 鄭曉《徵吾録》二卷。

《明史・藝文志・雜史類》 鄭曉《徵吾録》二卷。

《四庫全書總目提要・別史類存目》 《徵吾録》二卷。浙江汪啟淑家藏本。明鄭曉撰。曉有《禹貢圖説》，已著録。曉初撰《吾學編》，記當時之事，又縷分條析，爲《今言》三百四十餘條。復刊汰二書，撮其指要，以成是編。體例略與紀事本末相近，凡三十一篇。然事迹本繁，而篇帙太簡。荀悦删班固之書，尚不能不至三十卷。而欲以寥寥兩卷包括一朝，此雖左氏、司馬之史才，恐亦不能綜括也。

三寶征彝集

范邦甸等《天一閣書目・雜史類》 《三寶征彝集》一册。鈔本。明永樂丙申歲會稽樵馬山歡序云：「永樂十一年癸巳，太宗文皇帝勅命正使太監鄭等統領寶船，往西洋諸番開讀賞賜。余以通譯番書，忝備使末。隨其所至，鯨波浩渺，不知其幾千萬里。歷涉諸邦，其天時、氣候、地理、人物，目擊而身履之，然後知《島彝誌》之所著不誣。於是采摭諸國人物之妍媸，壤俗之同異，與夫土産之別、疆域之制，編次成帙，名曰《瀛涯勝覽》。」

平番始末

范邦甸等《天一閣書目・雜史類》　《平番始末》一卷。刊本。明弘治十六年靈寶許進著，男嗣董刊。

黄虞稷《千頃堂書目・別史類》　許進《平番始末》一卷。

《明史・藝文志・雜史類》　許進《平番始末》一卷。

《四庫全書總目提要・雜史類存目二》　《平番始末》一卷。浙江范懋柱家天一閣藏本。明許進撰。進字季升，靈寶人。成化丙戌進士，官至兵部尚書，謚襄毅。事蹟具《明史》本傳。初，弘治七年，土魯番阿黑麻攻陷哈密，執忠順王陝巴去。進爲甘肅巡撫，潛師襲復其城。致仕後，因檢閲奏稾案牘，編爲此書。嘉靖九年，其子誥疏進於朝，詔付史館。其述用兵始末及西番情事頗詳。今《明史》土魯番、哈密諸傳，大略本之於此。

交黎勦平事略

范邦甸等《天一閣書目・雜史類》　《交黎勦平事略》四卷。明嘉靖南昌張鏊纂。

大獄録

范邦甸等《天一閣書目・雜史類》　《大獄録》二卷。明嘉靖六年纂。

錢謙益等《絳雲樓書目・本朝國紀》　《欽明大獄録》。二卷。張孚敬。記李福達之獄也。

黄虞稷《千頃堂書目・別史類》　張孚敬《欽明大獄録》二卷。嘉靖六年九月署都察院事侍郎張璁以張寅先後獄詞，及上所裁定並所賜敕諭，輯録成書。

《明史・藝文志・雜史類》　張孚敬《欽明大獄録》二卷。

李克齋平倭事略

范邦甸等《天一閣書目・雜史類》　《李克齋平倭事略》一卷。明嘉靖三十年東蘭蔣應奎撰。

院試平苗善後策

范邦甸等《天一閣書目・雜史類》　《院試平苗善後策》一卷。明嘉靖三十一年新安李泉著。

治猺近論

范邦甸等《天一閣書目・雜史類》　《治猺近論》一卷。藍絲闌鈔本。不著撰人名氏。

撫安東夷紀

范邦甸等《天一閣書目・雜史類》　《撫安東夷紀》一卷。刊本。明鈞陽馬文升、鳳陽趙輔、長洲祝允明、遼陽賀欽等所著《興復哈密記》、《西征石城記》、《平夷録》、《東夷記》、《紀行録》、《殲渠記》、《醫閭漫記》共七條。

徐𤊹《徐氏家藏書目・本朝史類》　《撫安東夷記》一卷。鈞陽馬文升。

黄虞稷《千頃堂書目・別史類》　馬文升《撫安東夷記》一卷。

安楚録

范邦甸等《天一閣書目·雜史類》 《安楚録》四卷。刊本。明萬曆丙辰姪孫泰梁重刊，序云：「正德間，猺寇犯楚，守臣告齊變，毅皇帝命從叔祖端敏公金以中丞往討之。公出師蕩平楚，用大治。語具《安楚録》中，邇來六十年矣。從弟柱官秘書，手校是録付梓。首勅諭，次奏議，次檄文，次文移，諸若碑叙、若詩詞、若歌頌賦、若啓劄、若《封邱遺事》。三楚學士大夫迄今猶然誦曰：『安我楚者，端敏公也。』」

《四庫全書總目提要·雜史類存目二》 《安楚録》十卷。浙江汪啟淑家藏本。明秦金撰。金字國聲，無錫人。弘治癸丑進士，官至南京兵部尚書，諡端敏。事蹟具《明史》本傳。是書乃其以副都御史巡撫湖廣時討平猺寇所作也。卷一爲勅諭，卷二、卷三爲奏疏，卷四、卷五爲檄文，卷六至卷九爲題贈、詩文，卷十附録《封邱遺事》。蓋金曾任河南左参政，禦流寇有功，士人爲立生祠，併輯其詩爲《天成集》，以紀金之戰績，故以類附見焉。

籌邊一得

范邦甸等《天一閣書目·雜史類》 《籌邊一得》。藍絲闌鈔本。明嘉靖乙亥古松易文著。卷首有左綿高第序，又莆陽林應采後序。

諸邊考議

范邦甸等《天一閣書目·雜史類》 《諸邊考議》五卷。鈔本。嘉靖庚寅馬汝驥撰。

皇明九邊考

范邦甸等《天一閣書目·雜史類》 《皇明九邊考》四卷。刊本。明長沙魏煥撰。嘉靖壬寅關中張環序云：「《九邊考》，司馬魏君東洲所集也。一日，按治夔郡，因論山西三關事宜，遂出所集本示予，九邊事蹟燦然畢具，籌邊之良法美意盡在於此。因請廣其傳，以爲有事於九邊之一助焉。命千户楊元遂書。」

知罪録

范邦甸等《天一閣書目·雜史類》 《知罪録》一卷。明嘉靖三年石龍山人黄綰著。其書蓋議當今繼統之事。

平夏録

范邦甸等《天一閣書目·雜史類》 《平夏録》三卷。不著撰人姓氏。

徐𤊹《徐氏家藏書目·本朝史類》 《平夏録》一卷。東海黄標。

錢謙益等《絳雲樓書目·本朝國紀》 《平夏録》。一卷。

黄虞稷《千頃堂書目·别史類》 黄標《平夏録》一卷。上海人。

《明史·藝文志·雜史類》 黄標《平夏録》一卷。

兩廣平蠻録

范邦甸等《天一閣書目·雜史類》 《兩廣平蠻録》一卷。刊本。

平粤録

范邦甸等《天一閣書目・雜史類》《平粤録》一卷。刊本。殘。

撫彝節略

范邦甸等《天一閣書目・雜史類》《撫彝節略》一卷。刊本。

籌時要略

范邦甸等《天一閣書目・雜史類》《籌時要略》一册。刊本。國朝西陵王芝珍輯，沈宜民校。

歷朝捷録

徐𤊹《徐氏家藏書目・旁史類》《歷朝捷録》二卷。顧充，上虞人。

荒史

徐𤊹《徐氏家藏書目・旁史類》《荒史》三卷。陳士元。

錢謙益等《絳雲樓書目・雜史類》《荒史》。明應城陳士選撰。尚論古初，言多悠謬，昔人嘗譏之。

黄虞稷《千頃堂書目・別史類》陳士元《荒史》六卷。

《四庫全書總目提要・別史類存目》《荒史》六卷。兩淮鹽政採進本。明陳士元撰。士元有《易象鈎解》，已著録。是書述洪荒開闢之事。九頭等十紀之前，增以《元始本紀》，言盤古；《二靈本紀》，言天皇、地皇，共爲十二紀。《疏仡紀》則至帝摯止焉，共爲三卷。帝師、帝臣、叛臣三傳各一卷。大抵以羅泌《路史》爲藍本，而稍附益之，皆恍惚無稽之説。胡宏《皇王大紀》未至侈談神異，陳振孫《書録解題》已有「無徵不信」之疑，況動引《道藏》以爲史乎。

邃古記

徐𤊹《徐氏家藏書目・旁史類》《邃古記》八卷。朱謀㙔。

錢謙益等《絳雲樓書目・雜史類》《邃古記》。

黄虞稷《千頃堂書目・別史類》朱謀㙔《邃古記》八卷。

《四庫全書總目提要・別史類存目》《邃古記》八卷。浙江鮑士恭家藏本。明朱謀㙔撰。謀㙔有《周易通》，已著録。是書所記，始於盤古，迄於有虞。提綱紀事，而雜引諸書以爲目。大抵出入於劉恕《外紀》、胡宏《皇王大紀》、羅泌《路史前紀》、金履祥《通鑑前編》之間。所引多緯書荒誕之説，既非信史，又尠異聞。謀㙔號爲博洽，平生著述一百餘種，今不盡傳。其傳者，此爲最劣矣。

世略

徐𤊹《徐氏家藏書目・旁史類》《世略》一卷。

革除編年

徐𤊹《徐氏家藏書目・本朝史類》《革除編年》一卷。吴郡袁祥著。

《四庫全書總目提要・雜史類存目二》《革除編年》。無卷數。浙江范懋柱家天一閣藏本。不著撰人名氏。《浙江通志》作嘉善袁仁撰。而朱彝尊又稱陳洪謨有《革除編年》一書。《明史・藝文志》俱無之。未知孰是也。其書提綱列目，用編年之體，諸臣列傳即詳附目中。大致與諸書所記略同。書末終於建文四年六月己卯。自庚辰以後至乙丑破金川門，凡十日，事俱闕焉，疑殘其末數頁也。

天順日録

徐𤊹《徐氏家藏書目・本朝史類》《天順日録》一卷。李賢。

錢謙益等《絳雲樓書目・本朝國紀》《天順日録》李賢。

李賢《天順日録》二卷。

《明史・藝文志・雜史類》 李賢《天順日録》二卷。

《四庫全書總目提要・雜史類存目二》《天順日録》一卷。浙江汪啟淑家藏本。明李賢撰。賢字原德，鄧州人。宣德癸丑進士。景泰初由文選郎中超拜兵部右侍郎，轉吏部。英宗復位，兼翰林學士，入直文淵閣，歷官華蓋殿大學士，謚文達。事蹟具《明史》本傳。是録隨手紀載，於天順時事頗詳。史稱自三楊以來，得君無如賢者。然自郎署結知景帝，超擢侍郎，而所著書顧謂景帝爲荒淫。今觀此録，於景帝一則曰「荒淫失度」，再則曰「流於荒淫」，毀詆頗爲失實。史之所譏，蓋即指此。又謂「學士王文與太監王誠謀取襄王子爲東宫。昌平侯楊洪不急君父之難，當寇薄宣府，驚惶無措，閉門不出」，頗與正史不合。至於葉盛、岳正、羅倫諸人之事，諱而不言，其他事亦概未紀及，皆未免愛憎之見。然日久論定，是非亦曷可掩也。

皇明傳信録

徐𤊹《徐氏家藏書目・本朝史類》《皇明傳信録》一卷。

應詔録

徐𤊹《徐氏家藏書目・本朝史類》《應詔録》一卷。葉春及。

聖駕南巡録

徐𤊹《徐氏家藏書目・本朝史類》《聖駕南巡日録》一卷。陸深。

錢謙益等《絳雲樓書目・本朝國紀》 陸深《聖駕南巡録》。一卷。

陸深《聖駕南巡録》一卷。

《明史・藝文志・雜史類》 陸深《聖駕南巡録》一卷。

大駕北還録

徐𤊹《徐氏家藏書目・本朝史類》《大駕北還録》一卷。陸深。

陸深《大駕北還録》一卷。

《明史・藝文志・雜史類》 陸深《北還録》一卷。

錢謙益等《絳雲樓書目・本朝國紀》《大駕北還録》。

建文朝野彙編

徐𤊹《徐氏家藏書目・本朝史類》《建文朝野類編》二十卷。屠叔方。

《建文朝野彙編》十二册。屠叔方。

錢謙益等《絳雲樓書目・本朝國紀》 屠叔方《建文朝野彙編》二十卷。萬曆甲申，叔方爲監察御史，嘗上疏請祠謚建文仗節諸臣，恤録其子孫，免諸姻黨之波及謫戍者，得俞旨。歸田後，復輯成是書。首爲編年，次爲列傳，而以傳疑、定論附之，自爲序。

《明史・藝文志・雜史類》 屠叔方《建文朝野彙編》二十卷。

《四庫全書總目提要・雜史類存目三》《建文朝野彙編》二十卷。兩淮馬裕家藏本。明屠叔方撰。叔方，秀水人。萬曆丁丑進士，官至監察御史。其書分遜國編年、報國列傳、建文傳紀、建文定論諸目。蓋雜採野史傳聞之説，裒合成編，大抵沿襲謬傳，不爲信史。至摭《典故輯遺》之謬説，謂宣宗爲惠帝之子，尤無忌憚矣。

列流測

徐𤊹《徐氏家藏書目・本朝史類》《列流測》一卷。唐樞。

法　綴

徐𤊹《徐氏家藏書目・本朝史類》《法綴》一卷。唐樞。

昭代紀要

徐𤊹《徐氏家藏書目・本朝史類》《昭代紀要》。朱懷吴。

世廟寔録

徐𤊹《徐氏家藏書目・本朝史類》《世廟寔録》。

萬曆三大征考

徐𤊹《徐氏家藏書目・本朝史類》《萬曆三大征考》三卷。茅瑞徵。

黄虞稷《千頃堂書目・别史類》茅瑞徵《萬曆三大征考》五卷。《圖説》一卷、《哱氏》一卷、《關白》一卷、《楊應龍》一卷。

《明史・藝文志・雜史類》茅瑞徵《萬曆三大征考》五卷。哱氏、關白、楊應龍。

東事紀寔

徐𤊹《徐氏家藏書目・本朝史類》《東事紀寔》□卷。

近峰記略

徐𤊹《徐氏家藏書目・本朝史類》《近峰記略》一卷。吴皇甫庸。

龍興慈記

徐𤊹《徐氏家藏書目・本朝史類》《龍興慈記》一卷。王文禄。

督師紀略

徐𤊹《徐氏家藏書目・本朝史類》《督師紀略》十三卷。茅元儀。

皇明紀略

徐𤊹《徐氏家藏書目・本朝史類》《皇明紀略》一卷。皇甫録。

西征石城記

徐𤊹《徐氏家藏書目・本朝史類》《西征石城記》一卷。馬文升。

黄虞稷《千頃堂書目・别史類》 馬文升《西征石城記》一卷。

《明史・藝文志・雜史類》 馬文升《西征石城記》一卷。

興復哈密記

徐𤊹《徐氏家藏書目・本朝史類》 《興復哈密記》一卷。馬文升。

黄虞稷《千頃堂書目・别史類》 馬文升《興復哈密記》。

《明史・藝文志・雜史類》 馬文升《興復哈密記》一卷。

北平録

徐𤊹《徐氏家藏書目・本朝史類》 《北平録》一卷。無名氏。

錢謙益等《絳雲樓書目・本朝國紀》 《北平録》。

黄虞稷《千頃堂書目・别史類》 《平北録》一卷。

平胡録

徐𤊹《徐氏家藏書目・本朝史類》 《平胡録》一卷。雲間陸深。

錢謙益等《絳雲樓書目・本朝國紀》 《平胡録》。一卷。陸深撰。

平定交南録

徐𤊹《徐氏家藏書目・本朝史類》 《平定交南録》一卷。邱濬。

黄虞稷《千頃堂書目・别史類》 丘濬《定興王平定交南録》一卷。

《明史・藝文志・雜史類》 丘濬《平定交南録》一卷。

平夷録

徐𤊹《徐氏家藏書目・本朝史類》 《平夷録》一卷。鳳陽趙輔。

黄虞稷《千頃堂書目・别史類》 趙輔《平夷録》一卷。

東征紀行録

徐𤊹《徐氏家藏書目・本朝史類》 《東征紀行録》一卷。無名氏。

征西紀

徐𤊹《徐氏家藏書目・本朝史類》 《征西紀》一卷。徐謹。

可齋雜記

徐𤊹《徐氏家藏書目・本朝史類》 《可齋雜記》二卷。彭時。

繼世紀聞

徐𤊹《徐氏家藏書目・本朝史類》 《繼世紀聞》四卷。陳洪謨。

《四庫全書總目提要・雜史類存目二》 《繼世紀聞》五卷。浙江范懋柱家天一閣藏本。不著撰人名氏。據《明史・藝文志》，亦陳洪謨撰。然此書與《治世餘聞》皆作四卷，此本乃有五卷，其第三卷僅一頁有奇，疑又爲傳寫者誤分也。其書皆記武宗時事。謂韓文等劾劉瑾，司禮監太監王岳等佐之，瑾已垂誅，李東陽黨於瑾，先期漏言，遂不可制，卒成擅權之禍，所以罪東陽者甚至。其事容或有之。至謂張綵於瑾多所匡正，反復爲辨其枉，則公論具在，安能以一手掩乎。

北征録

徐𤊹《徐氏家藏書目・本朝史類》《北征録》一卷。

江海殲渠記

徐𤊹《徐氏家藏書目・本朝史類》《江海殲渠記》一卷。祝允明。

黃虞稷《千頃堂書目・別史類》 祝允明《江海殲渠記》一卷。記劉六、劉七、趙風子事。

《明史・藝文志・雜史類》《江海殲渠記》一卷。紀劉六、劉七、趙風子事。

遵聞録

徐𤊹《徐氏家藏書目・本朝史類》《遵聞録》一卷。梁億。

藩獻記

徐𤊹《徐氏家藏書目・本朝史類》《藩獻記》一卷。朱謀㙔。

乙未私志

徐𤊹《徐氏家藏書目・本朝史類》《乙未私志》一卷。余寅。

黃虞稷《千頃堂書目・別史類》 余寅《乙未私志》。

《四庫全書總目提要・雜史類存目三》《乙未私志》一卷。浙江范懋柱家天一閣藏本。明余寅撰。案明有兩余寅。其一字仲房，歙縣人。與徐渭、沈明臣俱入胡宗憲幕中。《明史》附見《徐渭傳》中。此余寅，鄞縣人，本字君房，晚年改字僧杲。萬曆庚辰進士，官至太常寺少卿。萬曆二十三年乙未冬，帝以軍政失察，貶科道官三十餘人，九卿力諫不納。既而惡大學士陳于陛論救，復命改謫遠方。吏部尚書孫丕揚等再抗疏諫，帝益怒，盡除其名。寅因作此書紀其本末，及貶削諸臣姓名。案《明史・陳于陛傳》載此事作兩都言官，而《孫丕揚傳》則作南京言官，微有不同。據寅所紀，乃北京科道耿隨龍等，南京科道伍文煥等，與《于陛傳》相合。知《丕揚傳》中「南」字，以與「兩」字形似而譌也。

革朝致身録

徐𤊹《徐氏家藏書目・本朝史類》《革朝致身録》一卷。史仲彬。浙板、閩板，二副。

錢謙益等《絳雲樓書目・本朝國紀》《致身録》。僞書。

黃虞稷《千頃堂書目・別史類》 史仲彬《致身録》一卷。錢謙益辨其爲僞作。別有程濟《從亡隨筆》一卷、劉琳《捫膝録》四卷，皆僞書。錢士升輯爲《遜國逸書》，不録。

東便門紀事

徐𤊹《徐氏家藏書目・本朝史類》《東便門紀事》一卷。茅元儀。

靖康盜鑒録

錢謙益等《絳雲樓書目・雜史類》《靖康盜鑒録》一册。

黃虞稷《千頃堂書目・別史類》 胡震亨《靖康盜鑑録》一卷。

《明史・藝文志・雜史類》 胡震亨《靖康盜鑒録》一卷。

遼金小史

錢謙益等《絳雲樓書目・雜史類》 楊循吉《遼金小史》一册。《遼小史》一卷，《金小史》八卷。

黄虞稷《千頃堂書目・别史類》 楊循吉《遼小史》一卷，又《金小史》八卷。

《明史・藝文志・雜史類》 楊循吉《遼金小史》九卷。

文廟聖政記

錢謙益等《絳雲樓書目・本朝國紀》 《文廟聖政記》。

平蜀集

錢謙益等《絳雲樓書目・本朝國紀》 《平蜀集》。

黄虞稷《千頃堂書目・别史類》 《平蜀録》一卷。皆不知撰人。

《四庫全書總目提要・雜史類存目一》 《平蜀記》一卷。户部尚書王際華家藏本。不著撰人名氏。載明洪武四年遣湯和等伐蜀，明昇出降事。後附劉基《平西蜀頌》一篇。末有袁褧跋，稱定遠黄金《開國功臣録》載平蜀事於潁川侯傅友德、德慶侯廖永忠傳中甚詳。惟平章楊璟《與明昇書》，乃詳於斯記云。

平漢録

錢謙益等《絳雲樓書目・本朝國紀》 《平漢録》。一卷。童承叙。

黄虞稷《千頃堂書目・别史類》 童承叙《平漢録》一卷。

《四庫全書總目提要・雜史類存目二》 《平漢録》一卷。户部尚書王際華家藏本。明童承叙撰。承叙字漢臣，沔陽人。正德辛巳進士，官至左春坊左庶子。是編紀太祖平陳友諒事。首載宋濂《平江漢頌》一首，次即載史臣贊一首，而以友諒興滅本末附於其後，謂之《外傳》。

奉天靖難記

錢謙益等《絳雲樓書目・本朝國紀》 《奉天靖難記》。四卷。

黄虞稷《千頃堂書目・别史類》 《奉天靖難記》四卷。不知何人撰。諸多誣僞。

《四庫全書總目提要・雜史類存目一》 《奉天靖難記》四卷。浙江汪啟淑家藏本。不著撰人名氏。紀明成祖初起至即位事，蓋永樂初年人所作。其於懿文太子及惠帝，皆誣以罪惡，極其醜詆。於王師皆斥爲賊。故黄虞稷《千頃堂書目》稱其語多誣僞，殊不可信。按建文元年十一月，成祖戰勝白溝河，上惠帝書，并移檄天下，軍中倉卒，語多可笑。《姜氏秘史》所載，最得其真。是書於《上惠帝書》頗有删潤，而《移檄》則置之不録，則其文飾概可見矣。

奉天刑賞録

錢謙益等《絳雲樓書目・本朝國紀》 《奉天刑賞録》。一卷。袁褧。記靖難後大刑賞也。

黄虞稷《千頃堂書目・别史類》 袁褧《奉天刑賞録》一卷。

《明史・藝文志・雜史類》 袁褧《奉天刑賞録》一卷。

《四庫全書總目提要・雜史類存目二》 《奉天刑賞録》一卷。户部尚書王際華家藏本。自題「懶生袁子」，不著其名。以《千頃堂書目》考之，蓋袁褧所撰也。其書皆紀成祖靖難時爵賞誅戮之事。多本都穆《壬午功臣録》、無名氏《教坊録》，復雜採《客座新聞》、《震澤紀聞》、《立齋閒録》諸書以附益之。所載建文死事諸臣家屬被禍慘毒，殆非人理。稱皆得於官府故牘，似不盡誣。成祖毒虐之政，至於此極，亦可證史書所載，尚未能得其什一矣。

靖難録

錢謙益等《絳雲樓書目・本朝國紀》《靖難録》。

革除編年略

錢謙益等《絳雲樓書目・本朝國紀》《革除編年略》。陳洪謨輯。

黄虞稷《千頃堂書目・別史類》 武陵免歸漁叟《革除編年》三卷。不著名。或云陳洪謨作。

革除録

錢謙益等《絳雲樓書目・本朝國紀》《革除録》。宋端儀。字孔時，莆田人。成化中進士。明代紀革除事者，自此書始。又泰州儲洵著《革除録》。洵字平甫。正德辛未進士。

黄虞稷《千頃堂書目・別史類》 宋端儀《革除録》。

建文備遺録

《明史》 張芹《建文備遺録》二卷。

吴壽暘《拜經樓藏書題跋記・卷二》《備遺録》。《備遺録》一册，不分卷，題「後學新淦張芹編輯，後學清江敖英校正」。張序云：「録中四十六人，其爵里名氏皆閩中宋君端儀嘗采輯爲録，而未成者。予因旁加考摭，得其間二十餘人事略，類而萃之，以爲斯録。」所載記皆靖難死節諸臣事蹟，無考者二十六人，第書爵里於後。卷末敖英跋。此册亦倦圃藏書，圖記與面頁題字並與《名相贊》同。

錢謙益等《絳雲樓書目・本朝國紀》《備遺録》二卷。孫芹。記齊黄諸臣死於建文之難者。序文正德丙子作。

姜氏秘史

錢謙益等《絳雲樓書目・本朝國紀》《姜氏秘史》。姜清，字源甫，弋陽人。正德辛巳進士，歷官尚寶少卿。

黄虞稷《千頃堂書目・別史類》 姜清《姜氏秘史》一卷。弋陽人。正德辛未進士，由考功郎歷尚寶少卿。仿實録編年法，記建文事，諸臣附見焉。

《明史・藝文志・雜史類》 姜清《秘史》一卷。

《四庫全書總目提要・雜史類存目二》《姜氏秘史》一卷。浙江汪啟淑家藏本。明姜清撰。清，弋陽人。正德辛未進士，官至尚寶司少卿。自靖難之後，建文一朝事蹟大抵遺失。是書於故案文集搜輯遺聞，編年紀載。至於地道出亡等事，則未嘗載及。紀録頗見精核。案《明史稿・例議》，辨野史所載「建文元年二月燕王來朝，行御道，登陛不拜，爲御史曾鳳韶所劾」，以爲必無之事。而是書載鳳韶劾燕王事，云「本《吉安府志》」。又證以南京錦衣百户潘瑄貼黄册内載「校尉潘安三月二十三日叙撥隨侍燕王還北平陸坐」云云。據此，則來朝明矣，第不知所云潘瑄貼黄者，果足徵信否也。又世傳王艮於成祖入城前一日，與胡靖、解縉集吴溥舍，靖、縉陳説慷慨，艮流涕而已。其後獨艮死節。是書載其事而辨之，以爲艮家譜載艮以建文辛巳九月卒，上遣黄觀諭祭，未嘗及成祖之來也。其言似乎可據。然革除之際，誅鋤異己，凡效忠於建文者，皆禍及子孫。安知王氏家譜非爲宗族之計，諱其死難以自全，未必遽爲定論。《明史》艮傳仍用前説，蓋必有所考也。

革除續録

錢謙益等《絳雲樓書目・本朝國紀》 何孟春《革除續録》。

立齋閒録

錢謙益等《絳雲樓書目·本朝國紀》 宋端儀《立齋閒録》。

黄虞稷《千頃堂書目·别史類》 宋端儀《立齋閒録》四卷。

《明史·藝文志·雜史類》 宋端儀《立齋閒録》四卷。

建文書法擬

錢謙益等《絳雲樓書目·本朝國紀》 朱鷺《建文書法擬》。

黄虞稷《千頃堂書目·别史類》 朱鷺《建文書法擬》四卷。《擁絮迂談》附。

《明史·藝文志·雜史類》 朱鷺《建文書法擬》四卷。

《四庫全書總目提要·雜史類存目三》 《建文書法擬》五卷。江蘇巡撫採進本。明朱鷺撰。鷺字白民，吴縣人。其書作於萬曆乙未詔復革除年號之時。蓋欲上之於朝以補國史，故稱曰「擬」，而署名自稱曰臣。其書前編一卷，紀惠帝初生至爲太孫時事。正編二卷，記惠帝在位四年事。體例全仿朱子《通鑑綱目》。附編二卷，則雜録明人之論述。卷首冠以《頌聖德》十條，紀明歷朝恕待惠帝君臣之旨。《述公論》六條，紀歷朝請復革除年號之奏章。《擬書法》十六條，則自叙其紀事之例。其論惠帝之失，惟在削宗藩，變祖制，持論未嘗不正。惟行遯從亡，尚沿舊説。又成祖未即位以前，削帝稱王，於義雖當，然不宜出於明之臣子。至序末題識一條，稱萬曆甲午，夢明太祖示以「一朝表譜」四金字，次日具奏，焚孝陵下，復夢太祖召見，則幾於妖言矣。

擁絮迂談

錢謙益等《絳雲樓書目·本朝國紀》 《擁絮迂談》。朱鷺。

革朝志

錢謙益等《絳雲樓書目·本朝國紀》 許相卿《革朝志》。十卷。

黄虞稷《千頃堂書目·别史類》 許相卿《革朝志》十卷。

《明史·藝文志·雜史類》 許相卿《革朝志》十卷。

《四庫全書總目提要·雜史類存目二》 《革朝志》十卷。兩淮鹽政採進本。明許相卿撰。相卿有《史漢方駕》，已著録。是編記建文一朝君臣始末。仍用記傳之體，而以門目分褒貶。一曰君紀。二曰閫宫傳，記后妃、諸王。三曰死難列傳，記方孝孺等四十八人。四曰死事列傳，記鐵鉉等四十人。五曰死志列傳，記黄鉞等八人。六曰死遁列傳，記彭與明等十六人。七曰死終列傳，記王度等三人。八曰傳疑列傳，記王璡等十二人。九曰别傳，記沐春等六人。十曰外傳，記李景隆等二十五人。其説仍主出亡爲僧，故有死遁一傳。其持論非不正，然革除年號，當時格於祖宗之所廢，不敢遽復。相卿不奏論於朝廷之上，而私著一書以復之，於義反有所未安矣。

北征記

錢謙益等《絳雲樓書目·本朝國紀》 楊崇《北征記》。一卷。

黄虞稷《千頃堂書目·别史類》 楊榮《北征記》一卷。

《明史·藝文志·雜史類》 楊榮《北征記》一卷。

正統臨戎録

錢謙益等《絳雲樓書目·本朝國紀》 《正統臨戎録》。一卷。楊銘。原名哈銘，蒙古人。英宗北狩還，銘以侍從功，歷官錦衣指揮使，賜姓名楊銘。

黄虞稷《千頃堂書目·别史類》 楊銘《正統臨戎録》一卷。

《明史・藝文志・雜史類》楊銘《正統臨戎録》一卷。

《四庫全書總目提要・雜史類存目二》《正統臨戎録》一卷。浙江范懋柱家天一閣藏本。不著撰人名氏。記明英宗北狩始末。考《明史・藝文志》，有楊銘《正統臨戎録》一卷。此書末專叙銘官職陞遷之事，當即銘所述也。銘本名哈銘，蒙古人，幼從其父爲通事。至英宗北狩，銘與袁彬俱隨侍，及從帝還，賜姓楊。數奉使外蕃爲通事。孝宗立，汰傳奉官，銘以塞外侍衛功，獨如故。以壽卒於官。事蹟附見《明史・袁彬傳》。此書所記，與《北徵事蹟》略同，而詳悉過之。惟首尾俱作通俗語，蓋銘未必知書，當時口述，令人書之於册爾。

使北録

錢謙益等《絳雲樓書目・本朝國紀》李侍郎實《使北録》。

黄虞稷《千頃堂書目・別史類》李實《使北録》一卷。給事中。

《明史・藝文志・雜史類》李實《使北録》一卷。

虜中録

錢謙益等《絳雲樓書目・本朝國紀》《虜中録》。

北征事蹟

錢謙益等《絳雲樓書目・本朝國紀》《正統北征事蹟》。一卷。袁彬。

黄虞稷《千頃堂書目・別史類》袁彬《北征事蹟》一卷。一作尹宜。

《明史・藝文志・雜史類》袁彬《北征事蹟》一卷。

《四庫全書總目提要・雜史類存目二》《北征事蹟》一卷。浙江范懋柱家天一閣藏本。明袁彬撰。彬字文質，江西新昌人。以錦衣衛校尉從英宗北狩，護蹕南歸，官至掌錦衣衛都督僉事，莅前軍都督府。事蹟具《明史》本傳。是編乃憲宗初年詔詢從行事蹟，彬具述本末上之，宣付史館。書中首尾，皆用題本之式。末有成化元年七月二十二日所奉諭旨，蓋即當時録進本也。所述與劉定之《否泰録》大略相似，然有《否泰録》所載而是書闕者，亦間有互異者。如《否泰録》有正統十四年十一月二十三日額森遣使求索大臣迎駕，及景泰元年正月初七日英宗書至求索大臣來迎二事，此書皆未載。又《否泰録》稱天順元年七月初一日李實、羅綺、馬顯等至額森營，十三日見英宗，而是書載在五月內《明史》本紀則載在六月。其他與《明史》異者，若喜寧等燒燬紫荊關，殺都御史孫祥事，此書在正統十四年九月，而《明史》則在十月。彬日侍英宗左右，其見聞當獨真。而所記與他書輒有異同。豈其書上於成化元年，距從征之年前後凡十有七載，諸所記憶，或有疑闕歟。《千頃堂書目》載此書，云「一作尹宣撰」，未知何據，似不然也。

弇山堂別集

錢謙益等《絳雲樓書目・本朝國紀》《弇山堂別集》十六册。

黄虞稷《千頃堂書目・別史類》王世貞《弇山堂別集》一百卷。

《明史・藝文志・雜史類》王世貞《弇山堂別集》一百卷。

《四庫全書總目提要・雜史類》《弇山堂別集》一百卷。兩江總督採進本。明王世貞撰。世貞字元美，太倉人。嘉靖丁未進士。官至南京刑部尚書。事蹟具《明史・文苑傳》。是書載明代典故。凡盛事述五卷，異典述十卷，奇事述四卷，史乘考誤十一卷，表三十四卷，分六十七目，考三十六卷，分十六目。世貞自序云：「是書出，異日有裨於國史者，十不能二；耆儒掌故取以考證，十不能三；賓幙酒筵，以資談謔，參之十或可得四。其用如是而已。」然其間如史乘考誤，及諸侯王百官表、親征、命將、謚法、兵制、市馬、中官諸考，皆能辨析精覈，有裨考證。蓋明自永樂間改脩《太祖實録》，誣妄尤甚。其後累朝所脩實録，類皆闕漏疎蕪。而民間野史競出，又多憑私心好惡，誕妄失倫。史愈繁，而是非同異之蹟愈顛倒而失其實。世貞承世家文獻，熟悉朝章，復能博覽羣書，多識於前言往行，故其所述，頗爲詳洽。雖徵事既多，不無小誤。又所爲各表，多不依旁行斜上之體，所失正與雷禮相同。其盛事、奇事諸述，頗涉談諧，亦非史體。然其大端可信，此固不足以爲病矣。

丁戌小志

錢謙益等《絳雲樓書目・本朝國紀》 王氏《丁戌小志》十五册。

皇明啓運録

錢謙益等《絳雲樓書目・本朝國紀》 邵相《皇明啓運録》。

黄虞稷《千頃堂書目・别史類》 邵相《皇明啓運録》八卷。號恥齋。一作陳健。

《明史・藝文志・雜史類》 邵相《皇明啓運録》八卷。

車駕幸第録

錢謙益等《絳雲樓書目・本朝國紀》 楊一清《車駕幸第録》。

《明史・藝文志・雜史類》 楊一清《車駕幸第録》二卷。

聖駕重幸太學録

錢謙益等《絳雲樓書目・本朝國紀》《聖駕重幸太學録》。

諭對録

錢謙益等《絳雲樓書目・本朝國紀》 張孚敬《諭對録》。一卷。

黄虞稷《千頃堂書目・别史類》 張孚敬《諭對》三十四卷。

《明史・藝文志・雜史類》 張孚敬《諭對録》三十四卷。

病榻遺言

錢謙益等《絳雲樓書目・本朝國紀》《病榻遺言》。一卷。高拱。

黄虞稷《千頃堂書目・别史類》 高拱《病榻遺言》一卷。

罪謫録

錢謙益等《絳雲樓書目・本朝國紀》《罪謫録》。張謙。記張鶴齡事。

黄虞稷《千頃堂書目・别史類》 張謫《罪謫録》。記張鶴齡事。

滇南記亂録

錢謙益等《絳雲樓書目・本朝國紀》《滇南記亂録》。常熟老儒倪鉅著。倪于萬曆中客滇南，遇阿克之亂，故詳記之。

黄虞稷《千頃堂書目・别史類》 倪鉅《滇南紀亂録》一卷。字偉長，常熟人。

緝獲妖書事跡

錢謙益等《絳雲樓書目・本朝國紀》《緝獲妖書事跡》四册。

永昭二陵信史

錢謙益等《絳雲樓書目・本朝國紀》《永昭二陵信史》。沈景倩《野獲編》極貶此書，云「自名爲信，他人何嘗信之」。《傳信録》亦然。

實録文册

張萱等《内閣藏書目録・史部》《實録文册》一册全。順天府題稿、行移，皆纂修實録事件也。

皇明泳化類編

張萱等《内閣藏書目録・史部》《皇明泳化類編》。不全。庚午年鄧球著。凡十七卷，一文翰，二屯政，三貞逸，四使命，五冠服，六喪服，皆國朝事實制度也。

黄虞稷《千頃堂書目・别史類》 鄧球《皇明泳化類編》一百三十六卷。祁陽人。嘉靖己未進士。編於隆慶中。

仁宗聖政記

黄虞稷《千頃堂書目・國史類》《仁宗聖政記》二卷。

宏簡録

黄虞稷《千頃堂書目・通史類》 邵經邦《宏簡録》二百五十四卷。繼鄭樵《通志》之後，起唐五代迄宋遼金，合五史爲一。正前史之踳駁，删其繁蕪。分類凡十有四。

《明史・藝文志・正史類》 邵經邦《弘簡録》二百五十卷。

張之洞《書目答問・别史類》《宏簡録》二百五十四卷。明邵經邦。通行本。是書意在續《通志》，成古今通史。特不能續其二十略。無力購宋、遼、金三史者，可以此書代之。

學史會同

黄虞稷《千頃堂書目・通史類》 邵經邦《學史會同》三百卷。起帝皇三代以迄於隋，依鄭氏《通志》，别爲之紀傳，而加以論斷。

《明史・藝文志・正史類》 邵經邦《學史會同》三百卷。

史　類

黄虞稷《千頃堂書目・通史類》 吴琉《史類》六百卷。字汝秀，號甘泉，長興人。

《明史・藝文志・雜史類》 吴琉《史類》六百卷。

史書大全

黄虞稷《千頃堂書目・通史類》 魏國顯《史書大全》五百十二卷。帝紀一百七卷，列傳四百五卷。

《明史・藝文志・雜史類》 魏國顯《史書大全》五百十二卷。

三才考

黄虞稷《千頃堂書目・通史類》 魏國顯《三才考》四十六卷。

二史會編

黄虞稷《千頃堂書目・通史類》 況叔祺《二史會編》十六卷。合《史》、《漢》。

歷代史彙

黄虞稷《千頃堂書目・通史類》 楊寅冬《歷代史彙》二百四十卷。泰興人。楊寅秋弟，有孝行稱。

西園彙史

黄虞稷《千頃堂書目・通史類》 張萱《西園彙史》□□□卷。

彙史義例

黄虞稷《千頃堂書目・通史類》 張萱《彙史義例》二卷。

學海君道部

黄虞稷《千頃堂書目・通史類》 饒伸《學海君道部》二百三十四卷。《世系》一百四十三卷、《創業》五十卷、《中興》五卷、《繼統》二十五卷、《餘氛》五卷。全書甚多，行世者僅此一類。續成《大禮》、《大祀》、《征伐》等部，又三百餘卷，未見。

《明史・藝文志・正史類》 饒伸《學海君道部》二百三十四卷。

史　統

黄虞稷《千頃堂書目・通史類》 鄭郊《史統》一百四十六卷。

史　書

黄虞稷《千頃堂書目・通史類》 姚允明《史書》十卷。休寧人。

御製孝陵碑

黄虞稷《千頃堂書目・别史類》 成祖《御製孝陵碑》一卷。

記事録

黄虞稷《千頃堂書目・别史類》 俞本《記事録》二卷。

《明史・藝文志・雜史類》 俞本《記事録》二卷。

雲南機務鈔黄

黄虞稷《千頃堂書目・别史類》 張紞《雲南機務鈔黄》一卷。

《明史・藝文志・雜史類》 張紞《雲南機務鈔黄》一卷。

《四庫全書總目・雜史類存目一》 《雲南機務鈔黄》一卷。户部尚書王際華家藏本。明張紞編。紞字季昭，富平人。洪武初，以通經舉送京師，歷官雲南左布政使，召爲吏部尚書。燕王篡立，仍其故官。後以建文時變亂祖制事詰責，紞懼自殺。事蹟具《明史》本傳。是編乃洪武初以雲南梁王未下，命潁川侯傅友德等帥師征之，紞以左參政在行間。後平定雲南，紞擢布政使，留治其地。因檢閲録黄藁本，取前後制敕詔誥之文有關軍務者，彙爲一編，藏之文廟尊經閣。自十五年二月至二十一年七月，凡三十七篇。紞自爲之序。《明史》本傳載紞出爲左參政在平定雲南之後，殆偶未考紞此序歟。

造邦勳賢録

黄虞稷《千頃堂書目・別史類》 王禕《造邦勳賢略》一卷。

翊運録

黄虞稷《千頃堂書目・別史類》 劉基《翊運録》二卷。

《明史・藝文志・雜史類》 劉基《翊運録》二卷。

閣門恩遇録

黄虞稷《千頃堂書目・別史類》 劉璟《閣門恩遇録》一卷。

萬乘肇基録

黄虞稷《千頃堂書目・別史類》 夏原吉《萬乘肇基録》一卷。

《明史・藝文志・雜史類》 夏原吉《萬乘肇基録》一卷。

在田録

黄虞稷《千頃堂書目・別史類》 張定《在田録》一卷。

翦勝野聞

黄虞稷《千頃堂書目・別史類》 徐禎卿《翦勝野聞》一卷。

興濠開基録

黄虞稷《千頃堂書目・別史類》 卞瑺《興濠開基録》一卷。

《明史・藝文志・雜史類》 卞瑺《興濠開基録》一卷。

明初略

黄虞稷《千頃堂書目・別史類》 孫宜《明初略》二卷。

《明史・藝文志・雜史類》 孫宜《明初略》二卷。

平元録

黄虞稷《千頃堂書目・別史類》 陸深《平元録》一卷。

《明史・藝文志・雜史類》 陸深《平元録》一卷。

洪武輯遺

黄虞稷《千頃堂書目・別史類》 梁億《洪武輯遺》二卷。廣東人。

《明史・藝文志・雜史類》 梁億《洪武輯遺》二卷。

洪武聖政纂

黄虞稷《千頃堂書目·别史類》 董穀《洪武聖政纂》二卷。

造夏略

黄虞稷《千頃堂書目·别史類》 范守己《造夏略》二卷。

《明史·藝文志·雜史類》 范守己《造夏略》二卷。

高廟聖政記

黄虞稷《千頃堂書目·别史類》 唐志大《高廟聖政記》二十四卷。字士迪，上海人。嘉靖辛丑進士，南京行人司左司副。其書於元明之際考據事實尤詳。

《明史·藝文志·雜史類》 唐志大《高廟聖政記》二十四卷。

聖　典

黄虞稷《千頃堂書目·别史類》 周藩宗正睦㮮《聖典》三十四卷。

《明史·藝文志·雜史類》 朱睦㮮《聖典》三十四卷。

《四庫全書總目·雜史類》 《聖典》二十四卷。山東巡撫採進本。明朱睦㮮撰。睦㮮有《易學識遺》，已著録。是書紀太祖開國事蹟，分八十一目。仿《貞觀政要》之體，視宋濂《洪武聖政記》所載較詳。

皇明四大法

黄虞稷《千頃堂書目·别史類》 何棟如《皇祖四大法》十二卷。字子極，南京留守左衛人。萬曆戊戌進士，授襄陽府推官。沈税璫、陳奉爪牙於江，璫黨激變楚會城。坐是下詔獄，四年乃釋。光宗立，起南京職方主事，尋加太僕寺少卿。坐冒餉募兵，再下錦衣北司，崇禎元年始釋出。尋卒。

《明史·藝文志·雜史類》 何棟如《皇明四大法》十二卷。

《四庫全書總目·别史類》 《明祖四大法》十二卷。内府藏本。明陳棟如撰。棟如字子極，無錫人。萬曆戊戌進士，官至太僕寺少卿。事蹟附見《明史·馮應京傳》。是書乃其自襄陽推官下獄釋歸時所輯。以明太祖事實分心法、治法、祀法、兵法四門，皆於寶訓、實録中擇其有關政體者，分條類載。蓋本宋濂《聖政記》而擴充之。然配隸多未切合，詳略亦往往失中，不足以資檢核也。

訓行録

黄虞稷《千頃堂書目·别史類》 楊起元《訓行録》三卷。一名《近光録》。

皇明開天玉律

黄虞稷《千頃堂書目·别史類》 王象乾《皇明開天玉律》四卷。分録太祖聖訓曰事天、恤民、勤政、聖學、訓儲、用人、求言、慎刑、理財、止税、弭災、保業，凡十有三篇，而附以論説。萬曆三十八年奏進御覽。

洪武聖政記

黄虞稷《千頃堂書目·别史類》 趙琦美《洪武聖政記》三十二卷。

和陽開天記

黄虞稷《千頃堂書目・别史類》 戴重《和陽開天記》。字敬夫，和州人。貢士。

《明史・藝文志・雜史類》 戴重《和陽開天記》一卷。

太祖實録辨證

黄虞稷《千頃堂書目・别史類》 錢謙益《太祖實録辨證》三卷。

《明史・藝文志・雜史類》 錢謙益《太祖實録辨證》三卷。

椒宮舊事

黄虞稷《千頃堂書目・别史類》 王達《椒宮舊事》一卷。

東朝記

黄虞稷《千頃堂書目・别史類》 王泌《東朝記》一卷。

聖君初政記

黄虞稷《千頃堂書目・别史類》 沈文《聖君初政記》一卷。

建文私記

黄虞稷《千頃堂書目・别史類》 袁祥《建文私記》一卷。

《明史・藝文志・雜史類》 袁祥《建文私記》一卷。

建文事跡

黄虞稷《千頃堂書目・别史類》 《建文事跡》一卷。不知撰人。

國史補遺

黄虞稷《千頃堂書目・别史類》 孫交《國史補遺》六卷。

《明史・藝文志・雜史類》 孫交《國史補遺》六卷。

建文逸史

黄虞稷《千頃堂書目・别史類》 陸時中《建文逸史》。字幼真，歸安人。嘉靖壬午舉人。

建文野史

黄虞稷《千頃堂書目・别史類》 王會《建文野史》。漳浦人。嘉靖甲午舉人。

遜國記

黄虞稷《千頃堂書目・别史類》 周藩宗正睦㮮《遜國記》二卷。

《明史・藝文志・雜史類》 朱睦㮮《遜國記》二卷。

建文史待

黄虞稷《千頃堂書目・别史類》 陳繼儒《建文史待》。

《四庫全書總目提要・雜史類存目三》 《建文史待》。無卷數。内府藏本。明陳繼儒撰。繼儒字仲醇，松江華亭人。事蹟具《明史・隱逸傳》。是書乃所輯建文事蹟。前列引用書凡一百二十六種。首爲遜國編年，次報國列傳，次有官職而姓名無考者四人，次有姓名而官職無考者七人，次隱遁十五人，次宫闈十五人，末附以建文傳疑，則遜國出亡之説也。

壬午書

黄虞稷《千頃堂書目・别史類》 陳仁錫《壬午書》二卷。

《明史・藝文志・雜史類》 陳仁錫《壬午書》二卷。

遜國逸書

黄虞稷《千頃堂書目・别史類》 錢士升《遜國逸書》。《致身録》、《從亡隨筆》、《捫膝録》，皆僞書。

讓皇帝本紀

黄虞稷《千頃堂書目・别史類》 周遠令《讓皇帝本紀》三卷。

御製長陵神功聖德碑

黄虞稷《千頃堂書目・别史類》 宣宗《御製長陵神功聖德碑》一卷。

壬午功臣爵賞録

黄虞稷《千頃堂書目・别史類》 都穆《壬午功臣爵賞録》一卷。

《明史・藝文志・雜史類》 都穆《壬午功臣爵賞録》一卷。

《四庫全書總目提要・雜史類存目二》 《壬午功臣爵賞録》一卷、《壬午功臣别録》一卷。左都御史張若淮家藏本。明都穆撰。穆字元敬，吴縣人。弘治己未進士，官至禮部主客司郎中，加太僕寺少卿，致仕。燕王篡立以後，封賞功臣，藏其籍於有司。正德壬申九月，穆官禮部，簡視故牘，得其名數而繕寫失次，因略加修整，編成《爵賞録》一卷，凡三十三人。後二月復得指揮而下功賞之數，又次第爲《别録》一卷，以補前録之闕。建文五年歲在壬午，革除以後稱洪武三十五年，次年乃改元永樂云。

壬午功臣别録

黄虞稷《千頃堂書目・别史類》 都穆《壬午功臣别録》一卷。穆既成《前録》，又得指揮而下功賞之數，仍次序之。

《明史・藝文志・雜史類》 《壬午功臣别録》一卷。

革朝遺忠録

黄虞稷《千頃堂書目・别史類》 袁褧《革朝遺忠録》二卷。嘉興人。

順命録

黄虞稷《千頃堂書目·别史類》 郁袞《順命録》一卷。

《明史·藝文志·雜史類》 郁袞《順命録》一卷。

安南事宜

黄虞稷《千頃堂書目·别史類》 黄福《安南事宜》一卷。

《明史·藝文志·雜史類》 黄福《安南事宜》一卷。

征安南事蹟

黄虞稷《千頃堂書目·别史類》 《征安南事蹟》一卷。不知撰人。

太宗政要

黄虞稷《千頃堂書目·别史類》 霍韜《太宗政要》一卷。

仁宗政要

黄虞稷《千頃堂書目·别史類》 霍韜《仁宗政要》一卷。

皇明開泰録

黄虞稷《千頃堂書目·别史類》 吴桂森《皇明開泰録》。萬曆中無錫布衣。

國史類記

黄虞稷《千頃堂書目·别史類》 張以誠《國史類記》一卷。

名臣寧攘編

黄虞稷《千頃堂書目·别史類》 項鼎鉉《名臣寧攘編》三十卷。

《明史·藝文志·雜史類》 項鼎鉉《名臣寧攘編》三十卷。

昭代武功録

黄虞稷《千頃堂書目·别史類》 范景文《昭代武功録》十卷。分二類：曰親征，曰勳績。自洪、永迄萬曆四十七年等事。

《明史·藝文志·雜史類》 范景文《昭代武功録》十卷。

函雅堂雜記

黄虞稷《千頃堂書目·别史類》 《函雅堂雜記》。

國事雜志

黄虞稷《千頃堂書目・别史類》《國事雜志》。

昭代芳模

黄虞稷《千頃堂書目・别史類》 徐昌治《昭代芳模》三十五卷。字覲周。崇禎中編。起太祖，止熹宗，編年。

皇明大政纂

黄虞稷《千頃堂書目・别史類》 曾仕鑑《皇明大政纂》。字人倩，南海人。萬曆乙酉舉人，户部主事。

革除遺事

黄虞稷《千頃堂書目・别史類》 符驗《革除遺事》十六卷。黄巖人。

拾遺書

黄虞稷《千頃堂書目・别史類》 林塾《拾遺書》一册。蒲陽人。

遜國忠記

黄虞稷《千頃堂書目・别史類》 周鑣《遜國忠記》十八卷。

李周傳

黄虞稷《千頃堂書目・别史類》 程元初《李周傳》十二卷。

古史記

黄虞稷《千頃堂書目・别史類》 朱統鐠《古史記》四十卷。

古史補

黄虞稷《千頃堂書目・别史類》 包宗吉《包氏古史補》二百卷。

《明史・藝文志・雜史類》 包宗吉《古史補》二百卷。

漢雜事祕辛

黄虞稷《千頃堂書目・别史類》《漢雜事祕辛》一卷。楊慎得于安寧土官家，不知何人作。

五胡指掌録

黄虞稷《千頃堂書目・别史類》 張大齡《五胡指掌録》六卷。

晉唐指掌

黄虞稷《千頃堂書目・别史類》 張大齡《晉唐指掌》四卷。

唐藩鎮指掌

黄虞稷《千頃堂書目・别史類》 張大齡《唐藩鎮指掌》一卷。眉山人。

南北史摭言

黄虞稷《千頃堂書目・别史類》 錢穀《南北史摭言》。

新舊唐書折衷

黄虞稷《千頃堂書目・别史類》 袁祥《新舊唐書折衷》二十四卷。袁黄祖。

平巢事蹟考

黄虞稷《千頃堂書目・别史類》 茅元儀《平巢事蹟考》一卷。

《四庫全書總目提要・雜史類存目三》 《平巢事蹟考》一卷。兩江總督採進本。明茅元儀撰。是編因明季流賊猖獗，官兵不能禦，元儀建策，欲用宣大降丁勦之。因謂唐黄巢發難時，沙陀五百即能殲其衆。而唐人疑不肯用，迄至亡國。故叙録其事，冀鑒其禍而用己説。其大旨見自序中，然亦一偏之見。自古以來，召外兵以救内難，無論克與不克，未有不終於致亂者也。書中所載，始於唐僖宗乾符元年王仙芝作亂，迄於中和四年平黄巢，皆全勦《資治通鑑》之文。有删除他事不盡者，如乾符五年鄭畋、盧攜憤争南詔事是也。有偶遺本事者，如廣明元年漏載義武軍節度使王處存舉兵入援，而其下叙王重榮事，突出處存之名，莫知所自來是也。蓋元儀姑借巢事以寄意，故疎略至於如是耳。

韓范經略西夏紀

黄虞稷《千頃堂書目・别史類》 李維楨《韓范經略西夏始末紀》一卷。

《明史・藝文志・雜史類》 李維楨《韓范經略西夏紀》一卷。

宋西事案

黄虞稷《千頃堂書目・别史類》 張鼒《宋西事案》一卷。

宋紀受終考

黄虞稷《千頃堂書目・别史類》 程敏政《宋紀受終考》一卷。

宋史補

黄虞稷《千頃堂書目・别史類》 王昂《宋史補》。字仰之，揭陽人。成化甲辰進士，太僕寺丞。

宋蓍龜録

黄虞稷《千頃堂書目・别史類》 楊譓《宋蓍龜録》。本浦城人，明初徙家太倉。與秦玉、袁華爲友。

宋賢事彙

黄虞稷《千頃堂書目・别史類》 李廷機《宋賢事彙》二卷。

《明史・藝文志・雜史類》 李廷機《宋賢事彙》二卷。

北盟會編抄

黄虞稷《千頃堂書目・别史類》 錢謙益《北盟會編抄》三卷。

宋行朝録

黄虞稷《千頃堂書目・别史類》 宋端儀《宋行朝録》。

宋史辨疑

黄虞稷《千頃堂書目・别史類》 宋諫《宋史辨疑》。

宣靖備史

黄虞稷《千頃堂書目・别史類》 陳霆《宣靖備史》。

元史輯要

黄虞稷《千頃堂書目・别史類》 尤義《元史輯要》。字從道，吴人。洪武中湖廣布政司經歷。

元史舉要

黄虞稷《千頃堂書目・别史類》 陳濟《元史舉要》。

元史外聞

黄虞稷《千頃堂書目・别史類》 《元史外聞》十卷。不知撰人。

元史略

黄虞稷《千頃堂書目・别史類》 劉實《元史略》。

元史略

黄虞稷《千頃堂書目・别史類》 張延登《元史略》二卷。

元史提綱

黄虞稷《千頃堂書目・别史類》 葉夔《元史提綱》。武進人。汝陽訓導。

元史正舉

黄虞稷《千頃堂書目・别史類》 吕光洵《元史正舉》。

至正近記

黄虞稷《千頃堂書目・别史類》 吴源《至正近記》二卷。
《明史・藝文志・雜史類》 吴源《至正近記》二卷。

樵史補遺

黄虞稷《千頃堂書目・别史類》 秦約《樵史補遺》。

史　鉞

黄虞稷《千頃堂書目・别史類》 晏璧《史鉞》二十卷。

史外類鈔

黄虞稷《千頃堂書目・别史類》 都穆《史外類鈔》。

歷代小史

黄虞稷《千頃堂書目・别史類》 李栻《歷代小史》一百五卷。

臞仙史略

黄虞稷《千頃堂書目・别史類》 寧獻王權《臞仙史略》二卷。臞仙，王别號也。

永樂年表

《明史・藝文志・正史類》 《永樂年表》四卷。

洪熙年表

《明史・藝文志・正史類》 《洪熙年表》二卷。

宣德年表

《明史・藝文志・正史類》 《宣德年表》四卷。

明　書

《明史・藝文志・雜史類》 鄧元錫《明書》四十五卷。

《四庫全書總目提要・別史類存目》《明書》四十五卷。浙江鮑士恭家藏本。

明鄧元錫撰。是書所紀,起於太祖,終於世宗。凡帝典十卷,后妃内紀一卷,外戚傳一卷,宦官傳一卷,臣謨五卷,名臣九卷,循吏三卷,能吏一卷,忠節一卷,將謨一卷,名將一卷,理學三卷,文學二卷,篤行一卷,孝行義行貨殖方技共一卷,心學三卷,列女一卷。案二十二史皆列后妃於傳,惟《後漢書》以后爲紀,爲後儒所譏,元錫獨尊用之,殊爲乖剌。他如分臣謨、名臣、將謨、名將,又別篤行、義行於孝行之外,則皆元錫之創例,繁碎亦甚。至於道學之外,別立心學一門。考元錫之學淵源於王守仁,而不盡宗其説。當心學盛行之時,皆謂學惟求覺,不必致力羣書。元錫力排其説,別心學於道學之外,其説固是。然史者紀一代之政事,其他皆在所輕。《宋史》別道學於儒林,已爲門户。此更別心學於道學,是學案而非國史矣。若夫史家之例,必列外戚、宦官於各傳之後。茲先外戚,次宦者,而臣謨諸傳又次之,次序顛倒,尤不可解。至以張璁、桂萼列於臣謨,則曲筆更不免矣。

嘉隆聞見紀

《明史・藝文志・雜史類》 沈越《嘉隆聞見紀》十二卷。

明繩武編

《明史・藝文志・雜史類》 吳瑞登《明繩武編》三十四卷。

英廉《抽毀書目》《皇明繩武編》十二本。查《皇明繩武編》,係明吳瑞登撰。其書所紀,俱明穆宗以前諸帝事蹟。書内卷二永樂三年按語一段,卷四洪武丁未年一段,卷五隆慶元年一段,卷九嘉靖庚戌一段,卷十八永樂十年一段,卷二十六隆慶元年一段、弘治十四年一段,卷三十一第十頁按語一段,卷三十二汪直大藤峽一段,俱有偏謬語,應請抽燬。

《四庫全書總目提要・雜史類存目三》《繩武編》三十四卷。浙江巡撫採進本。明吳瑞登撰。瑞登有《兩朝憲章録》,已著録。是編成於萬曆壬辰,以洪武至隆慶事迹,分類編輯。其例一依真德秀《大學衍義》,凡四大綱:一曰格致,二曰誠正,三曰修身,四曰齊家。爲目十有二,又分子目五十。然明自太祖開創之初,已多過舉。成祖篡立,虐焰横煽。英宗以下,亦瑕多瑜少。至世宗、穆宗,善政不及什之一,稗政逾於十之九矣。瑞登乃臚列虚詞,使與古帝王媲美。雖臣子之體宜然,然非事實也。至於法戒並存,在德秀編録前代史書,自無不可。瑞登乃舉歷朝之失,昌言排擊孔子諱内之謂何,是又併非臣子之體矣。此所謂進退無據也。

嘉隆憲章録

《明史・藝文志・雜史類》 吳瑞登《嘉隆憲章録》二十卷。

史待

《明史・藝文志・雜史類》 陳翼飛《史待》五十卷。

名山藏

《明史・藝文志・雜史類》 何喬遠《名山藏》三十七卷。

史概

《明史・藝文志・雜史類》 朱國禎《史概》一百二十卷。

輯皇明紀傳

《明史・藝文志・雜史類》 朱國禎《輯皇明紀傳》三十卷。

史竊

《明史・藝文志・雜史》尹守衡《史竊》一百七卷。

皇明副書

《明史・藝文志・雜史類》吴士奇《皇明副書》一百卷。

國史

《明史・藝文志・雜史類》雷叔聞《國史》四十卷。

政紀纂要

《明史・藝文志・雜史類》周永春《政紀纂要》四卷。

明右史略

《明史・藝文志・雜史類》馮復京《明右史略》三十卷。

皇明世法録

《明史・藝文志・雜史類》陳仁錫《皇明世法録》九十二卷。

造邦勳賢略

《明史・藝文志・雜史類》王禕《造邦勳賢略》一卷。

大事記續編

《明史・藝文志・雜史類》王禕《大事記續編》七十七卷。

宋史略

《明史・藝文志・雜史類》梁寅《宋史略》四卷。

元史略

《明史・藝文志・雜史類》梁寅《元史略》四卷。

元史補遺

《明史・藝文志・雜史類》朱右《元史補遺》十二卷。

元史節要

《明史・藝文志・雜史類》張九韶《元史節要》二卷。

史纂左編

《明史・藝文志・雜史類》 唐順之《史纂左編》一百四十二卷,《右編》四十卷。

十九史節定

《明史・藝文志・雜史類》 安都《十九史節定》一百七十卷。

龔起雜事

《明史・藝文志・雜史類》 楊儀《龔起雜事》一卷。紀張士誠、韓林兒、徐壽輝事。

明氏實録

《明史・藝文志・雜史類》 楊學可《明氏實録》一卷。明玉珍事。

家　記

《明史・藝文志・雜史類》 何榮祖《家記》一卷。何真子。紀真事。

驅除録

《明史・藝文志・雜史類》 姚淶《驅除録》一卷。

開國事略

《明史・藝文志・雜史類》 蔡于穀《開國事略》十卷。

開國羣雄事略

《明史・藝文志・雜史類》 錢謙益《開國羣雄事略》十五卷。

續備遺録

《明史・藝文志・雜史類》 何孟春《續備遺録》一卷。

補備遺録

《明史・藝文志・雜史類》 馮汝弼《補備遺録》一卷。

遜國正氣紀

《明史・藝文志・雜史類》 曹參芳《遜國正氣紀》九卷。

《四庫全書總目提要・雜史類存目三》 《遜國正氣紀》二卷。副都御史黄登賢家藏本。明曹參芳撰。紀明建文時事蹟,大略鈔撮《致身録》、《靖難記》、《遜國記》諸書而成。上卷首詔諭,次年表,次本紀。下卷首外紀,次從亡諸臣。每條之下,各附以論斷。其所載事蹟,如燕王來朝,行御道,登陛不拜,及程濟等從亡以後諸事。又以「牢落西南四十秋」一律爲惠帝之詩。大抵沿襲傳聞,字爲傳寫誤也。

又無所考正。參芳爵里無考，惟所著《本紀表》一篇，自署南國郡博士弟子員。又載崇禎甲申上建文尊謚稱爲今上，其從亡諸臣傳内復稱愍帝爲先皇帝，其書殆成於福王南渡時歟。《明史・藝文志》作九卷，今本二卷，然首尾完具，疑「九」字爲傳寫誤也。

建文紀

《明史・藝文志・雜史類》 周遠令《建文紀》三卷。

明倫大典

《明史・藝文志・雜史類》 世宗《明倫大典》二十四卷。

三朝要典

《明史・藝文志・雜史類》 《三朝要典》二十四卷。天啓中，顧秉謙等修。崇禎初，詔毁之。

南渡録

《明史・藝文志・雜史類》 李清《南渡録》二卷。

唐餘紀傳

《明史・藝文志・雜史類》 陳霆《唐餘紀傳》二十一卷。

事辭輯餘

《四庫全書總目提要・雜史類存目三》 《事辭輯餘》。無卷數。浙江巡撫採進本。明沈謏撰。前有謏自序，其私印一曰「沈謏之印」，一曰「渚椒」。卷首又有椒手書一長印「天彝」二字；一連珠印，署曰「歸安沈炳震録字」，字迹與序出一手。炳震近人，蓋重録其先世舊本，仍以先世私印識之也。序稱「嘗撰《明事詞類輯》，繼見同郡朱國楨所撰《大政》、《大事》二紀，復爲此書」。目録分七略，曰除官略、曰武功略、曰封貢略、曰宫藩略、曰貴幸略、曰禮制略、曰内閣事實略。復有補遺六篇附於末。此本僅存前六略，其内閣事實略及補遺竝佚，蓋殘闕之本。國楨官内閣，得見國史所紀時事年月，較野史爲真。如《五朝注略》，載嘉靖間言官劾尚書王瓊，及起王守仁南兵部尚書，彭澤兵部尚書，俱在十六年六月，而此書載在四月。梁儲致仕在四月，而此書載在五月。又《注略》於正德十六年五月，稱分遣行人存問在籍韓文、劉健、章懋、謝遷、王鏊、楊一清，而證之此書，則存問劉健在五月，謝遷、韓文在七月，王鏊、楊一清、章懋在十二月。皆當以此書爲正。然簡略太甚，於諸事皆有綱而無目，究不能有資於考證也。

嘉靖大政類編

《四庫全書總目提要・雜史類存目三》 《嘉靖大政類編》二卷。三通館本。明茅元儀撰。元儀字止生，歸安人。茅坤之孫，茅國縉之子也。崇禎初，以薦授翰林院待詔。尋參孫承宗軍務，改授副總兵官，守覺華島。旋以兵譁下獄，遣戍漳浦而卒。是編記嘉靖一朝大政，自大禮四郊以下，計十九類。鈔本多闕譌。末有萬曆己酉跋語，記兹編始事於癸巳，脱稾於丁酉。藏之篋笥，已侵蟫蠹，屢有目眚，弗能再加訂正，爰口占數語，付諸剞劂之後。然則當時蓋别有刻本也。

西南紀事

《四庫全書總目提要・雜史類存目二》 《西南紀事》六卷。江蘇巡撫採進本。明郭應聘撰。應聘字君賓，莆田人。嘉靖庚戌進士。官至南京兵部尚書。謚襄靖。事蹟具《明史》本傳。粵西府江，上起陽朔，下達昭平，亘三百餘里。諸猺夾江而居，怙險剽竊。隆慶四年，攻圍荔浦永安府。應聘代殷正茂爲巡撫，集漢土兵六萬征之。三閱月悉定。又討平懷遠、陽朔、洛容、上油、邊山五叛猺，尋以憂歸。因録其攻取之略，以成是書。其刊版則萬曆八年復起巡撫廣西時也。所言與《明史》應聘本傳及《李錫傳》大略相符。

藏　書

《四庫全書總目提要・别史類存目》 《藏書》六十八卷。兩江總督採進本。明李贄撰。贄有《九正易因》，已著録。是編上起戰國，下迄於元，各採摭事蹟，編爲紀傳。紀傳之中，又各立名目。前有自序曰：「前三代吾無論矣。後三代漢、唐、宋是也。中間千百餘年，而獨無是非者，豈其人無是非哉。咸以孔子之是非爲是非，固未嘗有是非耳。然則予之是非人也，又安能已。」又曰：「《藏書》者何？言此書但可自怡，不可示人，故名曰『藏書』也。」而無奈一二好事朋友，索覽不已，予又安能以已耶。但戒曰：『覽則一任諸君覽，但無以孔夫子之定本行賞罰也，則善矣。』」云云。贄書皆狂悖乖謬，非聖無法。惟此書排擊孔子，别立褒貶，凡千古相傳之善惡，無不顛倒易位，尤爲罪不容誅。其書可燬，其名亦不足以污簡牘。特以贄大言欺世，同時若焦竑諸人，幾推之以爲聖人。至今鄉曲陋儒，震其虛名，猶有尊信不疑者。如置之不論，恐好異者轉矜拗獲，貽害人心。故特存其目，以深暴其罪焉。

馬端肅三記

《四庫全書總目提要・雜史類存目二》 《馬端肅三記》三卷。户部尚書王際華家藏本。明馬文升撰。文升字負圖，鈞州人。景泰辛未進士，官至兵部尚書，加少師、太子太師，端肅其謚也。事蹟具《明史》本傳。此三篇皆所自述，一曰《西征石城記》，紀成化初爲陝西巡撫，與項忠平滿四之亂事；一曰《撫安遼東記》，紀成化十四年遼東巡撫陳鉞冒功激變，而文升奉命撫定之事；一曰《興復哈密記》，紀弘治初土魯番襲執哈密忠順王，而文升持議用兵，遣許進等討平之事。三記本在文升所著集中，此其析出别行之本也。

出使録

《四庫全書總目提要・雜史類存目二》 《出使録》一卷。浙江范懋柱家天一閣藏本。一名《使北録》。明李實撰。實字孟誠，合州人。正統壬戌進士，官至右都御史，以居鄉暴横，斥爲民。事蹟附見《明史・楊善傳》。景泰初，額森議和，朝議遣使報之，實時爲禮科給事中，自請行。乃權爲禮部右侍郎，偕少卿羅綺往使，頗得額森要領。及楊善再往，遂奉英宗南還。此乃所紀在漠北見英宗及與額森辨論之語。史稱「實謁上皇，請還京引咎自責，失上皇意」，而《録》中乃云：「實以上昔任用非人，當謙遜避位之理，懇切應對，上喜從之。」與史不合。蓋英宗急於求返，陽諾而陰憾之，實未之覺也。

南巡日録

《四庫全書總目提要・雜史類存目二》 《南巡日録》一卷、《北還録》一卷。兩江總督採進本。明陸深撰。深字子淵，號儼山，上海人。弘治乙丑進士，官至詹事府詹事，兼翰林院學士。卒謚文裕。事蹟具《明史・文苑傳》。世宗嘉靖十八年，南幸承天，相度顯陵。深時官學士，命掌行在翰林院印巵行。是編乃紀其往返程頓，自二月癸丑至四月壬子，凡六十日之事。《南巡日録》中載有《永樂後内閣諸老歷官年月》一篇，乃得之於孫元者。深最留心史學，故隨所見而録之云。

維禎録

《四庫全書總目提要・雜史類存目二》 《維禎録》一卷、《附録》一卷。浙江范懋柱家天一閣藏本。明陳沂撰。沂字魯南，號小坡，其先鄞人，徙家南京。正德丁丑進士。官至太僕寺卿。弘治十子之一也。《明史・文苑傳》附見《顧璘傳》中。是書雜記朝廷典章及明初故事，鈔撮而成，殊多疎略。其載景帝時，英宗在南宮，有勸爲不利者。帝怒，踐其疏地上。後英宗復辟，見疏有踐污跡，詢知其言，因復景皇帝號。案景帝復號在憲宗成化初，非英宗之事，此類未免失實也。

考信編

黃虞稷《千頃堂書目・别史類》 吴士奇《考信編》二卷。

《明史・藝文志・雜史類》 吴士奇《考信編》二卷。

尊今林

黃虞稷《千頃堂書目・别史類》 徐來鳳《尊今林》二卷。

宣宗政要

黃虞稷《千頃堂書目・别史類》 霍韜《宣宗政要》一卷。

天順實録辨證

黃虞稷《千頃堂書目・别史類》 湯詔《天順實録辯證》一卷。

《明史・藝文志・雜史類》 湯詔《天順實録辨證》一卷。

平蠻録

黃虞稷《千頃堂書目・别史類》 韓襄毅《平蠻録》。

南征録

黃虞稷《千頃堂書目・别史類》 張瑄《南征録》三卷。

《四庫全書總目提要・雜史類存目三》 《南征録》一卷。浙江范懋柱家天一閣藏本。明張瑄撰。瑄字廷璽，江浦人。正統壬戌進士，官至南京刑部尚書。是編乃天順八年瑄爲廣西右布政使時，值廣西諸峒蠻搆廣東肇、高、雷、連土寇爲亂，遣左參將范信，都指揮徐寧督官兵四千、士兵一萬討之，以瑄監其軍。瑄因述其征勦始末爲此書。始於是年正月初二日，止於三月初九日，逐日紀載。所述當日軍政，殊無紀律。蓋明人積弱，自其盛時已然，非一朝一夕之故矣。

平夷賦

黃虞稷《千頃堂書目・别史類》 趙輔《平夷賦》一卷。

孝宗大紀

黃虞稷《千頃堂書目・别史類》 朱國祚《孝宗大紀》一卷。

《明史・藝文志・雜史類》 朱國祚《孝宗大紀》一卷。

視草餘録

黄虞稷《千頃堂書目・别史類》 楊廷和《視草餘録》二卷。

《明史・藝文志・雜史類》 楊廷和《視草餘録》二卷。

靖危録

黄虞稷《千頃堂書目・别史類》 李充嗣《靖危録》。記江西之變。

大禮集議

黄虞稷《千頃堂書目・别史類》 世宗《大禮集議》六卷。一作四卷。嘉靖四年十二月,《大禮集議》成。原編是書一卷爲奏議,二卷爲會議,學士方獻夫纂著。後又增侍郎胡世寧所奏,又前人議論有關典禮者爲第三卷,再增《特進世廟議》爲第四卷。已學士張璁復請依《春秋》編年法,始正德辛巳,迄嘉靖乙酉,大書其綱,細書其目,附己意於下,爲纂要上下二卷,附録遺議數篇,古今考證數篇,並集議四卷,通爲六卷上進。

《明史・藝文志・雜史類》 世宗《大禮集議》四卷。

大禮纂要

黄虞稷《千頃堂書目・别史類》 世宗《大禮纂要》二卷。

《明史・藝文志・雜史類》 世宗《大禮要略》二卷。

承天大志紀録事實

黄虞稷《千頃堂書目・别史類》 王之恒《承天大志基命紀録事實》三十卷。

《明史・藝文志・雜史類》 王之垣《承天大志紀録事實》三十卷。隆慶元年編進。山東新城人。嘉靖壬戌進士。

閣諭録

黄虞稷《千頃堂書目・别史類》 楊一清《閣諭録》七卷。

敕諭録

黄虞稷《千頃堂書目・别史類》 張孚敬《敕諭録》三卷。

《明史・藝文志・雜史類》 張孚敬《敕諭録》三卷。

大禮要略

黄虞稷《千頃堂書目・别史類》 張孚敬《大禮要略》二卷。嘉靖六年編進。

𪅗雪編

黄虞稷《千頃堂書目・别史類》 張孚敬《𪅗雪編》一卷。

南城召對録

黄虞稷《千頃堂書目・别史類》 李時《南城召對録》一卷。

《明史・藝文志・雜史類》 李時《南城召對録》一卷。

《四庫全書總目提要・雜史類存目一》 《南城召對録》一卷。浙江范懋柱家天一閣藏本。明李時撰。時字宗易，號松溪，任邱人。弘治壬戌進士，官至華蓋殿大學士，謚文康。事蹟具《明史》本傳。是編乃世宗親祀祈嗣壇，時與大學士翟鑾、尚書汪鋐、侍郎夏言等侍於南城御殿，召見論郊廟禮制，兼及用人、賑災之事。時因録諸臣問答之詞。史稱時恒召對便殿，接膝咨詢，雖無大匡救，而議論多本於厚，於是編亦略見一斑云。

記召對廟廷事

黄虞稷《千頃堂書目・别史類》 夏言《記召對廟廷事》一卷。

《明史・藝文志・雜史類》 夏言《記召對廟廷事》一卷。

扈蹕録

黄虞稷《千頃堂書目・别史類》 夏言《扈蹕録》一卷。

《明史・藝文志・雜史類》 夏言《扈蹕録》一卷。

嘉靖奏對録

黄虞稷《千頃堂書目・别史類》 嚴嵩《嘉靖奏對録》十二卷。

《明史・藝文志・雜史類》 嚴嵩《嘉靖奏對録》十二卷。

聖駕臨雍録

黄虞稷《千頃堂書目・别史類》 毛澄《聖駕臨雍録》一卷。

《明史・藝文志・雜史類》 毛澄《聖駕臨雍録》一卷。

大禮奏議

黄虞稷《千頃堂書目・别史類》 毛澄《大禮奏議》。

議禮略

黄虞稷《千頃堂書目・别史類》 毛玉《議禮略》。子霸州知州□□編。

大禮正義

黄虞稷《千頃堂書目・别史類》 陳杞《大禮正義》。

大禮輯略揭帖

黄虞稷《千頃堂書目・别史類》 何淵《大禮輯略揭帖》。

大禮續奏議

黄虞稷《千頃堂書目・别史類》 何淵《大禮續奏議》。嘉靖六年九月，上林苑監左監丞何淵奏上。

大同紀事

黄虞稷《千頃堂書目・别史類》 韓邦奇《大同紀事》一卷。

《明史・藝文志・雜史類》 韓邦奇《大同紀事》一卷。

大同平叛志

黄虞稷《千頃堂書目・别史類》 尹耕《大同平叛志》一卷。

雲中紀變

黄虞稷《千頃堂書目・别史類》 孫允中《雲中紀變》一卷。記嘉靖甲申大同兵變始末。允中，東郡人，官僉事。

《明史・藝文志・雜史類》 孫允中《雲中紀變》一卷。

《四庫全書總目・雜史類存目一》 《雲中紀變》一卷。浙江范懋柱家天一閣藏本。明孫允中撰。案世宗時有兩孫允中。其一太原人，嘉靖癸未進士，官至應天府丞，事蹟附見《明史・楊允繩傳》。其一即此孫允中，魯府儀衛司人，嘉靖癸未進士，官至山西按察司僉事。嘉靖十二年，大同兵變，殺總兵官李瑾，遣總督侍郎劉源清討之。會巡撫潘倣繫賊首以獻，請班師，而源清縱兵大掠城下，五堡遺孽遂盡反。源清圍城久不下，詔奪其職，以張瓚代之。未至而督餉郎中詹榮等已悉捕斬首惡，亂乃定。時議者俱以源清用兵爲非。允中前後入城撫定，并力言將士妄殺狀，爲源清所惡，以他事劾罷。黄綰奏其功，得復官致仕。因據所目擊，作此書以紀之，大抵皆歸獄源清之詞。末題丁酉八月，乃嘉靖十六年也。

雲中事紀

黄虞稷《千頃堂書目・别史類》 蘇祐《雲中紀事》一卷。

《明史・藝文志・雜史類》 蘇祐《雲中事紀》一卷。

西平録

黄虞稷《千頃堂書目・别史類》 《彭少保西平録》二卷。不知撰人。

彭大司馬征西紀事

黄虞稷《千頃堂書目・别史類》 《彭大司馬征西紀事》一卷。不知撰人。

會問劉東山疏

黄虞稷《千頃堂書目・别史類》 《會問劉東山疏》一卷。

罪黜録

黄虞稷《千頃堂書目・别史類》 林瓊《罪黜録》一卷。臨清州人。嘉靖中，瓊官刑部郎中，以不肯傅會張延齡獄，坐黜。自記其事。

廷諍録

黄虞稷《千頃堂書目・别史類》 曾忭《廷諍録》一卷。

龍憑略

黄虞稷《千頃堂書目・别史類》 田汝成《龍憑略》一卷。亦紀翁萬達平土夷韋應等事。

《四庫全書總目提要・雜史類存目二》《龍憑紀略》一卷。浙江范懋柱家天一閣藏本。明田汝成撰。是編紀龍州土酋韋應、趙楷、李寰之亂。已見於《炎徼紀聞》中，此其摘出別行之本。

安南來威輯略

黄虞稷《千頃堂書目・別史類》 江美中《安南來威輯略》三卷。美中父一桂，婺源人，嘉靖中爲廣西太平知府。毛伯温令一桂往招，諭莫登庸稱臣入貢，築受降城及昭德臺於鎮南關，進秩亞中大夫，交人祀之。美中輯其往來文誥之詞爲是書。給事中嚴從簡有序。

《明史・藝文志・雜史類》 江美中《安南來威輯略》三卷。

安邊記

黄虞稷《千頃堂書目・別史類》 霍尚守、翁襄敏《安邊記》。

平蠻録

黄虞稷《千頃堂書目・別史類》 王軾《平蠻録》一卷。

《明史・藝文志・雜史類》 王軾《平蠻録》二卷。

《四庫全書總目提要・雜史類存目二》《平蠻録》一卷。左都御史張若溎家藏本。明王軾撰。軾字用敬，公安人。天順甲申進士。官至南京兵部尚書，參贊機務。謚襄簡。事蹟具《明史》本傳。史稱軾於弘治十三年督貴州軍務討普安賊婦米魯，用兵五月，破賊砦千餘，盡平其地。是編所録即其奏捷之疏也。

平蠻記

黄虞稷《千頃堂書目・別史類》 王軾《平蠻記》一卷。

南征實録

黄虞稷《千頃堂書目・別史類》 郭仁《南征實録》一卷。

俺答前後志

黄虞稷《千頃堂書目・別史類》 馮時可《俺答前後志》二卷。趙時春誅仇鸞始末。

秉忠定議集

黄虞稷《千頃堂書目・別史類》 宋滄《秉忠定議集》十三卷。嘉靖十年平四川真藩賊周天星疏議詔敕及贈頌歌詩。

前後海寇議

黄虞稷《千頃堂書目・別史類》 范表《前後海寇議》三卷。

《明史・藝文志・雜史類》 萬表《前後海寇議》三卷。

海寇後編

黄虞稷《千頃堂書目・别史類》　范表《海寇後編》。

靖海紀略

黄虞稷《千頃堂書目・别史類》　鄭茂《靖海紀略》一卷。嘉靖中海鹽知縣。

《明史・藝文志・雜史類》　鄭茂《靖海紀略》一卷。

松寇紀略

黄虞稷《千頃堂書目・别史類》　徐宗魯《松寇紀略》一卷。

《明史・藝文志・雜史類》　徐宗魯《松寇紀略》一卷。

任公平倭録

黄虞稷《千頃堂書目・别史類》　《任公平倭録》。

倭變志

黄虞稷《千頃堂書目・别史類》　李日華《倭變志》一卷。

《明史・藝文志・雜史類》　李日華《倭變志》一卷。

吴淞甲乙倭變志

黄虞稷《千頃堂書目・别史類》　張鼐《吴松甲乙倭變志》二卷。萬曆中追紀嘉靖間江浙倭寇事略，進于朝。

《明史・藝文志・雜史類》　張鼐《吴淞甲乙倭變志》二卷。

《四庫全書總目提要・雜史類存目三》　《吴淞甲乙倭變志》二卷。浙江巡撫採進本。　明張鼐撰。鼐字世調，華亭人。萬曆甲辰進士。官至南京吏部右侍郎兼詹事府詹事。吴淞倭患在嘉靖甲寅、乙卯之間，故記二歲事獨詳。上卷分紀兵、紀捷、殲渠、周防四目。下卷分十德、十勳、十忠、十節、僧兵、狼兵、鹽丁、遺祀、三太學、四辯士、兩孝子、三乞兒、三腐儒等十三目。《明史・藝文志》著於録。此本題曰《甲乙倭變志》，與《藝文志》合，而卷首標題則曰《甲乙倭變鈔録》者，省其文也。鼐自序云：「松之難，松之遺老能道之。然案之《籌海圖編》及《海防考》諸書，其日月頗不合。得非境外事境外人不能傳耶。吾寧信其目擊者焉。」今考正史，倭寇松江始於嘉靖甲寅，而此云癸丑。張經王江涇之捷，歲紀乙卯，而此云甲寅。諸所記載，率差一年，非第日月而已。鼐作是書時，已官諭德，直史館，於故府典故得以考核，不應差謬至此。疑其必有所受之也。書中汪直俱作王真，未喻其故，殆傳寫之誤耶。

茂邊紀事

黄虞稷《千頃堂書目・别史類》　朱紈《茂邊紀事》一卷。

《明史・藝文志・雜史類》　朱紈《茂邊紀事》一卷。

《四庫全書總目・雜史類存目二》　《茂邊紀事》一卷。户部尚書王際華家藏本。　明朱紈撰。紈字子純，長洲人。正德辛巳進士，官至提督浙閩海防軍務，巡撫浙江右副都御史。事蹟具《明史》本傳。此書乃嘉靖十五年紈官四川兵備副使時，與副總兵何卿共平深溝諸砦番，因述其措置始末，作四六文一篇，而各以崖略分注其下。又附以紀事詩五十章，及李鳳翔《靖柔編》，王元正《平蠻或問》各一首，彭汝實等詩二十一首。末有自跋，稱「此本藏篋中二十年，及開府浙閩，憂讒畏譏，回思前事，大小一轍，乃萃爲卷，録原行文移足之。」蓋紈在閩，以嚴立海禁，爲勢家所齮齕，鬱鬱不得志，故託此以致意也。卒爲衆口所排，飲酖齎恨。士大夫雖漁利以自肥，然姦民得志，内外交通，海氛不靖者十餘年，生靈塗炭者數千里。仕閩浙者，咸以紈盡忠賈禍爲戒，無敢復嬰衆怒者。蓋有明朝議，有朋黨而無是非，自其中葉已然矣。

平黔三記

黄虞稷《千頃堂書目·别史類》 趙汝謙《平黔三記》一卷。自號點蒼山人。

《明史·藝文志·雜史類》 趙汝謙《平黔三記》一卷。

庚申紀事

黄虞稷《千頃堂書目·别史類》 楊希淳《庚申紀事》一卷。記嘉靖末南都振武營之變。

世廟識餘録

黄虞稷《千頃堂書目·别史類》 徐學謨《世廟識餘録》二十六卷。

《明史·藝文志·雜史類》 徐學謨《世廟識餘録》二十六卷。

沙市獄記

黄虞稷《千頃堂書目·别史類》 徐學謨《沙市獄記》一卷。

冰廳劄記

黄虞稷《千頃堂書目·别史類》 徐學謨《冰廳劄記》一卷。

嘉靖大政記

黄虞稷《千頃堂書目·别史類》 茅維《嘉靖大政記》二卷。

邊　略

黄虞稷《千頃堂書目·别史類》 高拱《邊略》五卷。

《明史·藝文志·雜史類》 高拱《邊略》五卷。

雲中降虜傳

黄虞稷《千頃堂書目·别史類》 劉紹卹《雲中降虜傳》一卷。

款塞始末

黄虞稷《千頃堂書目·别史類》 劉應箕《款塞始末》一卷。

《明史·藝文志·雜史類》 劉應箕《款塞始末》一卷。

平惠州事

黄虞稷《千頃堂書目・别史類》 方逢時《平惠州事》一卷。

《明史・藝文志・雜史類》 方逢時《平惠州事》一卷。

上谷議略

黄虞稷《千頃堂書目・别史類》 方逢時《上谷議略》一卷。

平曾一本叙

黄虞稷《千頃堂書目・别史類》 林廷機《平曾一本叙》一卷。

《明史・藝文志・雜史類》 林庭機《平曾一本叙》一卷。

安慶兵變

黄虞稷《千頃堂書目・别史類》 查志隆《安慶兵變》一卷。

《明史・藝文志・雜史類》 查志隆《安慶兵變》一卷。

甘州紀變

黄虞稷《千頃堂書目・别史類》 曹子登《甘州紀變》一卷。

《明史・藝文志・雜史類》 曹子登《甘州紀變》一卷。

征南紀略

黄虞稷《千頃堂書目・别史類》 王尚文《征南紀略》一卷。萬曆間，尚文爲後軍都督同知征勦廣西十寨事略。

《明史・藝文志・雜史類》 王尚文《征南紀略》一卷。

嘉隆大政輯要

黄虞稷《千頃堂書目・别史類》 《嘉隆大政輯要》。不知撰人。

萬曆政綸録要

黄虞稷《千頃堂書目・别史類》 《萬曆政綸録要》六卷。

聖旨日記

黄虞稷《千頃堂書目・别史類》 郭子章《聖旨日記》五卷。

召對紀事

黄虞稷《千頃堂書目・别史類》 張居正《召對紀事》一卷。

《明史・藝文志・雜史類》 張居正《召對紀事》一卷。

召見紀事

黄虞稷《千頃堂書目・别史類》 申時行《毓德宫召見紀事》一卷。

《明史・藝文志・雜史類》 申時行《召見紀事》一卷。

升儲彙録

黄虞稷《千頃堂書目・别史類》 申時行《升儲彙録》二卷。

召見紀事

黄虞稷《千頃堂書目・别史類》 王錫爵《暖閣召見紀事》一卷。

《明史・藝文志・雜史類》 王錫爵《召見紀事》一卷。

召對録

黄虞稷《千頃堂書目・别史類》 王錫爵《召對録》一卷。

請儲瀝疏

黄虞稷《千頃堂書目・别史類》 王錫爵《請儲瀝疏》二卷。

召見紀事

黄虞稷《千頃堂書目・别史類》 趙志皋《平臺召見紀事》一卷。

《明史・藝文志・雜史類》 趙志皋《召見紀事》一卷。

荼　史

黄虞稷《千頃堂書目・别史類》 朱賡《荼史》一卷。

乙卯召對録

黄虞稷《千頃堂書目・别史類》 方從哲《乙卯召對録》三卷。附《杞人問答》一卷。

《明史・藝文志・雜史類》 方從哲《乙卯召對録》三卷。

宣召紀略

黄虞稷《千頃堂書目・别史類》 王士昌《宣召紀略》一卷。

萬曆事實纂要

黄虞稷《千頃堂書目・别史類》 董其昌《萬曆事實纂要》三百卷。

《明史・藝文志・雜史類》 董其昌《萬曆事實纂要》三百卷。

留中奏議筆斷

黄虞稷《千頃堂書目・别史類》 董其昌《留中奏議筆斷》四十卷。

江陵遺事

黄虞稷《千頃堂書目・别史類》 文大綸《江陵遺事》一卷。

延陵小劄

黄虞稷《千頃堂書目・别史類》 吴中行《延陵小劄》二卷。

請册立東宫疏

黄虞稷《千頃堂書目・别史類》 朱國祚《請册立東宫疏》。

漆室葵忱

黄虞稷《千頃堂書目・别史類》 劉虞夔《漆室葵忱》。山西高平人。隆慶辛未進士，庶吉士，歷官少詹事。録萬曆中建儲疏。

藩封紀略

黄虞稷《千頃堂書目・别史類》 蕭大亨《藩封紀略》。記潞王出封事。

大禮始末

黄虞稷《千頃堂書目・别史類》 鮑應鰲《大禮始末》一卷。

東林志

黄虞稷《千頃堂書目・别史類》 劉元珍《東林志》。

萬曆辛亥京察紀事

黄虞稷《千頃堂書目・别史類》 丁元薦《萬曆辛亥京察紀事》十卷。

三太宰傳

黄虞稷《千頃堂書目・别史類》 丁元薦《三太宰傳》一卷。

乞停礦税疏圖

黄虞稷《千頃堂書目・别史類》 陳惟之《乞停礦税疏圖》一卷。

《明史・藝文志・雜史類》 陳惟之《乞停礦税疏圖》一卷。

祖訓節略注疏

黄虞稷《千頃堂書目・别史類》 蔡毅中《祖訓節略注疏》二卷。

開采圖説

黄虞稷《千頃堂書目・别史類》 姚思仁《開采圖説》。

黔中止榷記

黄虞稷《千頃堂書目・别史類》 郭子章《黔中止榷記》一卷。

《明史・藝文志・雜史類》 郭子章《黔中止榷記》一卷。

郢事紀略

黄虞稷《千頃堂書目・别史類》 王禹聲《郢事紀略》一卷。記税監激變楚人事。

《明史・藝文志・雜史類》 王禹聲《郢事紀略》一卷。紀楚中税監激變事。

飢民圖説

黄虞稷《千頃堂書目・别史類》 楊東明《飢民圖説》一卷。

楚事妖書始末

黄虞稷《千頃堂書目・别史類》 郭正域《楚事妖書始末》一卷。

《明史・藝文志・雜史類》 郭正域《楚事妖書始末》一卷。

楚中宗招擬

黄虞稷《千頃堂書目・别史類》 朱賡《楚中宗招擬》一卷。

勘楚始末

黄虞稷《千頃堂書目・别史類》 朱賡《勘楚始末》一卷。

《明史・藝文志・雜史類》 朱賡《勘楚始末》一卷。

妖書始末

黄虞稷《千頃堂書目・别史類》 朱賡《妖書始末》一卷。

勘楚紀事

黄虞稷《千頃堂書目・别史類》 蔡獻臣《勘楚紀事》一卷。

《明史・藝文志・雜史類》 蔡獻臣《勘楚紀事》一卷。

妖書紀事

黄虞稷《千頃堂書目・别史類》 蔡獻臣《妖書紀事》一卷。

儀曹存稿

黄虞稷《千頃堂書目·别史類》 蔡獻臣《儀曹存稿》二卷。

妖書事蹟

黄虞稷《千頃堂書目·别史類》 沈裕《妖書事蹟》一卷。

萬曆武功録

黄虞稷《千頃堂書目·别史類》 瞿九思《萬曆武功録》十四卷。萬曆四十年八月神宗聖誕，九思以原授翰林院侍講詔進是書，及聖誕五袠樂章二十五篇。

《明史·藝文志·雜史類》 瞿九思《萬曆武功録》十四卷。

兩朝平攘録

黄虞稷《千頃堂書目·别史類》 諸葛元聲《兩朝平攘録》五卷。會稽人。

《明史·藝文志·雜史類》 諸葛元聲《兩朝平攘録》五卷。

三封北鹵始末

黄虞稷《千頃堂書目·别史類》 鄧林喬《三封北鹵始末》一卷。

北鹵封貢始末

黄虞稷《千頃堂書目·别史類》 涂宗濬《北鹵封貢始末》三卷。

撫酋紀略

黄虞稷《千頃堂書目·别史類》 鄭洛《撫酋紀略》二卷。《款塞答問》附。

征西奏議

黄虞稷《千頃堂書目·别史類》 梅國楨《征西奏議》二卷。

平夏疏録

黄虞稷《千頃堂書目·别史類》 劉芳譽《平夏疏録》二卷。

朝鮮復國經略

黄虞稷《千頃堂書目·别史類》 宋應昌《朝鮮復國經略要編》六卷。

《明史·藝文志·雜史類》 宋應昌《朝鮮復國經略》六卷。

東征公議

黄虞稷《千頃堂書目·别史類》 邢玠《東征公議》四卷。

平播全書

黄虞稷《千頃堂書目·别史類》 李化龍《平播全書》十五卷。

《明史·藝文志·雜史類》 李化龍《平播全書》十五卷。

黔中平播始末

黄虞稷《千頃堂書目·别史類》 郭子章《黔中平播始末》三卷。

《明史·藝文志·雜史類》 郭子章《黔中平播始末》三卷。

平播録

黄虞稷《千頃堂書目·别史類》 楊寅秋《平播録》五卷。

《明史·藝文志·雜史類》 楊寅秋《平播録》五卷。

播酋始末

黄虞稷《千頃堂書目·别史類》 程正誼《播酋始末》一卷。

播事述

黄虞稷《千頃堂書目·别史類》 鍾奇《播事述》一卷。

交黎末議

黄虞稷《千頃堂書目·别史類》 蔣光彦《交黎末議》三卷。

遼事備考

黄虞稷《千頃堂書目·别史類》 顧季亨《遼事備考》一卷。

時務體要

黄虞稷《千頃堂書目·别史類》 顧季亨《時務體要》二卷。

籌遼末議

黄虞稷《千頃堂書目·别史類》 朱祖文《籌遼末議》。

籌遼碩畫

黄虞稷《千頃堂書目·别史類》 《籌遼碩畫》二十卷。

遼　籌

黄虞稷《千頃堂書目·别史類》 張鼐《遼籌》四卷。

遼事顛末

黄虞稷《千頃堂書目·别史類》 方震孺《遼事顛末》一卷。

庚申録事

黄虞稷《千頃堂書目·别史類》 李維楨《庚申紀録事》一卷。

《明史·藝文志·雜史類》 李維楨《庚申紀事》一卷。

庚申紀事

黄虞稷《千頃堂書目·别史類》 張潑《庚申紀事》。

《明史·藝文志·雜史類》 張潑《庚申紀事》一卷。

三案記

黄虞稷《千頃堂書目·别史類》 葉茂才《三案記》一卷。

《明史·藝文志·雜史類》 葉茂才《三案記》一卷。

聞見摘録

黄虞稷《千頃堂書目·别史類》 葉茂才《聞見摘録》。

點將録

黄虞稷《千頃堂書目·别史類》 《點將録》一卷。汪紹徽作。

酌中志略　酌中志餘

黄虞稷《千頃堂書目·别史類》 劉若愚《酌中志略》二十二篇，又《酌中志餘》□卷。

同時尚論録

黄虞稷《千頃堂書目·别史類》 蔡士順《同時尚論録》十六卷。

天啓邸鈔

黄虞稷《千頃堂書目·别史類》 《天啓邸鈔》四册。

兩朝剥復録

黄虞稷《千頃堂書目·别史類》 吴應箕《兩朝剥復録》十卷。

東林紀事本末

黄虞稷《千頃堂書目·别史類》 吴應箕《東林紀事本末》。

聖代褒忠紀

黄虞稷《千頃堂書目·别史類》 金日升《聖代褒忠紀》三卷。

三朝遼事實録

黄虞稷《千頃堂書目·别史類》 王在晉《三朝遼事實録》十七卷。

平藺紀事

黄虞稷《千頃堂書目·别史類》 張鍵《平藺紀事》一卷。

《明史·藝文志·雜史類》 張鍵《平藺紀事》一卷。

平妖紀事

黄虞稷《千頃堂書目·别史類》 徐從治《平妖紀事》一卷。山東徐鴻儒之亂。

定譁兵略

黄虞稷《千頃堂書目·别史類》 徐從治《定譁兵略》一卷。崇禎元年臺頭兵譁事。

圍城日録

黄虞稷《千頃堂書目·别史類》 徐從治《圍城日録》一卷。登州叛人事。

福寧定亂紀事

黄虞稷《千頃堂書目·别史類》 朱一馮《福寧定亂紀事》二卷。

符離弭變紀事

黄虞稷《千頃堂書目·别史類》 朱一馮《符離弭變紀事》一卷。

野獲編

黄虞稷《千頃堂書目·别史類》 沈德符《野獲編》八卷。一名《萬曆野獲編》，以多紀萬曆事也。别本二十四卷。

《明史·藝文志·雜史類》 沈德符《野獲編》八卷。

先撥志始

黄虞稷《千頃堂書目·别史類》 文秉《先撥志始》六卷。

《明史·藝文志·雜史類》 文秉《先撥志始》六卷。

《四庫全書總目提要·雜史類存目三》 《先撥志始》二卷。浙江巡撫採進本。明文秉撰。秉字蓀符，吴縣人。大學士震孟之子。是書《江南通志》作六卷。此本乃僅二卷，然首尾無闕，或卷數有分合耶？所記皆明末遺事。上卷起萬曆，訖天啓四年。下卷起天啓五年，訖崇禎二年。如妖書，梃擊、紅丸、移宫三案，以及魏忠賢亂政，崇禎《欽定逆案》之類，靡不詳載。自序謂「首紀國本，著門户之所由始也。終以逆案，著貞佞之所由判也。名曰《先撥志始》，所謂辨之於早也」。又别一鈔本，後附《逆案》十九頁。有跋云：「《欽定逆案》一册，與《先撥志始》微異，得之石惠珍家，而石則得之馮涿州家。有刻本，因録於館中。」又附《東林列傳》十頁，乃江陰陳鼎所編。又附《魏忠賢建祠》二頁。此三種皆非秉書，不知何人彙附於卷末也。

烈皇小識

黄虞稷《千頃堂書目・别史類》 文秉《烈皇小識》四卷。

《明史・藝文志・雜史類》 文秉《烈皇小識》四卷。

督師事宜

黄虞稷《千頃堂書目・别史類》 孫承宗《督師事宜》十八卷。

督師全書

黄虞稷《千頃堂書目・别史類》 孫承宗《督師全書》一百卷。

《明史・藝文志・雜史類》 孫承宗《督師全書》一百卷。

前督師紀略　後督師紀略

黄虞稷《千頃堂書目・别史類》 孫承宗《前督師紀略》十六卷，《後督師紀略》十卷。

撫裔志

黄虞稷《千頃堂書目・别史類》 孫承宗《撫裔志》十卷。

督師紀事

黄虞稷《千頃堂書目・别史類》 楊嗣昌《督師紀事》五十卷。

《明史・藝文志・雜史類》 楊嗣昌《督師紀事》五十卷。

東事紀略

黄虞稷《千頃堂書目・别史類》 陳夢璧《東事紀略》一卷。

慤　書

黄虞稷《千頃堂書目・别史類》 蔣德璟《慤書》十卷。

《明史・藝文志・雜史類》 蔣德璟《慤書》十卷。

召對日記

黄虞稷《千頃堂書目・别史類》 蔣德璟《召對日記》一卷。

甲申核真略

黄虞稷《千頃堂書目・别史類》 楊士聰《甲申核真略》。

馭交記

黃虞稷《千頃堂書目・別史類》 張鏡心《馭交記》十八卷。

平狪始末

黃虞稷《千頃堂書目・別史類》 李日宣《平狪始末》二卷。

清禄始末

黃虞稷《千頃堂書目・別史類》 李日宣《清禄始末》一卷。

枚卜始末

黃虞稷《千頃堂書目・別史類》 李日宣《枚卜始末》一卷。

《明史・藝文志・雜史類》 李日宣《枚卜始末》一卷。

勤王檄稿

黃虞稷《千頃堂書目・別史類》 李日宣《勤王檄稿》一卷。

綏寇紀略

黃虞稷《千頃堂書目・別史類》 吴偉業《綏寇紀略》十二卷。

《明史・藝文志・雜史類》 吴偉業《綏寇紀略》十二卷。

別　録

黃虞稷《千頃堂書目・別史類》 吴偉業《別録》三卷。

流寇志

黃虞稷《千頃堂書目・別史類》 彭孫貽《流寇志》十四卷。

《明史・藝文志・雜史類》 彭孫貽《流寇志》十四卷。

流寇志

黃虞稷《千頃堂書目・別史類》 戴笠《流寇志》。字芸野，吴江人。

處苗近事

黃虞稷《千頃堂書目・別史類》 李愷《處苗近事》一册。

欽定平夷功次

黃虞稷《千頃堂書目・別史類》 《欽定平夷功次》。嘉靖三十四年平蜀宜賓蠻，按察使僉事焦希程輯。

皇明聖政記

黄虞稷《千頃堂書目・别史類》　《皇明聖政記》十卷。

雙槐歲鈔

黄虞稷《千頃堂書目・别史類》　黄瑜《雙槐歲鈔》十卷。字廷美，香山人。以鄉薦入太學，授福建長樂知縣。記明洪武起迄成化中事，凡二百二十餘條。孫佐以春坊諭德掌南京翰林院事，於院堂書櫃中得吴元年故簡，足成之。

《明史・藝文志・雜史類》　黄瑜《雙槐歲鈔》十卷。起洪武訖成化中事。

國朝彛憲

黄虞稷《千頃堂書目・别史類》　倫以訓《國朝彛憲》二十卷。一作二百卷。

《明史・藝文志・雜史類》　倫以訓《國朝彛憲》二十卷。

國朝事蹟

黄虞稷《千頃堂書目・别史類》　孫宜《國朝事蹟》一百二十卷。

《明史・藝文志・雜史類》　孫宜《國朝事蹟》一百二十卷。

美芹録

黄虞稷《千頃堂書目・别史類》　潘恩《美芹録》二卷。

《明史・藝文志・雜史類》　潘恩《美芹録》二卷。

十朝小識

黄虞稷《千頃堂書目・别史類》　顔木《十朝小識》。

皇明獻實

黄虞稷《千頃堂書目・别史類》　袁袠《皇明獻實》二十卷。一作四十卷。

《明史・藝文志・雜史類》　袁袠《皇明獻實》二十卷。

明良記

黄虞稷《千頃堂書目・别史類》　楊儀《明良記》四卷。

昭代史略

黄虞稷《千頃堂書目・别史類》　王樿《昭代史略》。安福人，鄒守益門人。

識小録

黄虞稷《千頃堂書目・别史類》　王世貞《弇山堂識小録》二十卷。初輯名《丁戊小識》，始嘉靖丁未年，迄戊午，後多所增益，更今名。

《明史・藝文志・雜史類》　王世貞《識小録》二十卷。

今獻彙言

黃虞稷《千頃堂書目・别史類》 高鳴鳳《今獻彙言》二十八卷。

《明史・藝文志・雜史類》 高鳴鳳《今獻彙言》二十八卷。

國朝史略上集　下集　别集

黃虞稷《千頃堂書目・别史類》 王禕《國朝史略上集》二十四卷，《下集》二十三卷，《別集》二卷。

《明史・藝文志・雜史類》 王禕《國朝史略》四十五卷，《別集》二卷。

國朝紀録彙編

黃虞稷《千頃堂書目・别史類》 沈節甫《國朝紀録彙編》二百十二卷。一作二百十六卷。

皇明大政纂要

黃虞稷《千頃堂書目・别史類》 金懋學《皇明大政纂要》十八卷。

皇明類考

黃虞稷《千頃堂書目・别史類》 曹育賢《皇明類考》二十二卷。貴陽人，萬曆中爲四川大邑知縣。輯太祖及萬曆初事。范守己爲之叙。

《明史・藝文志・雜史類》 曹育賢《皇明類考》二十二卷。

彙次弇州史料前集　後集

黃虞稷《千頃堂書目・别史類》 董復表《彙次弇州史料前集》三十卷，《後集》二十卷。字章甫，華亭人。

聖朝泰交録

黃虞稷《千頃堂書目・别史類》 鄒德泳《聖朝泰交録》八卷。

《明史・藝文志・雜史類》 鄒德泳《聖朝泰交録》八卷。

皇明徵信叢録

黃虞稷《千頃堂書目・别史類》 祁承㸁《皇明徵信叢録》二百二十卷。

國朝宏略

黃虞稷《千頃堂書目・别史類》 詹在泮《國朝宏略》。常山人，詹萊子。萬曆癸未進士，廣東按察使。

國朝武功紀勝通考

黃虞稷《千頃堂書目・别史類》 顔季亨《國朝武功紀勝通考》八卷。

徵信編

黄虞稷《千頃堂書目・别史類》 吴士奇《緑滋館徵信編》五卷。

《明史・藝文志・雜史類》 吴士奇《徵信編》五卷。

治世餘聞

黄虞稷《千頃堂書目・别史類》 陳洪謨《治世餘聞》四卷。弘治。又《繼世紀聞》四卷。正德。

《明史・藝文志・雜史類》 陳洪謨《治世餘聞》四卷。弘治。《繼世紀聞》四卷。正德。

《四庫全書總目提要・雜史類存目二》 《治世餘聞》二卷。浙江范懋柱家天一閣藏本。不著撰人名氏。所記皆明孝宗時事。考《明史・藝文志》有陳洪謨《治世餘聞》四卷。此書止分上、下二卷，而卷上標目又闕焉。蓋即洪謨之書，傳鈔者合併其卷帙耳。其題曰《治世餘聞録》，「録」字亦後人所增也。洪謨字宗禹，武陵人。弘治丙辰進士。官至兵部左侍郎。

尊聞録

黄虞稷《千頃堂書目・别史類》 梁億《尊聞録》二卷。記太祖及英宗六朝事。

春秋别典

《四庫全書總目提要・别史類》 《春秋别典》十五卷。兩淮鹽政採進本。明薛虞畿撰。前有虞畿自序，不署年月，稱「嘗閲往牒，見春秋君臣往迹，不下千事。散見百家，皆三氏所未録。間或微掇其端，而未究其緒。存其半而不採其全。因不自度，略仿《左》例，分十二公，以統其世。稽三傳人名，以繫其事。凡十五卷」。末又有其弟虞賓跋，稱「先仲氏輯《春秋别典》，未脱稾而不幸下世。不無挂甲漏乙，年代倒置之病。故特廣閲博蒐，參互考訂，世懸者更，數殊者析，删其繁複者十一，苴其闕略者十三」云云。則此書乃虞畿兄弟二人相續而成也。舊無刊版，此本爲朱彝尊家所藏，有康熙辛巳十月彝尊題字，惜其鈔撮具有苦心。惟各條之末不疏明出何書，明人之習，大都若是。所譏誠中其病，然網羅繁富，頗足以廣見聞，要亦博洽之一助也。虞畿序自署曰「粤瀛」，彝尊跋稱「其字里《通志》不載，莫得其詳」。虞賓跋中稱「仲氏列章縫，治博士家言」，蓋廣東諸生也。考胡恂《潮州府志》曰：「薛虞畿字舜祥，海陽人。初爲諸生，後棄去，隱韓山之麓，以農圃自娱。郡長吏欲致之，鑿垣而遁。著有《聽雨篷稾》」云云。當即其人。又考潮州在梁爲東陽州，後改曰瀛州，與粤瀛之稱亦合。惟《志》不言其有此書，疑偶未見耳。虞畿序又稱「書目、凡例列在左方」，今卷首有凡例七條，而無書目，則傳寫者佚之矣。

張之洞《書目答問・雜史類》 《春秋别典》十五卷。明薛虞畿。孫星衍補注出典。《嶺南遺書》本。守山閣本。金壺本。

季漢書

《四庫全書總目提要・别史類存目》 《季漢書》五十六卷。内府藏本。明謝陛撰。陛字少連，歙縣人。其書遵朱子《綱目》義例，尊漢昭烈爲正統。自獻帝迄少帝，爲本紀三卷，附以諸臣爲内傳。吴、魏之君則别爲世家，而以其臣爲外傳。復以董卓、袁紹、袁術、公孫瓚、公孫度及吕布、張邈、陶謙諸人爲載記。凡更事數姓與依附董、袁諸人者則爲雜傳。又别作兵戎始末、人物生殁二表，以括一書之經緯。卷首冠正論五條，答問二十二條，凡例四十四條，以揭一書之宗旨。中間義例既繁，創立名目，往往失當。如晉之劉、石、苻、姚擅號稱尊，各有雄長，自當列之載記。董、袁之屬，既非其倫。五季更五姓十主，爲之臣者不能定以時代，自當編爲雜傳。董、袁之賓客僚屬，亦殊是例。陛乃沿襲舊名，實不免於貌同心異。又西京之祚，迄於建安；續漢之基，開於章武。雖緒延一綫，實事判兩朝。陛乃於帝紀中兼及山陽。其《後漢書》、《晉書》已有專傳者，陛亦概取而附入之，尤爲駢拇枝指，傷於繁複。薛岡《天爵堂筆餘》，稱其改蜀爲季漢，爲今人作事偶勝古人。然陳壽《季漢輔臣贊》已在其前，未爲刱例。沈德符《敝帚軒剩語》稱「世之議陞者謂吳中吳尚儉已曾爲此書。不知元時郝經，宋時蕭常，俱先編葺。不特謝書非出創見，即吳之舊本亦徒自苦」。其言誠當矣。

宋史質

《四庫全書總目提要·別史類存目》 《宋史質》一百卷。衍聖公孔昭煥家藏本。明王洙撰。洙字一江，臨海人。正德辛巳進士，其仕履未詳。是編因《宋史》而重修之，自以臆見，别刱義例。大旨欲以明繼宋，非惟遼、金兩朝皆列於外國，即元一代年號亦盡削之。而於宋益王之末，即以明太祖之高祖追稱德祖元皇帝者承宋統大德三年，以太祖之曾祖追稱懿祖恒皇帝者繼之延祐四年，以太祖之祖追稱熙祖裕皇帝者繼之後至元五年，以太祖之父追稱仁祖淳皇帝者繼之至正十一年，即以爲明之元年。且於瀛國公降元以後，歲歲書帝在某地云云，仿《春秋》書公在乾侯，《綱目》書帝在房州之例，荒唐悖謬，縷指難窮。自有史籍以來，未有病狂喪心如此人者。其書可焚，其版可斧，其目本不宜存。然自明以來，印本已多，恐其或存於世，熒無識者之聽，爲世道人心之害。故辭而闢之，俾人人知此書爲狂吠，庶邪説不至於誣民焉。

史略詳註補遺

《四庫全書總目提要·别史類存目》 《史略詳註補遺大成》十卷。内府藏本。明李紀撰。紀字大正，金谿人。初，元廬陵曾先之撰《十八史略》，至宋而止。明初臨川梁孟寅益以元事，名《十九史略》。嘉靖戊戌，紀復以舊註未備，爲增補以成是編。然弇陋亦甚。據所列引用書目僅十餘種，曰萬氏《史略筌蹄》，曰郭氏《帝王世紀》，曰朱子《四書》，曰倪氏《四書輯釋》，曰蔡氏《書傳》，曰鄒氏《音釋》，曰陳氏《禮記集説》，曰朱子《詩傳》，曰《資治通鑑》，曰吕氏《集註》，曰劉氏《翰墨全書》，曰《左氏春秋傳》，曰林朱《音訓》，曰李氏、劉氏《宋鑑》。是惡足以談史乎。

晉史删

《四庫全書總目提要·别史類存目》 《晉史删》四十卷。浙江巡撫採進本。明茅國縉撰。國縉字薦卿，歸安人。萬曆癸未進士，官至監察御史，謫浙川縣知縣，終於南京工部主事。是書之名載《浙江通志》中，卷數與此本相合。大旨以《晉書》原本繁冗，故删存其要。然不深知史例，刊削者多不甚當。如諸志概行删去，使一朝制度、典章，無可考證。是以《新五代史》繩諸史，而不知《新五代史》先非古法也。至所併紀傳，尤往往乖於體例。如羊祜、杜預同傳，以其同鎮荆州，涉吳事也；郭璞、葛洪同傳，以同爲方技之流也；陸機、陸雲同傳，以同爲文士也；阮籍、嵇康諸人同傳，以同爲放達也；陳壽、王隱諸人同傳，以同有記述也。此斷不可移易者，而國縉隨意改併。甚至以庾亮入於《葛洪傳》後，以謝安入於《陶回傳》後。其尤疎舛者，如阮、嵇諸人傳後史臣論詞，專爲放達之流而言。國縉以傅玄諸人俱合於《阮嵇傳》，而其卷末仍載「史臣論曰」云云。矛盾殊甚。且《晉書》所以猥雜者，正爲喜採小説耳。而國縉乃多取瑣碎故實及清談譃語，與房喬等所見正同，是如塗塗附矣。至於以一傳原文而前後移置，又有節録傳中數語，移爲他傳之分註，大都徒見紛更，而毫無義例。以是而改《晉書》，恐無以服修《晉書》者之心也。

南宋書

《四庫全書總目提要·别史類存目》 《南宋書》六十卷。浙江鮑士恭家藏本。明錢士升撰。士升有《周易揆》，已著録。是編以《宋史》繁冗，故爲删薙。然所刊削者不過奏疏及所歷官階而已，别無事增文省之處，亦不見翦裁鎔鑄之功。又去姦臣、叛臣之例，仍列於衆人之中。案《隋書》以前，姦臣、叛臣本不别傳，《新唐書》始另列之，後來作者多仍其例，亦足見彰癉之公。今併而一之，殊失示戒之意，未足以言復古。至所增鄭思肖數人列傳，亦疏略不詳。惟遵循古例，不以道學、儒林分傳，能掃除門户之見，爲短中之一長耳。

晉書別本

《四庫全書總目提要・別史類存目》 《晉書別本》一百三十卷。浙江巡撫採進本。明蔣之翹撰。之翹字楚稺,秀水人。朱彝尊《静志居詩話》稱其嘗詳對《晉書》,鏤版以行。而《嘉禾獻徵録》則又稱其有《晉書註》一百三十卷。此本又題作《删補晉書》,標目不同。今考之翹所作釋例,既謂删定此書數十卷,質之陳繼儒。繼儒曰:「此可爲《晉書》別本矣,曷以是顔之。」且引孫盛作《晉陽秋》先寫別本之語爲證。是《晉書別本》乃其定名也。唐修《晉書》,本據臧榮緒等舊史,而益以諸家小説,煩碎猥雜及牴牾錯互之處,皆所不免。劉知幾《史通・古今正史篇》,已極言其病。之翹因芟其冗複,正其遺闕,別爲此本。凡節原文者十之四,全删者十之二,正其舛誤者十之三。其文義漏略者則據《元經》、《十六國春秋》、《世説注》、《華陽國志》等書,各加潤色,而稍細書以別之。其事有異同,亦仿《通鑑考異》之例,詮註於下。雖體例不盡精核,然亦犁然有序。其間失之過簡者,如職官志、藝術傳則全删之,武十三王傳删其七,簡文四王傳删其二,四夷諸國删其十,甚至明穆皇后、孫惠等傳有關國是者亦多所刊削,未免矯枉過直。又踵宋祁之説,汰去駢體詔令,而於他文亦多評隲優劣。凡《文選》所已載者,即不具録,殊非史體。又首載《列籍志》,全用焦竑《經籍志》。年表全用鄭樵《通志・年譜》,尤無謂也。

閱史約書

《四庫全書總目提要・別史類存目》 《閱史約書》五卷。副都御史黄登賢家藏本。明王光魯撰。光魯字漢恭,淮安人。是書專爲讀史者考訂之用。《地圖》一卷,皆朱書今地名,而墨書古地名,以著古今沿革之異。《地理直音》二卷,圖所不能具者,又詳於此。《歷代事變官制圖譜》一卷,則世表、年表、百官表之類。《古語訓略》一卷。《元史備忘録》一卷,以元代同名人最多,易相混淆,故記録重名,以便區別。自叙稱「商評人物者易,語名物制度者難」,頗自矜其用力之勤。然其書衹自便於初學尋檢,未爲精深,又不無舛誤。至《訓略》一篇,用《釋名》、《廣雅》體以訓釋史文,既不能賅備,則徒然支贅而已。

讀史圖纂

嵇璜等《續通志・圖譜略・記有・史乘編纂》 俞焕章《讀史圖纂》。

《四庫全書總目提要・別史類存目》 《讀史圖纂》一卷。編修查瑩家藏本。明俞焕章撰,管一駿删正。焕章字文伯,一駿字左仲,竝宣城人。是書成於萬曆辛亥。凡列圖五十有七,上起三皇,下迄明之神宗,各以世系、地域列而爲圖。其割據僭僞之國,亦依各代附見,而歷年甲子附焉。金、元二代無地圖,疑長城以外考之未詳。然遼代則有地圖,其義例殊不可解。明代帝系之外,又增一世系圖,叙所自出,亦《春秋》詳内之意。惟自明太祖以下廟諱及神宗御名,一一明註於下,非惟不避,亦併不闕筆,則於禮殊爲悖謬矣。

唐紀

《四庫全書總目提要・別史類存目》 《唐紀》。無卷數。編修勵守謙家藏本。明孫慤撰。慤字士先,華容人。作《古微書》之孫瑴,即其弟也。是書以新舊《唐書》皆爲踳駁。其所指摘,如舊書楊朝晟一人兩傳,新書既立《武后本紀》,又復立傳。舊書列薛懷義於外戚,新書附張易之、昌宗兄弟於《張行成傳》。舊書於元和四年、麟德元年皆闕不書。穆宗即位之年,桂仲武誅楊清收安南事,六月、八月再見。《李光弼傳》擒周贄事,亦再見。李光顔弟光進,從郭子儀收西京事,誤入李光弼弟光進傳中。代宗生時,李林甫尚未仕,而新書語涉林甫。安禄山至洛陽即不能睹物,而新書紀其至長安。祖孝孫之樂律,僧一行之算術,新書皆不入《方技傳》。又譚忠之效忠王室,沈既濟之議立中宗紀,申《春秋》之義,新書皆不立傳。其説大抵皆當。其體例參取於編年、紀傳之間,以諸臣列傳分附於本紀之後。蓋仿前代實録附載諸臣列傳之例,亦未爲特創。至删《宰相世系表》,惟存《宰相》、《方鎮》、《公主》三表,義例亦允。然《宰相》《方鎮》皆甚略。《公主》仍是删節新書之文,殊非表體。蓋散附本紀則不能各成一傳,總爲一傳又自亂其例。改題曰表,亦不得已之變例也。至刪除諸志,而云欲通漢、唐、宋合爲一志,其意蓋仿《宋書》、《隋書》。然宋去漢,晉不遠,事多相因,不得不原其沿革。唐享國三百餘載,自有一代之典制,其事迥殊。《隋志》則本名《五代史志》,不過附編於《隋書》,益不可爲例矣。前列引用書目,下至明人文集,一一備載。而吳縝《新唐書糾謬》《五代史纂誤》至爲切要,獨不見引。王銍《僞龍城録》乃屢據以考異同,宜其龐雜冗漫也。簡端及字旁多有批評,乃其姪褆瞿之筆,頗多失考。如「徐勣賜姓」一條,上批曰:「賜姓一事,唐爲尤甚,其弊至明代始革。」是併江彬、錢寧不知矣。

書　系

《四庫全書總目提要·別史類存目》　《書系》十六卷。浙江巡撫採進本。明唐大章撰。大章字士一,仙遊人。天啓中貢生。此書摘漢以來詔令疏奏及前人事略,迄元而止。以爲史家善惡竝傳,法戒胥備。此録善而不及惡,所以養其善心而惡自消。蓋《春秋》之義,褒貶竝存。《尚書》所録,則多以垂法。此編名曰《書系》,實欲續《尚書》,故其例如是也。昔劉知幾序列六體,《尚書》原列一家。然王通擬經,儒者猶議其僭。此書去取踳駮,而自命續書,亦太高自位置矣。

稽古編

《四庫全書總目提要·別史類存目》　《稽古編》五十五卷。江蘇巡撫採進本。明郭之奇撰。之奇,揭陽人。崇禎戊辰進士。《類姓登科考》載之奇官副使,擢授詹事府詹事。而此書結銜則稱武英殿大學士。考《明莊烈帝五十相傳》無之奇名。而集中所載年月上有闕文,第云著雍閹茂,乃戊戌歲,當爲順治十五年。案《梧獄紀略》,載桂王諸臣有詹事府禮部右侍郎郭之奇。則所云大學士者,亦桂王所授之官。蓋是時雲南未入版圖,故猶題其私署也。所載自上古至秦而止,以各代君臣分爲表、傳。夏以前則全鈔《路史》,禪通諸紀,三代至秦則多用《史記》《漢書》。其所叙君臣各表,有聖賢、大賢、希賢諸名,龐雜殊甚。《漢書》立《古今人表》,後儒多訾其失倫。是書義例多乖,更沿流而失之者矣。

識大録

《四庫全書總目提要·別史類存目》　《識大録》。無卷數。浙江汪啓淑家藏本。明劉振撰。振字自成,宣城人。其書紀明君臣事蹟。倣各史例,惟改本紀爲帝典,自太祖至穆宗,凡二十四卷。列傳則不分卷數,自母后、儲宮、宗室、宰輔以至四裔,皆以類分編。大抵以實録爲本,而旁採諸家文集銘誌之類。然叙述疏舛,義例雜糅,不足自名一史也。

從龍譜

《四庫全書總目提要·別史類存目》　《從龍譜》。無卷數。兩江總督採進本。原本題錫山莘公李澤長編集。澤長不知何時人。書中多引邱濬語。又元《陸正傳》,末稱正曾孫宗秀編入《大明臣譜》,知其爲明人也。其書諸家書目皆不著録。前無序例,大概鈔撮《宋元通鑑綱目續編》而爲之。「從龍」之名,不知義何所取。宋譜則題《歷朝從龍譜》。首載《譜系圖》,而名之曰《南北宋趙氏譜系》,稱名已誤,而以夏元昊竄據譜系與宋竝列。次《太祖紀》,次爲《家譜》,載宣祖及太后、皇后、太子、皇弟。次《前朝附譜》,專載周恭帝及諸臣事。次《藩國譜》,載南漢劉鋹、蜀孟昶、北漢劉鈞、南唐李煜、吳越錢俶及周行逢、符彥卿二人。次《文武人才譜》,則載太祖時諸臣事。太宗以下至宋末則皆先《帝紀》,次《藩國》,或曰《藩寇》,或曰《鎮國叛寇譜》。《文武人才譜》,或曰《文武臣譜》,或曰《文武大臣譜》,或曰《諸臣士行譜》,或曰《文武官士民譜》。皆隨筆起例,茫無定法。《金元譜系圖》則列於徽宗之前。金、遼兩朝事實散附於徽、欽以後及南渡各帝之末,元憲宗以上亦散附焉。又有《南宋黑白譜》,則又專紀元太祖以至憲宗及諸臣事,以黑●白○黑◗白◑爲標識。元世祖則獨立一部,止名曰《從龍黑白譜》,亦不標元國號。而諸臣之譜則又稱《元朝從龍黑白譜》。成宗以下九帝則竝不列譜。進退顛倒,體例淆雜,全無倫理。而驗其細字密行,朱墨甲乙,尚是當年手鈔之稾,亦可謂勞而罔功矣。

後北征記

《四庫全書總目提要・雜史類存目一》《後北征記》一卷。户部尚書王際華家藏本。明楊榮撰。榮初名子榮，字勉仁，建安人。建文庚辰進士，除翰林編修。燕王篡位後，入直内閣，更今名。歷官工部尚書，兼謹身殿大學士。卒謚文敏。事蹟具《明史》本傳。榮以永樂二十二年四月扈從北征，記其往還始末，著此書。編排月日，叙述頗詳。榆木川之事，即是役也。其事世多異説，榮所記則與史符合。蓋史官以其帷幄之臣，身預顧命，故用以爲據。然其實録與否，亦無可考矣。

朝鮮紀事

《四庫全書總目提要・雜史類存目二》《朝鮮紀事》一卷。浙江巡撫採進本。明倪謙撰。謙字克讓，錢塘人，徙上元。正統己未進士，官至南京禮部尚書，謚文僖。是編乃景泰元年謙奉使朝鮮頒詔紀行之作。自鴨緑江至王城，計一千一百七十里，所歷賓館凡二十有八，語意草略，無足以資考證。時朝鮮國王、世子竝稱疾，不迎詔，謙争之不得，亦無如之何。蓋新有土木之變，正國勢危疑之日也。亦足見明之積弱，雖至近而令亦不行矣。

東征紀行録

《四庫全書總目提要・雜史類存目二》《東征紀行録》一卷。左都御史張若淮家藏本。明張瓚撰。瓚字宗器，孝感人。正統戊辰進士。官至總督漕運左副都御史。事蹟具《明史》本傳。瓚爲四川巡撫時，以播州宣慰司楊輝言，所屬夭壩干、灣溪寨及重安長官司爲生苗竊據，率兵討平之。此書所録，乃其自重慶啟行，迄於班師之事。起成化十二年丙申十月，終次年丁酉正月，凡一百三日。皆排日紀載，間附以所作詩句。《明史》瓚傳載此事在成化十年，與此書互異。然此書爲瓚所自記，年月必無舛誤也。史又稱瓚功名著西蜀，其後撫蜀者如謝士元輩，雖有名，不及瓚。惟夭壩干之役，或言楊輝溺愛少子友，欲官之，詐言生苗爲亂，瓚信而興師，其功不無矯飾。今觀《録》中所記，瓚但駐於黄平，居中調度，實未督兵親行。或出於所屬之妄報，瓚不加審核，遽以入告歟。此則當以史文爲據，不以所自記者爲據矣。

蘇州府纂修識略

《四庫全書總目提要・雜史類存目二》《蘇州府纂修識略》六卷。浙江汪汝瑮家藏本。明楊循吉撰。循吉字君謙，吴縣人。成化甲辰進士。官禮部主事。《明史・文苑傳》附見《徐禎卿》傳中。正德元年，以脩《孝宗實録》，禮部遣官至江南采訪事蹟。蘇州亦開局編類，而請循吉總其事。因爲撮紀大略，凡分十五目。所録皆已得旨舉行之事。其奏疏碑記等作有關時事者亦附載之，而以蘇州府公牒一通冠諸卷首。

東征忠義録

《四庫全書總目提要・雜史類存目二》《東征忠義録》。無卷數。江西巡撫採進本。明劉昭撰。昭字仲賢，號東崖，廬陵人。弘治癸丑進士，官至嘉興府知府。正德中，昭罷官里居。寧王宸濠反，王守仁起兵討之，昭時在幕府，及事平，昭紀其始末爲此書。中間闕略頗多，而大旨在著己之長，暴王守仁等之短。所紀亦不盡實。如謂守仁往福建勘事，至吉安始知遺勅書在贛，因不赴宸濠之宴。又謂伍文定、邢珣諸人破賊時，舟中金寶俱爲所得。厥後伍、謝二繡衣以得銀太多，假他事謫官云云。考守仁討宸濠，始末詳見《明史》及《陽明全集》，俱不載遺勅書事。其有無蓋不可知。至伍文定、邢珣之擄掠，當時諸璫忌守仁之功，沮其賞格，原有斯言。然究不得其確證。觀昭所記，則文定等之謗，正以昭等争功故也。其自謂破省城時禁止殺掠，釋放脅從諸事，皆出其所畫諾，既不見於他書。又謂守仁不聽其言，奏捷疏遲，以致激怒武宗南巡，荼毒地方。不知武宗數出遊幸，諸璫皆欲邀功，親征之詔固不在奏捷之遲速也。以此歸罪守仁，是尤未免於巧詆矣。

史餘

《四庫全書總目提要・雜史類存目二》《史餘》一卷。兩淮鹽政採進本。不著撰人名氏。相傳爲明王鏊撰。鏊字濟之，吴縣人。成化乙未進士。官至户部尚書，文淵閣大學士，謚文恪。事蹟具《明史》本傳。是編紀明代朝廷典故，凡四十九條。中多及正德初年事，或其致政以後所作。間附考證，署曰「五川」。五川者，常熟楊儀别號也。豈儀嘗點勘是書，隨手附注，而後人爲之録入歟。

革除遺事節本

《四庫全書總目提要・雜史類存目二》《革除遺事節本》六卷。浙江范懋柱家天一閣藏本。明黄佐撰。佐有《泰泉鄉禮》，已著録。是書有列傳無本紀。《明史・藝文志》載黄佐《革除遺事》六卷，當即此書。然佐書實有本紀，其所自撰序可考。又郁衮《革朝遺忠録》别載佐序，稱舊本繁文，今皆芟之，定爲七卷。是知十六卷之《革除遺事》，乃佐之全書，此則佐所自節之本，通本紀爲七卷。此本佚其本紀，故止有列傳六卷也。又原書如姚廣孝諸人皆别爲外傳，此則不復分析，其體例亦稍不同。

楚紀

《四庫全書總目提要・雜史類存目二》《楚紀》六十卷。浙江范懋柱家天一閣藏本。明廖道南撰。道南字鳴吾，蒲圻人。正德辛巳進士，官至翰林院侍講學士，謫徽州府通判，尋復舊職。此書乃道南歸田以後爲世宗而作也。世宗以興王繼統，實受封於楚之安陸府。道南大旨以爲太祖平陳理於武昌，實開定鼎之基。世宗復由安陸履帝位，更啟中興之業。故以楚地爲受命之符，天心所屬。博採古今，鋪張潤色，爲紀十有五。曰皇運、曰國基、曰徵獻、曰懋庸、曰崇道、曰昭文、曰孚諫、曰稽謀、曰樹節、曰經變、曰考履、曰闡幽、曰登績、曰穆風、曰景則。每紀分内外，内外中又分前後。凡一人一事，與楚稍有所涉者，亦必牽引以入焉。道南於當時頗負文名，此書亦殫十餘年精力。其末卷《景則紀》中，有《原冑》、《叙宗》、《感遇》等篇，詳述己之世系出處，仿《太史公自叙》。蓋隱然自以其書比於《史記》。然其體例蕪雜，援引附會，殊不足觀也。

哈密事蹟

《四庫全書總目提要・雜史類存目二》《哈密事蹟》一卷，附《趙全讞牘》一卷。浙江范懋柱家天一閣藏本。是編不題書名，亦不著撰人名氏。前載正德中土魯番侵擾哈密，及經略彭澤與王瓊搆釁事。又附載經略張海奏議一篇。後載嘉靖間刑部議讞煽誘諳達原作俺荅，今改正叛人趙全等九人奏牘。蓋明人雜鈔之殘帙也。其序瓊、澤二人事，語皆袒瓊。謂澤因靳貴、陸完納賂於錢寧以求召。後又附《通紀》略一條，則載瓊激錢寧以傾澤。其説自相矛盾，今《明史》從《通紀》之説。其叙趙全之事亦與《明史》無大異同，但曲折差詳。蓋讞牘之與史傳各有體耳。

洗海近事

《四庫全書總目提要・雜史類存目二》《洗海近事》二卷。浙江巡撫採進本。明俞大猷撰。大猷字志輔，晉江人。嘉靖中舉武進士，累官至都督同知，兼征蠻將軍，進右都督，謚武襄。考《明史・大猷傳》，稱海賊曾一本者，吴平黨也，既降復叛，執澄海縣知縣，敗官軍，守備李茂材中礮死。詔大猷暫督廣兵協討。隆慶二年，一本犯廣州，尋犯福建。大猷合郭成、李錫軍擒滅之。是書乃大猷裒輯用兵之時奏疏、公牘、書札，始於隆慶二年正月，終於三年閏六月。前載譚綸、張瀚、朱炳如薦疏，後附操法及兵部覆本，竝録成功後友人賀贈之文，而終以剿林道乾諸議。卷首有大猷自序。是書論用兵委曲，較史爲詳。而不先叙其事之始末，編紀年月以爲提綱。雖諸篇以次編排，而端緒不一，閲之猝不能了了。蓋大猷雖通曉文翰，而於著書叙事之法則尚未習，故不能使經緯燦然，首尾該貫也。

廣右戰功録

《四庫全書總目提要・雜史類存目二》《廣右戰功録》一卷。户部尚書王際華家藏本。明唐順之撰。順之字應德，一字義修，武進人。嘉靖己丑進士，官至右僉都御史，巡撫淮揚，天啓中追謚襄文。事蹟具《明史》本傳。此録述右江參將都督同知沈希儀討平廣西諸蠻事。順之工於古文，故叙事具有法度，《明史》希儀本傳全採用之。惟《録》稱希儀爲臨淮人，而史稱貴縣人，稍有不同。蓋希儀世官指揮，史據其衛籍言之，而《録》則仍書本貫也。其書已載《荆川集》中，此爲袁褧摘出，録入《金聲玉振集》者也。

平濠記

《四庫全書總目提要・雜史類存目二》《平濠記》一卷。編修程晉芳家藏本。明錢德洪撰。德洪本名寬，字德洪，後以字行，改字洪甫，餘姚人。嘉靖壬辰進士，官至刑部郎中，事蹟具《明史・儒林傳》。初王守仁之平宸濠也，其大綱具於《叙功疏》，其細目具於《年譜》。德洪受業守仁，據師友所見聞，其陰謀秘計及一切委曲彌縫之處，有《疏》及《年譜》所不詳者，因作此記以補之。凡黄綰所説四條，龍光所説二條，雷濟所説一條，附載德洪隨事附論者五條，又自跋一條。大旨謂寧藩之敗，由於遲留半月始發。其遲留半月則由於守仁多設反間以疑之。守仁在日，秘不言。守仁殁後，始得其間書、間牌之稾於龍光。而駕馭峒酋葉芳，及陰令知縣陳冕詭漁舟以誘擒宸濠，皆當時所不盡知者云。

南泰紀略

《四庫全書總目提要・雜史類存目二》《南泰紀略》一卷。浙江范懋柱家天一閣藏本。明尹耕撰。耕字子莘，蔚州人。嘉靖壬辰進士，官至河南按察司僉事。明嘉靖四年，廣西土舍李寰、盧四、趙楷等煽亂，副使翁萬達以計討平之，而未蒙遷擢。耕因作是書紀其功。然書中於盧四煽九司作亂，及韋應附從諸事，俱未能悉叙，未免脱略，不及《明史》張經、翁萬達及土司列傳中載此事爲詳也。

安南奏議

《四庫全書總目提要・雜史類存目二》《安南奏議》一卷。左都御史張若溎家藏本。不著撰人名氏。嘉靖中，安南莫登庸篡國，國主之孫黎寧，遣其臣鄭惟僚等赴京告難，乞興師問罪。廷議請討之，衆論不一，已而中罷。至十七年，詔申前議，以咸寧侯仇鸞總督軍務，兵部尚書毛伯温爲參贊，尅日進師。而兩廣總督張經上疏，頗以爲難。兵部不能決，奏請廷議。議上，帝責諸臣不能協心謀國，復罷不行，而留鸞、伯温别用。是書所載，乃兵部尚書張瓚等會題疏稾及所奉詔旨也。

議處安南事宜

《四庫全書總目提要・雜史類存目二》《議處安南事宜》一卷。左都御史張若溎家藏本。不著撰人名氏。嘉靖十八年，復命仇鸞、毛伯温征安南。伯温抵廣西，傳檄諭意。莫登庸自至鎮南關請降，伯温承制赦之，馳疏以聞。詔改安南國爲安南都統使司。此本列伯温原疏、兵部揭帖及詔旨一通，而兵部議覆疏未載，疑尚有所闕佚也。

伏戎紀事

《四庫全書總目提要・雜史類存目二》《伏戎紀事》一卷。浙江鮑士恭家藏本。明高拱撰。拱有《春秋正旨》，已著録。拱在内閣時，值諳達之孫巴罕鼐吉原作把漢那吉，今改正率衆來降。拱決策脇諳達內附，且定封貢、互市諸約。因記其前後本末爲此書。考之《明史》，巴罕鼐吉既降，總督王崇古上言，宜給官爵、豐館餼、飾輿馬，以示諳達。諳達急則使縛送諸叛，不聽即脇誅巴罕牽沮之，又不然，因而撫納。據此，則封巴罕以脇諳達，乃崇古先主其計，拱第力贊成之。而此書乃謂已先定計，遣書崇古，使之奉行。與史不合。又《明史》本紀謂高拱及張居正同主是議，居正本傳亦同。而是書乃略不及居正。亦可見拱之矜功自伐，其所紀未足盡憑也。

靖夷紀事

《四庫全書總目提要・雜史類存目二》《靖夷紀事》一卷。河南巡撫採進本。明高拱撰。隆慶四年，貴州土司安國亨與安智相讎殺，撫臣以叛聞。拱因推太僕寺少卿阮文中爲巡撫。文中意欲勦之，拱議遣給事中賈三近往勘。國亨聽命，遂平其亂。拱因著是篇，以紀其事。

綏廣紀事

《四庫全書總目提要・雜史類存目二》《綏廣紀事》一卷。河南巡撫採進本。明高拱撰。時廣東久遭寇亂，拱自録其在內閣時籌畫地方事宜奏疏，及與人往復書札。書頗多自矜語。如《答殷士儋書》「非公在彼，孰能經略；非僕在此，孰能主張」諸語，則其沾沾自喜，已見於此。宜其不獲以功名終也。

防邊紀事

《四庫全書總目提要・雜史類存目二》《防邊紀事》一卷。河南巡撫採進本。明高拱撰。拱於隆慶四年再入內閣，兼理吏部。時邊事孔棘，拱有議添設協理戎政侍郎，及議處邊鎮諸疏，彙爲此書。其所條畫利害，多與《明史》相合。

平倭録

《四庫全書總目提要・雜史類存目二》《平倭録》。無卷數。江蘇周厚堉家藏本。不著撰人名氏。紀明任環平倭事蹟。萬曆中，吏科給事中翁憲祥、巡撫陝西監察御史吉人重刊。憲祥作前序，人作後序，亦不言爲誰所作也。嘉靖癸丑，倭寇由越入吳，環時爲蘇州府同知，力戰殲之。以功晉山東布政司參政，卒贈光禄卿。是編首《乞歸終制疏》，蓋環用兵時適丁生母艱，事平因上此疏。次録諭祭碑文誌銘，及其孫可復所録事蹟，又以環所著詩文簡牘名《山海漫談》竝列之。末又附後人歌頌詩文，合爲一帙。編次叢雜，漫無體例。海虞陳禹謨《説儲》載「環方出兵時，以《靈棋經》占得益友卦。其繇曰：客有王孫，來叩我門，語我福慶，主得蒙恩。簿暮，常熟王公鐵果叩門，遂決策進兵，我師大克」云云。而此録無之，蓋小説附會之談，不足據也。

平夷功次録

《四庫全書總目提要・雜史類存目二》《平夷功次録》一卷。浙江汪啟淑家藏本。明焦希程編。希程榜姓周，象山人。嘉靖辛丑進士。官至貴州兵備副使。希程在四川時，值宜賓夷人作亂，巡撫張臯檄委希程勦平。因彙刻當時部檄，以成此書。

使琉球録

《四庫全書總目提要・雜史類存目二》《使琉球録》二卷。浙江巡撫採進本。明郭世霖撰。據《浙江遺書目録》稱，世霖，永豐人，官吏科給事中。而《類姓登科考》載，嘉靖癸丑進士郭汝霖，永豐人，官至南京太僕寺卿。當即其人，特譌世爲汝耳。萬曆中，蕭崇業《使琉球録》，稱陳侃、郭世霖二録，其明證也。初，嘉靖十一年，命吏科左給事中陳侃、行人高澄册封中山王尚清。侃述其事爲《琉球録》，自爲之序。至嘉靖三十七年，又遣世霖與行人司行人李際春册封中山王尚元。世霖因取侃舊本，綴續成編。所言大略與《明史·琉球傳》合。惟每條列原録於前，而附所續於後，皆以「霖按」二字冠之。似乎考訂舊聞，實則鋪叙新事。於體例殊未協也。

肅皇外史

《四庫全書總目提要·雜史類存目三》　《肅皇外史》四十六卷。內府藏本。明范守己撰。守己字介儒，洧川人。萬曆甲戌進士。官至按察司僉事。是編記明世宗一代朝政。編年系月，立綱分目，頗見詳備。而詞近瑣碎，不合史體。當時南京書坊嘗刻其節本，附雷禮《大政記》以行。此則其全書也。

倭患考原

《四庫全書總目提要·雜史類存目三》　《倭患考原》二卷。兩淮鹽政採進本。明黄俣卿撰。自題曰「閩人」。其始末未詳。俣卿以嘉隆間福建瀕海郡縣嘗被倭患，故爲是書以推其致禍之由。上卷溯洪武初年遣使通倭，終萬曆初廣賊林鳳之亂。下卷恤援朝鮮，則紀宋應昌、楊鎬東徵事也。卷末附以《倭俗考》，其中所載閩事居多。草野傳聞，殊爲簡略。

使琉球録

《四庫全書總目提要·雜史類存目三》　《使琉球録》二卷。浙江汪啟淑家藏本。明蕭崇業、謝杰同撰。崇業，雲南臨安衛人，隆慶辛未進士，官至右僉都御史，提督操江。杰，長樂人，萬曆甲戌進士，官至户部尚書，總督倉塲。萬曆七年，崇業爲户科給事中，杰爲行人司行人，奉使往封琉球國世子尚永爲中山王。是年六月，渡海抵其國，十月還閩。因記其行事儀節，及琉球山川風俗爲此書。大抵本嘉靖十三年陳侃、四十年郭世霖二録而稍潤益之。《明史·藝文志》載謝杰《使琉球録》六卷。此本止分上下二卷，檢勘竝無闕佚，殆「六」字爲傳寫之誤歟。

馭倭録

《四庫全書總目提要·雜史類存目三》　《馭倭録》九卷。浙江巡撫採進本。明王士騏撰。士騏字冏伯，太倉人，尚書世貞子。萬曆己丑進士，官至吏部員外郎，坐妖書逮獄削籍。《明史·文苑傳》附載《世貞傳》末。是編乃其爲兵部主事時採明一代倭寇事蹟，起洪武元年，訖萬曆二十四年。凡當時所奉詔旨及諸臣章奏，竝中外戰守方略，案年編紀，本末頗具。自序以爲薛浚《考略》、王文光《補遺》、鄭若曾《籌海圖編》，多取野史爲證，往往失真，故所録皆就國史中拈出。然當時奏報亦多掩敗爲功，欺蔽蒙飾，國史所載，正未必盡爲實録也。

明寶訓

《四庫全書總目提要·雜史類存目三》　《明寶訓》四十卷。江蘇巡撫採進本。明萬曆壬寅南京禮部郎中陳治本、工部郎中吕允昌、禮部主事朱錦等所刊。蓋裒合歷朝官撰之本以爲一編者也。原本《洪武》六卷，成於永樂十六年。《永樂》十五卷，《洪熙》二卷，均成於宣德五年。《宣德》十二卷，成於正統三年。《正統》十二卷，成於成化三年。《成化》十卷，成於弘治四年。《弘治》十卷，成於正德四年。《正德》十卷，成於嘉靖四年。《嘉靖》二十四卷，成於隆慶五年。《隆慶》八卷，成於萬曆二年。皆有當時御製序。統紀一百一十三卷。此本四十卷，治本等所合併也。建文本無實録，景泰雖有實録而未修寶訓，故所刊止於十朝。英宗一朝，併入天順年事，總以《正統》標名，殊乖體例。蓋當時官書，本題廟號。而治本等彙刻，改題年號，以從簡易。既不可一書兩名，遂總題爲《正統》也。其書皆自實録撮出，分類編載，門目大同小異，皆以《貞觀政要》爲式云。

閹黨逆案

《四庫全書總目提要・雜史類存目三》 《閹黨逆案》一卷。兩淮鹽政採進本。明崇禎二年正月，大學士韓爌等奉敕定。以黨附魏忠賢諸臣，分别首從，擬爲等次。每名之下，各著罪狀，皆當日之爰書。其夾註科分籍貫，則似乎後人附益也。

遜國逸書

《四庫全書總目提要・雜史類存目三》 《遜國逸書》七卷。内府藏本。明錢士升編。士升有《周易揆》，已著録。是書前有崇禎甲申自序。所録書凡四種。一曰《拊膝録》，稱玉海子劉琳撰。琳不知何許人。所記皆建文君臣事迹，分紀傳三十餘篇。一曰《從亡隨筆》，稱程濟撰；一曰《致身録》，稱史仲彬撰，皆叙建文帝出亡之事。一曰《鐵老先生冤報録》，所記陳瑛中茸之惡，尤極穢褻，乃惡瑛者所爲。大都誕妄不可信也。

守麋紀略

《四庫全書總目提要・雜史類存目三》 《守麋紀略》一卷。浙江巡撫採進本。明高斗樞撰。斗樞字象先，鄞縣人。崇禎戊辰進士，由刑部主事累官湖廣按察使，分守鄖陽。自辛巳六月以後，屢被寇攻，斗樞盡力守禦者兩載，城幸獲全。癸未六月，斗樞具疏請援，朝廷始知鄖尚在。而閣臣陳演與斗樞有隙，乃别推鄖陽知府徐起元爲鄖陽巡撫，僅加斗樞太僕寺少卿銜。及甲申二月，始遷斗樞陝西巡撫。時全陝已陷，不能之官。後福王建國南京，以斗樞巡撫湖廣。道路不通，斗樞亦竟未聞。國亡後，遯歸故里而卒。事蹟具《明史》本傳。此書乃其歸里後追述守鄖之事。所載戰守法頗具，亦陳規《守城録》之類也。

定保録

《四庫全書總目提要・雜史類存目三》 《定保録》。無卷數。浙江汪啟淑家藏本。明趙元祉撰。元祉，無錫人。是書成於崇禎十年。以明諸帝事蹟仿《貞觀政要》之體，分修身、尊賢、訓儲、納諫、馭臣、嚴宦寺、子民、詰戎兵、帝訓爲九類。編爲三集，首集載太祖事，二集載成祖事，三集載仁宗至世宗六朝，僅寥寥數言，不復分類。大抵序述冗雜，頗無體例。自題稱「錫山草莽臣」，而又有「師鄒期楨謹訂」一行。疑元祉本期楨弟子，故標此稱，然亦太剏矣。

東林始末

《四庫全書總目提要・雜史類存目三》 《東林始末》一卷。編修程晉芳家藏本。明蔣平階撰。平階字大鴻，華亭人。是書述東林門户始末。始於萬曆二十一年吏部稽勳司員外郎虞淳熙、兵部職方司郎中楊于廷之中京察，終於崇禎十六年大學士周延儒之賜死。惟叙朋黨攻擊之事，故於梃擊、紅丸、移宫之争，客魏之禍，與遼東經撫之搆，均不叙述。蓋意在齊、楚、浙三黨勝負之間，餘非所詳。然諸案正諸人之假以攻擊者，既以楚案著沈郭搆釁之由，而不及諸案，則遺漏孔多。中如記顧憲成之援李三才，徐石麒之譽吴昌時，一著其受欺之由，一著其畏禍之故，頗無隱諱。而延儒通曹化淳以復相，由張溥之力，乃歸其事於丹陽監生賀順及應城之侯氏，未免曲筆。至吴昌時之改吏部，由交通周延儒，乃歸其事於鄭三俊，與延儒若無預者，尤非事實矣。

蜀國春秋

英廉奏《抽毁書目》 《蜀國春秋》四本。查《蜀國春秋》，係明荀廷詔撰。書内毛鳳彩序一篇，語極狂悖。書内紀年中「明玉珍」一條，卷十三内十一頁前一行，卷十四内第十四頁前七八行，亦俱有偏謬處。應請抽燬。

《四庫全書總目提要·雜史類存目三》《蜀國春秋》十八卷。浙江巡撫採進本。明荀廷詔撰。廷詔字宣子，成都人。崇禎癸未進士。其書自一卷至十四卷，上溯唐虞，下迄元明。凡興廢事蹟之有關蜀國者，均分代紀之。若西漢之公孫述、東漢之劉焉、西晉之李雄、唐之王建、後唐之孟知祥、元之明玉珍，皆附焉。自十五卷至末，則通釋郡縣之沿革。大抵從正史鈔出，別無蒐討，較《蜀中廣記》諸書不及十之一二。且議論亦多未醇正，不出明末積習也。

南宋書

張之洞《書目答問·別史類》《南宋書》六十卷。明錢士升。掃葉山房本。

元史類編

張之洞《書目答問·別史類》《元史類編》四十二卷。邵遠平。通行本。此書意在續《宏簡録》。

纂　要

《明史·藝文志·雜史類》《纂要》二卷。

平漢録

《明史·藝文志·雜史類》童承叙《平漢録》一卷。

宣召録

《明史·藝文志·雜史類》劉大夏《宣召録》一卷。

禮賢録

《明史·藝文志·雜史類》劉基《禮賢録》一卷。

大政記

《明史·藝文志·雜史類》雷禮《大政記》三十六卷。

捫膝録

黄虞稷《千頃堂書目·別史類》劉琳《捫膝録》。稱玉海子，不知何人。

革除漫録

黄虞稷《千頃堂書目·別史類》《革除漫録》一卷。不知撰人。

革除紀遺

黄虞稷《千頃堂書目·別史類》《革除紀遺》一卷。不知撰人。

建文君臣逸事

黄虞稷《千頃堂書目・別史類》《建文君臣逸事》。不知撰人。

孝陵紀略

黄虞稷《千頃堂書目・別史類》《孝陵紀略》一卷。不知撰人。

國初明良隆遇録

黄虞稷《千頃堂書目・別史類》《國初明良隆遇録》十卷。不知撰人。

開國紀略

黄虞稷《千頃堂書目・別史類》《開國紀略》一卷。不知撰人。

洪武成憲録

黄虞稷《千頃堂書目・別史類》《洪武成憲録》。不知撰人。

高廟紀事本末

黄虞稷《千頃堂書目・別史類》《高廟紀事本末》。不知撰人。

逐鹿記

黄虞稷《千頃堂書目・別史類》《逐鹿記》一卷。不知撰人。

明興雜記

黄虞稷《千頃堂書目・別史類》 陳敬則《明興雜記》四卷。一作《開創曆紀》六卷，稱鄞南陳敬則，不詳其人。

春明夢餘録

張之洞《書目答問・雜史類》《春明夢餘録》七十卷。孫承澤。古香齋本。

廿二史紀事提要

《四庫全書總目提要・別史類存目》《廿二史紀事提要》八卷。江西巡撫採進本。國朝吴綬撰。綬字韓章，無錫人。是書成於順治中。於諸史中擇其大事爲綱，而檃括原文以爲之目。起自太古，迄於明末，故以「廿二史」爲名。然實取之坊刻《綱鑑》，非採諸全史也。

明　書

《四庫全書總目提要・別史類存目》《明書》一百七十一卷。浙江孫仰曾家藏本。國朝傅維鱗撰。維鱗初名維楨，靈壽人。順治丙戌進士。官至工部尚書。是書爲其子汀州府知府燮詷所鐫。冠以移取咨送諸案牘。蓋康熙十八年詔修《明史》，徵其書入史館。凡本紀十九卷，世家三十三卷，宮闈紀二卷，表十二卷，志二十二卷，記五卷，世家列傳七十六卷，叙傳二卷。自謂搜求明代行藏印鈔諸書，與家乘文集碑誌，聚書三百餘種，九千餘卷，參互實録，考訂異同，可謂博矣。然體例舛雜，不可縷數。

欽定歷代紀事年表

《四庫全書總目提要・別史類》《欽定歷代紀事年表》一百卷。康熙五十一年聖祖仁皇帝御定。初，康熙四十六年聖駕南巡，布衣龔士炯獻《歷代年表》，所載至隋而止。乃詔工部侍郎周清源重修，未蕆事而清源殁。復詔内閣學士王之樞修，而以清源子嘉禎佐之，乃相續成編。所載事蹟，上起帝堯元載甲辰，下迄元順帝至正二十八年戊申，首末凡三千七百二十五年。

後漢書補逸

《四庫全書總目提要・別史類》《後漢書補逸》二十一卷。兩江總督採進本。國朝姚之駰撰。之駰，字魯斯，錢塘人。康熙辛丑進士。官至監察御史。

歷代史表

《四庫全書總目提要・別史類》《歷代史表》五十三卷。副都御史黄登賢家藏本。國朝萬斯同撰。斯同有《廟制圖考》，已著録。是編以十七史自《後漢書》以下惟《新唐書》有表，餘皆闕如，故各爲補撰。宗《史記》、《前漢書》之例，作諸王世表、外戚侯表、外戚諸王世表、異姓諸王世表、將相大臣及九卿年表。宗《新唐書》之例，作方鎮年表、諸鎮年表。其宦者侯表、大事年表，則斯同自創之例也。其書自正史本紀、志、傳以外，參考《唐六典》、《通典》、《通志》、《通鑑》、《册府元龜》諸書，及各家雜史。次第彙載，使列朝掌故，端緒釐然，於史學殊爲有助。

尚史

《四庫全書總目提要・別史類》《尚史》一百七卷。兵部侍郎紀昀家藏本。國朝李鍇撰。鍇，字鐵君。鑲白旗漢軍。卷首自署曰「襄平」。考襄平爲漢遼東郡治，今爲盛京遼陽州地，蓋其祖籍也。康熙中，鄒平馬驌作《繹史》，採摭百家雜説，上起鴻荒，下迄秦代，仿袁樞紀事本末之體，各立標題，以類編次。凡所徵引，悉録原文。雖若不相屬，而實有端緒。

春秋紀傳

《四庫全書總目提要・別史類存目》《春秋紀傳》五十一卷。浙江巡撫採進本。國朝李鳳雛撰。鳳雛字梧岡，東陽人。康熙中由拔貢生官曲江縣知縣。是書變編年之體，從史遷之例。以周爲本紀，列國及孔子爲世家，卿大夫爲列傳，又爲周魯列國世系圖。其徵引以《左傳》、《國語》爲主，輔之以《公》、《穀》、《檀弓》、《國策》、《家語》等書。蒐羅考核，頗爲詳備。惟採摭繁富，而皆不著其出典，是其所短。其《列國世系圖》全取馬驌《繹史》，亦嫌諱所自來也。

讀史津逮

《四庫全書總目提要・別史類存目》《讀史津逮》四卷。江蘇巡撫採進本。國朝潘永圜撰。永圜字大生，金壇人。是書成於康熙丙午。自三皇五帝迄於有明，屬正統者標曰《世紀》，屬偏霸者標曰《世次》，僭僞叛亂及藩鎮標曰《本末》。皆詳其世系，略標事實，冠以甲子編年及年號考同。末附《傳國璽考》、《古今都會考》。

安南使事記

《四庫全書總目提要・雜史類存目三》《安南使事記》一卷。兩淮鹽政採進本。國朝李仙根撰。仙根字南津，遂寧人。順治辛丑進士。官至户部侍郎。康熙七年，仙根以内秘書院侍讀偕兵部職方司主事楊兆傑使安南還，備述宣諭事實，編爲此書。其詞多質樸少文，蓋隨筆記録，未及删潤也。

平閩記

《四庫全書總目提要・雜史類存目三》《平閩記》十三卷。直隸總督採進本。國朝楊捷撰。捷字元凱。鑲黄旗漢軍。官至昭武將軍，江南提督。是編皆其康熙十七年征勦鄭成功時奏疏及箋啟、咨文、牌檄、告示諸稾。馮溥、王廣心序，葉映榴跋，皆稱《平閩紀事》。前有張玉書序，則又稱《平閩記》。蓋初名《紀事》，復改今名也。

師中紀績

《四庫全書總目提要・雜史類存目三》《師中紀績》一卷。山西巡撫採進本。國朝王得一撰。得一字種龍，螺陽人。福建水師提督萬正色之幕友也。是書皆紀正色戰功，凡二十三事。始於康熙十二年，由興安調守寧羌州，迄於康熙二十年議征臺灣，計首尾十年之事。

武宗外紀

《四庫全書總目提要・雜史類存目三》《武宗外紀》一卷。浙江巡撫採進本。國朝毛奇齡撰。奇齡有《仲氏易》，已著録。是書記明武宗之事，凡九十四條，皆取之於實録。前有自序，謂同館之爲史者，凡武宗諸可鑒事，皆軼而不書，故作此以補之。

後鑒録

《四庫全書總目提要・雜史類存目三》《後鑒録》七卷。浙江巡撫採進本。國朝毛奇齡撰。皆記有明一代盜賊之事。蓋亦《明史》擬稾之所餘也。自叙稱建溪謝給舍作《後鑒録》，大抵輯明代治盜始末，定爲爰書。是編因襲故老舊聞，稾積成帙，仍用謝書之舊名。其事蹟今率見正史中，無大異聞。惟推論致亂之由，謂明三百年過於輕武。儒臣以奴隸遇閫帥，尺籍冒濫，病坊菜傭，漫不經省，師中動掣兩肘。又中官監進止無已，則冠惠文者操名法以持其後。亦目擊之篤論也。

勝朝彤史拾遺記

張之洞《書目答問・雜史類》《勝朝彤史拾遺記》六卷。毛奇齡。西河集本。珠塵本。

封長白山記

《四庫全書總目提要・雜史類存目三》《封長白山記》一卷。大學士英廉家藏本。國朝方象瑛撰。象瑛字渭仁，遂安人。康熙丁未進士，官至翰林院侍講。

辨苗紀略

《四庫全書總目提要・雜史類存目三》《辨苗紀略》八卷。浙江巡撫採進本。

國朝俞益謨撰。益謨字嘉言，號澹菴，寧夏人。官至湖廣提督。

二申野録

《四庫全書總目提要・雜史類存目三》 《二申野録》八卷。浙江巡撫採進本。國朝孫之騄撰。之騄有《重編尚書大傳》，已著録。是編採録明一代妖異之事，編年紀載。始於洪武元年戊申，終於崇禎十七年甲申，故以「二申」爲名。與《明史・五行志》亦多相合。其誕者則小説家言也。

明史稾

張之洞《書目答問・別史類》 《明史稾》二百八卷。王鴻緒。通行本。

東華録

張之洞《書目答問・別史類》 《東華録》三十二卷。蔣良騏。通行本八卷。

欽定續通志

《四庫全書總目提要・別史類》 《欽定續通志》五百二十七卷。乾隆三十二年奉敕撰。紀傳譜略，一仍鄭氏之舊。惟鄭氏《列傳》因諸史舊文，標題錯互，而又稍有所改竄。

春秋戰國異辭

《四庫全書總目提要・別史類》 《春秋戰國異辭》五十四卷、《通表》二卷、

《摭遺》一卷。兩江總督採進本。國朝陳厚耀撰。厚耀有《春秋長曆》，已著録。是編採羣書所載與《春秋三傳》、《國語》、《戰國策》有異同者，分國編次，以備考證，亦間爲辨定。又取《史記》十二諸侯表、六國年表合而聯之，爲《通表》二卷。其詼諧談瑣記、神仙藝術，無關體要，難以年次者，别爲《摭遺》一卷，以附於後。

季漢五志

《四庫全書總目提要・別史類存目》 《季漢五志》十二卷。江西巡撫採進本。國朝王復禮撰。復禮有《家禮辨定》，已著録。是編以陳壽《三國志》昭烈止於作傳，諸葛、關、張、趙雲等傳亦失之簡略。

晉記

《四庫全書總目提要・別史類存目》 《晉記》六十八卷。浙江巡撫採進本。國朝郭倫撰。倫字凝初，號酉山，蕭山人。乾隆丙子舉人。

遼大臣年表　金大臣年表

《四庫全書總目提要・別史類存目》 《遼大臣年表》一卷、《金大臣年表》一卷。浙江汪啟淑家藏本。不著撰人名氏。前列諸帝統系圖，後爲遼、金二表，俱係年於上，而以諸臣名爵緯列其下。大抵據二史本紀所載命官年月，編次成書，但取便檢尋，無所考訂。

欽定蒙古源流

《四庫全書總目提要・雜史類》 《欽定蒙古源流》八卷。乾隆四十二年奉勅

譯進。其書本蒙古人所撰。末有自序，稱庫圖克徹辰鴻台吉之裔小徹辰薩囊台吉，原知一切。因取各汗等源流，約略叙述。竝以《講解精妙意旨紅册》、沙爾巴胡土克圖編纂之《蓮花漢史》、雜噶拉斡爾第汗所編之《經卷源委》、《古昔蒙古汗源流大黄册》等七史合訂。自乙丑九宫值年八宫翼火蛇當值之二月十九日角木蛟鬼金羊當值之辰起，至六月初一日角木蛟鬼金羊當值之辰告成。書中所紀乃額納特珂克土伯特蒙古汗傳世次序，及供養諸大喇嘛闡揚佛教之事。而其國中興衰治亂之蹟，亦多案年臚載。首尾賅備，頗與《永樂大典》所載《元朝秘史》體例相近。

戰國策去毒

《四庫全書總目提要・雜史類存目一》《戰國策去毒》二卷。江蘇周厚堉家藏本。國朝陸隴其編。隴其有《古文尚書考》，已著録。此書前有自記，謂《戰國策》一書，其文章之奇，足以悦人耳目；而其機變之巧，足以壞人心術。

平叛記

《四庫全書總目提要・雜史類存目三》《平叛記》二卷。浙江巡撫採進本。國朝毛霦撰。霦字荆石，掖縣人。是書記崇禎四年叛兵李九成等攻圍萊州始末。

平寇志

《四庫全書總目提要・雜史類存目三》《平寇志》十二卷。浙江巡撫採進本。舊本題管葛山人撰。不著姓名。前有序文，題曰「龍湫山人李確著」。以「著」之一字推之，疑即出於確手。案《海鹽縣志》，李天植字因仲，前明崇禎癸酉舉人。甲申後遁跡龍湫山中，改名確，字潛初。當即其人也。是編載明末羣盜之亂，分年紀載。起崇禎元年，迄國朝順治十八年平定滇南張獻忠餘黨孫可望、李定國等而止。叙述頗爲詳悉。

明倭寇始末

《四庫全書總目提要・雜史類存目三》《明倭寇始末》一卷。編修程晉芳家藏本。舊本題國朝谷應泰撰。應泰有《明紀事本末》，已著録。此即本末中之一卷，書賈鈔出，以給收藏之家者也。

交山平寇本末

《四庫全書總目提要・雜史類存目三》《交山平寇本末》三卷，附詩一卷，詳文一卷，書牘一卷。浙江汪啟淑家藏本。國朝夏駰撰。紀交城知縣趙吉士勦賊事也。交山故爲盜藪。康熙七年，吉士往莅事，以計次第擒之，閲四年而盡平。駰時客吉士幕中，因紀其本末。上溯盜起之由，中述定計之豫，終陳制勝之略。松江陸慶臻爲之評點，并附賀贈詩篇於後。餘姚邵以發復取吉士詳文、書牘有關平寇者，别爲二帙，評論而刊之。駰字宛東，湖州人。吉士字天羽，錢塘人，順治辛卯舉人，官至户科給事中。

逐代陽秋

《四庫全書總目提要・雜史類存目三》《逐代陽秋》二十八卷。内府藏本。國朝余美英撰。美英一名�，字璈伯，錢塘人。其書專紀明惠帝事蹟。

衡湘稽古

《四庫全書總目提要・雜史類存目三》《衡湘稽古》五卷。兩江總督採進本。國朝王萬澍撰。萬澍字霍霖，别號勉亭，常寧人。卷首題「衡湘野人述」，而不著名。名字乃見於他人序中，亦好僻之士也。大意以衡湘爲古帝王巡狩都會之區，春秋時芊楚兼併，聖人屏之，後人遂忘其先之盛。於是歷述伏羲、神農、黄帝、少昊、顓頊、帝嚳、堯、舜、夏、商二代以迄周昭，撰爲此録。每事標舉其綱，而雜引羣書爲目。多摭自《路史》諸書。既非地志，又非史傳，與廖道南之《楚紀》，其叢雜約略相等云。

續唐書

張之洞《書目答問・别史類》　《續唐書》七十卷。陳鱣。道光十七年刻本。

泰昌朝記事

吴壽暘《拜經樓藏書題跋記・卷二》　《泰昌朝記事》。舊鈔本。一册。前署「江上遺民李遜之輯」，有「吴翌鳳家藏文苑」圖記，蓋家枚菴先生藏本。先君子書後云：「嘉慶甲子，收得友人枚菴藏書。蓋自君之别，已三十餘載矣。不禁撫卷黯然。」

蜀難紀略

吴壽暘《拜經樓藏書題跋記・卷二》　《蜀難紀略》。《蜀難叙略》，婁東沈荀蔚著。前列范文光、沈華陽傳，後附李明睿、金之俊、吴偉業、王時敏、王發祥、張王治、吴國杰、孫以敬、吴克孝、毛天麒、錢廣居、郭奎先、周亮工諸先生跋。所記爲獻逆破蜀，荀蔚父雲祚死節事。起崇禎十五年，至國朝康熙三年，與難始末凡二十餘載。

社事始末

張之洞《書目答問・雜史類》　《社事始末》一卷。杜登春。珠塵本。

玉函山房輯佚書史編

張之洞《書目答問・雜史類》　《玉函山房輯佚書史編》八種。馬國翰。濟南刻本。

樞垣紀略

張之洞《書目答問・雜史類》　《樞垣紀略》十六卷。梁章鉅。道光十五年刻本。

五代新説

錢東垣等輯《崇文總目輯釋・雜史類》　《五代新説》二卷。張絢古撰。

《新唐書・藝文志・雜史類》　張絢古《五代新記》二卷。

鄭樵《通志・藝文略・雜史》　《五代新記》二卷。唐張詢古撰。記梁、陳、北齊、周、隋事。

晁公武《郡齋讀書志・雜史類》　《五代新説》二卷。右唐張詢古撰。以梁、陳、北齊、周、隋君臣雜事，分三十門纂次。

馬端臨《文獻通考・經籍考・雜史類》　《五代新説》二卷。

《宋史・藝文志・别史》　張詢古《五代新説》二卷。

徐𤊹《徐氏家藏書目・旁史類》　《五代新説》二卷。見《説郛》。

甘露記

錢東垣等輯《崇文總目輯釋・雜史類》《甘露記》二卷。諸家書目並不著撰人。

《新唐書・藝文志・雜史類》《野史甘露記》二卷。

鄭樵《通志・藝文略・雜史》《甘露記》二卷。

尤袤《遂初堂書目・雜史類》《甘露野史》。

陳振孫《直齋書録解題・雜史類》《野史甘露記》二卷。不著名氏。上卷記甘露之禍，下卷叙諸臣本末。

開成紀事

錢東垣等輯《崇文總目輯釋・雜史類》《開成紀事》三卷。諸家書目不著撰人。

《新唐書・藝文志・雜史類》《開成紀事》二卷。

鄭樵《通志・藝文略・雜史》《開成紀事》三卷。記太和甘露事。

廣陵妖亂志

錢東垣等輯《崇文總目輯釋・雜史類》《廣陵妖亂志》三卷。郭廷誨撰。

《新唐書・藝文志・雜史類》郭廷誨《廣陵妖亂志》三卷。高駢事。

鄭樵《通志・藝文略・雜史》《廣陵妖亂志》三卷。唐鄭廷誨撰。記高駢鎮廣陵，爲妖人吕用之所惑致生亂，至楊行密。

陳振孫《直齋書録解題・雜史類》《廣陵妖亂志》三卷。唐晉陽鄭延晦撰。言高駢、吕用之、畢師鐸等事。

案：《唐書・藝文志》作「郭廷誨」撰。

雲南事狀

錢東垣等輯《崇文總目輯釋・雜史類》《雲南事狀》一卷。諸家書目並不著撰人。【原釋】闕。見天一閣鈔本。

鄭樵《通志・藝文略・雜史》《雲南事狀》一卷。記唐末羣臣奏議招輯雲南蠻事。

金鑾密記

錢東垣等輯《崇文總目輯釋・雜史類》《金鑾密記》一卷。韓偓撰。

《新唐書・藝文志・雜史類》韓偓《金鑾密記》五卷。

鄭樵《通志・藝文略・雜史》《金鑾密記》一卷。唐韓偓撰。記昭宗幸華州，梁太祖以兵圍華事。

晁公武《郡齋讀書志・雜史類》《金鑾密記》一卷。右唐韓偓撰。

尤袤《遂初堂書目・雜史》《金鑾密記》。

陳振孫《直齋書録解題・雜史類》《金鑾密記》三卷。唐翰林學士承旨京兆韓偓致堯撰。具述在翰苑時事，危疑艱險甚矣。昭宗屢欲相之，卒不果而貶，竟終於閩。非不幸也，不然與崔垂休輩駢肩就戮於朱温之手矣。

會稽録

錢東垣等輯《崇文總目輯釋・雜史類》《會稽録》一卷。諸家書目並不著撰人。

《新唐書・藝文志・雜史類》《乾寧會稽録》一卷。董昌事。

鄭樵《通志・藝文略・雜史》《會稽録》一卷。記唐末越州董昌叛。

逸史

錢東垣等輯《崇文總目輯釋・雜史類》《逸史》三卷。唐大中時人撰。

鄭樵《通志・藝文略・雜史》《逸史》三卷。大中時人所作。

安禄山事蹟

《新唐書・藝文志・雜史類》姚汝能《安禄山事蹟》三卷。華陰尉。

鄭樵《通志・藝文略・雜史》《禄山事蹟》三卷。唐華陰尉姚汝能。

陳振孫《直齋書録解題・雜史類》《安禄山事蹟》三卷。唐華陰尉姚汝龍撰。

楊士奇等《文淵閣書目・宙字號第二橱書目・史雜》《安禄山事蹟》。一部，一册。闕。

建中西狩録

《新唐書・藝文志・雜史類》張讀《建中西狩録》十卷。字聖用，僖宗時吏部侍郎。

鄭樵《通志・藝文略・雜史》《建中西狩録》十卷。張讀撰。

南楚新聞

鄭樵《通志・藝文略・雜史》《南楚新聞》三卷。唐尉遲樞。記寶曆至天祐時事。

譚賓録

鄭樵《通志・藝文略・雜史》《譚賓録》十卷。唐胡璩撰。雜載唐世事，正史遺者。

建中河朔記

尤袤《遂初堂書目・雜史類》《建中河朔記》。

陳振孫《直齋書録解題・雜史類》《建中河朔記》六卷。唐李公佐撰。序言：「與從弟正封讀國史至建中、貞元之際，序述河朔故事，未甚詳備。以舊聞於老僧智融及谷況《燕南記》所説略同，參錯會要，以補史闕。」

唐年小録

尤袤《遂初堂書目・雜史類》《唐年小録》。

馬端臨《文獻通考・經籍考・雜史》《唐年小録》八卷。陳氏曰：唐户部尚書扶風馬總會元撰。記唐以來雜事，分爲七門，末卷爲雜録。舊有一本，略甚，後得程文簡本傳之，始爲全書。

盧陵王傳

陳振孫《直齋書録解題・雜史類》《盧陵王傳》一卷。唐彭王傅會稽徐浩季海撰。叙狄仁傑五王事。

馬端臨《文獻通考・經籍考・雜史》《盧陵王傳》一卷。

四夷朝貢録

陳振孫《直齋書録解題・雜史類》《四夷朝貢録》十卷。唐給事中渤海高少逸撰。會昌中，宰相李德裕以黠戛斯朝貢，莫知其國本原，詔爲此書。凡二百一十國，本二十卷，合之爲十卷。

景龍文館記

馬端臨《文獻通考・經籍考・雜史》《景龍文館記》八卷。陳氏曰：唐修文館學士武甄平一撰。記中宗初置學士以後館中雜事，及諸學士應制倡和篇什雜文之屬，亦頗記中宗君臣宴褻無度，以至暴崩。其後三卷，爲諸學士傳，今闕二卷。平一以字行。

天寶艱難記

鄭樵《通志・藝文略・雜史》《天寶艱難記》十卷。

明皇編遺録

尤袤《遂初堂書目・雜史類》《明皇編遺録》。

河洛記

尤袤《遂初堂書目・雜史類》《河洛記》。

方鎮録

尤袤《遂初堂書目・雜史類》《方鎮録》。

异域歸忠傳

尤袤《遂初堂書目・雜史類》《異域歸忠傳》。

續小史

尤袤《遂初堂書目・雜史類》《續小史》。

天下大定録

尤袤《遂初堂書目・雜史類》《天下大定録》。

南北朝續世説新語

黄虞稷《千頃堂書目・别史類》《南北朝續世説新語》十□卷。唐李垕作。出於明代，前史藝文志不著録。

汴州記

錢東垣等輯《崇文總目輯釋・雜史類》《汴州記》一卷。

鄭樵《通志・藝文略・雜史》《汴州記》一卷。記梁太祖鎮汴州事。

幽懿録

顧櫰三《補五代史藝文志・雜史類》《幽懿録》一卷。叙晉出帝陷虜事。不著作者。

陷虜記

錢東垣等輯《崇文總目輯釋・雜史類》《陷虜記》三卷。胡嶠撰。

鄭樵《通志・藝文略・雜史》《陷虜記》三卷。周胡嶠撰。嶠陷虜，歸記其事。

顧櫰三《補五代史藝文志・雜史類》《陷遼記》一卷。胡嶠撰。

濠洲干戈録

顧櫰三《補五代史藝文志・雜史類》《濠洲干戈録》一卷。不著作者。

皮氏見聞録

鄭樵《通志・藝文略・雜史》《皮氏見聞録》十三卷。皮光業撰。記唐乾符至五代時事。

開元天寶遺事

鄭樵《通志・藝文略・雜史》《開元天寶遺事》六卷。王仁裕撰。

洪邁《容齋題跋》 跋《開元天寶遺事》：「俗間所傳淺妄之書，所謂《雲仙散録》、《開元天寶遺事》之屬，皆絶可笑。《遺事》託云王仁裕所著。」

尤袤《遂初堂書目・雜史類》《開寶遺事》。

馬端臨《文獻通考・經籍考・雜史》《開元天寶遺事》四卷。

楊士奇等《文淵閣書目・宙字號第二橱書目・史雜》《開元天寶遺事》。一部，一册。闕。

王氏聞見集

鄭樵《通志・藝文略・雜史》《王氏聞見集》三卷。漢王仁裕撰。記前蜀事。

玉堂閒話

鄭樵《通志・藝文略・雜史》《玉堂閒話》十卷。漢王仁裕撰。

入洛記

晁公武《郡齋讀書志・雜史類》《入洛記》一卷。右蜀王仁裕撰。仁裕隨王衍降，入洛陽，記往返途中事并其所著詩賦。

尤袤《遂初堂書目・雜史類》《入洛記》。

三朝見聞録

顧櫰三《補五代史藝文志・雜史類》《三朝見聞録》一卷。不著作者。

耳目記

鄭樵《通志・藝文略・雜史》《耳目記》二卷。記唐末五代以來事。

晁公武《郡齋讀書志・雜史類》《耳目記》二卷。右題云劉氏，未詳何時人。雜記唐末五代事。

仙源積慶圖

鄭樵《通志・藝文略・雜史》《仙源積慶圖》一卷。

皇祐平蠻記

鄭樵《通志・藝文略・雜史》《皇祐平蠻記》二卷。馮炳撰。

尤袤《遂初堂書目・國史類》《皇祐平蠻録》。

滕甫征南録

鄭樵《通志・藝文略・雜史》《征南録》一卷。滕甫撰。

尤袤《遂初堂書目・國史類》《征南録》。

儂賊入廣州事

鄭樵《通志・藝文略・雜史》《儂賊入廣州事》一卷。霍建中撰。

征蠻録

鄭樵《通志・藝文略・雜史》《征蠻録》一卷。呂璹撰。

水洛城記

鄭樵《通志・藝文略・雜史》《水洛城記》一卷。李格非。

平燕録

鄭樵《通志・藝文略・雜史》《平燕録》一卷。

孤臣泣血録

鄭樵《通志・藝文略・雜史》《孤臣泣血録》一卷。丁特起撰。

陳振孫《直齋書録解題・雜史類》《孤臣泣血録》三卷，《拾遺》一卷。丁特起撰。

《四庫全書總目提要・雜史類存目一》《孤臣泣血録》一卷。編修汪如藻家藏本。舊本題宋太學丁特起撰。

黄丕烈《蕘圃藏書題識卷二・史類一》《靖康孤臣泣血録》不分卷。校本。此明刻本《靖康孤臣泣血録》。因是葉石君、孫慶翁兩家藏本，故收之。歲辛酉得郡中青芝山堂所儲鈔本，遂手校一過於此刻上，覺勝此遠甚。命工重裝，藏諸篋衍。今日坐雨無聊，偶檢及此，爰題數語。壬戌立冬後二日甲寅，黄丕烈識。

靖康紀聞

范邦甸等《天一閣書目・雜史類》《靖康紀聞》一卷。藍絲闌鈔本。宋武陵丁特起編集。列日書之，起靖康元年十一月二十五日至明年五月九日。并序。

錢謙益等《絳雲樓書目・雜史類》《靖康紀聞》一册。

邵氏辨誣

晁公武《郡齋讀書志・實録類》《邵氏辨誣》一卷。右皇朝邵伯温撰。辨蔡卞、章惇、邢恕誣罔宣仁，欲廢哲宗立徐邸事。

陳振孫《直齋書録解題・雜史類》《邵氏辨誣》三卷。右奉直大夫河南邵伯温子文撰。專辨紹聖羣小誣謗宣仁事本末。紹興中，其子待制溥上之。

桂苑叢談

晁公武《郡齋讀書志・雜史類》《桂苑叢談》一卷。右題云馮翊子子休撰。雜記唐朝雜事，僖、昭時。當是五代人。李邯鄲云姓嚴。

碧雲騢

晁公武《郡齋讀書志・雜史類》《碧雲騢》一卷。右皇朝梅堯臣聖俞撰。昭陵時，有御馬名「碧雲騢」，以旋毛貴，用以名書者，詆當時鼎貴之人，然其意專在范文正也。頃年獲拜趙氏姑於恭南，因質此事之誕信。答曰：「異哉。聖俞作謗書以誣盛德，蓋誅絶之罪也。」

濮王申陳

晁公武《郡齋讀書志・雜史類》《濮王申陳》一卷。右記治平中，封濮安懿王時宰相奏狀及臺諫言章。

歐陽濮議

晁公武《郡齋讀書志・雜史類》《歐陽濮議》四卷。右皇朝歐陽修撰。其序云：「武王之作，人皆謂君可伐；濮議之興，人皆謂父可絶。盟津之會，夷、齊不食周粟而餓死，世未之知也，後五百年得孔子而後顯。然則濮議其可與庸人以口舌争一日耶？」熙寧初，永叔知亳州日，書成上之。蘇子瞻，永叔客也，亦以臺諫之論爲直云。

尤袤《遂初堂書目・國史類》《濮議》。

傳信録

晁公武《郡齋讀書志・雜史類》《傳信録》十卷。右皇朝鮮于綽大受撰。記國朝雜事，多言元豐後朝廷政事得失、人物賢否也。

金人背盟録

晁公武《郡齋讀書志・雜史類》《金人背盟録》七卷。右皇朝汪藻編。記金人叛契丹，迄於宣和乙巳犯京城。

圍城雜記

晁公武《郡齋讀書志・雜史類》《圍城雜記》一卷。右皇朝汪藻編。記靖康時事也。

避戎夜話

晁公武《郡齋讀書志・雜史類》《避戎夜話》一卷。右皇朝汪藻編。記靖康時事也。

陳振孫《直齋書録解題・雜史類》《避戎夜話》一卷。吴興石茂良太初撰。

《四庫全書總目提要・雜史類存目一》《避戎夜話》一卷。兩浙總督採進本。宋石茂良撰。按陳振孫《書録解題》，載茂良字太初，其爵里則振孫亦未詳，無可考也。是編載靖康元年十一月，金人陷汴京事。

金國行程

晁公武《郡齋讀書志・雜史類》《金國行程》十卷。右皇朝汪藻編。記靖康時事也。

南歸録

晁公武《郡齋讀書志・雜史類》《南歸録》一卷。右皇朝汪藻編。記靖康時事也。

朝野僉言

晁公武《郡齋讀書志・雜史類》《朝野僉言》一卷。右皇朝汪藻編。記靖康時事也。

尤袤《遂初堂書目・本朝雜史》《朝野僉言》。

陳振孫《直齋書録解題・雜史類》《朝野僉言》二卷。不著名氏。有序。建炎元年八月《繫年録》稱夏少曾，未詳何人。

順昌録

晁公武《郡齋讀書志・雜史類》《順昌録》一卷。右紹興十年劉錡破女真於順昌城下，其徒紀其功云。

紹運圖

晁公武《郡齋讀書志・雜史類》《紹運圖》一卷。右未詳何人所撰。自伏羲迄皇朝神廟五德之傳及紀事，皆著於篇云。

温公瑣語

尤袤《遂初堂書目・本朝雜史》《温公瑣語》。

王文公日録遺稿

尤袤《遂初堂書目・本朝雜史》《王文公日録遺稾》。

王文公送伴録

尤袤《遂初堂書目・本朝雜史》《王文公送伴録》。

東宫記事

尤袤《遂初堂書目·本朝雜史》 王陶《東宫記事》。

歐公奏事

尤袤《遂初堂書目·本朝雜史》 《歐公奏事》。

曾南豐雜識

尤袤《遂初堂書目·本朝雜史》 《曾南豐雜識》。

吕吉甫日録

尤袤《遂初堂書目·本朝雜史》 《吕吉甫日録》。

文潞公私記

尤袤《遂初堂書目·本朝雜史》 《文潞公私記》。

李深之手記

尤袤《遂初堂書目·本朝雜史》 《李深之手記》。

悲喜記

陳振孫《直齋書録解題·雜史類》 《悲喜記》一卷。圍城中人作書與所親曰中美知府者，具述喪亂本末，自稱名曰暘，皆不知何人也。嘗見一書，名《皇旋陷虜記》，中間載祕書少監趙暘與姚太守書云云，雖無中美之稱，恐即此書也。

三朝見聞録

陳振孫《直齋書録解題·雜史類》 《三朝見聞録》八卷。不知作者。起乾符戊戌，至天祐末年，及莊宗中興，後唐、河東事跡。三朝者，僖、昭、莊也。其文直述多鄙俚。

書壬戌事

陳振孫《直齋書録解題·雜史類》 《書壬戌事》一卷。不知何人作。其記永樂之事甚詳。

逸　史

陳振孫《直齋書録解題·雜史類》 《逸史》二十卷。丞相楊羨蔣芾子禮撰。其曾祖魏公之奇穎叔所記《逸史》，殆數百册，兵火散失，捃摭遺藁，得六百六十事，爲十九門。淳熙改元書成，爲之序。

元和録

陳振孫《直齋書録解題·雜史類》 《元和録》三卷。池州石埭縣尉維揚馬永錫明叟撰。自元和三年牛、李對策，以至大中十三年令狐綯罷相，唐朋黨本末具矣。永錫嘗著《唐職林》、《實賓録》等書，崇、觀、政和間人也。又有馬永卿大年者，從劉元城游，大觀三年進士，當是其羣從。《館閣書目》以永錫爲唐人，大誤也。

甘陵伐叛記

陳振孫《直齋書録解題・雜史類》《甘陵伐叛記》一卷。題文升撰，不知何人。末有論，稱：「甘陵人蘇朔爲余言其大父慶曆中陷賊，親見則初叛時事。原註：則，蓋王則也。」按《中興書目》有《甘陵誅叛録》，稱殿中丞王起撰。起時爲文彦博幕客。然則别自一書也。

靖康要録

陳振孫《直齋書録解題・雜史類》《靖康要録》五卷。不著撰人名氏。自欽廟潛邸，迄靖康元年十二月事。

靖康奉使録

陳振孫《直齋書録解題・雜史類》《靖康奉使録》一卷。鄭望之撰。

靖康拾遺録

陳振孫《直齋書録解題・雜史類》《靖康拾遺録》一卷。何烈撰。又名《草史》。

又《靖康小史》一卷。不著名氏。其末稱名曰烈。即何烈《草史》也。

《四庫全書總目提要・雜史類存目一》《靖康紀聞拾遺》一卷。浙江巡撫採進本。不著撰人名氏。案《文獻通考》載：「《靖康拾遺録》一卷，何烈撰。又名《靖康小史》，又名《草史》。疑即是書也。」

靖康録

陳振孫《直齋書録解題・雜史類》《靖康録》一卷。太學生朱邦基撰。

金人犯闕記

陳振孫《直齋書録解題・雜史類》《金人犯闕記》一卷。草茅方冠撰。

汴都記

陳振孫《直齋書録解題・雜史類》《汴都記》一卷。無名氏。

靖康遺録

陳振孫《直齋書録解題・雜史類》《靖康遺録》一卷。太學生沈良撰。

靖康野録

陳振孫《直齋書録解題・雜史類》《靖康野録》一卷。無名氏。

建炎中興記

陳振孫《直齋書録解題・雜史類》《建炎中興記》一卷。耿延禧撰。

渡江遭變録

陳振孫**《直齋書録解題・雜史類》**《渡江遭變録》一卷。丞相上蔡朱勝非藏一撰。記苗、劉作難至復辟事。

建炎復辟記

陳振孫**《直齋書録解題・雜史類》**《建炎復辟記》一卷。無名氏。

楊士奇等**《文淵閣書目・宙字號第二橱書目・史雜》**《建炎復辟記》。一部，一册。闕。

錢謙益等**《絳雲樓書目・編年類》**《建炎復辟記》一册。一卷。亡名氏。

《四庫全書總目提要・雜史類存目一》《建炎復辟記》一卷。江蘇巡撫採進本。不著撰人名氏。《書録解題》亦不知爲何人作。但稱其叙苗傅、劉正彦事始末，文頗繁冗。末叙世忠戰功特詳，疑即韓氏之客所爲。理或然歟。

建炎通問録

陳振孫**《直齋書録解題・雜史類》**《建炎通問録》一卷。宣教郎傅雱撰。建炎初，李丞相綱所進。

《四庫全書總目提要・雜史類存目一》《建炎通問録》一卷。浙江范懋柱家天一閣藏本。宋傅雱撰。雱始末未詳。考李心傳《建炎以來繫年要録》，載建炎元年六月，宣議郎傅雱特遷宣教郎，充大金通問使。此録即所述奉使之事。《文獻通考》載此書，稱宣教郎傅雱撰，建炎初李丞相所進。蓋李綱以其書上於朝也。書終以館伴李侗之語，其文未畢。《北盟會編》一百十卷所載，闕處亦同。蓋後人從徐氏書中録出也。

戊申維揚録

陳振孫**《直齋書録解題・雜史類》**《戊申維揚録》一卷。無名氏。

《四庫全書總目提要・雜史類存目一》《建炎維揚遺録》一卷。浙江范懋柱家天一閣藏本。不著撰人名氏。記高宗建炎二年冬至次年三月事。高宗自建炎元年十月如揚州，至三年二月如杭州。此所記者由揚入杭之事，故以「維揚」爲名。《文獻通考》云：「《戊申維揚録》一卷。無名氏。」戊申即建炎二年，當即此書也。別有《維揚巡幸記》一卷，自二月初十日以前與此本字句小異，而叙述盡同，惟無錫令任讜逸其名姓。初十日以後則至十五日而止。凡此所載，詔書悉不録。蓋一本而傳寫互異，又有所删竄於其間，不及此本之詳也。

己酉航海記

陳振孫**《直齋書録解題・雜史類》**《己酉航海記》一卷。中書舍人李正民撰。又名《建炎居邠記》。

《四庫全書總目提要・雜史類存目一》《己酉航海記》一卷。浙江巡撫採進本。宋李正民撰。亦曰《乘桴記》。正民字方叔，揚州人。政和二年進士。高宗時官至中書舍人，徽猷閣待制。建炎三年己酉七月，高宗在金陵，聞金兵深入，遂趨平江，歷越州、明州。十二月乘舟航海，避兵台、温之間。正民時以中書舍人從行，按日記駐蹕之所。蓋起居注體也。正民尋奉使通問隆祐宫，故所記止於四年正月二十一日，蓋非完稾。《北盟會編》一百三十四卷、王明清《揮麈三録》第一卷，皆全載其文。明清記尤袤謂高宗東狩四明，數月之間，排日不可稽考。後於茂苑得此書，所記頗備。蓋當日國史，實藉此書考定矣。

建炎假道高麗録

陳振孫**《直齋書録解題・雜史類》**《建炎假道高麗録》一卷。楊應誠撰。取道遼東，奉使金虜，不達而還。

紹興講和録

陳振孫《直齋書録解題・雜史類》《紹興講和録》二卷。無名氏。

四朝聞見録

楊士奇等《文淵閣書目・宙字號第二橱書目・史附》《四朝聞見録》。一部，五册。闕。

黄虞稷《千頃堂書目・別史類補・宋》葉紹翁《四朝聞見録》五卷。

倪燦等《宋史藝文志補・雜史類》葉紹翁《四朝聞見録》五卷。

張之洞《書目答問・雜史類》《四朝聞見録》五卷。宋葉紹翁。知不足齋本。葉乃宗朱子者，前人或謂此書詆朱，誤也。

公子書

楊士奇等《文淵閣書目・宙字號第二橱書目・史雜》《公子書》。一部，三册。闕。

萬古一今

楊士奇等《文淵閣書目・宙字號第二橱書目・史雜》《萬古一今》。一部，一册。闕。

南北史續世説

楊士奇等《文淵閣書目・宙字號第二橱書目・史雜》《南北史續世説》。一部，三册。闕。

昭明事跡

楊士奇等《文淵閣書目・宙字號第二橱書目・史雜》《昭明事跡》。一部，一册。完全。

唐小説

楊士奇等《文淵閣書目・宙字號第二橱書目・史雜》《唐小説》。一部，一册。闕。

雜録備對

楊士奇等《文淵閣書目・宙字號第二橱書目・史雜》《雜録備對》。一部，五册。闕。塾本作《雍録》，似誤。

常侍言旨

楊士奇等《文淵閣書目・宙字號第二橱書目・史雜》《常侍言旨》。一部，一册。闕。

危言録

楊士奇等《文淵閣書目・宙字號第二櫥書目・史雜》 范仲將道鄉《危言録》。一部，一册。闕。

厚德録

楊士奇等《文淵閣書目・宙字號第二櫥書目・史雜》《厚德録》。一部，一册。闕。

宣和遺事

楊士奇等《文淵閣書目・宙字號第二櫥書目・史雜》《宣和遺事》。一部，一册。闕。

張之洞《書目答問・雜史類》《宣和遺事》二卷。士禮居校宋本。

清溪弄兵録

楊士奇等《文淵閣書目・宙字號第二櫥書目・史雜》《清溪弄兵録》。一部，一册。闕。

錢謙益等《絳雲樓書目・編年類》《清溪弄兵録》一册。當是記方臘事。

《四庫全書總目提要・雜史類存目一》《清溪弄兵録》二卷。浙江范懋柱家天一閣藏本。宋王彌大編。彌大字約父，爵里未詳。是編記宣和中方臘寇睦州事，分前後二篇。其前篇從方勺《泊宅編》録出。其後篇從《續會要》第二百五十三卷《出師門》中録出。後有自識，稱嘉泰元年夏，在金陵時命表姪陳知新摘録，以備參考。蓋袁合舊文，非所自撰也。青溪縣即今浙江淳安縣，宋屬睦州。字當作「青」，此本從水作「清」，傳寫者誤耳。

靖康守城録

楊士奇等《文淵閣書目・宙字號第二櫥書目・史雜》《靖康守城録》。一部，一册。完全。

宋南渡録

楊士奇等《文淵閣書目・宙字號第二櫥書目・史雜》《宋南渡録》。一部，一册。闕。

又《宋南渡録》。一部，一册。闕。

錢謙益等《絳雲樓書目・雜史類》《南渡録》一册。

《四庫全書總目提要・雜史類存目一》《南渡録》二卷，《竊憤録》一卷。編修汪如藻家藏本。此二書所載，語竝相似。舊本或題無名氏，或竝題爲辛棄疾撰。蓋本出一手所僞託，故所載全非事實。

竊憤録

楊士奇等《文淵閣書目・宙字號第二櫥書目・史雜》《竊憤録》。一部，一册，闕。

范邦甸等《天一閣書目・雜史類》《竊憤録》一卷，末附《南渡録大略》一帙。棉紙藍絲闌鈔本。不著撰人名氏。明太學生姑蘇吳岫跋後云：「《南渡》、《竊憤》二録，本一書上下帙，而析爲二書，非是。且宜總名曰『竊憤』，而不必名『南渡』，以與高宗蹕杭事無關耳。然二帝幽繫亦無侍從，則孰爲屬筆，其始末孰從而知耶。且阿計替爲金監押官，則必非南人，而何其周旋之密耶。疑宣政間士人僞作。」

錢謙益等《絳雲樓書目・雜史類》《竊憤録》、《續録》。朱竹垞先生言此書與《南燼紀聞》皆僞書，不足信。見《日下舊聞》。

郤掃編

楊士奇等《文淵閣書目・宙字號第二橱書目・史雜》《郤掃編》。一部，一册。闕。

毛晉《汲古閣書跋》《郤掃編》。野史中能不涉荒唐譎誕新奇飾説，而簡次朝寧之鉅典法制，一代史館之所未嘗蒐羅者，雖曰小説，實有攸關，班孟堅諸君叙列於百家之末，蓋非無謂也。沈存中《筆談》、吴處厚《青箱雜記》，每鄭重此類而載之於首。然雜以他事，不免爲方技蟲魚所溷，獨徐吏部竇參三卷，頗有裨諶之風，所謂謀之野者得之也。是編也，當與我明元美氏《異典》二述同一軌轍云。

辛巳泣蘄録

楊士奇等《文淵閣書目・宙字號第二橱書目・史雜》《辛巳泣蘄録》。一部，一册。闕。

錢謙益等《絳雲樓書目・編年類》《辛巳泣蘄録》一册。完顔亮南牧，歲在辛巳。

《四庫全書總目提要・雜史類存目一》《辛巳泣蘄録》一卷。浙江吴玉墀家藏本。宋趙與衮撰。與衮，宗室子，官蘄州司理，權通判事。寧宗嘉定十四年，金兵圍蘄州，與衮偕郡守李誠之拒守。時朝命權殿前司職事馮榯將兵應援，榯逗遛不進。誠之等竭力捍禦，凡二十五日而城陷。誠之及其僚佐家屬皆死之，與衮全家十五人亦竝殁於難，僅以身免。其後事定，乃爲是録，具詳被兵始末。同時與難諸人，朝廷褒贈誠之等勘狀告詞，一一備録。按與衮《宋史・李誠之傳》作與裕，蓋衮轉爲裕，因譌爲裕。又載「與衮率民兵百餘人奪關外出」云云，與是編所言「單身出城，及於積屍中死而復活，夜半奔從南門」之語，俱有異同。且十五人作十六人，其數亦不相合。疑十五人之數，當以自叙爲據，其奪關外出，則自叙諱之也。

張金吾《愛日精廬藏書志・雜史類》《辛巳泣蘄録》一卷。舊鈔本。

南燼紀聞

楊士奇等《文淵閣書目・宙字號第二橱書目・史雜》《南燼紀聞》。一部，一册。闕。

錢謙益等《絳雲樓書目・雜史類》《南燼記聞》。阿計替記徽欽北狩困辱之事。周草牕極斥其誣妄，言必是宣政間不得志小人僞造此謗書耳。

注解通系録

楊士奇等《文淵閣書目・宙字號第二橱書目・史雜》《注解通系録》。一部，一册。闕。塾本「録」作「論」。

炎德復輝録

楊士奇等《文淵閣書目・宙字號第二橱書目・史雜》《炎德復輝録》。一部，二册。闕。塾本一册。

聞見續録

楊士奇等《文淵閣書目・宙字號第二橱書目・史雜》《聞見續録》。一部，二册。闕。

貴耳集

楊士奇等《文淵閣書目・宙字號第二橱書目・史雜》荃翁《貴耳集》。一部，一册。闕。

叢采記

楊士奇等《文淵閣書目·宙字號第二橱書目·史雜》《叢采記》。一部，一册。闕。

攬轡録

楊士奇等《文淵閣書目·宙字號第二橱書目·史雜》石湖居士《攬轡録》。一部，一册。闕。

文昌雜録

楊士奇等《文淵閣書目·宙字號第二橱書目·史雜》《文昌雜録》。一部，一册。闕。

張之洞《書目答問·雜史類》《文昌雜録》七卷。宋龐元英。雅雨堂本。學津本。

聞景福華編

楊士奇等《文淵閣書目·宙字號第二橱書目·史雜》《聞景福華編》。一部，一册。闕。

丙丁龜鑒

楊士奇等《文淵閣書目·宙字號第二橱書目·史雜》《丙丁龜鑑》。一部，一册。闕。

徐𤊹《徐氏家藏書目·旁史類》《丙丁龜鑑》六卷。宋柴望。

錢謙益等《絳雲樓書目·編年類》《丙丁龜鑒》。宋人。

玉堂雜記

楊士奇等《文淵閣書目·宙字號第二橱書目·史雜》《玉堂雜記》。一部，一册。闕。

耆定録

楊士奇等《文淵閣書目·宙字號第二橱書目·史雜》《耆定録》。一部，一册。完全。

錢謙益等《絳雲樓書目·編年類》毛方平《耆定録》二册。

張萱等《内閣藏書目録·雜部》《耆定録》一册。全。宋四川毛方平纂集。誅叛賊吴曦事蹟。

咸淳遺事

楊士奇等《文淵閣書目·宙字號第二橱書目·史雜》《咸淳遺事》。一部，一册。闕。

《四庫全書總目提要·雜史類》《咸淳遺事》二卷。《永樂大典》本。不著撰人名氏。《宋史·藝文志》不著録。惟明《文淵閣書目》載有此書一册。核其詞意，疑宋之故臣遺老爲之也。其書於尊崇錫命諸政典，紀載頗詳，並備録學士院所行制命之詞，而朝廷大政乃多闕略不載。或兵火之餘，收僅存之案牘，排比成編歟。然其遺聞瑣記，多史氏之所未備。雖識小之流，亦足以資考訂而明鑑戒也。考度宗咸淳紀號盡於十年，而《永樂大典》載是書，自即位改元迄於八年而止，尚闕其後二年，不知何時散佚。其文字亦多脱誤，不盡可讀。以宋代遺編頗存舊事，外間絶無傳本，不可竟使之湮没。謹釐訂其文，編爲二卷，備史籍之一種焉。

錢大昕《補元史藝文志・雜史類》《咸淳遺事》二卷。不著撰人。

石林燕語

楊士奇等《文淵閣書目・宙字號第二櫥書目・史雜》《石林燕語》。一部，一册。闕。

燕語考異

楊士奇等《文淵閣書目・宙字號第二櫥書目・史雜》《燕語考異》。一部，二册。闕。

金德運議

楊士奇等《文淵閣書目・宙字號第二櫥書目・史雜》《金德運議》。一部，一册。闕。

建炎筆録

阮元《四庫未收書目提要・雜史類》《建炎筆録》三卷。（函海本）。宋趙鼎撰。鼎字元鎮，聞喜人。登崇寧五年進士第，官至右僕射，同中書門下平章事，安置潮州。事蹟詳《宋史》本傳。是編藏書家目録未見，此從舊鈔本過録。所記自宋高宗建炎三年正月車駕在維揚起，訖于紹興七年十二月十二朝辭上殿，本末粲然。蓋鼎耳目所親，見聞自確。宋南渡雜史中之最有典據者也。

曲洧舊聞

張之洞《書目答問・雜史類》《曲洧舊聞》十卷。宋朱弁。知不足齋本。學津本。

石林燕語考異

張之洞《書目答問・雜史類》《石林燕語考異》十卷。宋葉夢得。宇文紹奕《考異》。琳瑯秘室别行校足本。又《稗海》本無《考異》。

明興雜記

徐𤊹《徐氏家藏書目・本朝史類》《明興雜記》二卷。彰南陳敬則。

西巡扈從紀行録

黄虞稷《千頃堂書目・别史類》楊士奇《西巡扈從紀行録》一卷。宣德。

《明史・藝文志・雜史類》楊士奇《西巡扈從紀行録》一卷。

三患傳

黄虞稷《千頃堂書目・别史類》劉定之《三患傳》一卷。

革書

黃虞稷《千頃堂書目・別史類》 劉濟《革書》一卷。記英宗北狩事。塞外無楮，以牛皮書之，故曰《革書》。

王士禛《漁洋書跋》 《革書》。西亭王孫睦㮮所刻《革書》，紀正統北狩事甚詳，乃天順間劉某所述。劉與袁彬、哈銘同侍英宗于行在者，塞外無紙，書之于革，故名《革書》。黃俞邰千頃堂藏書有之。

《明史・藝文志・雜史類》 劉濟《革書》一卷。塞外無楮，以羊皮書之，故名《革書》。

監國歷略

黃虞稷《千頃堂書目・別史類》 張楷《監國歷略》一卷。

《明史・藝文志・雜史類》 張楷《監國歷略》一卷。

可齋筆記

黃虞稷《千頃堂書目・別史類》 彭時《可齋筆記》二卷。

《明史・藝文志・雜史類》 彭時《可齋筆記》二卷。

病逸漫記

黃虞稷《千頃堂書目・別史類》 陸釴《病逸漫記》二卷。

謇齋瑣綴録

黃虞稷《千頃堂書目・別史類》 尹直《謇齋瑣綴録》八卷。

朝事日録

黃虞稷《千頃堂書目・別史類》 王佐《朝事日録》。

震澤紀聞　續震澤紀聞

黃虞稷《千頃堂書目・別史類》 王鏊《震澤紀聞》一卷，《續震澤紀聞》一卷。

《明史・藝文志・雜史類》 王鏊《震澤紀聞》一卷，《續紀聞》一卷。

震澤長語

黃虞稷《千頃堂書目・別史類》 王鏊《震澤長語》二卷。

《明史・藝文志・雜史類》 王鏊《震澤長語》二卷。

西征日録

黃虞稷《千頃堂書目・別史類》 楊一清《西征日録》一卷。

《明史・藝文志・雜史類》 楊一清《西征日録》一卷。

九朝野記

黄虞稷《千頃堂書目・别史類》 祝允明《九朝野記》四卷。

《明史・藝文志・雜史類》 祝允明《九朝野記》四卷。

卧憂志

黄虞稷《千頃堂書目・别史類》 丁相《卧憂志》一卷。

東戌録

黄虞稷《千頃堂書目・别史類》 夏良勝《東戌録》一卷。

《明史・藝文志・雜史類》 夏良勝《東戌録》一卷。

文華盛記

黄虞稷《千頃堂書目・别史類》 李時《文華盛記》一卷。

《明史・藝文志・雜史類》 李時《文華盛記》一卷。

聖駕渡黄河記

黄虞稷《千頃堂書目・别史類》 夏言《聖駕渡黄河記》一卷。

《明史・藝文志・雜史類》 夏言《聖駕渡黄河記》一卷。

寤言寐言

黄虞稷《千頃堂書目・别史類》 顧憲成《涇皋寤言寐言》一卷。

《明史・藝文志・雜史類》 顧憲成《寤言寐言》一卷。

諭鹵俗言

黄虞稷《千頃堂書目・别史類》 鄭洛《諭鹵俗言》四卷。

諭鹵俗語

黄虞稷《千頃堂書目・别史類》 王象乾《諭鹵俗語》四卷。

西南三征記

黄虞稷《千頃堂書目・别史類》 郭子章《西南三征記》一卷。記徐元泰征松潘事。

《明史・藝文志・雜史類》 郭子章《西南三征記》一卷。

征西紀事

黄虞稷《千頃堂書目・别史類》 謝詔《征西紀事》二卷。記徐元泰征松潘事。

征南紀事

黄虞稷《千頃堂書目・别史類》 周光鎬《征南紀事》一卷。記徐元泰征松潘事。

再征南紀事

黄虞稷《千頃堂書目・别史類》 李士達《再征南紀事》一卷。記徐元泰征松潘事。

定變録

黄虞稷《千頃堂書目・别史類》 張崌崍《定變録》一卷。記張佳胤定浙西兵變，及滑縣大盗事。

曾中丞平蠻録

黄虞稷《千頃堂書目・别史類》 許一德《曾中丞平蠻録》二卷。浙江按察司僉事許一德編輯曾省吾平都蠻事。

寧夏紀事

黄虞稷《千頃堂書目・别史類》 曾偉芳《寧夏紀事》一卷。一作《平夏紀事》。字君彦，惠安人。萬曆己丑進士，兵部職方主事，奉使定寧夏叛卒。

《明史・藝文志・雜史類》 曾偉芳《寧夏紀事》一卷。

西征歷

黄虞稷《千頃堂書目・别史類》 梅之熉《西征歷》一卷。國楨子。

朝鮮征倭紀略

黄虞稷《千頃堂書目・别史類》 蕭應宫《朝鮮征倭紀略》一卷。

《明史・藝文志・雜史類》 蕭應宫《朝鮮征倭紀略》一卷。

東征雜記

黄虞稷《千頃堂書目・别史類》 劉黄裳《東征雜記》。

王公東征紀略

黄虞稷《千頃堂書目・别史類》 吴紹勳《王公東征紀略》一卷。

封貢紀略

黄虞稷《千頃堂書目・别史類》 王士琦《封貢紀略》一卷。

《明史・藝文志・雜史類》 王士琦《封貢紀略》一卷。

東征客問

黄虞稷《千頃堂書目・别史類》 楊伯珂《東征客問》。

經略復國情節

黄虞稷《千頃堂書目・别史類》 沈思賢《經略復國情節》二卷。

傣菴野鈔

黄虞稷《千頃堂書目・别史類》 蔡士順《傣庵野鈔》十一卷。

《明史・藝文志・雜史類》 蔡士順《傣菴野鈔》十一卷。

丙丁雜志

黄虞稷《千頃堂書目・别史類》 侯岐曾《丙丁雜志》二卷。

頌天臚筆

黄虞稷《千頃堂書目・别史類》 金日升《頌天臚筆》二十四卷。

黔南十集

黄虞稷《千頃堂書目・别史類》 劉錫元《黔南十集》十三卷。

圍城日録

黄虞稷《千頃堂書目・别史類》 劉錫元《圍城日録》一卷。

乘城日録

黄虞稷《千頃堂書目・别史類》 周宇《乘城日録》二册。

全黔紀略

黄虞稷《千頃堂書目・别史類》 李槷《全黔紀略》一卷。

《明史・藝文志・雜史類》 李槷《全黔紀略》一卷。

三朝野記

黄虞稷《千頃堂書目・别史類》 李遜之《三朝野記》七卷。

《明史・藝文志・雜史類》 李遜之《三朝野記》七卷。

朝野見聞紀略

黄虞稷《千頃堂書目・别史類》 王瑞國《朝野見聞紀略》一卷。

視師紀略

黄虞稷《千頃堂書目·别史類》 謝三賓《視師紀略》一卷。一名《笏記》。記平登州亂事。

玉堂薈記

黄虞稷《千頃堂書目·别史類》 楊士聰《玉堂薈記》四卷。

《明史·藝文志·雜史類》 楊士聰《玉堂薈記》四卷。

戊寅記事

黄虞稷《千頃堂書目·别史類》 楊士聰《戊寅記事》。

幸存録　續幸存録

黄虞稷《千頃堂書目·别史類》 夏允彝《幸存録》一卷。夏完淳《續幸存録》一卷。

《明史·藝文志·雜史類》 夏允彝《幸存録》一卷。夏完淳《續幸存録》一卷。

書事七則

黄虞稷《千頃堂書目·别史類》 陳貞慧《書事七則》一卷。字定生，宜興人。

青燐屑

黄虞稷《千頃堂書目·别史類》 應枼臣《青燐屑》一卷。

嶺南客對

黄虞稷《千頃堂書目·别史類》 《嶺南客對》一卷。論撫粤中蠻事。題粤西舜山子。

孤樹裒談

黄虞稷《千頃堂書目·别史類》 趙可與《孤樹裒談》十卷。字會中，安成人。正德癸酉舉人，福建鹽運使。舊作李默，誤。

廣孤樹裒談

黄虞稷《千頃堂書目·别史類》 《廣孤樹裒談》二十五卷。不知何人輯。亦起洪武迄正德。

磯園稗史

黄虞稷《千頃堂書目·别史類》 孫世芳《磯園稗史》二卷。

《明史·藝文志·雜史類》 孫繼芳《磯園稗史》二卷。

月山叢談

黄虞稷《千頃堂書目・别史類》 李文鳳《月山叢談》四卷。臨海王士性删訂。文鳳，宜山人，字廷儀。嘉靖乙酉解元，壬辰進士，廣東雲南按察司僉事。月山在其郡城，所記明初事多確。

少陽叢談

黄虞稷《千頃堂書目・别史類》 王世貞《少陽叢談》二十卷。在青州作，故曰少陽，皆國典也。凡三十類，談國故、談異典、談盛際、談國是、談西省、談死事、談壬午、談英略、談史砭、談雜藝、談武成、談宗變、談盜亂、談夷狄、談玄。

《明史・藝文志・雜史類》 王世貞《少陽叢談》二十卷。

明野史彙

黄虞稷《千頃堂書目・别史類》 王世貞《明野史彙》一百卷。

《明史・藝文志・雜史類》 《明野史彙》一百卷。萬曆中，董復表彙纂諸集爲《弇州史料》，凡一百卷。

觚不觚録

黄虞稷《千頃堂書目・别史類》 王世貞《觚不觚録》一卷。

張之洞《書目答問・雜史類》 《觚不觚録》一卷。明王世貞。借月山房本。指海本。廣百川本。

權幸録

黄虞稷《千頃堂書目・别史類》 王世貞《權幸録》□卷。

朝野異聞

黄虞稷《千頃堂書目・别史類》 王世貞《朝野異聞》□卷。

國朝叢記

黄虞稷《千頃堂書目・别史類》 王世貞《國朝叢記》六卷。

皇明異典述

黄虞稷《千頃堂書目・别史類》 王世貞《皇明異典述》五卷。

盛事述

黄虞稷《千頃堂書目・别史類》 王世貞《盛事述》三卷。

異事述

黄虞稷《千頃堂書目・别史類》 王世貞《異事述》一卷。

聖朝略記

黄虞稷《千頃堂書目・别史類》 項篤壽《聖朝略記》十二卷。

湧幢小品

黄虞稷《千頃堂書目・别史類》 朱國禎《湧幢小品》三十二卷。

懸笥瑣探

張之洞《書目答問・雜史類》 《懸笥瑣探》一卷。明劉昌。《得月簃》續刻本。

明宫史

張之洞《書目答問・雜史類》 《明宫史》五卷。明吕毖。學津本。

靳　史

英廉奏《抽毁書目》 《靳史》六本。查《靳史》係明查應光輯。卷十七余靖一條，卷二十二紹興乙卯一條，京城一條，二十五道宗朝一條，元制一條，俱有偏駁語，應請抽燬。

行邊紀聞

《四庫全書總目提要・雜史類存目二》 《行邊紀聞》一卷。浙江汪啟淑家藏

泳化類編　雜記

《千頃堂書目・别史類》 另載：鄧球《皇明泳化類編》一百三十六卷。祁陽人。嘉靖己未進士。編于隆慶中。又《泳化類編雜記》三卷。《典故類》則載：鄧球《泳化續編》十七卷。

《明史・藝文志・雜史類》 鄧球《泳化類編》一百三十六卷，《雜記》二卷。

續瑣綴録

黄虞稷《千頃堂書目・别史類》 張問仁《續瑣綴録》□卷。字子兼，句容人。萬曆初明經，官合肥縣學訓導。

穀山筆麈

黄虞稷《千頃堂書目・别史類》 于慎行《穀山筆麈》十八卷。門人福唐郭應寵編次。

《明史・藝文志・雜史類》 于慎行《穀山筆麈》十八卷。

野紀矇搜

黄虞稷《千頃堂書目・别史類》 黄汝良《野紀矇搜》十二卷。自洪永迄嘉隆十二代。

《明史・藝文志・雜史類》 黄汝良《野紀矇搜》十二卷。起洪、永，訖嘉、隆。

本。明田汝成撰。前有嘉靖丁巳顧名儒序。以書中所載考之，即汝成《炎徼紀聞》也。但闕後論數條，又彼分四卷，此爲一卷耳。名儒序稱「私寶前帙十載，乃出而梓之」。蓋所得乃其初稾。後汝成編次成帙，改易書名，名儒未及見之。故與《炎徼紀聞》至今兩行於世也。

遼　記

《四庫全書總目提要・雜史類存目二》《遼記》一卷。浙江汪啟淑家藏本。明田汝成撰。汝成有《炎徼紀聞》，已著録。是編載遼東邊事。始於洪武二年，迄於嘉靖十六年，敘事疎略，挂漏至多。又多載未行之奏議，殊不足以資考訂。又三衛之中，惟福餘跨遼而東，泰寧已爲遼西境，朵顔則大寧都司地，非遼東地矣。書中詳於朵顔，是疆域且未分明，無論記事矣。

泰昌日録

《四庫全書總目提要・雜史類存目三》《泰昌日録》一卷。浙江汪啟淑家藏本。明楊惟休撰。惟休字叙度，豐城人。天啓中監生。明光宗以萬曆四十八年八月朔即位，改明年爲泰昌元年。九月庚辰，熹宗即位，又改明年爲天啓。於是以萬曆四十八年八月以後爲泰昌。是書所記光宗在位一月之事，皆正史所具，無甚異同，文句亦頗蹇拙。末載所撰《河清賦》，亦不甚工。

嘉靖倭亂備鈔

《四庫全書總目提要・雜史類存目二》《嘉靖倭亂備鈔》二卷。兩淮鹽政採進本。不著撰人名氏。始嘉靖二十三年日本入貢，終於四十五年閏十月。凡倭之搆亂，以及平戢始末，皆載之。大旨謂倭亂始於謝氏之通海，成於嚴嵩之任用非人，功罪顛倒。所言比正史爲詳。

楊都御史使虜記

黄虞稷《千頃堂書目・別史類》《楊都御史使虜記》一卷。記楊善使北事。不知何人撰。

北樓日記

黄虞稷《千頃堂書目・別史類》《北樓日記》一卷。不知撰人。

《四庫全書總目提要・雜史類存目三》《北樓日記》二卷。浙江巡撫採進本。不著撰人名氏。考《明史・神宗本紀》，萬曆二十年，寧夏致仕副總兵哱拜殺巡撫都御史党馨、副使石繼芳，據城反。此書即記其事。北樓者，寧夏鎮城樓賊所據以爲變者，故以名編。所載自正月己丑始亂，至九月辛未平賊，按日繫事，頗爲詳悉。其中月日先後，往往與史不合。如賊聚衆殺馨，縱獄囚，焚案牘，在二月戊申，而史作三月戊辰。總督魏學曾下檄安撫，在二月壬子，而史作三月壬申。河套諸部大入助賊，在三月庚午，而史作六月丁未。葉夢熊代爲總督，在六月甲午，而史作七月甲申。都督李如松以遼陽宣大兵至，在六月戊申，而史作四月甲辰之類。不一而足。似當以此書爲得實，史蓋所見異詞。其記原州總兵李昫率副總兵王通、參將趙武等統兵馬五萬屯靈州討賊，及河套諸部再入定邊，掠延慶，數千騎渡河云云。本紀皆不載，亦偶遺之。蓋史書該一朝之事，總其大綱；私記載一方之事，具在細目。體例固各不同爾。

瀛艖談苑

《四庫全書總目提要・雜史類存目二》《瀛艖談苑》十二卷。左都御史張若溎家藏本。舊本題釣瀛子撰。不知何許人。所紀故事至弘治而止，所紀年號至正德而止，蓋在嘉靖以後矣。其體例仿佛李心傳《建炎以來朝野雜記》，多紀明代典章，分目編次，無所論斷，大致與史傳相出入。

平黔三記

《四庫全書總目提要・雜史類存目二》　《平黔三記》一卷。浙江范懋柱家天一閣藏本。不著撰人名氏。記明洪武中傅友德等平雲南，暨正統中王驥平麓川，嘉靖中呂光洵平武定三事。末署「隆慶庚午十月，點蒼山人書於玉屏精舍」。蓋雲南人所爲。其題曰「平黔」者，以雲南亦黔中地，故稱之耳。三記雖竝列，而意則在於表彰呂光洵之功。光洵字信卿，浙江新昌人。嘉靖間巡撫雲南。其誅鳳繼祖事，在嘉靖四十五年，《明史》及《雲南通志》載之甚詳。此書前有張元忭、鄔璉二序。張元忭之父與鄔璉皆嘗在軍中，親贊其策，所言不容有誤。而元忭序作於辛未，鄔璉序作於壬申，正當書成之時。序中亦言不知出誰手。蓋當時光洵以人言去位，同事者相繼褫謫，其功抑而不揚。是書獨紀實不諱，故有所避而不敢言也。考《明史・藝文志》、《千頃堂書目》俱載趙汝謙《平黔三記》一卷，則是書實汝謙所著，而隱其名者爾。

守汴日志

《四庫全書總目提要・雜史類存目三》　《守汴日志》一卷。大學士英廉家藏本。明李光壂撰。光壂，祥符人。崇禎十五年以城守功由貢生議叙知縣。是編成於崇禎癸未，光壂流寓南京之時。記李自成三攻開封，終於河決城没之事。大致與史傳相出入，而分日記載，於情事委曲，特爲詳細。史稱陳永福射李自成眇其左目，此記爲永福之子守備陳德所射。光壂登埤目擊，當得其真。光壂創造車營，擬連抵河畔，以應北岸之援兵。衆議相持，車成未試而城圮，頗以爲恨。然時非三代，而車戰是資，恐終爲房琯之續。故康熙乙巳鄢陵梁熙跋是書，亦深以是舉爲疑。又諸書記城中擬決河以灌賊，反以自灌。光壂此《志》，殊無是事。且《志》稱九月初一日以後，守城之兵，每日餓死三四百人。其枵腹待盡者不滿千人，守埤尚且不能，況能攖賊之鋒，出而荷鍤。熙跋亦謂決灌冦營乃諫垣之議，城中不及與聞，或亦持平之論乎。是役也，賊三攻不克，光壂與生員張爾猷最爲有力，而推官黄澍、總兵陳永福拒守尤堅。其後永福終降自成，澍亦歸附國朝，復潛入徽州誘執金聲，皆非忠於所事者。此特記其一時之功耳。

遜國君記鈔

《四庫全書總目提要・雜史類存目三》　《遜國君記鈔》一卷，《臣事鈔》六卷。兩淮鹽政採進本。舊本題曰鹽官淡泉翁編，句吴潛庵子訂。淡泉，鄭曉之别號。其書多與《吾學編》相出入，蓋因曉之書而增改之。觀其中載隆慶六年詔書，則潛庵子爲明季人，但不知名氏爲誰耳。其君記鈔，載惠帝及太后、皇后、儲貳、諸王事。臣事鈔，分爲十類。曰首事并諫死、曰謀國死、曰戰守死、曰守義死、曰事後圖報死、曰出隱死、曰論逮死、曰事後自盡死、曰隱避傳、曰外傳。其辨湯宗曾事文皇，終於宣德之世，足正《吾學編・表忠記》之誤。而於建文皇子育宫中一事，隱取宣宗爲建文帝子之説，殊妄誕不足取矣。

談　往

《四庫全書總目提要・雜史類存目三》　《談往》一卷。大學士英廉家藏本。舊本題花村看行侍者偶録。不知何許人。蓋明之遺民，遁跡爲僧者也。所記皆明末軼聞，凡二十七條。其中搗錢造鈔一條、票擬部覆一條，足以見當時塗飾之弊、巧詐之習。兩讞翻案一條、宜興再相一條，足以見當時上下蒙蔽之失。惟宜興再相一條，以周延儒之賜死爲過。項周惡過一條，力鳴項煜、周鍾之冤，殊乖公論。至前朝宫女一條，極述莊烈帝之奢侈，如宫中日食三千金，一宴用十萬金，冬月金銀火爐以數千計之類，亦似非實録。又燈廟二市一條，謂明之亡，亡於變奢爲儉，其持論尤謬也。

半窻史略

《四庫全書總目提要・别史類存目》《半窻史略》四十二卷。江西巡撫採進本。國朝龍體剛撰。體剛號鐵芝，永新人。是編輯歷朝史事，各撰爲歌，每歌綴以略言。其三十八卷以前，則起上古以訖於明。其三十九卷至四十二卷，則分乾象、坤輿、官制、經史等七類，而撮其要以隸之。亦課蒙之本，無關考據也。

見聞隨筆

《四庫全書總目提要・雜史類存目三》《見聞隨筆》二卷。浙江巡撫採進本。國朝馮甦撰。甦有《滇考》，已著録。是編首載李自成、張獻忠傳，次叙永明王竊號始末，及載何騰蛟、堵胤錫、瞿式耜、張同敞、陳子壯、張家玉、陳邦彦、李元胤、李乾德、楊展、王祥、皮熊、楊畏知、沐天波、李定國十五人傳。蓋時方開局修《明史》，總裁葉方藹以甦久官雲南，詢以西南事實，因摭所記憶，述爲此編，以送史館。毛奇齡分纂《流寇傳》，其大略悉取材於此。以視稗野之荒誕者，較爲確實，然亦不能一一詳備也。

天寶西幸略

尤袤《遂初堂書目・雜史類》鄭處誨《天寶西幸略》。

天寶亂離西幸記

錢東垣等輯《崇文總目輯釋・雜史類》《天寶亂離西幸記》一卷。温畬撰。

《新唐書・藝文志・雜史類》温畬《天寶亂離西幸記》一卷。

鄭樵《通志・藝文略・雜史》《天寶亂離西幸記》一卷。温畬撰。

幸蜀記

錢東垣等輯《崇文總目輯釋・雜史類》《幸蜀記》一卷。宋巨周撰。

《新唐書・藝文志・雜史類》宋巨《明皇幸蜀記》一卷。

鄭樵《通志・藝文略・雜史》《幸蜀記》一卷。

晁公武《郡齋讀書志・雜史類》《幸蜀記》三卷。右唐李匡文、宋巨、宋居白撰。初，匡文《記》盡孝明崩，巨《記》止於歸長安，叙事互有詳略。居白合二《記》，以宋爲本，析李爲注，取二序冠篇，復掇遺事增廣焉。

明皇幸蜀記

尤袤《遂初堂書目・雜史類》《明皇幸蜀記》。

河洛春秋

錢東垣等輯《崇文總目輯釋・雜史類》《河洛春秋》二卷。包諝撰。

《新唐書・藝文志・雜史類》包諝《河洛春秋》二卷。安禄山、史思明事。

鄭樵《通志・藝文略・雜史》《河洛春秋》二卷。唐包諝撰。起禄山叛，訖史朝義敗。

尤袤《遂初堂書目・雜史》《河洛春秋》。

陳振孫《直齋書録解題・雜史類》《河洛春秋》二卷。唐洋州司功包諝撰。記安史之亂。

馬端臨《文獻通考・經籍考・雜史》《河洛春秋》二卷。

《宋史・藝文志・别史》《河洛春秋》二卷。

邠　志

錢東垣等輯《崇文總目輯釋·雜史類》《邠志》一卷。凌準撰。

鄭樵《通志·藝文略·雜史》《邠志》一卷。凌準撰。天寶之亂，準從事邠府。

尤袤《遂初堂書目·雜史》《邠志》。

陳振孫《直齋書録解題·雜史類》《邠志》三卷。唐殿中侍御史凌準宗一撰。邠軍即朔方軍也。此本從盱江晁氏借録，其末題曰：「文忠修《唐史》，求此書不獲。今得於忠憲范公之孫伯高。其中尚多誤，當訪求正之。紹興乙丑晁公鄚。」

奉天記

錢東垣等輯《崇文總目輯釋·雜史類》《奉天記》一卷。【原釋】徐岱。闕。見天一閣鈔本。

《新唐書·藝文志·雜史類》徐岱《奉天記》一卷。德宗西狩事。

鄭樵《通志·藝文略·雜史》《奉天記》一卷。唐徐岱撰。起德宗幸奉天。

德宗幸奉天録

錢東垣等輯《崇文總目輯釋·雜史類》《德宗幸奉天録》一卷。【原釋】崔光廷。天一閣鈔本。

《新唐書·藝文志·雜史類》崔光庭《德宗幸奉天録》一卷。

鄭樵《通志·藝文略·雜史》《德宗幸奉天録》一卷。唐崔光庭。

奉天録

錢東垣等輯《崇文總目輯釋·雜史類》《奉天録》四卷。趙元一撰。

《新唐書·藝文志·雜史類》趙元一《奉天録》四卷。

鄭樵《通志·藝文略·雜史》《奉天録》四卷。唐趙元一撰。

尤袤《遂初堂書目·雜史》《奉天録》。

陳振孫《直齋書録解題·雜史類》《奉天録》四卷。唐趙元一撰。起建中四年涇原叛命，終興元元年克復神都。

楊士奇等《文淵閣書目·宙字號第二橱書目·史雜》《唐奉天録》。一部，一册。闕。

張金吾《愛日精廬藏書志·雜史類》《奉天録》四卷。舊鈔本。唐趙元一著。紀朱泚作亂事。涇源之難，鍾簴不移，廟貌如故者，李西平、渾咸寧二公之力實多。是書原始竟委，敘述詳備，而於秉節不屈，視死如歸，如段太尉輩尤三致意焉。有唐舊籍傳世日稀，此書自《崇文總目》、《通志》、《直齋書録解題》外，藏書家絶少著録者，洵僅見之秘笈也。自序。

張之洞《書目答問·雜史類》《奉天録》四卷。唐趙元一。秦校本。粵雅堂本。指海本。

興元聖功録

錢東垣等輯《崇文總目輯釋·雜史類》《興元聖功録》三卷。袁皓撰。【原釋】闕。見天一閣鈔本。

《新唐書·藝文志·雜史類》袁皓《興元聖功録》三卷。

《宋史·藝文志·别史》袁皓《興元聖功録》。

燕南記

錢東垣等輯《崇文總目輯釋·雜史類》《燕南記》三卷。谷況撰。

《新唐書·藝文志·雜史類》谷況《燕南記》三卷。張孝忠事。

鄭樵《通志·藝文略·雜史》《燕南記》三卷。唐谷況撰。以建中時河朔叛，惟易定張孝忠不從。

尤袤《遂初堂書目・雜史》《燕南記》。

陳振孫《直齋書録解題・雜史類》《燕南記》三卷。唐恒州司户魏郡谷況撰。專記成德一鎮事。自建中二年至太和七年，起張孝忠，終王承元。古語有「燕南垂，趙北際」，今以其在燕之南，故名。然河北諸鎮連叛事迹，大略具矣。

唐故事稽疑

錢東垣等輯《崇文總目輯釋・雜史類》《唐故事稽疑》十卷。崔立撰。【原釋】闕。見天一閣鈔本。

鄭樵《通志・藝文略・雜史》《唐故事稽疑》十卷。唐崔立撰。

平蔡録

錢東垣等輯《崇文總目輯釋・雜史類》《平蔡録》一卷。鄭澥撰。

《新唐書・藝文志・雜史類》鄭澥《涼國公平蔡録》一卷。字蘊士。李愬山南東道掌書記，開州刺史。

鄭樵《通志・藝文略・雜史》《平蔡録》一卷。唐鄭澥。記李愬平吳元濟事。

尤袤《遂初堂書目・雜史》《平蔡録》。

陳振孫《直齋書録解題・雜史類》《涼國公平蔡録》一卷。唐山南東道掌書記鄭澥蘊士撰。涼國公者，李愬也。

楊士奇等《文淵閣書目・宙字號第二櫥書目・史雜》《平蔡録》。一部，一册。完全。

平淮西記

錢東垣等輯《崇文總目輯釋・雜史類》《平淮西記》一卷。路隋撰。

《新唐書・藝文志・雜史類》路隋《平淮西記》一卷。

鄭樵《通志・藝文略・雜史》《平淮西記》一卷。唐路隋撰。記吳元濟始末事。

河南記

錢東垣等輯《崇文總目輯釋・雜史類》《河南記》一卷。薛圖存撰。

《新唐書・藝文志・雜史類》薛圖存《河南記》一卷。李師道事。

鄭樵《通志・藝文略・雜史》《河南記》一卷。薛圖存撰。記元和中平李師道事。

尤袤《遂初堂書目・雜史》《河南記》。

太和摧兇記

錢東垣等輯《崇文總目輯釋・雜史類》《太和摧兇記》一卷。諸家書目並不著撰人。

《新唐書・藝文志・雜史類》《大和摧兇記》一卷。

鄭樵《通志・藝文略・雜史》《太和摧凶記》一卷。記太和甘露事，誅鄭注等，作十八傳。

陳振孫《直齋書録解題・雜史類》《太和摧兇記》一卷。文與上同，而不分卷，豈其初本耶？

彭門紀亂

錢東垣等輯《崇文總目輯釋・雜史類》《彭門紀亂》三卷。鄭樵撰。

《新唐書・藝文志・雜史類》鄭樵《彭門紀亂》三卷。龐勛事。

鄭樵《通志・藝文略・雜史》《彭門紀亂》三卷。唐鄭樵撰。記懿宗朝徐州龐勛叛。

尤袤《遂初堂書目・雜史》《彭門紀亂》。

咸通解圍録

錢東垣等輯《崇文總目輯釋·雜史類》《咸通解圍録》一卷。張雲撰。

《新唐書·藝文志·雜史類》 張雲《咸通解圍録》一卷。字景之，一字瑞卿。起居舍人。

鄭樵《通志·藝文略·雜史》《咸通解圍録》一卷。張雲撰。記咸通中雲南蠻寇成都。

尤袤《遂初堂書目·雜史》《咸通解圍録》。

陳振孫《直齋書録解題·雜史類》《咸通庚寅解圍録》一卷。唐成都少尹張雲景之撰。言南詔圍城扞禦事。

驚聽録

《新唐書·藝文志·雜史類》 王坤《驚聽録》一卷。黄巢事。

閫外春秋

《新唐書·藝文志·雜史類》 李筌《閫外春秋》十卷。

《宋史·藝文志·别史》 李筌《閫外春秋》十卷。

閒居録

《新唐書·藝文志·雜史類》 杜信《閒居録》三十卷。

壺關録

《新唐書·藝文志·雜史類》 韓昱《壺關録》三卷。

鄭樵《通志·藝文略·雜史》《壺關録》三卷。韓昱撰。昱遭安史之亂，追述李密、王世充事。

大和野史

《新唐書·藝文志·雜史類》 公沙仲穆《大和野史》十卷。起大和，盡龍紀。

鄭樵《通志·藝文略·雜史》《太和野史》十卷。公沙仲穆撰。

唐聖述

鄭樵《通志·藝文略·雜史》《唐聖述》一卷。裴烜之撰。

高宗承祚實跡

鄭樵《通志·藝文略·雜史》《高宗承祚實跡》一卷。裴烜之撰。

尤袤《遂初堂書目·雜史類》《高宗承祚實録》。

唐書純粹

鄭樵《通志·藝文略·雜史》《唐書純粹》一百卷。林瑀撰。

唐機要

鄭樵《通志・藝文略・雜史》《唐機要》三十卷。劉直方撰。

《宋史・藝文志・别史》 劉直方《大唐機要》三十卷。

封氏見聞記

鄭樵《通志・藝文略・雜史》《封氏見聞記》五卷。唐封演撰。

錢曾《讀書敏求記・卷二・史》《封氏聞見記》十卷。孱守居士從吴岫本録于空居閣。趙清常本有雲間夏庭芝至正辛丑跋語。吴郡朱良育與唐子畏借鈔前五卷，又與柳大中借鈔後五卷。其第七卷止存末後兩葉，餘則均之闕如也。貴與《經籍志》云五卷，不知所據何本耳

天祚承歸記

鄭樵《通志・藝文略・雜史》《天祚承歸記》一卷。唐蕭叔和撰。記睿宗即位。

傳載

《新唐書・藝文志・雜史類》《傳載》一卷。

尤袤《遂初堂書目・雜史類》《傳載》。

史遺

《新唐書・藝文志・雜史類》《史遺》一卷。

上黨紀叛

《新唐書・藝文志・雜史類》《上黨紀叛》一卷。劉從諫事。

鄭樵《通志・藝文略・雜史》《上黨紀叛》一卷。劉從諫事。

唐小記

鄭樵《通志・藝文略・雜史》《唐小記》一卷。

妖亂志

尤袤《遂初堂書目・雜史類》《妖亂志》。

煬帝開河記

尤袤《遂初堂書目・雜史類》《煬帝開河記》。

蘇門紀亂

尤袤《遂初堂書目・雜史類》《蘇門紀亂》。

江淮紀亂

尤袤《遂初堂書目・雜史類》《江淮紀亂》。

天祚永歸記

尤袤《遂初堂書目・雜史類》《天祚永歸記》。

元和朋黨録

尤袤《遂初堂書目・雜史類》《元和朋黨録》。

新野史

尤袤《遂初堂書目・雜史類》《新野史》。

《宋史・藝文志・别史》《新野史》十卷。題顯德元年終南山不名子撰。

顧櫰三《補五代史藝文志・雜史類》《新野史》十卷。題顯德元年終南山不名子撰。

唐國史纂異

尤袤《遂初堂書目・雜史類》《唐國史纂異》。

太和野史

陳振孫《直齋書録解題・雜史類》《太和野史》三卷。不著名氏。但稱大中戊辰陳郡袁濤序。自鄭注而下十七人，本共爲一軸，濤分之爲三卷。

渚宮舊事

《四庫全書總目提要・雜史類》《渚宮舊事》五卷，《補遺》一卷。江蘇巡撫採進本。一名《渚宮故事》，唐余知古撰。其銜稱將仕郎守太子校書。里貫則未詳也。其書上起鬻熊，下迄唐代，所載皆荆楚之事，故題曰「渚宮」。「渚宮」名見《左氏傳》，孔穎達疏以爲當郢都之南，蓋楚成王所建。樂史《太平寰宇記》則以爲建自襄王，未詳何據也。書本十卷。《唐書・藝文志》著録此本，惟存五卷，止於晉代。考晁公武《郡齋讀書志》，載渚宮故事十卷，則南宋之初，尚爲完本。至陳振孫《書録解題》所言，已與今本同。則宋、齊以下五卷，當佚於南宋之末。元陶宗儀《説郛》，節鈔此書十餘條，晉以後乃居其七。疑從類書引出，非尚見原本也。《唐書・藝文志》載此書，注曰：文宗時人。又載《漢上題襟集》十卷，注曰：段成式、温庭筠、余知古。則與段、温二人同時倡和。此書皆記楚事，其爲游漢上時所作，更無疑義。陳氏以爲後周人，已屬譌誤。《通考》引《讀書志》之文，併脱去「余」字，竟題爲唐知古撰，則謬彌甚矣。今仍其舊爲五卷。其散見於他書者，別輯爲補遺一卷，附録於後焉。

汴水滔天録

錢東垣等輯《崇文總目輯釋・雜史類》《汴水滔天録》一卷。王振撰。

《新唐書・藝文志・雜史類》王振《汴水滔天録》一卷。昭宗時拾遺。

鄭樵《通志・藝文略・雜史》《汴水滔天録》一卷。五代王振撰。記梁太祖事。

尤袤《遂初堂書目・雜史》《汴水滔天録》。

陳振孫《直齋書録解題・雜史類》《汴水滔天録》一卷。唐左拾遺王振撰。言朱温篡逆事。

顧櫰三《補五代史藝文志・雜史類》《汴水滔天録》一卷。王振撰。

三朝革命録

錢東垣等輯《崇文總目輯釋・雜史類》《三朝革命録》三卷。徐廙撰。【原釋】闕。見天一閣鈔本。

鄭樵《通志・藝文略・雜史》《三朝革命録》三卷。載隋唐事，盡于天祐禪梁。僞吴徐廙撰。

《宋史・藝文志・別史》徐廙《三朝革命録》三卷。

莊宗召禍記

錢東垣等輯《崇文總目輯釋・雜史類》《莊宗召禍記》一卷。黄彬撰。

鄭樵《通志・藝文略・雜史》《莊宗召禍記》一卷。後漢黄彬撰。

尤袤《遂初堂書目・雜史》《莊宗召禍記》。

陳振孫《直齋書録解題・雜史類》《莊宗召禍記》一卷。後唐中書舍人黄彬撰。

顧櫰三《補五代史藝文志・雜史類》《莊宗召禍記》一卷。黄彬撰。

開運陷虜事迹

顧櫰三《補五代史藝文志・雜史類》《開運陷虜事迹》一卷。不著作者。

晉朝陷番記

錢東垣等輯《崇文總目輯釋・雜史類》《晉朝陷番記》四卷。范質等撰。

鄭樵《通志・藝文略・雜史》《晉朝陷蕃記》四卷。宋朝范質等修。

又《陷蕃記》四卷。范質撰。

尤袤《遂初堂書目・雜史》范質《石晉陷蕃記》。

陳振孫《直齋書録解題・雜史類》《晉朝陷蕃記》四卷。宰相大名范質文素撰，據莆田鄭氏《書目》云爾。本傳不載，故《館閣書目》云不知作者。未悉鄭氏何所據也。

顧櫰三《補五代史藝文志・雜史類》《晉朝陷蕃記》一卷。范質撰。

英雄佐命録

顧櫰三《補五代史藝文志・雜史類》《英雄佐命録》一卷。不著作者。

周世宗征淮録

錢東垣等輯《崇文總目輯釋・雜史類》《周世宗征淮録》一卷。【原釋】闕。見天一閣鈔本。

鄭樵《通志・藝文略・雜史》《周世宗征淮録》一卷。記征壽州劉仁贍事。

顧櫰三《補五代史藝文志・雜史類》《世宗征淮録》一卷。不著作者。

唐補記

錢東垣等輯《崇文總目輯釋・雜史類》《唐補記》三卷。程匡柔撰。

鄭樵《通志・藝文略・雜史》《唐補紀》二卷。唐程柔撰。記宣、懿、僖宗事。

尤袤《遂初堂書目・雜史》《唐補紀》。

陳振孫《直齋書録解題・雜史類》《大唐補記》三卷。南唐程匡柔撰。序言懿宗朝有焦璐者，撰《年代紀》，述神堯，止宣宗。匡柔襲三百年曆，補足十九朝。起咸通戊子，止癸巳，附璐書中。乾符以後，備存《補紀》。末有《後論》一篇，文辭雖拙，論議亦正。

《宋史・藝文志・別史》程光榮一作「柔」《唐補注記》「注記」一作「紀」三卷。

顧櫰三《補五代史藝文志・雜史類》《大唐補記》三卷。南唐程匡撰。

史稾雜著

顧櫰三《補五代史藝文志・雜史類》《史稾雜著》一百卷。高遠撰。

入洛私記

錢東垣等輯《崇文總目輯釋・雜史類》《入洛私記》十卷。江文秉撰。【原釋】闕。見天一閣鈔本。

鄭樵《通志・藝文略・雜史》《入洛私書》十卷。周江文秉撰。記同光至顯德事。

建隆遺事

晁公武《郡齋讀書志・雜史類》《建隆遺事》一卷。右皇朝王禹偁記太祖事十。按太祖開寶九年十月癸丑，崩於萬歲殿。先是，趙普以六年罷爲河陽節度使，盧多遜至太平興國元年始除平章事。太祖崩時，宰相薛居正、沈倫也。今此云：「上將晏駕，前一日，召宰臣趙普、盧多遜入宫。」其謬甚矣。世多以其所記爲然，恐不足信也。

尤袤《遂初堂書目・本朝雜史》《建隆遺事》。

陳振孫《直齋書録解題・雜史類》《建隆遺事》一卷。王禹偁撰。其記陳橋驛前戒誓諸將事，元出熙陵。而序文云：「近取實録，入禁中親自筆削。」然則此書之作，誠有謂也。《邵氏聞見録》亦嘗表而出之。而或者亦辨此書之僞，是見於王明清《揮麈録》者，尤有據。當考。

宋世龍飛故事

鄭樵《通志・藝文略・雜史》《宋世龍飛故事》一卷。

晁公武《郡齋讀書志・雜史類》《龍飛日曆》一卷。右皇朝趙普撰。記顯德七年正月藝祖受禪事。是年改元建隆，三月，普撰此書。普時爲樞密學士。

《四庫全書總目提要・雜史類存目一》《龍飛記》一卷。《永樂大典》本。舊本題宋趙普撰。書作於建隆元年，記太祖受禪事。普時爲樞密學士，蓋太祖即位之初也。然普既有《受禪録》，何以又爲此書？疑與《受禪録》皆後人所依託，以普及曹彬爲文武佐命，各假借其名耳。

太宗皇帝潛龍事迹

鄭樵《通志・藝文略・雜史》《太宗皇帝潛龍事迹》一卷。王延德撰。

光聖録

鄭樵《通志・藝文略・雜史》《光聖録》一卷。錢儼撰。

三朝逸史

鄭樵《通志・藝文略・雜史》《三朝逸史》一卷。陳湜撰。

太平故事

鄭樵《通志・藝文略・雜史》《太平故事》二十卷。

晁公武《郡齋讀書志・雜史類》《三朝聖政録》十卷。右皇朝富弼上言乞選官置局，將三朝典故編成一書。即命王洙、余靖、孫甫、歐陽修編修，分別事類，成九十六門。

尤袤《遂初堂書目・國史類》《祖宗故事》。

寶訓要言

鄭樵《通志・藝文略・雜史》《寶訓要言》十五卷。

邇英聖覽

鄭樵《通志・藝文略・雜史》《邇英聖覽》十卷。丁度編。

神宗聖訓録

鄭樵《通志・藝文略・雜史》《神宗聖訓録》二十卷。林虙撰。

尤袤《遂初堂書目・國史類》《神宗聖訓》。

太平紀要

鄭樵《通志・藝文略・雜史》《太平紀要》二十卷。

太平盛典

鄭樵《通志・藝文略・雜史》《太平盛典》五卷。

尤袤《遂初堂書目・國史類》《太平盛典》。

南歸録

鄭樵《通志・藝文略・雜史》《南歸録》一卷。沈琯撰。

陳振孫《直齋書録解題・雜史類》《南歸録》一卷。直祕閣沈琯撰。亦記燕山事。

唐末汎聞録

晁公武《郡齋讀書志・雜史類》《唐末汎聞録》一卷。右皇朝閻自若纂。乾德中，王普《五代史》成。自若之父觀之，謂自若曰：「唐末之事，皆吾耳目所及，與史册異者多矣。」因話見聞故事，命自若誌之。

尤袤《遂初堂書目・雜史類》《唐末汎聞録》。

吕夏卿兵志

晁公武《郡齋讀書志・雜史類》《吕夏卿兵志》三卷。右皇朝吕夏卿撰。公武得之於宇文時中。季蒙題其後云：「夏卿修《唐史》，别著《兵志》三卷，自秘之，戒其子弟勿妄傳。鮑欽止吏部好藏書，苦求得之。其子無爲太守恭孫偶言及，因懇借鈔，録於吴興之山齋。」

祖宗獨斷

晁公武《郡齋讀書志・雜史類》《祖宗獨斷》一卷。右皇朝陸經記祖宗獨斷凡十事。

尤袤《遂初堂書目・本朝雜史》《祖宗獨斷》。

聖宋掇遺

晁公武《郡齋讀書志・雜史類》《聖宋掇遺》一卷。右皇朝歐陽靖撰。記國初至仁宗君臣美事，以備史闕。

景命萬年録

晁公武《郡齋讀書志・雜史類》《景命萬年録》一卷。右未詳撰人。記趙氏世次，藝祖歷試迄受禪事。

《四庫全書總目提要・雜史類存目一》《景命萬年録》一卷。《永樂大典》本。不著撰人名氏。記太祖受禪之事，略與趙普《龍飛記》同，而叙得姓及前數代事特詳。末載：「顯德末有男子升中書政事堂，據案而坐曰：『宋州官家教我來。』范質曰：『此人病風』。急遣之。忽不見。是時太祖始鎮許州，至是乃驗」云云。頗類小説家言，殊出於附會也。

藝祖受禪録

晁公武《郡齋讀書志・雜史類》《藝祖受禪録》一卷。右未詳撰人。記趙氏世次，藝祖歷試迄受禪事。

《四庫全書總目提要・雜史類存目一》《藝祖受禪録》一卷。《永樂大典》本。舊本題宋趙普、曹彬同撰。記太祖初生及幼時事特詳。末云：「先是，晉天福中兩浙兒童聚戲，率以『趙』字爲語助，如得曰趙得，可曰趙可」云云。亦侈陳符瑞之故智。帝王受命自有本原，豈以小兆爲驗耶。

紹興正論

趙希弁《讀書附志・雜史類》《紹興正論》一卷。右編録秦檜當國，羅織諸賢，或死於市朝，或死於囹圄，或死於貶所，或流落於魑魅之區，累赦不移，或棲遲於林泉之下，屏跡不出者，一百一十八人姓名與其獲罪之因。但云瀟湘樵夫序，不知其爲誰也。

朝野遺事

趙希弁《讀書附志・雜史類》《朝野遺事》一卷。右趙子崧伯山所著。記中興以前凡一百二十有五事。自號鑑堂居士，終於延康殿學士、右中奉大夫。淳熙中，周益公帥長沙，命項安世、丁朝佐、楊長孺讎校而刻之。

大唐説纂

洪邁《容齋題跋》跋《大唐説纂》：《藝文志》有李繁《大唐説纂》四卷，今罕得其書，予家有之。凡所紀事，率不過數十字，極爲簡要。《新史》大抵采用之。其「忠節」一門曰：「武后問石泉令王方慶曰：『朕夜夢雙陸不勝，何也？』曰：『蓋謂宮中無子，意者恐有神靈儆夫陛下。』因陳人心在唐之意。后大悟，召廬陵王復儲位。」《新史》載其説，《通鑑》去之，似爲可惜。

馬端臨《文獻通考・經籍考・雜史》《大唐説纂》四卷。

越絶書外傳

尤袤《遂初堂書目・雜史類》《越絶書外傳》。

永樂城事

尤袤《遂初堂書目・本朝雜史》《永樂城事》。

尊堯集

尤袤《遂初堂書目・本朝雜史》 陳瑩中《尊堯集》。

錢謙益等《絳雲樓書目・雜史類》《四明尊堯録》一册。一卷。陳瓘撰。此書專辨王安石所撰《日録》之誣，凡分八門。

彭元瑞等《天禄琳琅書目後編・明版史部》《四明尊堯集》。一函。一册。宋陳瓘撰。瓘字瑩中，號了翁，沙縣人。由甲科入仕，官右司員外郎兼權給事中，謚忠肅。《宋史》有傳。書十一卷，分八門，曰聖訓、論道、獻替、理財、邊機、論兵、處己、寓言。有瓘自撰前後序並進表，後有男正綱跋，又一跋亦其後人闕名，附刻瓘《責沈文》。

北狩野史

尤袤《遂初堂書目・本朝雜史》《北狩野史》。

北狩行録

尤袤《遂初堂書目・本朝雜史》《北狩行録》。

陳振孫《直齋書録解題・雜史類》《北狩行録》一卷。蔡絛、王若沖撰。

《四庫全書總目提要・雜史類存目一》《北狩行録》一卷。浙江吴玉墀家藏本。舊本題宋蔡絛撰。絛，蔡京之子，尚茂德帝姬，靖康元年從徽宗北行者也。然是書卷末云：「北狩未有行紀。太上語王若沖曰：『一自北遷，於今八年。所履風俗異事，不爲不多。深欲紀録，未得其人。詢之蔡絛，以爲學問文采無如卿者，爲予記之。』」云云。則是此書爲若沖所作。惟是《宋史・藝文志》亦以此書爲蔡絛撰，疑不能明。或絛述其事，而若沖潤色其文歟。馬端臨《文獻通考》載是書，亦竝列二人之名。

痛憤録

尤袤《遂初堂書目・本朝雜史》《痛憤録》。

靖康京城事實

尤袤《遂初堂書目・本朝雜史》《靖康京城事實》。

背盟本末

尤袤《遂初堂書目・本朝雜史》《背盟本末》。

靖康紀事

尤袤《遂初堂書目・本朝雜史》 吴敏《靖康紀事》。

北狩聞見録

尤袤《遂初堂書目・本朝雜史》《北狩聞見録》。

撰。勛扈從北狩，以徽廟御札，間道走行在所，以建炎二年七月至南京。

陳振孫《直齋書録解題・雜史類》《北狩聞見録》一卷。幹當龍德宫曹勛功顯撰。勛扈從北狩，以徽廟御札，間道走行在所，以建炎二年七月至南京。

《四庫全書總目提要・雜史類》《北狩見聞録》一卷。兩江總督採進本。宋曹勛撰。勛字功顯，陽翟人。宣和五年進士。南渡後官至昭信軍節度使。事蹟具《宋史》本傳。是編首題保信軍承宣使知閤門事兼客省四方館事臣曹勛編次，蓋建炎二年七月初至南京時所上。其始於靖康二年二月初七日，則以徽宗之入金營，惟勛及姜堯臣、徐中立、丁孚四人得在左右也。所記北行之事，皆與諸書相出入。惟述密齋衣領御書及雙飛蛺蝶金環事，則勛身自奉使，較他書得自傳聞者節次最詳。末附徽宗軼事四條，亦當時所竝上者。紀事大都近實，足以證《北狩日記》諸書之妄。且與高宗繼統之事尤爲有關，雖寥寥數頁，實可資史家之考證也。

禍胎記

尤袤《遂初堂書目・本朝雜史》《禍胎記》。

南歸録

尤袤《遂初堂書目・本朝雜史》沈珵《南歸録》。

華夷直筆

尤袤《遂初堂書目・本朝雜史》《華夷直筆》。

亡遼録

尤袤《遂初堂書目・本朝雜史》《亡遼録》。

靖康夜話

尤袤《遂初堂書目・本朝雜史》《靖康夜話》。

幼老春秋

尤袤《遂初堂書目・本朝雜史》《幼老春秋》。

入燕録

尤袤《遂初堂書目・本朝雜史》《入燕録》。

史　略

尤袤《遂初堂書目・本朝雜史》《史略》。

避戎録

尤袤《遂初堂書目・本朝雜史》《避戎録》。

北　記

尤袤《遂初堂書目・本朝雜史》《北記》。

金國文具録

尤袤《遂初堂書目・本朝雜史》《金國文具録》。

平江録

尤袤《遂初堂書目・本朝雜史》《平江録》。

亂華編

尤袤《遂初堂書目・本朝雜史》《亂華編》。

陳振孫《直齋書録解題・雜史類》《亂華編》三十三卷。知盱眙軍東平劉荀子卿編。其前有小序數語云：「方敬塘割幽、燕遺契丹之日，孰知爲本朝造禍之原哉！逮王安石創新法爲闢國之謀，又孰知紹述者召禍之酷哉！」所集雜史、傳記近三十種。荀，忠肅丞相諸孫也。

小心鏡

尤袤《遂初堂書目・本朝雜史》《小心鏡》。只欽廟一朝。

中興遺史

尤袤《遂初堂書目・本朝雜史》《中興遺史》。

《宋史・藝文志・别史》趙甡之《中興遺史》二十卷。

中興小律

尤袤《遂初堂書目・本朝雜史》《中興小律》。

維陽過江録

尤袤《遂初堂書目・本朝雜史》《維陽過江録》。

陳振孫《直齋書録解題・雜史類》《維揚過江録》一卷。尚書左丞葉夢得少蘊撰。

順昌破敵録

尤袤《遂初堂書目・本朝雜史》《順昌破敵録》。

淮西從軍記

尤袤《遂初堂書目・本朝雜史》《淮西從軍記》。

《四庫全書總目提要・雜史類存目一》《淮西從軍記》一卷。編修程晉芳家藏本。不著撰人名氏。據書中所言，蓋劉錡幕客也。叙錡自紹興十年春赴東都留守，中途戰於順昌，十一年戰於柘皐，及張俊、楊沂中濠州之敗，錡全軍得歸事。

宣幙紀事

尤袤《遂初堂書目・本朝雜史》《宣幙紀事》。

鼎澧聞見録

尤袤《遂初堂書目・本朝雜史》《鼎澧聞見録》。

渡江遭變録

尤袤《遂初堂書目・本朝雜史》《渡江遭變録》。

辛巳叛盟録

尤袤《遂初堂書目・本朝雜史》《辛巳叛盟録》。

回天録

尤袤《遂初堂書目・本朝雜史》《回天録》。

紹興瀘南兵變録

尤袤《遂初堂書目・本朝雜史》《紹興瀘南兵變録》。

瀘南戕天録

尤袤《遂初堂書目・本朝雜史》《瀘南戕天録》。

泣血録

尤袤《遂初堂書目・本朝雜史》《泣血録》。

泣血拾遺

尤袤《遂初堂書目・本朝雜史》《泣血拾遺》。

痛定録

尤袤《遂初堂書目・本朝雜史》《痛定録》。

陳振孫《直齋書録解題・雜史類》《痛定録》一卷。不著名氏。

内禪録

尤袤《遂初堂書目・本朝雜史》《内禪録》。

陷燕録

尤袤《遂初堂書目・本朝雜史》《陷燕録》。

陳振孫《直齋書録解題・雜史類》《陷燕記》一卷。賈子莊撰。記燕山初陷事。子莊，不知其名，蔡靖客也。

順昌紀事

尤袤《遂初堂書目・本朝雜史》《順昌紀事》。

元祐黨籍列傳譜述

陳振孫《直齋書録解題・雜史類》《元祐黨籍列傳譜述》一百卷。龔頤正撰。以諸臣本傳及誌狀、家傳、遺事之類集成之。其事跡微晦，史不可見者，則采拾諸書爲之補傳。凡三百九人，其闕者四人而已。淳熙中，史院取其書以修《四朝國史》。洪邁奏乞甄録，補和州文學，後賜出身。詳見「編年類」。頤正，給事中原之曾孫也。

紹興正論

陳振孫《直齋書録解題・雜史類》《紹興正論》二卷。序稱瀟湘野夫，不著名氏。録文武官不附和議及忤秦檜得罪者。

紹興正論小傳

陳振孫《直齋書録解題・雜史類》《紹興正論小傳》二十卷。宗正寺主簿鄞樓昉暘叔撰。以《正論》中姓名，倣《元祐黨傳》爲之。

中興十三處戰功録

陳振孫《直齋書録解題・雜史類》《中興十三處戰功録》一卷。參政眉山李壁季章撰。中興以來，禦寇立功惟此十三處，編爲一書，所謂「司勳藏其貳」者也。開禧乙丑，北事將作，其書成。

楊士奇等《文淵閣書目・宙字號第二橱書目・史附》宋《中興十三處戰功》。一部，二册。闕。

西陲泰定録

陳振孫《直齋書録解題・雜史類》《西陲泰定録》九十卷。李心傳撰。記吳曦叛逆以及削平本末。起嘉泰辛酉，迄嘉定辛未，爲三十七卷。其後蜀事益多，又增修至辛巳之冬，通爲九十卷。仍頗用太史公《年表》例，併記國家大政令、邊防大節目。首尾二十年。

廣軒轅本紀

《宋史・藝文志・別史》王瓘《廣軒轅本紀》一卷。

江南志

《宋史・藝文志・別史》《江南志》二十卷。

平南事覽

《宋史・藝文志・別史》李清臣《平南事覽》二十卷。

吳書實録

《宋史・藝文志・別史》李清臣《吳書實録》三卷。記楊行密事。

近事會元

楊士奇等《文淵閣書目・宙字號第二橱書目・史雜》 李贊皇《近事會元》。一部，一册。闕。

大越史略

楊士奇等《文淵閣書目・宙字號第二橱書目・史雜》 《大越史略》。一部，二册。闕。

愧郯録

楊士奇等《文淵閣書目・宙字號第二橱書目・史雜》 岳珂《愧郯録》。一部，五册。完全。

錢謙益等《絳雲樓書目・編年類》 岳珂《愧郯録》二册。十五卷。

張之洞《書目答問・雜史類》 《愧郯録》十五卷。宋岳珂。知不足齋本。

聞見録

楊士奇等《文淵閣書目・宙字號第二橱書目・史雜》 《聞見録》。一部，八册。闕。

西齋話記

楊士奇等《文淵閣書目・宙字號第二橱書目・史雜》 《西齋話記》。一部，一册。闕。

嘉紹本議

楊士奇等《文淵閣書目・宙字號第二橱書目・史雜》 《嘉紹本議》。一部，三册。闕。

歷朝史稗

黄虞稷《千頃堂書目・别史類・補宋》 裘萬頃《歷朝史稗》四十卷。字元量，新建人。淳熙進士，官大理寺丞，差江西撫幹。楊簡志其墓，以「默識」稱之。

倪燦等《宋史藝文志補・雜史類》 裘萬頃《歷朝史稗》四十卷。字元量，新建人。大理寺丞。

使韃日録

黄虞稷《千頃堂書目・别史類・補宋》 鄒伸之《使韃日録》一卷。

《四庫全書總目提要・雜史類存目一》 《使北日録》一卷。浙江巡撫採進本。宋鄒伸之撰。

倪燦等《宋史藝文志補・雜史類》 鄒伸之《使韃日録》一卷。

揮麈前録

毛晉《汲古閣書跋》 《揮麈前録》。余讀史至宋，每病其蕪蔓糜腐，輒爲掩卷，因搜洪容齋、姚令威諸家小説，梓而行之，以補其一二。既閲王仲言《揮麈録》，多載國史中未見事。昔武夷胡氏讀温公《通鑑》，喟然歎曰：「若能喬嶽，天宇澄徹，周顧四方，悉來獻狀。」蘇文忠公見曾公亮《英宗實録》，謂劉羲仲云：「此書詞簡而事備，文古而意明，當爲國朝諸史之冠。」若王仲言，殆兼二老之長矣。茲録凡四卷，末載程可久、郭九德二跋，李賢良一簡。其自跋云：「丘明、子長、班、范、陳壽之書，不經他手，故議論歸一。」真得史家三昧矣。

揮麈後録

毛晉《汲古閣書跋》《揮麈後録》。雪溪公嘗著國朝史，述仲言其仲子也。其祖授學於歐陽永叔之門，仲言又授學於李仁甫之門，不惟家傳史學三世，其師友淵源，蓋有自矣。前集中多載國朝巨典盛事。茲集十有一卷，法戒具見毫端，自稱無一事一字無所從來。俾趙甡之竊婦翁張鑑書以爲己有者聞之，不慚惶無地耶。

揮麈三録

毛晉《汲古閣書跋》《揮麈三録》。茲集凡三卷，記宋高宗東狩事甚詳。如劉希范《責鄉志全書》，婁陟明《上高宗書》，秦會之《陳議狀》，王幼安《草檄》，曾空青《辯謗録》云云，俱可備史官采擇。其餘閒情小趣，正所謂雞肋之餘味爾。

揮麈餘話

毛晉《汲古閣書跋》《揮麈餘話》。茲集僅二卷，凡百則。末附浚儀趙師厚跋。雖載朝野事跡，亦及詩文碑銘之類，先輩所謂麈譚之緒餘也。余讀第三録中，如湯進之封慶國公及王穎彥、錢穆記録云云，俱補前後録所未備。傾仰前賢著述，其詳慎如此。今讀其《餘話》所載李元叔《上廣汴賦》，未列其文，代爲補之云。李元叔，名長民。

按此跋并録李元叔《上廣汴賦》，文長不録入。

茅亭客話

毛晉《汲古閣書跋》《茅亭客話》。休復，字歸本。通《春秋》三傳。自言授道李諶處士，鬻丹養親，兼精畫學，嘗撰《益州名畫記》。自李唐乾元初迄趙宋乾德間五十有八人，釐爲四品，旁通百家小説。所居一茆亭，多蓄古人異蹟，凡賓客往來，拂拭展玩，評論無倦色。偶及仙佛神鬼、謡俗卜筮，雖異端而合道旨，屬徵勸者皆録之，命曰《茅亭客話》。陳氏曰：「所記多蜀事，蓋蜀人也。」

錢氏私誌

錢曾《讀書敏求記・史》《錢氏私誌》一卷。宋太尉德慶軍節度使錢恒纂輯。

燕翼詒謀録

《四庫全書總目提要・雜史類》《燕翼詒謀録》五卷。浙江鮑士恭家藏本。宋王栐撰。栐字叔永，自署稱「晉陽人」。寓居山陰，號求志老叟。

青溪寇軌

《四庫全書總目提要・雜史類存目一》《青溪寇軌》一卷。編脩程晉芳家藏本。宋方勺撰。勺字仁聲，婺州人。

靖康蒙塵録

《四庫全書總目提要・雜史類存目一》《靖康蒙塵録》一卷。浙江范懋柱家天一閣藏本。不著撰人名氏。所載宋徽、欽二帝北狩事，與世所傳《南燼紀聞》文多相同。徐夢莘《三朝北盟會編》載所采集書目甚詳，亦無此書。蓋坊賈改易其名以欺世者。卷後附有《建炎復辟録》一卷，似爲高宗苗、劉之變而作。而所紀仍北狩本末，寥寥數條，年月皆舛錯不合，作僞之尤甚者也。

靖炎兩朝見聞録

《四庫全書總目提要・雜史類存目一》《靖炎兩朝見聞録》二卷。兩淮鹽政採進本。舊本題曰陳東撰。東字少陽，鎮江丹陽人。欽宗時貢入太學。嘗伏闕上書，請去蔡京、王黼而用李綱。高宗即位，召至行在，又劾黄潛善、汪伯彦，爲二人所搆論死。後追贈承信郎，又加贈朝奉郎祕閣修撰。事蹟具《宋史》本傳。是編記徽宗北遷，高宗改元時事特詳。末及紹興以後事，亦足資考據。然東以建炎元年八月見殺，何由得記紹興後事。蓋傳本闕撰人，後人不考，誤題爲東也。

維揚巡幸記

《四庫全書總目提要・雜史類存目一》《維揚巡幸記》一卷。浙江巡撫採進本。不著撰人名氏。記建炎三年金兵至天長，高宗自揚州奔杭州事。起正月十三日，盡二月十五日。大意罪汪伯彦、黄潛善之苟且晏安，變生倉卒而不知。《北盟會編》一百二十三卷所載，與此本全同，亦後人録出别行者也。

燕雲録

《四庫全書總目提要・雜史類存目一》《燕雲録》一卷。浙江巡撫採進本。宋趙子砥撰。子砥以宗室子官鴻臚寺丞。靖康丁未，隨二帝北行。建炎戊申遁還，持徽宗御札，謁高宗於揚州，仍命以故官。子砥在金，嘗密刺其國事，備知情狀，又與續歸之楊之翰互相參證。所述金事，一曰陷没宗室從官，二曰陷没百姓，三曰金人族帳所出與設官之實，四曰政事之紀，五曰虚實之情，六曰南北離潰之情。皆據所見聞，與《金史》或同或異。惟其末稱金人必不可和，則其後驗如操券，可謂真得其虚實矣。

紹興甲寅通和録

《四庫全書總目提要・雜史類存目一》《紹興甲寅通和録》一卷。浙江范懋柱家天一閣藏本。宋王繪撰。紹興四年，以和議未成，遣魏良臣如金，繪副之。是時金軍壓境，朱勝非尚主和議，趙鼎頗不以爲然。良臣等行至天長，僅達國書而還。繪因備録其事，蓋鄙勝非等之無謀也。繪父名仲通，宣和中爲平海軍承宣使，以書抵蔡攸，力言用兵有十不可。其書附載卷末。蓋其父子皆有度時之識云。

順昌戰勝録

《四庫全書總目提要・雜史類存目一》《順昌戰勝録》一卷。浙江鮑士恭家藏本。宋楊汝翼撰。紹興十年，劉錡順昌之戰，汝翼適在軍中，因紀其事。末附順昌倅汪若海劄子，所言亦大概略同。

采石戰勝録

《四庫全書總目提要・雜史類存目一》《采石戰勝録》一卷。編修程晉芳家藏本。宋員興宗撰。興宗字顯道，仁壽人。未第時，讀書九華山，因以自號。用薦，除教授。召試，擢著作郎，國史編修，實録院檢討。乾道中疏劾貴倖，中讒奉祠去，僑居潤州以終。所著《辯言》及《九華集》，歲久散佚。近始從《永樂大典》采摭成帙。惟此書世有傳本，所記乃虞允文督師江上，拒金海陵王之事，大致與史文相出入。《永樂大典》亦載之，題曰《采石大戰始末》，而冠以《九華集》字，蓋其集中之一篇，後人析出，别立此名也。

重明節館伴語録

《四庫全書總目提要・雜史類存目一》《重明節館伴語録》一卷。《永樂大典》本。宋倪思撰。思有《班馬異同》，已著録。此書據《永樂大典》標題，乃思《承明集》之一篇。蓋紹熙二年七月，金遣完顏兗、路伯達來賀重明節，思爲館伴。因紀一時問答之詞，饋送之禮。考宋制，凡奉使、伴使皆例進語録於朝。馬永卿《嬾真子》記蘇洵與二子同讀富鄭公《使北語録》，則自北宋已然。此其偶存之一也。時金强宋弱，方承事不遑，而序謂北人事朝廷方謹，遣使以重厚爲先，已爲粉飾。其他虚夸浮誕，不一而足。上下相欺，苟掩耳目，亦可謂言之不怍矣。

正隆事迹記

《四庫全書總目提要・雜史類存目一》《正隆事迹記》一卷。兩淮鹽政採進本。宋張棣撰。棣始末無考。書中但稱歸正官，蓋自金入宋之後，述所見聞也。所記皆金海陵煬王之事。始於初立，終於瓜州之變，凡十有二年。煬王凡三改元，但稱正隆，要其終也。大抵約略傳聞，疏漏殊甚。末附録世宗立後事數條，亦殊草略。不足以爲信史也。

金圖經

《四庫全書總目提要・雜史類存目一》《金圖經》一卷。兩淮鹽政採進本。一名《金國志》。自京邑至族帳部曲，凡十七門。陳振孫《書録解題》曰：「淳熙中歸正人張棣撰。記金事頗詳。」振孫又言：「又一卷，不著名氏，似節略張棣書。其末又雜録金主亮以後事。」此本僅一卷，不著棣名，疑即陳氏所稱節本也。

使金録

《四庫全書總目提要・雜史類存目一》《使金録》一卷。編修汪如藻家藏本。宋程卓撰。卓字從元，休寧人。大昌從子。淳熙十一年進士。歷官同知樞密院事，封新安郡侯，贈特進資政殿大學士，謚正惠。嘉定四年，卓以刑部員外郎同趙師嵒充賀金國正旦國信使，往返凡四閲月。是書乃途中紀行所作，於山川道里及所見古蹟，皆排日載之。中間如順天軍廳梁題名、光武廟石刻詩句之類，亦間可以廣見聞。然簡略太甚，不能有資考證。又稱「接伴使李希道等往還不交一談，無可紀述」，故於當日金人情事，全未之及，所記惟道途瑣事。世傳宋高宗泥馬渡江，即出此書所記「磁州崔府君」條下。蓋建炎之初，流離潰敗，姑爲此神道設教，以聳動人心。實出權謀，初非實事。卓之所録，亦當時臣子之言，未足據也。

誅吳録

《四庫全書總目提要・雜史類存目一》《誅吳録》一卷。《永樂大典》本。宋張革之撰。革之字西仲，潼川人。吳曦據蜀叛，合江倉官楊巨源倡義討逆，與隨軍轉運安丙共謀誅曦。既而丙嫉其功，以計殺之。革之此書，蓋以鳴巨源之寃。自序云：「時從旁目擊，懼久失其傳，因直書以詔後世云。」

丁卯實編

《四庫全書總目提要・雜史類存目一》《丁卯實編》一卷。《永樂大典》本。宋毛方平撰。方平不知何許人。安丙害楊巨源時，方平爲四川茶馬司幹辦公事，因作此書。大旨與張革之同。自序云：「一夫不獲，則六月飛霜；匹婦抱恨，則三年致旱。」其詞至爲痛切。考郭士寧《平叛録》，與巨源陰謀誅曦者九人，方平爲首。所記當爲實録。曰丁卯者，曦之叛在開禧二年丙寅，而誅於三年丁卯也。陳振孫

《書録解題》作李珙撰。今檢《永樂大典》標題及序中署名，均作方平，則振孫所載誤矣。

平叛録

《四庫全書總目提要·雜史類存目一》 《平叛録》一卷。《永樂大典》本。宋郭士寧撰。士寧始末未詳。其作此書時，則與毛方平同官四川茶馬司幹辦公事也。吴曦之叛，不受僞官者有蜀帥楊輔、瀘帥李寅仲、史次秦、范仲壬、陳咸、毛午，起義者有薛九齡，死節者有楊震仲。而陰謀誅曦者，惟毛方平、李好義、李好古、楊君玉、党公濟、程夢錫、李坤辰、陳安、楊巨源等。此録所載，較史爲詳，蓋亦表章忠義之志云。

三朝野史

《四庫全書總目提要·雜史類存目一》 《三朝野史》一卷。兩淮鹽政採進本。不著撰人名氏。記理、度、恭三朝軼事瑣言，僅十有九條，疑非完本。書中附記丙子三宫赴北事。蓋亦宋遺民所作也，詞旨猥瑣，殊不足觀。

碧溪叢書

《四庫全書總目提要·雜史類存目一》 《碧溪叢書》八卷。浙江汪汝瑮家藏本。不著編輯者名氏。諸家書目亦不著録。其目凡八。曰《吴武安公功績記》，記吴玠戰功。曰蔡絛案絛當作偉《北狩行録》，記從徽宗入金事。曰万俟卨《皇太后回鑾事實》，記韋太后南歸事。曰《順昌戰勝録》，記劉琦遇金兵事。曰洪皓《松漠記聞》，記金國事。曰洪皓《金國文具録》，記宇文虚中爲金定制事。曰湘水樵夫《紹興正論》，記不附秦檜和議人姓名。曰楊堯弼《僞豫傳》，記劉豫僭逆事。其書皆删節之本，蓋書賈從《説郛》中鈔合，僞立此名者也。

南宋補遺

《四庫全書總目提要·雜史類存目一》 《南宋補遺》。無卷數。兩淮鹽政採進本。舊本題古吴謝朱勝復廬撰。不知朱勝爲何許人。其書稱南宋而中有宋末之語，當爲元人所作。跋語所稱丙申，蓋元成宗元貞二年，非宋理宗之丙申也。載南渡後將帥軼事，并採及詩詞書啟，於韓、岳尤詳，亦間及靖康時事。然多他書所習見，殊尠異聞，殆亦鈔撮宋人説部而成歟。

三墳補逸

徐𤊹《徐氏家藏書目·旁史類》 《三墳補逸》二卷。胡應麟。

治國暇筆

徐𤊹《徐氏家藏書目·旁史類》 《治國暇筆》二卷。邵捷春。

天心仁愛録

徐𤊹《徐氏家藏書目·旁史類》 《天心仁愛録》一卷。范永鑾。

國朝典故紀聞

徐𤊹《徐氏家藏書目·本朝史類》 《國朝典故紀聞》十八卷。余繼登。

錢謙益《絳雲樓書目·本朝國紀》 《典故紀聞》余繼登。

黃虞稷《千頃堂書目・別史類》 余繼登《國朝典故紀聞》十八卷。

《四庫全書總目提要・雜史類存目三》 《典故紀聞》十八卷。浙江吳玉墀家藏本。明余繼登撰。繼登字世用，號雲衢，交河人。萬曆丁丑進士，官至禮部尚書，謚文恪。事蹟具《明史》本傳。是編雜記前明故事，自洪武迄於隆慶。然其帝曰云云之屬，多屬空談。大抵皆記注實録潤色之詞。亦頗及瑣屑雜事，不盡關乎政要。如太祖攻婺城時，見五色雲，無論其事真僞，總不在法戒之列。又如成祖時靈邱氏一産三男，有司議給廩至八歲，成祖命給至十歲，亦細故，不足毛舉也。

賢識録

黃虞稷《千頃堂書目・別史類》 陸釴《賢識録》一卷。

損齋備忘録

黃虞稷《千頃堂書目・別史類》 梅純《損齋備忘録》二卷。字一之，南京孝陵衛人。駙馬都尉殷曾孫。舉成化辛丑進士，授懷遠知縣，與上官不合，投檄歸，再補陸孝陵衛指揮使，擢中都留守，致仕。

《明史・藝文志・雜史類》 梅純《損齋備忘録》二卷。

武廟初所見事

黃虞稷《千頃堂書目・別史類》 費宏《武廟初所見事》一卷。

《明史・藝文志・雜史類》 費宏《武廟初所見事》一卷。

守溪筆記

黃虞稷《千頃堂書目・別史類》 王鏊《守溪筆記》二卷。

《明史・藝文志・雜史類》 王鏊《守溪筆記》二卷。

雙溪雜記

黃虞稷《千頃堂書目・別史類》 王瓊《雙溪雜記》二卷。

《明史・藝文志・雜史類》 王瓊《雙溪雜記》二卷。

制府雜録

黃虞稷《千頃堂書目・別史類》 楊一清《制府雜録》一卷。

桃源建昌征案　東鄉撫案

黃虞稷《千頃堂書目・別史類》 胡世寧《桃源建昌征案》、《東鄉撫案》共十卷。

《明史・藝文志・雜史類》 胡世寧《桃源建昌征案》、《東鄉撫案》共十卷。

述滄州退賊事略

黃虞稷《千頃堂書目・別史類》 胡世寧《述滄州退賊事略》一卷。

平寇録

黃虞稷《千頃堂書目・別史類》 《平寇録》□卷。記正德十二年王守仁平浰頭、桶岡賊事。

江上日録

黄虞稷《千頃堂書目・别史類》 吴子孝《江上日録》一卷。

交事紀聞

黄虞稷《千頃堂書目・别史類》 張岳《交事紀聞》一卷。

《明史・藝文志・雜史類》 張岳《交事紀聞》一卷。

平交紀事

黄虞稷《千頃堂書目・别史類》 翁萬達《平交紀事》十卷。

《明史・藝文志・雜史類》 翁萬達《平交紀事》十卷。

萬曆識小録

黄虞稷《千頃堂書目・别史類》 《萬曆識小録》一卷。不知撰人。

星變志

黄虞稷《千頃堂書目・别史類》 《星變志》二卷。不知撰人。

張江陵忍情遺迹

黄虞稷《千頃堂書目・别史類》 《張江陵忍情遺迹》一卷。不知撰人。

遺安堂稿

黄虞稷《千頃堂書目・别史類》 伍袁萃《遺安堂稿》八卷。

彈園雜志

黄虞稷《千頃堂書目・别史類》 伍袁萃《彈園雜志》四卷。

林居漫録

黄虞稷《千頃堂書目・别史類》 伍袁萃《林居漫録》八卷。

希齡録　希齡續録

黄虞稷《千頃堂書目・别史類》 伍袁萃《希齡録》□卷，又《希齡續録》二卷。

駮漫録評正

黄虞稷《千頃堂書目・别史類》 伍袁萃《駮漫録評正》一卷。駮賀燦然。

葸菴二書

王士禛《漁洋書跋》 《葸菴二書》。此書乃程工部正夫家鈔本。卷首題「葸菴」者，其自號也。前一卷曰《大内窺觀》者，山陰王應遴著，程跋中所謂中書舍人王雲來者也。後一卷曰《大内規制》，宦官劉若愚所著，載《酌中志略》第十七卷。合二書觀之，有明大内規模如指掌矣。予讀《南村輟耕録》，見所載楊奐《汴宋故宫記》、陳隨應《南渡行宫記》，不禁黍離麥秀之感，盛衰興廢，何代蔑有？此二書亦何可少乎。

漫録評正

黄虞稷《千頃堂書目・别史類》 賀燦然《漫録評正》八卷。

駁漫録評正

黄虞稷《千頃堂書目・别史類》 賀燦然《駁漫録評正》四卷。駁伍袁萃。

賀氏危言

黄虞稷《千頃堂書目・别史類》 賀燦然《賀氏危言》一卷。

杞説私評

黄虞稷《千頃堂書目・别史類》 李鼎《杞説私評》一卷。

問世狂言

黄虞稷《千頃堂書目・别史類》 劉埆《問世狂言》一卷。

續眉山論

黄虞稷《千頃堂書目・别史類》 姜□□《續眉山論》二卷。具載劾李三才及救李三才疏，而伍袁萃、王三善之論，及諸持平之説咸録焉。

遵典録

黄虞稷《千頃堂書目・别史類》 姜□□《遵典録》二卷。

元從吾録

黄虞稷《千頃堂書目・别史類》 吴源《元從吾録》。輯萬曆中小人攻君子之疏。元復爲説以揚之，頗肆詆毁。

殿争録

黄虞稷《千頃堂書目・别史類》 周永春《殿争録》二卷。

萬曆起廢考

黄虞稷《千頃堂書目·别史類》 周永春《萬曆起廢考》三卷。

比曹紀實

黄虞稷《千頃堂書目·别史類》 徐大化《比曹紀實》一卷。

閫宮始末

黄虞稷《千頃堂書目·别史類》 岳駿聲《閫宮始末》一卷。

梃擊始末

黄虞稷《千頃堂書目·别史類》 陸夢龍《梃擊始末》一卷。

《四庫全書總目提要·雜史類存目三》 《梃擊始末》一卷。浙閩總督採進本。明陸夢龍撰。夢龍有《易略》,已著録。是書乃其官刑部員外郎時所記,備述張差事始末,明末三案之一也。於一時諸人牽就彌縫情狀,摹寫甚詳。核以《明史·張問達傳》,語皆相合。蓋實録也。

玉堂日記

黄虞稷《千頃堂書目·别史類》 盛訥《玉堂日記》。

聞見漫録

黄虞稷《千頃堂書目·别史類》 盛訥《聞見漫録》。

雲事評略

黄虞稷《千頃堂書目·别史類》 吴伯與《雲事評略》一卷。

大同款貢志

黄虞稷《千頃堂書目·别史類》 吴伯與《大同款貢志》一卷。

西南紀事

黄虞稷《千頃堂書目·别史類》 郭應聘《西南紀事》二卷。

朔方紀事

黄虞稷《千頃堂書目·别史類》 《朔方紀事》一卷。不知撰人。

西事紀略

黄虞稷《千頃堂書目·别史類》 《西事紀略》一卷。不知撰人。

倭功始末

黄虞稷《千頃堂書目・别史類》 熊尚文《倭功始末》。

東事紀實

黄虞稷《千頃堂書目・别史類》 《東事紀實》。不知撰人。

東封始末

黄虞稷《千頃堂書目・别史類》 《東封始末》。不知撰人。

關白據倭始末

黄虞稷《千頃堂書目・别史類》 《關白據倭始末》一卷。不知撰人。

綏交録

黄虞稷《千頃堂書目・别史類》 《綏交録》二卷。

綏交記

黄虞稷《千頃堂書目・别史類》 《綏交記》一卷。

平黎紀事

黄虞稷《千頃堂書目・别史類》 《平黎紀事》一卷。俱不知撰人。

澳裔諭略

黄虞稷《千頃堂書目・别史類》 《澳裔諭略》三卷。不知撰人。

遼　略

黄虞稷《千頃堂書目・别史類》 顧季亨《遼略》□一卷。

漏居寓言

黄虞稷《千頃堂書目・别史類》 顧季亨《漏居寓言》一卷。

九十九籌

黄虞稷《千頃堂書目・别史類》 顧季亨《九十九籌》一卷。

武塘倡亂始末

黄虞稷《千頃堂書目・别史類》 《武塘倡亂始末》二卷。

磨盾漫録

黄虞稷《千頃堂書目・别史類》 《磨盾漫録》五卷。

刑部十大招

黄虞稷《千頃堂書目・别史類》 《刑部十大招》十卷。俱無作者姓名。

邪氛録

黄虞稷《千頃堂書目・别史類》 《邪氛録》一卷。

《四庫全書總目提要・雜史類存目三》 《虐政集》一卷、《邪氛集》一卷、《倒戈集》一卷。兩淮鹽政採進本。不著撰人名氏。皆載天啓中閹禍始末，各以年月編次。《虐政集》記東林黨人先後被難之事。《邪氛集》記閹黨諸人進擢柄用之事。《倒戈集》則以閹黨既盛，其徒自相攻擊，旋有被逐而去者，因併記之。每條有綱有目，備載當時所行詔旨，而間爲評論。如「知縣唐紹堯逮治」一條，稱實刑曹姚誠立下手，而猶翱翔藩臬。又「御史方大任」一條，稱大任如此受苦而竟忘之。蓋崇禎初年韓爌等既定逆案之後，被禍者皆得牽復，而斥逐起用，猶有所未盡，故有是言。然明季門户喧呶，黨同伐異，實有牢不可破者，固未可據一人好惡之口，而概以爲定論也。

倒戈録

黄虞稷《千頃堂書目・别史類》 《倒戈録》一卷。

天啓虐餤録

黄虞稷《千頃堂書目・别史類》 《天啓虐餤録》一卷。不知撰人。

媢璫録

黄虞稷《千頃堂書目・别史類》 《媢璫録》。不知撰人。

盗柄東林夥

黄虞稷《千頃堂書目・别史類》 《盗柄東林夥》一卷。不知撰人。

天鑒録

黄虞稷《千頃堂書目・别史類》 《天鑒録》一卷。不知撰人。

東林同志録

黄虞稷《千頃堂書目・别史類》 《東林同志録》一卷。不知撰人。

東林朋黨録

黄虞稷《千頃堂書目・别史類》 《東林朋黨録》一卷。不知撰人。

太祖洪業

黄虞稷《千頃堂書目・别史類》 金日升《太祖洪業》五卷。紀崇禎初除魏、崔諸奸事。

中興頌治

黄虞稷《千頃堂書目・别史類》 金日升《中興頌治》三卷。紀崇禎初除魏、崔諸奸事。

熹廟拾遺百咏

黄虞稷《千頃堂書目・别史類》 秦徵蘭《熹廟拾遺百咏》一卷。字元芳，常熟人，諸生。

耳抄秘録

黄虞稷《千頃堂書目・别史類》 《耳抄秘録》一册。題楚東無名子。雜録朝寧軼事。

賣菜言

黄虞稷《千頃堂書目・别史類》 《賣菜言》一册。題匪齋，未詳姓名。

遼邸紀聞

黄虞稷《千頃堂書目・别史類》 錢希言《遼邸紀聞》。

斥奸書

黄虞稷《千頃堂書目・别史類》 《斥奸書》二十卷。不知撰人。

崇禎紀略

黄虞稷《千頃堂書目・别史類》 《崇禎紀略》四卷。不知撰人。

守鄖紀略

黄虞稷《千頃堂書目・别史類》 高斗樞《守鄖紀略》一卷。

平粤録　後平粤録

黄虞稷《千頃堂書目・别史類》 談愷《平粤録》二卷，又《後平粤録》二卷。嘉靖丁巳殷正茂序。

《明史・藝文志・雜史類》 談愷《前後平粤録》四卷。

蕩平勻哈録

黄虞稷《千頃堂書目・别史類》 《蕩平勻哈録》一卷。不知撰人。

土魯番哈密始末

黄虞稷《千頃堂書目・别史類》 《土魯番哈密始末》一卷。

國朝典故

黄虞稷《千頃堂書目・别史類》 章焕《國朝典故》三十卷。

安攘新編

黄虞稷《千頃堂書目・别史類》 李先芳《本朝安攘新編》三十卷。

《明史・藝文志・雜史類》 李先芳《安攘新編》三十卷。

昭代遺聞

黄虞稷《千頃堂書目・别史類》 《昭代遺聞》二卷。不知何人輯。起建文至嘉靖。

國史舉凡

黄虞稷《千頃堂書目・别史類》 劉元卿《國史舉凡》。

皇明野史

黄虞稷《千頃堂書目・别史類》 吴肇東《皇明野史》。字敬堂，懷寧人。隆慶戊辰進士，福建按察司副史。

國朝故實

黄虞稷《千頃堂書目・别史類》 周子義《國朝故實》二百卷。一名《國朝典故補遺》。

國朝典故

黄虞稷《千頃堂書目・别史類》 鄧士龍《國朝典故》一百十卷。南昌人。萬曆乙未進士，由庶吉士授編修，歷官國子監祭酒。

識小編内編　外編

黄虞稷《千頃堂書目・别史類》 周應賓《識小編内編》九卷，又《外編》五卷。

西園聞見録

黄虞稷《千頃堂書目・别史類》 張萱《西園聞見録》一百六卷。

《明史・藝文志・雜史類》 張萱《西園聞見録》一百六卷。

玉堂叢話

黄虞稷《千頃堂書目・別史類》 焦竑《玉堂叢語》八卷。

綵線貫明珠秋檠録

《四庫全書總目提要・別史類存目》 《綵線貫明珠秋檠録》一卷。浙江巡撫採進本。不著撰人名氏。所紀歷代帝王，自伏羲至明武宗止，則是嘉靖以後書也。亦《史略》、《蒙求》之類，而言不雅馴，觀其立名可知矣。

戰國策談棷

《四庫全書總目提要・雜史類存目一》 《戰國策談棷》十卷。兩江總督採進本。明張文爟撰。文爟字維昇，仁和人。是書全用吴師道補正鮑彪之本，惟增入李斯《諫逐客書》、《楚人以弱弓微繳説頃襄王》、《中山君饗都士大夫》三章，爲吴本所無。注中國名人名，或間補數言。餘皆采諸家評語，書之簡端，冗雜特甚。所謂談棷，即指是也。棷，《集韻》蘇后切，與「藪」同。談棷即談藪，特變易其字以見異耳。

七雄策纂

《四庫全書總目提要・雜史類存目一》 《七雄策纂》八卷。安徽巡撫採進本。明穆文熙編。文熙字敬止，東明人。嘉靖壬戌進士，官吏部員外郎。是編取《戰國策》之文，加以評語，竝集諸家議論附於上闌。大抵剿襲陳因，無所考證。

北平録

《四庫全書總目提要・雜史類存目一》 《北平録》一卷。户部尚書王際華家藏本。不著撰人名氏。載明洪武三年，徐達、李文忠分道出塞，追王保保，及襲破應昌府事。紀録頗爲簡略。惟達與文忠所上二表，及太祖封爵諸臣詔諭，則全篇載之，疑後人從實録中抄出者也。

別本北平録

《四庫全書總目提要・雜史類存目一》 《別本北平録》一卷。浙江范懋柱家天一閣藏本。不著撰人名氏。紀明洪武元年命徐達、常遇春等北征之事，而終以君臣鑑戒之語。其年月皆與史合。核檢其文，亦從實録鈔出也。

明高皇后傳

《四庫全書總目提要・雜史類存目一》 《明高皇后傳》一卷。浙江范懋柱家天一閣藏本。不著撰人名氏。前有永樂四年明成祖與徐皇后二序，俱謂永樂九年類輯《古今列女傳》，以高皇后聖訓與古后妃爲一卷，而諸侯大夫、士庶人妻各爲卷。徐后請以《高皇后傳》別刻之，徧賜内外。然則此即《古今列女傳》之文而別出之者。其文則永樂初詞臣所撰也。又前有世宗致楚王書，并章聖太后誥諭楚藩一道。章聖太后即興獻后也。嘉靖七年上尊號曰「慈仁」，九年頒太后製《女訓》於天下。此在十年之春，蓋與所頒《女訓》同賜藩服。其時高帝、高后之謚號尚未改定，故仍前號也。其楚王即端王榮滅，以嘉靖十三年卒。爲昭王楨之四世孫，故世宗以叔祖稱之云。

别本洪武聖政記

《四庫全書總目提要・雜史類存目一》《别本洪武聖政記》十二卷。浙江汪啟淑家藏本。不著撰人名氏。其書與宋濂《洪武聖政記》同名，而載至太祖之末。又有成祖時夏元吉等進太祖實録表文。卷端有浙江丁敬題語數行，稱其「繕寫古雅，疑出永樂時沈度諸人手。檢連江陳氏所藏只四卷，絳雲樓所藏亦只八卷。此得一十二卷，真祕册也」云云。然其文皆鈔撮實録，别無異聞。其繕寫亦鈔胥俗書，未見所謂古雅者。疑書與跋語皆書賈贋託耳。

小史摘鈔

《四庫全書總目提要・雜史類存目一》《小史摘鈔》二卷。副都御史黄登賢家藏本。不著撰人名氏。《明史・藝文志》亦未著録。蓋洪、永間人所編。皆載明太祖瑣事，末附建文遺事八條。大抵多委巷之話。如李文忠納款於張士誠，劉基死後焚屍揚灰，皆必無之事。其謬妄固不待辨也。

建文事迹備遺録

《四庫全書總目提要・雜史類存目二》《建文事迹備遺録》一卷。左都御史張若淮家藏本。不著撰人名氏。前有自序，稱「嘉靖辛卯陽月，太嶽山人書於水竹村居」。考《明史・藝文志》、黄虞稷《千頃堂書目》，皆不載此書之名，不知其爲何人。明人惟張居正號太岳，亦不聞有此書，莫能詳也。録中皆紀建文死事諸臣，殊多傳聞失實。其稱太祖恒欲廢燕王，賴廷臣力諫得免。又嘗幽於别苑，不許進食，賴高后私食之，得不死。皆荒唐無稽之言，不足取信。